华章文渊
管理学系列

组织行为学

第4版

Organizational Behavior

陈春花 曹洲涛 宋一晓 苏涛 等编著

机械工业出版社
China Machine Press

图书在版编目（CIP）数据

组织行为学/陈春花等编著 . —4 版 . —北京：机械工业出版社，2020.1（2024.3 重印）
（华章文渊·管理学系列）

ISBN 978-7-111-64169-8

I. 组⋯ II. 陈⋯ III. 组织行为学 – 高等学校 – 教材 IV. C936

中国版本图书馆 CIP 数据核字（2019）第 254058 号

在今天的组织管理中，四个最基本的关系：个人与目标的关系、个人与组织的关系、组织与环境的关系、组织与变化的关系，都完全改变了。随之而来的新范式必然也将逐渐融入组织行为学的经典框架，本书不仅强调对基本概念和理论的准确把握，更突出对环境的分析，以及新环境影响下的组织行为、组织学习、组织网络的创新和价值。组织管理的核心价值，需要回归到组织赋能与激活人，以响应"现实"组织的特征——全球化、互联网与数字技术、巨变的环境等。本书不仅融入了大量实际案例，以阐释组织行为学的主要管理理论、核心问题和现实管理中的应用场景，还通过团队练习、网络练习、自我测试等增强可读性、趣味性与实用性。

本书可以作为高等学校管理类专业本科生、研究生（包括 MBA、EMBA 和 MPA 等）的教材，还可以作为企业管理人员的培训教材，可供相关从业人员工作参考。

出版发行：机械工业出版社（北京市西城区百万庄大街 22 号 邮政编码：100037）
责任编辑：孟宪勐　　　　　　　　　　　　责任校对：李秋荣
印　　刷：固安县铭成印刷有限公司　　　　版　　次：2024 年 3 月第 4 版第 11 次印刷
开　　本：185mm×260mm　1/16　　　　　印　　张：23.75　　　插　　页：2
书　　号：ISBN 978-7-111-64169-8　　　　定　　价：49.00 元

客服电话：（010）88361066　68326294

版权所有·侵权必究
封底无防伪标均为盗版

华章文渊 管理学系列

"师道文宗 笔墨渊海"

文渊阁 位于故宫东华门内文华殿后，是故宫中贮藏图书的地方，中国古代最大的文化工程《四库全书》曾经藏在这里，阁内悬有乾隆御书"汇流澄鉴"四字匾。

华章文渊 管理学系列

作者简介

陈春花 管理学者、畅销书作者，曾任新希望六和股份有限公司联席董事长兼首席执行官、山东六和集团总裁等，先后出任多家大型企业管理顾问。2016、2019年两度被《财富》杂志评为"中国50位最具影响力商界领袖"，是唯一上榜的管理学者。2015～2019年蝉联四届《财富》杂志"中国25位最具影响力商业女性"。

她是一位集教授、企业家、作家于一身的传奇女性。出版著作30多部，其中代表作《领先之道》《超越竞争》《经营的本质》分别在2006、2009、2015年获得教育部高等学校人文社会科学优秀成果奖三等奖、二等奖等；主编教材多部，包括《企业文化》（国家"十二五"规划教材）、《管理沟通》（国家"十一五""十二五"规划教材）；近3年发表核心期刊论文100多篇；随笔集《大学的意义》《让心安住》等。

曹洲涛 华南理工大学工商管理学院副教授，博士。研究方向主要是组织管理与组织文化，长期从事组织行为学、人力资源管理、管理沟通、企业文化等课程的教学工作。在核心期刊和三大索引上发表学术论文40余篇；出版专著《跨国公司的管理移植研究》，参编《企业文化》《管理沟通》《品牌战略管理概论》等多部教材。曾主持和参与各类项目50多项，为广东邮政、珠江啤酒、南方航空、南方电网、广东电信、深圳航空、广州妇儿医疗中心、江南银行、广州煤气公司、广州地铁等多家企业提供过管理咨询服务；曾先后担任南京圣和集团、广东昭信集团、成都天鑫洋集团、康宝集团、小熊电器、星光珠宝等多家公司的管理顾问。

出版说明

提高自主创新能力,建设创新型国家,是党中央、国务院做出的重大战略决策,是包括科技界、教育界、企业界在内全社会的共同目标。高等学校是培养和造就数以千万计专门人才和一大批拔尖创新人才的重要基地,是综合国力的重要组成部分,在支撑经济社会发展、提高自主创新能力、推进创新型国家建设中具有不可替代的重要作用。教育部明确提出大力推进高校自主创新,进一步提高高等教育质量。

创新是新时代高等教育的本质属性。课程来源于学科,是由学科知识中"最有价值的知识"组成的教学内容,专业则是围绕一定的培养目标由若干门课程组成的课程群。课程是人才培养的核心要素,是教育的微观问题,解决的却是战略大问题。教材建设作为学科建设的重要内容和考核指标,势必要根据新时代高等教育的新要求进行创新与改革,以更加体现科学性、前沿性,并进一步增强针对性和实效性。

作为课程教学改革重要载体的教材,则在高校创新人才的培养中扮演着重要角色。"教材是体现教学内容和教学方法的知识载体,是进行教学的具体工具,也是深化教育教学改革、全面推进素质教育、培养创新人才的重要保证"。对高等教育来说,新时代不仅是经济上的转型与跨越,更重要的是教育思想、教育观念也随之发生了深刻的变革,而教材正从一个侧面折射出教育思想变革。为体现优秀教材的创新成果,机械工业出版社推出"华章文渊"教材系列(分经济学系列和管理学系列)。本系列重视教育思想和观念的改革,力求处理好知识、能力和素质三者的辩证统一关系,以素质教育为核心组织教材的内容,实现教材内容和体系的创新。"华章文渊"教材充分体现"授人以鱼不如授人以渔"的终身教育的思想。

奉献给广大读者的"华章文渊"教材系列重在培养学生的创新精神和能力,观点、体系有所创新,既与国际接轨,又具有理论性、实用性、可操作性和创新性等鲜明特色,具有各自的知识创新点和独到之处。同时,优秀教材是知识性和可读性的结合体,将深奥的知识融于浅显易懂的文字中,努力使读者的学习过程变得轻松愉快,这也是"华章文渊"的目标。

秉承"国际视野、教育为本、专业出版"的理念,机械工业出版社始终坚持以内容为先的出版标准。集合优秀教材创新成果的"华章文渊"教材系列正是"深化教育教学改革,全面推进素质教育,培养创新人才"的直接体现,期待有志于此的广大教师加入。

机械工业出版社

前　言
组织赋能与激活人

我们身处一个转变的时代，无论这种转变是以互联网为标志，还是以个体价值崛起为标志，转变已经成为公认的事实。

在这样一个转变的时代，组织需要获取整体的力量，需要能够集合更多人的智慧，有人称之为"受启发的个人结成的网络"。组织要整合这一切，无疑需要开放、整合创新的管理范式。这一范式使企业更加柔性，并可与环境做出协同；使企业能够组合出新的成本结构、进行不同的价值创造并拥有足够的灵活性。有人问我们，什么样的企业在今天以及今后可以存续下去？我们认为，应该是把合作能力整合到管理之中的企业。

在我们看来，这个时代最令人激动，也最令人担心的是个体能力的崛起。高度的活力也许并不要求渗透到草根阶层，政府内外的精英人士也许足以催生出实现理想的创新率所必需的活力。然而，这种自上而下的方式还没有成功过，而且难度肯定会更大，因为它抛弃了焕发经济活力所需的最重要的资源：两个脑袋比一个脑袋好使，100万个有创造力的头脑肯定强于50万个或者25万个。埃德蒙·费尔普斯在《大繁荣》一书中阐述的虽然是对国家经济发展的评价，但是我们也可以从中看到，拥有创造力的个体对社会产生的重大影响。今天个体所具有的一切改变，使得组织面对从未有过的挑战，这是事实，也是问题。"组织如何管理"日益成为企业管理者面临的主要挑战，而这也是我们编撰《组织行为学》(第4版)时遇到的最大挑战。

组织的设计和管理的假设决定了组织的行为，规定了组织能做什么，不能做什么；约束了组织中的个体能做什么，不能做什么；确定了组织认为的有效的结果是什么。这些假设会影响到市场、顾客以及合作伙伴的价值观和行为，同样也会影响到公司能力的构成，以及优劣势的转换。概括地说，这些假设会确定组织管理的核心命题——价值创造、价值评价和价值分配的价值输出。

对持续成长的企业而言，真正的障碍并不是技术变化或环境变化，而是组织和文化跟不上变化，换言之，企业持续发展的障碍并不在外部，而是组织自己。这就是我们所处的时代的特点。过去，企业非常了解自己的外部对手，知道如何竞争，如何跨越。今天，外部的企业似乎都成了朋友，而对手变成了企业自己。这时候企业反而无所适从，因为突破与超越自己是最难的。这个对手可以是组织中的任何一个人，组织里的每个人都要"革"自己的"命"，这要求组织必须具有全新的能力。组织主动转型要有超强的战略洞察能力，要割舍过去的成功与荣光，这对任何一个组织来说都是非常困难的事情。

谷歌董事局执行主席埃里克·施密特（Eric Schmidt）和主管产品的前高级副主席乔纳森·罗森伯格（Jonathan Rosenberg）在他们的新书 *How Google Works* 中表示，未来组织的关键职能，就是让一群创意精英（smart creatives）[一]聚在一起，快速地感知客户需求，愉快地、充满创造力地开发产品、提供服务。什么样的人是创意精英？简言之，创意精英不需要你进行管理，只需要你为他们营造氛围。所以传统的管理理念不适用于这群人，甚至会适得其反。你不能告诉他们如何思考，只能营造思考的环境。给他们下命令不但会压抑他们的天性，也会引起他们的反感，甚至把他们赶走。这群人需要互动、透明、平等。作者反复强调，凡是不受法律或者监管约束的信息，谷歌都倾向于开放给所有员工，包括核心业务和表现。谷歌采用的就是这样一种模式，优秀人才自然会慕名而来，这也让谷歌保持了非常好的创新能力和领先的行业地位。

《福布斯》中文网 2015 年 7 月 25 日刊发一篇文章，作者是娜塔莉·罗伯赫德（Natalie Robehmed），文章的题目是《为何大学毕业生成批涌向初创公司》。文中开篇介绍："如果问一批近年来毕业的大学生'他们目前在哪里工作'，有相当一部分人会回答说'在一家初创公司工作'。'初创公司'曾经是一个指代小企业的行业术语，现在却让人联想到一种令人兴奋的具有企业家精神的生活方式——越来越多受过高等教育的年轻人正在选择这种生活方式。"

正如党的二十大报告提出的"新一轮科技革命和产业变革深入发展"，我们在编写《组织行为学》（第 4 版）这本教材时，就意识到，组织管理在今天需要新的范式，即一种以共享价值为基础的新范式。在我们看来，新的管理范式是：具有系统思考的领导者，依赖于激发个体内在价值，而不是沿用至今的组织价值，来考虑整体以及个体的行为。在这种新的范式中，有关个体价值的创造会成为核心；如何设立并创造共享价值的平台，让组织拥有开放的属性，能为个体营造创新氛围，成为基本命题。

在今天的组织管理中，四个最基本的关系：个人与目标的关系、个人与组织的关系、组织与环境的关系以及组织与变化的关系都完全改变了。

过去，个人与目标的关系要求个人一定要服从于目标，个人要对目标有所贡献；个人与组织的关系是组织常常专注于自己的目标，而忽略个人；在组织与环境的关系中，组织相对于环境而言，可以设定自己的内部环境而不受外部干扰；在组织与变化的关系中，组织可以涵盖变化并保持自己的弹性。

今天，组织目标必须涵盖个人目标，如果组织目标没有协同个人目标，个人就会离开组织；个人与组织是共生的关系，组织无法忽略个体；不确定性成为环境的主要特征，组织无法独立于环境之外；变化更加不可预测，所以，组织需要开放内外边界，才能够驾驭不确定性。组织管理的核心价值，需要回归到组织赋能与激活人。

[一] smart creatives 指有技术知识、业务特长、创造力的复合型产品人才。

我们希望借助《组织行为学》(第4版)帮助学习者理解组织已经从稳定均衡的状态进入了混沌状态,认识到需要用全新的方式进行思考和调整组织管理。事实上,大多数人都会承认,组织的环境无论是全球性的,还是竞争性的或者行业保护性的,其实都已经变得越来越复杂,越来越处在不可预料的变化中,我们的确应该了解到组织行为与组织管理的变化,让组织管理可以与这个充满挑战与机遇的伟大时代相匹配。

我们力求使"组织行为学"这门课程与"现实"组织的特征——全球化、互联网与数字技术、巨变的环境下由强调个体价值的员工所组成的集合相吻合。我们力求让管理者在这门课程中了解到组织行为的核心问题,所以本书正是围绕着组织行为学的核心问题展开的,并从这些问题的角度来审视企业的变化。本书在经典的组织行为学框架下,一方面突出对基本概念和理论的准确把握,另一方面突出对环境的分析,以及对环境影响下的组织行为、组织学习、组织网络的创新和价值的分析。最后,我们安排"案例分析"贯穿全书,以便学生明白在一个组织中如何进行有效管理。

致谢

写作本书的基础是我们超过25年讲授这门课程的经历,编写成员来自北京大学和华南理工大学等,这些成员负责本科生教学、研究生教学、MBA/EMBA学员的教学以及企业管理者的培训课程,甚至一些成员亲身经历和实践了本书所探讨的核心知识,我们很庆幸能够和他们一起研讨并讲授这门课程。在过去十多年的时间里,很多学员,包括这两所大学以外的商学院的学员为我们的思考和写作做出了富有价值的贡献,在此一并感谢!

在本书的修订过程中,我们也得到了很多进行组织变革与转型的企业的帮助,它们给予了我们很多实践中有价值的发现,对它们的分享表示感谢!在本书的形成和修订过程中,我们还得到了很多同行的帮助,他们建设性的意见和建议已经体现在本书的设计当中,在此一并表示感谢!他们(按姓氏笔画排序)是:

于海淼	中国矿业大学	王玉娟	山西财经大学
马 力	北京大学	王欣荣	集美大学
马丽波	东北财经大学	王春胜	新乡学院
王 丽	广州大学	王晓春	东莞理工学院
王 凯	河南财经政法大学	王健友	南开大学
王 莉	北京交通大学	王黎萤	中国计量大学
王 强	天津商业大学	毛忞歆	中南民族大学
王 蔷	上海财经大学	方建华	九江学院
王水嫩	浙江师范大学	孔春梅	内蒙古财经大学
王文周	北京师范大学	邓嘉燕	北京理工大学
王心娟	山东理工大学	甘元霞	西南财经大学

石冠峰	石河子大学	李　巍	湖北经济学院
卢晓梅	山东政法学院	李乃文	辽宁工程技术大学
史文雷	衡水学院	李　丹	华中科技大学
冉　斌	吉林大学	李文陆	石家庄铁道大学
付艳荣	北方工业大学	李冬冬	长春工程学院
付维宁	兰州大学	李立周	北京理工大学
冯　明	重庆大学	李伟铭	海南大学
冯亚明	河南工业大学	李华晶	北京林业大学
冯静颖	中国青年政治学院	李玲玲	华北电力大学（北京）
吕珂君	河南科技大学	李保明	郑州大学
朱少英	广西大学	李洁芳	华南理工大学
朱新艳	武汉理工大学	李艳华	贵州大学
朱曦济	中央财经大学	李晓明	苏州大学
刘　冰	山东大学	李晓梅	天津大学
刘力伟	对外经济贸易大学	李海峰	大连交通大学
刘英侠	大连大学	李蕙羽	桂林师范高等专科学校
刘明霞	东北财经大学	李德勇	四川师范大学
刘学方	齐鲁工业大学	李毅心	江苏大学
刘香毅	浙江理工大学	杨　勇	天津职业技术师范大学
刘艳巧	河北大学	杨　雪	沈阳师范大学
刘润刚	常州大学	杨　辉	东北农业大学
刘筱芬	兰州财经大学	杨　霞	绍兴文理学院
齐义山	徐州工程学院	杨志勇	东华大学
关　涛	华东理工大学	杨俊青	山西财经大学
安　力	爱因森软件职业学院	杨菊兰	山西财经大学
许红军	中国民航大学	杨添安	北京理工大学
孙　芳	山东理工大学	杨睿娟	西安石油大学
孙乃纪	吉林大学	肖　平	西北工业大学
孙灵希	东北财经大学	吴小节	广东工业大学
孙海宁	上海对外经贸大学	吴红卫	西南政法大学
纪新华	北京理工大学	吴红军	厦门大学
苏晓艳	暨南大学	吴国英	南京财经大学
李　攻	浙江工业大学	吴慈生	合肥工业大学
李　隽	天津商业大学	何　雷	临沂大学
李　萍	长春工业大学	何一冰	中国传媒大学

何中兵	哈尔滨工业大学（威海）	姜　军	武汉纺织大学
佘高波	湖南工业大学	姜秀萍	安徽工业大学
汪爱娥	华中农业大学	姚　伟	天津科技大学
宋晓倩	山东工商学院	姚　翔	北京大学
张　杰	集美大学	贺小敏	东北大学秦皇岛分校
张文光	上海交通大学	贺广明	青岛大学
张心怡	青岛滨海学院	晋琳琳	广东工业大学
张玉华	青岛大学	栗继祖	太原理工大学
张世杰	渤海大学	柴富成	石河子大学
张亚莉	西北工业大学	钱凤娟	浙江教育学院
张有道	兰州交通大学	倪昌红	江西理工大学
张杉杉	首都经济贸易大学	徐险峰	西南财经大学
张丽琍	中华女子学院	徐德力	常州工学院
张识宇	西北工业大学	栾秀云	辽宁石油化工大学
张若勇	兰州大学	高　英	辽宁工程技术大学
张跃胜	新乡学院	郭　韬	哈尔滨工程大学
陈万思	华东理工大学	郭少东	河南工业大学
陈玉明	山东工商学院	郭爱英	河北地质大学
陈益民	南京林业大学	涂晓春	武汉纺织大学
陈毅辉	福建农林大学安溪茶学院	诸葛海	上海交通大学
武　勇	广东金融学院	陶向南	南京大学
林则宏	沈阳理工大学	黄　武	南京农业大学
罗文豪	北方工业大学	黄　明	江南大学
罗瑞珍	广东外语外贸大学	黄国华	北京林业大学
周鹏飞	重庆师范大学	戚振江	浙江大学
郑耀洲	中南财经政法大学	康　乐	大连理工大学
孟冬妮	辽宁大学	阎海峰	华东理工大学
赵欢君	嘉兴学院	梁　阜	山东财经大学
赵秉岩	九江学院	梁振东	闽南师范大学
郝旭光	对外经济贸易大学	彭小静	江南大学
胡　峰	广西大学	董丛文	哈尔滨商业大学
胡丹丹	南京大学金陵学院	蒋文莉	中南财经政法大学
胡志健	淮海工学院	蒋晓荣	西安理工大学
胡金星	华东师范大学	傅　红	昆明理工大学
相　飞	齐鲁工业大学	傅永刚	大连理工大学

曾　萍	云南大学	潘静洲	天津大学
温　馨	沈阳工业大学	薛宪方	浙江理工大学
裴利芳	北京科技大学	霍煜梅	北京邮电大学
樊亚利	新疆财经大学	戴　璟	昆明理工大学
黎　群	北京交通大学	戴志敏	南昌大学
颜士梅	浙江大学	瞿群臻	上海海事大学

本次修订具体分工如下：苏涛修订第1章；王甜修订第2章；程城修订第3章；苏婷婷修订第7章；欧阳素珊修订第4章、第10章；李语嫣修订第5章、第11章；臧祺超修订第6章、第14章；廖琳修订第8章、第9章；李芷慧修订第12章、第13章。在修订过程中，曹洲涛、宋一晓和苏涛负责统稿、修改与校对。最后，陈春花对整部书稿进行了审校。

本次修订是下一次完善的开始，每次进步都离不开各位同行在教学经验累积和总结基础上的建议帮助。恳请大家赐教。

目 录

出版说明
前言

第1章 组织行为学概述 ……………… 1

引例 组织焦虑与结构调整 ………… 1
1.1 组织、组织行为与组织行为学 …… 2
   1.1.1 组织的定义 ………………… 2
   1.1.2 组织行为的定义与分类 …… 3
   1.1.3 组织行为学的定义及研究
         对象 ………………………… 3
1.2 组织行为学的形成与发展 ………… 4
   1.2.1 科学管理理论 ……………… 4
   1.2.2 行为科学理论 ……………… 5
   1.2.3 权变理论 …………………… 7
1.3 组织行为学的学科特性与学科
   体系 …………………………………… 9
   1.3.1 组织行为学的学科特性 …… 9
   1.3.2 组织行为学的学科体系 …… 9
1.4 组织行为学的价值 ………………… 10
   1.4.1 组织有效性的四个基本观点 … 11
   1.4.2 组织行为学研究对企业的
         意义 ………………………… 12
1.5 数字化时代的组织行为学 ………… 13
   1.5.1 组织行为学面临的挑战与
         机遇 ………………………… 13
   1.5.2 组织行为学的学科发展趋势 … 17
本章回顾 …………………………………… 18
关键术语 …………………………………… 19
课堂讨论 …………………………………… 19
团队练习 我的期望 ……………………… 19
网络练习 …………………………………… 19
自我测试 这些都合理吗 ………………… 20
案例分析 韩都衣舍的买手小组 ………… 20
网站推荐 …………………………………… 22
微信公众号推荐 …………………………… 22
参考文献 …………………………………… 23

第2章 个体差异与行为基础 ………… 24

引例 bilibili：二次元心之所属 ……… 24
2.1 多元化个体 ………………………… 25
   2.1.1 多元化的内涵与层次 ……… 25
   2.1.2 多元化的表征 ……………… 26
   2.1.3 多元化的管理 ……………… 33
2.2 个体行为的基础 …………………… 33
   2.2.1 知觉 ………………………… 33
   2.2.2 归因 ………………………… 36
   2.2.3 情绪 ………………………… 38
   2.2.4 态度 ………………………… 41
   2.2.5 压力 ………………………… 43
2.3 个体决策 …………………………… 46
   2.3.1 决策的模型 ………………… 46
   2.3.2 决策的影响因素 …………… 47
   2.3.3 常见的决策错误 …………… 47
2.4 数字化时代的个体 ………………… 48
   2.4.1 数字化时代的个体价值观 … 49
   2.4.2 数字化时代的员工 ………… 50

本章回顾	50
关键术语	51
课堂讨论	51
团队练习	52
网络练习	52
自我测试　MBTI 职业性格测试	52
案例分析　和老罗一起工作的是什么样的人	52
网站推荐	55
微信公众号推荐	55
参考文献	56

第 3 章　个体与组织的匹配 58

引例　大道至简，安永提升员工敬业度 58

- 3.1 个体的社会化 59
  - 3.1.1 个人社会化的内容 60
  - 3.1.2 个人社会化的个体策略 61
  - 3.1.3 个人社会化的组织策略 61
- 3.2 个体能力与组织要求 62
  - 3.2.1 自我效能感 62
  - 3.2.2 胜任与赋能 65
- 3.3 个体心理与组织期望 68
  - 3.3.1 心理契约 68
  - 3.3.2 组织承诺 70
  - 3.3.3 工作满意度 71
  - 3.3.4 员工敬业度 73
- 3.4 个体行为与组织结果 74
  - 3.4.1 工作绩效 74
  - 3.4.2 组织公民行为 74
  - 3.4.3 反生产行为 75
  - 3.4.4 人才流动 76

本章回顾 76
关键术语 77
课堂讨论 77

团队练习　资质过剩测验 77
网络练习 78
自我测试　工作满意度自测 78
案例分析　海底捞你学不会：组织与个体契合的力量 78
网站推荐 80
微信公众号推荐 80
参考文献 80

第 4 章　个体动机与激励 82

引例　别人家的公司从来没让人失望 82

- 4.1 激发个体动机 83
  - 4.1.1 驱动力 83
  - 4.1.2 需要 84
  - 4.1.3 激励方式 84
- 4.2 内容型激励理论 85
  - 4.2.1 马斯洛的需要层次理论 85
  - 4.2.2 奥尔德弗的 ERG 理论 86
  - 4.2.3 赫茨伯格的双因素理论 87
  - 4.2.4 麦克利兰的成就需要理论 88
- 4.3 过程型激励理论 89
  - 4.3.1 弗鲁姆的期望理论 89
  - 4.3.2 亚当斯的公平理论 91
  - 4.3.3 自我决定理论 93
  - 4.3.4 目标设置理论 94
- 4.4 调整型激励理论 95
  - 4.4.1 强化理论 96
  - 4.4.2 挫折理论 97
- 4.5 综合激励模式 99
  - 4.5.1 波特尔和劳勒的综合激励模式 99
  - 4.5.2 迪尔的综合激励模式 101

本章回顾 104
关键术语 104
课堂讨论 104

团队练习　打击团队之魔鬼 ⋯⋯⋯⋯ 105
自我测试　你是一位好的激励者吗 ⋯⋯ 106
案例分析　华为公司的人才激励
　　　　　机制 ⋯⋯⋯⋯⋯⋯⋯⋯⋯ 106
网站推荐 ⋯⋯⋯⋯⋯⋯⋯⋯⋯⋯⋯⋯⋯ 108
微信公众号推荐 ⋯⋯⋯⋯⋯⋯⋯⋯⋯⋯ 109
参考文献 ⋯⋯⋯⋯⋯⋯⋯⋯⋯⋯⋯⋯⋯ 109

第 5 章　群体与社群 ⋯⋯⋯⋯⋯⋯⋯ 110

引例　步步高带你玩转社群 ⋯⋯⋯⋯⋯ 110
5.1　人以群分 ⋯⋯⋯⋯⋯⋯⋯⋯⋯⋯⋯ 111
　　5.1.1　群体的内涵 ⋯⋯⋯⋯⋯⋯⋯ 111
　　5.1.2　群体的组成要素 ⋯⋯⋯⋯⋯ 111
　　5.1.3　群体的分类 ⋯⋯⋯⋯⋯⋯⋯ 112
5.2　群体属性 ⋯⋯⋯⋯⋯⋯⋯⋯⋯⋯⋯ 113
　　5.2.1　角色 ⋯⋯⋯⋯⋯⋯⋯⋯⋯⋯ 113
　　5.2.2　规范 ⋯⋯⋯⋯⋯⋯⋯⋯⋯⋯ 114
　　5.2.3　地位 ⋯⋯⋯⋯⋯⋯⋯⋯⋯⋯ 115
　　5.2.4　群体规模 ⋯⋯⋯⋯⋯⋯⋯⋯ 115
　　5.2.5　群体成员结构 ⋯⋯⋯⋯⋯⋯ 116
5.3　群体行为特性 ⋯⋯⋯⋯⋯⋯⋯⋯⋯ 116
　　5.3.1　群体压力 ⋯⋯⋯⋯⋯⋯⋯⋯ 116
　　5.3.2　群体士气 ⋯⋯⋯⋯⋯⋯⋯⋯ 118
　　5.3.3　群体凝聚力 ⋯⋯⋯⋯⋯⋯⋯ 119
　　5.3.4　群体发展 ⋯⋯⋯⋯⋯⋯⋯⋯ 121
　　5.3.5　群体互动 ⋯⋯⋯⋯⋯⋯⋯⋯ 123
5.4　群体决策 ⋯⋯⋯⋯⋯⋯⋯⋯⋯⋯⋯ 126
　　5.4.1　群体决策技术 ⋯⋯⋯⋯⋯⋯ 126
　　5.4.2　个体决策与群体决策的
　　　　　比较 ⋯⋯⋯⋯⋯⋯⋯⋯⋯⋯ 128
　　5.4.3　群体思维和群体转移 ⋯⋯⋯ 129
5.5　社群 ⋯⋯⋯⋯⋯⋯⋯⋯⋯⋯⋯⋯⋯ 129
　　5.5.1　社群的概念及特征 ⋯⋯⋯⋯ 129
　　5.5.2　社群的分类 ⋯⋯⋯⋯⋯⋯⋯ 130
　　5.5.3　网络虚拟社群 ⋯⋯⋯⋯⋯⋯ 131

　　5.5.4　品牌社群 ⋯⋯⋯⋯⋯⋯⋯⋯ 131
本章回顾 ⋯⋯⋯⋯⋯⋯⋯⋯⋯⋯⋯⋯⋯ 132
关键术语 ⋯⋯⋯⋯⋯⋯⋯⋯⋯⋯⋯⋯⋯ 132
课堂讨论 ⋯⋯⋯⋯⋯⋯⋯⋯⋯⋯⋯⋯⋯ 132
团队练习 ⋯⋯⋯⋯⋯⋯⋯⋯⋯⋯⋯⋯⋯ 133
网络练习 ⋯⋯⋯⋯⋯⋯⋯⋯⋯⋯⋯⋯⋯ 134
自我测试　群体内聚 ⋯⋯⋯⋯⋯⋯⋯⋯ 134
案例分析　自由人的自由联合 ⋯⋯⋯⋯ 135
网站推荐 ⋯⋯⋯⋯⋯⋯⋯⋯⋯⋯⋯⋯⋯ 137
微信公众号推荐 ⋯⋯⋯⋯⋯⋯⋯⋯⋯⋯ 137
参考文献 ⋯⋯⋯⋯⋯⋯⋯⋯⋯⋯⋯⋯⋯ 137

第 6 章　团队管理 ⋯⋯⋯⋯⋯⋯⋯⋯ 139

引例　"跟谁学"的团队拼图 ⋯⋯⋯⋯⋯ 139
6.1　认识团队 ⋯⋯⋯⋯⋯⋯⋯⋯⋯⋯⋯ 140
　　6.1.1　团队的含义 ⋯⋯⋯⋯⋯⋯⋯ 140
　　6.1.2　团队的特征 ⋯⋯⋯⋯⋯⋯⋯ 140
　　6.1.3　团队与群体 ⋯⋯⋯⋯⋯⋯⋯ 141
　　6.1.4　团队的优缺点 ⋯⋯⋯⋯⋯⋯ 142
6.2　团队的类型 ⋯⋯⋯⋯⋯⋯⋯⋯⋯⋯ 143
　　6.2.1　解决问题型团队 ⋯⋯⋯⋯⋯ 143
　　6.2.2　自我管理型团队 ⋯⋯⋯⋯⋯ 143
　　6.2.3　多功能型团队 ⋯⋯⋯⋯⋯⋯ 144
　　6.2.4　虚拟团队 ⋯⋯⋯⋯⋯⋯⋯⋯ 144
　　6.2.5　知识型团队 ⋯⋯⋯⋯⋯⋯⋯ 145
　　6.2.6　交响团型团队 ⋯⋯⋯⋯⋯⋯ 145
6.3　团队发展与管理 ⋯⋯⋯⋯⋯⋯⋯⋯ 145
　　6.3.1　团队的形成与发展 ⋯⋯⋯⋯ 145
　　6.3.2　团队规范 ⋯⋯⋯⋯⋯⋯⋯⋯ 148
　　6.3.3　团队凝聚力 ⋯⋯⋯⋯⋯⋯⋯ 148
　　6.3.4　团队信任 ⋯⋯⋯⋯⋯⋯⋯⋯ 150
　　6.3.5　团队管理 ⋯⋯⋯⋯⋯⋯⋯⋯ 150
　　6.3.6　团队评估 ⋯⋯⋯⋯⋯⋯⋯⋯ 151
6.4　打造高绩效团队 ⋯⋯⋯⋯⋯⋯⋯⋯ 152
　　6.4.1　团队效能 ⋯⋯⋯⋯⋯⋯⋯⋯ 152

6.4.2	高绩效团队的特征	154	
6.4.3	创建高绩效团队	155	
6.5	团队面临的挑战	156	
6.5.1	"搭便车"问题	156	
6.5.2	难以实施准确的个人绩效考核	157	
6.5.3	个性化与团队合作冲突	157	
6.5.4	员工多元化	157	
6.5.5	团队职责不明	158	
6.6	创业团队	158	
6.6.1	创业团队及其分类	159	
6.6.2	创业团队的组建	161	
6.6.3	创业团队的管理	163	

本章回顾 165
关键术语 166
课堂讨论 166
团队练习 搭建高楼 166
网络练习 以团队为基础的组织中的工作环境 167
自我测试 167
案例分析 年轻团队太难带？"游戏化管理"疗效好、见效快 168
网站推荐 170
微信公众号推荐 170
参考文献 170

第7章 领导 172

引例 特立独行的埃隆·马斯克 172

7.1 谁是真正的领导 173
　　7.1.1 领导的含义 173
　　7.1.2 领导与管理 174
　　7.1.3 领导与权力 174
　　7.1.4 领导者与追随者 175
7.2 领导特质理论 177
7.3 领导行为理论 179
　　7.3.1 俄亥俄州立大学的研究：定规和关怀 179
　　7.3.2 密歇根大学的研究 179
　　7.3.3 勒温的领导作风理论 180
　　7.3.4 布莱克和穆顿的管理方格论 181
7.4 领导权变理论 182
　　7.4.1 费德勒权变理论模型 182
　　7.4.2 坦南鲍姆的领导行为连续统一体模式 183
　　7.4.3 赫塞-布兰查德的情境领导模型 184
　　7.4.4 豪斯的路径—目标理论 185
7.5 当代的领导理论 186
　　7.5.1 魅力型领导理论 186
　　7.5.2 变革型与交易型领导理论 186
　　7.5.3 诚信领导理论 187
　　7.5.4 柔性领导理论 188
　　7.5.5 其他领导理论 189
　　7.5.6 经典领导理论的应用 192
7.6 识别和培养高效领导者 193
7.7 数字化时代领导面临的挑战及其新趋势 195
　　7.7.1 "互联网+"背景下领导变化的趋势 195
　　7.7.2 "新生代"背景下领导变化的趋势 196

本章回顾 197
关键术语 197
课堂讨论 198
团队练习 寻找共同的图案 198
网络练习 危机时刻的领导 199
自我测试 领导行为问卷 199
案例分析 贝佐斯的卓越领导力 200
网站推荐 202

微信公众号推荐 …… 202
参考文献 …… 202

第8章 沟通 …… 204

引例 "再来一次，我不会坐上引擎盖" …… 204

8.1 沟通无处不在 …… 205
 8.1.1 沟通的定义 …… 205
 8.1.2 沟通的过程 …… 205

8.2 正式沟通和非正式沟通 …… 207
 8.2.1 正式沟通 …… 208
 8.2.2 非正式沟通 …… 209

8.3 语言沟通和非语言沟通 …… 212
 8.3.1 语言沟通 …… 212
 8.3.2 非语言沟通 …… 213

8.4 沟通方法与技巧 …… 213
 8.4.1 提升管理沟通能力 …… 213
 8.4.2 营造公开反馈的组织文化氛围 …… 214
 8.4.3 有效的倾听 …… 214
 8.4.4 关注沟通中的性别差异 …… 215

8.5 数字化时代的沟通及改善 …… 215
 8.5.1 数字化时代的沟通特征 …… 216
 8.5.2 数字化时代的沟通障碍 …… 217
 8.5.3 改善数字化时代的沟通 …… 218

本章回顾 …… 219
关键术语 …… 219
课堂讨论 …… 219
团队练习 撕纸 …… 219
网络练习 与高层沟通 …… 220
自我测试 "倾听"技能测验表 …… 220
案例分析 与经理人的交流信 …… 221
网站推荐 …… 223
微信公众号推荐 …… 224
参考文献 …… 224

第9章 冲突与冲突管理 …… 225

引例 阿里政委"搭场子" …… 225

9.1 冲突能够避免吗 …… 226
 9.1.1 冲突的定义与特征 …… 226
 9.1.2 冲突的发展阶段 …… 228
 9.1.3 冲突的类型 …… 228

9.2 冲突产生的根源 …… 229
 9.2.1 对立的目标 …… 229
 9.2.2 差异 …… 230
 9.2.3 稀缺资源 …… 230
 9.2.4 模棱两可的规则 …… 230
 9.2.5 缺乏沟通 …… 230

9.3 冲突分析模式 …… 231
 9.3.1 庞迪的冲突分析模式 …… 231
 9.3.2 罗宾斯的冲突过程分析 …… 231
 9.3.3 杜布林的系统分析模式 …… 232

9.4 冲突管理 …… 232
 9.4.1 冲突管理原则 …… 233
 9.4.2 冲突管理策略 …… 233
 9.4.3 冲突处理方法 …… 236
 9.4.4 如何引发建设性冲突 …… 238

9.5 数字化时代的冲突管理 …… 239

本章回顾 …… 240
关键术语 …… 240
课堂讨论 …… 240
团队练习 用角色扮演来解决团队冲突 …… 240
网络练习 …… 241
自我测试 冲突处理风格问卷 …… 242
案例分析 管理冲突，要"听"对员工的"真话" …… 242
网站推荐 …… 244
微信公众号推荐 …… 244
参考文献 …… 244

第10章 组织与组织理论 ... 246

引例 "组织重组狂魔":联想 ... 246
10.1 组织理论 ... 247
10.1.1 古典组织理论 ... 248
10.1.2 行为科学时期的组织理论 ... 249
10.1.3 现代组织理论阶段 ... 250
10.2 组织结构及设计 ... 251
10.2.1 组织结构概述 ... 251
10.2.2 工作专门化 ... 252
10.2.3 部门化 ... 253
10.2.4 管理幅度 ... 253
10.2.5 命令链 ... 254
10.2.6 集权与分权 ... 255
10.2.7 正规化 ... 256
10.3 组织结构形式 ... 256
10.3.1 直线结构 ... 256
10.3.2 职能结构 ... 257
10.3.3 直线职能制 ... 258
10.3.4 事业部结构 ... 258
10.3.5 矩阵式组织结构 ... 260
10.3.6 超事业部结构 ... 260
10.3.7 团队结构 ... 261
10.4 数字化时代的组织形态变化新趋势 ... 261
10.4.1 扁平化 ... 261
10.4.2 去中心化 ... 262
10.4.3 柔性化 ... 262
10.4.4 网络化 ... 263
10.4.5 虚拟化 ... 265
10.4.6 无边界化 ... 265

本章回顾 ... 266
关键术语 ... 267
课堂讨论 ... 267
团队练习 积木玩具 ... 267
网络练习 ... 267
自我测试 组织结构偏好测试 ... 268
案例分析 腾讯的组织架构变迁 ... 268
微信公众号推荐 ... 271
参考文献 ... 271

第11章 组织变革 ... 272

引例 小米历史上最大组织变革,"80后"集体上位 ... 272
11.1 一直不变的是变革 ... 273
11.1.1 组织变革的概念 ... 273
11.1.2 组织变革的动因 ... 273
11.1.3 组织变革的分类 ... 275
11.2 组织变革的阻力及对策 ... 276
11.2.1 组织变革阻力的来源 ... 277
11.2.2 消除变革阻力的措施 ... 278
11.3 组织变革的实施模式 ... 279
11.3.1 勒温阶段性变革模式 ... 279
11.3.2 行为研究变革模式 ... 280
11.3.3 赞赏式探询变革模式 ... 281
11.3.4 计划性变革模式 ... 282
11.4 数字化时代的组织变革 ... 283
11.4.1 面向未来的变革 ... 283
11.4.2 持续改善 ... 283
11.4.3 系统化创新 ... 283
11.4.4 为个人赋能 ... 283
11.4.5 驾驭不确定性 ... 284

本章回顾 ... 284
关键术语 ... 284
课堂讨论 ... 284
团队练习 战略变革事件 ... 284
网络练习 变革容忍度测量 ... 285
自我测试 你对待变革的态度如何 ... 285
案例分析 变形记:"农牧帝国"的自我超越 ... 286

网站推荐 ………………………… 289
微信公众号推荐 ………………… 289
参考文献 ………………………… 289

第12章　组织文化 …………………… 291

引例　亚马逊的"冷血文化"：
　　　坚守最高标准 ……………… 291
12.1　并不虚无的组织文化 ………… 292
　　12.1.1　组织文化的含义 ……… 292
　　12.1.2　组织文化的层次 ……… 293
　　12.1.3　组织文化的功能 ……… 294
12.2　组织文化理论 ………………… 295
　　12.2.1　迪尔和肯尼迪的组织文化
　　　　　　因素理论 ……………… 296
　　12.2.2　帕斯卡尔、阿索斯和麦肯锡
　　　　　　的7S管理框架 ………… 296
　　12.2.3　威廉·大内的Z理论 …… 296
　　12.2.4　彼得斯和沃特曼的革新性
　　　　　　文化理论 ……………… 298
　　12.2.5　柯林斯的卓越组织的文化
　　　　　　特质理论 ……………… 298
12.3　组织文化的建立、传播与
　　　创新 ………………………… 299
　　12.3.1　组织文化的建立 ……… 299
　　12.3.2　组织社会化与组织文化的
　　　　　　传播 …………………… 301
　　12.3.3　组织文化的创新 ……… 303
12.4　跨文化管理 …………………… 304
　　12.4.1　跨文化的内涵 ………… 304
　　12.4.2　跨文化管理理论 ……… 305
　　12.4.3　跨文化沟通 …………… 307
　　12.4.4　跨文化领导 …………… 308
　　12.4.5　跨文化管理的实践 …… 309
　　12.4.6　融合组织文化 ………… 311
12.5　数字化时代的组织文化建设 … 312

　　12.5.1　互联网塑造了全新的文化
　　　　　　环境 …………………… 312
　　12.5.2　互联网重塑了组织文化的
　　　　　　基础 …………………… 313
　　12.5.3　互联网改变了组织文化的
　　　　　　功能 …………………… 313
　　12.5.4　互联网推动了组织文化的
　　　　　　创新 …………………… 314
本章回顾 ……………………………… 314
关键术语 ……………………………… 314
课堂讨论 ……………………………… 315
团队练习　公司氛围 ………………… 315
网络练习 ……………………………… 315
自我测试 ……………………………… 316
案例分析　拉尔夫劳伦集团的企业
　　　　　　文化改革 ……………… 318
网站推荐 ……………………………… 319
微信公众号推荐 ……………………… 319
参考文献 ……………………………… 319

第13章　组织学习 …………………… 321

引例　花旗银行的行动学习项目 …… 321
13.1　组织学习 ……………………… 322
　　13.1.1　组织学习的概念 ……… 323
　　13.1.2　组织中的学习类型 …… 323
　　13.1.3　组织学习过程的五个阶段 … 325
13.2　学习型组织 …………………… 327
　　13.2.1　学习型组织的定义 …… 328
　　13.2.2　学习型组织的行为特征 … 328
　　13.2.3　学习型组织的创建 …… 330
13.3　组织记忆 ……………………… 334
　　13.3.1　组织记忆的定义 ……… 334
　　13.3.2　组织记忆的分类 ……… 335
　　13.3.3　组织记忆的结构 ……… 335
　　13.3.4　组织记忆的过程 ……… 336

13.4 组织遗忘 ································ 337
    13.4.1 组织遗忘的定义 ············ 337
    13.4.2 组织遗忘的管理方法 ······· 338
13.5 数字化时代的组织学习 ············· 339
    13.5.1 互联网时代带来了巨大的
           组织学习压力 ·············· 339
    13.5.2 互联网时代带来了丰富的
           组织学习资源 ·············· 339
    13.5.3 互联网时代改变了组织学习
           效率 ···························· 339
    13.5.4 互联网时代改变了组织学习
           模式 ···························· 340
本章回顾 ·· 340
关键术语 ·· 340
课堂讨论 ·· 340
团队练习 ·· 341
网络练习 ·· 341
自我测试 心智水平与环境适应能力
           的测评 ······················· 341
案例分析 海尔大学 ························ 342
网站推荐 ·· 344
微信公众号推荐 ································ 344
参考文献 ·· 344

第14章 新型组织的兴起与发展 ···· 346
引例 京东：打造新型组织 ············· 346
14.1 生态型组织 ······························· 347
    14.1.1 生态型组织的定义 ·········· 347
    14.1.2 生态型组织的特征 ·········· 348
14.2 平台化组织 ······························· 348
    14.2.1 平台化组织的定义 ·········· 349
    14.2.2 平台化组织的特征 ·········· 349
14.3 无边界组织 ······························· 349
    14.3.1 无边界组织的定义 ·········· 350
    14.3.2 无边界组织的特征 ·········· 350
14.4 自组织系统 ······························· 351
    14.4.1 自组织系统的定义 ·········· 351
    14.4.2 自组织的特征 ················ 352
14.5 水样组织 ·································· 353
    14.5.1 水样组织的定义 ············· 353
    14.5.2 水样组织的特征 ············· 354
14.6 共生型组织 ······························· 356
    14.6.1 共生型组织的定义 ·········· 356
    14.6.2 共生型组织的特征 ·········· 356
14.7 数字化时代的新型组织管理 ······ 357
本章回顾 ·· 360
关键术语 ·· 360
课堂讨论 ·· 360
团队练习 策划组织 ························ 360
网络练习 ·· 360
自我测试 你所在的公司分权程度
           如何 ··························· 360
案例分析 Zappos 的管理实践 ········ 361
网站推荐 ·· 363
微信公众号推荐 ································ 363
参考文献 ·· 363

第 1 章　组织行为学概述

学习目标

1. 定义组织、组织行为与组织行为学
2. 了解组织行为学的发展历程
3. 掌握组织行为学的学科特性与学科体系
4. 理解组织行为学的价值所在
5. 讨论组织行为学的发展趋势和面临的挑战

引例　　　　　　　组织焦虑与结构调整

据新浪财经报道，2020 年 1 月 20 日，美团创始人兼 CEO 王兴向全体员工发出内部信。信中提到，公司联合创始人王慧文将于 2020 年 12 月退出公司具体管理事务，后续将继续担任公司董事，并任美团终身荣誉顾问。

"今年 12 月 18 日是我美团的 10 周年，这 10 年激烈精彩，不负年华。届时我将退休，换一个人生轨道和生活方式。"王慧文说。他于 2010 年加入美团，2013 年创立美团外卖，2016 年深挖餐饮上下游，拓展出行、新零售等新业务，2018 年重整了用户平台。

重磅的人事变动背后，是美团的组织结构调整与筹谋已久的"领导梯队培养计划"。2018 年 10 月，美团第四次进行组织结构的调整，将原来按业务划分为主的事业群改为按场景划分，分设到店事业群、到家事业群，以及小象事业部和快驴事业部，同时新设用户平台和 LBS（基于设置服务）平台，用户平台负责获客、用户增长等，LBS 平台负责与之相关职能、业务的建设和开发。2019 年 2 月，美团再次对"用户平台"内部进行调整，将美团平台和点评平台更名为美团 App 部和点评 App 部。

美团中高层过去一直保持半年召开一次沟通会的传统，但在 2019 年变成了季度会。2019 年 9 月底，美团第三季度沟通会召开，持续近三个小时，主题是"领导梯队"。

在场的每位高管都握有一份自己的作业，上面有三个问题：你在领导梯队的哪个位置？管理中有过哪些好的实践？领导梯队的落地有哪些痛点？所有人被要求分组讨论，并分享感受。

王兴第一个发言。"外界都觉得美团很能打，过往公司在业务上的讨论比较多，但在组织方面的讨论不太够。"他强调，"要让新一批各层级领导者成长起来，这是美团发展的关键时期。"

王兴认为:"一家公司发展到七八年,文化开始真正形成。美团就处在这样的阶段,未来两年会奠定公司 5 ~ 10 年后的局面。这是组织真正成形的时候。"

用"升级打怪、一路开挂"来形容美团,似乎并不为过。"这家公司就像是为战争设计的,就像成吉思汗当年到处征战。"一位高管刚加入美团的时候这样说。历时八年赴港上市,市值超过 800 亿美元,业务横跨餐饮、外卖、酒店、出行等,美团已经成为中国第三大互联网公司。

但是,组织焦虑开始显现。每一个美团人都感受到了压力——组织越来越大,跨部门沟通的难度逐渐加大,组织的疲态也逐渐显现。在中高层会上,关于领导力和组织管理的讨论频率在增加,内外部的领导力专家培训落地,美团变革的信号越发强烈。

所有的组织变革都伴随着决心与风险,难度之高不亚于"开着飞机换引擎"。但是,这是公司的生死线。

资料来源:改编自微信公众号"蓝洞商业"于 2020 年 1 月 21 日推送的文章,以及 2020 年 01 月 20 日新浪财经 http://finance.sina.com.cn/stock/hkstock/ggscyd/2020-01-20/doc-iihnzahk5380054.shtml。

1.1 组织、组织行为与组织行为学

1.1.1 组织的定义

每一个人都离不开组织,组织是人们生活的普遍形式和存在方式。例如,学校、医院、商店、银行等,这些都是组织。目前,对于组织的定义可谓众说纷纭,列举具有代表性的几种如下。

- 组织是对完成特定使命的人们的系统性安排。——斯蒂芬·罗宾斯(Stephen P. Robbins)
- 当两个或两个以上的个人进行合作,即系统地协调彼此间的行为时,组织就形成了。——切斯特·巴纳德(Chester I. Barnard)
- 组织是为了达到某一特定的共同目标,通过各部门劳动和职务的分工合作与不同等级的权力和责任的制度化,有计划地协调一群人的活动。——埃德加·沙因(Edgar H. Schein)
- 组织是一个互相影响、相互依赖,为了达成某一共同目标的工作群体的集合。——杰克·邓肯(Jack Duncan)

总体而言,组织都具有一些共同的特征。首先,组织有明确的目标。目标是组织存在的原因,同时也是决定组织性质、发展方向等的重要因素。其次,组织要实现自己的目标,必须要拥有相应的资源,例如设备、人才、资金等。在各类资源之中,人是组织中最有活力、最有创造性的因素。同时,人也是组织最基本的构成要素,组织目标必须通过成员的努力才能最终得以实现。最后,组织有特定的结构。组织结构是组织成员之间工作关系的表现,设置合理的组织结构有助于组织活动的顺利开展,是实现组织目标的重要保障。组织需要科学地划分部门、划分层次,需要明确各部门、各层次的权力、责任与利益,需要根据每个成员的才能安排他们的工作、分配其职务,并落实每个职位的权、责、利。

本书将组织定义为为了完成具体目标而从事系统化的努力的人的组合。首先,组织是

一个实体。管理面对的是正式组织，所以更多地体现的是权力、责任和目标，而非情感、爱好和兴趣；其次，组织的重点是"人"，它关注"人"的角色、身份与责任，组织里的人是公平的而不是平等的。再次，分工是组织管理的根本方法。最后，组织因目标而存在。

1.1.2 组织行为的定义与分类

组织行为（organization behavior）是指在一定组织环境中，全体组织成员在工作时表现出的所有行为的总和。组织行为特指组织成员工作时的行为表现，而不包括下班之后组织成员的行为。例如，交友、娱乐、健身、购物等均不属于组织行为的范畴。因此，准确地说，组织行为是指组织内部的群体和个体产生的行为以及组织与环境之间的相互作用。

根据分析层次的不同，组织行为可以被分为：微观组织行为、中观组织行为和宏观组织行为。

- 微观组织行为，指的是组织内的个体的行为，也就是个体行为。
- 中观组织行为，指的是组织内的群体行为，包括了人际行为、群体及群际行为。
- 宏观组织行为，指的是组织成员作为一个整体所表现出来的行为，如组织结构、组织文化、组织变革与发展，以及组织学习等。

1.1.3 组织行为学的定义及研究对象

1. 组织行为学的定义

迄今为止，组织行为学并没有一个统一的定义，具有代表性的观点主要有以下四种。

- 组织行为学是一门应用社会学科，研究工作组织中的个人、群体和组织的行为问题。——威廉·迪尔（William Diehl）
- 组织行为是系统研究组织环境中所有成员的行为，组织行为学以组织中的个体、群体、整个组织及其环境的相互作用所形成的行为作为研究对象。——安德鲁·杜布林（Andrew J. DuBrin）
- 组织行为学是一个研究领域，它探讨个体、群体以及结构对组织内部行为的影响，以便应用这些知识来改善组织绩效。——斯蒂芬·罗宾斯
- 组织行为学是对组织的性质进行系统的研究，即组织是怎样产生、成长和发展起来的，它们怎样对各个成员、组成这些组织的群体、其他组织以及更大些的机构发生作用。——乔·凯利（Joe Kelly）

这些定义从不同角度出发，概括了组织行为学的内涵。结合上述定义，本书认为：组织行为学是一门以组织中的个体、群体及组织自身的行为及规律为研究对象的社会学科，旨在帮助管理者更好地预测、理解、引导和控制组织成员的行为，从而成就高绩效组织。

2. 组织行为学的研究对象

作为行为科学的一个分支，组织行为学（organizational behavior，OB）通过探讨个体、群体以及结构对组织内部行为的影响，从而运用这些知识来实现组织行为的有效性。组织

行为学的研究对象是人的心理和行为规律。人的行为与心理是密不可分的，心理活动是行为的内在表现，行为是心理的外在表现，因此，组织行为学将两者结合作为统一体进行研究。组织行为学的研究范围是一定组织中的个体、群体和组织的心理及行为规律。这里的组织，包括政府组织、民间组织、工商企业、教育机构、医疗卫生机构等。

从研究对象来看，组织行为学对行为的分析在三个不同层次上进行：个体、群体和组织。

个体是构成组织的基本单位。组织行为学对个体的行为进行微观的考察研究，考虑影响人的行为的各种心理因素，即人对于周围环境的知觉与理解，包括人的思维方法、归因过程、动机、个性、态度、情感、能力、价值观等方面。所有这些又与实际活动中的需要、兴趣、达到目标的行为有着密切的关系。

组织行为学在群体层次上主要研究的是群体行为的特征、作用、意义，群体内部的心理与行为、群体之间的心理与行为、群体中的人际关系、信息传递方式、群体对个体的影响、个人与组织的相互作用等。

组织行为学在组织层次上研究组织结构、组织变革与发展、组织文化、组织学习等内容。此外，工作生活质量、工作的扩大化与丰富化、人机和环境诸因素的合理安排、各种行为的测评方法等方面，也都在组织行为研究范围之内。

综上所述，"组织""组织行为""组织行为学"这三个概念存在着密切联系，也存在差别。"组织"本质上是一个实体或组合；"组织行为"是"组织"中形成的行为总和；"组织行为学"则是一个学科，该学科以组织行为为研究对象。

1.2 组织行为学的形成与发展

北美的组织行为学家把自 20 世纪初以来组织行为学的发展划分为三个阶段：以泰勒为代表的经典科学管理理论阶段（1900～1927 年）；以霍桑实验开始的人际关系理论以及后来的 X–Y 理论阶段（1927～1965 年）；以权变的态度和方法来看待人及其组织行为的现阶段（1965 年至今）。

1.2.1 科学管理理论

组织行为学的产生最初源于对劳动生产率与劳资关系的关注。组织行为学的发展是为劳资关系矛盾斗争寻求解决办法的结果。

古典管理学家、科学管理的主要倡导人弗雷德里克·泰勒（Frederick Taylor，1856—1915）在他的主要著作《科学管理原理》⊖（1911）中提出了科学管理理论。泰勒所处的时代，特别是 19 世纪的后期，美国工业出现了前所未有的资本积累和工业技术进步。但是，发展、组织、控制和管理这些工业资源的低劣方式严重阻碍了生产效率的提高。另一个问题是如何使劳动者发挥潜力。当时工人和资本家之间的关系严重激化：资本家对工人态度蛮横，工人生活艰苦，资本家个人却过着奢侈的生活；工人则不断用捣毁机器和加入由工会组织领导的大罢工等方式来争取自己的权利。劳资关系的对立严重影响了企业的劳动生产率，使得劳资双方两败俱伤。

泰勒一生大部分的时间所关注的，就是如何提高生产效率。他认为，劳资双方不应为

⊖ 本书中文版已由机械工业出版社出版。

争夺少得可怜的一小块利益而喋喋不休，而应设法提高生产效率，进而提高产出和利润，提高工资和改善条件，不但要降低成本和增加利润，而且要通过提高劳动生产率增加工人的工资。只有这样，大家的日子才好过，双方也将由过去的心理对抗变为心理协同。实施科学管理的结果是提高了生产效率，而高效率是雇员和雇主实现共同富裕的基础。他提出的科学管理理论的主要内容有：

- 进行动作研究，确定操作规程和动作规范，确定劳动时间定额，完善科学的操作方法，以提高工效。
- 对工人进行科学的选择，培训工人使用标准的操作方法，使工人在岗位上成长。
- 制定科学的工艺流程，使机器、设备、工艺、工具、材料、工作环境尽量标准化；实行计件工资，超额劳动，超额报酬。
- 管理和劳动分离。
- 倡导精神革命，促使劳资双方利益一致。

除此之外，亨利·法约尔（Henri Fayol，1841—1925）的一般管理理论、马克斯·韦伯（Max Weber，1864—1920）的社会组织和经济组织理论、切斯特·巴纳德（Chester I. Barnard，1886—1961）在组织的性质和理论方面的研究等这些科学管理时代的古典管理理论均对管理学的发展产生了巨大的影响。亨利·法约尔的贡献主要体现在组织管理方面，他提出管理的5大职能，包括计划、组织、命令、协调和控制；管理的内容包括6项，即技术、推销、财务、安全、会计和经营。在实践的基础上，他进一步总结出14条管理原则，即分工、权力、纪律、命令一致、指挥统一、整体利益高于个人利益、报酬、集权或分权、层级制、秩序、公平、稳定、首创和集体精神。马克斯·韦伯的思想精要则主要体现在以下几个方面：①一个组织只有遵从规章，摆脱个人主义影响，才能长期生存；②只有合理和法定的权力才是行政组织的基础；③领导者应该在能力上胜任，应该根据事实而不是随意领导。切斯特·巴纳德的组织理论则可以概括为：①组织是一个合作系统；②组织存在需有3个基本条件（明确的目标、协作的意愿、良好的沟通）；③组织效力与组织效率原则；④权威接受论；⑤主管人员有3个主要职能（提供信息交流的体系，促成个人付出必要的努力，规定组织的目标）；⑥制定并维持一套信息传递系统；⑦促使组织中每个人都能做出重要的贡献，包括员工的选聘和合理的激励等；⑧阐明并确定组织的目标。

1.2.2　行为科学理论

1. 人际关系学派

20世纪20年代末至30代初，美国爆发了经济大萧条，国民生产总值从1929年的2030亿美元降为1933年的1400亿美元；失业人口达1300多万，大批企业倒闭。罗斯福政府推行新政，先后颁布了《国家劳动关系条例》和《公平劳动标准条例》，使工会势力上升。在这种情况下，科学管理的缺陷日益明显。就在这一时期，著名的"霍桑实验"（1924~1932年）开创了人际关系学派。霍桑实验始于1924年，由美国研究委员会与西部电气公司联合在该公司所属的芝加哥霍桑电话机工厂进行。霍桑实验主要包括照明试验、装配试验、谈话试验以及布线观察试验。

最初的照明试验意在通过照明强弱和产量关系来测定工作条件与劳动的关系。然而最初始的试验结果却显示，产量不仅不随着照明的减弱而降低，反而增加：有两个工人在0.6支烛光下，仍维持通常的生产效率。换言之，产量的增减与照明强弱并没有联系。照明试验经过1924年11月～1927年4月两年多时间，没有得到预期的效果。

1927～1929年，西部电气公司邀请哈佛大学教授乔治·梅奥（George E. Mayo）等进厂继续开展装配试验。新的研究小组通过改变作息时间、设置奖励工资、变换监督方式等变量来测试一小部分女工（6名）对继电器装配的生产率。被研究人员将与主要工作群体隔离，这样有利于对她们进行更好的观察。被隔离的妇女们被安置在一个和正常工作环境布局相似的地方，干着同样的工作，即流水装配小型电话。唯一的明显区别是：有一个研究人员充当观察员，对她们的工作如产出效率、退货情况、工作条件进行记录，填写描述日常状况的工作日志。这项试验持续了几年，结果发现这一个小群体的产出稳步增长，病假数也只有正常生产车间的1/3，但这种产量的持续上升与试验所安排的工作条件并不对应。

从1928年起，研究人员将注意力从物质条件转移到人事关系方面。为了了解员工的态度、情感以及对现有管理方式的意见，从而为改进管理方式提供依据，梅奥等人制订了一个征询员工意见的访谈计划，对大约两万名员工进行了访谈。实验进入了谈话试验阶段。到1930年为止，共访问了21 126人。起初，研究者准备了一连串问题，发现效果并不理想，随后采用了非指引性交谈，让工人倾谈切身的问题。在访谈过程中，研究小组感到员工中存在着某种无形的社会性组织，对个人起着约束作用。

为了验证员工访谈过程中的发现，1931年11月～1932年5月，研究人员又安排了布线观察试验，并设置了计件奖励工资制，以期评估丰厚的薪金对激励计划的作用大小。按照研究小组的想法，这个小组的14名男工都有超过他们实际产量的可能，可是经过7个月的观察，一般产量基本上都维持在一定水平。研究小组发现有一种团体的约束力制约着生产量的水平。

曾经参加霍桑实验的西部电气公司前人事研究所的研究员迪克森（W. J. Dickson）在为美国《管理百科全书》撰写的霍桑实验的条目中，对该实验做了如下总结：

- 揭示了工人不是简单的经济人，不能单靠工资来调动积极性。
- 认识了个人态度对决定行为的重要性。
- 论述了管理人员如何发挥作用对于士气和生产率的重要性。
- 论述了完成组织目标和工人对小组或团体满意感的重要性。
- 论证了工作团体中非正式组织对完成目标的影响。

梅奥就实验结果进行了理论研究，于1933年出版了《工业文明的人类问题》（The Human Problems of an Industrial Civilization）。接着，参加实验的罗斯里斯伯格（F. J. Roethlisberger）和迪克森于1939年出版了《管理与工人》（Management and Worker）；霍曼斯于1950年出版了《人的群体》（Human Group）。由此，以梅奥为代表的一些经济学学者、管理学学者、心理学学者和社会学学者形成了"人际关系学派"。其主要思想是：把人由"经济人"看成"社会人"，他们有归属和尊重的要求；不应当把工人看成生产过程中的机器部件。管理者要想提高士气，合作搞好生产，就要倾听工人的申诉，了解他们的需要，让他们参与有关工作的决策。

与科学管理的管理思想相比，人际关系学派有了进步，但也存在着缺点：①把提高员工的满意感作为提高生产效率的主要途径，却缺乏对人的心理因素进行全面、深入的研究；②过多地注意非正式群体的作用，未能了解群体动力的复杂关系；③缺乏因人、因事制宜的权变观点。

2. 人力资源学派

20世纪50年代后期，美国出现了经济衰退，理论界对动机、需要、群体动力等研究也趋于深化，加上科学技术突飞猛进，员工的需要和期望正发生着深刻的变化。这些客观因素促使行为科学家重新探讨激励员工积极性的途径，于是从人际关系学派中发展出一个新的学派——人力资源学派，其中心思想认为：企业中发生种种问题的根源在于未能发挥员工的潜力。

以下是这个学派的两位主要代表人物。

第一位是克里斯·阿吉里斯（Chris Argyris）。他在1957年发表的《个性与组织》（*Personality and Organization*）对人际关系学派进行了抨击。他主要从组织角度来分析影响员工发挥潜力的原因，认为传统的一套组织设计，死扣规章制度，使员工处处听命于上级，变得消极被动，依赖成性。这样既束缚了员工的创造性和积极性，又阻碍了个性的成熟发展。在人际关系影响下，企业管理者只是在提高福利待遇、增加员工休息时间、延长休假等方面下功夫，但总不肯让员工多负责任，结果仍然不能解决问题。阿吉里斯呼吁企业管理者要从组织上进行改革，鼓励员工多承担责任，让他们有成长和发展的机会。

另一重要代表是麻省理工学院教授麦格雷戈（D. McGregor）。1960年，他在所著的《企业的人性面》（*Human Side of an Enterprise*）一书中提出了两种对立的人性假设观点，即X-Y理论。他认为传统的管理理论来源于教会和军队，没有接触现代化的政治、社会和经济，因此把人看成厌恶工作的，需要严格控制其消极因素。他将这种错误假设称为X理论。现实生活中的许多现象却不符合X理论的观点。人并不天生厌恶工作，人们在工作中能自我控制，在现有的工作条件下，一般人没有发挥其潜力。他称这种观点为Y理论，并指出管理者应该让员工负更多的责任，发挥他们的潜力，如果这样做，将如20世纪30年代发现原子能一样，可以开发出难以想象的人力资源。

1.2.3 权变理论

权变理论是20世纪60年代末70年代初发展起来的一种管理理论。该理论认为，以往的理论有两方面的缺陷。第一，只侧重于研究加强企业内部的组织管理，忽视了外部环境的影响。例如，泰勒的科学管理理论、法约尔和韦伯的一般行政管理理论。第二，以往的理论大都带有普遍真理的色彩，追求理论的普遍适用性、最合理的原则、最优化的模式，真正解决问题时却往往显得无能为力。该理论认为在组织管理中，没有一成不变的和普遍适用的管理理论和方法，组织管理"最好"的方法就是根据组织内外环境的变化，随机应变、因地制宜的管理方法。"没有最好的，只有适合的"是权变管理的核心思想和理念，即没有一成不变的、普遍适用的、最好的管理原则和方法，一切管理活动都要根据企业所处的外部环境和内部条件而权宜应变。系统观念为我们了解和分析组织提供了较为广泛的、概括性的一般观点，权变观念则更着重于具体组织的特殊性。权变学派十分注重从大量的实际事例中概括、归纳出几种基本模式，并致力于寻求这些模式差异的影响因素以及相应的管理方法。权变理论的出现，在管理理论与实践之间架起了一座桥梁，使管理理论向实用主义迈出了一大步。

最早运用权变思想来研究管理问题的是英国学者汤姆·伯恩斯（Tom Burns）和斯托克（G. M. Stalker），他们在 1961 年合著了《革新的管理》一书。1967 年，美国的保罗·罗杰·劳伦斯（Paul Roger Lawrence）和杰伊·洛希（Jay Lorsch）合著的《组织和环境》一书论述了外部环境和组织结构之间的关系，按照该书的观点，组织结构的主要特点是分散化和整体化。由于他们在这方面的研究具有突出的贡献，因而被称为权变理论的创始人。

美国著名的管理学家弗雷德·卢桑斯（Fred Luthans）是权变理论的主要代表人物，也是对权变理论做出系统总结和高度评价的管理学家，他于 1973 年 6 月在《工商业界》杂志上发表了《权变管理理论：走出丛林的道路》一文，又于 1976 年出版了《管理导论：一种权变学说》一书，系统地介绍了权变理论，指出权变理论可以统一各种管理理论的观点，引导管理学走出丛林之路，从而使权变理论迅速普及。

权变理论在组织理论方面的主要观点是：①权变学派强调组织的多样性，即与每一组织有关的条件多样性和环境特殊性；②强调外部环境对组织结构设计的影响，权变学派认为企业的组织设计应当是开放式的，企业的结构不仅要有稳定性，而且要有对环境的适应性、对环境变换的足够敏感性，才能保证企业的生存与发展；③试图通过对企业的分类、对环境因素的分析，对不同类型的企业所适用的组织结构模式得出一些一般结论。

权变理论兴起之后，引起了不少管理学者的重视和研究，不同的学者开始从不同的角度对权变理论进行拓展，形成了形形色色的权变理论，如组织结构的权变理论、管理方式的权变理论、领导方式的权变理论等。

1. 组织结构的权变理论

权变理论对组织结构的研究出现了两种不同的思路。①把组织的任务和完成任务所需要的技术作为组织结构的重要决定因素。英国女学者琼·伍德沃德（Joan Woodward）在 20 世纪 60 年代曾研究了工艺技术对组织结构的影响，她发现成功的企业都具有与其技术水平相适应的组织结构。②以环境因素为依据对组织结构进行设计。此类观点以劳伦斯和洛希为代表，他们认为没有一种最好的组织方法，一切根据环境因素而定。

2. 管理方式的权变理论

美国的麻省理工学院教授麦格雷戈曾于 1957 年提出了"X-Y 理论"。美国学者约翰·莫尔斯（John Morse）和杰伊·洛希通过实验却发现，两种理论都不是灵丹妙药，因此提出了一种"超 Y 理论"。超 Y 理论在行为科学的基础上带有了权变管理的意味，因而成为权变理论的理论基础。他们于 1974 年出版了《组织及其成员：权变方法》一书，提出的超 Y 理论主要观点如下。①人们是怀着许多不同的需要加入工作组织的，而且人们有着不同的需要类型。有的人需要更正规化的组织结构和条例规章，而不需要参与决策和承担责任；有的人却需要更多的自治责任、发挥个人创造性的机会；每个人最需要的是实现胜任感。②不同的人对管理方式的要求也是不同的。需要更正规化的组织结构和条例规章，而不需要参与决策和承担责任的人，适合以 X 理论为指导的管理方式；需要更多的自治责任、发挥个人创造性的人，适合以 Y 理论为指导的管理方式。③组织的目标、工作性质、员工的素质等对组织结构和管理方式有很大的影响。凡是组织结构和管理层次的划分、员工的培训和工作的分配、工资报酬和控制程度的安排等适合工作性质和员工素质者，其效率就高；反之，效率则低。④当一个目标达到以后，可以继续激起员工的胜任感，使之为达到新的更高的目标而努力。

3. 领导方式的权变理论

权变理论认为，不存在一种最好的普遍适用的领导方式，一切根据任务、个人和小组的行为特点、领导者和员工的关系而定。关于领导理论的权变观点，最为著名的是费德勒的有效领导权变模式、坦南鲍姆和施米特的领导方式的"连续统一体理论"、赫塞-布兰查德的"情境领导模型"和罗伯特·豪斯的"途径—目标理论"。这些内容将在本书后续章节做进一步介绍。

1.3 组织行为学的学科特性与学科体系

1.3.1 组织行为学的学科特性

组织行为学作为一门学科，具有区别于其他学科的特性。

（1）**跨学科性**。组织行为学以行为科学（主要指心理学、社会和文化人类学）的概念、模式和方法为主要知识基础；同时吸取借鉴政治学、经济学、历史学、工程学信息和系统科学等多门学科的概念、理论和方法。当然，该学科的发展也对这些基础学科起到了重要的推动作用。

（2）**多层面性**。组织行为学的主题通常就下列三个层面进行分析：第一个层面是组织中的个体行为，包括个体的行为模式，个体的知觉、归因、学习、决策、个性、能力、价值观、态度、情绪情感、激励、动机、工作设计、工作压力等；第二个层面是组织中的群体行为，包括群体的形成、类型、动态、特性、团队建设、领导、沟通、冲突、群体决策等；第三个层面是组织行为，站在组织系统的高度来研究行为，包括组织结构、组织文化、组织发展与变革、组织学习等，甚至还包括组织与外部环境的相互关系。

（3）**情境性**，即权变性。组织行为学研究的是千变万化的人、群体和组织的行为，因此不可能有通用的最佳模式，而是主张根据不同情景采用不同的理论和对策。权变方法也就是在理解和分析在不同情境的基础上选择合适的策略。

（4）**科学性**。组织行为学研究依靠科学方法和系统研究的标准来推动相关研究的进展，科学方法包括提出并研究问题、系统地收集数据、用数据检验假设，主要依靠量化的数据和统计方法来检验假设。这些科学的方法背后的思想是尽量减少个人的误差以及对组织活动的歪曲。当然，科学的方法不仅仅限于定量方法，也包括一些系统的定性研究方法，如开放式访谈、行为观察、案例分析等。

1.3.2 组织行为学的学科体系

组织行为学是一门交叉学科，由多个领域的研究成果发展而来，主要的领域是心理学、社会学、社会心理学、人类学和政治学等行为科学，它们的贡献共同构成了组织行为学的基础，并使其逐步发展成一门独立的学科，如图1-1所示。

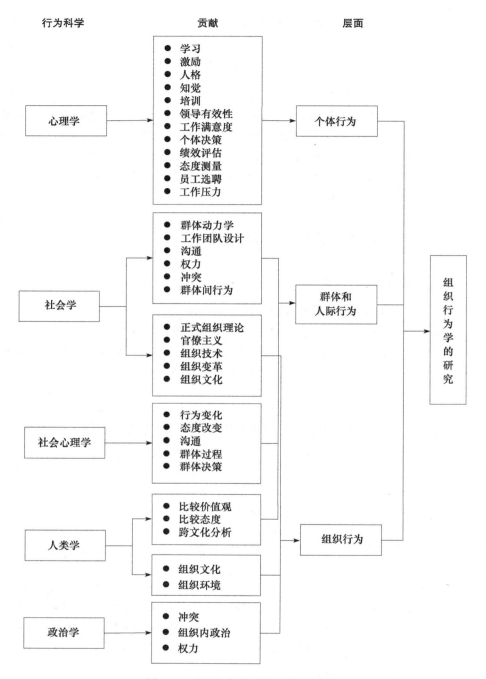

图 1-1　对组织行为学有贡献的学科

资料来源：斯蒂芬·罗宾斯，蒂莫西·贾奇.组织行为学[M].孙健敏，王震，李原，译.北京：中国人民大学出版社，2005.

1.4　组织行为学的价值

　　组织行为学对提高组织的管理水平，实现以人为中心的管理具有重要的意义。组织行为学的研究目的在于，通过发现组织环境对组织行为产生影响的规律并进行调整控制，实现良好的组织绩效，建立高绩效的组织，同时促成组织成员的个人目标。让组织运作更有效是组织行为学潜在或明显的目标，组织有效性是组织行为学研究最终的"因变量"。[1]虽然不同理论所使用的标签存在差异——组织绩效、成功、优秀、健康、卓越等，但它们最终都是为了使组织运作得更有效而提出的各种模型和建议。[2]关于组织的有效性，有一些不同的研究视角。

1.4.1 组织有效性的四个基本观点

1. 开放系统观点

组织有效性的开放系统观点是思考组织最早和最为基础的理论。其他有关组织绩效的主要观点都是在此理论基础上的拓展。开放性系统观点把组织当成生存在外部环境之下的一个复杂的有机体。作为开放系统，组织依赖外部环境获取资源，包括原材料、劳动力、资金、设备和信息等。外部环境包括了规则和社会期望，如法律、文化等，这些都决定了组织应该如何运作。一些环境资源（如原材料）转化为产出并被输送到外部环境中，其他资源（如劳动力与设备）则在转化过程中成为组织的子系统。组织中有众多的子系统，诸如部门、团队、非正式组织、工作流程等，均作为组织中的子系统而存在。

（1）组织—环境。根据开放系统的观点，当组织能够很好地适应外部环境时，组织是有效的。当组织把资源投入到它们最能发挥作用的地方，并与外部环境的需要相匹配的时候，良好的组织—环境适应便发生了。成功的组织可以通过预测环境的变化并快速更新子系统来适应环境，使自身与环境变得更为一致。例如，食品企业通过提高原材料品质及升级生产工艺以满足更加注重健康和环保的消费者。

（2）组织效率。内部运营的最常见指标是组织效率，即投入产出比。如果一家公司能够用较少的资源产出更多的产品与服务，那么这家公司就是高效的。不过，成功的组织不仅仅需要高效的转化过程，同时还需要更多的具有适应性与创新性的转化过程。适应性能使得组织快速响应外界环境的变化和消费者的需求。创新性则使得组织有能力设计出比竞争对手更具竞争力的工作流程。

2. 组织学习观点

组织学习的一个出发点是：组织有效性依赖于组织获取、分享、使用、存储宝贵知识的能力。

（1）智力资本。组织学习观点将知识作为一种资源，这种知识资源以人力资本（human capital）、结构资本（structural capital）、关系资本（relationship capital）三种方式存在，统称为智力资本（intellectual capital）。其中，人力资本包括员工的知识、技能和能力，被认为是具有价值的、稀缺的、难以模仿并且不可替代的。结构资本包括在组织系统和结构中获取并保留下来的知识，例如有关工序的文档和生产线的布局图等。此外，还包括组织的产品，可以通过诸如逆向工程来发现其工作原理。关系资本包括组织的商誉、品牌形象，以及组织成员与组织以外的人员之间的关系。

---

[1] Smith K G, Hitt M A. In Great Minds in Management[M]. New York: Oxford University Press，2005: 304-330.
[2] 史蒂文·麦克沙恩，玛丽·安·冯·格里诺. 组织行为学（原书第2版）[M]. 汤超颖，郭理，译. 北京：中国人民大学出版社，2015.

（2）组织学习与反学习。组织学习过程包括知识获取、知识分享、知识运用及知识存储。为了维持智力资本，组织需要留住知识型员工，并将知识系统地传递给其他员工，最后将知识转化为结构资本。组织学习的观点不仅指出高效的组织需要学习，而且还指出组织必须抛弃一些不合时宜的行为惯例和模式。随着信息革命和知识经济进程的加快，现代企业面临着前所未有的变化剧烈的竞争环境。许多历史上著名的大公司纷纷被迫退出历史的舞台，组织生命延寿问题变得更加突出和迫切。动荡的时代呼唤着新的管理理论和组织模式——学习型组织理论。正如圣吉（1990）指出的，学习型组织是一个不断创新、进步的组织。在这个组织中，人们不断突破自己的能力上限，创造真心向往的结果，培养全新、前瞻而开阔的思考方式，全力实现共同的抱负，并不断一起研究如何共同学习。换言之，学习型组织是指能熟练地创造、获取和传递知识，善于修正自身的行为，不断增强其能力的组织。组织反学习则是指组织能够删除无附加价值的可能降低组织效率的知识，包括调整功能失调的政策、程序，或者改变态度等。

3. 高绩效工作实践观点

开放系统观点表明成功的企业擅长把投入转化为产出，但是它没有明确区分有效组织的子系统与其他组织的子系统之间存在的差异。因此，关于组织实践中哪些子系统能够提供竞争优势，已经成为一项研究目标并发展成为一个研究领域。

和组织学习观点相似，高绩效工作实践的基本观点是人力资本，员工拥有的能力是组织竞争优势的一个重要来源。高绩效工作实践观点最显著的特征是它试图确定系统和结构中一系列具体的"子系统"，而这些子系统能够使人力资本产生最大的价值。研究者已经证实了四种有助于提高绩效的工作实践：员工参与、工作自治、绩效奖励和员工能力开发。

4. 利益相关者观点

上述三个有关组织有效性的观点主要聚焦于过程和资源，然而它们都忽略了利益相关者的重要性。利益相关者包括员工、股东、供应商、工会、政府、社区等。当组织考虑到影响组织目标和行动，或者被组织目标和行动影响的个体、团队或其他实体的需求时，它就会变得更加有效。利益相关者观点的一个最大的好处就在于它在思考组织有效性时考虑了价值观、伦理和企业社会责任。

1.4.2 组织行为学研究对企业的意义

组织行为学研究的是组织环境下的个体行为、群体行为和组织行为。组织行为学研究的重点是人以及组织与环境之间的互动，核心是保证和增强组织有效性。因此，组织行为学研究的意义就在于：

（1）**有利于调动人的积极性、主动性和创造性**。要实现组织成员之间的分工与协作，就需要管理。而管理者则需要调动下属的工作积极性，处理与上级、关联部门等的沟通，处理成员之间的冲突，引导和改善成员行为等。组织行为学的理论与知识有利于分析、解释、预测人的行为，从而提高管理有效性。

（2）**有助于增强群体的凝聚力和向心力**。组织行为学对群体行为进行研究，使个人更加了解群体的行为规律，从而使个人与群体更加和谐。同时，了解群体行为，可以使一些情感、兴趣相投，价值观一致的人结合在一起，增强组织的凝聚力和向心力。

（3）**有助于提高企业管理层的领导水平**。组织行为学中涉及的领导理论对领导者应具备的素质、领导艺术以及如何根据不同情境采用不同的领导方式进行了研究，为企业的管理实践提供了学习的方向。

（4）**有助于组织变革与发展**。组织是一个动态的社会技术系统，必须要与外部环境保持一致性。因此，组织必须随着环境的变化而不断地调整并实现发展。学习组织行为学的理论与知识有助于及时有效地领导组织的变革与发展。

1.5 数字化时代的组织行为学

1.5.1 组织行为学面临的挑战与机遇

外部环境一直在变化，但是过去 10 年以及未来 10 年的变化将比其他任何时间段都要意义深远。这些变化要求企业领导者和所有的员工做出个人以及组织上的调整。组织行为学的研究领域面临众多新的挑战，如全球化竞争、劳动力多元化、员工忠诚度减弱、社会人口结构趋向老龄化、失业形势严重、组织伦理道德体系的缺位、对产品质量和生产率要求越来越高等。

1. 全球化与反全球化

"全球化"意味着整个世界摆脱了国界的限制，地球变成了一个真正无边的世界。今天的全球化程度史无前例，因为信息技术和交通系统使得更加密切的全球连接和依赖成为可能。在全球化的背景下，企业的经营视野不再局限于本国，取而代之的是全球化的经营视野。目前，许多中国企业已经开始跨国投资、兼并及并购。企业组织在更为广阔的全球性地域范围内经营，其员工也有不同的文化背景。文化差异成为每一家在全球市场上竞争的企业所面临的关键问题之一。所以，组织行为学最重要的问题是，企业领导和员工如何在这个新的现实环境下进行领导以及有效地工作。在经济全球化的背景下，组织如何实现跨文化管理，正是组织行为学所面临的一大挑战。

然而，在经济全球化的大背景下，近些年由于缺乏具有划时代意义的技术突破、收入差距和社会不平等扩大、发展模式缺乏包容性等因素，随着英国脱欧、美国保护主义抬头、法国右翼政党崛起、西班牙加泰罗尼亚进行独立公投、中美贸易战进入"白热化"阶段，经济全球化出现逆转，"反全球化"浪潮逐步涌现。比如，美国最明显的反全球化浪潮的体现是特朗普当选美国总统，在大选过程中，特朗普将移民、自由贸易和全球化作为其主要攻击目标，得到了国内反全球化群体的普遍支持。支持他的群体主要是中下阶层白人，他们在全球化的过程中，受到较大的冲击。再比如，法国的各个社会阶层普遍认为，国家以及地方政府没有承担起应负的责任，中左派政党（社会党）和中右派政党（共和党）因而遭到民众的抱怨，它们推进全球化、拥护欧洲委员会提出的市场自由化的主张以及在经济方面的不作为屡遭指责。在其他政党的举措引发社会不满的契机下，右翼政党"国民联盟"通过在经济上反对全球化，反对欧洲一体化，主张退出欧元区，提倡民族利益至上而崛起。

一方面，"反全球化"凸显了世界经济增长乏力所带来的国家之间的矛盾以及组织中的个体的复杂性与来源多元化，这要求组织行为学结合相应的文化情境实现对组织中个体行为的预测和管理。另一方面，反全球化的浪潮和全球经济的整体萧条促使掌控全球一半以上贸易供应链的跨国企业放缓了全球业务扩张的步伐，全球贸易和本土化生产可能将此消彼长。在这种越发不确定的大形势下,组织需要开始准备迎接一个不同的世界秩序,个体和团队则同样需要开始采取行动帮助组织准备好应对一个更多边界的商业世界。

2. 多元化

对组织而言,员工队伍的多元化一直是一个重要课题。在知识经济时代,人的价值日益显现,而人的特殊性矛盾也日益突出。目前,组织的构成在性别、种族、国籍、年龄等方面正变得越来越多样化。例如,无论是中国还是其他国家,女性走出家庭参加社会劳动已经成为主流。种族和国籍的差异及限制也已经变得不那么重要。组织管理者必须承认差异,以保证员工稳定和提高生产率的方式对差异做出反应。另外,员工背景的多元化既是社会发展的结果,提高了组织的创造性和革新精神,通过鼓励不同的观点来改善决策质量,又反过来促进了社会的包容与进步。此外,我国已经进入老龄化社会,而且老龄化的程度也正在不断增强。

在今天的组织中,还有一个重要的现实就是代际多元化。近年来,员工出生年代多元化的现象已经越来越严重地影响到组织管理的各个方面。随着"80后""90后",乃至"Z世代"(指20世纪90年代中叶及2000年后出生的人)步入职场,逐渐成为职场主力军,如何对这些极富个性的新生代员工进行有效管理已成为企业管理尤其是人力资源管理中面临的一个新挑战。伴随社会的发展与转型,新生代员工的价值观和行为方式与上几代人有了较大的差别,过去行之有效的管理方法在他们身上应用时会出现不同的效果。价值观和行为方式的差异对组织来说是喜忧参半:喜的是他们主动,学习动机和成就动机都很强,喜欢挑战新事物,富有创造性,自信且强调自我实现,这样的员工使组织更有活力,也能创造出更多绩效;忧的是他们稳定性欠佳,跳槽现象普遍而且频繁,在他们的职业字典里很难找到"将就"二字。在组织管理者看来,新生代员工是一个"矛盾"的群体。一方面,他们很上进,知识信息量大、自信、能创新;另一方面,他们工作期望值很高,能够承受的工作压力相对较低,工作稳定性也较差。

3. 组织结构的变化

信息技术和互联网技术的迅速普及,以及团队化工作方式的广泛兴起,推动组织从构筑明确刚性的组织边界转变为无边界管理或渗透边界管理,虚拟组织、扁平化组织、网络化组织等各种全新的组织结构形态纷纷涌现。这对组织的管理者提出了新的挑战。此外,组织结构变化所带来的这种边界模糊性和开放性,要求组织行为学重新审视组织面临的经济、文化背景。在全球一体化的今天,组织行为学研究的客体发生了变化。在传统经济中,组织行为学研究人在封闭组织中的行为,而随着知识经济的到来,组织在信息化、网络化革新进程中越来越趋向于开放,组织内的物理、技术、社会和个人等因素持续和外部环境中的各种因素发生联系,尤其是外部的经济、文化环境,这就使得传统的组织行为学研究必须转向对开放型组织的考察。

4. 应对"临时性"

过去的管理特点是长期的稳定伴随着偶尔的、短期的变革阶段。今天的情形正好反过来了,管理的特点是长期的、不断的变革伴随着短期的稳定。当今的管理者和员工面对的世界是一种永久的"临时性"的世界,员工所从事的实际工作处在永远变化当中,所以,员工需要不断更新自己的知识和技能以满足新的工作要求。工作群体也变得越来越处于变动状态,过去,员工一旦被分配到某个特定的群体当中,这种分配几乎就是永久的,人们终日与同一群人共事,安全感很强。现在不同了,工作群体的临时性取代了这种可预测性,团队中的成员来自不同部门,而且总在变化。另外,组织越来越多地使用员工轮岗制,以适应不断变化的工作任务。最后,组织本身也处于不断变迁的状态中。它们不断地重组各个部门,卖掉经营不善的业务,压缩经营规模,把不重要的服务或操作外包给其他组织,用临时工取代长期工。今天的管理者和员工都必须学会应对临时性。他们必须学会在充满灵活性、自发性和不可预测性的环境中生活。

5. 新型工作方式

20世纪六七十年代的经典员工形象是:周一至周五出现在工作场所,在工作中做满8~9个小时,工作地点和工作时间清晰明确。然而,如今的劳动力已经远非如此。员工们越来越抱怨,工作与非工作之间的界限变得越来越模糊,它导致了很多工作与个人生活上的冲突,也给员工带来了更多的压力。很多因素使员工的工作生活与个人生活之间的界限变得越来越模糊。首先,全球化组织的产生意味着它们的世界永远不会处于睡眠状态。其次,电信技术使得很多从事技术与专业工作的员工可以在任何地点、任何时间完成他们的工作。再次,组织正在让它们的员工工作更长的时间。今天的已婚员工中绝大多数是双职工。现在,工作时间变长了,员工需要承受更多的工作压力,工作已经波及家庭和个人的关系。在过去的几十年中,最重要的雇用问题之一就是工作/生活平衡。要达到工作/家庭平衡,人们就需要减少工作和非工作需求之间的冲突。然而,很多员工难以做到平衡,因为无论在工作场所、家里还是其他地方,他们都会花很多时间工作或者思考工作问题。在这一背景下,员工工作方式也随之发生改变。为了帮助员工更好地平衡工作与非工作生活,弹性工作时间、在家里办公等新型工作方式应运而生。

作为其中一种新型工作方式,虚拟工作指的是员工可以利用信息技术在传统的工作场所之外工作,最常见的形式是在家工作。不过,关于远程工作尤其是在家工作的利弊,已经引发了广泛的研究和讨论。虚拟工作显然更适合那些能够进行自我激励并且自律的人,他们可以在信息技术的帮助下有效地开展工作,并且生活等方面的社会需要也能得到充分的满足。有相关证据表明,远程工作会吸引应聘者,也会提高员工对工作/生活的平衡感。同时,远程工作带来的另一个好处就是环境效益,减少能源的消耗。除了这些潜在的利益,在家办公的员工实际上也将面临许多实际或潜在的挑战。如果员工缺乏足够的在家办公的空间和资源,家庭关系可能会因此变得紧张而非得到加强。同时,在家办公还会导致社交上的孤立和晋升机会的减少等问题。

伴随工作方式的变化,员工与企业之间的雇用关系也在发生改变。到了移动互联时代,合伙制正在逐步取代传统雇用制。合伙制让管理者与优秀员工共同谋划,共享利润,共担风险。早在工业文明时期,雇用制就已出现。这是因为,第一、二次工业革命的到来让劳动力、生产力得到提高,生产关系被要求随之变化,发展演变为公司制,公司制最大的特点是雇用和被雇用关系,在这种雇用关系和体制下股东的利益将最大化。20世纪,随着科学管理的兴起,现代管理制度得以确立。到了今天的移动互联网时代,个体价值在逐渐崛起,由于互联网文明代表更高的生产利益,互联网文明时代的生产关系必然取代以工业文明为核心的雇用制,新的组织结构所代表的生产关系——"合伙人制"便应运而生。在整个互联网的连接中,个体价值不需要有特别稳定的组织结构,客户的需求却需要个体能够现场快速反应。传统模式市场的反馈速度非常慢,传统的组织形式和相对固定的科层级的组织结构很难满足客户的需求，并且前端创造的价值和利润回报远远低于后台成本的增长，投资回报率没有以劳动生产率的提高作为公司的出发点。合伙制则通过内部市场化来快速感应市场需求，迅速捕捉商机，进而满足客户的个性化需求。从雇用制到合伙制，不仅是一场生产关系的变革，更是顺应时代走向市场化、激发人才活力、快速感应市场需求、提高运营效率的必然趋势。

6. 面临企业伦理与社会责任的困境

企业的社会责任是一种义务，这种义务要求企业在其运营的社会环境中，以符合道德规范的方式行事。人们希望组织采取对社会负责的行动，这些行动包括保护环境、促进劳动者保护、支持社会公益事业、投资社区等。诸如 IBM 等公司借调管理者给社区学校，教授自然科学与数学，南方电网、中国电信通过"村村通"工程来承担社会责任。

企业经营的目的在于什么？是仅仅为了股东利益，还是要从公众与整个社会的利益来考虑。越来越多的实例表明，伦理道德已经成为企业成功经营的有力助推器，违背伦理道德的企业最终会自食恶果。美国最大的天然气和电力交易商——安然公司因财务欺诈和债务问题曝光，一夜之间破产倒闭，曾经的能源巨头不复存在。三鹿集团曾是我国拥有60多年经营历史的最大的奶粉生产企业，但最终因严重食品安全事故，宣告破产。

7. 循证管理、互联网与大数据

循证管理（evidence-based management，EBM）是对系统研究的补充，它以最佳可用的科学证据为基础做出管理决策，它是指将建立在最佳科学证据之上的科学管理原理转化为组织行为。对于"人们做事的动机"这一问题，系统研究和 EBM 可以完善管理者的知觉或本能。当然，以非系统的方式所形成的观念有时候未必一定是错误的。但依赖知觉有可能会带来更严重的问题，因为人们往往倾向于高估自己所知的准确性。通过循证管理，管理者成了专家，他们做出的组织决策是基于充分的社会科学和组织行为研究成果之上的。使专业决策从基于个人偏好和不系统的经验转变为基于最佳科学证据，这将成为一个时代的思潮。循证管理是一种决策范式，它将最佳研究证据与决策者的专门技术以及顾客的偏好整合起来，从而将实践导向更为理想的结果。循证管理具有以下特征：

- 洞察专业实践的因果联系。
- 对影响理想结果的可测因素进行独立考察。
- 创造循证决策和科研参与的文化氛围。
- 通过组建信息共享团体来避免对某些具体实践方法的滥用、误用或是利用不充分的现象。
- 建立决策支持系统，促进那些已为科学证据所验证的实践的广泛应用，同时开发使决策更容易实施或完成的方法与技巧。
- 使个体、组织和制度因素都有利于促进知识的获取与应用。

互联网的快速发展和大数据的应用使实施循证管理变得更为可能。互联网已经深入到社会生活的方方面面，深刻影响着人们的工作、生活和社交方式。在科技浪潮的冲击下，世界上每一个发展主体都发生了革命性的颠覆。对企业而言，员工的心理行为，组织内部的沟通、规范、工作方式，乃至团队建设、领导方式等都受到了明显的影响并随之变化。首先，互联网使人们的个性和创造性得到更大程度的发挥。其次，互联网开放性、交互性、平等性的特点使得人们的思维向着平等和双向沟通的方向发展。再次，互联网技术的普及

和互联网用户的飞速增长，使许多人可以选择在家办公及移动办公，为社会分工和协作实现有机统一提供了有力的工具。最后，随着越来越多的组织为了完成不同的任务而使用虚拟团队，组织也面临着一些问题，如团队的工作效率低及团队领导的职责不明等。

互联网和数据科学的发展为组织行为学提供了新的科学发展观和方法论——大数据。大数据给社会生活和商业带来的机遇与挑战可以说是颠覆性的。大数据对组织行为学的贡献在于能让我们越来越多地从数据中观察到人类社会的复杂行为模式。大数据时代重在研究网络环境下社会人的态度、行为和社会影响，传统的社会"平均人"不是重点了，过去的数据分析更多地针对群体行为模式，而现在我们可以基于大数据分析和挖掘每一个人的社会行为。如果我们能够从大数据中捕捉某一个个体的行为模式，并将分散在不同地方的信息数据全部集中在大数据中心进行处理，就能捕捉群体行为。除此之外，大数据还影响了企业的数据管理和知识管理。大数据下丰富的数据和知识使得决策参与者的决策能力大大提高，决策参与者角色发生改变，进而影响企业的管理决策。

1.5.2 组织行为学的学科发展趋势⊖

伴随组织管理实践的需求，组织行为学有一些新的发展动向。根据国内外相关学者的观点，组织行为学的发展趋势会沿着深度和广度两个方向发展。

1. 深度方向的发展

随着理论知识与管理实践更加密切的结合，对组织行为学中有关概念的研究将会更加深入和细化。例如，关于个性，之前的提法是某个人"自信"的程度，现在人们则提出了"自我效能感"的概念，它是指某人在某种环境下对完成某种具体任务的信心程度。在领导行为层面上，对交易型领导和变革型领导的深入研究也挖掘了原有领导理论的深度，而诚信领导也开始受到越来越多的关注。在组织行为层面的研究，学者们提出了组织学习、组织创新、知识管理等概念，同时，开始探索组织变革的分析框架、理想的组织模式、干预理论以及变革代理人的角色等研究主题。而从组织整体来看，内外部环境的复杂变化对于组织最大的影响莫过于组织结构的变化。扁平化、适应性、无边界化成为组织结构变化的新方向。随着网络技术的飞速发展以及企业规模的扩大，组织必须能够及时传输并处理大量的信息，这就要求组织纵向层次的减少，扩大管理幅度，使整个组织结构趋于扁平化。组织结构另一个变化趋势则是虚拟化。组织虚拟化伴随新技术的发展而产生，它的组织结构较为松散，灵活性大，有利于企业资源的合理配置。虚拟型组织打破了传统企业边界的束缚，是一种非实体性组织，没有明确的组织边界，也不存在固定的组织结构。与此同时，组织边界已经变得不再清晰，朝着无边界的趋势发展。

此外，从组织行为学学科研究领域而言，近些年来，积极组织行为学得到了一定程度的发展。积极组织行为学是为提高工作绩效，对心智能力测量、开发及有效的管理，并以员工的积极活力为导向的应用学科。积极组织行为学的研究范畴包括信心、希望、乐观、幸福感及情绪智力等。研究表明，这些因素与员工的工作满意度、离职率、工作绩效等均有十分密切的关系。因此，积极组织行为学越来越受到关注。不过，目前积极组织行为学尚处于探索阶段，但是可以预见未来的研究将会综合考虑各层次的影响因素，真正将个体、组织和社会系统有效地连接起来，从而体现出积极组织行为学的深远意义。

⊖ 本节内容摘选自傅永刚. 组织行为学 [M]. 北京：清华大学出版社，2010: 14-15.

2. 广度方向的发展

近年来，组织行为学的研究有向更广的范围发展的趋势，除了研究组织结构与行为、组织中的利益团体、权力系统和政治行为、组织文化、组织发展和变革管理等，组织行为学在广度上更加关注组织与环境之间的行为和相互关系。这里的"环境"是广义的，包括企业所有的利益相关者（如企业的竞争对手、供应商、客户、所在社区、政府机构等）。西方学者提出的组织生态学和商业生态系统理论则是把组织放在一个生态系统内来研究整个系统内各组织之间的行为和相互关系，从而不仅可以预测某个组织的绩效和命运，还可以预测整个生态系统的绩效和命运。

另外，组织行为学与其他学科的交叉融合将会进一步加强。以前，组织行为学的发展一直得到心理学、社会学、文化人类学、政治学等学科的理论支持。组织行为学与复杂性科学之间的交叉融合将会成为未来一个新的热点。复杂性科学是人类在探索日益复杂的自然和社会现象的过程中被提出来的，它包含了系统论、信息论、控制论、耗散结构论、突变论、协同论、混沌论、超循环论等新科学理论。复杂性科学的研究对象是各种复杂的大系统。组织行为学中研究的很多问题实际上都是针对一个系统的，如群体行为、群体决策、群体知识的创造、群体创新、组织学习、组织结构的设计、组织中集权和分权的平衡、组织的演化、组织的变革等。因此，复杂性科学的理论与方法，应用于组织行为学这些问题的研究中是一种趋势。

除了在深度和广度上的发展趋势之外，组织行为学也更加强调应用性的要求，特别是与人力资源管理这样的应用性学科的相互交叉和融合。

本章回顾

组织行为学是一门以组织中的个体、群体及组织自身的行为及规律为研究对象的社会学科，其旨在帮助管理者更好地预测、理解、引导和控制组织成员的行为，从而成就高绩效组织。组织行为学关注如何把握组织中的各种行为，以改进生产率和提高员工的工作满意度。组织行为学研究的基点是从个体的行为出发，研究个体、群体以及组织的活动方式，分析和解释各种因素对个体行为、群体行为和组织行为的影响，并对工作中的个体行为、群体行为和组织绩效之间的关系进行研究。

自20世纪初以来，组织行为学经历了三个发展阶段：以泰勒为代表的经典科学管理理论阶段（1900～1927年）；以霍桑实验开始的人际关系理论以及后来的X-Y理论阶段（1927～1965年）；以权变的态度和方法来看待人及其组织行为的现阶段（1965年至今）。

让组织运作更有效是组织行为学潜在或明显的目标，组织有效性是组织行为学研究最终的"因变量"，也是大部分组织行为学理论的最终研究目标。组织行为学有跨学科性、多层面性、情境性和科学性等学科特性。对组织行为学有贡献的学科很广泛，包括心理学、社会学、政治学、伦理学、生物学和生理学等。

随着全球经济的快速发展，全球化、多元化、组织结构的变化、"临时性"、新型工作方式、企业伦理和社会责任及互联网与大数据等问题，都是组织及其管理者所要面对的挑战与机遇。

顺应组织管理实践的需求，组织行为学的学科发展趋势将会呈现为沿着深度和广度两个方向继续发展。

关键术语

组织（organization）
组织行为（organization behavior）
组织行为学（organizational behavior，OB）
组织有效性（organizational effectiveness）
全球化（globalization）
多元化（diversity）
工作/生活平衡（work/life balance）
虚拟工作（virtual work）

课堂讨论

1. 组织、组织行为与组织行为学的关系是怎样的？
2. 结合实际说明霍桑实验对管理者有哪些启示。
3. 在组织行为学的学科发展和演变过程中，人的地位和作用是如何不断得到提升的？你从中能得到哪些启示？
4. 组织行为学的研究价值与目的是什么？
5. 从管理者的角色和技能两个角度看，学习组织行为学有哪些意义？
6. 在移动互联时代，组织及其管理者面临着哪些新的挑战与机遇？

团队练习

我的期望

在任何时候，只有知道对方到底想要什么，才能很好地做到有的放矢，更好地满足对方的需求。

参与人数：集体参与。
时间：10分钟。
场地：室内。
道具：纸、笔、"我的期望"卡。
应用：教学开始前的沟通和交流。
游戏规则和程序：

1. 给每个学生发一张"我的期望"卡，给他们两分钟时间，让他们讲希望从组织行为学这门课里得到什么。
2. 接下来让大家分享一下他们各自的见解，选出最有代表性的问题。

相关讨论：

1. 大家分享一下彼此来此学习的目的，说说这个游戏对以后的教学有什么好处。
2. 这种方式还可以用在什么地方？

"我的期望"卡

姓名：_____
学号：_____
我的期望：
1. _____
2. _____
3. _____
4. _____
5. _____
6. _____
7. _____
8. _____

网络练习

浏览近期流行的商业期刊（如《哈佛商业评论》《第一财经周刊》等）中的文章，查看其是否涉及组织行为学的概念与知识。请简要进行描述。

自我测试　这些都合理吗

目的：帮助你认识到组织行为学知识有助于理解组织中的生活。

说明：阅读下面每一条论述，并根据你的看法判断其正误。然后全班讨论每个问题的答案并解释原因，以及学习组织行为学的启示。

1. 愉快的员工是有生产效率的员工。
2. 决策制定者会倾向于持续支持某一个行动，即使有信息显示这个决策是无效的。
3. 如果组织能避免员工间产生冲突，它将会更有效。
4. 个人协商要比小组协商更好。
5. 如果公司拥有浓厚的公司文化,那么它就会更加成功。
6. 员工在没有压力的情况下将会表现得更好。
7. 改变个人以及组织的最好方式是准确地指出其现有问题的根源。
8. 女性领导者使员工参与决策的程度高于男性领导者。
9. 最好的决定是在没有感情因素的情况下做出的。
10. 如果员工觉得获得的薪酬不公平，那么除了改变其报酬外没有其他方法可以减轻他们的不公平感。

资料来源：史蒂文 L 麦克沙恩，玛丽·安·冯·格里诺．吴培冠，等译．组织行为学 [M]．北京：机械工业出版社，2011：24．

案例分析　韩都衣舍的买手小组

在韩国工作的 10 里，韩都衣舍的创始人赵迎光见证了韩国电子商务从起步到成熟的过程，并从中看到了机会。一开始，他在易趣、淘宝开网店卖化妆品，但成绩都不太理想。2007 年，他到韩国一家日销售额超 100 万元人民币的知名网店拜访，这彻底改变了他的命运。网店所属公司的社长告诉赵迎光三个秘诀：第一，在网上卖东西，一定要做自己的品牌，将来才有机会；第二，一定要卖女装，女装这个行业是电子商务最热的行业；第三，女装款式尽量多，更新尽量快，性价比要高。只要做好了，一定能成功。2008 年，赵迎光带着三个秘诀回国创业，成立韩都衣舍。韩都衣舍第一年的销售额为 130 万元，而 2018 年的销售额则突破了 15 亿元，如今成了"互联网快时尚"第一品牌。从一个网店小卖家到企业创始人，赵迎光是如何做到的？

赵迎光核心团队设计出以产品小组为核心的运作模式，不同于传统企业，每个产品小组只有三个人，每个小组独立核算、自负盈亏，收入和销售业绩是挂钩的，因此运作效率非常高。靠着这种高效的运作方式，韩都衣舍击垮了所有的竞争对手，让韩都衣舍的销售额能在 10 年时间里，从 130 万元增长到 15 亿元，翻了 1 000 多倍。赵迎光能做得如此成功，最主要的推动力就是他的"小组制"模式。

小组制 1.0：从买手到买手小组

刚开始时，韩都衣舍资源有限，只能做代购，赵迎光把重心放到培养买手上，招揽一批学生，将韩语专业和服装设计专业的人搭配在一起，从韩国 3 000 个服装品牌中挑选出 1 000 个，分给 40 个人，每人每天从 25 个品牌的官方网站上挑出 8 款新品，这意味着每天能挑出 320 款新品。当时，淘宝搜索按刷新时间排序，原本赵迎光只是想使产品充足、新鲜，却没想到赢得了流量。但是这种竞争力主要表现在争夺顾客的前端，赵迎光很快发现这种模式在后台的问题。第一是代购有几大硬伤，比如等待时间过长，经常断货、断色、断码，性价比不高等。第二是选款师没有经营意识和竞争意识。选款师上完新款之后，顾客下不下订单，这款衣服能卖多少，跟他们没什么关系。

于是，赵迎光做出调整。第一，从"代购商品"转为"代购款式"。买手像从前一样选出款式，然后交给生产部门采购样衣，打样，选料，在国内找工厂量产。第二，不再要求每个人盯着 25 个品牌，而是全部打乱，买手之间开始竞争，培养买手的独立经营意识。但是，新问题出现了：每个买手都希望上更多的产品，却不注意库存问题，只选图片上传，买手们对供应链并无太多考虑。于是赵迎光抱着试试看的心理，给了一个买手 2 万元，让她自己决定生产件数、颜色、尺码，一旦盈利，公司和买手分成。但是这种尝试也有问题：其一，买手是设计专业出身，你让她去搞运营，终究是不行的；其二，就算某个买手有经营天赋，但是他又要选款，又要考虑经营方面的事，难免哪头都顾不好。于是，赵迎光把经营事务剥离了出来，但不是像以前那样，交给公司的生产部，而是给每个买手配上视觉人员和运营人员。几个月后，这种"小组+分成"制度的优势开始显现出来，买手小组的积极性提高了，他们不仅可以找到韩国最新的时尚款式，还能找到相对靠谱的代工厂生产，从而降低成本，把控质量；库存周转也快起来了。赵迎光索性在内部做了个试验，成立了两套模式：一套是按照传统服装公司模式设置三个部门：设计师部、商品页面团队以及对接生产、管理订单的部门；另一套模式把三个部门的人打散，每个部门抽出 1 个人，3 个人成立 1 个小组，总共 10 个小组。两套模式同时运行，3 个月后，传统模式被停掉，公司开始试用效率更高、绩效更好的小组制生产模式。就这样，小组制模式成型了：买手+视觉人员+运营人员。

小组制 2.0：内部资源市场化，大家都是二老板

时间到了 2011 年，韩都衣舍有了 70 个小组。小组一多，原来可以调配的资源就没法调配了，比如公司内部的推广资源如何分配？店铺的首页放哪个小组的产品会更好？赵迎光索性给每个小组更高的自治权，款式选择、定价、生产量、促销全都由小组自己决定，小组提成根据毛利率或者资金周转率来计算，毛利和库存成了每个小组都最关注的两个指标。因此，在韩都衣舍的淘宝店里，并不会有统一的打折促销，而是每个小组根据自己商品的情况做出促销决策，以保证毛利率和资金周转率。对于首页资源，他们有一个内部资源市场化的机制：成立 6 个月以上的小组，可以竞拍位置；成立 6 个月以内的，首页拿出专门的位置，让大家抢，谁手快谁抢到。最重要的财权完全放开，每个小组的资金额度自由支配，而这个额度又与小组的销量直接挂钩，卖得越多，额度越大。在韩都衣舍，本月的资金额度是上个月销售额的 70%。比如，上个月有个小组卖了 500 万元，500 万元的 70% 是 350 万元，那么这个月该小组可以用 350 万元去下新的订单。因此，每个小组都必须有很强的危机意识。假设一个小组以 5 万元"起家"，小组一定不会把这 5 万元钱都用于下订单。因为如果卖不出去，就再没有使用额度，小组必须开始卖库存。如果库存永远卖不出去，这个小组就永远没有额度，甚至会"死掉"。"死掉"怎么办？"死掉"就"破产""重组"呗。他们会对各个品类的小组进行竞争排名，排名前三位的会得到奖励，后三名会被打散重组。

这样，每个小组都是一个竞争因子，几乎就是一家小公司。这种把公司做小的理念，稻盛和夫和张瑞敏都在尝试，而韩都衣舍依托互联网的基因轻装上阵，走得更远。这一阶段的使命是解决内部资源分配问题，这也是韩都衣舍整个公司架构全面小组化的阶段。产品小组若是觉得之前对应的摄影小组不够好，那就换一个；若是觉得生产部某个小组协调得力，就会分配更多任务给它，那个小组就会有更多收入，也会更有动力。整个组织架构就像标准配件一样，可以自由对接，也确保大多数人员的收入能够跟市场绩效挂钩。

小组制 3.0：为了变态的售罄率

2012～2013 年，韩都衣舍有 200 多个小组、7个品牌、每年将近2万款产品，这个阶段最头疼的是什么？供应链！这就需要全局规划和单品精确管理。所以，小组制又进化了，他们创建了单品全流程运营体系，公司层面则成立企划中心，用售罄率倒逼各个链条做到单款生命周期管理，并统筹全局。所谓单品运营，就是以单款来考虑的，一款衣服从设计到销售，全部有数据把控；每款产品的生命周期，都有专人精心维护。平均下来，每个月每个小组管理七八款衣服，每款给什么位置，做什么搭配，冲击爆款能到什么程度，库存水平到什么状态需要打折，长期如此，自然得心应手。企划中心则根据历史数据，在年初，参考年度的波峰、波谷节奏，制定目标，然后分解到各个小组；每个小组，在月度、季度、年度，都有细分的考核指标。企划中心相当于韩都衣舍的"发改委"和数据中心，协调各小组之间的竞争。企划中心的节奏控制对于韩都衣舍的供应链至关重要，能够让生产部及其工厂提前预测下一步的进度，方便备料。

数万款产品下单，没有节奏控制，无异于自杀。现在韩都衣舍的售罄率能够做到95%，这在服装行业是非常高的，尤其是在每年有2万款产品的情况下。但是，韩都衣舍分销部负责人刘景岗透露，完成这个指标压力不大。为了做到这一点，韩都衣舍将产品分为：爆、旺、平、滞。爆款和旺款可以返单（韩都衣舍的爆款标准不是传统企业的动辄几万件，能卖2 000件，在韩都衣舍就是爆款了）。平款和滞款必须立即打折促销，而且要在旺销时间，这时稍一打折就会售出，等到了季末，需要清仓的恶性库存自然就很少。这样，整个供应链反应更灵敏，品质也更易控制。当然这个过程是一点点摸索和改进的，没有历史数据的积累，也做不到预测。

总之，小组制可以做到大的共性与小的个性结合，所有非标准化的环节，如产品的选款、页面制作、打折促销，全部由小组来做；标准化的环节，如客服、市场推广、物流、市场、摄影等，统称公务部门，由公司来做。此外，再加上人资、财务、行政等部门，就形成了韩都衣舍组织架构的三级管理模式。

资料来源：案例节选及改编自微信公众号"哈佛商业评论精选"（微信号：hafoshangye）于2018年11月23日发布的文章"韩都衣舍运用了什么模式使销售额从130万到15亿，这是如何做到的？"以及"阿米巴经营实践"（微信号：gh_66843cac5990）于2019年1月27日发布的文章"海尔、京瓷、韩都衣舍，三个案例深度剖析阿米巴模式"。

提示问题：

1. 在小组制的不同阶段，韩都衣舍的小组结构分别关注并解决了什么重要问题？
2. 韩都衣舍"小组制"可能会存在什么样的隐患？

网站推荐

1. 哈佛商业评论：http://www.hbrchina.org/
2. 中外管理：http://www.zwgl.com.cn/cn/index.asp

微信公众号推荐

1. 哈佛商业评论：hbrchinese
2. 春暖花开：CCH_chunnuanhuakai
3. MBA智库：mbalib
4. 组织行为研究：OBR2016

参考文献

[1] 史蒂文·麦克沙恩,玛丽·安·冯·格里诺.组织行为学(原书第 2 版) [M].汤超颖,郭理,译.北京:中国人民大学出版社,2015.

[2] 陈力华,邱羚.组织行为学 [M].北京:清华大学出版社,2005.

[3] 陈国海.组织行为学 [M].北京:清华大学出版社,2008.

[4] 杨锡山,等.西方组织行为学 [M].北京:中国展望出版社,1986.

[5] 斯蒂芬·罗宾斯,蒂莫西·贾奇.组织行为学 [M].孙健敏,王震,李原,译.北京:中国人民大学出版社,2005.

[6] 陈国权.组织行为学 [M].北京:清华大学出版社,2007.

[7] 余凯成.组织行为学 [M].大连:大连理工大学出版社,2006.

[8] 徐子健.组织行为学 [M].北京:对外经济贸易大学出版社,2004.

[9] 王重鸣.管理心理学 [M].北京:人民教育出版社,2000.

[10] 里基 W 格里芬.管理学(原书第 9 版) [M].刘伟,译.北京:中国市场出版社,2008.

[11] 揭筱纹.管理思想史 [M].北京:清华大学出版社,2011.

[12] 姜杰.西方管理思想史 [M].北京:北京大学出版社,2007.

[13] 魏文斌.现代西方管理学理论 [M].上海:上海人民出版社,2004.

[14] 傅永刚.组织行为学 [M].北京:清华大学出版社,2010.

[15] 许芳.组织行为学 [M].北京:清华大学出版社,2014.

第 2 章 个体差异与行为基础

> 尽其心者,知其性也,知其性,则知天矣。
> ——《孟子·尽心上》

学习目标

1. 了解组织中的多元化及多元化管理
2. 把握人格的形成受哪些因素的影响
3. 了解情绪、态度与行为之间关系的研究
4. 掌握个体的行为基础
5. 了解决策的影响因素
6. 了解数字化时代的个体

引例 bilibili:二次元心之所属

史上最简单粗暴的科普:B站到底神奇在哪

创立于 2009 年 6 月的 B 站是国内少有的、拥有非常多垂直用户群体的弹幕视频网站。截至 2017 年 12 月 31 日,B 站约 81.7% 的用户是"Z 世代"。2017 年,B 站移动应用的每位活跃用户平均每日花费时间约为 76.3 分钟。B 站的特色是悬浮于视频上方的实时评论功能,爱好者称其为"弹幕",这种独特的视频体验让基于互联网的弹幕能够超越时空限制,构建出一种奇妙的共时性的关系,形成一种虚拟的部落式观影氛围,让 B 站成为极具互动分享和二次创造的文化社区。B 站目前也是众多网络热门词汇的发源地之一。

私宅的理想工作环境

B 站从公司环境到员工,处处充斥着浓重的二次元气息。大多数 B 站员工有不同的行业背景,有的甚至跟现在的工作完全不相干。但是,他们有一个最大的共同点是,之前皆为 B 站的忠实用户,更是资深二次元中毒者。

B 站十分看重个人能力和工作岗位是否匹配。但是,面试问题有可能十分清奇,比如你喜欢吃咸粽子还是甜粽子?喜欢比基尼还是"死库水"(连体式泳衣)?

对 B 站员工来说,B 站就像迪士尼一样,为喜欢二次元文化的人实现梦想、创造欢乐提供了机会。与一群有共同爱好的人一起工作,在网上用的"黑话"可以直接跟同事用,B

⊖ 用户对 bilibili(哔哩哔哩弹幕网)的称呼。

站员工"同流合污"得很欢脱！B站除了一般公司都会有的人事部门、行政部门，一般互联网公司都有的技术部门外，剩下的部门基本都跟B站独特的运营方式有关，比如内容部门、UP主维系部门、审核部门等。此外，对B站的员工来说，加入B站简直就是解放天性的开始，可以随意穿自己想穿的衣服来上班。

B站相关群体心目中的"二次元"：兴趣第一

作为一个视频几乎全部靠用户上传、内容基本依据流量排名的视频网站，UP主贡献的内容对B站的发展起到了重要的作用。

B站像是一个以视频为载体的互动社区。不同于微博和微信公众账号的打赏机制，也不同于其他视频直播网站的道具打赏，在B站和UP主互动几乎不需要任何花费。除了可以发弹幕实时互动外，B站特有的"硬币打赏"和"充电机制"成了用户对自己喜爱的UP主表达支持的主要方式。

显然，在B站这个75%以上的用户年龄在24岁以下的年轻化平台上，维系用户和用户之间关系主要还是依靠"兴趣"二字。这点与公司和员工之间的关系类似，当然，也完美契合了二次元世界里"兴趣第一"的宗旨。毕竟，聊起"热血""中二"这种事，谈钱就很俗。

资料来源：陈一帆，陈四郎，冯坤元. 实地探访90后都在玩的B站 [J]. 贵圈，2016（209）.

2.1 多元化个体

2.1.1 多元化的内涵与层次

1. 多元化的内涵

在组织行为学当中，多元化指的是组织中人的差异。随着禁止歧视的政治和法律体系的日益完善，各类员工都得到了平等的机会。老年员工、妇女、少数民族的员工纷纷加入企业雇员的大军中，使得劳动力构成呈现出相比以往较大的差异。同时，经济全球化浪潮、跨国企业的出现也让跨文化员工管理成了管理者不得不关注的议题。此外，在激烈的竞争当中，来自不同文化、地域、性别的多样化消费群体也让企业认识到了多元化的价值。丰富的员工群体不仅能够通过知识异质性带来更多的创新，而且能让企业更好地了解消费者的不同需求，尊重多元化的工作环境也提升了组织凝聚力，促进组织绩效的增长。真正的多元化组织具有几个明显的特征：在其日常的运作、产品或服务中体现了多种文化和不同社会团体的贡献与利益；根除组织中以任何形式存在的社会压迫；让来自不同文化环境或社会团体的成员充分参与组织决策，尤其是对组织塑造起关键作用的决策；承担更多的外部社会责任，包括支持其他机构根除各种形式的社会压迫。

2. 多元化的层次

尽管到目前为止表层次的多元化（surface-level diversity）（如年龄、性别、民族及宗教等）已得到了广泛探讨，但越来越多的学者意识到这些人口统计学特征仅仅是牛之一毛。在互动之初，人们倾向于关注这些表层次特征。而随着交流的深入，深层次多元化（deep-level diversity）（人格、价值观等）才是影响互动质量的关键特征。深层次的差异会影响人们的沟通风格、奖惩偏好、对领导行为的响应、谈判风格以及工作行为的其他方面。

2.1.2 多元化的表征

1. 人口统计学特征

人口统计学特征（demographic characteristic）也叫传记特征（biographical characteristic），是指可以从员工的人事档案中直接获取的信息，比如性别、年龄、教育背景、婚姻状况、工作经历等。这些特征将会直接影响组织成员的绩效、工作满意度、流动率与缺勤率等。

（1）**性别**。已有证据表明，男性与女性之间并不存在影响工作绩效的重要差异。例如，在解决问题的能力、分析技巧、竞争动力、学习技能、动机或者参与社会活动的能力方面，男女并无显著差别，但是男女确实存在些许差异。例如，女性在语言表达、短时记忆、形象思维能力方面相对更强；男性则在空间知觉、分析综合、抽象思维能力方面更强。另外，女性比男性更容易遵从权威，对成功的期望更低。

（2）**年龄**。人们普遍认为，随着年龄的增长，个体的工作绩效会不断下降，缺勤率会增高，而且老员工缺乏灵活性，对新技术会有抵触情绪。但其随年龄增长而增加的经验、判断力、较强的工作道德感及对质量的承诺等足以弥补个体身体技能方面一定程度的衰退。研究显示，年龄与缺勤率之间的关系在一定程度上受到缺勤原因的影响，一般年长员工在可以避免的缺勤方面表现优于年轻员工，但他们在不可避免的缺勤方面表现相对较差，这可能是因为年龄关系造成身体健康状况不良，或者在疾病及损伤之后需要更长的恢复时间。

（3）**教育背景**。教育背景包括个体的受教育程度、学校、所学专业、学习成绩、所获奖励等内容。一般而言，个体的受教育程度越高，其知识水平相对越高、心态越好，在工作中的学习能力越强，更容易适应新的工作环境并能够创造更高的绩效。同时，学校知名度越高，教育资源相对来说越丰富，学生在校期间接触丰富的环境可以提高自己的综合素质和自信，这对职业成功而言，是非常重要的。

（4）**婚姻状况**。关于婚姻状况对员工绩效的影响，目前尚缺乏足够的研究证据。已有的相对一致的研究结果是，已婚员工与其未婚同事相比，缺勤率和离职率更低，对工作也更为满意。这可能是因为婚姻带来了家庭负担，员工的责任感增强，从而使得一份稳定的工作显得尤为重要，也更有价值，也可能是因为已婚个体本身就更具有稳定倾向。

（5）**工作经历**。工作经历一般可以反映个人的职业目标是否清晰，在以往的职业发展中积累的工作经验和技能是否与组织要求相匹配，可以带来何种潜在资源，流动意向等。有工作经历的人一般可以很快进入工作状态，而相关工作经验不足的员工还需要耗费组织的资源来进行培养。然而，我们还应该看到，工作经历虽然可以节省组织的一部分费用，但同时有工作经验的人可能会在工作中表现出保守和不善于学习的一面。

2. 能力

组织中的行为，尤其是履职行为，与个人能力的关系非常密切。所谓能力（ability），反映了个体现有的能够完成给定要求的不同任务的技能。我们认为能力可包括两大类内容：体质能力（physical ability）和心理能力（intellectual ability）。

（1）**体质能力**。对于从事知识与技术要求较少而又比较规范的工作的人（如运动员、搬运工、流水线上的操作工等）来说，体质能力可能会成为成功的关键因素。许多行业对体质能力都有相应的严格要求，有必要在管理中确定员工的体质能力水平。

专家调查了数百种不同工作的要求，归纳出工作中体力活动的九项基本能力（见

表2-1)。不同个体在每项能力上都存在着一定程度的差异，如果管理者能够确定成功完成某一项任务所需的能力要求，并能保证从事此工作的员工具备这些能力，那么工作绩效无疑会得到很大提高。

表2-1 九项基本能力

力量因素		
1	动力力量	在一段时间内重复或持续运用肌肉力量的能力
2	躯干力量	运用躯干肌肉尤其是腹肌达到一定肌肉强度的能力
3	静态力量	产生阻止外部物体力量的能力
4	爆发力	在一项或一系列爆发活动中产生最大能量的能力
灵活性因素		
5	广度灵活性	尽可能远地移动躯干和背部肌肉的能力
6	动态灵活性	进行快速、重复的关节活动的能力
其他因素		
7	躯体协调性	躯体不同部分进行同时活动时相互协调的能力
8	平稳性	当受到外力威胁时，依然保持躯体平衡的能力
9	耐力	当需要延长努力时间时，保持最高持续性的能力

(2) **心理能力及其测量**。心理能力是指从事需要思考、推理和解决问题等心理活动所需要的能力。心理能力的构成包括10个维度（见表2-2）。

表2-2 心理能力的结构

心理能力	描述
1. 适应性和封闭速度	在心里保持一个特别视觉构像的能力
2. 流畅性	产生字词、思想和言语表达的能力
3. 因果感应	形成和验证假设、发现相互关系的能力
4. 联想记忆	记住并能够回忆不相关材料的能力
5. 记忆广度	在呈现一系列项目后立即正确地回忆出这个项目系列的能力
6. 数字能力	能够快速对数字进行算术运算的能力
7. 知觉速度	发现图案、做出比较、进行简单视觉加工的速度较快
8. 逻辑推理	根据已知条件推导出结果的能力
9. 空间方向和视觉化	知觉空间形式，且操纵或变换空间形式的表象的能力
10. 语言理解	理解字词知识及其含义，且能够应用这些知识的能力

智力是心理能力的核心。在心理能力的测量中，人们主要运用相关智力测试。而在智力测试中人们主要用智商（intelligence quotient，IQ）作为衡量人的智力高低的数量指标。智商概念最先由法国的阿尔弗雷德·比奈（Alfred Binet）和他的学生发明，他们根据比奈智力测验测试的结果，将一般人的平均智商定为100。其具体计算方法是一个人的智力年龄（mental age，MA）与实足年龄（chronological age，CA）的比值乘上100。其计算公式为：

$$IQ = (MA / CA) \times 100$$

比奈智商本质上是一个比率，因此称为比率智商。根据比奈智力测验，正常人的智商大多为85~115。一个人的智力在到达一定程度后就会停止增长或放缓增长（一般为26岁），但年龄增长却不会停下来，运用比奈智力测验会出现智商不断下降的情况，这显然不符合现实。现在得到广泛应用的是韦克斯勒智力测验和瑞文标准推理测验。

1）**韦克斯勒智力测验**。纽约贝尔维尤医院的戴维·韦克斯勒（David Wechsler）使成人智力测验不再依赖语言项目，他把智力定义为"智力是个人行动有目的、思维合理、应付环境有效的一种聚集的或全面的才能"，并基于此开发了韦克斯勒智力量表，称为W-B（Wechsler-Bellevue）量表，可用于儿童与成人。在他编制的智力量表中首次采用离差智商（deviation IQ）取代了比率智商。离差智商表示每一个被试成绩偏离他同龄人平均成绩的程度（单位为标准差），是依据测验分数的常态分布来确定的。它以100作为每个年龄组IQ的均值，标准差为15，计算公式为：

$$IQ = 100 + 15Z = 100 + 15(X - M)/S$$

式中，X为某人实得分数；M为某人所在年龄组的平均分数；S为该年龄组分数的标准差；Z是标准分数，其值等于被测人实得分数减去同龄人平均分数，除以该年龄组的标准差。

2）**瑞文标准推理测验**。瑞文标准推理测验是英国心理学家瑞文（J. C. Raven）于1938年设计的一种非文字智力测验，用以测验一个人的观察力及推理判断的能力。瑞文的理论假设是将智力一般因素分为两种互相独立的能力：①再生性能力，表明个体经过教育之后达到的水平；②推断性能力，表明个体不受教育影响的理性判断能力。词汇测验是对再生性能力的最有效测量，而非言语的图形推理测验则是对推断性能力的最佳测量。瑞文推理测验是纯粹的非文字智力测验，且降低了文化因素对测验结果的影响，力求避免测验的偏差，因此也被称为"文化公平测验"。

智商的高低与一个人的学习能力和学习成绩有很大关系，一个人的智商越高就表明他比别人越聪明或掌握越多的知识。但是，智商不单与遗传因素有关，还与生活环境有关。如果我们只凭智商来推断一个人在社会上的成就，就显得不够完善，甚至产生很大的偏差。另外，现代人的平均智商在逐渐提高，但目前尚不明确其原因是智力实际增长还是测量的原因所致。

3. 价值观

（1）**价值观的定义**。价值观（value）是一个人对人、事、物的意义与重要性的总体评价和信念，包含了正误、好坏、取舍的判断倾向。价值观是后天形成的，但一旦形成和稳定，就难以改变。价值观包含内容和强度两种属性，内容属性描述了某种方式的行为或存在状态是重要的；强度属性表明其重要程度。

人的价值观从何而来？从历史来看，人类文化中有些价值观历经千万年的磨炼，被普遍认为是正面的、有用的，在人类文明中沉淀下来，代代相传。比如，和平、自由、民主、忠诚、尊严、公正、平等、正义、快乐等信念，被全人类认为具有共同性价值，即使其具体含义在历朝历代不尽相同，但其核心理念是比较一致的。从个体来看，一个人的价值体系可能受到遗传、民族文化、父母行为、老师的教育、朋友及其他环境因素等众多因素的影响。

研究表明，工作价值观影响了个体对正确与错误的判断，进而影响个体的工作行为。相同职业或类别的人（如公司管理者、工会成员、父母、学生）所拥有的价值观比较接近。职员根据成就、关心他人、诚实以及公平等组织内的价值观进行排序，建立自身的价值体系。当领导的价值观与职员相同时，职员对工作满意水平更高。研究甚至发现，报酬和职位这两个因素对职员工作选择的影响，尚小于成就、关心他人以及公平等价值观的影响。组织的决策也受到其成员所持价值观的影响，其中管理人员的价值体系会影响到以下几个方面：一是对其他个人及群体的看法，从而影响到人际关系；二是个人对决策和问题解决方法的选择；三是对个人所面临的形势和问题的看法；四是关于道德行为标准的确定；五是个人接受或抵制组织目标和组织压力的程度；六是对个人及组织的成功和成就的看法；七是对个人目标和组织目标的选择；八是用于管理和控制组织中人力资源的手段的选择。

（2）**罗克奇的价值观分类**。关于价值观的分类，有多种理论，比较有影响的是心理学家罗克奇（Rokeach）的分类，他通过调查将价值观分成两大类，即终极价值观和工具价值观。终极价值观反映了人们有关最终想要达到目标的信念；工具价值观反映了人们对实现既定目标手段的看法，如表2-3所示。

表2-3 罗克奇的价值观分类

终极价值观		工具价值观	
舒适的生活	令人兴奋的生活	雄心壮志	心胸开阔
成就感	世界和平	能干	乐观
世界美丽	平等	清洁	坚持信念
家庭安全	独立自由	原谅	助人
幸福	内心和谐	诚实	有想象力
成熟的爱	国家安全	独立	聪明
愉快	节俭	有逻辑性	热爱
自尊	社会认可	顺从	谦恭
真正的友谊	智慧	负责	自我控制

然而，应该指出，这是一个基于美国本土的研究，对价值观的构成可能存在独特的民族差异性。不同的民族价值观对同一个问题的看法可能完全不一样，比如接受礼物，在一个国家可能被认为是腐败行为，而在另一个国家可能会被看成基本礼节。这就是为什么跨国公司的伦理立场比仅在本土运营的公司更为复杂。

4. 人格

（1）**人格的概念**。在组织行为学的研究中，人格（国内许多学者也称之为个性）是一个包含了先天禀性（遗传和心理及生理上的传承）和后天教养（环境、发展的熏陶）、性情特质、人对情境的知觉等交互作用，以及社会化过程的自我概念。它有着复杂的结构，包含需要、动机、兴趣、价值观，以及性格和心理能力等。

（2）**人格的影响因素**。个体的人格是在多种因素和相互作用下逐步形成和发展起来的。对于决定个体人格的因素，心理学界有遗传论和环境决定论的争论。遗传论者认为个体的独特人格完全是由遗传决定的，环境决定论者则认为一个人的后天经验（环境）决定了人格。实际上，遗传、环境和情景都是影响人格的重要因素。详细讨论这些因素有助于我们理解人格差异性。人格的形成主要由以下几个因素决定（见图2-1）。

1）**遗传因素**。一些特质（如外向、冲动、灵活、害羞、畏惧、不安等）在很大程度上是由内在的基因特点决定的。有研究表明，同卵双胞胎出生时就被分开，在完全不同的环境下被抚养成人，他们仍然有一些相同的人格特质和职业偏好。此外，一项对8～12周的新生儿进行追踪调查的研究发现，根据出生头几个星期的性情就能预测他们成年后的某些人格特征。

2）**环境因素**。影响人格的外部环境可以分为自然环境和社会环境两大类。其中，社会环境，特别是文化、家庭、群体、生活经验等因素是人的心理、意识产生的主要源泉，对人格、能力的形成起关键性的作用。具体来说，一是文化背景，生活在某一特定文化中的人们，往往有着共同的关于正统行为的标准，会形成相同或相近的行为模式。虽然文化决定了某一群体中行为的相似性，但同

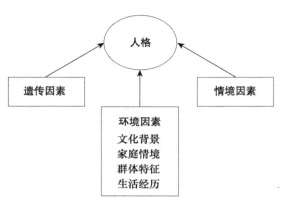

图2-1　人格形成与发展的主要影响因素

一文化对单个个体的影响程度却有不同。二是家庭情境，家庭情境因素包括家庭规模、社会经济水平、种族、宗教和地理位置、家庭成员的出生顺序、父母受教育程度等。例如，在贫困家庭中成长的个体与在富裕家庭中成长的个体有着不同的经历和机遇。三是群体特征，个体作为不同群体（如同窗、运动队及工作组织等）成员所扮演的各种角色以及不同经历是人格差异的又一重要来源。四是生活经历，例如自尊的发展取决于一系列经历，包括达到目标的机会和期望值、影响他人的能力、获得他人认可等因素。

3）**情境因素**。情境是指导致个体表现出人格的"特殊性"的特定情况和环境。这种"特殊性"既指在平常环境条件下没有表现出的"潜在"人格，也指在特殊环境条件下表现出的一些"反常"举动。比如，一个平时柔弱温顺的女子，在关键时刻可能会表现得比男子更坚韧。个体的人格虽然从总体来说是稳定持久的，但在不同情境下会有所不同。在不同情境中，一个人的人格会表现出不同的方面。

情境因素影响个体的人格特点这种假设具有内在逻辑基础，但是要对其进行明确系统的划分，以了解各种不同情境类型对人格的具体影响，还为时尚早。研究已经表明，在影响人格方面，一些情境因素比另一些情境因素所起的作用更大。在对情境进行分类时值得注意的是，情境对行为的影响似乎与其他限制因素有着本质的不同。某些情境（如教堂、招聘面试情境）限制了很多行为，另一些情境（如公园野餐）则对行为的限制相对较少。

(3) **组织中的人格特质**。此处主要考察组织行为中广受关注的五种人格特质：控制点、马基雅维利主义、自控、自尊以及冒险性。

1）**控制点**（locus of control）。它用来表征个人感觉在何种程度上能够控制自己的生活。内控型的人相信事情可以基本由自己控制。而外控型的人相信事情的结果更多地受到运气和外部环境的影响。研究发现，内控型的人偏好参与型管理方式，而外控型的人则似乎更容易接受程序固定的工作。

2）**马基雅维利主义**（Machiavelli）。它又称权术主义，表示为达目标而产生的不顾道德观念约束的机会主义、权力操纵行为。马基雅维利主义水平较高的人往往富有逻辑、深谋远虑、为达目的不择手段，其不易受友情、诚信及他人影响，相信结果可以证明手段的正确性。

3）**自控**（self-monitoring）。它反映了个人按照外部环境因素调整个人行为的能力。自

控能力强的人对特定情境反应敏感，善于在不同情境下调整自己的行为，更易于服从。自控能力弱的人对环境不敏感，在所有情境中都倾向于表现出真实的情感和态度，其行为具有高度一致性。研究表明，自控能力强的人更适应岗位和情境的变化，而自控能力弱的人比较适合固定和具体的工作内容。

4）**自尊**（self-esteem）。它是个体对自我价值的一般性认识。自尊心强的人对自己的认识更积极，相信自己的优点比缺点更重要。自尊心弱的人更容易受到别人评价的影响，进而去恭维给予自己积极评价的人，去贬抑给予自己消极评价的人。组织中的研究发现，自尊心强的人在求职时追求更高，绩效表现更佳，但他们在压力情境中，也许会不切实际地吹牛。

5）**冒险性**（adventure preference）。它是指个体趋近或者回避风险的倾向性。冒险性对管理者做决策所用的时间以及决策之前所需要的信息量都有影响。例如，一项研究让两组管理者进行模拟人事练习，做出聘用决策。高冒险性的管理者决策速度更快且使用的信息量也更少。但有趣的是，两组决策的准确性相当。管理者应努力将员工的冒险取向与具体的工作要求相匹配，以达到使组织最有效的目的。

（4）**有关人格特质的理论和研究**。具体如下：

1）**卡特尔的人格特质理论**。特质论认为，人格是一个复杂的心理结构系统，其中包括多种持久而稳定的人格特质（personality trait）。这些特质是人类共有的，但是特质的数量和组合因人而异，因而导致人格方面的个体差异。如果我们能认识和了解这些特质，就可能预测一个人未来的行为动向，但是早期的人格特质理论因为在分离特质上困难重重而受阻。20世纪40年代开始，卡特尔（R. Cattell）采用因素分析法，最终确定了16种稳定而持久的人格因素，被称为人格的主要特质或根源特质。进一步，卡特尔在16种根源特质的基础上，编制了人格测验，这种人格测验（简称为16PF）在组织管理领域应用很广泛。

2）**大五人格模型**。近年来，大量颇具影响力的研究证实，有五项人格维度构成了所有人格因素的基础，并包括了人格当中的大多数明显变异。这种人格理论模型被称为大五模型（the big five model）。如图2-2所示，它包括五个维度。

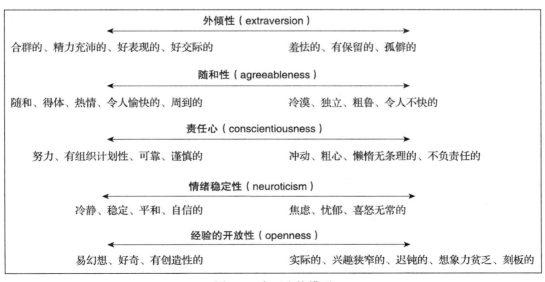

图2-2 大五人格模型

不少研究发现大五人格模型与工作绩效之间存在重要关系。其中，对各行各业来说，责任心这一维度都可以预测员工的工作绩效。而大五人格模型中的其他人格维度的预测力则主要取决于绩效标准和职业群这两个因素。

3）迈尔斯－布里格斯人格特质问卷（Myers-Briggs Type Indicator，MBTI）。MBTI是20世纪40年代凯瑟琳·布里格斯（Katharine Briggs）和伊莎贝尔·布里格斯·迈尔斯（Isabel Briggs Myers）母女俩根据瑞士精神病学家卡尔·荣格的理论提出的，目前MBTI被广泛用于招聘测试、团队建设、冲突管理和理解管理风格等各个方面，表现出了较好信度与效度。

根据自己的临床实践和他人的观察，荣格逐渐相信人与人之间的差异可以分为四类。迈尔斯和布里格斯将这四类分别标注为：外向型（E）或内向型（I）；领悟型（S）或直觉型（N）；思维型（T）或情感型（F）；判断型（J）或感知型（P）。MBTI人格类型范例如表2-4所示。

研究证实了MBTI的有效性，采用荣格理论了解个体人格，有助于识别该个体喜欢和擅长的工作类型。例如，ESTJ（外向、领悟、思维、判断）类型的人擅长组织和管理。一项关于MBTI的集中研究表明，被研究的7 463名管理者中的大多数属于ESTJ型。而ENTP型则为抽象思考者，敏捷聪明，善于处理挑战性的事务，但在处理常规工作时则表现欠佳。此外，仅占总人数5%的NT型人更有成为杰出企业家的潜质。

表2-4 MBTI人格类型范例

类　　型	描　　述
INFJ（内向、直觉、情感、判断）	沉着坚定、有责任心、关注他人。这种人的优势在于持之以恒，思维独特，对任何必要和想要的东西都有一种做事的冲动，常常因为自己毫不妥协的做事原则而受到尊重
ESTP（外向、领悟、思维、感知）	心直口快，但有时粗心大意。这种人能直面现实，很少焦虑、紧张或担惊受怕。他们随遇而安，对任何事情都能泰然处之，擅长那些需要进行分解组合的事情
ISFP（内向、领悟、情感、感知）	敏感而温和，谦逊而羞怯，待人十分友好。这种人非常不喜欢意见分歧，并且总是试图回避它们。他们是忠实的追随者，而且常常让事情干起来很轻松
ENTJ（外向、直觉、思维、判断）	热情而友好，直率而果断，通常擅长任何需要推理和智能的任务，但有时对自己的能力水平估计过高

4）约翰·霍兰德人格－工作适应性理论（personality-job fit theory）。约翰·霍兰德（John Holland）的人格－工作适应性理论解释了人格特征与工作要求之间的匹配关系。霍兰德提出的六种人格类型，区分了不同人格类型的特征，并给出了相匹配的岗位。

霍兰德的职业偏好量表涵盖了160种职业，总结出的人格特征是根据回答者回答问题的偏好统计整理而来的。图2-3中的六边形模型体现的是类型取向和实际情况一致的趋势，相邻的部分表明类型比较相似，而对角线上的是反差

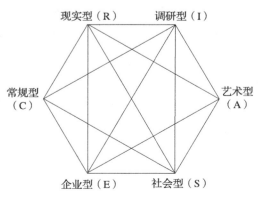

图2-3　职业人格类型之间的关系

很大的类型。

该理论提出工作满意度与离职倾向取决于人格与工作的匹配程度。当人格与岗位匹配程度较高时，员工的满意度就会较高，离职率也会降低。通过人格测试进行员工的选拔和评估，可以找到最适合岗位需求的人员，同时也可以根据员工的人格特征采用相应灵活的管理方法。克里斯·阿吉里斯的研究指出，管理方式和工作环境对个体人格完善有重要的影响，约束的管理方式和高度的控制会限制人格和行为。因此，创造培养个体人格的良好环境也能促进人格与岗位的匹配。

2.1.3 多元化管理

组织通过多元化管理（diversity management），消除不公正的歧视，根除由刻板印象带来的不公正假设。此外，多元化管理让组织成员尊重彼此的差异，愉快地留在组织内工作。管理者则通过这些管理方式，更好地应对多元化带给组织的一系列挑战，从而使多元化成为提升组织绩效的推动力。组织可以在日常的管理中简单地采取以下措施进行多元化管理。首先，在招聘与选拔中更加公平、客观。从胜任力而非人口统计特征的角度出发，做出合理的决策。为了避免测试中可能存在的文化偏见，管理者可以选择采用具体的工作测验，而非一般的态度或知识测验。其次，围绕多元化群体的需求提供培训，以期助其谋得更好的职业发展，或是满足多样化的需求，如职业女性可能需要得到"如何达到工作—家庭平衡"方面的指导。此外，管理者与其他员工通过参与培训，了解在工作中如何应对多元化带来的一系列问题，从而更好地与多元化员工相处。再次，培养共情思维，将自己放在别人的位置上，从他人的角度思考问题，以便更好地理解多元化的观点，理解多元化员工的处境，从而消除组织中不利于有效多元化的一些情况。最后，实行包容式管理。在工作内容设计及实施中无时无刻不体现包容性，包容员工的背景差异、个性特征等。

实际上，组织中的多元化管理应该做到每个人对他人的差异和需求等更有意识、更敏感。而要真正发挥多元化管理的有效性，除了做到真正理解并尊重员工的差异外，还要注意了解个体的行为基础，理解个体实施特定行为背后的原因。

2.2 个体行为的基础

个体行为除了受到统计学特征、能力、价值观及人格等一系列个性化因素的影响外，还受到因响应外界环境而产生的一系列心理状态的影响。本书介绍五种主要的个体行为基础：知觉、归因、情绪、态度及压力。

2.2.1 知觉

知觉（perception）是个体对环境刺激进行选择、组织、理解、反思并赋予其意义的过程。环境刺激的多种属性同时或相继作用于不同的个体感受器时，在大脑皮层上多个部位形成兴奋中心，扩充后形成暂时联系，从而使我们对事物的关系产生反应，借助关系反射，人们形成了对事物的整体认识。知觉具有选择性，总是过滤掉大多数的内部或外部刺激，而只注意几种关键的刺激，通过感觉器官接收，再根据对象的特点和自身的兴趣选择注意的焦点，然后结合个体自身特征赋予刺激以意义。

1. 影响知觉的因素

影响知觉的因素是很复杂的，它们可能引起知觉的偏差和歪曲。知觉的影响因素可以从知觉者的主观因素、知觉对象的特征和情境特征对知觉的影响三个方面来把握。

（1）**知觉者的主观因素**。知觉者的主观因素对知觉起到非常重要的影响，主要有以下方面：

- 兴趣和爱好。通常人们感兴趣的或者厌恶的事物容易被察觉，并引起相应知觉，而不感兴趣的事物则往往被排除，出现熟视无睹的情形。
- 需要和动机。未满足的需要或动机能够对人的知觉产生强烈影响。
- 知识和经验。个体具有的知识、经验对知觉的选择性影响也很大。
- 自我概念。自我概念分为两种：实际的自我，指个体如何看待和评价自己；理想的自我，指个体期望自己成为什么样的人的知觉。自我概念的影响主要表现在：如果我们了解自己，能够正确描述自己的个性特征，我们就能更好地知觉他人；如果我们能积极地接受自己，我们就会更容易看到他人的优点；我们自己的人格特征，会影响我们注意到别人的哪些个性特征。
- 认知结构。认知结构越全面、越复杂，我们对于他人的知觉就越趋于实际。知觉到同一个人时，有人以身体特征去评价，如高或矮、胖或瘦；有人以性格去评价，如活泼或稳重。

此外，价值观、身体状况等因素也会影响知觉的结果。这些由主观因素所造成的个体知觉差异，使人的知觉世界丰富多彩，也更难以把握。

（2）**知觉对象的特征**。具体如下：

第一，对象的某些特征与知觉组织。格式塔心理学⊖（gestalt psychology，又名完形心理学）的创始人威特海默（M. Wertheimer）指出，大脑是一个动力系统，具有通过联想把几个刺激组合成一种可识别模式的倾向。这种组合符合封闭律、连续律、接近律、相似律及转换律。

1）封闭律。一组分散的知觉对象包围一个空间时，容易被人知觉为一个单元。例如，火车车厢里面对面坐着的乘客，比背靠背坐着的乘客，更容易被知觉为一个单元。

2）连续律。连续律和封闭律密切相关，封闭律提供了缺失的刺激，而连续律则认为人倾向于知觉那些连续的线段或模式。例如，弹奏钢琴的各个音符因其连续性而被人知觉为一首乐曲。

3）接近律。在时间、空间上接近的刺激容易被知觉为一种整体模式。图 2-4 表明，距离较近且毗邻的两线，自然而然地组合起来成为一个整体。

4）相似律。各种刺激越相似，就越可能被知觉为同一组织。观察图 2-5，人们容易把黑点与白圈分别对待，而将该图看成按直线排列，而非以横线排列。

5）转换律。格式塔可以经历广泛的改变而不失其本身的特性。例如，一个曲调变调后仍可保持同样的曲调，尽管组成曲子的音符全都不同。

⊖ "格式塔"（gestalt）既指物体的形状或形式，也指某具体的实体和它具有的特殊形状或形式的特征；可以把格式塔理解为任何分离的整体。格式塔可以包括学习、回忆、志向、情绪、思维、运动等。广义地说，格式塔心理学家用格式塔这个术语研究心理学的整个领域。

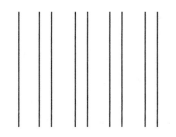
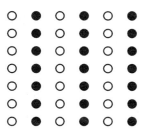

图 2-4 接近律　　　　　　　图 2-5 相似律

第二，知觉对象的外表特征。比如，大小、形状、颜色等，以及其刺激强度、声音、温度、运动状态、新奇性、重复次数、与背景的对比，也能影响知觉。

著名的缪勒－莱伊尔（Muller-Lyer）错觉就是由形状引起的知觉差异的例子。如图 2-6 所示，a 和 b 两线段等长，但由于两端加入方向不同的箭线，看上去似乎线段 b 比线段 a 要长。

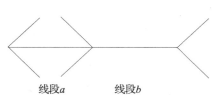

图 2-6　缪勒－莱伊尔错觉

由颜色引起知觉差异的原理，已经被日常衣着、房间室内装饰等广泛应用，如红、橙、黄给人温暖之感，蓝、蓝绿、蓝紫给人寒冷之感；黑色、红色被人知觉为重，蓝色、绿色被人知觉为轻；浅色使人觉得宽大，深色使人觉得狭小等。

（3）**情境特征对知觉的影响**。情境或环境通过影响人的感受性而改变知觉效果。所谓感受性，就是人对刺激的感觉灵敏程度。知觉的相互作用，人的生理因素、心理因素，某些药物的刺激，以及对香烟等的不良嗜好，也可能引起感受性变化。此外，背景可能对知觉有极为复杂的影响，它赋予环境中的简单刺激特殊的意义和价值，例如组织文化和结构。

2. 社会知觉及知觉偏差

社会知觉（social perception）就是个体在社会环境中对他人的心理状态、行为动机和意向（社会特征和社会现象）的知觉。在社会知觉领域中，由于知觉的主体、客体都是人，具有强烈的主观能动性，因而社会知觉非常复杂，双方的关系、相对地位、价值观念、个性、社会经验和知觉对象行为的真实程度等，都可能成为重要的影响因素。但由于人们只具有有限的信息处理能力，因此可能带来社会知觉的偏差和错觉。下面就是一些常见的知觉偏差效应。

（1）**选择性知觉**（selective perception）**与知觉防御**。选择性知觉是指人们选择那些与自己的个性、定型的知觉及心理预期相同或相似的东西，而本能地忽略或歪曲那些使他们觉得不舒服或威胁到他们观点的信息。在一些极端的情形中，我们的情绪过滤掉大量威胁我们信仰和价值观的信息，这一现象被称为知觉防御。知觉防御在保护我们自尊的同时，也可能形成一种减缓压力的短期机制。

（2）**首因效应**（primacy effect）。它是指人们在对他人总体印象的形成过程中，最初获得的信息比后来获得的信息影响更大的现象。美国心理学家卢钦斯（A. Luchins）用两段文字作为实验材料，进行了一次首因效应实验。他编撰的文字材料，主要是描写一个名叫吉姆的男孩的生活片段，第一段文字将吉姆描写成一个热情、外向的人，另一段文字则把他描写成一个冷淡、内向的人。卢钦斯让四组实验对象分别阅读一组文字材料（分别是第一组：先热情、外向，后冷淡、内向；第二组：先冷淡、内向，后热情、外向；第三组：仅呈现出热情、外向材料；第四组：仅呈现冷淡内向材料），然后回答一个问题"吉姆是一个什么样的人？"结果发现，第一组中有78%的人认为吉姆是友好的，第二组中只有18%的人认为吉姆是友好的，第三组和第四组中认为吉姆是友好的分别有95%和3%。这项实验证明，信息呈现的顺序会对社会认知产生影响，先呈现的信息比后呈现的信息有更大的影响作用。

（3）近因效应（recency effect）。它是指在总体印象形成过程中，新近获得的信息，比原来获得的信息影响更大的现象。研究证明，近因效应一般不如首因效应明显，也不如首因效应普遍。在印象形成过程中，当不断有足够引人注意的新信息，或者原来的印象已经淡忘时，新近获得的信息的作用就会较大；当人们在回忆旧信息发生困难的时候，对别人的判断就要依赖于目前的情境，就会发生近因效应。个性特点也影响近因效应的发生，一般心理上比较开放、灵活的人，比较容易受到近因效应的影响。

（4）刻板印象（stereotype）。它是指过度推论、过分简单化地对人们的个性的自我知觉信念。它是基于人们在某一社会群体中的身份，把某些特征赋予他们的过程。当我们说德国人办事高效、意大利人浪漫多情或法国人厨艺精湛时，我们便是在按国籍将人刻板印象化。刻板印象来自人的本能：大脑一旦接收外部刺激，便设法识别和划分其类型。因为外部信息浩如烟海，而我们的智慧又很有限，所以我们就尽可能以最具有操作性的方式来理解这个世界。这大大提高了我们的知觉效率，但有时常被证明是错误或有害的。

（5）对比效应（contrast effect）。它会使知觉失真。我们对一个人的评价并不能保证完全客观，总是会受到近期接触的其他人及事物的影响。例如，在面试过程中，对面试者的评价往往受到面试次序的影响，如果排在该面试者前面的是个优秀的求职者，则可能不利于对该面试者的评价；反之，该面试者可能会得到较高的评价。

（6）晕轮效应（halo effect）。人们在观察别人时，对这个人的某个方面、品质或特征有非常突出的知觉，起到了一种类似于晕轮的作用，从而影响了对这个人其他特征的知觉，造成以点概面、以偏概全的后果，这就是晕轮效应。所谓"情人眼里出西施"就体现了这个道理。

（7）期望效应（expectation effect）。它指的是预先的期望会抑制个体对事物的认识，知觉过程对信息的选择、对知觉对象的解释，都会偏向知觉主体预期的方向。期望效应的另一方面，是自我实现的预言，也称皮革马利翁效应。对这种现象的解释有两种：一种是观察者专注于预期发生的行为，忽略和预期不一致的行为，这种对信息选择的偏向，使得对行为的评价发生偏差；另一种是直觉对象感受来自他人的期望，从而影响动机因素，带动行为表现向预期方向发展，从而使预言变成现实。

2.2.2 归因

1. 内部归因和外部归因

归因理论（attribution theory）是解释我们如何确定自己以及他人行为原因的理论。根据归因理论，影响人的行为的是对事件原因的知觉，而不是实际事件本身。例如，一个得到加薪的雇员可能会把加薪这一事件归因于他努力工作，这可能会使得他以后继续努力工作；如果他把加薪归因于他与公司领导一起参加网球协会，相应地，他可能会继续去打网球。

归因可以分为内部归因和外部归因。内部归因是指在个体控制能力之内的内部责任来源，例如个体的能力、技术、内部激励、性格等；外部归因是指在个体控制能力之外的外部责任来源。例如，一位员工早上上班迟到，你可以把他的迟到归因于他熬夜打牌而睡过了头，这就是内部归因；如果你认为他的迟到是因为他常走的道路遭遇堵车，那么这就是外部归因。

2. 归因的三个要素

哈罗德·凯利（Harold Kelley）提出了一个解释人们怎样决定他人行为的原因的模型，他认为进行归因时人们关注三个主要因素，即一致性（consensus）、一贯性（consistency）和特殊性（distinctiveness）。如果其他人在相似的场合下也都会有相同的反应，那么我们就说该行为具有一致性。从归因的观点看，如果一致性高，我们很可能对上述迟到行为进行外部归因。如果此人的这一行为具有一贯性，也就是说此人在其他时候的相似场合下也表现出同样的反应，我们就会对这一行为做内部归因。比如，若此人每周都会迟到几次，那么我们倾向于认为此次迟到也是由于他自身的原因。特殊性是指此人在各种不同场合下，是否都会表现出类似的行为。如果特殊性很低，即这种行为与平常没什么差别，我们就会把行为归于内因；如果特殊性高，我们就会把行为归于外因。

不同个体有不同的归因模式。美国心理学家伯纳德·维纳（Bernard Weiner）在1974年的研究表明，在现实中，有经验的员工对行为的成败进行分析时常做四种归因：一是个人努力程度的大小，属于内因中的不稳定因素；二是个人能力大小，属于内因中的稳定因素；三是任务的难度大小，属于外因中的稳定因素；四是机遇、运气状况的好坏，属于外因中的不稳定因素。行为者如果把行为的成败归于外因，常常会消除失败带来的不快，但会减少成功带来的喜悦；如果把行为的成功归于内因，则往往对未来的成功抱有更高期望，会设置更高的绩效目标。作为领导者，应当注意引导下属向内因中不稳定的因素方面归因，鼓励员工增强自信，持续努力。

3. 归因错误

归因理论还发现人们常常存在两种普遍的错误影响，因而不能正确归因。

一是人们倾向于更好地表现自己，即自利性偏差（self-service bias），比如人们在被告知获得成功时会欣然接受，把成功归因于自己的能力和努力，然而常常将失败归因于机遇或任务本身的"不可能性"所造成的外部情境因素。值得指出的是，不同文化下的调查显现出来归因偏差有所不同。比如，对韩国管理者进行的研究发现，与自利性偏差正好相反，他们倾向于承担群体失败的责任，把失败归因于"我不是一个称职的领导"。归因理论在很大程度上是在美国人对自己的实验研究的基础上发展起来的，但韩国的相关研究结果则告诉我们在运用归因理论进行预测时应慎重。

二是基本归因偏差（fundamental attribution error），即人们在归因时往往忽视情境的影响，而高估个人因素如智力、能力、动机、态度或人格等的影响，哪怕别人的行为很明显受到了情境的左右。例如，煤矿企业的管理者往往将高工伤率归因于雇员的行为因素，而较少考虑设备陈旧且缺乏维修等外部因素。在社会心理学中，这被称为"旁观者现象"或"旁观者的冷漠"。

旁观者现象，是我们大多数人都曾经历的一种行为现象。当一件麻烦事发生在某个公共场合，如一个人躺倒在喧闹的大街上时，你会发现人们都无动于衷地自顾自走着，甚至从这个人身旁走过也不去救助他。为什么人们对躺在地上的人不施以援手？这是因为"多数人忽视"，每个人都认为别人会去帮助，所以并不需要自己的救助行为。换个角度来看，既然大家都不去救助，也可能这个人是喝醉才躺在大街上的。此类现象很难用"缺少爱心"进行充分的解释。一旦有人开始行动起来，周围的人马上就会热心响应、提供救援，此时没有爱心的人还会继续熟视无睹。大量此类情境下的实验都证明，出现这一现象的原因是基本归因错误，即我们对情境的作用估计过低。

2.2.3 情绪

1. 情绪的概念与维度

情绪（emotion）是一种心理和生理经历，它直接指向人或物，是对客体的反应。当你对某个人或某件事感到快乐或害怕时，你就是在表达你的情绪。也就是说，情绪必须针对某一具体的客体产生。

情绪有几个主要的特征。第一，情绪是短暂的经历，而不是一种特质。第二，情绪指向客体，而心境不指向特定事物。例如，我们在工作中会经历对上司、客户、计算机等人、事、物的高兴、害怕、愤怒等情绪体验，这些都是对客体的心理反应。心境并不指向一个客体，例如在生活中，常常打不起精神，感到没有自信等，这些感觉并不能归因于一个单独的事物。第三，我们在心理和生理上经历情绪。

情绪有三个维度：情绪种类、情绪强度、情绪频率和持久性。

情绪的种类有几十种之多，包括：悲伤、愤怒、害怕、轻蔑、嫉妒、挫败、憎恨、骄傲、惊奇、热情、快乐、希望、热爱等。研究发现，情绪虽然有多样化的特征，但有六种基本情绪大致可以涵盖所有情绪，它们是：快乐、惊奇、害怕、悲伤、愤怒和厌恶。

情绪强度不同的人在情绪表达强度的内在能力上存在差异，这种差异通常是因为个体的人格特点产生的，有时则是工作需要的结果。例如，作为公司总裁，工作需要你对变化莫测的经营环境表现镇定。又如，面对席卷全球的金融风暴，员工惊慌万分，你要冷静思考，为员工树立信心。

情绪频率和持久性讨论情绪表达的频率与持续时间长短的问题。不同的工作对情绪的频率和持久性要求不同。例如，麦当劳餐厅中负责点餐的服务人员被要求对每一位顾客报以微笑，由于餐厅客流量高，这就对其快乐情绪的频率要求很高；安利公司在对其合作伙伴（营销人员）进行培训时，要求他们每天保持快乐，对工作充满信心，这就对其兴奋情绪的持久性要求很高。

2. 情绪智力

（1）**情绪智力**（emotional intelligence，EI）**的概念**。它是由美国心理学家彼得·沙洛维（Peter Salovey）、玛丽亚·迪巴洛（Maria Dipaolo）和约翰·梅尔（John D. Mayer）于1990年提出的。他们认为情绪智力是指感受和表现情绪、促进情绪思考、理解和分析情绪以及调节个人和他人情绪的能力。

目前流传最广泛的情绪智力模型是心理学家丹尼尔·戈尔曼（Daniel Goleman）的情绪智力胜任特征模型（见图2-7）。这个模型将情绪智力划分为四个维度，分别代表自己和他人的情绪识别，以及对情绪的控制，每个维度包含一系列情绪智力问题。

	自己（个人能力）	他人（社会能力）
情绪的识别	**自我意识** 情绪自我意识 准确的自我评估 自信	**社会意识** 同情 组织意识 服务
情绪的控制	**自我管理** 情绪的自我管理 透明度 适应性 成就 主动 乐观	**关系管理** 有灵感的领导 影响力 发展他人 变革催化剂 冲突管理 建立关系 团队工作与合作

图 2-7 情绪智力胜任特征模型

自我意识。它是对自己的价值观、情绪、动机、优缺点的深层理解。自我意识强的人，知道什么是对他们有利的，能够有效地了解自己的直觉和本能。

自我管理。它是我们在多大程度上控制和改变我们的内在状态和资源，包括控制冲动、表现出诚实和正直、保持有效执行并抓住机会的动力，甚至在失败后保持乐观。

社会意识。它是对感情、想法和其他人的情形敏感并理解。这包括认知他人的环境，即换位思考，也包括真实地感受他人的感情，即情绪同感。

关系管理。戈尔曼把关系管理和很多与绩效相关的概念联系在一起，包括影响他人的信念和感情、开发他人的能力、管理变革、解决冲突、培养关系、支持团队工作与合作，这些对沟通能力和其他与社会交往相关的能力都提出了比较高的要求。

这四个维度并不是相互独立的，许多学者认为，这些维度之间存在着层级关系。关系管理处于最高层次，因为它需要其他三个维度作为支撑。自我意识处于最低层次，因为它不需要其他维度，相反，它是其他三个维度的先决条件。研究表明，情绪智力高的人能更好地处理人际关系，在需要情绪劳动的工作中表现得更卓越，他们通常是优秀的领导者；拥有高情绪智力成员的团队能从一开始就比拥有低情绪智力成员的团队表现得更加优秀，但是无须社交接触工作的绩效与情绪智力的高低几乎没有关系。

（2）**情绪智力的测量**。在情绪智力的测量中我们通常使用情商（emotional quotient，EQ）来衡量被试的情绪智力分数的高低。目前使用的情绪智力测量量表主要有以下三种。

EQ-I 量表。巴昂（Baron）在 1997 年编制出版了世界上第一个测量情商的标准化量表（EQ-I）。该量表由 33 个项目组成，五个维度对应五个成分量表，量表采用自陈法，以 5 点计分。该量表被多项心理研究采用作为测量情商的工具。

多因素情绪智力量表。多因素情绪智力量表（multifactor emotional intelligence scale，MEIS）是梅尔和他的伙伴在 1998 年编制完成的。该量表是能力测验，与 EQ-I 不同的是，它并不采用自陈法进行测验，它要求测验者完成一系列任务，将专家打分作为评判标准，以测量测验者各维度的情绪能力。该量表具有良好的结构效度和区分效度。

情绪能力调查表。情绪能力调查表（emotional competence inventory 360，ECI360）由博亚特兹（Boyatzis）和戈尔曼编制。该量表从360度评价20多个和戈尔曼的情商模型相一致的情绪能力因素，包括11个能够反映情商适应趋势的问题，每个问题描述个人与工作相关的行为。该量表使用7点量表法。

3. 情感事件理论

情感事件理论（affective events theory，AET）能够有效地解释情绪如何影响员工的满意度及绩效（见图2-8）。该理论指出，情绪是员工响应工作环境中的事件时产生的心理和生理状态。组织环境包括所有与工作相关的要素——任务多样性及工作自主性、工作需求、情绪劳动的要求等。这些环境或令人忧愁，或令人兴奋，抑或令人喜忧参半。令人忧愁的事件包括：自己的同事拒绝完成他们分内的工作、与不同的管理人员产生冲突、过重的时间压力。令人兴奋的事情包括：实现目标、得到同事的支持、成就获得认可。

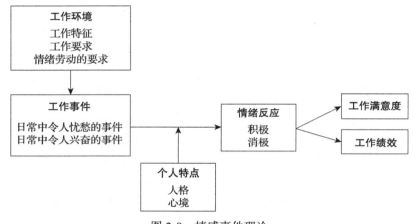

图2-8 情感事件理论

尽管特定工作事件会引起积极或消极的情绪反应，但个体差异（例如人格、价值观及心境等）不同，导致了个体对事件的反应程度不同。例如，情绪稳定程度较低的人对消极事件的反应可能更强烈。在实际工作中，情绪对员工态度（例如组织承诺、离职倾向及努力程度等）及行为（组织公民行为及越轨行为等）的影响很大。

有关情感事件理论的研究结果指出，情绪是单一事件沉积下来的一系列情绪体验；当下的情绪会影响任何时候的工作满意度，且会伴随着与事件相关的情绪发展；情绪会随时间变化，其对绩效与行为的影响也会变化，此外情绪对行为的驱动持续时间较短；若情绪（无论是消极情绪还是积极情绪）与工作要求的行为不匹配，其对工作绩效会产生消极影响。

4. 工作中的情绪管理

情绪劳动指在人际交流过程中，表现出令组织满意的情绪的努力、计划和控制。在工作中，员工需要与同事、客户或其他人交往，这就要求员工能够遵守行为规则，其中就包含了对员工表现出某种情绪并克制其他情绪的规范。几乎所有的工作都要求和期望员工加入某种程度的情绪劳动，当一项工作需要更多与人的交流和接触时，情绪劳动则要求更多。

除了职业要求外，人际关系也是影响情绪劳动的重要因素。当你的服务对象是你熟悉的朋友时，你可能表现得相对随意一些，而当对方是客户公司的老板时，你会更严谨地遵循情绪表现的规则。此外，文化因素也对情绪劳动的要求有一定影响。在不同地区、不同文化背景下，情绪表现的规范也有所差异。

情绪失调是指个人被要求的情绪与真实情绪之间的冲突。两者之间的冲突越大，员工越容易感受到压力、倦怠，甚至产生对自身的心理疏离感。

绝大部分人很难隐藏自己的真实情绪，而愤怒情绪尤其难以控制。这就需要采取应对情绪失调的策略，包括表层行动和深层行动两种。当员工必须表现出与他们真实感情完全不同的情绪时，情绪失调比较常见，表层行动也随即产生。表层行动是指隐藏内心的感觉，避免表现出本应表现出的情绪。深层行动对员工提出了更高的要求，其指改变情绪来满足工作需求。相比深层行动，表层行动会使员工产生更大压力，让他们感到非常疲劳，因为它要求员工伪装自己的情绪感受，展示出自己并没有感觉到的情绪。

2.2.4 态度

测量、了解员工的态度，可以使管理者了解员工的需求，保证组织管理的有效性。事实上，态度调查的结果经常令管理者十分吃惊，有时他们会发现最糟糕的抱怨可能来自那些拥有最好的工作条件和最优厚待遇的员工，那些管理者认为客观公正的政策和实践可能被大多数员工或其中一部分员工认为是不公正的。所以，定期使用态度调查能够为管理者提供员工工作态度的有价值的反馈信息。

1. 态度的含义与功能

态度（attitude）是个体对特定事物的心理倾向——相对积极或消极，喜欢或不喜欢。与情绪（emotion）相比，态度偏向于判断和逻辑，情绪则是对带来愿望状态的对象的心理和生理经历，偏向于感觉经历。

态度的心理结构由三种成分组成：情感（affect）成分、行为（behavior）意向成分和知觉（cognition）成分，合称态度的 ABC 模型。

态度的情感成分（affective component of an attitude）在态度的三种成分中占有关键地位，目前关于态度的测量常常是关于情感成分的测量。态度中的情感成分有两类：一类是情景性的情绪，是情感过程的外部表现中可测量的方面，带有冲动性，容易变化；另一类是比较稳定的情感，是由对事物的比较深刻的认识引起的，很少有冲动。这两个方面从不同的层面表征了态度的情感成分。态度的行为意向成分（behavioral component of an attitude），即个体对事物的行为准备状态和行为反应倾向。例如，"我不喜欢我的上司，我想调到其他部门"，就反映了态度的行为倾向。态度的知觉成分（cognitive component of an attitude）是指个体对客体的信息、理解和价值评价。例如，"工作中有私心是不对的"。

态度在工作中具有四种功能。一是调整功能，帮助人们更好地适应环境，并把这些态度作为今后行为的基础。二是自我保护，使个人在受挫时保护自己。例如，一个晋升失败的人可能会显示自己轻视官职大小的态度。三是价值表现，个人可借自身所持有的态度来表现其所推崇的价值观念。四是知识功能，在个体所知觉到的外在世界中寻求稳定性、一致性，或者说可预测性的行为倾向。态度一旦形成就变成了一种知觉客观世界的参照框架，使得人们能够组织和解释周围的世界，并作为个人行为的指针。

2. 态度的形成与改变

（1）**态度的形成**。个体态度的形成受到主客观两方面因素的影响。主观因素包括个体的特质、经验、需求等，对态度的形成存在直接影响；客观因素包括群体、社会文化等，对态度的形成起制约作用。凯尔曼（H. C. Kelman）把态度的形成过程概括为服从、同化、内化三个阶段。

- 服从。它是指个体为了满足自己的需求或者逃避惩罚而表现出的表面顺从。服从并非发自内心，因而采取的行为也是暂时性的。
- 同化。它是指个体自愿接受外界的观念，使自己的态度与他人的态度保持一致。在同化阶段，个体会有意识地、主动地接受和认同他人的态度，并付诸行动。
- 内化。它是指个体从内心深处接受并相信他人的观点，并彻底转化为自己的态度。

（2）**态度改变及其理论**。态度的改变是指个体已经形成的态度，在某一信息或意见等因素的影响下，向新的态度转变的过程。态度改变的类型：一种是一致性改变即改变原有态度的强度但方向不变；一种是不一致性改变即方向的改变。相关学者研究了这一重要课题，并提出了一系列理论。

认知失调理论。美国社会心理学家列昂·费斯廷格（Leon Festinger）于1957年提出了认知失调理论（cognitive dissonance theory）。该理论认为态度与行为之间存在不和谐的情况。费斯廷格认为，任何形式的不和谐都会导致个体心理上的不适感。这种不适感会促使他去试图减少这种不协调和不舒服。换句话说，个体将寻找使不协调最少的稳定状态。费斯廷格认为个体减少失调的愿望有多强烈取决于以下三个因素：导致失调的因素的重要性；个体认为他对于这些因素能够施加的影响和控制程度；失调可能带来的后果的严重性。随着认知失调的不断增加，要求减少和消除失调的压力就越来越大。减少和消除这种由失调而产生的压力和心理紧张，通常采取以下三种途径：减少不协调的认知成分；增加协调的认知成分；改变一种不协调的认知成分，使之不再与另一个认知成分矛盾。

平衡理论。1958年，心理学家弗里茨·海德（F. Heider）提出了改变态度的平衡理论（balance theory），该理论的主要观点是，不平衡的状态会导致紧张的产生，并产生恢复平衡的力量。理论所说的平衡状态，是指"在这种状态中被感知的个体与所感觉的情绪无压力地共存"。海德认为，人类普遍地有一种平衡、和谐的需要。一旦人们在认识上有了不平衡和不和谐性，就会在心理上产生紧张及焦虑，从而促使他们的认知结构向平衡和和谐的方向转化。显然，人们喜欢完美的平衡关系，而不喜欢不平衡的关系。

一致性理论。一致性理论（consistency theory）的提出者为查尔斯·埃杰顿·奥斯古德和坦南鲍姆（C. E. Osgood & G. P. H. Tannenbaum, 1955）。该理论认为，个体对周围各种人和事物有相同或相异的态度，但这些态度之间，可以是互不相关、独立存在的（例如"我非常敬佩一位老师"和"我喜欢运动"），但如果态度对象中的一方发出有关另一方的信息（例如"我敬佩的老师表示非常喜欢运动"，前者成为信息源，后者成为信息对象），两者以及有关两者的态度之间就有了关联。如果个体对两件事都持有肯定的态度，而信息源发出的信息表明它和信息对象之间也存在肯定关系，两者完全一致，个体就会感到愉快，就无须改变原态度；反之，如果情况存在不一致（例如"我喜欢运动"和"我敬佩的一位老师反对运动"），个体就会体验到冲突、不安或不快。为达到心理上的一致与和谐，个体便会从内部产生动力，驱使其去调整对两件事的态度，或把对后者的肯定（我喜欢运动）转为否定（我不再喜欢运动），或把对前者的肯定（我敬佩老师）转为否定（我不再敬佩老师），或者不做方向上的改变而仅仅降低程度。

（4）**自我知觉理论**。由于态度对行为的影响在引入中介变量之前，其关系常常很模糊，要得到明确的相关关系常常比较困难，许多学者便转而研究行为对态度的影响，这类研究被称为自我知觉理论（self-perception theory）。该理论认为态度是在事实发生之后，用来使已经发生的东西产生意义的工具，而不是在活动之前指导行动的工具。也就是说，我们对自己内部状态的了解，也像他人了解我们一样，都通过我们的外显行为——当被问及关于某事物的态度时，我们首先回忆与此事物有关的行为，然后根据过去的行为推断出对该事物的态度。自我知觉理论得到广泛支持，它表明行为对态度的影响的确很强，但这个理论只有在两种情况下才是有效的：一是内部状态模糊不清、不明确；二是人们对自己做出什么反应不太关心。

3. 情绪、态度与行为的关系

情绪在理解态度与行为中扮演着重要角色。这三者是怎样发生作用的呢？

情绪反应的过程首先从感受周围环境开始。大脑的情绪中枢会判断接收到的感觉信息是支持还是威胁。我们的内驱力从而迅速但不精确地给该信息贴上情绪标签。情绪标签并不是情感，而是一种自发的、无意识的、基于单薄感觉信息的情绪反应。

工作态度是人们在工作中受到连续不断的情绪经历的冲击从而塑造出来的。就算他们无法意识到这些情绪，但经历较多正面情绪的员工更倾向于喜爱他们的工作和公司。当员工认真思考自己对工作的感觉时，他们会根据过去在工作中产生的积极或消极的情绪做出判断。

当认知推理与情绪不一致时，它们对态度的影响最为显著。人们有时会经历一种精神上的激烈竞争，虽然没有任何符合逻辑的理由支持，但就是认为某些事情不好。这种矛盾表明，对情况的逻辑分析（见图2-9的左侧）无法认同自发的情绪反应（见图2-9的右侧）。我们应该更加注重情绪反应还是逻辑分析呢？这个问题并不容易回答，但一些研究表明，尽管当事人很容易根据直觉（情绪反应）迅速做出决策，但最优的决策一般是在当事人对情况进行逻辑分析后得到的。因此，我们应该既重视态度的认知过程，也重视其情绪过程，并希望认知和情绪总能达成一致。

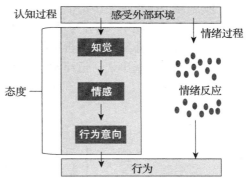

图 2-9　情绪、态度和行为的模型

关于图2-9的最后一点说明：注意从情绪反应指向行为的箭头。这说明情绪直接（没有经过有意识的思考）影响一个人的行为。正如当有人偷偷摸摸地走到我们面前时我们会被惊吓得跳起来一样，这种情况每天都会发生，因为即使是低强度的情绪，也能自发地改变我们的面部表情。这些都是未经过思考的自然动作，是由后天学习或先天遗传导致的，对特定场景的自发情绪反应。

2.2.5　压力

1. 压力的定义

许多学者对压力下过不同的定义，大部分的定义指出，压力是由刺激引起的，包括心理刺激和生理刺激，在刺激的作用下，个体会做出应对刺激的反应。参照这些学者的阐释，我们对压力给出如下定义：压力（stress）是指当超出正常水平的心理和生理刺激出现时，个体对刺激的适应性反应。这一定义包括了以下几层含义。

- 压力的来源是刺激,包括任何能够导致压力产生的东西。
- 压力可能来自生理刺激,也可能来自心理刺激。
- 压力产生的前提是个体受到的刺激超出了正常水平。
- 在压力环境下,个体将会做出适应性的反应。

压力存在不同的类型,带来的效果也有积极与消极之分。良性压力经常会带来积极的效果,例如获得奖金之后为如何花费奖金而苦恼,也是一种压力,它是一种良性压力。而各种坏消息、过度的事件要求等通常属于负面压力,容易导致不良后果。

2. 压力的发生过程

关于压力的发生过程,可以追溯到汉斯·谢耶(Hans Selye)的一般适应综合征(general adaptation syndrome,GAS)。如图2-10所示,对于压力事件,每个人都有一个正常的抵抗水平。有些人可以承受比较大的压力,有些人则只能承受比较小的压力,但每个人都有一个开始出现影响效果的压力区间。

如图2-10所示,在第一阶段,个体感受到某种程度的刺激,并开始担心如何应对。在这一阶段,个人的能量水平和处理问题的有效性,由于压力事件突如其来下降了。这时,个体会面临"战斗还是逃走"的选择。如果个体没有选择放弃,那么就进入第二阶段,开始抵抗压力源的作用,即着手解决所面临的问题。此时,个体激发了各种生理、心理的行为机能,为个体提供更多的能量,帮助其克服和消除压力来源。如果抵抗成功,那么这一过程就在第二阶段结束了;如果压力源持续不断,而个体的抵抗能力有限,就进入第三阶段,个体完全放弃努力,不再抵抗压力源。尽管大多数人都能消除压力,或者在很疲惫之前就从压力中解脱出来,但经常达到疲惫状态的个体,其受到长期生理、心理伤害的风险会增大。

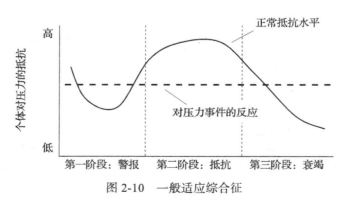

图2-10 一般适应综合征

3. 压力的来源

(1)**组织压力源**。组织压力源是组织中可能导致压力的各种因素,常见的组织压力源有四种。①任务压力源,任务压力源是指与工作任务相关的压力源。不同岗位的压力大小各不相同,导致部分工作岗位压力大的原因,可能是需要做一些快速决策,需要根据不完整的信息做决策,或者决策的风险大。②角色压力源,角色总是与组织或群体中某一位置的预期行为相联系,组织或群体中的个体会面临角色的要求,包括正式的要求和非正式的要求。个体需要感受角色期望，然后实施，这一过程可能出现角色模糊（role ambiguity）、角色冲突（role conflict）或角色过载（role overload），这些都会导致角色压力的产生。③人际压力源，人际压力源是与群体压力、领导风格、人格冲突有关的压力源。④物理压力源，个体工作的物理环境同样会带来压力，如温度、照明、工作时间等物理条件。

（2）**生活压力源**。个体的家庭生活、经济问题、职业发展等来自生活方面的因素，也可能成为压力的来源，称为生活压力源。①家庭及经济问题，包括父母去世、婚姻困境等，会给个体带来压力感。住房贷款、子女学习与就业、医疗、养老保障等经济方面的问题，同样会造成困扰。②职业发展问题，包括对失业的担心、职位晋升的机会等。许多研究表明，对个体来说，最大的威胁就是失业。另外，职业晋升不足（未能如愿以偿地快速提升）或晋升过度（提升到一个超出个人能力的工作岗位）也可能给员工带来压力。

（3）**工作—家庭冲突压力源**。工作与家庭冲突的产生，主要来源于两方面的原因。一是多重角色带来的冲突，目前社会中双职工家庭居多，大多数人至少承担着工作和家庭两种角色，而这两种角色往往造成时间上和精力上的相互争夺。二是在工作和家庭两种情境下的情绪体验相互渗溢，情绪体验的相互渗溢是指一种情境下的情绪体验扩散到另一种情境中。研究表明，男性更容易将工作中的消极情绪渗溢到家庭中，而女性更容易将家庭中的不良情绪带到工作中。

组织可以为员工平衡工作与家庭的冲突提供一定的支持。研究发现，赡养老人、照顾小孩等家庭义务与责任，和经常加班、经常出差等工作安排，是导致员工家庭与工作冲突的重要因素。组织可以通过工作职责的调整，或者设计更有弹性的工作方式，帮助员工处理好家庭义务与工作职责之间的关系。个人也可以采用多种途径减少或消除工作与家庭冲突。个人可以通过请家政人员或者采用家务外包等方式，减轻角色要求，或者从工作与家庭的边界管理入手，在业余时间，将工作电话转移到语音信箱，以免家庭生活受到干扰等。

4. 压力带来的后果

（1）**生理和心理的影响**。医学领域很早就关注了压力对个体造成的生理症状，研究发现，压力感能使个体出现新陈代谢紊乱、心率加快、呼吸频率加快、血压升高、头痛，使其患心脏病的风险增大。但压力感与特定生理症候的联系尚不十分明确，两者之间存在的关系也并不稳定。

压力对个体心理的影响也十分明显。研究发现，压力感能导致不满意度的上升，与工作相关的压力感会导致与工作相关的不满意度上升。除此之外，压力还会导致个体出现紧张、焦虑、易怒、烦躁、低落等情绪。

（2）**对工作的影响**。许多研究关注了压力与工作绩效之间的关系，对于二者关系的研究中，引用最广泛的是压力与工作绩效的倒 U 形关系（见图 2-11）。

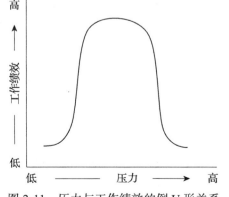

图 2-11　压力与工作绩效的倒 U 形关系

5. 压力管理的方法

（1）**个人压力管理**。个人压力管理的第一步，在于发现影响个人工作生活的压力源。第二步，是根据个人需要确定应对压力的方式。具体来说，个人可以采用以下方式进行应对。

学会管理自己的时间。许多人感知到的压力，来源于快节奏的工作和生活，及其所承担的多种角色。进行有效的时间管理，是应对此类压力的最佳途径。按照事情重要性的高低和紧急性的高低，将事情分成四类：紧急且重要的、紧急但不重要的、不紧急但重要的、不紧急且不重要的。人们往往先解决紧急但不重要的事情，但正确的做法应该是把时间优先分配给最重要的事。此外，要放弃一些不重要的事，给自己减轻负担。

注意休息放松，加强体育锻炼。连续不断地努力奋斗，是许多具有高成就需要的人的特点。这一人群更需要利用业余活动时间充分休息。另外，锻炼身体可以增强对压力的承受能力。例如，有氧运动可以提高一个人对压力事件的迅速反应能力。柔韧性训练也非常重要，因为应激反应伴随着肌肉收缩。

寻求社会支持。寻求社会支持是面对压力的一种重要应对方式，家人、朋友、同事、专业机构都能提供相应的帮助。向他人倾诉也是一种有效的压力管理策略，与那些愿意与他人交流的人相比，那些将压力深埋在心中的人更容易出现相关的心理和生理症状。

（2）**组织压力管理**。组织压力管理关注的是员工的工作需求和减少工作忧虑的方法，包括以下几个方面。

改善工作设计。改善工作设计的关注点在于提高员工的控制力，以降低忧虑和紧张。这是一种对压力的预防策略。首先，可以扩大工作决策的范围，让员工对工作顺序、工作时间安排、工具选择、工作小组的选择等拥有更大的决策权；其次，降低工作场所的不确定性，也可以达到减轻压力的目的。

减少角色冲突。角色冲突和角色模糊是造成工作压力的重要原因之一。因此，组织应为员工设置明确的工作目标，并且为目标完成的程度提供及时的信息反馈。同样，组织提供及时的信息反馈，也会使员工更清楚地了解自己的工作表现，也有助于减少角色冲突，减轻工作压力。

2.3 个体决策

2.3.1 决策的模型

在理性决策时，我们常常假定最优决策者是理性的，其能够在信息有限的情况下做出价值最大化的选择。理性决策模型假定理性决策者知晓所有信息，可以无偏见地在所有可行方案中选择最优解。理性决策的选择过程遵循六大步骤：明确问题、确定决策标准、为标准配比权重、思考备选方案、评估备选方案、选择最优方案。

实际上，我们不可能掌握与决策相关的所有信息，信息获取及信息加工能力的不足使得我们的决策往往是有限理性决策。尽管每个人在进行决策时均会使用理性决策、有限理性及直觉等策略，但实际上往往合理的过程不一定能够带来最优决策。尤其在面对异常复杂的问题时，存在诸多未知因素，无法用理性决策模型进行分析，只能化繁为简，将问题难度降至低水平，选择符合要求的可以接受的解决方案。考虑到寻求最优决策的各种成本，有时符合要求的简单解比理性决策模型下的复杂解更加合理。

最不理性的决策方法便是直觉。直觉是指基于以往经验而产生的无意识过程。尽管存在感性代入，并非理性分析，但直觉不一定是错的。直觉非常复杂，需要长期的经验及学习。在运用直觉进行推测时，一定要加上客观数据及理性分析以检验直觉的准确性。

2.3.2 决策的影响因素

1. 个体差异

决策活动涉及个体的信息收集、处理及分析过程，个体特征在其中发挥着较大的影响作用，使得决策制定偏离理性决策模型。

（1）**人格**。"性格决定命运"，确实如此，例如有研究指出自尊与责任心显著影响个体决策。具体来说，高自尊感的人积极维护自尊感，常常运用自利性偏差维持自尊感，将成功归于自身，将失败归于他人。此外，具有高度责任心的员工忠于组织利益，其在决策过程中往往以维护组织利益为根本标准。

（2）**性别**。相比于男性，女性在面对问题时会花更多的时间反复分析，思考过去、现在及未来，并在做出决策后结合实际情况及时做出更改。

（3）**智力**。决策过程涉及学习新的知识、处理分析信息等，而智力水平较高的个体往往能够快速筛选并分析信息、更准确地解答问题，因此在面对难题时往往能够提出更好的决策方案。但聪明的人往往过度自信且情感较为保守，因此也同样会陷入锚定、自信过度及承诺升级的错误中。

（4）**文化差异**。不同文化背景中的个体在问题选择、分析深度、对理性及逻辑的重视程度、集体决策偏好程度等方面不同，这些均会影响决策过程。例如，日本管理者在决策过程中更加注意集体取向，而美国更倾向于个人主义。

2. 组织限制

组织本身存在着许许多多的规则，例如绩效评估、奖励制度、正式化规则、截止时间及隐形制度等，这些规则均会使得决策者背离理性模型。为了遵守规章制度、操作程序、评估标准及其他程序，并获得更好的组织奖励，决策者不得不在决策过程中调整行为策略，并在规定的时间内做出决策。此外，以往的组织经验也会限制当前决策的制定。

2.3.3 常见的决策错误

尽管决策者会努力地进行理性决策，但在决策过程中仍然会不可避免地产生错误和偏见，但有时为了赶进度或是考虑成本等因素，人们更倾向于基于原有经验、直觉，甚至一时的冲动等进行决策，尽管这些方式也有效力，但会严重偏离理性。以下内容主要解释过度自信偏见、锚定偏见、验证偏见、易获性偏见、承诺升级、随机错误、风险厌恶及后视偏见这八种决策错误。

1. 过度自信偏见

新近研究表明，我们往往对自己及他人的能力过度自信，即持有过度自信偏见（overconfidence bias），但通常意识不到这种自信偏见。企业家的过度自信与投资项目的回报间往往存在负向关系，因为盲目自信的企业家在进行决策时很容易忽略可能出现的问题。

2. 锚定偏见

锚定偏见（anchoring bias）是指在决策过程中，对初始阶段的信息过分关注，而忽视后续信息，以至于无法进行全面判断。例如，在面试过程中，面试官询问你上一份工作的工资时，你的回答会使得雇主为你提供与先前工资差不多的数额。总之，锚点越具体，调整幅度越小。

3. 验证偏见

在理性决策模型中，我们往往假定在收集信息时会保持客观中立的态度。但实际上我们往往选择那些能够证明先前观点的信息，而选择性忽视或质疑那些与先前观点相左的信息。对所搜集信息信心十足且富有主见的个体最易产生验证偏见（confirmation bias）。

4. 易获性偏见

易获性偏见（availability bias）是指人们倾向于以容易获得的信息为基础进行判断。情绪事件理论指出，事件会影响个体情绪，而新近发生的、引人注目的事件或信息更易从记忆中提取，因此对我们的决策具有较大影响。

5. 承诺升级

承诺升级（escalation of commitment）是指人们不顾错误预警坚守某项决策。有证据指出，当我们认为自己要对结果负责时会产生对个人失败的恐惧，恐惧感会使我们寻求及分析信息的方式出现错误，而仅选择支持其决策的信息。

6. 随机错误

人们往往认为自己能够预测随机事件的结果，这便会产生随机错误（randomness error）。这在我们试图解释随机事件并赋予现实意义时，便会影响决策。最糟糕的结果是，将虚构的模式变成迷信，因随机误差导致的决策错误会成为我们的障碍。

7. 风险厌恶

风险厌恶（risk aversion）倾向者偏好确定性强、风险性小的决策。在决策过程中，他们往往坚持运用以往颇有成效的策略及经验来降低风险。尤其是那些已经卓有成效的管理者更加厌恶风险，因为他们不愿意因为赌博而失去已取得的成果。

8. 后视偏见

后视偏见（hindsight bias）是指在结果已定的情况下，人们倾向于认为自己本来能够做出正确的决定，结果是显而易见的。后视偏见不利于我们从过去中学习经验，它也会让我们盲目自信。

2.4 数字化时代的个体

"Z世代"泛指20世纪90年代中叶及2000年后出生的一代人，即"95后"和"00后"。他们又被称为互联网世代、网络世代，统指受到互联网、即时通信、智能手机和平板电脑等科技产物影响较大的一代人。"Z世代"青年并不像千禧一代（出生于1980～1994年的一代）那样沉迷于"网购"，其更加注重"体验"，同时也更为节俭：他们总是尝试去挖掘最好的价值和服务。相比于千禧一代，"Z世代"的青少年有较高的生活费用且其偏好能显著影响家庭购买决策。

2.4.1 数字化时代的个体价值观

《腾讯"00后"研究报告》基于腾讯社交大数据，并结合部分"00后"网络日记、深度访谈及调查问卷指出，"00后"具有更加鲜明的个性，他们更加懂自己，空前现实，注重平等，十分包容，适应能力强，也更加愿意给予他人关怀。

1. 懂即自我

发达的互联网使得"00后"能够高效地发现并学习兴趣领域。"00后"通过 App 发现自己的兴趣，并且寻找资源去学习；62% 的"00后"被调查者表示"会对自己感兴趣的领域投入很多时间和金钱"。"00后"能够早早地认知自我，他们有更高程度的财务自主，习惯自己做决定，对自我的认知强；66% 的"00后"被调查者表示"很多决定都是我自己做的"。此外，"00后"高效地尝试多种兴趣，能早早地认定自身所长，他们认为涉猎领域的深度更能代表自己；72% 的"00后"被调查者表示"个人在某领域的深刻见解及成果更能代表自己"。

2. 现实

"00后"空前现实的形成来源于其意识到家庭资源的重要性。65% 的"00后"被调查者认同"家庭资源是未来发展的一个重要因素"。他们不羞于利用家庭资源去发展自己的兴趣。即便是原生家庭无法向"00后"提供资源，他们也会积极地从外部获取。此外，移动互联网的发达降低了获取家庭以外资源的难度，所以 73% 的"00后"被调查者"会主动地获取资源来发展自己感兴趣的领域"。

3. 平等

"00后"更加注重平等，不再完全相信权威。在移动互联网时代，"00后"认为有些事情专家也未必掌握；69% 的"00后"被调查者表示"如果遇到不懂的问题，在询问专家后我还是会自己去查资料"；在"00后"搜索关键词中，我们可以看到"什么意思""怎么读""翻译"等字眼高频出现。"00后"习惯于表达自己的想法，父母和老师都乐于聆听"00后"的意见，这让他们习惯于跟任何人沟通自己的想法，甚至是社会和国家大事；53% 的"00后"被调查者表示"会在长辈面前提出自己的想法"，45% 的"00后"被调查者表示"会对社会和国家发生的大事发表自己的意见"。

4. 包容

"00后"渴求对同辈的归属感。"00后"是彻底的独生一代，而且他们的课业更沉重，这让他们更珍惜和朋友互动的机会；75% 的"00后"被调查者表示"希望有更多的时间跟同伴在一起"。"00后"尊重他人的不同。"00后"在社交平台上了解到他人的观点，65% 的"00后"被调查者表示"当我看到朋友观点与自己不一样时第一行为反应是表示理解"，就算意见不一，他们也能玩在一起。

5. 适应

"00后"具有形象管理意识。"00后"在社交平台上发现他人不一定能接受自己的观点时，会根据不同群体控制自己的言行，69% 的"00后"被调查者表示"会在不同人面前展现不一样的自己"。对"00后"来说，打造形象难度降低。现在只要用 App 去制造内容，就可以控制自己在不同平台上的形象。这不同于以前线下社交为主的时代，打造形象靠互动时的即时行为和外表。只有 37% 的"00后"被调查者认同"别人对我的看法并不会因为我在社交平台上发布的内容而有所改变"。

6. 关怀

"00后"具有群体意识。"00后"独享父母的爱和资源，55%的"00后"被调查者表示"对现在的生活很满意"。他们看到社交平台上的不同意见，会发展出同理心。所以他们有精力去关心自己的群体，61%的"00后"被调查者认为"群体利益比个人利益更重要"。"00后"倾向于为群体做出行动，家庭环境鼓励"00后"表达自己的想法。他们不仅会留意所在群体的大事，还会做出行动。61%的"00后"被调查者表示"关注社会和国家发生的大事，不管和自己有没有关系"。

2.4.2 数字化时代的员工

德勤在《2018年德勤千禧一代年度调研报告》中指出，"Z世代"员工对企业的信任度、忠诚度下降，而工业4.0的到来让"Z世代"员工备感措手不及。

1. 对企业的信任度下降

"Z世代"员工认为企业当务之急是参与改善社会现状，而不仅仅是创造职位和谋求利润。其非常赞同企业应发挥更加广泛的社会作用，且绝大多数人觉得衡量企业成功的标准不应仅限于财务业绩。他们认为企业的优先工作事项应是创新，创造职位，改善员工生活和职业发展，以及为社会和环境带来积极影响。

2. 忠诚度下降

新生"Z世代"员工的忠诚度水平更低，其中61%的受访者表示，如果可以选择，他们将在未来两年内辞去现职。那么，企业如何才能留住他们？"Z世代"均看重容忍度、包容性、尊重以及不同思维方式等因素。尽管薪资和企业文化能够吸引这一群体，但多元化、包容性和弹性工作机制才是让他们感到满意的关键所在。认为雇主拥有多元化劳动力和高管团队的"Z世代"将更有可能留任五年或者更长时间。计划留在目前公司至少五年的受访"Z世代"员工中，有55%的人认为目前的工作地点或时间弹性比三年前高。

3. 工业4.0使"Z世代"备感措手不及

"Z世代"已清楚地意识到工业4.0正在重塑未来的工作模式，认为它有可能让员工摆脱常规活动，而聚焦于更需创意的工作。尽管如此，许多人仍对工业4.0的到来感到不安。三成"Z世代"员工觉得自身具备顺利应对未来所需的技能，希望企业帮助他们做好准备，以便在这一新时代脱颖而出。受访者在寻求远比技术知识更为广泛的相关指导。年轻的专业人士尤其希望获得帮助，以培养自信心、人际交往技巧，以及（尤其对"Z世代"而言）职业道德、诚信能力等软实力。但他们认为企业并未回应他们的发展需求，仅42%的"Z世代"受访者表示其雇主在协助他们了解和准备应对工业4.0相关的改变。

本章回顾

多元化可分为表面层次多元化和深层次多元化，造成多元化的原因是个体间存在许许多多的差异，主要体现在人口统计学特征、能力、价值观和人格等方面。能力反映了个体现有的能够完成给定要求的不同任务的技能，包括两大类内容：体质能力和心理能力。价值观是一个人对人、事、物的意义与重要性的总体评价和信念，包含了正误、好坏、取舍的判断倾向。组织行为中广受关注的五种人格特质是控制点、马基雅维利主义、自控、自尊以及冒险性。相关法律、全球化浪潮、对市场竞争的不同理解都导致多元化成为组织管理者必须面对的问题。管理者可以通过透明的甄选系统、培训和共情等方式，达到组织的有效多元化。此外，为了提高多元化管理的有效性，还应当理解个体的行为基础：知觉、归因、情绪、态度及压力。

知觉是个体对环境刺激进行选择、组织、理解、反思并赋予其意义的过程。影响知觉的因素是很复杂的，它们可能引起知觉的偏差和歪曲，常见的有选择性知觉与知觉防御、首因效应、近因效应、刻板印象、对比效应、晕轮效应和期望效应等。另外，知觉与管理决策也存在一定关系。归因理论就是解释我们如何确定自己以及他人行为原因的理论。人们对个体进行外部归因和内部归因主要关注三个因素：一致性、一贯性和特殊性；归因的错误主要来自自利性偏差和基本归因偏差。情绪是一种心理和生理经历，它直接指向人或物，是对客体的反应。态度是个体对特定事物的心理倾向，其心理结构由三种成分组成：情感成分、行为意向和知觉成分成分，合称态度的ABC模型。压力是指当超出正常水平的心理和生理刺激出现时，个体对刺激的适应性反应，主要压力源有组织压力源和生活压力源。因为压力通常会给个体的生理、心理以及工作造成影响，所以要加强个人和组织压力管理。

总之，个体的行为受到多方面因素的影响。在此基础上，理解个体的决策方式，有利于我们解释并预测决策行为，从而进行有效的多元化管理。但往往重要的决策并非简单明确，仅仅使用理性决策模型也是不够的，往往需要有限理性及直觉，还要尽量避免受决策错误的影响。

此外，不同以往，数字化时代的个体深受互联网及电子设备的影响，其个性更为鲜明，更加懂自己，空前现实，注重平等，十分包容，适应能力强，也更加愿意给予他人关怀，同时对企业的信任度及忠诚度下降，在工业4.0面前也备感措手不及，这也给组织管理提出了巨大挑战。

关键术语

人口统计学特征（demographic characteristic）
体质能力（physical ability）
心理能力（intellectual ability）
马基雅维利主义（Machiavelli）
自控（self-monitoring）
价值观（value）
人格（personality）
大五人格模型（the big five model）
约翰·霍兰德人格—工作适应性理论（personality job fit theory）
深层次的多元化（deep-level diversity）
多元化管理（diversity management）

社会知觉（social perception）
归因理论（attribution theory）
自利性偏差（self-service bias）
情绪智力（emotional intelligence，EI）
态度（attitude）
认知失调理论（cognitive dissonance theory）
自我知觉理论（self-perception theory）
压力管理（stress management）
理性决策模型（rational decision-making model）
锚定偏见（anchoring bias）

课堂讨论

1. 讨论互联网行业、金融行业、咨询业对从业人员不同的能力要求。
2. 根据自身的MBTI测试结果，分析自己可能的职业方向。

3. 探讨现有组织多元化的表现和潜在的机遇与挑战。
4. 讨论情绪智力的评价方法。
5. 讨论自我知觉理论在解释消费者行为方面的运用。
6. 讨论归因偏差在企业管理工作中的体现。
7. 讨论压力管理方法在工作实践中的应用。
8. 讨论如何避免决策错误，进行理性决策。
9. 讨论应当如何管理"Z世代"员工。

团队练习

1. 观察佳能单反相机与卡西欧自拍神器的网上商店，分析目标客户的性别差异对其产品陈列、信息展示、界面设计等各方面的影响。
2. 研究本地房地产行业针对不同社会阶层的目标客户所开展的不同的品牌传播诉求点，考虑以下问题：如何减少"炫耀性消费"？那种将目标客户不能随意支配宝贵资源和产品的状况曝光的做法在营销方面的优势和劣势是什么？
3. 采访3~5个男性或女性朋友，了解他们对男用香水及女用香水的知觉。然后为每一个系列的产品构造一个认知图，依据此图讨论市场上现有产品在哪些领域还不能提供充分的服务。
4. 假定你自行开发了一款手机App，专门为女性消费者提供着装搭配方面的知识，你会就此款App的外观、功能、推广等环节提出什么建议？
5. 最近一份研究表明，大学教师经常需要使用情绪智力，识别大学教师需要用到情绪智力的情形。在你看来，是大学教师还是应急部门人员需要更多的情绪智力？
6. 有研究表明，微信朋友圈、微博等社交网络成了现代人新的压力来源。讨论人们感到压力的原因和可能的压力管理办法。
7. 选择自己做过的一个重要决定，详细描述自己决策的过程，指出受到哪些因素影响，阐述如何保证自己尽可能做出正确的选择。

网络练习

1. 马基雅维利是意大利历史学家、政治家、思想家。他有关政治、法律思想的主要著作有《论提图斯·李维乌斯的前十卷》和《君主论》。他很少直接论述法律，但作为近代资产阶级政治学说的奠基人之一，他的政治思想对后世西方法律思想具有重要影响。马基雅维利强烈要求统一意大利，反对罗马教会和贵族割据势力；他推崇共和政体，但又认为在当时的政治条件下，只能实行君主专制。请到维基百科网站了解马基雅维利的生平经历，及他的主要著作，探讨他在政治学、法学方面的主要观点：http://en.wikipedia.org/wiki/Niccol%C3%B2_Machiavelli。
2. 通过谷歌或百度等搜索引擎，查找关于格式塔心理学理论的主要观点，了解关于知觉的常见偏差。

自我测试　　　　　　MBTI 职业性格测试

请登录网站 http://www.apesk.com/mbtihd/mbti_all.html 进行性格测试。

案例分析　　　　和老罗一起工作的是什么样的人

锤子科技五周年之际，一家使用基因检测与心理测试研究人类行为的科技公司"各色"，采集了锤子134位员工的唾液，试图用基因检测、心理测试和半结构化访谈结合的方式，探寻锤子员工在先天特质上的共性，以及锤子的工作环境如何重塑了他们的个性。

来看看目前，这项调查得到了哪些事实与结论：

（1）先把老罗说的"情怀"数据化一下：测量工作偏好的心理学量表测量结果显示，95%以上的锤子员工或多或少有"仅仅是因为想把自己喜欢的事情做到极致"的情怀；对60%的锤子员工来说，情怀对他们工作的激励作用是大于那些外部激励物的。

（2）锤子的员工普遍觉得自己比较厉害，他们平均给自己打了75分，只有12%的人对自己的评价在及格线（60分）以下。

（3）锤子科技的心理测试结果的两个标签是：喜欢刺激，抗压较强。

对锤子科技员工的心理测试显示，他们在"新颖寻求"和"心理韧性"这两个特点上的得分都要远高于一般人群的平均水平。锤子员工的情怀得分有一半可以被这两个特点所解释。和普通的"各色"用户进行比较后发现，锤子员工中喜欢刺激和新鲜感的人所占的比例确实要稍高一些。但是在心理韧性，也就是抗压项目上的检测结果显示，锤子员工并没有比普通的"各色"用户更突出。体现在锤子员工身上的这种情怀和骄傲，也许存在一些天生的基础，但是更多还是受到后天环境的影响。

（4）提到老罗，锤子员工最先想到的三个词是什么？134位锤子员工给出了如下回答：胖、老板、锤子、幽默、相声、情怀、易怒、偏执、吹牛、认真、老师、骂人、善良、手机、脾气、开会、演讲、牛、挑剔、能说、情绪化、工匠、理想主义、愤怒、严肃、天才、严厉、暴躁、可怕、愤青、英语、笑、可爱、天生骄傲等。

（5）几乎所有锤子员工都经历过以下这些事。凌晨2:00下班后的怀疑人生：为什么工作永远做不完？为什么怎么做都不合格？接到父母苦口婆心的电话，"听说你们老板跑了？高管走了？你就别在那儿耗着了，我帮你看好了一个公务员工作，你回家来考吧"。在朋友圈看到让人郁闷的转发：《锤子科技还能走多远？》《曝锤子科技将被XX收购》

（6）根据锤子员工生活状态的调研数据，一位典型的锤子员工的日常作息大致是：

7:20 起床
9:14 出门
10:00 开始工作
20:16 离开办公室
21:02 到家
23:50 睡觉

关于员工运动时间的统计：尽管锤子科技公司内部设置了健身房，但锤子员工平均每天运动不足30分钟，这当中还包括了散步和上下楼的时间。跑步、踢球、游泳等高强度运动更是鲜少出现在锤子员工的日常安排里，一周平均只会进行38分钟。

（7）锤子员工的压力来源有哪些？

朱萧木，产品总监。压力源：罗永浩是其中之一。

"老罗有一点非常可爱，他真诚。对我们来讲就是，当他认为我们做的东西不好时，会直接说，'你为什么给我端上来的总是垃圾？''总是'这两个字很厉害。我感激他的真诚，但被骂的当口一定是有生理反应的。他骂得最狠的几次，把我灵魂都骂出去了。我跳出来看眼前这人，唉，他怎么会这么生气呢？我早就不在乎他骂什么了，就光见着一个人在张嘴吼。我观察四周，发现时间都慢了下来，什么声音也听不见了。等他骂完，我又'唰'地一下回来。如果真的有灵魂出窍，大概就是这样的体验。"

方迟，UI设计总监。压力源：用户的期待与自我要求。

"我很在意用户反馈，我们公司所有设计师都很在意。有一些狂热的粉丝，会把设计拿出来讨论。有时候哪个设计师犯迷糊出了问题，就会有用户@我们的微博：这是你们谁设计的？有失水准。如果有人提出了很好的意见，我会点进主页，看是不是同行，常常会感慨有才华的人遍地都是。虽然我们的很多设计师已经是业内顶尖的了，但在细分领域里，还是有很多人的专业技能，是我们远远达不到的。"

（8）针对基因数据的分析，并未发现锤子员工天生抗压能力显著高于一般人群。但从心理问卷得出的现状表现来看，锤子员工普遍有非常好的心理韧性，抗压能力与情绪稳定性显著高于一般人群。也许这是工作环境塑造的结果。锤子内部融洽的人际关系，对做出好产品的强烈信念等因素，为他们提供了应对压力的良好资源。这也使他们即便屡屡受挫，却愈挫愈勇。朱萧木和草威是人群中非常稀有的天生抗压能力最强，并在后天完全没有辜负基因的两位员工。与一般人不同的是，他们没有选择放松、暂离工作的方式来应对压力，而是迎难而上。

朱萧木基因标签：抗压最强。

"老罗在东北长大，从小爆粗口骂人。有时我们还会出现这种心理：一个东西做砸了，准备被他狂骂一顿，但最后他只骂了预期的 50%，我们就会很失落。还有同事被骂完出来一脸愉悦，说好爽。然而无论老罗怎么骂，我们产品团队的共识是，一定要拿着自己的方案去跟他争。我们都希望有一天能把他摁在地上，让他承认我们团队是很棒的，放手让我们去做。这是我们的愿望，也一定是老罗的愿望。跟老罗抗争久了，我们或多或少总结出了一些经验。第一，对方案一定要看他心情。如果他当下有怒气，别说了，一定一句话给你砍掉。第二，你必须表现得非常惶恐。老罗属于攻击型人格，你越自信他越怼你。如果一上来就说，老罗你这个错了，他马上就会回'是你不对'。而如果你说你拿不准，他就会说'你这是对的'。总之，他就是想反驳你。还有一种情况是，你犯了个错误，这时你最好把后果说得极其严重。像我每次都会如丧考妣地跟他说'完蛋了，我们给公司造成了很大的损失，抱歉。'这么说能在很大程度上激发出他的反抗精神，他往往会哈哈一笑，'这不值一提！这样这样几步就行了，去吧'。老罗肯定早就察觉到了我们的话术，也默许这样的方式。毕竟，他时间就这么多，一发火会就开不下去，那公司还怎么推进？"

"我们部门的离职率高过一阵子，我非常理解。毕竟不是所有人都跟我和李毅一样，能在他痛骂的情况下再去反击。可能想，我爸我妈都没这么骂过我，这辈子挨的骂 90% 在这个公司，我何必呢，我疯了？然后跳槽去一些大公司。看他们整天在朋友圈晒晚上 7:00 下班了，我就觉得，求仁得仁吧，都挺好的。每个人追求的东西不一样，我们追求的是跟老罗闯事业，人家追求的是生活。不过我们公司有一个很神奇的地方，很多人走了会再回来，而且回来以后都很开心。比如李毅，他上两次回来之后还好，这次回来变得很厉害，帮我扛了很大一部分工作。我猜测原因，一个是他出去以后确实学到了一些东西；再一个是他会以一个以旁观者的视角看公司内部的问题，这样就能看得更清楚。而人的勇气恰恰来自看清楚问题。前段时间他去跟老罗对标一个方案，坚持我们做的是对的，让老罗最终妥协，我非常佩服。我不可能离职，有两方面原因吧：一是离开锤子我去哪儿？在这里待了五年后，再没有一家公司能吸引我了；二是在锤子科技还有我没达到的目标：公司得成，以及我必须成为一个合格的产品总监。"

草威基因标签：抗压最强。

"2013 年 3 月，我们发布了第一款产品：一个可适配其他机型的系统。新系统错漏百出，通常一次更新就要修复上千个漏洞。当时，用户反馈主要集中在微博上。有人骂骂咧咧地说，'你们什么科技公司啊，怎么做出这么个严重影响使用的东西。'于是我们的产品经理、客服，还有我，全扑在微博上，态度特别端正地为用户解答，有点吓人的那种端正。给那边都说不好意思了，对方回，'没想到你们这么不容易'。然后你可以观察到用户一个特别有趣的变化：第一条破口大骂→第二条语气趋于正常→第三条就开始感谢了。我亲身经历了全过程，特别有意思。"

"其实，我在工作中展现出的人物性格，和我本人差别很大。我是一个特别分裂的人，处处都分裂。葛优老师说过一句话，'人们都夸他演技好，他说没觉得自己演多好'，但他觉得作为演员有个基本要求就是演什么像什么，要符合这个角色的需要。对我来说也是这样，工作、生活需要不同角色，我就会去找那个角色需要我怎样。分饰多角并没有给我造成过什么困扰。就像刘瑜说的，自己是支队伍，只要找对方向，角色扮演对我来说很容易。例如，担任公关角色。如果纯粹为公司做宣传，我很乐意，可头疼的是，我们常常会面临一些舆论公关危机，绝大部分都是莫须有的，因为造谣成本太低了。比如，之前有人在某网站上匿名发帖：如何看待锤子科技员工在公司里吸大麻？底下好几十条回答，都玩嗨了。他们讲话很讲究方法，一上来就是个定论。我就搞不懂，大家无冤无仇，怎么总是蓄意去害我们呢？其实面对这种情况，最简单的办法是，拿钱办事。这个网站上不是有人骂你吗，你就给它投资。我们做不了，一是没钱，二是老罗不同意。我们采用的方法是最笨的，一条条跟人讲道理。可没人舍得撤下'老罗'和'锤子科技'这种自带流量的新闻。往往是某网站刚曝出个假新闻，立刻就被几十家网站转载铺开。我们挨个打电话让编辑撤稿，对方的统一口径是，我们只是转载，不承担责任。我特别害怕这种事，但公司这种事又特别多，只能调整心态，让自己接受这样的常态。此外，还有专注工作内容的角色。工作日常内容我基本可以把控，但关于产品的主策略，slogan 是要和老罗磨的。没人会觉得想 slogan 需要空出单独的工作时间，所以会议通常放在一天工作之后的半夜。'漂亮得不像实力派'这个 slogan 磨了四个月，前前后后想了几十个，过程很痛苦，但大家真正碰出来的那一刻，成就感无可比拟。"

资料来源：虎嗅网经授权对《创业五周年，锤子科技还是那家"天生骄傲"的公司吗》和《锤子科技员工高压生存指南》删编整理后发布。

提示问题：

1. 你认为案例中锤子员工的行为的影响因素是什么？
2. 案例中锤子员工对自己的工作有怎样的认知，这些认知是如何最终影响到他们的行为的？

网站推荐

1. 你可以通过访问联邦快递公司（http://www.fedex.com）和顺丰速运公司（http://hr.sf-express.com/）的网站了解它们不同的管理模式，进而探讨它们在招募雇员工作中对于个体差异的要求。
2. 你可以访问网站 http://www.queendom.com/tests.html 进行控制点和归因方面的心理测试。
3. 你可以访问美国消费者产品安全委员会网站 http://www.cpsc.gov，了解该委员会是如何从消费者个体差异出发引导消费服务供应商提供最优服务的。

微信公众号推荐

改变自己：wechanger

参考文献

[1] Rosenberg M J, Hovland C I, McGuire W J, Abelson R P, Brehm J H. Attitude Organization and Change[M]. New Haven: Yale University Press, 1960.

[2] Katz D, Kahn R L. The Social Psychology of Organizations [J]. Administrative Science Quarterly, 1970, 10(1): 65-81.

[3] Meyer J P, Allen N J, Smith C A. Commitment to Organizations and Occupations: Extension and Test of a Three-component Conceptualization [J]. Journal of applied psychology, 1993, 78(4): 538.

[4] Bruner J S, Goodman C C. Value and Need as Organizing Factors in Perception[J]. The journal of abnormal and social psychology, 1947, 42(1): 33-44.

[5] Likert R. New Patterns of Management [J]. Industrial & Labor Relations Review, 1961, 17(2): 336.

[6] Goleman D, Boyatzis R, McKee A. Primal Leadership: The Hidden Driver of Great Performance[J]. Harvard business review, 2001, 79(11): 42-53.

[7] 樊景立，钟晨波，Organ D W. 组织公民行为概念范畴的归纳性分析 [M]. 中国企业管理的前沿研究. 北京：北京大学出版社，2004.

[8] 谭晟，凌文辁，方俐洛. 中国员工组织承诺5因素结构模型的验证 [J]. 广州大学学报（自然科学版），2002, 1(6): 96-99.

[9] 斯蒂芬 P 罗宾斯. 组织行为学（原书第16版）[M]. 孙健敏，李原，译. 北京：中国人民大学出版社，2016.

[10] 余凯成，陈维政，李德. 组织行为学案例集 [M]. 成都：西南财经大学出版社，1996.

[11] 李爱梅，凌文辁. 组织行为学 [M]. 北京：机械工业出版社，2011.

[12] 史蒂文 L 麦克沙恩，玛丽·按·冯·格里诺. 组织行为学（原书第5版）[M]. 吴培冠，等译. 北京：机械工业出版社，2012.

[13] 王晶晶，组织行为学 [M]. 北京：机械工业出版社，2009.

[14] 弗雷德·鲁森斯. 组织行为学 [M]. 王垒，等译. 北京：人民邮电出版社，2003.

[15] 陈国海. 组织行为学 [M]. 北京：清华大学出版社，2006.

[16] Osgood C E, Tannenbaum P H. The Principle of Congruity in the Prediction of Attitude Change [J]. Psychological review, 1955, 62(1): 42-55.

[17] Heider F. The Psychology of Interpersonal Relations[M]. UK:Psychology Press, 2013.

[18] 里基·格里芬，格利高里·摩海德，唐宁玉. 组织行为学 [M]. 北京：中国市场出版社，2010.

[19] 赵凌云. 上海青年白领生活压力调查与分析 [J]. 上海青年管理干部学院学报，2012(1): 28-32.

[20] 苏勇，何智美. 现代组织行为学 [M]. 2版. 北京：清华大学出版社，2011.

[21] 珍妮弗 M 乔治，加雷思 R 琼斯. 组织行为学 [M]. 于欣，章文光，等译. 北京：北京大学出版社，2010.

[22] 斯蒂芬 P 罗宾斯，蒂莫西 A 贾奇. 组织行为学精要 [M]. 北京：机械工业出版社，2012.

[23] 顾小伟. 管理好员工的"心" [J]. 企业改革与管理，2006, 14(12): 78-79.

[24] 吴晋鲁，刘新民. 405名企业员工心理压力状况调查报告[J]. 皖南医学院学报，2008, 27(4): 310-312.

[25] 2010年中国白领年度调查报告 [R]. 北京：CTR媒介与消费行为研究部，2010.

[26] 2009中国白领健康调查研究报告 [R].

北京：艾瑞咨询集团，2009.

[27] 2018 年德勤千禧一代年度调研报告 [R]. 德勤中国，2018.

[28] 腾讯00后研究报告 [R]. 深圳：腾讯社交洞察与腾讯用户与体验设计部，2018.

[29] 李晓影. 直面 works tress!——关于工作压力的一份调研报告 [J]. 企业研究，2003（22）：46-48.

[30] Salgado, Jesús F. The Five Factor Model of Personality and Job Performance in the European Community[J]. Journal of Applied Psychology, 1997, 82(1): 30-43.

[31] Dunnette M D, Hough L M. Handbook of Industrial and Organizational Psychology, Vol. 3, 2nd ed.[J]. Industrial & Organizational Psychology, 1992, 2(4): 527-527.

[32] Debra L Nelson, James Campbell Quick. Organizational Behavior: Foundations, Realities & Challenges (4th Edition) [M]. CA:South-Western College Publishing, 2002.

[33] Steele C M. The Psychology of Self-Affirmation: Sustaining the Integrity of the Self[J]. Advances in Experimental Social Psychology, 1988, 21: 261–302.

[34] Schlenker B R, Weigold M F, Hallam J R. Self-Serving Attributions in Social Context: Effects of Self-esteem and Social Pressure.[J]. Journal of Personality and Social Psychology, 1990, 58(5): 855-863.

[35] 陈国权. 组织行为学 [M]. 北京：清华大学出版社，2006.

[36] 邵芳，樊耘. 组织与员工匹配模式下的人力资源管理实践 [J]. 经济管理. 2011, 33(6): 69-77.

[37] 于广涛. 组织行为学：构建未来的工作—生活空间 [M]. 北京：清华大学出版社，2009.

[38] 胡君辰，吴小云. 组织行为学 [M]. 北京：中国人民大学出版社，2010.

[39] 杨国枢，李本华. 557 个中文人格特质描述性形容词的好恶度、意义度、熟悉度的研究 [R]. 台湾大学心理系研究报告，1971.

[40] 林志颂，理查德 L 德特. 领导学（亚洲版）[M]. 北京：中国人民大学出版社，2007.

[41] 杨忠，等. 组织行为学：中国文化视角 [M]. 南京：南京大学出版社，2006.

[42] 胡立君，唐春勇. 组织行为学 [M]. 武汉：武汉理工大学出版社，2010.

[43] 袁凌，雷辉，刘朝. 组织行为学 [M]. 北京：中国人民大学出版社，2011.

[44] 龙立荣. 组织行为学 [M]. 大连：东北财经大学出版社，2012.

[45] 丁敏. 组织行为学 [M]. 北京：人民邮电出版社，2012.

[46] 赵莉琴. 组织行为学理论与案例 [M]. 北京：中国铁道出版社，2011.

[47] 布鲁克斯. 组织行为学：个体、群体和组织 [M]. 李永瑞，等译. 北京：高等教育出版社，2011.

[48] 张春兴. 现代心理学 [M]. 上海：上海人民出版社，2005.

[49] Fleishman E A. Evaluating Physical Abilities Required by Jobs[J]. The Personnel Administrator, 1979, 24(6): 82-92.

[50] 库尔特·考夫卡. 格式塔心理学原理 [M]. 黎炜，译. 杭州：浙江教育出版社，1998.

[51] Goleman, Daniel, Boyatzis, Richard, McKee, Annie. Primal Leadership: The Hidden Driver of Great Performance[J]. Harvard Business Review, 2001, 79(11): 42-51.

[52] Ashkanasy N M, Daus C S. Emotion in the Workplace: The New Challenge for Managers [J]. Academy of Management Executive, 2002, 16(1): 76-86.

第 3 章 个体与组织的匹配

道不同,不相为谋。

——《论语·卫灵公》

学习目标

1. 了解个人社会化的内涵及实现路径
2. 理解自我效能感的内涵
3. 理解胜任力的内涵与理论
4. 了解赋能的内涵
5. 掌握心理契约的几种类型
6. 掌握组织承诺和工作满意度的内涵及其理论价值
7. 掌握员工敬业度的内涵及其在管理实践中的应用
8. 了解工作绩效的影响因素及其在组织管理中的应用
9. 了解组织公民行为对个体行为的影响及其在管理实践中的应用
10. 了解反生产行为及其应对措施
11. 理解人才流动的内涵及其在管理实践中的应用

引例　　　　　　大道至简,安永提升员工敬业度

大量研究和实践不仅证明了员工敬业度和企业经营绩效之间的强关联,还表明了企业完全可以通过有效措施来提升员工敬业度。

以数据赢得管理层的支持。在很多企业,对员工敬业度的管理并不是人力资源管理的常规模块,而是锦上添花或者危机处理的一部分,往往得不到高管层的认可与支持。因为与空泛的人力资源管理理论相比,管理层更愿意信服实实在在的数字,所以用数据说明人力资源管理活动对企业的影响,将更能说服他们关注一项工作并为之投入。安永每年都会聘请第三方专业机构进行全球员工调查,通过调查了解员工的敬业度,将调查结果以数据形式向各级管理层分析汇报。近几年来,安永开始将员工敬业度的指数与员工保留率、企业收入、品牌美誉度等企业业绩的关键指标进行比对,让大家直观地看到员工敬业度对安永业绩的影响。在会计师事务所这个行业,优秀会计师在人才市场上非常抢手,他们为事务所带来好的业务,提供优质的客户服务,培养好的人才梯队。而培养这样一个人才需要数年甚至十几年的时间,如果安永没有很好地照顾、激励员工,员工转眼就会被人挖走。

安永提升员工敬业度的措施大致可以分为三类:聆听、行动和沟通。这三类措施是环

环相扣、相辅相成的。

用心聆听了解员工内心的需求

主动聆听员工对其在企业的工作状态是满意还是不满意、听员工有哪些期望和建议……像安永这样的会计师事务所，没有房子、设备之类的固定资产，甚至不能为自己打广告，核心资产只有一个——员工。所以安永必须尽可能地通过各种渠道（如全球员工调查）了解员工的内心，知道员工在想什么，进而才能采取有效的措施来留住他们。安永每年都会在全球发布员工调查问卷，借此来了解和跟踪员工对安永的满意度及工作状态，找出不同国家/地区最能激发员工敬业度的因素，制定比较数据来帮助评估员工敬业度水平，确定并量化激发员工敬业度的具体因素，以帮助高管层及人力资源管理部门制定提升员工敬业度的措施。此外，安永还会开展一些专项调查以及员工代表与大区最高领导的面对面沟通，都取得了良好效果。

用行动回应员工的需求

比聆听更重要的是采取行动来回应员工的需求。安永每年分析各种渠道的调查数据，并与历史数据对比，来全面评估员工敬业度，发现问题所在，进而采取能对员工敬业度，乃至最终业绩产生最大正面影响的干预措施。认可与奖励机制的根本问题，其实在于员工的优秀表现没有被及时、全面地认可，仅靠一年一次的加薪激励是远远不够的。

用沟通激发员工的自豪感与荣誉感

在亚洲文化中，很多时候人们偏重行动胜过沟通——说得好不如做得好。然而往往由于沟通不力，管理层以及人力资源部门的努力不仅可能被忽视，甚至还会造成误解。所以，安永人力资源部门对沟通相当重视，沟通可以有很多种目的和手段，但围绕员工敬业度来说，安永希望达到的一个最主要目的，是通过沟通让员工更了解企业，他们因身为其中一员而感到骄傲，并愿意去维护企业的荣誉。这里有一个有意思的案例："我们的安永"故事大赛。

"我们的安永"故事大赛邀请员工把他们与安永的故事写下来，在安永论坛上与大家分享。安永出选题，比如伯乐、发展、感动一刻……人气最高并最受评委会欣赏的故事被编辑成册，用于对内及对外的宣传。通过这个项目，员工发现原来自己身边有这么多感人的故事，安永带给他们的不仅是美好的回忆，更有个人的成长和一辈子的恩师与朋友。员工们在故事的传递中凝聚着力量，无形中加深了对安永的感情。

敬业度并不是一个独立的课题，它是人力资源整体战略的一个重要组成部分，而人力资源战略又是企业整体业务战略的重要组成部分。找到员工敬业度与企业业务战略之间的关键连接点，才能为人力资源部赢得高管层的支持与投入，进而实现企业、员工与人力资源部门的共赢。

资料来源：HR 转型突破. http://www.sohu.com/a/211194095_300134.

3.1 个体的社会化

每个人都有一个自我概念，包含至少几个身份（家长、公司经理、业余乒乓球手等），每个身份都被一些属性所定义。这些属性突出人的独特（个人身份）或者与他人的联系（社会身份）。个人身份（也称为内部自我概念）包括那些使人们在身处的社会团体中显得独一无二的特征。例如，一项使你从群体中脱颖而出的不寻常的成就就是一个典型的个人身份特征，个人身份指的是关于你作为一个个体的特征，与团体无关。与此同时，人类作为社会性的动物，天生有与别人交往、被认同作为社会成员的渴望。这种渴望体现在自我概念中，因为所有人都在某种程度上以与他人的关系定义自己。社会身份（也称为外部自我概念）是社会身份理论（social identity theory）的中心主题，也就是说人们根据自己身处或有情感联系的团体来定义自己。例如，一个人的社会身份可能是中国人、某个大学的毕业生和 BAT 公司的一个员工。

每个人都试图平衡他的个人身份和社会身份，但独特性（个人身份）和关联性（社会身份）究竟优先考虑哪个，则因人而异。自我概念主要是被社会身份所定义而不是被个人身份所定义的，所以那些把重心放在社会身份上的人们更主动地遵守团队规范，并且更容易受同辈压力的影响；那些把重心放在个人身份上的人们则能说出更多与主流不同的东西，并且不太积极遵守团队规范。此外，表达与他人的分歧是独特性的标志，特别是当双方的分歧是基于个人价值观的差异时，这种情况可以帮助员工形成一个清晰的自我概念。

个人社会化指的是员工学会组织中的价值观、规范和行为方式，从而成为真正的组织成员的过程。在个人社会化过程中，新员工获取作为组织成员所需的任务知识、社会知识和行为。这也是员工适应组织环境和工作角色的一种调试过程。个人社会化不仅针对新员工或者刚刚开始职业生涯的员工，员工在组织内部转换工作角色时，也需要进行社会化过程，如发生组织变革或职位变换的情况。组织通过对其中的成员进行社会化，使组织文化得以传递，而个人则通过社会化有效适应环境，获得职业生涯的发展。在下述内容中，本章将分别对个人社会化的内容、个人社会化的个体策略和个人社会化的组织策略进行详细阐述。

3.1.1 个人社会化的内容

莫里森（Morrison）认为个人社会化的内容主要包括四个方面，即工作掌握、角色澄清、文化调适和社会整合。这四个方面包含了员工在组织生活中的主要内容，新进入组织的员工必须要学习掌握工作所需的技能以胜任工作，还要弄清楚自己在组织中的角色，要调整自己的行为方式以适应组织文化的需要，此外还要与组织中的其他成员建立适当的社会关系，这样才表明员工真正融入了组织。

与此同时，Chao 等人建立和验证的个人社会化六因素模型是引起最多关注的有关个体社会化内容的模型，具体如下：

- 工作掌握的社会化。它主要是指员工学习和掌握工作所需的知识、技能和能力。
- 人的方面的社会化。它主要是指新员工与组织中其他成员建立成功和满意的人际关系。研究表明，从组织中找到合适的人并与之学习有关组织、工作群体和工作信息对于成功的社会化非常重要。
- 政治方面的社会化。它是指员工成功地获取关于组织中正式和非正式的工作关系以及权力结构的信息。
- 组织内语言的社会化。它是指员工掌握组织中所特有的专业技术语言和约定俗成的简称、俚语等。只有掌握了组织中所特有的语言，才能够与组织中的其他成员有效地交流。

- 组织的目标和价值观方面的社会化。它主要是指员工学习组织中的目标和价值。
- 组织历史的社会化。它是指员工获取关于组织的传统、风俗、仪式和特殊人物背景的信息，从而建立适宜的行为方式。

3.1.2 个人社会化的个体策略

个人社会化的个体策略，是指在新员工社会化过程中，积极主动地采取一些策略使自己尽快融入组织，获得组织成员的认同，进而成为组织中的一员。个人社会化的个体策略是一个主动过程，而不是仅仅对个人社会化的组织策略做出被动反应。个人社会化的个体策略主要包括以下形式。

（1）反馈和信息搜集。员工在社会化过程中，为了降低环境的不确定性，通常采用积极主动的应对方式获取更多的信息。信息搜集也是在个人社会化策略中被研究得最多的方面。员工所要搜集的信息包括组织性信息、技术性信息、行为规范、政治性信息等多种形式的信息。信息搜集的方式主要包括从上级反馈中搜集信息、从同事反馈中搜集信息以及从技术来源中搜集信息。

（2）关系构建。关系构建主要指新员工与组织中的同事、上级和导师建立非正式关系，这是员工成功实现社会化的一种重要方式。这些关系能够帮助新员工获取信息、建议和社会支持以及缓解工作压力，得到技能和角色行为的指导，从而有助于新员工的社会化进程。

（3）非正式的导师关系。这主要是指新员工主动与组织中其他有经验的员工形成非正式的导师关系。这种非正式的导师关系与组织通过制度形式使员工建立起的正式导师关系有所不同。员工从非正式的导师那里更能够根据自己的需要获得工作指导，从某种意义上来讲，可能比从正式的导师那里获取的益处更多。

（4）工作改变谈判。这是员工在个人社会化过程中增强控制感和降低不确定感的一种方式。员工通常采用积极主动的行动改变工作职责或者开展工作的方式方法，特别是了解那些没有写在书面上的隐含内容。

（5）组织历史的社会化。这是指员工获取关于组织的传统、风格，特别是了解没有写在书面上人物背景的信息，从而建立适宜的行为方式。

3.1.3 个人社会化的组织策略

个人社会化的组织策略主要是指组织采取某些策略和方法来促进员工的社会化过程，使员工从组织外部的个体发展成组织所期望的角色。琼斯（Jones）将个人社会化的组织策略归纳为三个类别的六个两极化的维度，如表3-1所示。

表3-1 个人社会化的组织策略分类

类 别	制度化	个体化
情境相关的	集体的	个别的
	正式的	非正式的
内容相关的	固定的	变动的
	有序的	随机的
社会相关的	系列的	分散的
	保留的	剥夺的

情境相关的组织策略是指组织为员工的社会化过程提供了怎样的环境条件，包括两个维度：集体/个别（collective/individual）维度和正式/非正式（formal/informal）维度。集体/个别维度是指，组织是将新员工集中到一起进行统一的培训使他们获取共同的经验，还是对他们分别进行不同的培训使每个员工获得独特的经验。正式/非正式维度是指，在新员工社会化的过程中是将他们与其他有经验的员工分开，还是让他们与其他有经验的员工一起工作。正式的组织策略往往是为新员工提供一套专门的培训课程，在工作岗位之外的情境中进行社会化；非正式的组织策略则没有专门的培训课程，让员工直接在工作岗位上熟悉工作环境以适应组织。

内容相关的组织策略是指组织为员工的社会化过程提供了怎样的内容，包括两个维度：固定/变动（fixed/variable）维度和有序/随机（sequential/random）维度。固定/变动维度是指组织是否为员工制定了社会化过程的明确时间表。有序/随机维度是指组织是否为员工提供了一系列明确的社会化步骤，使员工知道在什么阶段应该完成怎样的社会化内容。

社会相关的组织策略是指组织所采取的社会化策略在人际或社会心理层面上有所不同，包括两个维度：系列/分散（serial/disjuctive）维度和保留/剥夺（investiture/divestiture）维度。系列的社会化策略主要是指员工由组织中有经验者伴随完成社会化过程；分散的社会化策略是指员工在没有他人带领的情况下独自探索完成社会化过程。保留的社会化策略是指认可员工原有的个性特征和行为方式而不是一味要员工做出改变；剥夺的社会化策略是指组织试图将员工原有的个性特征和行为方式消除而形成目前组织所需要的新态度和行为方式。

所有这六个个人社会化策略的维度都是两极化的，即制度化（institutionalized）和个体化（individualized）这两极。其中，集体、正式、固定、有序、系列和保留的策略代表的是制度化的策略，个别、非正式、变动、随机、分散和剥夺的策略代表的是个体化的策略。

总体来说，采取制度化组织策略的组织倾向于对新员工进行集体的导向活动，提供确定的职业发展通道，通过有经验的老员工以角色榜样的形式加以引导，为新员工提供人际支持和接纳，从而使他们理解和接受组织的价值观。采取个体化的个人社会化策略的组织则倾向于对员工进行个别引导，提供可转换的职业发展进程，给员工施加压力使他们改变自我，从而培养出有创造力的、较少安于现状的员工。组织所采取的每一项具体的个人社会化措施可能是介于这两极之间的某种形式，而且通过六个维度的不同组合形成每个组织特有的社会化策略特点。

3.2 个体能力与组织要求

3.2.1 自我效能感

自我效能感（self-efficacy）是由美国著名心理学家班杜拉（Bandura）于20世纪70年代在其著作《思想和行为的社会基础》一书里提出的概念，该学者在其后的研究中也逐步形成了自我效能感理论的框架体系。从20世纪80年代中期开始，工业和组织心理学家逐渐开始关注自我效能感在组织行为领域中的应用研究，比如自我效能感与工作绩效、工作态度及相关工作行为关系等方面的研究。

按照班杜拉的定义，自我效能感被定义为"个体关于自己在一定程度上能够有效采取一系列必要的行动去处理未来某些情境的一些信念"。斯塔科维奇（Stajkovic）和卢桑斯给出了一个更加广泛的定义，认为自我效能感是个体对自己能力的一种确切的信念或自信心，这种能力是个体在某个背景下为了完成某一项特定的任务，能够调动起必需的动机、认知等一系列行动。

简而言之，自我效能感是一个人相信自己能够有效完成某一特定任务的能力信心和期望，并非一个人的真实能力，只是一个人对自己完成某项任务的自我评定。具有自我效能感的人相信自己有足够的能力完成给定工作，能够排除外部因素的阻挡来达成期望。自我效能感有三个维度：程度，即相信能够完成任务的困难程度；强度，即对这一困难程度的信念的强弱；一般性，即期望能推广至其他情境的程度。

图 3-1 阐释了自我效能感的来源、对行为的影响和结果。

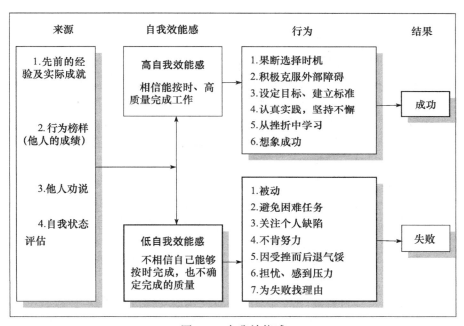

图 3-1　自我效能感

1. 自我效能感的来源

自我效能感有四个来源：先前的经验及实际成就、行为榜样（他人的成绩）、其他人的劝说，以及个体自身的生理与心理状态。

（1）先前的经验及实际成就。这是形成自我效能感最有力的潜在因素，因为它可以为个体提供判断和构成自我效能感的行为信息。当个体在先前的任务中通过不懈努力获得成功时，就会获得积极的自我效能感，在往后的任务中，这种自我效能感能够为个体提供对自己能力的保证，在个体遇到失败和困难时，能够让其保持自信。研究表明，个体在挑战性任务中所获得的成功，对于自我效能感的形成与改变影响尤其突出。

（2）行为榜样（他人的成绩）。个体可以通过观察那些与自己相关的、其行为获得强化的个体，以他们为榜样进行学习，自我效能感也可以在这种情况下形成与强化。榜样的成绩给观察者提供了比较和判断自己能力的标准，同时也可以为观察者传递通过努力可以获得成功的信念。榜样与观察者越相似，要完成的任务的关联性就越强，对观察者的自我效能感形成过程造成的影响也越大。

（3）其他人的劝说。虽然其他人的劝说并不能提高个体的能力水平，但是可以使得个体对自己的能力产生一定的信念和评价。当受到尊敬的、有能力的人说服个体，使其认为自己具有完成某一项特定任务的能力时，个体的自我效能感就可以获得积极的强化，增强其完成任务的信心。相反，不友善的语言或负面的反馈，容易使个体的自我效能感受到损害和被削弱。

（4）生理与心理状态。个体对于自身的生理和情感能力的评估会影响到其对自我效能的判断。个体要评价自己的能力，常常会依赖自己的生理和情绪上的感觉，这个因素的影响相比其他来源的影响要更大。如果个体处于一种负面的情绪，比如焦虑、害怕或紧张，会较大程度地降低个体的自我效能感。如果个体的心理或生理处于良好的状态中，它们也不一定会对自我效能感产生多大积极、正向的影响。总体而言，减少工作环境中的压力源，帮助改善个体的生理与心理状态，对自我效能感的提高有一定作用。

2. 自我效能感的影响与作用机制

自我效能感的判断影响员工对任务、情境、努力程度以及坚持努力的时间，也就是说，一个学生学习一门功课的时间长短和努力程度取决于他对自我效能感的认识，而不是他的实际能力。许多强有力的证据都证明自我效能感较高的人，在完成众多类型的任务方面都可产出较高的工作绩效。高自我效能还能帮助戒除上瘾行为、提高疼痛耐受力、战胜疾病等。

从直接作用来看，首先，人们总是倾向于权衡、评价并整合自己所感觉到的关于自己能力的信息，而这一过程的最初阶段与个体本身的能力或资源没有直接关系，真正相关的是个体如何知觉或认为他们能在这个情景中运用这些能力或资源来完成特定的任务。其次，这种评价或知觉会导致对个人效能的预期，这一预期又会决定个体在何种情境下执行这个特定任务，或将会投入多大的努力来完成这个任务。同时，这个预期也会决定个体在出现问题或逆境的情况下，会在多大程度上坚持下去。

对于一名员工，发展自我效能最有力的手段就是成功完成一项具有挑战性的任务。管理者可以通过有效的目标设置、建立适当的行为榜样等方式，帮助员工提高自我效能感。

3. 资质过剩

自我效能感高的个体可以产出较高的工作绩效，但是当这份工作很容易完成时，个体又会形成怎样的心理状态呢？资质过剩现象近年来受到了学术界与实践界的广泛关注，资质过剩这一概念起源于不充分就业或就业不足（underemployment），现在普遍认为资质过剩（overqualification）是指个体所拥有的教育水平、技能、经验超出了正常工作所需。在以往的研究中，研究者通常将资质过剩划分为客观资质过剩（objective overqualification）和主观资质过剩（subjective overqualification）两种类型。主观资质过剩指个体感知到自己所具有的技能、经验比工作所要求的资质更高，因此也被称为"资质过剩感"。资质过剩的员工，或可以被称为"小池塘中的大鱼"。

这种现象是如何形成的呢？从供给—需求的角度来观察，伴随着国家高等教育的蓬勃发展，就业市场上高学历人才的供给大于需求。与此同时，企事业单位作为人才需求方，在同等成本下会招到更加优秀的员工，而岗位可能也没有太高的要求。这种现实中的错配并不鲜见。

这种人岗的"错配"会带来怎样的不利影响呢？一方面，"资质过剩"的员工会因为接受不到挑战和工作的低意义而产生一种"池塘浅而大材小用"的感觉。另一方面，组织也可能会面临"招来人才—流失人才—再招人才"的尴尬循环。资质过剩是很多组织都可能会遇到的问题，这也给组织带来一个思考命题：当出现了资质过剩的员工时，究竟应该如何管理？

不妨先观察一下其他领域在这方面的智慧。众所周知，在NBA"公牛王朝"的缔造者中，有三位"功勋人物"，分别是迈克尔·乔丹（Michael Jordan）、斯科蒂·皮蓬（Scotty Pippen）和丹尼斯·罗德曼（Dennis Rodman），这三位球员的优秀，很可能会让大家忽略撮合这三位极具天赋的球员的传奇教练菲尔·杰克逊（Phil Jackson）。乔丹、皮蓬和罗德曼都属于天资很高的球员，胜任球员这一岗位也是绰绰有余，甚至可以说是"资质过剩"，素有"禅师"之誉的杰克逊却做得颇有深意。传奇教练菲尔·杰克逊在执教时，曾送给每位球员一本《禅与摩托车维修艺术》，希望他们通过读这本书找到最佳竞技状态。这种启发式的执教在"禅师"的执教生涯中比比皆是，也让他在对诸多大牌球星进行管理与激励时颇有心得。

在实践中，当然不能期望每一个人都像传奇教练菲尔·杰克逊一样，但是对资质过剩员工的管理需要注意以下几方面：首先，从他们的心理特点入手，激发他们的工作热情与潜能；其次，给予一定程度的授权，让员工感知到工作的意义和挑战性；再次，相应提高对直属领导的要求，扎实的领导技巧将显得非常关键。

3.2.2 胜任与赋能

1. 胜任力

胜任力（competency）是由哈佛大学教授戴维·麦克利兰（David McClelland）在20世纪70年代首次提出来的。

早于1973年，有几个关键性开拓者的研究就为胜任力的概念奠定了一定的基础。1954年，约翰·弗拉纳根（John C. Flanagan）提出的"关键事件技术"（critical incident technique），作为一种研究人们所做事情的方法，为胜任力概念提供了两个保证——可以测量和结果相关。此外，心理学家罗伯特·怀特（Robert White）在1959年提出了人的一种被称为竞争力（competence）的特质。随后，麦克利兰详细阐述胜任力及其在组织里面的具体应用。

麦克利兰在1973年发表的《测量胜任力而非智力》一文中阐述胜任力这一概念，"尽管智力影响绩效，但一些个人特征，如个体的动机与自我形象，能够把达标绩效与不达标绩效的人区分开来，并且能在一系列的生活角色包括职务角色中表现出来"。显然，麦克利兰这篇文章并没有给出胜任力的全面定义。另一位研究者莱尔·M.斯宾塞（Lyle M. Spencer）于1993年在《工作胜任力》中给胜任力下了定义：胜任力就是个体所具备的某种或某些潜在特质，这些特质与高绩效员工的工作表现具有高度的因果关系。在这个基础上，麦克利兰认为，这些个人特质在人格中扮演深层次、持久性的角色，它们能够准确地预测出一个人在复杂的工作情景及重要职位上的行为表现。1994年，斯宾塞在《胜任素质评估方法》中再次丰富了胜任力的内涵，他认为胜任力可以是动机、特质、自我概念、态度或价值观、具体知识或行为技能,也就是可以被准确测量或计算的某些个体特质,这些特质能够明确地区别出优秀绩效执行者和一般绩效执行者。国内的学者赵曙明总结了国内外许多学者对胜任力的定义后认为,胜任力的界定主要有三个特点,包括"与特定的工作相关""创造高绩效""包含了人的个性特征"。

总的来说,胜任力是指能将某一工作中有卓越成就者与普通者区分开来的个人的深层次特征,它可以是动机、特质、自我形象、态度或价值观、某领域知识、认知或行为技能等任何可以被可靠测量或计数的,并且能显著区分优秀与一般绩效的个体特征。

(1) 胜任力分类。麦克利兰曾经列出了 20 项在管理职位和专业职位上有着普遍观测效度的胜任力,共分六个类群(见表3-2)。有的学者从更广泛的角度定义胜任力,认为胜任力包括职业、行为和战略综合三个维度。职业维度是指处理具体的、日常任务的技能;行为维度是指处理非具体的、任意任务的技能;战略综合维度是指结合组织情境的管理技能。还有学者将胜任力分为门槛类胜任力(threshold competency)、区辨类胜任力(differentiating competency)和转化类胜任力(transformational competency)。门槛类胜任力仅指为保证工作取得成功而界定出的一些最低标准要求;区辨类胜任力是指那些能将同一职位上的高绩效者和绩效平平者区分开来的素质;转化类胜任力通常是指管理人员和员工普遍都缺乏的那些胜任素质,一旦他们在这种胜任力上得到改善和提高,那么他们的工作绩效将会大大提高。

表 3-2 麦克利兰的普遍观测效度的胜任力分类

胜任力类群	具体项目
成就类群	成就导向、品质和秩序意识、主动性
服务类群	人际理解能力、客户服务导向
影响力类群	组织意识、关系营造的能力、影响能力
管理类群	指导能力、团队合作意识、开发他人的能力、团队领导能力
认识思考/问题解决类群	专业技术、信息搜索能力、分析性思考能力、概括性思考能力
个人效能类群	自我控制/压力对抗能力、自信品质、组织责任感、适应性/灵活性

(2) 胜任力模型及其在组织管理中的应用。胜任力模型可以理解为"对组织或企业中的某一个职位,依据其职责要求所提出的,为完成本职责而需要的能力特征的集合",也可以被认为是将高绩效工作者和一般绩效工作者区分开来的胜任力特征的组合。国外学者戴维·D. 杜波伊斯(David D. Dubois)认为,胜任力模型是对某一职务类别、工作团队、科室、部门或组织的绩效达标者或成就卓越者所需的胜任力特征的结构化描述。

根据以往学者的研究,胜任力模型分为一般模型和具体模型。以下将从这两个方面介绍胜任力模型。

1) 一般模型。通常,学者把胜任力特征分为五个层次:知识(个体所拥有的特定领域的信息、发现信息的能力、能否用知识指导自己的行为)、技能(完成特定生理或心理任务的能力)、自我概念(个体的态度、价值观或自我形象)、特质(个体的生理特征和对情景或信息的一致性反应)、动机/需要(个体行为的内在驱动力或社会动机),这五个方面的胜任力特征组成一个整体的胜任力结构,通常用水中漂浮的冰山来描述,被称为素质冰山模型,是由麦克利兰提出的,如图 3-2 所示。

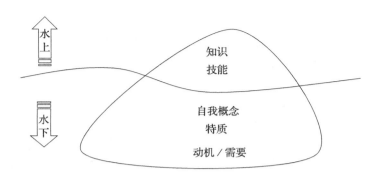

图 3-2　胜任力的冰山模型

其中，知识和技能是可以看见的，相对较为表层的、外显的个人特征，漂浮在水上；自我概念、特质、动机/需要则是个性中较为隐蔽、深层和中心的部分，隐藏在水下，而内隐特征是决定人们行为表现的关键因素。麦克利兰认为，水上冰山部分（知识和技能）是基准性特征，是对胜任者基础素质的要求，但它不能把表现优异者与表现平平者准确区别开来；水下冰山部分可以统称鉴别性特征，是区分优异者和一般者的关键因素，但不同层次的个人特质之间存在相互作用的关系。

运用冰山模型进行胜任力识别帮助解决人力资源问题，可以遵循如下步骤：

- 确定哪一类型的素质是该工作岗位所需要的胜任素质。确定胜任素质主要有两条基本原则：有效性和客观性。这就要求该项胜任素质能够显著区分工作业绩，同时必须以客观数据为依据。
- 在确定胜任素质后，组织要建立能够衡量个人胜任素质水平的测评系统，这个系统要建立在客观数据的基础上，能够经过客观检验，同时能够区分工作业绩。
- 设计出胜任素质测评结果在各个工作中的具体应用方法。

2）具体模型。具体模型是指针对具体的职务类别、工作团队、部门或组织的胜任力组合。由于胜任力是一组行为集合，因此与其相关的恰当的行为就不可能是千篇一律的，具体组织的胜任力表现方式也与组织独特的文化联系在一起。不同的组织应该有不同的胜任力模型，表现出不同的组织文化、价值观或战略背景，同时对某些职业来说，因其共性也有一些具体而通用的模型。

在组织管理中，要提高员工的胜任力，可以从五个方面出发，包括评估、解释、计划、培训和再评估。首先，通过调查问卷、图表等方式，同时借助计算机进行统计，让员工对自己的胜任力和素质进行分析，了解员工目前的需求，得出报告。报告出来后，每个员工对结果进行分析，了解高胜任力员工的特征是什么，随后与各自的职业培训师进行交流，明确自身的优势和劣势，进行相应的培训。得到专业的培训之后，每个员工也可以根据自身情况制订计划，改善自我。在经历了一段时间的培训之后，通过员工的业绩衡量，来进一步评估员工的胜任力。胜任力模型和对员工的胜任力提升情况，都应该根据岗位与组织的不同而进行相应的调整。

2. 赋能

赋能是最近几年在商业领域中频繁出现的词，如"科技赋能""赋能式投资"。阿里巴巴前总参谋长曾鸣如此定义"赋能"：未来组织最重要的功能已经越来越清楚，那就是赋能，而不再是管理或激励。

赋能是指企业由上而下地释放权力，尤其是员工自主工作的权力，从而通过去中心化的方式驱动企业最大限度发挥员工的才智和潜能。管理学者陈春花强调，在数字化时代，赋能就是为每一个成员创造平台和机会。对管理情境来说，员工赋能十分关键，研究认为赋能需要强调高管将权力下放，给予员工更多自主权。进一步，赋能可分解为结构赋能、领导赋能与心理赋能三个维度。

结构赋能强调建立员工赋能机制，以保障组织系统能够分享权力，让员工有权获得信息、机会与资源。这一员工赋能机制在"海底捞"的管理实践中得到了很好的应用，海底捞的每位员工都有免单权和给予顾客优惠的权利，从而让普通员工也分享了这种本属于管理者的机会和资源，激发了员工的主人翁意识。

领导赋能强调领导者把更多的选择权授予下属，领导者扮演教练角色，帮助员工解决难题与提高能力。正如哈佛商学院的罗莎贝斯·莫斯·坎特（Rosabeth Moss Kanter）所说的，将权力向下延伸是非常有必要的，因为世界上很多事情的干扰性越来越强，"意外"的事情越来越多，"变革"的需求也越来越强烈，各家公司必须越来越依赖员工去做决定，因为很多事情出现后它们就会发现，并不存在对这些事情的常规应对方式。唯有员工解决难题的能力提高了，组织才能进一步被激活。

心理赋能是指员工在工作过程中感受到的控制力、影响力与工作价值，能增强员工的主动性，进而提升自我效能感和信心并促使他们影响自己的工作角色和工作环境，而不是被动地接受任务。心理赋能的重要影响因素是文化，营造合适的氛围和支持环境将带给组织更多意想不到的惊喜。

3.3 个体心理与组织期望

3.3.1 心理契约

在组织中，人们常常听到管理者强调"态度决定一切"的说法，其正确与否姑且不论，员工的态度却不是能被管理者所随意引导的，而是与心理契约（psychological contract）紧密相连的。心理契约原本是社会心理学提出的概念，20世纪60年代初被引入管理领域，该概念发展至今的半个多世纪时间，基本形成了广义和狭义两种理解。

广义的心理契约是指存在于组织和成员间的一系列无形的、内隐的、不能书面化的期望，是在组织中各层级间、各成员间任何时候都广泛存在的没有正式书面规定的心理期望。这种理解充分体现了心理契约的双边性或双向性以及心理契约存在于组织和成员间维系彼此良好关系的重要性。卢梭（Rousseau，1990/1995）等学者不同意把心理契约定位在组织层面上，认为组织不具有主体性，因而不会有统一的期望。在此基础上，提出了一个从个体单边关系方面来理解的相对狭义的心理契约概念：心理契约是员工以自己与组织的关系为前提，以承诺、信任和感知为基础，自己和组织间彼此形成的责任和义务的各种信念。这种建立在个体水平上的定义简单明确，强调员工对组织责任和自己责任的认知。同时，由于狭义定义界限明确、易于操作，为实证研究带来了方便，因而被很多研究者所采用。

1. 心理契约的内容及类型

20世纪末，有研究者对英国各地区各行业的雇员和组织间的心理契约内容进行调查后发现，组织对雇员义务的期望主要有：守时、敬业、诚实、忠诚、爱护资产、体现组织形象、互助这7个方面。而雇员对组织义务的期望主要有：培训、公正、关怀、协商、信任、友善、理解、安全、一致性、薪资、福利和工作稳定这12个方面。研究还表明，雇用双方在心理契约中对组织义务的期望在友善、理解、福利、安全、薪资以及工作稳定等方面有显著差异。此外，双方在对雇员义务的期望中，在忠诚、爱护组织资产和体现组织形象等方面存在显著差异：雇员比较强调爱护资产、体现组织形象，而组织更强调忠诚。

近年来，在全球竞争和组织变革的大背景下，心理契约在内容上发生了巨大的变化。过去在心理契约中非常重要的内容，正在逐渐消失或弱化；同时，一些新的内容，如对灵活性、公平性、变革创新、不断尝试的要求，在心理契约中的重要性逐渐突出，表3-3概括了这些成果（陈维政，2005）。

表3-3 心理契约内容构成的变化

特点	过去的心理契约构成内容	当前的心理契约构成内容
关注的焦点	工作安全性、连续性、对组织忠诚	相互交换的可能性、未来雇用的可能性
形式	结构化的、可预测的、稳定的	无固定结构的、灵活的、可以广泛协商的
建构基础	传统、公平性、社会判断	市场导向、能力与技能、附加价值（增值）的可能性
组织指责	工作连续、工作安全、培训、职业发展前景	对附加价值的公正奖励
雇员指责	忠诚、全勤、服从权威、令人满意的工作绩效	技术革新、创业精神、锐意变革、不断尝试、优异的工作绩效
契约关系	正规化、大多数通过工会和中介代理机构	认为双方服务的交换（内部及外部）是个人责任
职业生涯管理	组织职责，通过人事部门的输入来规划和促进职业生涯的内螺旋发展	个人职责，通过个人的再培训和再学习来形成职业生涯的外螺旋发展

概括而言，心理契约可分为三种类型：交易型、关系型以及团队成员型。首先，交易型契约强调具体、有形、基于当前利益的工具性交换。其次，关系型契约强调雇用双方相互支持和依赖、彼此沟通与交流，承担长久的开放性责任。最后，团队成员型契约则是指员工与组织在事业发展上彼此承担责任。

2. 心理契约对管理实践的影响

心理契约对员工的工作态度和行为会产生重大影响。研究表明，员工在心理契约得到有效兑现的情况下，会表现出更高的工作满意度和组织信任感。相反，组织破坏心理契约或发生心理契约的违背则会给员工工作态度及行为产生重大的负面影响。

（1）心理契约的构建。在员工和管理者之间，如果存在良好的理解作用，心理契约有可能比任何明晰的文件都能产生积极的影响。如果处理不好心理契约的关系，导致心理契约违背的发生，势必会影响组织中心理契约的建构，破坏组织中的员工激励，导致员工与组织之间的关系遭到破坏。因此，如果组织的管理者要建构一个稳定、牢固的心理契约关系，组织就应该从根本上去激励员工，可能采用的做法有：①尽可能地确保雇主和员工的工作关系是正确而合适的，即把合适的人安置在合适的岗位上；②确保让员工感受到当管理者靠近时，他们感到很舒服；③确保在任何情况下都有一个适当的交流，在具体的情况发生变化时有一个明确清晰的认识；④确保人们因为好的绩效而得到承认。

通过这些措施，组织可以尽可能地去避免员工心理契约违背的发生，及时将导致心理契约违背发生的因素和行为控制在一定的范围内，或者将它们转换为有利于心理契约建构的行为。

（2）心理契约的违背。通常，当员工主观上认为完成了组织的工作任务，组织却没有履行相应的义务时，心理契约的违背就很可能发生。心理契约违背发生的原因通常是员工主观认为心理契约的内容得不到满足，或体验到不平衡的收入与付出。因此，作为一个"公平"的认知想法，员工有可能改变行为和态度，有可能通过减少行为的付出或者降低努力的程度来获得主观上的平衡。显然，心理契约违背对员工的态度和行为会发生消极的影响，员工的心理契约遭到违背，有可能导致提意见、辞职、忠诚度下降等行为和态度的发生，此时员工对组织的信任动摇，心理契约关系进行重新确定，进而有可能导致员工与组织之间的关系变得更具交易性，更多地关注眼前的直接经济利益，使得员工的心理契约关系变得脆弱，对员工激励带来不利影响。

3.3.2 组织承诺

组织承诺（organizational commitment）也叫组织认同感，是员工对于特定组织及其目标的认同、情绪依赖及参与程度。高的组织承诺意味着认可组织的价值观和目标，愿意维持在组织中的成员资格，愿意为其付出高水平的工作努力。

1. 组织承诺的基本成分

组织承诺包含三种基本成分：情感承诺（affective commitment），指的是对组织目标和价值观的信仰、为组织付出更多努力的意愿和希望保持组织成员身份的愿望，如"我喜欢把组织看成我的家"。持续承诺（continuance commitment），指的是员工因考虑到跳槽的成本而不愿离职的态度与行为，这可能是因为离开组织的代价太高或暂无更佳的工作机会，如"我没有可选择的离开组织的理由"。规范承诺（normative commitment），指的是员工觉得应该留在组织中的责任和义务，体验到规范承诺的员工感到应该留在组织中，如"组织应当获得我的忠诚"。中国员工组织承诺的结构模型还包含了理想承诺的因素，即重视个人成长与理想的实现，以及施展所长的机会、提供成长条件和晋升机会。

2. 组织管理中的组织承诺

在个体价值得以凸显、雇用关系发生转变的背景下，组织始终绕不开的一个命题是：如何让个体真正地认同组织。管理实践研究表明，让员工参与决策、提高工作安全感与工作内容的趣味性，以及提高员工的自主权与责任感，都可提高员工的组织承诺。对组织而言，较高的情感承诺与规范承诺，带来更低的缺勤率、更低的离职率和更高的绩效。具体来说，影响情感承诺的最重要因素是个体感到组织满足他们期望的程度，而工作挑战性、组织可靠性和工作角色明确性等，都是其中不可忽视的重要因素。一般来说，个体在刚刚开始工作的几个月里的经验，对于情感承诺的发展非常重要。然而，持续承诺与员工绩效排名成反比，即有着较高持续承诺的员工绩效排名较低。这种问题的出现主要是因为持续承诺主要通过财务方面的刺激来体现，这阻碍了员工创造力的激发。有些组织通过训练员工某些应用很少的特殊技能，使其难以离职，但这虽然能增强员工的持续承诺，阻止人们轻易离职，但不利于提高情感承诺——这才能产生较高绩效。因此，组织除了通过财务方面的持续承诺将员工和组织联系起来外，还应该通过赢得员工信任来实现情感承诺。

3.3.3 工作满意度

工作满意度（job satisfaction）是一种由于对一个人的工作或工作经历的赞赏而产生的快乐或积极的情感状态。它是对工作情境的一种情绪反应，经常与其期望相联系。如果员工感到他比同事要辛苦得多，所得奖励很少，那么他很可能对工作持负面态度。工作满意度既可被视作一般的态度，也可特指对以下几个因素的态度：工作本身、薪水、晋升机会、上级的管理以及同事。

工作满意度是在工作中产生的，例如高薪酬、与上级关系融洽、工作内容有趣等都可以提高工作满意度。此外，一些与工作无关的知觉因素也起到作用，例如年龄与工作满意度之间有比较稳定的一致性关系：对男人来说，在中年以前工作满意度水平直线上升，然后出现一个稳定期，50岁中期以后又出现上升趋势；对女性而言则不存在中年的稳定期。

1. 影响工作满意度的因素

影响工作满意度的主要因素包括：具有心理挑战性的工作、公平的报酬、良好的工作环境、融洽的同事关系、支持性的上下级关系、员工人格与工作的匹配等。

（1）具有心理挑战性的工作。员工喜欢选择具有心理挑战性的工作：提供各种各样的工作任务，需要使用自己的技术和能力以展示自身价值，有一定自由度，并能对其工作的好坏予以反馈。挑战性低的工作往往会使人感到厌烦，而挑战性太高的工作也会使人产生挫败感。只有从事挑战性适中的工作，大多数员工才会体验到愉快和满意。

（2）公平的报酬。员工希望组织的分配和晋升政策能够公平、公正。当员工认为他们所获得的报酬公正地建立在工作要求、个人技能水平以及行业平均工资标准的基础上时，就会表现出较高的满意度。当然，金钱和职务本身并不一定是每个人的终极追求，但是通常被员工看成管理者对他们为组织所做贡献大小这一看法的反映。与绝对报酬数量相比，员工更看重与自己的付出、别人的付出以及行业整体水平相比较后的相对公平。因此，如果员工觉得分配制度和晋升决策是以公平和公正为基础制定的话，他们就更容易从工作中体验到满意感。

（3）良好的工作环境。员工与工作环境的关系既是为了个人的舒适，也是为了更好地完成工作。研究表明，大多数员工希望工作的物理环境是安全、舒适和干扰最小的。如果工作环境较好，那么人们就不会有工作满意度上的问题；否则，员工就很容易显露不满。但是，除非工作环境实在太差，否则大多数人不会太多受这一因素的困扰。

（4）融洽的同事关系。对大部分人来说，工作不仅仅意味着对物质需求和权力欲望的满足，或者说人们从事工作不仅仅是为了挣钱养家和获得权力、地位上的成就。社会交往是组织成员在工作中追求的另一种满足。许多人宁愿接受较少的报酬，而在一个温馨、和善的组织中工作，也不愿意为了赚更多的钱而忍受冷漠、势利、敌对的同事关系。可以说，友好和支持性的同事关系会提高员工对工作的满意度。

（5）支持性的上级关系。上级的行为也是一个影响满意度的主要因素。研究发现，影响工作满意度的上级管理主要有两个维度。一是员工中心性，可以通过员工的直接主管对其个人的关注程度来衡量。当主管是善解人意的、友好的，对好的绩效进行表扬，倾听员工的意见，对员工表现出个人兴趣时，员工的满意度会提高。经验性证据表明，员工辞职的主要原因之一是其上级不够关心他们。二是参与和影响，也就是说管理者允许其下属参与一些会影响到本职工作的决策过程。

（6）员工人格与工作的匹配。心理学家约翰·霍兰德提出了人格—工作匹配理论。他认为，员工的人格与职业的高度匹配将给个体带来更多的满意感。当人们的人格特征与所选择的职业相一致时，他们会发现自己有合适的才能和能力来适应工作的要求，并且在这些工作中更有可能获得成功。同时，由于这些成功，他们更有可能从工作中获得较高的满意度。

2. 工作满意度与工作行为

工作满意度会对工作行为的各个方面产生具体而深入的影响，从而产生不同的工作效果。

（1）工作满意度与工作绩效。许多人认为满意的员工会比不那么满意的员工有更高的绩效，如果真是这样，那么管理者就要把工作重心放到让员工保持心情愉快方面了，但几十年来严格的实验研究并没有在工作满意度与绩效之间发现简单、直接的联系。有充足的证据说明满意的工作不一定有良好的绩效，而绩效优秀的员工的满意度也未必更高。更多时候，绩效与报酬挂钩，绩效好的员工报酬高，因此相对于那些绩效差、报酬低的员工，他们感到更高的满意度。由此看来，工作绩效会通过报酬的衡量影响到工作满意度，但现实情况是，很多绩效好的员工也未必能得到好的报酬，因此工作绩效和工作满意度之间的关联关系就不是那么明显了。

（2）工作满意度与客户满意度。对一些服务性行业而言，绩效也常常用客户的满意度来衡量。员工的工作满意度对客户服务有着积极的影响，员工满意能够提高客户满意度和客户忠诚度。这主要因为：第一，较高的工作满意度使员工保持良好的心情，在服务客户时也就表现出友好、耐心等积极的态度，使得客户满意度提升；第二，工作满意度高的员工具有较低的离职率，也就有充足的时间来积累服务客户的技能，提供更加专业优质的服务。

（3）工作满意度与缺勤率。斯蒂芬·罗宾斯等学者认为，满意度和缺勤存在稳定的负相关关系，但这种关系是中弱度相关关系。虽然不满意的员工更可能出现缺勤，但也有其他因素影响两者之间的关系。组织的请假制度也会影响员工的缺勤率，比如一些公司可能会为员工提供任意的病假，鼓励所有员工休假，其中包括高度满意的员工。员工的动机也会影响缺勤率，比如某些员工虽然对工作很满意，但还是希望享受每周三天的假期，前提是不会因此受到惩罚。当不满的员工能够在多种工作中选择的时候，不满的员工缺勤率就会较高，但是如果没有太多的工作可以选择，他们的缺勤率就会和满意的员工一样低了。

（4）工作满意度与离职率。高满意度会带来低离职率吗？研究者发现，满意度和离职率之间有一个中等程度的负相关关系，工作满意度和离职率之间的关系强于满意度与缺勤率之间的关系。若有相当高的工作不满意度，则可能有高的离职率。满意度—离职率之间的关系也受到其他工作机会多寡的影响。若员工面临一份未经努力就出现的工作机会，工作满意度对离职率的预测力就下降了，原因在于员工更可能因为新工作的诱惑而被"拉"走，而并非是由于当前工作没有吸引力而被"推"走。一些员工不知道自己可以在其他什么地方工作，因而虽然感到不满意也没有离职。当员工有较高的人力资本（高学历、高能力）时，对工作不满意更可能导致离职率升高，因为他们拥有或者能够感知到很多可供选择的就业机会。

（5）工作满意度与企业社会声誉。员工的工作满意度也会对公司的社会声誉有深入的影响，这也是企业应该重视工作满意度的另一个重要原因，而社会声誉又是企业社会道德的体现，是企业社会形象的一个重要表现。例如，每年进行的"最佳雇主"评选活动，可以在一定程度上反映企业员工的满意度，对于企业在公众心目中良好形象的树立有着至关重要的作用。

3.3.4 员工敬业度

员工敬业度（employee engagement）是一个新概念，是指个体对工作的参与度、满意度及工作的热情。为了评估员工的敬业度，可以这样询问他们：是否有资源和机会学习新技能；是否认为工作很重要、很有意义；对于与同事或上级的互动是否满意等。

敬业度高的员工对工作充满激情，并与公司联系密切；不敬业的员工在工作上虽然花了时间，却没有倾注精力与注意力。对大多数组织来说，敬业度已经成为它们需要解决的一个实际问题，因为调查显示，只有17%~29%的员工对工作敬业。一项针对36家公司近8 000个经营单元的研究发现，员工敬业度高的公司，客户满意度、生产效率和利润也比较高，同时离职率和事故发生率都比较低。卡特彼勒公司着手提高员工敬业度后，员工的抱怨和不满下降了80%，同时非常满意的顾客比例增加了34%。IBM做过一项跟踪调查，员工敬业度每提升5%，可以为企业带来20%的业务增长。这些很有说服力的发现使员工敬业度成为许多商业组织和管理咨询公司热烈追捧的焦点。

伴随着商业环境的剧变，员工敬业度有三个方面值得关注和重视。

（1）企业并没有及时了解员工敬业度的变化。怡安翰威特的数据显示，在员工人数上千或者更多的公司中，只有11%的公司每年会对员工进行一次以上的敬业度调研，而近一半的公司每年进行一次员工调研，40%的公司甚至一年一次都做不到。声称重视员工的组织，却在行动上很迟缓。

（2）新时代背景下个性化因素带来的员工敬业度的变化值得关注。研究显示，科学家在上千名员工中选取了100多个样本，通过测量不同的个性和性格特征，发现他们的工作敬业度大约有50%取决于个性化因素。调研显示，乐观、主动和严谨的员工整体上比其他性格的员工有更高的敬业度。组织可以运用这一发现来帮助个体员工更好地理解他们自身的个性化体验，从而让他们在工作敬业度中掌握更多自主权。在此基础上，美世咨询敬业度调研团队建议：从个体化角度出发，帮助员工和其所从事的工作之间创建更强联系的激励因素；关注可提高员工幸福感、学习能力、合作精神、创造力以及效率等文化和组织层面变化的因素。

（3）需要指出的是，人们对员工敬业度的有效性仍然存在较大争议，这在一定程度上是由于员工敬业度的影响因素很难界定。例如，在最近的一项研究中，被调查者认为使员工敬业最主要的两个原因是：有一个好的管理者，让他们愿意为其工作；感觉自己受到上级的赏识。由于这两个因素都与管理者和员工之间良好的关系有关，因此人们很容易得出结论，认为"人际关系决定工作场所的氛围"。然而，同样在这项研究中，被调查者将"喜欢并尊重同事"列在较低的位置，列于"职业发展"之后。这篇有关员工敬业度的文献综述这样总结："无论是对理论研究者，还是在与客户沟通时使用这个术语的实践者来说，员工敬业度的含义都是模糊不清的"。另一位评论者将员工敬业度称为"任何人都可以随意使用的一个流行术语"。

3.4 个体行为与组织结果

3.4.1 工作绩效

工作绩效（task performance）指在个人控制下用于支持组织目标达成的目标导向性行为。大多数职位要求任职者必须有能力完成一些任务。例如，摩根士丹利的外汇交易员必须能够识别并执行有利可图的交易，与客户和同事合作，协助培训新员工，准确地运行特殊的通信设备。这些任务涉及不同的人、数据、事务和想法。外汇交易员几乎要持续地与数据打交道，如进行外部环境变化趋势的技术分析工作，全天协调同事与客户并分享信息，经常需要解释并整合来自图表、新闻和其他来源的信息。除了偶尔运行设备之外，外汇交易员还需要花些时间与"事情"打交道，如设计、安排等。

当讨论工作绩效时，主要的衡量指标是能否有效率、准确地完成工作。然而，熟练度仅仅是组织目标导向性行为的一个方面，还有适应能力和积极性。适应能力是指员工响应、处理并支持新的环境和工作模式的良好程度；积极性是指员工预见环境变化并发起应对新改变的工作模式的能力。

无论哪种类型的组织，都需要能够创造高工作绩效的员工，因为个体绩效的达成是组织绩效达标的基础。多数组织会考虑财务、客户、流程以及内部成长层面以制定组织绩效的指标及其目标值；进一步经过层层分解之后，会形成员工层面的绩效指标以及目标值。当个体在其考核周期内顺利完成了自身的绩效目标时，员工个体的工作绩效就能有效传导为组织绩效的一部分。

3.4.2 组织公民行为

组织公民行为（organizational citizenship behavior）是指个体的行为是自主的，并非直接地由正式的奖惩体系所引发，包括无私地帮助他人、主动参与组织活动、承担超过常规要求的任务等。这种行为尽管很少体现在正式角色的规定之中，但缺少它们，系统将很难运行。

我国组织中个体的组织公民行为主要包括：主动加班，承担额外责任，帮助同事解决与工作相关的问题或个人问题，为了公司利益而提出建议或批评，主动参加集体活动，向外界提升公司形象，通过自学增加知识和工作技能，参与社会公益活动，保护和节约公司资源，保持工作场所清洁，建立和维护在工作场所中的人际和谐，服务社会道德规范等。相应地，组织公民行为具有一系列正面作用，例如：

- 组织公民行为是一种自愿合作行为，能自觉维护整个组织的正常运行，减少矛盾和冲突。
- 组织公民行为能使组织所拥有的资源摆脱束缚，投入到各种生产活动之中。
- 组织公民行为能促进同事和管理人员生产效率的提高。
- 组织公民行为能有效协调团队成员与工作群体之间的活动。
- 组织公民行为能创建良好的企业文化，增强组织吸引和留住优秀人才的能力。
- 组织公民行为可以潜在地影响组织绩效。

与此同时，组织公民行为也存在消极面，需要辩证地看待。有研究者指出，某些员工做出组织公民行为是一种印象管理策略，是为了通过组织公民行为获取更大的利益，如表现自己、获得晋升、引起上司重视等。在这种情形下，员工为了获得组织公民行为可能给自己带来的好处而去刻意表现出这些行为，有可能会忽视自己的工作职责。这种负面影响同样会产生示范作用而带动更多的员工倾向于这种行为。管理者应该更清楚地认识到组织公民行为的负面影响，识别和培育健康的组织公民行为，发挥其积极的作用。

在正确识别组织公民行为的积极面并有效认识其消极面之后，组织可从以下方面来趋利避害。首先，营造公平的工作环境。许多学者在研究组织公民行为的影响因素时发现，组织公平感与组织公民行为的相关性较高，这二者之间存在着因果关系。当员工感到不公平时，组织公民行为发生的频率将降低；当员工感到公平时，其将持续表现出组织公民行为，以作为对组织的回报。其次，提高工作满意度。大多数研究都证实了工作满意度对组织公民行为具有显著的正向影响作用，员工在工作中的满意度比较高，自然会产生对工作本身以及工作相关的人和事的关注及满意，更多地表现出积极的情绪状态，产生更强的利他行为动机，从而影响组织公民行为中的利他行为。最后，在管理中应给予组织公民行为足够的关注和不断的强化。例如：

- 在工作中发现员工的组织公民行为并及时给予认可。
- 行为的改变可以从一种情境迁移到其他情境中。在培训中，为员工提供学习组织公民行为的机会，在日后的工作中发生迁移的可能性就增加。
- 运用角色榜样促进学习。个体的组织公民行为受到群体中其他成员的组织公民行为影响，当群体中他人较为一致地表现出组织公民行为时，个体也更倾向于表现出组织公民行为。因此，可以树立角色榜样，让其他员工学习。

3.4.3 反生产行为

组织行为学关注所有发生在工作场所的行为，其中也包括那些"黑暗面"，学者将其称为反生产行为（counterproductive work behavior）。反生产行为是员工自发的行为，它们直接或间接地对组织产生潜在的危害。这其中包括诽谤他人（如辱骂以及恶语相向），偏离首选的工作方法（如冒着降低工作质量的风险偷工减料），不诚实，浪费资源的威胁（如胁迫性的伤害），逃避工作（如拖拖拉拉），破坏性工作（如不正确地做事）以及犯罪（如偷盗等）。

反生产行为不容忽视，已有研究表明，它们会严重损害组织效率。那么，员工的反生产行为是如何形成的呢？首先，在工作场所中，员工会基于自身的自我实现需要，对组织及同事的尊重与认可有较高的需求。当员工认为组织及同事无法满足其需求时，就可能出现反生产行为的心理前因，具体表现为感知的组织不公平和较低的工作满意度。其次，对组织中绩效考核程序的不满以及人际冲突等事项，极有可能助推员工形成失望及焦虑的负面情绪，加速了反生产行为在工作场所中的出现。最后，当组织难以继续吸引员工，而外部组织利用"薪酬"以及"职位晋升"能够对员工形成一定拉力时，员工可能会在反生产行为的基础上采取主动离职行为，进而对组织以及团队形成不利影响。

对组织而言，员工的反生产行为对组织有着很大的负面影响，因此组织必须预防和化解员工的反生产行为给企业造成的危害。例如，①构建公平公正的组织环境，从内部降低引发个体不公平感或压力感情境的可能性；进而降低个体做出反生产行为的可能性。②增加员工表达意见的渠道或方式，让员工及时反馈感知的不公平与压力。

3.4.4 人才流动

组织是具有共同目标而聚集在一起工作的群体，所以雇用和留住人才是组织工作的重中之重。尽管外部经济环境使得求职者数量增加，工作流动率降低，但管理者仍面临着为具体的工作寻找合适求职者的挑战。最近的一份报告显示，在 59% 的美国公司中，某些需要特殊技能的工作很难吸引到合适的人才。这一现象在卫生保健行业中非常明显，由于缺乏护工，有些医院只能减少床位或缩减服务事项。

在劳动力短缺的情况下，即使企业能够聘请到有资质的员工，它们也需要确保这些员工能稳定地留在公司。人才流失率较高的公司将承担更高的成本来寻找替补员工。更重要的是，正如前面的章节所提到的，企业的智力资本大部分是员工头脑里的知识。当员工离开时，一些重要知识的丢失往往会导致生产力低下、客户服务较差等。

组织最为关注的一个问题在于如何通过人才流动激发组织内部的活力。腾讯在 2012 年年底启动了"活水计划"，致力于建立通畅的内部人才流动市场机制，并且在此基础上形成一种文化。一方面，帮助员工在公司内自由地寻找发展机会，快速支持公司重点产品和业务的人才需求；另一方面，实现员工发展和企业战略的共赢。自 2013 年起，"活水计划"已累计帮助腾讯内部 5 400 多名员工寻找到新的发展机会，既有效地支持了重点业务的高速成长，也为公司培养了更多具有开阔视野和复合经验的人才。经过 4 年多的深耕，大部分员工对"活水计划"耳熟能详，"活水"已成为腾讯的一个重要文化符号。人才流动对组织而言并非坏事，因为"人才有活水，组织有活力"。

与此同时，员工在一个组织发展到一定阶段，普遍会遇到一个问题，就是组织可能成为其成长的障碍。员工选择流动，无可厚非，寻找更加契合自身的平台本没有错，但是对员工自身而言，究竟是能力没得到发挥，还是因为在组织内部遭遇了障碍呢？如果答案是前者，离开是一个不错的选择；如果答案是后者，员工在任何一个组织中都可能会有这种感受，换一个组织在很大概率上并不起作用。这一问题的核心不在于员工是不是被组织约束，而在于员工愿不愿意不断贡献价值。如果员工可以这样想，组织对员工来讲就是一个助力，员工可以不断地去约束自己来产生更大的贡献价值。如果员工不能这么理解，那么其可能真的会认为组织对自身是一种伤害，而当员工跳槽到另外一个组织时，其感受也许会是一样的。因此，对员工而言，把握好这种个体与组织的关系，流动的选择对自身和组织才可能是双赢。

本章回顾

个人社会化是员工个体融入组织内部的过程。个人社会化的策略是指在新员工社会化的过程中，积极主动地采取一些策略使自己尽快融入组织，获得组织成员的认同，成为组织中的一员。个人社会化的组织策略主要是指组织采取某些策略和方法来促进员工的社会化进程，使员工从组织外部的个体发展成组织所期望的角色。

自我效能感是影响学习过程的一个重要因素，是个体相信自己能够完成某一项特定任务的信念或期望，高自我效能感的员工能够产生更加积极持久的动力，产生较好的绩效。

资质过剩是指个体所拥有的教育水平、技能、经验超出了正常工作所需。

胜任力是能够区分一般绩效者和高绩效者的特征，每个岗位或组织的胜任力素质模型都有所不同，可以根据实际情况进行判断和分析，培养员工的胜任力。

赋能是指企业自上而下地释放权力，尤其是员工自主工作的权力，从而通过去中心化的方式驱动企业最大限度发挥个人才智和潜能。

心理契约是员工以承诺、信任和感知为基础，自己和组织间彼此形成的责任和义务的各种信念。心理契约可分为三种类型：交易型、关系型以及团队成员型。员工在心理契约得到有效兑现的情况下，会表现出更高的工作满意度、留职意愿和组织信任感。

组织承诺包含三种基本成分：情感承诺、持续承诺以及规范承诺。让员工参与决策、提高工作安全感与工作内容的趣味性，以及提高员工自主权与责任感，都可以强化员工的组织承诺。

工作满意度是一种由于对一个人的工作或工作经历的赞赏而产生的快乐或积极的情感状态，它是对工作情境的一种情绪反应。工作满意度会对工作行为的方方面面产生具体而深入的影响。工作满意度对工作幸福感有重要的影响，工作满意度与绩效之间并没有简单、直接的联系；满意的工作不一定有良好的绩效，而绩效优秀员工的满意度也未必更高。

员工敬业度是指个体对工作的参与度、满意度及工作的热情。

工作绩效指在个人控制下用于支持组织目标达成的目标导向性行为。

组织公民行为指组织中的个体自主并无私地帮助他人、主动参与组织活动、承担超过常规要求的任务等行为，这种行为可以营造良好的组织文化，潜在地提升绩效。

反生产行为是员工自发的行为，它们直接或间接地对组织产生潜在的危害。

关键术语

自我效能感（self-efficacy）
资质过剩（over qualification）
胜任力（competency）
心理契约（psychological contract）
组织承诺（organizational commitment）
情感承诺（affective commitment）
持续承诺（continuance commitment）
规范承诺（normative commitment）
工作满意度（job satisfaction）
员工敬业度（employee engagement）
工作绩效（task performance）
组织公民行为（organizational citizenship behavior）
反生产行为（counterproductive work behavior）

课堂讨论

1. 讨论个人社会化的实现路径。
2. 讨论自我效能感的提升方法。
3. 设定某一个岗位，讨论其胜任力的具体模型。
4. 设定一个管理情境，讨论一位领导如何为下属赋能。
5. 讨论如何在一个小组中，建立成员合作过程中的心理契约。
6. 讨论建立并强化组织承诺的方法。
7. 讨论提升工作满意度的途径。
8. 讨论提高员工敬业度的方法。
9. 讨论在提高工作绩效的过程中需要注意的关键点。
10. 讨论我国企业是如何鼓励组织公民行为的。
11. 讨论如何在组织中减少反生产行为。
12. 讨论组织如何通过内部人才流动激发组织活力。

团队练习　　　　资质过剩测验

和你自己所属的学生组织的成员一起做一下下面的测试吧，看看大家感知自身资质过剩的情况如何。请判断以下内容跟你的情况的符合程度（A. 非常符合；B. 较符合；C. 不符合；D. 非常不符合）。符合程度越高，成员感知的资质过剩程度就越高。

1. 我的工作所需的学历水平低于我现在的学历。

2. 我以前的工作经验与胜任我这份工作没有多大关系。

3. 我的一些工作技能在目前工作岗位上用不上。

4. 比我学历低的人也可以把我目前的工作做好。

5. 我以前接受的培训对这份工作来说没有多大用处。

6. 我的很多知识在当前工作岗位上用不着。

7. 我的教育水平比我工作所要求的要高。

8. 一些没我有工作经验的人也可以把我目前的工作做好。

9. 我的能力高于工作所要求的。

网络练习

1. 你可以通过访问 OBHRM 百科网站（http://www.obhrm.net/index.php/%E9%A6%96%E9%A1%B5）来获取更多关于心理与行为等方面的最新发现以及相关量表工具。

2. 想了解岗位胜任力测评方面的知识吗？以下这个网站将进行详细介绍：https://www.beisen.com/product/evaluation/jcsrl/。

自我测试　　工作满意度自测

这是明尼苏达满意度问卷短式量表（Weiss et al, 1967）中的一些项目，能够大致体现工作满意度的含义。你可依据下述项目与自身的契合程度，来判断自身的工作满意度。

1. 能够一直保持忙碌的状态。
2. 独立工作的机会。
3. 时常有做一些不同事情的机会。
4. 有在集体中成为重要角色的机会。
5. 上司对待下属的方式。
6. 上司的决策能力或工作胜任能力。
7. 能够做不违背良心的事情。
8. 工作的稳定性。
9. 能够为其他人做些事情的机会。
10. 有让他人做事的机会。
11. 能够充分发挥自己工作能力的机会。
12. 公司战略实施的方式。
13. 我的报酬与我的工作量的比较。
14. 职位晋升的机会。
15. 有能够自己做出判断的自由。
16. 自主决定如何完成工作的机会。
17. 工作条件。
18. 同事之间相处的方式。
19. 工作表现出色时所获得的奖励。
20. 我能够从工作中获得的成就感。

案例分析　　海底捞你学不会：组织与个体契合的力量

2018年9月26日，海底捞在港交所上市，盘中市值一度突破千亿港元，成为国内最大的餐饮类上市企业。1994～2018年，在这24年中，海底捞一步步壮大，从川渝小镇走向了一线城市，走到了海外。如今24岁的海底捞是中国第一家，甚至是唯一一家营收超百亿元的餐饮企业。

海底捞的特别：企业对员工的好与员工对企业的承诺

创始人张勇说："把员工当亲人看，把顾客当上帝看，相信员工，相信顾客。"

如果从财务报表来看，还有几个更有意思的数据。第一，菜品。经济学上都有规模效应，以海底捞这么大的规模，而且是直采，按理来说食材占收入的成本应该比行业低，但是你会发现它的食材成本不低反高。也就是说，海底捞确实舍得花钱保证品质。第二，餐饮企业的成本主要是员工、食材和租金。由于基本避开了核心商圈最贵的地方，而是开在旁边，所以海底捞的租金成本占比大概是4%，而整个行业平均租金占比为10%，有的甚至高达16%。然而，虽然能省下租金，但海底捞的利润是15%左右，只比别的同行稍微高一些。那么，省下来的租金差价去哪了？来看另一行数字，海底捞的员工工资，比行业平均水准高30%～50%。也就是说，用数据而不是故事来说话，海底捞的服务持续多年给人留下深刻印象的背后，企业对员工是真的好。与此同时，海底捞的每个一线员工手里都有经理的权利，可以决定打折甚至给客人免单。因为服务员难免犯错，而犯了错就会引发顾客的不满，有时光道歉是没有用的，必须得拿出点实际的东西来，这时候，送个菜、打个折就起到了关键的作用。正是对员工的关注以及授权，才换来了员工对企业的认同与承诺。

海底捞与海底捞人的契合：服务是第一要素

相信很多人选择海底捞的第一认知，都是它的服务。为什么偏偏是服务给你的印象那么深？黄铁鹰老师的《海底捞你学不会》这本书中，有这样一个小故事：海底捞起家于四川简阳的火锅一条街，整条街上全是卖火锅的，竞争异常激烈，所以，创始人张勇尽了全力去做到菜品、底料、硬件装修的极致。但是，这些因素各家都做得差不多好，只有服务在当时是空白的，所以强调服务的海底捞就凸显了出来。差异化的体验一出现，由于火锅的社交属性，它就会自我强化，传递出口碑，最终形成了"海底捞服务好"这个核心印象。

好的服务是让客人满意，更好的服务是让客人感动。要让客户感动，先得让员工感动，这就是所谓的信用飞轮。也就是说，海底捞的口碑不仅是一个外化区别于同行的过程，同时也是一个内化激励员工的过程，而就在员工不断被激励提升服务质量的时候，员工个体与组织对为客户提供"高质量服务"这一共识已然达成。

核心印象下的核心竞争力：组织能力

服务好无疑是海底捞的核心印象，但是服务真的是海底捞的核心竞争力吗？看上去服务就是海底捞的核心竞争力，但是，别忘了一个隐含的前提条件——核心竞争力需要随着时间的推移不断变强。在这一点上，服务并不符合条件。具体来说，追求一个门店的极致服务和追求大规模的标准化服务，天然是矛盾的，不管你做再多品控、再多的努力，都改变不了这个大趋势。那什么才是海底捞的核心竞争力呢？请注意支撑服务的东西——组织能力。

顶级的组织能力是什么呢？就是让员工心甘情愿地做事，或者让普通人做成很牛的事，这是感性的维度。基于理性的维度，可以借用阿里的上下三板斧衡量。上三板斧是使命、愿景、价值观，下三板斧是人才、组织、KPI。用张勇的原话说是，"把员工当亲人看，把顾客当上帝看，相信员工，相信顾客"。同时，你不能光有口号，还要有激励和培养的体系，让人才和价值观形成往复循环，维系信用飞轮。那么，海底捞是如何让5万名员工做好服务的呢？它的组织和价值观，是如何显性化到制度里的呢？

海底捞的制度设计框架：锁住管理，连住利益

海底捞的制度设计框架里，左边是锁住管理，右边是连住利益。相应地，每一边都有明确的制度维系。

锁住管理：A/B/C三级门店考核；门店经理管人管事；总部职能大后台支撑门店；神秘嘉宾暗访店面；总部不定期明查；海底捞大学后备店长认证考核。

连住利益：舍得给，店面工资比同行高30%～50%；计件工资，多劳多得，落实到人；门店利润全员分红；师徒制利润分成。

抽象地来说，海底捞是用人的逻辑来解决制度问题，以攻心的思路解决标准化和组织管理激励的问题。

资料来源：节选自微信公众号"混沌大学"《好服务成就了海底捞？并不是》及《哈佛商业评论》。

提示问题：

1. 在本案例中，海底捞是通过哪些途径来建立组织与个体之间的"契合"的？
2. 海底捞成功的秘诀是什么？这种成功能否复制？海底捞有哪些方面值得其他中小企业学习和借鉴？

网站推荐

1. 你可以访问美国心理学会的网站（http://www.psychologicalscience.org），了解心理学的前沿话题。
2. 你可以访问世界经理人论坛（http://www.ceconlinebbs.com/），了解组织管理实践。

微信公众号推荐

1. 唧唧堂：Jijitang_com（最新学术成果分享）
2. 组织行为研究：OBR2016
3. 哈佛商业评论：hbrchinese

参考文献

[1] 张德，吴志明. 组织行为学 [M]. 4版. 大连：东北财经大学出版社，2016.

[2] 史蒂文 L 麦克沙恩，玛丽·安·冯·格林诺. 组织行为学（原书第7版）[M]. 吴培冠，等译. 北京：机械工业出版社，2018.

[3] 姚凯. 自我效能感研究综述：组织行为学发展的新趋势 [J]. 管理学报，2008，5(3)：463-468.

[4] 胡君辰，吴小云. 组织行为学 [M]. 北京：中国人民大学出版社，2010.

[5] Naziri. Regulation of Cognitive Processes through Perceived Self-efficacy[J]. Developmental Psychology, 2001, 25:729-735.

[6] Wood R, Bandura A. Social Cognitive Theory of Organizational Management[J]. Academy of Management Review, 1989, 14(3): 361-384.

[7] 陈颖媛，邹智敏，潘俊豪. 资质过剩感影响组织公民行为的情绪路径 [J]. 心理学报，2017，49(1)：72-82.

[8] Erdogan B, Bauer T N, Peiró J M, et al. Overqualified Employees: Making the Best of a Potentially Bad Situation for Individuals and Organizations[J]. Industrial & Organizational Psychology, 2011, 4(2): 215-232.

[9] 赵若男. 如何管理"小池塘中的大鱼"——"资质过剩员工"管理的秘诀 [J]. 企业文明，2017(11)：55-56.

[10] 于广涛. 组织行为学：构建未来的工作—生活空间 [M]. 北京：清华大学出版社，2009.

[11] 赵曙明，杜娟. 企业经营者胜任力及测评理论研究 [J]. 外国经济与管理，2007，29(1)：33-40.

[12] 周文辉，杨苗，王鹏程，等. 赋能、价值共创与战略创业：基于韩都与芬尼的纵向案例研究 [J]. 管理评论，2017，29(7)：258-272.

[13] 陈维政，张丽华，忻榕. 转型时期的中国企业文化研究 [M]. 大连：大连理工大学出版社，2005.

[14] 许芳，秦峰，胡圣浩，等. 组织行为学原理与实务 [M]. 北京：清华大学出版社，2014.

[15] 斯蒂芬 P 罗宾斯，蒂莫西 A 贾奇. 组织行为学精要 [M]. 郑晓明，译. 北京：机械工业出版社，2012.

[16] 珍妮弗 M 乔治，加雷思 R 琼斯. 组织行为学 [M]. 于欣，章文光，等译. 北京：北京大学出版社，2010.

[17] 曹元坤，肖素萍，占小军. 基于多理论视角的组织公民行为阴暗面效应研究 [J]. 江西社会科学，2017, 37(3): 227-234.

[18] 陈春花，刘祯. 反生产力工作行为研究述评 [J]. 管理学报，2010, 7(6): 825-833.

[19] 陈春花，宋一晓，曹洲涛. 组织支持资源影响员工幸福感的内在机理：基于视睿科技的案例研究 [J]. 管理学报，2014, 11(2): 206-214.

[20] 王怀明，王益明. 高级组织行为学 10 讲 [M]. 上海：华东师范大学出版社，2012.

[21] 张治灿，方俐洛，凌文辁. 中国职工组织承诺的结构模型检验 [J]. 心理科学，2001, 24(2): 148-150, 253.

[22] 范诗琦，巴里·艾伦·戈尔德. 国际组织行为学：理论、案例、操练 [M]. 顾琴轩，译. 上海：格致出版社，2014.

[23] 许芳，秦峰，胡圣浩，刘丽杭. 组织行为学原理与实务 [M]. 北京：清华大学出版社，2014.

[24]《哈佛商业评论》中文版. 中国式管理探索：拉姆·查兰管理实践奖获奖案例集（2017）[M]. 北京：机械工业出版社，2018.

第4章 个体动机与激励

> 杀一人而三军震者，杀之；赏一人而万人悦者，赏之。
> ——《六韬·将威第二十二》

学习目标

1. 了解激励理论的分类和不同特点
2. 掌握内容型激励理论的主要观点和运用
3. 掌握过程型激励理论的主要观点和运用
4. 掌握强化理论的主要观点和运用
5. 了解综合型激励理论的主要观点及它对实践的意义
6. 了解实践中的激励方法

引例　　　　　　别人家的公司从来没让人失望

最近几年，百度的日子并不好过：一方面，百度在BAT阵营里与阿里和腾讯的差距逐步扩大；另一方面，魏则西事件让人们重新审视了百度搜索。此外，一波波高管离职还给公众留下了百度水很深的印象，在陆奇离职的当天，百度股价大跌，很多人担心，百度业务会放缓甚至停滞。但事实证明并没有，百度金融拆分完毕，爱奇艺成功上市，百度方向更加坚定，推动AI技术在百度全系产品（信息流、地图、输入法、翻译、百科、贴吧）落地，百度正在大踏步向前。加之最近，谷歌透露要重返中国大陆市场，百度终于火力全开，在2018年的百度"Summer Party"上，李彦宏宣布了几件事。

现场豪发600万美元，激励小团队创新与精进

百度的"Summer Party"，已经办了八届，形式、内容、意义、目的可以类比"阿里日"。这场活动既是企业文化的落地体现，也是公司内部员工关怀和嘉奖人才的好机会，还是展现公司最新产品的新舞台。在各类展台前，有永远都赢的猜拳手AI，还有能用AI刷脸支付的自动售货机。除了展示各种高科技新产品，"厂长"李彦宏例行颁布了"百度年度最高奖"，六支团队各获得100万美金奖励，也就是一口气颁发了600万美元豪奖。值得注意的是，"百度最高奖"只针对公司总监级别以下、对公司做出卓越贡献的基层员工，要获得该奖必须符合三项标准：项目足够重要、结果远超预期、团队不超过10人且不能有总监。这是迄今为止国内互联网企业给予普通员工的最高奖励。截至2018年，百度已发出了30个"百度最高奖"，奖金总金额超过2亿元人民币，建立了鼓励"小团队做出大事业"的企

业文化。

早餐夜宵免费 + "青松计划",心疼员工的胃,更爱护员工的家人

从前,百度只有周一的早餐免费,而从 2018 年 8 月 13 日开始,员工每天的早餐加夜宵都免费!胃是人类最接近心房的地方之一。百度此举,在温暖员工胃的同时,一并温暖到了员工心底。

除了早餐夜宵全员免费,2018 年 10 月,百度将推出"青松计划"。"青松计划",顾名思义,青为"青春"的"青",松为"不老松"的"松"。员工在外打拼,无非是想让家人一起过上富裕的好日子。父母的身体健康,实乃子女最大的心愿。百度为司龄两年以上百度员工的父母提供全国范围的医疗保险,并且不限父母年龄、身体健康状况、有无社保。这一次,百度让外界感受到了真正的温度,这两个面向百度员工的福利受到外界广泛的关注和赞许。

李彦宏深情告白员工,厂长没有你们是不行的

李彦宏在颁奖时,深情告白了员工,他说:"有一句话说得好,陪伴是最长情的告白。今天,我们的告白语是什么?是在一起,了不起!"李彦宏还在演讲中讲起了段子:"今天来了很多百度人,刚才跟大家握手的时候,我感受到有很多不同类型的人,有运动型的,有居家型的,有沉稳型的,也有 Party Animal。总之,可甜可咸,个个都非常厉害!那么,你们的厂长是什么型的?是没有你们绝对不行的!"如此深情告白的李厂长,让人印象深刻。同时,百度人力资源高级副总裁 Lee 在现场也发言说:我一直都在思考,在你们为了使命勇往直前、披星戴月的时候,公司还能为你们做些什么,让你们的成长更加心无旁骛、更加无后顾之忧呢?

如此关心员工的成长与收获,是百度所倡导的"陪伴文化"的体现,大家在一起并不只是工作,而是发自内心地长久相伴。真心付出,彼此体谅,用共同的信念,勇敢地面对未知,一次又一次突破极限,为对方着想,这才是了不起的在一起!要知道,福利并不只是给钱,将发钱变成运营成本那样简单,维系员工的心,关爱员工本身,要让员工与公司捆绑成为命运共同体,这才是福利的最终目的。在这一点上,百度已经走在了前头。

资料来源:HRGO. 李彦宏公布百度最新员工福利,别人家的公司从来没让人失望![EB/OL].(2018-08-14)[2019-11-05]. https://mp.weixin.qq.com/s/mY9c0aeWM4RuUk2avWBIZA.

4.1 激发个体动机

4.1.1 驱动力

要了解如何培育出一支更加敬业和积极进取的员工队伍,首先需要了解人们激励性的"力量"或者说员工行为的原动力。思考的出发点就是驱动力(drives,也称为基本需求),它可以定义为一种大脑的固有特征,尝试通过改进不足让自我保持平衡。驱动力通过产生情绪来激励我们在环境中采取行动。驱动力正受到越来越多的关注,因为最近神经科学(大脑)的研究强调了情感在人们决策和行为中的核心作用。关于人的驱动力,目前还没有一致结论,但研究已经一致确认其中的几个,如社交的驱动力、对竞争力或者地位的驱动力、去了解在身边发生了什么的驱动力,以及保护自己免受生理和心理伤害的驱动力。

驱动力是天生且普遍的，这意味着每个人都会有驱动力，且从一出生就存在。此外，驱动力是行为的"原动力"，因为驱动力能产生情绪，能够使人处于随时准备做出反应的一种状态。情绪在激励中起着重要的作用。实际上，情绪和激励这两个词语都来源于同一个拉丁语"movere"，意思是"移动"。

图 4-1 说明了驱动力和情绪是怎样转化成可感知的需要和行为的。驱动力以及由驱动力所产生的情绪，共同产生人们的需要。需要（needs）被定义为人们所经历的目标导向的动力。需要是对改进不足或不平衡的特定目标的情绪激励动力。正如一个权威的神经科学家所解释的那样："驱动力直接表达了人们背后的情绪，人们最终通过背后的感觉意识到它们（驱动力）的存在。"换句话说，需要是人们最终自觉意识到的情绪。

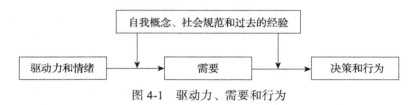

图 4-1　驱动力、需要和行为

想象一下这个例子：你去上班时发现一个陌生人坐在你的位置上。这种情形会使你产生情绪（焦虑、好奇），激励你做出反应。这些情绪是由驱动力产生的，例如自我保护的驱动力和理解的驱动力。当这些情绪足够强烈的时候，它们将会激励你去做一些事情，例如弄清楚这人是谁，并且可能会从同事那里再度确认你的工作是安全的。在这种情况下，你有了解发生了什么、感到安全和可能改变违背个人意愿的感受的需要。注意，你看到陌生人坐在你的位置上时产生的情绪反应代表了驱动你的内在力量，但对于特定的目标，是你自己选择了某些情绪进行表达。

4.1.2　需要

所有人都有相同的驱动力，这是人们经过进化得到的天性。图 4-1 解释了产生这种差异的原因。模型的左侧表明了个人的自我概念（包括性格和价值观）、社会规范和过去的经验放大或压抑形成的以驱动力为基础的情绪，因此导致更强或更弱的需要。热爱交际的人独处一段时间后，通常有更强烈的社交需要，而不爱好交际的人的社交需求则小得多。这种个体差异解释了为什么需要在一定程度上可以"学习"。社会化和强化在一定程度上可能使得人们改变自我概念，导致对社会互动、成就感更强或更弱的需要。

图 4-1 的右侧表明，自我概念、社会规范和过去的经验调节个人的目标和行为。回想前文中一个陌生人坐在你的位置上的例子，你可能并不会走到跟前要求那个陌生人离开你的位置，因为这种行为违背了大多数（并不是全部）文化中的社会规范。那些认为自己是直率性格的员工可能直接与陌生人交涉，那些对直接交涉持负面态度的员工则更可能在与侵入者交涉前先从同事那里收集信息。简而言之，个人的驱动力（理解的驱动力、防御的驱动力、联合的驱动力等）都将强化个人的行为、自我概念和社会规范，而过去的经验将把强化物指向目标导向的行为。

4.1.3　激励方式

激励理论描述的是一般性原则、原理和规律，而实践中遇到的问题是千变万化的，这就需要灵活运用各种激励理论，采用不同的激励方式。目前主要的激励方式可以划分为物质激励和精神激励。物质激励包括薪酬激励、持股激励等；精神激励包括目标激励、工作激励、典型激励、荣誉激励、危机激励和组织文化激励等。

4.2 内容型激励理论

4.2.1 马斯洛的需要层次理论

1. 需要层次理论的基本内容

美国心理学家亚伯拉罕·马斯洛（Abraham Maslow）在1943年出版的《人类激励理论》一书中，首次提出了需要层次理论（needs hierarchy theory）。

马斯洛认为，人类需要可以大致分为生理需要、安全需要、社交需要、尊重需要和自我实现的需要等，它们是由低级到高级逐级形成和发展的（见图4-2）。

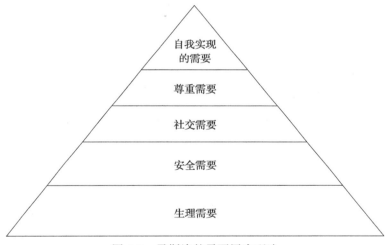

图 4-2　马斯洛的需要层次理论

（1）生理需要。这是指人类满足自身生存的一种最原始、最基本的需要，主要指人们需要获得衣、食、住、行、性、休息、健康等方面的基本满足。只有生理需要得到基本满足，其他需要才能成为激励的因素，人们才会把需要的目标指向更高一层。

（2）安全需要。当一个人的生理需要得到满足后，就对自身安全，如劳动安全、职业安全、环境安全、生命安全、财产安全和心里安全等方面有了需要。一旦这种需要得到满足，它就不再成为激励因素了。

（3）社交需要，也称归属与爱的需要或社会需要。当基本生理需要和安全需要有了一定保障之后，人们便产生更高一层的社会心理需求，即要进行社会交往，与朋友保持友谊，与家人享受天伦之乐，并被一些团体所接纳和认可。

（4）尊重需要。一个人在前述三种需要获得满足之后，就会进一步产生尊重需要。尊重需要是个人因获得他人的承认、信赖、尊敬而产生的一种自信、自立、自重、自爱的思想感情。其一般表现为尊重自己，不向别人卑躬屈膝，也不允许别人歧视、侮辱自己，并且希望得到领导者和社会的重视、同事的信赖和高度评价。尊重需要得到满足，能使人对自己充满信心，对社会充满热情，体会到自己生活的价值。

（5）自我实现的需要。这是人的一种最高境界的需要。人们会在上述需要被满足的情况下产生出发展的潜能，实现自己的理想，成就一番事业的要求。这种需要与人的价值观和文化素养有极大关系。自我实现的需要的产生有赖于前四种需要的满足，只有在基本需要得到满足的基础上，人才会萌生人生的最高追求，才能最大限度地发挥自身的潜能和创造力，实现自己的抱负和理想，使人的价值最终得以完美实现。

2. 需要层次理论的基本观点

五种需要像阶梯一样从低到高，按层次逐级递升，但这种次序并不是完全固定的，可以变化，也有种种例外情况。

一般来说，某一层次的需要相对满足了，就会向高一层次发展，追求更高一层次的需要就成为驱使行为的动力。相应地，获得基本满足的需要就不再是一股激励力量。

同一时期，一个人可能有几种需要，但每一时期总有一种需要占支配地位，对行为起决定作用。任何一种需要都不会因为更高层次需要的发展而消失。各层次的需要相互依赖和重叠，高层次的需要发展后，低层次的需要仍然存在，只是对行为影响的程度会大大降低。

4.2.2 奥尔德弗的 ERG 理论

1. ERG 理论的基本内容

1969 年，克雷顿·奥尔德弗（Clayton Alderfer）基于大量实证研究，在马斯洛需要层次理论的基础上提出"生存、关系、成长论"，也称 ERG 理论。奥尔德弗认为，人有三种基本的需要，分别是生存的需要（existence）、相互关系的需要（relatedness）和成长的需要（growth）。这三种需要的内容是：

- 生存需要，即对一个人基本物质生存条件的需要，大体上相当于马斯洛的生理需要和安全需要。
- 相互关系的需要，即维持人与人之间关系的需要，大体上相当于马斯洛的人际关系方面的安全需要和归属与爱的需要。
- 成长的需要，即个人要求发展的内在愿望，大体上相当于马斯洛的尊重需要和自我实现的需要。

2. ERG 理论的基本观点

这三种需要并不都是生而具有的。马斯洛认为他的五种需要都是人类先天的一种特殊生物遗传，是一种"似本能"的东西。奥尔德弗对此有所修正，他认为生存需要是先天具有的，而相互关系的需要和成长的需要则是通过后天学习才形成的。

这三种需要也不是按照严格的由低到高的次序发展的，可以越级发展。人们可能在低级需要未满足的情况下，先发展较高层次的需要；或是在低级需要未被完全满足的情况下，同时为高层次的需要工作，几种需要共同发挥作用。这与马斯洛需求理论中，需要层次呈刚性的阶梯式上升结构不同。

各个层次的需要获得的满足越少，人们对这种需要越是渴望得到满足。当人们的生存需要和成长发展的需要都获得了较充分的满足，而相互关系的需要没有得到满足时，人们就渴望与人交往，获得理解。

当较低层次的需要得到满足后，人们就渴望向高层次发展，这一点与马斯洛基本相同。奥尔德弗称之为"满足—上升"的趋势。同时，奥尔德弗还认为多种需要可同时作为激励因素。

对较高层次的需要不能满足，人们就会转而追求较低层次的需要。如有人在事业上或没有追求或受到挫折，那么他就会更加注重追求物质享受。奥尔德弗称之为"挫折—倒退"的发展方向，而马斯洛则认为个体会一直停留在某一需要层次上，直到被满足。

4.2.3 赫茨伯格的双因素理论

1. 双因素理论的基本内容

双因素理论是美国心理学家弗雷德里克·赫茨伯格（Fredrick Herzberg）于1959年提出来的，全名叫"激励—保健因素理论"。这一理论不同于马斯洛需要层次理论从满足优势需要出发去调动人的积极性的观点，而是从外在需要、内在需要的区分及两者在调动人的积极性方面起着不同作用的角度，探讨如何更有效地激发员工的工作积极性。据此，他提出了双因素理论（two-factor theory）（见图 4-3）。

图 4-3　双因素理论中满意和不满意的关系

传统理论认为，满意的对立面是不满意，而根据双因素理论，满意的对立面是没有满意，不满意的对立面是没有不满意。因此，影响员工工作积极性的因素可分为两类：保健因素和激励因素，这两种因素是彼此独立的并且以不同的方式影响人们的工作行为（见表 4-1）。

表 4-1　激励因素与保健因素

保健因素（外在因素）	激励因素（内在因素）
公司（企业）的政策与行政管理 技术监督系统 与上级主管之间的人际关系 与同级之间的人际关系 与下级之间的人际关系 工作环境或条件 薪金 个人的生活 职务、地位 工作的安全感	工作上的成就感 工作中得到的认可和赞赏 工作本身的挑战意味和兴趣 工作职务上的责任感 工作的发展前途 个人成长、晋升的机会

保健因素，是指那些与人们的不满情绪有关的因素，如企业政策、工资水平、工作环境、劳动保护。这类因素处理得不好会引发工作不满情绪的产生，处理得好可预防和消除

这种不满。但它不能起激励作用，只能起到保持人的积极性，维持工作现状的作用。

激励因素，是指能够促使人们产生工作满意感的因素，激励因素主要包括以下内容：工作上的成就感，工作中得到的认可和赞赏，工作本身的挑战意味和兴趣，工作职务上的责任感，工作的发展前途以及个人成长、晋升的机会。这类因素的改善，即这类需要的满足，往往能够给员工的行为带来推动力，使其产生工作的满足感，激发其工作热情，从而充分、有效、持久地调动员工的积极性，使他们取得最好的成绩。

双因素理论与马斯洛的需要层次理论是相吻合的，马斯洛需要层次理论中低层次的需要，相当于保健因素，而高层次的需要则与激励因素相似。

2. 双因素理论的应用

双因素理论值得借鉴，但必须结合我国特殊的国情。

（1）在实施激励时，应注意区别保健因素和激励因素，前者的满足可以消除不满，后者的满足可以产生满意。

（2）双因素理论诞生在温饱问题已经解决的美国。当前，我国的一些地区经济仍较为落后，因此工资和奖金并不仅仅是保健因素，如果运用恰当，也能表现出显著的激励作用。关键在于工资和奖金的发放方法。如果发放方法不当（如搞大锅饭、平均主义），那么工资、奖金顶多是一种保健因素，即可以消除不满，但不能产生满意。

（3）应注意激励深度问题。上级的赏识、荣誉感和成就感的满足，使当事人得到深刻的激励，因为它来自工作本身，被称为内在激励。而工资、奖金、福利、工作条件、人际关系的改善，属于工作的外部条件的改进，即使有一些激励作用，也缺乏深度，持续时间也短暂，这被称为外在激励。

（4）随着温饱问题的解决，内在激励的重要性越来越明显。无怪乎发达国家的企业经理们挖空心思地寻找内在激励的良方：如何增强工作本身的吸引力？如何使员工在工作中感受到无穷的乐趣？如何使工作更具挑战性，工作胜任后有更大的成就感？其中，最重要的应用是"工作丰富化"。

4.2.4 麦克利兰的成就需要理论

1. 成就需要理论的基本观点

美国哈佛大学戴维·麦克利兰教授是当代研究动机的权威心理学家。他从20世纪四五十年代开始对人的需要和动机进行研究，提出了著名的"三种需要理论"，认为个体在工作情境中有三种重要的动机或需要。

（1）**成就需要**（need for achievement）：争取成功、希望做得最好的需要，因而人们更为看重工作中的成就感，而非物质激励。成就需要可以创造出富有创业精神的任务，成就需要强烈的人由于时时想着如何把工作干得更好，往往能够做出成就。

（2）**权力需要**（need for power）：影响或控制他人且不受他人控制的需要。这种对影响力的渴求，程度是因人而异的。

（3）**归属需要**（need for affiliation）：建立友好亲密的人际关系的需要，即渴望被他人喜爱和接受。

同时，由于麦克利兰认为其中成就需要对人的成长和发展起到特别重要的作用，所以将其称为成就需要理论（achievement need theory）。

2. 成就需要理论的应用

成就感虽然是后天培养的，但童年经历对其影响特别大，父母在儿童早期的训练和教育方式，对成就感的形成具有决定性作用。

组织中那些成就需要强的员工是最具有积极主动性去达成目标的人。一家公司如果有很多具有成就需要的人，那么它就会发展得很快；一个国家如果有很多这样的公司，那么整个国家的经济发展速度就会高于世界平均水平，但成就需要强的人并不一定适合当领导人。

在大规模的企业中，必须有专人负责分工、协调、监督、控制等工作，而成就需要强烈的人并不一定能够胜任这样的工作。另外，领导人物的责任是鼓励众人去取得成就，而不是只专注个人的成就。激发他人产生成就需求，同自己具有成就需求相比，是两种完全不同的动机，要采用不同的方法。成就需要强的人，首先会考虑自己如何做好；权力需要强的人，首先会考虑让谁去做更好。

注重归属需求的管理者容易因为讲究交情和义气而违背或不重视管理工作原则，从而会导致组织效率下降。

4.3 过程型激励理论

4.3.1 弗鲁姆的期望理论

1. 期望理论的基本内容

期望理论（expectancy theory）最早是由美国心理学家弗鲁姆在 1964 年出版的《工作与激发》一书中提出来的。期望理论认为，个体行为倾向的强度取决于个体对这种行为可能带来的结果的一种期望度，以及这种结果对行为的个体来说所具有的吸引力。期望理论用公式表示为：

$$激励力量（M）= 目标价值（V）\times 期望值（E）$$

激励力量（motivation）是指产生行为动机的强度，也就是调动人的积极性，激发个体潜力的强度。只有激励力量达到一定强度，才能让个体把愿望转化成动机，从而产生行为。

目标价值（valence）也称效价，是指个体对某种结果的效用价值的判断，即某种目标、结果对个体所具有的价值和重要程度的评价。效价越大，吸引力越强，个体的积极性也就越高。

期望值（expectancy）是指个体对通过自己努力达成某种结果的可能性大小的一种预期和判断。期望值是个体主观上估计实现目标的可能性。一般来说，实现目标的可能性越大，越能调动人们的积极性。

弗鲁姆的期望理论辩证地提出了在进行激励时要处理好三方面的关系，这些也是调动人们工作积极性的三个条件。第一，努力与绩效的关系（努力—绩效的期望）。人们总是希望通过一定的努力实现预期的目标。第二，绩效与奖励的关系（绩效—奖励的期望）。人们总是希望取得成绩后能够得到奖励，当然这个奖励也是综合的，既包括物质上的，也包括精神上的。如某人认为他取得绩效后能得到合理的奖励，就可能产生工作热情，否则就可能没有积极性。第三，奖励与满足个人需要的关系（奖励的效价）。人总是希望自己所获得的奖励能满足自己某方面的需要，不过对于不同的人，采用同一种奖励办法能满足需要的程度不同，能激发出的工作动力也就不同。这三方面管理可以用图 4-4 表现出来。期望理论认为，一个人产生最佳动机的条件是：他认为他的努力极可能导致很好的表现；很好的表现极可能导致一定的成果；这个成果带来的奖励对他有积极的吸引力。

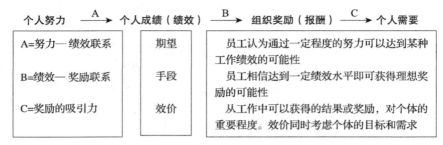

图 4-4　期望模式

（1）努力—绩效的期望。个人感到通过自己的努力可以达到某种工作的绩效水平。在一些情况下，员工相信他们可以毫无疑问地完成工作（可能性为 1.0）；在另一种情况下，他们预测即使尽最大的努力都无法达到理想的绩效水平（可能性为 0.0）；在大多数情况下，努力—绩效的期望介于以上两种极端情况之间。

（2）绩效—奖励的期望。这是指个人相信达到某一行为或绩效水平将获得某种奖励的可能性。在极端的情况下，员工可能相信完成一个特定的任务（绩效）将决定可以获得某种奖励（可能性为 1.0），或者他们相信成功地达到某种绩效将得不到任何奖励（可能性为 0.0）。绩效—奖励的期望经常介于这两种极端情况之间。

（3）奖励的效价。效价（valence）是指个人对获得的奖励的满意或不满意的预期，它的变化范围从负值到正值（具体的范围并不重要，它可能从 –1 到 +1 或从 –100 到 +100）。奖励的效价代表个人对奖励的期望满意度。当奖励与大家的期望一致且满足大家的需要时，奖励有正的效价；当奖励与大家的期望不一致且无法满足需要时，奖励有负的效价。

2. 期望理论的应用

期望理论的一项很好的特征是它为增加员工激励提供了清晰的指引。期望理论的一些实际运用如表 4-2 所示。

表 4-2　期望理论的运用

期望理论的要素	目　标	运　用
努力—绩效的期望	增强"员工能够成功工作"的信念 "信心""有价值/有意义" "有能力""被允许/被鼓励"	选择具备所需技巧和知识的员工 提供所需培训且明确的工作要求 提供充足的时间和资源 在员工能够应付相应工作之前委派较简单和更少量的工作 工作设计随着员工能力做调整 提供类似的员工成功完成任务的例子（团队学习、案例库、知识管理） 为缺乏自信的员工提供辅导
绩效—奖励的期望	增强"好的工作绩效将得到相应奖励"的信念	准确地测量工作绩效（绩效的定义和标准） 清楚地表明只有成功完成绩效才能获得奖励 描述如何根据过去的绩效评估员工的奖励 提供高绩效员工获得更高奖励的例子
奖励的效价	增加达到目标绩效而得到的奖励的期望值	分配员工应得的报酬 奖励应当因人而异 减少负效价的奖励

（1）增加努力—绩效的期望。努力—绩效期望受到个人对自己能否成功完成任务的信念影响。一些公司通过使员工相信自己具备必需的能力、清晰的角色认知以及拥有必需的资源去达到预期的绩效水平这个方法来增强"我可以"的态度。根据员工的能力匹配职位，以及清楚地告知员工职位所需完成的任务是这个过程的重要部分。同样，努力—绩效的期望可以习得，因此行为模型和支持性反馈（积极的强化）通常能增强个人完成任务的信念。

（2）提高绩效—奖励的期望。提高绩效—奖励期望最显著的方法是准确地测量员工绩效以及确保高绩效员工获得更多的奖励。绩效—奖励期望属于感知，因此员工需要知道高绩效将获得高奖励，且要知道这种联系是如何实现的。公司通过解释具体的奖励如何与过去的绩效挂钩，利用例子、趣闻轶事，以及在员工获得奖励时举行公开的仪式等方式满足以上需要。

（3）提高奖励的效价。当激励和奖励员工的时候，一套标准并不能在所有人身上适用，同时组织的领导者需要制定个性化而非标准化的奖励，从而确定这个奖励不会对员工产生负效评价。思考这个案例：在组织里表现最好的员工可以获得与公司高管团队一起到加勒比海岸度假一周的奖励。大多数员工都被这个奖励所鼓舞了，但也有至少一位表现优秀的员工被和高管团队出去度假这个奖励吓呆了。她抱怨道："我不喜欢拉关系，我觉得被困住了。为什么他们不能直接奖励我奖金呢？"员工尽管去度假了，但把大部分时间都花在头等舱里办公了。

另一个关于提高奖励效价的例子是观察负效评价的结果是如何抵消正效评价结果的。例如，在一个工作小组工作的几位员工分别受到了激励，希望表现良好，原因是取得成就会让他们有满足感并且获得很好的报酬，但当他们在一起工作时他们的表现变差了，原因是他们受到同辈压力的影响。在这种情况下，正效评价的结果（成就满足感、高回报薪酬）被同辈压力这种负效评价的结果抵消了。

总之，期望理论是一个有用的模型，解释人们如何理性地判断努力的最佳方向、强度和持续程度。它接受了许多不同情况的检验，并能预测不同文化下员工的激励水平。然而，批评者对于如何检验理论存在不少疑问。还有个问题是，期望理论忽视了情绪对于员工的努力和行为的重要影响。虽然期望理论中的效价部分与一些情绪过程有关，但只是略有涉及。最终，期望理论展示了期望（结果的概率）如何影响激励，但并未解释员工如何才能发展这些期望。

4.3.2 亚当斯的公平理论

1. 公平理论的基本内容

公平理论（justice theory）又称社会比较理论，它是美国行为科学家亚当斯（J.S.Adams）在《工人关于工资不公平的内心冲突同其生产率的关系》（1962，与罗森鲍姆合写）、《工资不公平对工作质量的影响》（1964，与雅各布森合写）、《社会交换中的不公平》（1965）等著作中提出来的一种激励理论。该理论侧重于研究工资报酬分配的合理性、公平性及其对员工生产积极性的影响。

公平理论的基本观点是：当一个人做出了成绩并取得了报酬以后，他不仅关心自己所得报酬的绝对量，而且关心自己所得报酬的相对量。因此，他要进行种种比较来确定自己所获报酬是否合理，比较的结果将直接影响他今后工作的积极性。

一种比较称为横向比较，即他要将自己获得的"报偿"（包括金钱、工作安排以及获得的赏识等）与自己的"投入"（包括教育程度、所做努力、用于工作的时间、精力和其他无形损耗等）的比值与组织内其他人做社会比较，只有在相等时，他才认为公平，如下式所示。

$$O_P / I_P = O_C / I_C$$

式中，O_P 为自己对所获报酬的感觉；O_C 为自己对他人所获报酬的感觉；I_P 为自己对个人所做投入的感觉；I_C 为自己对他人所做投入的感觉。

当上式为不等式时，可能出现以下两种情况：

（1）$O_P / I_P < O_C / I_C$。在这种情况下，他可能要求增加自己的收入或降低自己今后的努力程度，以便使左方增大，趋于相等；第二种办法是他可能要求组织减少比较对象的收入或者让其今后提高努力程度以便使右方减小，趋于相等。此外，他还可能另外找人作为比较对象，以便达到心理上的平衡。

（2）$O_P / I_P > O_C / I_C$。在这种情况下，他可能要求减少自己的报酬或在开始时自动多做些工作，但久而久之，他会重新估计自己的技术和工作情况，终于觉得他确实应当得到那么高的待遇，于是产量便又会回到过去的水平了。

除了横向比较之外，人们也经常做纵向比较，即把自己目前投入的努力与目前所获得报偿的比值，同自己过去投入的努力与过去所获报偿的比值进行比较。只有相等时他才认为公平，如下式所示。

$$O_P / I_P = O_h / I_h$$

式中，O_P 为自己对现在所获报酬的感觉；O_h 为自己对过去所获报酬的感觉；I_P 为自己对个人现在投入的感觉；I_h 自己对个人过去投入的感觉。

当上式为不等式时，也可能出现以下两种情况：

（1）$O_P / I_P < O_h / I_h$。在这种情况下，人会有不公平的感觉，这可能导致工作积极性下降。

（2）$O_P / I_P > O_h / I_h$。在这种情况下，人不会产生不公平的感觉，但也不会觉得自己多拿了报偿，从而主动多做一些工作。

2. 公平理论的应用

公平理论对管理有着重要的启示。

（1）采取各种手段营造一种公平合理的氛围。为了避免员工产生不公平的感觉，企业往往采取各种手段，在企业中营造一种公平合理的氛围，使职业产生一种主观上的公平感。如有的企业采用保密工资的办法使员工相互不了解彼此的收支比率，以免员工互相比较而产生不公平感。

（2）最为重要的是管理者要尽可能公平地对待每一个员工。员工不仅关心自己所得到的绝对报酬，也关心自己报酬的相对性。如果员工认为受到不公平的对待时，他们就会试图采用前面提到的行为方式来改变境况，减轻不公平的感觉。例如，他们可能会经常缺勤，上班迟到，不按时完成工作任务，降低工作质量等。此时，管理者应该尽量通过改变员工的工作来改善投入和收益的平衡，以此作为激励员工提高工作绩效的手段。

（3）制定一个能够让员工感到公平并且乐于参与和保持的分配制度。公平感与个人所持有的公平标准有关，而不同的人有着不同的公平标准。因此，在制定分配制度时，管理者应该尽可能了解组织中员工们所持有的公平标准是什么：是基于平均原则、贡献大小，还是所承担的社会责任大小进行分配才最能够让员工产生公平感？在客观调查的基础上，选择能够在最大程度上让员工产生公平感觉的分配原则。这样，才能让员工受到激励，并且产生良好的工作绩效。

（4）注意对有不公平感觉的员工进行心理疏导。一般来说，并不是所有的人都对公平很敏感，只有当人们将自己的投入和收益与他人进行比较以后，他们才开始关心公平。此外，他们所选择的比较对象受主观影响较大，例如参照对象不是同一组织中的员工、两人所承担的工作任务的复杂程度不同等。作为管理者，在遇到这种情况时，由于不可能控制其他组织的报酬发放，因而对组织内部由此产生不公平感的员工就只能从心理上进行疏导，帮助他们树立正确的公平观，选择客观的公平标准，走出不公平感的阴影。

4.3.3 自我决定理论

自我决定理论（self decision theory）是由美国心理学家爱德华·德西（Edward L. Deci）和理查德·瑞恩（Richard M. Ryan）等人在20世纪80年代提出的一种关于人类自我决定行为的动机过程理论，该理论假设人是积极的有机体，具有与生俱来的心理成长和发展动力，并提出人们喜欢感到自己对事物具有控制力。因此，当人们感到以前有兴趣的工作变成一种义务而不是自主选择的活动时，激励程度就降低了。

自我决定理论涵盖了较多的动机类型，其独特之处在于它不是把动机看成一个单一静态的概念，而是把动机当作一个连续体，动态地观察各种动机类型。去动机和内在动机分居于连续体的两端，这两者中间存在着几种不同状态的外在动机，它们是内化程度不同的外部动机，分别是外部调节（external regulation）、内摄（摄入）调节（introjected regulation）、认同调节（identified regulation）、整合调节（integrated regulation）。从这个连续体的一端到另一端体现了从控制动机（controlled motivation）到自主动机（autonomous motivation）的逐渐变化过程，具体如图4-5所示。

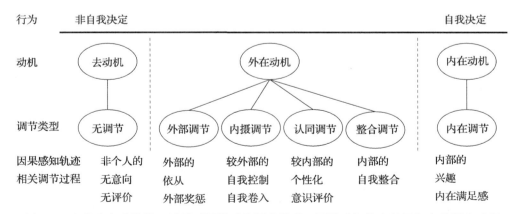

图4-5　自我决定连续体，显示不同的动机调节类型、因果感知轨迹以及相应的调节过程

资料来源：Ryan R M, Deci E L. Self-determination Theory and the Facilitation of Intrinsic Motivation, Social Development, and Well-being[J]. American Psychologist, 2000, 55(1): 68-78.

自我决定理论经过三十余年的发展，形成了以下四个子理论，共同构成了自我决定理论的基本内容。

（1）**基本心理需要理论**详细阐述了基本需要的概念，鉴别出人类三种基本的心理需要：自主需要（autonomy）、能力需要（competence）和归属需要（relatedness）。该子理论的核心观点认为，基本心理需要的满足程度和人们对幸福的体验呈正相关，三种基本心理需要的满足对促进个体外在动机的内化，形成内在目标定向以及提升个体的幸福感有重要作用。基本心理需要理论是自我决定论的核心理论，是自我决定论其他重要研究的基础。

（2）**认知评价理论**主要分析了社会情境因素对个体内在动机的影响。认知评价理论将奖励、报酬等外部事件分为三种不同的类型：信息性的、控制性的、去动机的。不同的外部事件通过对个体的胜任感与因果关系知觉产生不同的影响，从而影响内在动机。

（3）**有机整合理论**定义了内化的概念，阐述了外在动机向内在动机内化的过程。该子理论假定人们天生具有整合经验的倾向，即能够将某些社会规则、价值等整合为自我的一部分。由此提出了内化的概念，内化指个体试图将社会赞许的价值观、规则、态度、要求转化为个体认同的价值，进而整合为个体的自我成分。通过内化，个体可以将外在动机逐步整合为内在动机。

（4）**因果定向理论**主要对自我决定行为的个体差异程度进行描述，并分析其原因。该子理论认为个体具有对有利于自我决定的环境进行定向的发展倾向。一般而言，在个体身上存在着三种水平的因果定向，分别是自主定向、控制定向和非个人定向。自主定向是指个体对能够激发内在动机的环境的定向。一个具有高水平自主定向的人倾向于表现出自我创新，寻求有趣和有挑战性的活动，勇于承担责任。控制定向是指一个人倾向于受报酬、限期、结构（structures）、自我卷入（ego-involvement）和他人指令的控制。一个具有高控制定向的人对报酬或别人的控制易形成依赖性。他们更容易与别人的要求而不是自身的要求取得一致。具有高控制定向的人容易把财富、荣誉和其他一些外界的因素放在极端重要的地位。非个人定向是指一个人相信对满意结果的获得是个人无法控制的，这些成绩在很大程度上是运气的产物。他们是漫无目的的，并且希望事情都一成不变。

这四个子理论分别从有机体的内在心理需要、外部社会环境、个体发展以及个体差异四个方面描述人的发展，强调个体的自我选择、自我决定在发展中的决定性作用。

4.3.4 目标设置理论

目标设置理论（goal setting theory）是从行为的目的性出发来对行为动机进行研究的一种激励理论。它是美国心理学教授洛克和他的同事经历了近20年的时间，根据对8个国家、88个企业的4 000多位工作者进行调查研究后发现，大多数的激励因素都是通过目标来影响工作动机的。因此，在管理过程中重视并设置合理的目标是激励员工提高工作积极性的一种重要方法。

目标设置理论认为，目标是人们行为的最终目的，是人们预先规定的、合乎自己需要的"诱因"，是激励人们的有形的、可以测量的成功标准。达到目标是一种强有力的激励，是完成工作的最直接的动机，也是提高激励水平的重要过程。成长、成就和责任感的需要都要通过目标的达成来满足。

要使目标能够影响组织成员的行为，目标必须具有三个重要标准。

- **目标设置的具体性**。目标必须能被精确观察和测量，要规定实现目标的时间。

- **目标设置的难度**。目标难度与激励之间有着清楚的关系，目标难度越大，激励和绩效水平越高。
- **目标设置的可接受性**。设置的目标必须为个人所接受，被个人内在化。组织要使个人感到参加了目标制定过程，感到目标是个人的投资和占有，鼓励下属自己设置目标，把管理者的目标变成下属自己的目标，让下属认同和关心。

目标设置模式由三部分组成："指向目标的努力""绩效"和"满意度"，如图4-6所示。

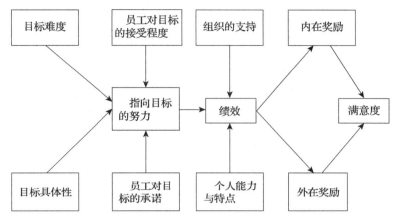

图4-6 目标设置模式

（1）指向目标的努力。除了上面所说的难度与具体性外，还有目标的接受与目标的责任心（对目标的承诺）。如果目标轻而易举，就不会激发人的奋斗精神；目标高不可攀，力不能及，也会使人望而生畏。只有目标意义明确、适度，才能使人努力有方向，便于及时修正行为。

（2）绩效。它由指向目标的努力、组织支持和个人能力与特点组成。当人们的指向目标的努力甚多时，绩效必然高于平常。

（3）满足度。它是指完成预期目标后，必须通过一定的内在奖励和外在奖励才能让人满意。

目标设置理论与前文提到的自我效能感有着非常密切的关系。在管理实践中，可以有针对性地根据员工的自我效能感的高低来进行合理的目标设置。有效的目标设置也能够影响和调节员工的自我效能感。设置的目标太难，员工很难达到，这时他的自我评价就可能较低，而多次达不到目标就会降低他的自我效能感；设置的目标太容易，员工也同样难以提高自我效能感。另外，目标的明确度也影响自我效能感。清晰而具体的目标能有效地引导个体的努力。研究表明，人们对于明确的、有挑战性的目标完成得最好；对于模糊的、有挑战性的目标，绩效呈中等水平；模糊的、没有挑战性的目标则导致最低水平的绩效。当然，目标完成得好坏直接关系到自我效能感的增强或降低。

4.4 调整型激励理论

内容型和过程型激励理论研究的都是如何激发人的动机，调动人的积极性的问题。调整型激励理论则说明怎样引导人们改正错误的行为，强化正确的行为。

4.4.1 强化理论

1. 强化理论的基本内容

强化理论（reinforcement theory）是美国哈佛大学心理学教授斯金纳提出的。斯金纳在巴甫洛夫条件反射理论的基础上，提出了"操作条件反射理论"，也叫强化理论。他认为人类（或动物）为了达到某种目标，本身就会采取行为作用于环境。当行为的结果有利时，这种行为会重复出现；当行为的结果不利时，这种行为就会减弱或消失。人们可以运用正强化或负强化的办法，来影响行为的效果，从而引导、控制和改造其行为，更好地为组织目标服务。

斯金纳认为，只要刺激控制人的外部环境中的两个条件，就能控制引导人的行为。这两个条件是：第一，在行为产生前确定一个具有刺激作用的客观目标；第二，在行为产生后根据工作绩效给予奖或惩，或既不奖也不惩。

强化的类型 利用强化的手段改造行为，一般有四种方式，如图4-7所示。

	令人愉快或所希望的事件	令人不愉快或不希望的事件
事件的出现	正强化 （行为变得更加可能发生）	惩罚 （行为变得更不可能发生）
事件的取消	消退 （行为变得更不可能发生）	负强化 （行为变得更加可能发生）

图4-7 强化的类型

（1）正强化。它是指在期望的行为发生后提供令人快乐的结果，即对期望的行为进行奖励。但应注意，正强化不等同于奖励。奖励是个体希望得到和令自己快乐的结果，而对个体来说，奖励是不是强化物是主观感受。因此，判断奖励是不是正强化物，取决于它能否增加先于它的行为频率。

（2）负强化。当某种不符合要求的行为有了改变时，减少或消除施加于其身的某种不愉快的刺激（批评、惩罚等），从而使其改变后的行为再现和增加。

（3）消退。消退有两种方式：一是对某种行为不予理睬，以表示对该行为的轻视或某种程度的否定，使其自然消退；二是对原来用正强化建立起来的、认为是好的行为，由于疏忽或情况改变，不再给予正强化，使其出现的可能性下降，最终完全消失。

（4）惩罚。惩罚产生于一个令人不愉快或不如意的事件出现之后，并使这种行为在以后尽可能少发生。

2. 强化理论的应用

强化理论较多地强调外在因素或环境刺激对行为的影响，忽略人的内在因素和主观能动性对环境的反作用，具有机械论的色彩。但是强化理论的一些具体做法对实践还是有用的。要使强化机制协调运转并产生整体效应该注意以下6个方面：

（1）应以正强化方式为主。在强化手段的运用上，应以"正强化"为主，也就是常说的"奖一定重于罚"。在企业中设置鼓舞人心的安全生产目标，是一种正强化方法，但要注意将企业的整体目标和员工个人目标、最终目标以及阶段目标等相结合，并对在完成个人目标或阶段目标中做出明显绩效或贡献者，给予及时的物质和精神奖励（强化物），以求充分发挥强化作用。

（2）采用负强化手段要慎重。负强化应用得当会促进安全生产，应用不当则会带来一些消极影响，可能使人由于不愉快的感受而出现悲观、恐惧等心理反应，甚至发生对抗性消极行为。因此，在运用负强化时，应尊重事实，讲究方式、方法，处罚依据准确、公正，这样可以尽量消除其副作用。将负强化与正强化结合应用一般能取得更好的效果。

（3）奖励与惩罚相结合。对正确的行为和对有成绩的个人或群体给予适当的奖励；同时，对不良行为和对一切不利于组织工作的行为则要给予处罚。大量实践证明，奖惩结合的方法优于只奖不罚或只罚不奖的方法。

（4）及时而正确强化。采用强化的时间对于强化的效果有较大的影响。一般而言，强化应及时，及时强化可提高安全行为的强化反应程度，但须注意及时强化并不意味着随时都要进行强化。不定期的非预料的间断性强化，往往可以取得更好的效果。

（5）因人制宜采用强化方式。人们的年龄、性别、职业、学历、经历不同，需要就不同，强化方式也应该不一样。例如，有的人更重视物质奖励，有的人更重视精神奖励，因此应该区分情况，采取不同的强化措施。

（6）利用信息反馈增强强化的效果。信息反馈是强化人的行为的一种重要手段，尤其在用安全目标进行强化时，定期反馈可以使员工了解自己参加安全生产活动的绩效及其结果，既可使员工得到鼓励，增强信心，又有利于及时发现问题，分析原因，修正所为。

根据强化理论，对人的某种行为给予肯定和奖励，使这个行为巩固、保持、加强，就是强化；对于某种行为给予否定和惩罚，使之减弱、消退，就是惩罚。例如，可以对健康者予以强化，这样可以加强员工对健康的重视，最终减少医疗成本和误工成本；可以给予生病者适度关心，但不能过分照顾，否则许多人就会形成小病大养的习惯。如果组织中的钻营者成功的可能性很大，就会造就一批钻营者，太多的钻营者则可能对组织形成很大的杀伤力，从而惩罚组织中踏实肯干的员工，出现劣币驱逐良币的现象。个人都是趋利避害的，人们对于有利的事物比较敏感，只要发现有人的行为获得较高的回报，就会纷纷效仿和学习。在日常生活中，只要有人在交通路口不管红绿灯横穿马路成功，不仅没有受到惩罚，反而节省了时间，其他人就会学习、模仿，无视红绿灯的存在；同样，有些出租车司机不遵守交通规则，认为只要速度快就能够挣到更多的钱，其他司机也会学习，最终许多出租车司机都形成了不遵守交通规则的坏习惯。

4.4.2 挫折理论

挫折理论（setbacks theory）或许可以追溯到 20 世纪极负盛名的奥地利心理学家弗洛伊德（S. Freud）创立的精神分析学说。该理论着重研究人因挫折感而产生的心理自卫。

1. 挫折和挫折感

常言道，"人生不如意事十之八九"，说的是，人在趋于目标的过程中，由于主客观原因，致使行为受阻，未能达到目标，即遭受挫折是常有的事。挫折理论所注重的不是挫折而是挫折感，后者是行为主体对挫折的心理感受（或称知觉）。

挫折一方面使人失望、痛苦，使某些人消极、颓废乃至一蹶不振；另一方面，挫折又可以给人教益，使人们变得比较聪明；它能使人发奋努力，在逆境中奋起。挫折的上述两重性是对立统一，共存于统一体之中，又能在一定条件下相互转化的。其转化机制即心理自卫。因挫折和挫折感而导致心理紧张，为消除或缓解心理紧张则会出现防卫性的心理反应，称为心理自卫。心理学家本尼斯（W. G. Bennis）认为："对一个管理者来说，在心理概念中或许没有比心理自卫更重要的了。"

2. 心理自卫及其机制

因为受挫折的人各有特点，所以其受挫折后因心理自卫而导致的行为表现也总有差异。一般有两类：一是建设性心理自卫，采取积极进取的态度；二是破坏性心理自卫，采取消极的态度，甚至是对抗的态度。

建设性心理自卫表现如下：

- 增强努力。当个体在追求某一目标受挫时，不放弃原有目标，而是加倍做出努力，尝试其他方法和途径，最终达成目标。
- 重新解释。这就是重新解释目标，指当个体达不成既定目标时，则延长完成期限、修订或重新调换目标。
- 补偿。当个体追求实现某一目标受挫时，则改为追求其他目标，以补偿和取代原来未能实现的目标。
- 升华。当遭受挫折时，把敌对、悲愤等消极因素转化为积极进取的动力，从而取得更有意义的成就。这是建设性程度最高的。

破坏性心理自卫表现如下：

- 推诿，是指人们受到挫折后会想出各种理由原谅自己或者为自己的过失辩解。
- 逃避，是指人受挫折后不敢面对挫折，而是逃避到较安全的地方或幻想。
- 忧虑，是指一个人连续遭到挫折，便慢慢失去了自尊和信心，不知所措，终于形成一种由紧张、不安、焦急、恐惧等感受交织而成的复杂情绪状态。
- 攻击，也称为侵犯、侵略，是指一种无理智的、消极的、带有破坏性的公开对抗行为。这是破坏性程度最高的。
- 冷漠，一个人受到挫折后压力过大，无法攻击或攻击无效，或因攻击而招致更大的痛苦，于是他便将愤怒的情绪压抑下来，采取冷漠行为。

3. 挫折理论的应用

在企业安全生产活动中，员工受到挫折后，所产生的不良情绪状态及相伴随的消极性行为，不仅对员工的身心健康不利，而且也会影响企业的安全生产，甚至易导致事故的发生。

因此，应该重视管理中员工的挫折问题，采取措施防止挫折心理给员工本人和企业安全生产带来不利影响。对此，可以采取的措施如下：

（1）通过培训提高员工工作能力和技术水平，提高个人目标实现的可能性，减少挫折的主观因素。

（2）改变或消除易于引起员工挫折的工作环境，如改进工作中的人际关系、实行民主管理、合理安排工作和岗位、改善劳动条件等，以减少挫折的客观因素。

（3）帮助员工用积极的行为适应挫折，如合理调整无法实现的行动目标。

（4）改变受挫折员工对挫折情境的认识和估价，以减轻挫折感。

（5）开展心理保健和咨询，消除或减弱挫折心理压力。对于同样的挫折情境，不同的人会有不同的感受；引起某一个人挫折的情境，不一定是引起其他人挫折的情境。挫折的感受因人而异的原因主要是人的挫折容忍力不同。所谓挫折容忍力，是指人在受到挫折时免于行为失常的能力，也就是经得起挫折的能力，它在一定程度上反映了人对环境的适应能力。同一个人对不同的挫折，其容忍力也不相同，比如有的人能容忍生活上的挫折，却不能容忍工作中的挫折，有的人则恰恰相反。挫折容忍力与人的生理、社会经验、抱负水准、对目标的期望以及个性特征等有关。例如，企业中有的员工有"骄娇"二气，眼高手低，其挫折容忍力一般较低；再如，企业员工对安全生产所持的价值观不同，追求达到目标的自我标准不同，即使客观上的挫折情境相似，每个人对挫折的感受也会不同，挫折所致的打击程度也就不同。

4.5 综合激励模式

以上所讲几种现代激励理论，都只涉及了激励问题的某一侧重面。综合激励理论，试图将各种激励理论归纳起来，以探讨激励的全过程。

4.5.1 波特尔和劳勒的综合激励模式

1. 基本内容

1968 年，美国学者波特尔（L. W. Porter）和劳勒（E. E. Lawer）提出了综合激励模型，如图 4-8 所示。

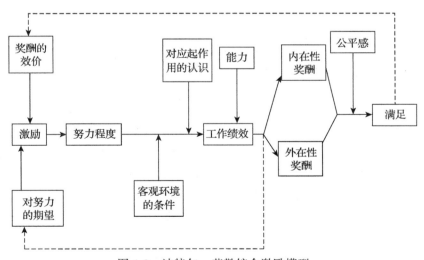

图 4-8　波特尔-劳勒综合激励模型

这一模式是以期望理论为基础的，它表明了：先有激励，激励导致努力，努力导致绩效，绩效导致满足。这一模式包括了以下主要变量。

（1）**努力程度**。不同的激励决定了个体努力的程度、方向及坚持的时间。而一个人每次行为的最终结果又会以反馈的形式影响个人对这种奖酬的估价（如图 4-8 中的虚线所示）。

同时，第一次的工作绩效也会以反馈形式影响个人对成功的可能性的估计（如图4-8中的虚线所示）。

（2）**工作绩效**。工作绩效不仅取决于个人的努力程度，而且有赖于一个人的能力与素质，以及对自己所承担的角色应起作用的理解程度和客观条件。

（3）**奖酬**。奖酬包括内在性奖酬和外在性奖酬，它们和主观上的公平感一起影响个人的满意度。内在性奖酬更能带来真正的满足，并与工作绩效密切相关。此外，公平感也受到个人对工作绩效自我评价的影响。

（4）**满足**。满足是个人在实现某项预期目标时所体验到的满意感受。是否满足依赖于所获得奖酬同所期望获得结果的一致性。期望＞结果，产生失望；期望＝结果，获得满足。

综合激励模式把激励过程看成外部刺激、个体内部条件、行为表现、行为结果的相互作用的统一过程。这就把行为主义激励论的外在激励和认知派激励论的内在激励综合在一起了。这一模式说明了个人工作定势与行为结果之间的相互关系，也明确说明了满足与绩效的关系。

2. 理论评价

波特-劳勒综合激励模型在20世纪六七十年代是非常有影响的激励理论，在今天看来仍有相当的现实意义。它启发人们，不要以为设置了激励目标、采取了激励手段，就一定能获得所需的行动和努力，并使员工满意。要形成激励—努力—绩效—奖励—满足，并以满足回馈努力这样的良性循环，取决于奖励内容、奖惩制度、组织分工、目标导向行动的设置、管理水平、考核的公正性、领导作风及个人心理期望等多种综合性因素。

3. 理论应用

管理者必须将激励—努力—绩效—奖励—满足这个连锁过程贯彻到知识型员工的激励过程中去，形成促进他们积极行为的良性循环。根据波特-劳勒综合激励模型，可以确定激励体系主要有这样几个激励因子：报酬、期望值、能力和对工作的认识。因此，可以得出知识型员工的激励策略包括报酬激励、精神激励和工作激励。不同的激励策略又有各种激励方式，对知识型员工真正有效的激励方法是从员工的特点出发，进行各种激励方式的有效选择及其组合。只有这样才能更为有效地激励知识型员工，做到人尽其才，才尽其用。下面来探讨一下各种不同激励策略中的激励方式。

（1）报酬激励。具体包括：

1）金钱激励。金钱需要始终是人类的第一需要，是人们从事一切社会活动的基本保证，所以，金钱激励是激励的主要形式，如发放鼓励性报酬、奖金，或在做出成绩时给予奖励。金钱激励必须公正，一个人对他所得的报酬是否满意不是只看其绝对值，而要进行社会比较或历史比较，通过比较，判断自己是否受到了公平对待。金钱激励是否公正会影响员工的情绪和工作态度，比如山东兖煤集团将工资薪酬重新进行分配，向知识型员工倾斜，仅提高15%的工资开支就得到了30%的生产效率的提高。

2）股权激励。股票期权是分配制度的一种创新，股权激励是最富成效的激励制度之一，而股票期权作为股权激励的典型方式在国外也已取得了很大的成功。知识型员工只有在增加股东财富的前提下才可同时获得收益，从而与股东形成了利益共同体，这种"资本剩余索取权"驱动知识型员工不断努力提高公司业绩，最终达到双赢的局面。股票期权计划对企业的知识型员工具有两个方面的激励作用——报酬激励和所有权激励。股票期权的报酬激励是在知识型员工购买企业股票之前发挥作用的,在股票期权计划下,如果公司经营得好,公司的股票价格就会上涨,知识型员工就可以通过先前股票期权计划所赋予的权利,以较低的既定价格购买既定数量的公司股票而获得可观收益。而如果经营得不好,公司股票价格就会下跌,知识型员工就会放弃期权以免遭受损失。

(2)工作激励。具体包括:

1)充分放权。知识型员工一般具有以下三个特征:一是具有较强的自主性,他们不仅不愿受制于物,而且无法忍受上级的遥控指挥,他们更强调工作中的自我引导;二是他们往往比管理者更加专业,他们对自己的工作比管理者掌握得更多,更有能力做出正确的决策;三是下放决策权是满足知识型员工被委以重任的成就感的需要,使他们对工作抱有更大的热情。因此,管理者不应独揽大权,阻碍知识型员工发挥专长,否则不仅会扼杀知识型员工的创意和才能,而且会扼杀知识型员工的工作积极性。

2)推行弹性工作制。知识型员工不愿受制于一些刻板的工作形式,如固定的工作时间和固定的工作场所,而更喜欢独自工作的自由和刺激,以及更具张力的工作安排。由于他们从事的是思维性的工作,固定的工作时间和工作场所可能会限制他们的创新能力,因此应制定弹性工作制,即在核心工作时间与工作地点之外,允许知识型员工调整自己的工作时间及地点,以把个人需要和工作要求之间的矛盾降至最小。事实上,现代信息技术的发展和办公手段的完善也正为弹性工作制的实施提供有利条件。

3)工作富有挑战性。知识型员工一般并不满足于被动地完成一般性事务,而是尽力追求完美的结果,因此他们更热衷于从事具有挑战性的工作,把攻克难关看成一种乐趣、一种体现自我价值的方式。要使工作富有挑战性,除了下放决策权外,还可以通过工作轮换和工作丰富化来实现。

4)为员工提供学习、培训机会。为知识型员工提供学习、培训机会,重视员工的个体成长和事业发展。知识型员工更关心自己的利益和价值,当生活有保障之后,他们会追求更高层次的自我超越和自我完善,所以企业除为知识型员工提供一份与贡献相称的报酬外,还应立足长远,制订员工培训计划,为知识型员工提供受教育和不断提高自身技能的学习机会,使其永不落后。

5)双通道职业途径激励法。双通道职业途径包括管理通道和专业通道,在知识型员工当中,一部分人希望通过努力晋升为管理者,另一部分人却只想在专业上获得提升,因此组织应该采用双通道职业途径的方法,来满足不同价值观员工的需求,但必须使每个层次上的报酬都将是可比的。微软公司就有采用双通道职业途径获得成功的典型案例。一方面,微软公司将技术过硬的技术人员推到管理者岗位上;另一方面,对于那些只想待在本专业最高位置上而不愿担负管理责任的开发员、测试员和程序员,微软公司就在技术部门建立正规的技术升迁途径,设立起"技术级别",承认他们并给予他们相当于一般管理者的报酬。

4.5.2 迪尔的综合激励模式

1. 基本内容

美国的迪尔教授于1981年提出了以数学公式表述的综合激励模式,如下式所示。

$$M = V_{it} + E_{ia}V_{ia} + E_{ia}\sum_{j=1}^{n}E_{ej}V_{ej}$$

式中，i 为内在；e 为外在；a 为完成；j 为外在奖励的项目，$j=1, 2, 3, \cdots, n$；M 为某项工作任务的激励水平的高低。

第一项 V_{it}，表示该项活动本身提供的内在奖酬之效价，反映工作任务本身所引起的激励程度，这是一种内在激励。

第二项 $E_{ia}V_{ia}$，其中的 E_{ia} 与 V_{ia} 分别表示对工作任务完成的期望与效价，它们的综合作用，反映了工作任务完成所引起的激励程度，这也是一种内在激励。

第三项 $E_{ia}\sum_{j=1}^{n}E_{ej}V_{ej}$，其中的 E_{ej} 与 V_{ej} 分别表示对工作绩效有否导致外在奖酬的期望及对该外在奖酬的效价，其乘积的代数和与 E_{ia} 的乘积则综合反映了各种可能的外在奖酬所引起的激励效果之和，这是一种外在激励。第三项包含了两项期望值，即 E_{ia} 和 E_{ej}，E_{ia} 表示对任务完成可能性的主观估计；E_{ej} 则表示完成任务后能否进一步导致某种外在奖酬的主观估计，这是各种外在激励能否发挥作用的充分条件。两者结合起来，才能充分表示外在激励作用。

人的激励过程是由外在激励和内在激励综合作用的过程。因此，要提高激励水平，进一步提高员工的积极性，可以从内在激励和外在激励两方面来研究。

2. 理论运用

（1）提高工作内在效价。内在效价（公式中的 V_{it}）是指人们从事一项活动的意义，它在很大程度上决定了个人从事一项活动的依据。例如，一个非常喜欢游泳的人，即使要他付出一定的代价（如金钱和时间），他也会去，因为游泳对他来讲是一种乐趣，他是在享受游泳的过程；一个不喜欢游泳的人，要想让他去游泳，也许得附加一些条件，因为这时游泳对他来讲是一种任务或工作。

随着社会的不断发展，工作内在效价的作用将日益突显，并最终取代工作的目标效价。因为当社会发展到按需分配的时候，人们将会因为喜欢工作而去工作，而不是为了金钱去工作。因此，如何提高工作内在效价，已成为现代企业竞争人才的重要方式，提高工作内在效价的方式主要有：

1）工作内容丰富化。改进工作设计，明确工作动机，变革工作内容，使员工体验到工作的意义和被赋予的责任，并了解到自己工作的效果，满足员工成长和发展的需要。

2）参与激励。发挥员工的能力，鼓励员工对组织成功做出更多的努力；通过员工参与，能够形成员工对企业的归属感、认同感和成就感，提高员工的主人翁参与意识。

3）自我激励。每个人都有自己的梦想，都渴望成功。当员工心中尘封已久的理想再次被点燃时，他们会表现出很大的爆发力。他们心里明白，要成功就必须付出，必须从做好手头上的工作开始。

4）目标激励。目标同需要一起调节着人的行为，把行为引向一定的方向。目标本身是行为的一种诱因，具有诱发、导向和激励行为的功能。

5）情感激励。世界上，回报率最高的投资是情感投资，它在所有投资中花费最少，回报率最高。

6）改善工作环境。舒适优美的工作环境，让员工感觉到舒适开心，并产生一种归属感，找到家的感觉。

7）建立一个良好的团体。营造良好的工作氛围，让工作变得快乐。所谓天时不如地利,地利不如人和,建设一个向心力强、凝聚力强、和谐、良好的工作气氛和坦率自由的工作氛围,不但能使员工有一种家的感觉,从而开心工作,也有利于员工的身心健康、潜能的开发,以及工作效率的提高。

8)竞争激励。在工作中引入适当的竞争,不但能给员工充分的紧迫感,也能给他们充足的动力,极大地激发员工的工作热情。

9)荣誉激励。对员工劳动态度和贡献予以荣誉奖励,如会议表彰、颁发荣誉证书、设置光荣榜、在公司内外媒体上进行宣传报道、家访慰问、游览观光、疗养、外出培训进修、推荐获取社会荣誉、评选星级标兵等。

10)信息激励。共享企业、员工之间的信息,进行思想沟通,如信息发布会、发布栏、企业报、汇报制度、恳谈会、经理接待日制度。

(2)提高工作直接效价。直接效价(公式中的 V_{ej})是指人们完成一项工作后所能获得的直接收获,如工资和奖金等。尽管提高工作内在效价在提高人们积极性方面有着非常重要的作用,但是在目前社会发展还没到按需分配的情况下,工作的直接效价仍然是人们工作的最主要动机,因为在目前的社会里,人们主要是为了生存而去上班,并不是因为喜欢工作而去上班。因此,如何设计工作的直接效价使员工努力工作是组织首先要解决的基本问题。在企业管理中,直接效价主要包括以下几个方面:

- 基本工资。这是以员工的熟练程度、工作的复杂程度、责任大小以及劳动强度为基准,按员工实际完成的劳动定额工作时间的劳动消耗而计付的劳动报酬。
- 浮动工资。这是为奖励员工的超额劳动部分或劳动绩效突出部分所支付的奖励性报酬。
- 福利。这是企业为吸引员工或维持人员稳定而支付的作为基本薪金的补充项目,如失业金、养老金、午餐费、医疗费、退休金等。
- 津贴。这是企业对员工在特殊劳动条件下所付出的额外劳动消耗和生活费开支的一种物质补偿形式。
- 入股。公司员工享有一定的股份以及由这些股份带来的相应的部分权利。

(3)提高完成工作的期望值。期望值(公式中的 E_{ia})是人们对完成一项工作的可能性大小的估计。人们在做一项工作时,一定会先考虑这个目标能否达到,并且人们的积极性和努力程度会随着完成这项工作可能性的减小而降低。如果人们认为目标是无法达到的,那么人们是不会去从事这项活动的。例如,一个女孩子很喜欢一位当红男星,但如果她认为根本不可能跟他谈恋爱,那么她就不会去努力和行动。因此,在企业管理中,必须提高员工完成工作的期望值。

- 分配工作时要结合企业和员工的实际情况,工作目标要具有可实现性。
- 在聘请员工时选择有能力完成工作的人。
- 员工工作前,向他们提供适当的训练。
- 员工工作时,向他们提供足够的支持。
- 给予员工鼓励和信心。

(4)提高员工的间接效价及其期望值。间接效价(公式中的 V_{ia})是指人们完成一项工作后所能获得的间接收获,如晋升、表扬、加薪和能力的提高等。间接效价的期望值是指获得间接效价可能性的概率。间接效价及其期望值均存在于人们的主观认识中,与个体的智力水平和价值观相联系。在这个资源稀缺的世界里，直接效价对员工的激励总是有限的，间接效价能够很好地补充直接效价的不足，间接效价对人们的激励作用是巨大的。例如，刚毕业的大学生在一些薪金并不高的企业里就职，其主要目的是学习一些经验，以获得晋升或找到另一份理想的工作，因此为了获得这些间接效价，即使当时薪酬很低，他们仍然非常努力地工作。间接效价及其期望值存在于人们的主观认识中，因此企业可以通过以下方式来提高员工对一项工作的间接效价及其期望值。

- 给员工一个通过努力可以实现的个人"梦想"！
- 告诉员工企业的发展方向和良好前景，让员工对企业的未来充满信心。
- 通过各种有形或无形的形式把员工的成果展示出来，让员工看得到自己付出所获得的"果实"。
- 多为员工考虑，尽量满足员工发展以及生活等各种需要。
- 建立公平、合理的晋升制度，更多地采用内部晋升的方式挑选企业管理层。
- 言出必行，说到做到。

本章回顾

激励是一个需要被满足的过程。几种在实践中运用较广泛的激励方式包括：薪酬激励、持股激励、目标激励、工作激励、典型激励、荣誉激励、危机激励和组织文化激励等。

激励理论可以归纳为三大类：内容型激励理论、过程型激励理论、调整型激励理论。内容型激励理论着重对引发动机的因素，即激励的内容进行研究，主要包括：马斯洛的需要层次理论、奥尔德弗的 ERG 理论、赫茨伯格的双因素理论、麦克利兰的成就需要理论等。过程型激励理论着重对行为目标的选择，即动机的形成过程进行研究，主要包括：弗鲁姆的期望理论、亚当斯的公平理论、自我决定理论、目标设置理论等。调整型激励理论着重对达到激励的目的，即调整和转化人的行为进行研究，主要包括：强化理论、挫折理论等。

关键术语

激励（motivation）
需要层次理论（needs hierarchy theory）
双因素理论（two-factor theory）
成就需要理论（achievement need theory）
期望理论（expectancy theory）
公平理论（justice theory）
自我决定理论（self decision theory）
目标设置理论（goal setting theory）
强化理论（reinforcement theory）
挫折理论（setbacks theory）

课堂讨论

1. 用期望理论来解释，在暴风雪的日子里为什么有些员工会去上班，而有些员工则不愿出门？
2. 期望理论在预测个体的工作努力和行为方面有什么局限性？
3. 回想你所有的工作经验，哪怕是短期工作，对该工作过程中起到以下作用的方面进行简要的描述，并分享你的感受和意见。
   （1）激励你好好工作并激发你的最佳工作能力。

（2）打击你的工作积极性。
4. 不公平可能出现在教室里，也可能出现在工作岗位上。简述一个你曾遇到过的不公平的经历，用公平理论分析这个经历。
5. 简述本章所学到的激励理论分别适用于什么情境下，可举例说明。
6. 在激励理论的实践应用中，你对哪种理论印象最深刻？为什么？

团队练习　　　　　　　　　　打击团队之魔鬼

本游戏可以帮助找出不利于团队发展的诸多不利因素，打击团队中有妨碍团队协作的心理和行为表现的"魔鬼"，从而使学员不误入团队的陷阱。

游戏规则和程序：

1. 选择 X 位学员扮演魔鬼（根据学员人数确定），并戴上魔鬼面具，在面具里藏一封或几封培训师准备好的关于团队的魔鬼信函。

2. 魔鬼在成员中出没（来回走动），尽量抓住其中 $1/X$ 的成员，使全体成员分成 X 组。

3. 小组成员摘下魔鬼面具，取出魔鬼信函。

4. 各小组成员分别对魔鬼信函所示情境进行分析、解剖。

5. 小组成员说明魔鬼信函的内容，并共同将团队中的非理性想法改成团队中的理性想法。

6. 各小组与全体学员分享魔鬼信函的解析与转换，使学员了解什么是团队中的非理性想法及其影响。

相关讨论：

1. 这个游戏给你什么样的感受？
2. 团队成员常有的非理性想法有哪些？

参与人数： 集体参与。

时间： 30分钟。

场地： 空地。

道具： 魔鬼信函、魔鬼面具。

应用：

1. 及时发现影响团队进步的负面情绪。
2. 激励参与者。

附件： 魔鬼信函、魔鬼信函解析表。

魔鬼信函1

我希望我的人际关系很好，我很想得到别人的喜爱，我应该得到每个人的喜爱和赞美。但昨天总经理说我的桌子太乱，我觉得一切都白费了，我根本就不受重视，他一定不喜欢我。

解析与转换：

A. 昨天，总经理说我桌子太乱。
B. 我应该得到每个人的喜爱和赞美。
C. 我不受重视，我觉得好失望（自卑的）。
D. 一切努力都白费了（没有信心）。
E. 他一定不喜欢我，我没有价值（否定自己）。

RB 我喜欢得到每个人的喜爱和赞美。
　　我能有时得到别人的喜爱和赞美，当……（以事实为基础）。
　　依次，有时我无法得到别人的喜爱和赞美（防止情绪困扰产生）。

魔鬼信函2

我是一个主管。我必须很能干、很完美，并且在各个方面都有很好的成就。可是，上一次开会的时候，我太累了，做总结时，我讲错了一句话，他们在底下嘲笑我。唉！身为主管竟然犯下这样的错误，真是太丢脸、太失身份了。连话都讲不好的人，一定不会得到尊重，我真没用。

解析与转换：

A. 上次，做总结时我说错了一句话。
B. 我必须很能干、很完美、永远不犯错误。
C. 太丢脸了，太失身份了，我觉得很懊恼。

RB 我希望我能表现得很好，做个称职的主管（合理的公式）。
　　若是时间充裕、准备周详、精神饱满、信心十足，我可能表现得令自己满意。
　　一次行为不能代表我整个人（以事实为基础）。

不一定每个人都在嘲笑我（防止情绪困扰）。

魔鬼信函解析与转换表：

情境事件（activating event）是什么？

对此事件的想法是什么？有哪些非理性的想法？

所引起的情绪结果（emotional consequence）是什么？

理性的想法（rational belief，RB）是什么？

自我测试　你是一位好的激励者吗

说明： 主管人员是下属工作动机的激励者，有效而适时的激励远比一味地责难或监督效果要好得多。假定你已经是一位主管，你是一位好的激励者吗？你善于激励下属吗？下面有一些问题，你可以自己回答，然后自己评定。根据你平时的做法与想法，符合你的情况就答"是"，不符合你的情况就答"否"，也可能处于模棱两可的情况，那就答"说不准"。

1. 我会告诉下属他的进步并尊重他们额外的工作、卓越的判断和创新的思想吗？
2. 对于下属的错误，我会提出建设性的批评吗？
3. 我会给下属发挥积极性的机会吗？
4. 我是否努力支持我的下属去赢得自信与尊严？
5. 我是否向下属明确表示出我对他们的信心？
6. 我是否信守诺言？
7. 我是否召开部门研讨会，使下属感觉到他们是组织的一部分？
8. 我是否向下属说明他们的工作在整个生产过程中的重要性？
9. 我是否向下属指出他们如何做可以克服缺点或避免失败？
10. 我是否使下属确切地知道他所提出的建议受到了重视？
11. 我是否鼓励下属努力进取？
12. 如果我的下属抱怨不公平合理或针对这一问题发牢骚，我是否支持我的下属？
13. 对于企业里发生的问题，我是否迅速考虑并认识清楚，及时对下属提出建议？
14. 我的下属能否彼此合作，使工作和活动协调一致？
15. 我的下属是否专心工作，并独创性地想方设法解决他们工作中的问题？
16. 我的下属是否会为改进生产（或改善经营）提出建议？
17. 当有临时紧急的额外工作时，我的下属是否心甘情愿地打起精神去做？

案例分析　华为公司的人才激励机制

华为公司成立于1987年，最初以代理一家香港公司的用户交换机（PBX）为主业。两年后，华为转向自主研发，致力于通信网络技术与产品的研究、开发、生产与销售。华为在其初期的发展过程中，逐步建立了一套独特的激励机制与企业文化，并将一大批国内最优秀的年轻人才收于旗下，他们倾尽青春和热情创造了中国民营科技企业令人叹服的企业发展神话，使华为成为中国最优秀的企业之一。

华为一贯重视员工福利保障，为员工创建健康安全的工作环境，并推行物质激励与非物质激励并行的员工激励政策，使奋斗者得到及时、合理的回报。华为官方发布的2017年可持续发展报告显示，公司通过工会实行员工持股计划，员工持股计划参与人数为80 818人（截至2017年12月31日），参与人均为公司员工。员工持股计划将公司的长远发展和员工的个人贡献有机地结合在一起，形成了长远的共同奋斗、分享机制。为了对员工进行保障，华为同年投入超过18.7亿美元。

华为十几年高速发展的一个根本原因是它不但吸引了大批中国最优秀的高校毕业生，而且使这些青年满怀激情地为企业工作，将个人的潜能充分发挥出来。华为能够做到这一点，应该归因于建立了一套科学合理的激励机制，这套激励机制应该包括：以员工持股为核心的薪酬激励机制和以华为"基本法"（简称"基本法"）为核心的精神激励机制。

华为员工持股激励机制分析

在华为，公司根据员工的才能、责任、贡献、工作态度和风险承诺等方面的情况，由公司的各级人力资源委员会评定后给定配股额度，以虚拟受限股、期权、MBO等方式，让员工可以拥有公司股份。在员工收入中，除工资和奖金之外，股票分红的收入占了相当大的比重。华为员工持股的演进过程大体分为以下三个阶段。

第一阶段（1990~1996年）以解决资金困难为主要目的，实行内部集资。1990年，华为开始尝试员工持股制度，当时华为刚刚成立三年，由贸易公司转为自主研发型企业，为解决研发投入大、资金紧张、融资困难造成的企业发展受限的问题，华为开始尝试实行员工持股制。在当时的股权管理规定中，华为将这种方式明确为员工集资行为。参股的价格为每股10元以税后利润的15%作为股权分红，向技术、管理骨干配股。这种方式为企业赢得了宝贵的发展资金。

第二阶段（1997~2001年）以激励为主要目标。1997年，深圳市颁布了《深圳市国有企业内部员工持股试点暂行规定》，华为参照这个规定进行员工持股制度改制，完成第一次增资。华为当时在册的2 432名员工的股份全部转到华为公司工会的名下，占总股份的61.86%。此时，随着公司效益的提升和从资金困境中逐步解脱出来，员工持股制度在担负内部融资任务的同时，演变成了一种重要的激励制度，与工资、年终奖金、安全退休金等一起，共同构成了华为的薪酬体系。这次改革后，华为员工股的股价改为1元/股。这时，华为已进入了高速增长期，开始从高校及社会大规模招聘人才，为提高对人才的吸引力，华为在提高薪酬的同时加大了员工配股力度。1994~1997年，与华为每年的销售额翻番的增长速度同步，华为员工得到了大额的配股和分红。随着每年的销售额和利润增长，员工股的回报率常常能达到70%以上，最高时曾达到100%。在这几年期间加入华为的员工，如果工作成绩出色，工作满两年时奖金与分红就能达到20万元，这样的收益水平怎能不让这些刚迈出校门不久的学子感到意外的惊喜。华为的员工还可以通过向公司设立的内部员工银行贷款来购买股票，以解决新员工没有足够的购股资金的问题。后来由于国家明令禁止企业设立内部银行，华为内部员工银行于2000年撤销。在这段时期内，华为的高薪及员工持股激励政策形成了强大的人才磁场，使华为聚集了大批行业中的优秀青年人才。

第三阶段（2001年至今）以员工持股激励规范化为目标。2001年，深圳市出台了《深圳市公司内部员工持股规定》，这一政策将民营企业一起纳入规范范围内。华为也意识到以前那种不规范的股权安排形式可能带来的潜在风险，以及造成的上市障碍。因此，2001年，华为聘请国际著名咨询公司，开始对其股权制度进行调整变革。将内部员工股更名为"虚拟受限股"。改制后，员工不再配发1元/股的原始股票，而是配以公司年末净资产折算价值的期权。老员工的股票按2001年年末公司净资产折算，每股价格增值到2.64元/股。员工离开公司时必需按上年股价将股权转让给公司。此外，随着公司规模的扩大，华为在新期权的配发上放慢了脚步，股权倾斜向少数核心员工及优秀新员工，对于大多数普通员工的中长期激励，采用以原有股票的分红权为主，减少新增配股的方式。这种转变标志着华为随着企业规模的扩大和员工人数的增多，已经从普惠激励原则转变为重点激励原则。

这种全员持股的薪酬激励机制将保障性薪酬的利益激励机制与风险性薪酬的风险控制机制有机结合起来，以风险薪酬为主，做到短期激励与长期激励相结合，将激励效果最大化。同时，为了更好地实施员工持股计划，公司建立了一套以绩效目标为导向的考核机制，将业绩考核纳入到日常管理工作中，以支撑相关的薪酬激励机制。具体包括：把考核作为一个管理过程，循环不断的"PDCA"过程使得业务工作与考核工作紧密结合起来；工作绩效的考评侧重在绩效的改进上；工作态度和工作能力的考评侧重在长期表现上；公司的战略目标和顾客满意度为绩效改进考核指标体系的两个基本出发点；在对战略目标层层分解的基础上，确定公司各部门的目标；在对顾客满意度节节展开的基础上，确定流程各环节和岗位的目标；绩效改进考核目标必须是可度量且重点突出的，指标水平应当是递进且具有挑战性的。有了这套考核机制，奖金的分配自然有了公平的依据。

以华为"基本法"为核心的精神激励分析

华为基本法的总设计师任正非希望建立一支庞大的高素质、高境界和高度团结的队伍，以及创造一种自我激励、自我约束和人才脱颖而出的机制，这也是"基本法"人才激励的最终目的。"基本法"所呈现出来的激励机制，将员工的利益放到了一个真实的位置上，极大地增强了员工对企业的认同感。这种以企业的具体管理制度和政策为基础所形成的一种人文环境或心理体验，发挥出其精神激励的作用。例如，在"基本法"中体现的人才评价标准是"以贡献来评价，而不是以知识来评价员工，这是企业价值评价体系和价值分配体系公正性和公平性的客观基础"。将此人才评价标准作用于华为股权分配体系的结果是：老员工如果跟不上公司的发展步伐，即使过去贡献很大，其持股的比例也会降低；新员工如果具备公司需要的知识和技能，对公司的持续发展具有重大贡献，他在公司的持股比例则会增长很快。

又如，"基本法"体现的干部选拔标准是"尊重有功劳的员工，给他们更多一些培训的机会，但管理人员一定要依据能力与责任心来选拔。进入公司以后，学历、资历自动消失，一切根据实际能力、承担的责任来考核、识别干部"。

再如，"基本法"体现的绩效考核标准是"工作绩效的考评侧重在绩效的改进上，宜细不宜粗；工作态度和工作能力的考评侧重在长期表现上，宜粗不宜细。考评结果要建立记录，考评要根据公司不同时期的成长要求有所侧重。在各层上下级主管之间要建立定期的述职制度。各级主管与下属之间都必须实现良好的沟通，以加强相互的理解和信任。沟通将列入对各级主管的考评，并以此作为华为公司的基本考核方式。

通过这种激励机制想要达到三个目的：一是要每个人努力做好工作，为公司创造更多的价值；二是要开发人力资源，挖掘每个人的潜能，不断地促使人力资本增值；三是要对员工的价值创造过程和价值创造结果进行评价和排序。

资料来源：HR案例网．http://www.hrsee.com/?id=511.

提示问题：

1. 总结华为的激励机制，并谈谈它带给我们哪些启示。
2. 华为的员工激励措施都用到了哪些激励理论，具体是如何运用的？
3. 华为的激励模式能否复制到其他企业中？为什么？

网站推荐

1. http://www.5iebook.com
2. http://www.maslow.com/index.html
3. http://www.motivation-tools.com

微信公众号推荐

1. 世优时代人员管理：qyrygl
2. 员工激励网：ygjlw88
3. 仁略管理频道：Renlee520

参考文献

[1] 斯蒂芬 P 罗宾斯. 组织行为学 [M]. 孙健敏, 李原, 等译. 北京：中国人民大学出版社, 2002.

[2] 曾仕强. 中国式管理 [M]. 北京：中国社会科学出版社, 2003.

[3] 唐·荷尔瑞格, 小约翰 W 斯劳卡姆, 理查德 W 渥德曼. 组织行为学 [M]. 胡英坤, 译. 大连：东北财经大学出版社, 2001.

[4] 詹姆斯 L 吉布森, 约翰·伊凡塞维奇, 小詹姆斯·唐纳利. 组织学 [M]. 王常生, 译. 北京：电子工业出版社, 2002.

[5] 尚普. 组织行为学基本原理 [M]. 宋巍巍, 张微, 译. 北京：清华大学出版社, 2004.

[6] 德博拉夫·安科拉, 等. 组织行为与过程 [M]. 孙非, 译. 大连：东北财经大学出版社, 2000.

[7] 时巨涛, 马新建, 孙虹. 组织行为学 [M]. 北京：石油工业出版社, 2003.

[8] 袁俊昌. 人的管理科学 [M]. 北京：中国经济出版社, 2003.

[9] 赫尔雷格尔, 斯洛克姆, 伍德曼. 组织行为学 [M]. 俞文钊, 丁彪, 等译. 上海：华东师范大学出版社, 2001.

[10] 关培兰. 组织行为学 [M]. 武汉：武汉大学出版社, 2000.

[11] 刘正周. 管理激励 [M]. 上海：上海财经大学出版社, 1998.

[12] 张春安. 管理中国人 [M]. 北京：中国经济出版社, 1996.

[13] 俞文钊. 中国的激励理论及其模式 [M]. 上海：华东师范大学出版社, 1993.

[14] 黄培伦. 组织行为学 [M]. 广州：华南理工大学出版社, 2001.

[15] 马斯洛. 人的潜能和价值 [M]. 林芳, 译. 北京：华夏出版社, 1987.

[16] 陈国权. 组织行为学 [M]. 北京：清华大学出版社, 2007.

[17] 刘丽虹, 李爱梅. 动机的自我决定理论及其在管理领域的应用 [J]. 科技管理研究, 2010, 30(15): 115-119.

[18] 林桦. 自我决定理论研究 [D]. 长沙：湖南师范大学, 2008.

[19] 王文建, 董凯轩. 墙草归因理论及其在管理激励中的应用探究 [J]. 东方企业文化, 2010, 14(12): 180.

[20] Alderfer C P. An Empirical Test of a New Theory of Human Needs[J]. Organizational Behavior and Human Performance, 1969, 2(4): 142-175.

第 5 章 群体与社群

> 近者聚而为群,群之分,其争必大,大而后有兵有德。又有大者,众群之长又就而听命焉,以安其属。
>
> ——《封建论》

学习目标

1. 掌握群体的概念和类型
2. 了解群体的结构
3. 掌握群体的行为特征
4. 了解群体的发展阶段与群体互动
5. 掌握群体决策的特征以及群体决策的方法
6. 了解社群
7. 了解社群网络

引例　　步步高带你玩转社群

2018年2月,步步高上线小程序"Better购",开启了新一代的全渠道之路。借助小程序和微信工具包打造的到家模式"更轻",企业投入少,并且重新确立了以门店为中心的全渠道思路,一举让企业摆脱了自建平台的沉重负担。两个月后,步步高建立社群营销体系化运作,它与步步高"Better购"小程序相互关联,相互引流。比如,在社群分享小程序的营销活动可促进小程序打开率和到家业务订单量的提升,而小程序提供的"拼团""立减金""分享红包"等工具分享到群里又可以促进社群活跃度的提高,二者共同支持门店的到家业务。

步步高的每个门店都有一个专门从事社群运营的工作人员"小步"。"小步"的主要工作就是建立社群、维护社群活跃度,并不断拉新用户进入社群。为此,步步高还专门为"小步"配置了工作用的手机和笔记本电脑。"小步"受到双重领导,一方面向所在门店的店长汇报;另一方面,受步步高智慧零售部门的指导,不断接收到社群运营新玩法。

此外,步步高还借助第三方工具WeTool来实现社群的统一管理。这一工具不仅能够帮助运营人员对社群实现日常管理,还具有强大的数据功能,可以记录群内分享的内容触达效果、引导成交数据、商品及活动实际成交数据等。通过这种方式,步步高到家业务使订单量增加了30%。

资料来源:改编自微信公众号"第三只眼看零售"(微信号:retailobservation)2019年1月9日推送文章"微信群带来30%线上订单:步步高如何玩转社群营销?"https://mp.weixin.qq.com/s/Yohuuk0ulLbfBY2cmioCqg)。

5.1 人以群分

5.1.1 群体的内涵

奥姆斯特德（Olmsted）认为，群体（group）是指相互联系、彼此顾及且具有显著共性的多个人的集合。群体是个体有条件的特殊组合。其特征或条件列述如下：

- 有明确的成员关系。群体成员被认为具有相当于"证件"的成员资格。
- 有持续的互动关系。群体成员彼此之间有经常的、人与人的相互接触和联系。
- 有共同规范。群体在建立和发展过程中会逐步形成一定的行为规范，这一系列的行为规范约束着群体中的每一位成员的行为，是每一位成员所必须遵循的。通过行为规范的约束和引导可以使得群体中每个成员的行为都能符合群体的共同愿景，从而能够确保群体目标的实现。
- 有共同的目标导向。每一个群体都有其特定的目标，在特定目标的引导下，群体成员就具有了共同的行动方向，群体成员的一切努力都应该紧紧围绕群体目标展开。在目标实现的过程当中，每个群体成员都承担一定的工作任务，扮演一定的工作角色，并通过彼此的合作，使群体的行为不断朝着群体目标前进。

群体之所以产生和存在，是因为它所具有的特殊的社会功能。群体的主要功能如下：

（1）把个体力量汇合成更强大的新力量。群体的功能之一是使个体有机地组合成为一种新的力量。例如，在同一工种、同一研究领域中结成的群体，其成员在群体内，由于彼此相互影响、相互促进，因而提高群体成员的工作水平。同时，由于群体能把不同工种、不同行业、不同学科的人组合起来，因而可以完成个人力量或单一工种、单一学科的力量所无法完成的任务。

（2）完成组织所赋予的任务。群体的功能主要是完成组织上分配下来的任务和执行所规定的职责。一个庞大的组织要想有效地达到其目标，必须通过群体成员间合理分工和密切合作，把任务逐层分配给较小的单位、部门去执行。群体对组织来说，主要就是承担、执行和完成组织所分配的任务，以保证组织目标的实现。

（3）满足群体成员的需求。群体对个人的主要功能是能满足其心理的需要，而这也正体现了个人加入群体的动机。群体成员的需求是多种多样的，其中有的可以通过工作得到满足，有的则需要以群体内人际之间的相互作用、相互依存、相互交流得到满足。例如，个体通过加入一个群体可减少独处时的不安全感，免于孤独、恐惧，会感到自己更有力量，从而满足心理上的安全需要；通过加入一个被别人认为是很重要的群体以得到别人承认，满足其尊重需要；群体能使其成员觉得自己活得很有价值，从而满足自我实现的需要；群体还可以满足其成员的社交需要。对许多人来说，这种工作中的人际相互作用是他们满足情感需要的最基本途径。另外，只有在群体活动中，个体才可能实现其权力需要。

5.1.2 群体的组成要素

社会心理学家乔治·卡斯珀·霍曼斯（George Casper Homans）通过对群体的剖析，发现在任何一个群体中都存在着相互联系的三个要素：活动、相互作用和感情。三者关系如图 5-1 所示。

群体通过一定的活动表明其现实的存在。群体成员之间通过信息沟通使得彼此的行为发生相互影响、相互作用。在这一相互作用的过程中，群体内成员之间以及成员与群体之间会形成一定的思想情绪和情感反应，这种情绪和情感上的反应又会反过来影响群体的活动和群体成员之间的相互作用，所以三种要素之间相互依赖、相互制约。

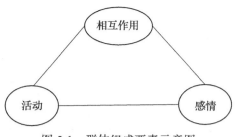

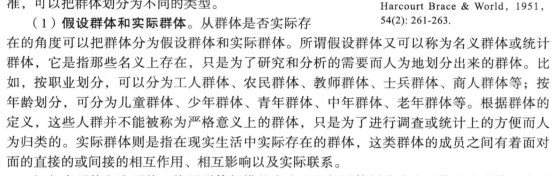

图 5-1　群体组成要素示意图

资料来源：Homans G C. The Human Group [J]. Harcourt Brace & World，1951，54(2): 261-263.

5.1.3　群体的分类

群体的种类表现出多样性，依据不同的分类标准，可以把群体划分为不同的类型。

（1）**假设群体和实际群体**。从群体是否实际存在的角度可以把群体分为假设群体和实际群体。所谓假设群体又可以称为名义群体或统计群体，它是指那些名义上存在，只是为了研究和分析的需要而人为地划分出来的群体。比如，按职业划分，可以分为工人群体、农民群体、教师群体、士兵群体、商人群体等；按年龄划分，可分为儿童群体、少年群体、青年群体、中年群体、老年群体等。根据群体的定义，这些人群并不能被称为严格意义上的群体，只是为了进行调查或统计上的方便而人为归类的。实际群体则是指在现实生活中实际存在的群体，这类群体的成员之间有着面对面的直接的或间接的相互作用、相互影响以及实际联系。

（2）**大群体和小群体**。按照群体规模的大小可以把群体划分成大群体和小群体。大群体中成员较多，组织结构复杂，成员与成员之间缺乏直接的联系和依赖关系，而是以共同的活动任务间接地发生联系，所以相对来说，大群体中的社会因素比心理因素的影响作用要大。小群体中成员彼此之间存在着直接的联系，从而建立起情感和情绪上的相互作用关系。因此，在小群体中心理因素的影响作用要大一些。

（3）**共同作用群体、协作群体和协调群体**。根据群体成员彼此的依靠程度可以把群体分成共同作用群体、协作群体和协调群体三类。共同作用群体是指群体中每个成员工作任务的完成依赖于群体的共同努力。协作群体是指群体中每个成员的工作任务是由成员个人独立完成，群体成员的关系是建立在分工基础上的协作关系，群体的工作目标通过分工来完成。协调群体是指为了调节群体成员在观念、思想上存在的冲突或为了提供某种解决问题的机会和条件而形成的群体。

（4）**正式群体和非正式群体**。正式群体与非正式群体是依据构成群体的原则和方式的不同而划分的群体种类。

正式群体可称为工作群体，是由正式文件明文规定的群体。正式群体有既定的目标、明确的责任分工、固定的编制以及规定的权利和义务。正式群体有两种主要形式：命令型群体和任务型群体。命令型群体是由在组织结构中有直接汇报关系的主管和下属人员构成的群体。例如，一个销售部经理和他下属的六名销售人员所构成的群体。任务型群体的建立由组织决定，是围绕特定的工作任务而建立起来的，不一定具有组织结构上的直接汇报关系。例如，为了保证公司的产品和服务质量，公司决定由各个不同部门的人员组成全面质量控制小组（TQC 小组），这个小组中的人员只是为了质量管理这个任务而形成该群体，同时还要承担自己在原来工作岗位上的工作。

非正式群体不是由组织明文规定而形成，而是组织中的成员出于某种需要自然而然地结合而成的群体。相比正式群体而言，非正式群体较为松散，没有正式的组织形式，对群体成员的责任、权利和义务也没有明确的规定，具有以下的特征：自发性、情感密切、信息沟通灵活迅速、较强的凝聚力、自然形成的领袖人物、不稳定性、成员的交叉性。非正式群体不仅会对个体的行为产生影响，也会对群体和组织的行为产生影响。非正式群体的积极作用主要体现在满足群体成员多方面的需要、使员工的感情更融洽、促进群体的信息沟通、协调正式群体实现组织目标等方面，而消极作用则主要体现在容易产生抵触情绪、容易滋生自由主义、容易传播谣言和小道消息等方面。

（5）**友谊群体和任务群体**。友谊群体是为了满足其成员的个人安全感、自尊和归属需求而形成的非正式群体。任务群体则是为了实现一定的组织目标而通过组织方式形成的群体。任务群体根据群体或团队成员之间的关系，可以分为抵制性群体（counteracting group）、共同行动群体（coacting group）、交互群体（interacting group）三类。当群体成员相互作用以解决某些类型的冲突时，就产生了抵制性群体。当群体成员暂时性相对独立地完成他们的工作时，就形成共同行动群体。共同行动群体在不需要太多的合作和协调时可能更有效。当一个群体的目标，只有在每个成员完成各自的项目相关工作后才能实现时，这样的群体就叫交互群体。

5.2 群体属性

所有的工作群体都有其群体属性（group attribute），群体属性就是对群体内部的个体间关系进行调节，以进一步影响和塑造群体成员的行为。群体属性变量主要包括：角色、规范、地位、群体规模和群体成员结构。

5.2.1 角色

每个人在其所处的群体当中都扮演着一定的角色。所谓角色是指人们用以界定群体成员在群体内部各个岗位上所被期待的一系列行为模式的规范。由于每个人都同时扮演着多种角色，因此要理解一个人的行为，关键是弄清他现在扮演着什么角色。比如，一个人在公司的下级面前扮演的是经理的角色，而他回到家在孩子面前就转变成父亲的角色。一般而言，在一个特定的群体中，我们可以观察到成员有三种比较典型的角色表现，这些不同的角色对群体的绩效会产生不同的影响，如图 5-2 所示。

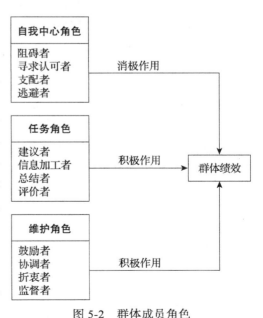

图 5-2　群体成员角色

1. 自我中心角色

自我中心角色是指个体成员处处为自己着想，只关心自己的角色。这类人包括：

- 阻碍者，指那些总是在群体通往目标的道路上设置障碍的人。
- 寻求认可者，指那些努力表现个人的成绩，以引起群体注意的人。

- 支配者，这类人试图驾驭别人，操纵所有事务，也不顾对群众有什么影响。
- 逃避者，这类人对群体漠不关心，似乎自己与群体毫无关系，不做贡献。

2. 任务角色

任务角色是指个体成员关心群体任务的完成及问题解决的角色。任务角色包括：

- 建议者，指那些给群体提建议、出谋划策的人。
- 信息加工者，指那些为群体搜集有用信息的人。
- 总结者，指为群体整理、综合有关信息，为群体目标服务的人。
- 评价者，指帮助群体检验有关方案、筛选最佳决策的人。

3. 维护角色

维护角色是指个体成员旨在维护和加强群体团结和忠诚的角色。维护角色包括：

- 鼓励者，指那些热心赞赏他人对群体有贡献的人。
- 协调者，解决群体内冲突的人。
- 折衷者，协调不同意见，帮助群体成员制定大家都能接受的中庸决策的人。
- 监督者，这类人所起的作用是保证每人都有发表意见的机会，鼓动寡言的人，而压制支配者。

任务角色和维护角色都起积极作用。每个群体不仅要完成任务，而且要始终维持自己的整体角色，而个体成员的任务角色和维护角色的作用正是为了达到这两个目的。研究发现，在任务角色、维护角色和群体绩效之间有正相关关系。

在不同的群体角色中，对某一种角色的期待或个体对这一角色的态度与个体实际扮演这一角色的行为的一致性被称为角色同一性。当具有角色同一性的人们清楚地认识到环境条件需要他们做出重大变化时，他们就能够迅速地变换自己所扮演的角色。这种角色同一性的现象源于角色知觉：一个人对于自己在某种环境中应该做出什么样的行为反应的认识。当角色发生变化时，角色知觉也同时发生变化，从而使得人们按照发生变化后的角色知觉做出相应的行为，因此表现出角色同一性。那么角色知觉是如何产生的呢？

角色知觉源于对角色行为的认知，这种认知过程既可能是一种亲身经历，也可能是一种习得，即通过书本、电视、电影等渠道获得某一角色的认知。此外，角色知觉还受到角色期待的影响。角色期待是指其他人认为你在一个特定的情境中应该做出的行为反应，也就是说，个人做出某种行为反应，是以别人希望他怎样做的解释为基础的。当角色期待集中在一般的角色类别上时，就容易形成角色定式或角色刻板印象。当个体面临多种不同的角色期待时，就可能会产生角色冲突。

5.2.2 规范

所有群体都有自己的规范（norms）。所谓规范，就是群体成员共同接受的一些行为标准。群体规范让群体成员知道自己在一定的环境条件下，应该做什么，不应该做什么，所以从个体的角度看，群体规范意味着在某种情景下群体对个体的行为方式的期望。根据群体规范的具体内容可以把它们分成以下几类：

- 绩效规范。群体通常会明确地告诉其成员为了完成群体的工作目标，达成群体的绩效目标，他们应该如何去完成自己的工作任务，应该达到什么样的产出水平，这类规范对员工个人的绩效有极大的影响。
- 形象规范。这一类规范是关于群体成员的着装和形象方面的，组织成员对于工作场合的着装问题，也有心照不宣的标准。
- 社交规范。这类规范一般来自非正式群体，用来约束和引导非正式群体内部成员的相互作用。
- 分配规范。这类规范主要涉及员工的工作报酬、棘手任务的分配等。

一般而言，群体规范是在群体成员掌握使群体有效运作所必需的行为的过程中通过逐步强化渐渐形成的。大多数群体规范的形成主要是通过以下四种方式中的一种或几种：群体成员，尤其是领导所做的明确的陈述；群体历史上的关键事件；群体内部最初出现的行为模式；新成员所带来的其他群体的行为期望。

5.2.3 地位

地位（status）是指别人对群体中成员的位置或层次的一种社会性的界定。即使是很小的群体也有自己的角色、权力、仪式方面的规范，以便区别成员之间的差异。地位既可以是群体正式给予的，也可以是通过教育、年龄、性别、技能、经验等特征而非正式地获得的，所以地位可以分为正式地位和非正式地位。由于群体中地位的高低直接关系到个体成员在群体中行使权利的大小以及个体所能获得的相关经济利益的多寡，因此群体中的个体总是尽力去争取更高的地位，这样一来，地位就和群体的绩效紧密相关了。

许多研究表明，群体规范的效力对处于群体当中不同地位的人来说是不一样的，往往是地位越高的人对群体规范遵守得越少，也就是说，地位较高的群体成员具有较大的偏离群体规范的自由。如果一个群体成员对该群体来说至关重要，而他又不在乎群体给予他的社会性报酬，那么在一定的程度上，他就可以漠视群体的从众规范，从而较少地表现出从众行为。当然，这种活动要以不妨碍群体目标的实现为前提才有可能成为现实。

此外，维持群体当中的地位公平感是非常重要的，对应于正式地位的外在标志，如办公室的大小、工资报酬、福利待遇等，都是维持地位公平感的重要因素。如果群体成员认为群体中存在着地位不公平现象，那么他们就会采取各种各样的修正性行为以化解这种不公平感。

5.2.4 群体规模

影响群体整体行为的一个重要因素是群体规模。大量事实表明，小群体完成任务的速度比大群体快。但是，如果解决问题的过程采用的是群体参与的方式，那么大群体就会比小群体决策的效果要好一些。一般而言，12个人以上的大群体更善于吸收多种不同的观点，所以大群体适合完成诸如调查事情的真相之类的工作目标。相反，小群体善于完成像生产性任务那样比较明确的工作目标，因此成员在7人左右的群体在执行生产性任务时，将更为有效。

随着对群体规模相关研究的深入，人们发现了群体中的社会惰化现象（social loafing）。社会惰化是指个体在群体中工作不如单独工作时那么努力。这一发现质疑了群体的整体生产率至少等于成员个体的生产率之和这一逻辑。那么，究竟是什么原因导致了社会惰化现象呢？一种可能是群体成员认为其他成员没有尽到应尽的职责，即如果个体觉得别人是懒惰或无能的，那么个体可能会降低自己的努力程度，这样才会觉得公平。另一种可能是责任分散，由于群体活动的结果无法归因到某个具体成员身上，因此个人投入与群体产出之间的关系就变得模糊不清，在这种情况下，个体可能会试图成为一个"搭便车者"。

5.2.5 群体成员结构

群体成员结构是指群体成员的组成部分。群体成员结构可以分为年龄结构、能力结构、知识结构、专业结构、个性结构、价值观结构等。这些结构有机结合起来对于群体绩效有很大影响。

对群体成员结构的研究主要集中在同质性群体结构和异质性群体结构方面。如果一个群体是由具有共同特征的个体所组成的，那么我们称其为同质性群体；如果一个群体是由不同特征的个体所构成的，那么我们称其为异质性群体。那么，同质性群体与异质性群体相比，哪个群体的运行效率更高呢？大量研究指出，凡是不需要用多方面知识、信息和技能等就能完成的简单任务，同质性群体的效率更高。然而，随着群体活动目标的复杂程度的提高，群体任务的完成更需要群体成员能够具备多种技术和知识，此时，异质性群体更可能拥有多种能力和信息，运行效率相比于同质性群体来说会更高一些。

5.3 群体行为特性

个体各有个性，在群体中由于受群体规范，尤其群体中其他成员的影响，往往会表现出不同于个体单独情景下的行为特性。这种反应是群体压力下的产物，也是个体借以适应环境的方式。

5.3.1 群体压力

群体成员的行为常受到群体压力的影响，当一个人在群体中与多数人不一样时，他会感觉到群体压力，这种压力会导致从众性（conformity）和去个性化（deindividuation）。

1. 从众性

社会心理学中把在群体情境下，个人受到群体压力，而在知觉、判断与行为上，和群体中多数人趋于一致的倾向称为群体从众性。有时群体压力非常大，会迫使群体的成员违背自己的意愿产生完全相反的行为。群体压力与权威命令的作用不同，群体压力不是由上而下的明文规定，强制改变个体的行为反应。群体压力没有强制执行的性质，但个体在心理上往往难以违抗，因此它改变个体行为的效果，有时反而强于权威命令。

群体压力与从众性的问题，由美国心理学家所罗门·阿希（Solomon Asch）首次以实验方式予以证实。他指出，当人们面临群体压力的时候，即使对于高度真实的事实，群体压力也将会改变他们的意见。他将七八人组成一个群体，坐在教室中，要他们比较实验者手中所持的卡片。其中一张卡片上有一条直线，另一张卡片上有三条长短不同的直线，如图 5-3 所示，有三条直线卡片上的其中一

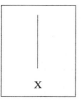 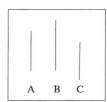

图 5-3　研究从众行为的卡片举例

条直线和一条直线卡片上的直线是完全相同的。卡片上的直线长短差别是很明显的。在正常情况下，被试很少会出现分辨错误。阿希的实验，就是要被试确定，三条直线卡片上的哪一条直线，是和一条直线卡片上的线条长度完全相同的。在实验的群体中，只有一个是真正的被试，其余的人实际上都是实验者的同谋。实验者事先已和同谋们串通，叫他们在一连串的视觉判断中，故意选择错误的答案，去欺骗那一位真正的被试。结果35%的真正被试，在"错误的群体一致性"引导下，做出了错误的判断。因此选择错误的"C"线的答案，而否定正确的"B"线和"X"线长度相等。这个实验结果证明，群体成员明知是错的，还是要找出似是而非的解释，遵从群体规范，迫使自己产生从众行为。

在阿希实验之后，一些心理学家又进一步分析了导致从众行为产生的因素。这些因素包括环境因素和个性因素。从环境因素来看，如果该群体是一个人的参照群体，群体的意见一贯比较一致，群体比较团结，那么这个人就容易在群体压力之下产生从众行为。从个性因素看，如果一个人的智力较差，情绪不稳定，缺少自信心，那么他在群体中就经常要依赖别人，比较容易产生从众行为。

心理学家对于从众现象的真相也进行了分析，指出从众现象的表现行为和内心反应并不一定是一致的，大致有以下四种情况。

- 内心顺从，表面也顺从，即"心服口服"。
- 内心顺从，表面不顺从，即"心服口不服"。
- 表面顺从，内心不顺从，即"口服心不服"。
- 内心和表面都不顺从，即"心口皆不服"。

2. 去个性化

群体中另一种经常出现的现象是去个性化。去个性化，是指个人在群体压力或群体意识影响下，导致自我导向功能的削弱或责任感的丧失，产生一些个人单独活动时不会出现的行为。例如，集体起哄、相互打闹追逐，甚至成群结伙地故意破坏公物、打架斗殴，集体宿舍楼出现乱倒污水垃圾等，都属于去个性化现象。

1969年，心理学家菲利普·津巴多（Philip George Zimbardo）通过实验试图研究，摆脱正常社会约束和从事极端负面行为的去个性化是如何产生的，为什么一些平时很老实的人，在一群疯狂的人当中也会变得疯狂。他做了一个有趣的电击实验。津巴多召集了一些女大学生作为被试，对她们说：实验要求对隔壁一个女大学生进行电击，不需要负任何道义上的责任，完全是出于科学实验的需要。透过玻璃被试们可以看到那个被自己电击的女大学生。实际上这个女大学生是津巴尔多的助手，她并没有真正受到电击。但当被试按下电钮时，她假装大喊大叫，流泪求饶，以使那些作为被试的女大学生相信，她真的非常痛苦。被试分为两组。第一组被试都穿上了带头罩的白大褂，每个人只露出了两只眼睛，因而互相不认识。主持人请她们实施电击时也不叫她们的名字，整个实验在昏暗中进行。这种情景被津巴多称为"去个性化的条件"。第二组被试穿着平常的衣服，每个人胸前都挂着一张名片。在实验时，主持人很有礼貌地叫着每个人的名字。房间里的照明很好，每个人彼此都能看得很清楚。这一情景称为"个性化"。津巴多预言说：去个性化条件下的被试比在个性化条件下的被试在按电钮时将表现出较少的约束。实验结果证实了他的预测。去个性化小组比个性化小组按电钮的次数多达将近两倍，并且每一次按下电钮的持续时间也较长。

此外，津巴多在一次实验前安排被试们听一段录音，内容是津巴多与两位将被"电击"

的女大学生的谈话。这个谈话表明二者具有不同的人格特点：其中一个十分可爱、乐于助人；另一个则很自私自利，让人厌恶。同样在去个性化条件和个性化两种情景下让被试实施电击，结果非常有趣。在去个性化条件下，不管面对的是可爱的人还是令人讨厌的人，被试都去按电钮。津巴多在实验报告中写道：这些可爱的，在正常情况下态度温柔的女学生，几乎在每一次有机会时，都会按一下电钮，而根本不管被电击的是一位可爱的或者可恶的人，而且她们一点也不为之感到紧张或内疚。相反，在个性化条件下，被试们就非常有鉴别力，她们按被电击者的人格决定自己按电钮的次数和持续的时间。

根据实验结果，津巴多认为，去个性化产生的环境具有两个特点。

一是匿名性。这是指个体意识到自己的所作所为是匿名的，没有人认识自己，所以个体毫无顾忌地违反社会规范与道德习俗，甚至法律，做出一些平时自己一个人决不会做出的行为。

二是责任模糊。当一个人成为某个集体的成员时，他就会发现，自己对于集体行动的责任是模糊的或分散的。参加者人人有份，任何一个个体都不必为集体行为而承担罪责，由于感到压力减少，觉得没有受惩罚的可能，没有内疚感，因而使行为更加粗野、放肆。有的成员甚至觉得他们的行动是被允许的或在道德上是正确的，因为集体作为一个统一体参加了这一行动。

值得注意的是，去个性化既可能导致反常或消极的行为，也可能导致建设性或创造性行为，如促进自我提升、增强群体凝聚力、推动网络助人行为等，不能仅把去个性化当成消极现象对待；另外，除了个体对道德责任的回避外，还有大量因素影响去个性化，如群体规模、情绪的激发水平、情境不明确时的新奇感、群体中的独特刺激（如毒品或酒精等）、参与群体活动的程度等因素。

5.3.2 群体士气

群体士气是指群体中存在的一种齐心协力、高效率地进行活动的精神状态。群体士气的高低对群体绩效（group performance）水平的高低具有非常重要的影响。

心理学家克瑞奇（D. Krech）等人于1962年在《群体中的成员》一书中提出，士气高昂的群体应该具有以下七个特征：

- 群体的团结来自内部的凝聚力，而不是来自外部的压力。
- 群体成员中没有分裂为互相敌对的小团体（micro-community）的倾向。
- 群体本身具有适应外部变化的能力和处理内部冲突的能力。
- 各成员间具有强烈的认同感与归属感。
- 每一成员都明确掌握群体的共同目标。
- 各成员对群体的目标及领导者持肯定、支持的态度。
- 各成员承认群体的存在价值，并具有维护此群体继续存在的倾向。

从理论上讲，一个群体如果完全符合士气高昂的七个特征，那么这个群体的工作效率必然会很高。心理学家戴维斯（K. Davis）研究了生产效率与员工士气之间的关系，并提出了三种情况：一是士气高而效率低；二是士气和效率都高；三是士气低而效率高，如图5-4所示。

"士气高而效率低"反映出这样一个特点,即士气不是用在工作上,士气指向之处与群体目标不一致,"南辕北辙"这个成语反映的就是这样一种状态。"士气和效率都高"是一种理想的群体状态,是群体努力的方向。"士气低而效率高"的状态极有可能是因为群体在严格的管理和控制之下获得了短时间的高工作效率,这种短期状态难以持久,不利于群体长期目标的实现。

5.3.3 群体凝聚力

群体凝聚力是指群体与成员及成员之间彼此的吸引,以及成员与群体目标的一致程度。群体对成员的吸引力和成员对群体的向心力共同构成了群体的凝聚力,群体凝聚力主要表现在成员对群体的忠诚、对工作的责任感等方面。

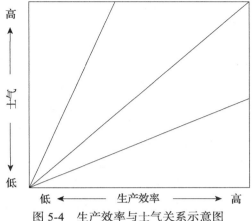

图 5-4 生产效率与士气关系示意图

资料来源:黄步琪.组织行为学新编[M].杭州:浙江大学出版社,2003: 196.

1. 群体凝聚力与生产效率

群体凝聚力的加强对于提高群体内部的沟通质量,降低群体内部的冲突水平,改善群体成员间的人际关系具有非常积极的意义。那么群体凝聚力与生产效率之间存在着什么样的关系呢?社会心理学家沙赫特(S. Schachter)等人就群体凝聚力和生产效率的关系问题进行了相关的实验。他们以凝聚力和诱导作为实验的自变量,以生产效率作为因变量,选择了两个凝聚力强的实验组 A、B,两个凝聚力弱的实验组 C、D,以及一个对照组 E,同时制作棋盘。工作的前 16 分钟五个组的工作效率相差无几,然后对 A、C 两组提出"提高生产量"的要求作为正诱导,对 B、D 两组提出"不要工作太快"的要求作为负诱导,对 E 组不做任何要求。结果如图 5-5 所示。

由图 5-5 可知:

- A 组凝聚力高,在积极诱导下,诱导效果明显,生产效率明显提高。
- C 组凝聚力低,在积极诱导下,诱导效果较差,生产效率有所提高。
- E 组由于没有诱导,所以生产效率不变。
- D 组凝聚力低,在消极诱导下,诱导效果较差,生产效率有所抑制。
- B 组凝聚力高,在消极诱导下,诱导效果明显,生产效率明显抑制。

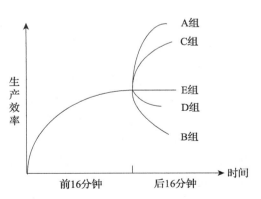

图 5-5 凝聚力与生产效率的关系

资料来源:Schachter S. An Experimental Study of Cohesiveness and Productivity[J]. Human Relations, 1951, 4(3): 229-238.

这一结论说明,低凝聚力的群体较难引导,高凝聚力的群体较容易引导。对于高凝聚力的群体,若正面引导,生产效率将有明显提高;若负面引导,生产效率将有明显抑制。

2. 群体凝聚力的影响因素

群体成员相处时间、进入群体的难度、群体规模、群体中的性别构成、外部威胁以及历史上的成功是影响群体凝聚力的主要因素。

（1）群体成员相处时间。群体成员在一起的时间长短将会影响相互之间的凝聚力。如果他们在一起的时间比较多，他们就会比较容易形成较为亲密的关系。他们会相互了解，增进友谊，并进行其他交往活动。通过这些相互作用，他们往往能够比较容易发现大家共同的兴趣所在，从而增强相互之间的吸引力。此外，群体成员之间的物理距离对他们相处的时间也有重要影响。

（2）进入群体的难度。获得某一个群体的成员身份越困难，这个群体的凝聚力就可能越强。这主要是因为群体成员在加入这一群体之前都具有一些共同的经历，这种过程越困难，这种经历就越为印象深刻。而这种共同的经历增强了群体成员之间的相似性，因而能够为他们彼此之间的沟通提供最好的话题素材，从而在他们之间建立起良好的对话平台，所以共同的经历将有助于增强他们之间的凝聚力。

（3）群体规模。群体规模越大，群体内部的关系网络就越趋于复杂，群体成员之间进行相互作用就越难。此外，随着群体规模的扩大，小集团从群体内部滋生的可能性也相应增大。由于小集团的目标往往与群体目标不一致，因而会影响其成员偏离群体目标，使得群体成员保持共同目标的能力减弱，所以小集团的产生通常会降低群体内部的凝聚力。

（4）群体中的性别构成。有研究表明，群体成员全部为男性的群体的凝聚力量要比群体成员全部为女性，或者群体成员既有男性又有女性的群体的凝聚力要低。目前，人们对这一现象还很难做出令人信服的解释，但是相对而言，一个比较合理的假设是，与男性相比，女性的竞争性较弱，而合作性较强，这样就有助于增强女性群体和混合群体的凝聚力。

（5）外部威胁。一般来说，在群体受到外部攻击的时候，群体的凝聚力往往会增强。因为这时候，群体与外部矛盾的激烈程度超出了群体内部矛盾的激烈程度，群体内部的成员很容易在群体领导的号召下团结起来。这也是为什么企业管理者或国家统治者在应付不了企业或国家的内部矛盾纷争时通过引入外部矛盾来分散成员的注意力，转移矛盾焦点，以求暂时的息事宁人。例如，在被列入美国"实体名单"后，华为全体员工团结一心，共同努力，呈现出强大的凝聚力来面对外部威胁。

（6）历史上的成功。如果某个群体有非常成功的历史，它不仅容易建立起群体合作精神来团结现有的群体成员，同时对于群体外的人员也具有很强的吸引力和诱惑力。一般来说，成功的企业与不成功的企业相比，更容易得到新员工的青睐，因此成功企业对新进人员选择面更广，这将使其能够优先从中挑选到优秀的人员，由此群体的成功将进入一个良性循环的轨道。

3. 增加群体凝聚力的方法

（1）培养共同的群体意识。人要依靠集体才能生存，要在集体中生活就必须处理好人与人之间的各种关系，从而形成用以处理这些关系的各种规范。这些规范制约着群体成员行动的方向、方式，规定成员个体的权利义务、角色和角色之间的关系。群体意识包括群体内大多数成员所认同的价值观、道德观、行为规范、群体心理等。有了共同的群体意识，群体凝聚力就会增强。

（2）培养共同的目标。人们的活动是有其自觉的目标的，对实现目标的追求是驱使人们行动的精神力量，不同的群体由于其社会地位、生活条件、利益关系的不同而形成不同甚至相互冲突的目标；同一个群体中的不同个体，由于其局部利益、社会角色、生活条件、主观认知等的差别，也会形成不同的目标。目标一致，就会促使群体朝一个方向奋进，从而整合群体的行动，增加群体凝聚力。

（3）给予适度的压力。在一定限度内，群体凝聚力的大小与所受外部压力的大小成正比。群体成员受到外部压力时，求生的本能会使群体成员之间频繁沟通、交往，从而增强关系、上下一致、同心协力、共度时艰。

（4）保持经常沟通。沟通会使群体成员增强了解、消除隔阂、密切关系。就基层群体而言，领导与普通员工沟通是交流思想、密切关系、增强凝聚力的重要途径。例如，被评为"全国思想政治工作先进企业"的广州市东山百货大楼在企业内部建立了领导与员工的对话制度，领导每月抽两个半天作为与员工的对话日，增强了员工的归属意识，员工说："东百就是我们的家，在这里能享受到家庭般的温暖。"

5.3.4 群体发展

群体的发展过程是从不熟悉到熟悉，从松散到紧密的一个过程，不仅受到组成群体成员的个性特征的影响，还受到来自文化、习俗的影响。关于群体发展过程的研究成果如下：

1. 群体动力模型

"群体动力"最早由社会心理学家库尔特·勒温（Kurt Lewin）提出，他指出个体的行为是个体与环境中各种相关因素作用的结果，可以用下列函数来表示：$B = f(P, E)$。在该等式中，B 指个体行为的方向和强度；P 指个体的内部动力与特征；E 指个体所处的群体环境。勒温认为，群体并不是一成不变的，而是在相互适应中不断变化的。在群体中，个体的行为可以通过互补而增长，也可以通过抵消而降低。

管理心理学家摩海德（K. Mossholder）和格里芬（J. D. Griffin）根据勒温的观点于1995年提出了一个群体动力论模型，如图 5-6 所示。

在这个模型中，我们可以看到，群体的成长有三个阶段。

- 在第一个阶段中，主要涉及群体形成的原因和形成群体的类型。这可以看成一个群体的诞生阶段。
- 在第二个阶段中，一方面涉及群体发展的四个步骤，另一方面涉及影响成员行为的四个主要因素。这可以看成一个群体的发育阶段。
- 在第三个阶段中，群体有三个鲜明特点，成员也有六个鲜明特点。在此阶段中，群体决策和与其他群体相互作用这两方面都比较成熟，因此这可以看成一个群体的成熟阶段。

有学者认为，根据群体发展的一般规律，群体的成长应该还有两个阶段：第四阶段（衰老阶段），在这个阶段中，群体和群体成员出现许多消极特点，如冲动性、不适应性、盲目性、保守性、冲突性、嫉妒性、封闭性、斗争性等；第五阶段（死亡阶段），在这个阶段中，群体成员各自的目标差异越来越明显，这最终破坏了共同规范从而导致群体解体。

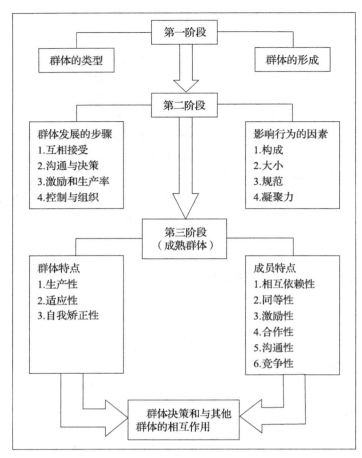

图 5-6 群体动力模型

资料来源：胡君辰，吴小云. 组织行为学 [M]. 2 版. 北京：中国人民大学出版社，2014.

2. 群体发展五阶段模型

塔克曼和詹森（Tuckman & Jensen，1977）认为群体的发展要经过五个不同的阶段，这五个阶段是形成阶段、震荡阶段、规范化阶段、完成阶段和休止阶段。

（1）形成阶段。这是群体发展的初始阶段，主要涉及群体成员间的相互认识，包括了解其他成员的性格、优点和行为。成员们要在这一阶段确定加入该群体能否满足他们的需要。最后，他们开始确定群体的领导。

（2）震荡阶段。在初步形成之后，群体必须面对一些十分重要的问题。首先，群体必须确定出其目标体系及各目标的优先次序。其次，应安排成员间进行相互交流，进行相互影响。这一阶段的核心问题是各人应扮演什么样的角色。

（3）规范化阶段。在规范化阶段，群体制定出一套规则和角色（含蓄的或明晰的）以协调群体活动，同时促进群体目标的实现。在这一阶段，群体成员间的关系开始亲密起来，群体也表现出一定的凝聚力。

（4）完成阶段。在这一阶段，群体成员明白了群体的目标和各自的角色，并制定出用于指导工作的规则。群体在这一阶段完成其绝大部分实质性的工作。

（5）休止阶段。一旦群体做出了决定，它常常会中止或解散。休止的原因可能是群体作用影响决策的时间期限已经到了，也可能是群体所关注的问题发生了急剧的改变，或者是群体运作无效及关键成员的离去，又或者是群体实现了其目标，已无继续存在下去的必要。在这一阶段，群体开始做解散的准备，注意力放到了群体的收尾工作上，高绩效不再是大家关注的焦点。

一般人们都认为：群体从第一阶段发展到第四阶段，群体会变得越来越有效，群体的绩效水平会提高。似乎随着大家的熟悉程度的提高，彼此之间的合作和协调会更有效率，但是使群体有效的因素远比这个模型所涉及的因素更复杂。在某些条件下，高水平的冲突有可能会导致较高的群体绩效。群体在第三阶段和第四阶段的绩效水平相比于第二阶段来说下降了。此外，群体并不总是明确地从上一个阶段发展到下一个阶段。在有些情况下，由于冲突的存在，群体常常在这些阶段之间来回移动，然后随着冲突的解决，群体又开始按照顺序向下一阶段移动。因此，群体发展的各个阶段之间的界限并不是非常严格和清晰可辨。

5.3.5 群体互动

1. 群体内互动

对群体互动的研究包括群体内互动和群体间的互动两大部分。在群体成员间的互动中，最常出现的现象是从众效应和社会惰化。

除此之外，还有几种群体互动过程中经常会出现的现象。

（1）协同效应（synergy effect）。"协同效应"是一个生物学术语，它是指由两种以上的物质相互作用所产生的效果不同于单一物质作用的总和，简单来说就是"1＋1＞2"。例如，复杂的工作任务往往采用多功能团队的形式加以完成，因为这种方式可以利用团队成员的多种技能和知识，从事个人成员所无法单独从事的一些活动。在这种情况下，群体活动的绩效水平将大于个体绩效水平的简单加总，我们就可以说协同效应出现了。这种现象与"社会惰化"现象的表现正好相反，"社会惰化"现象所代表的是负协同效应，群体互动的结果小于个体努力累加之和。

"协同效应"和"社会惰化效应"的产生可以用图5-7进行解释。

图 5-7　实际群体绩效的产生过程

当群体互动过程中的过程增量大于过程减量时，群体的绩效就呈现出"1＋1＞2"的协同效应；当过程增量小于过程减量时，群体的绩效就呈现出"1＋1＜2"的社会惰化效应。

（2）社会促进效应（social facilitation effect）。它是指当个人与其他人一起工作时，他人的在场激发了自己的工作动机，由此引发的绩效水平提高的倾向。那么社会促进效应在怎样的情况下才会出现呢？当活动者的工作效率与其工作激情的变动方向一致，并且随着旁观者的增多而有所提高时，社会促进效应就会出现。讲演、艺术表演以及竞技运动等活动都具有很明显的社会促进效应，这些活动的结果与参与者的自身激情之间具有强烈的正相关关系。

（3）社会致弱效应。它与社会促进效应相反，是指个体在群体中所取得的工作成效比其单独开展工作时要差得多的情况。当活动者的绩效水平与工作激情的变动呈负相关关系时，社会致弱效应就会出现。例如，医生动手术、科学家进行实验时就不宜有观众在现场观看，因为在这种情境中，工作者可能会由于其他人的在场而刻意表现自己，从而分散了他应该真正关注的问题方面的注意力。

（4）社会标准化效应。它是指成员在群体共同活动中对事物的知觉和判断，以及工作的速度和效率趋于同一化的倾向。社会标准化效应的出现是群体中的成员在相互作用和相互影响的过程中，产生模仿、感染、暗示和遵从等心理过程，从而形成群体的行为常模，并进一步形成群体的标准导致的。这种行为标准一方面起到了引导各成员行为的作用，另一方面发挥着评价尺度的功能。

2. 群体间互动

两个或多个群体之间的互动是群体互动过程的一种表现形式，它与群体内部互动过程不一样，群体内部互动过程反映的是群体内部成员个体之间的行为特征，而群体间互动集中反映的是组织中群体与群体之间相互作用的行为特性。所以，群体间互动是不同工作群体之间的相互影响和相互依赖关系的体现，它表现的是不同群体间的交互作用过程。群体之间的互动并不总是积极的，当群体之间是合作态度时，群体间互动将表现为建设性的积极互动；当群体之间存在利益冲突时，群体间互动将表现为破坏性的消极互动。

（1）群体间互动的影响因素。群体间互动的影响因素主要包括以下八个方面。

1）目标。群体是实现组织目标的基本单位，但是同时，每个组织中的群体又都拥有自己的目标。群体间的互动也就表现为多目标间的碰撞。群体间良好的互动关系来自各群体目标的融合。当某一群体在实现自身目标的同时能够为其他群体创造实现自身目标的有利条件时，群体间的互动才有建设性。

2）群体间的依赖程度。组织中的群体是相互影响、相互依赖的。这种依赖关系可以分为三种：一是联营式依赖关系，这种关系存在于功能相对独立，但是它们的共同产品会为组织的目标做出贡献的两个群体之间；二是顺序式依赖关系，这是指一个群体依赖于另一个群体的投入，而且这种依赖关系是单向的、不可逆的；三是互惠式依赖关系，这种关系表明两个群体间必须通过交换投入和产出才能使得各自的目标得以实现，任何单方面的不合作损害的都是双方的利益。通常，群体间的互动较多地发生在依赖程度较高的群体之间。

3）任务及环境的不确定性。任务及环境的不确定性带来的是群体间互动的大量需求，但同时又给群体间的互动造成相当大的困难。低不确定性的任务是规范的，低不确定性的环境是稳定的，所以在稳定的环境中从事规范性工作的群体可以不必与其他群体进行很多相互作用，即使需要一些互动，这种互动过程也应该是流畅的。反过来说，在不稳定的环境中从事规范性低的工作的群体需要获得更多的信息，从而需要与其他群体进行更多的互动，但是这种互动过程需要克服大量的障碍。

4）时间。不同的群体对于工作时间取向上的认识是各不相同的，这种认识上的不同往往导致不同群体间互动过程的不协调和不配合。例如，生产部门的人员关注的可能是当天的生产安排和本周的生产率等短期目标，研发人员则可能更为关注长期目标，因为研发的周期很长，所以研发人员考虑的可能是五年之后我们的客户在使用什么样的产品。这种时间取向上的差异主要是来自专业化的分工和群体成员专业背景的差异。

5）群体行为的选择性。群体行为的自由度和固化程度体现出群体行为的可选择性的大小。如果一个群体在完成工作任务目标时，所拥有的资源范围越广，服务的对象越多，那么我们就说它的行为自由度比较大，固化程度比较低。这样的群体在完成工作任务的过程中就必须与其他群体进行更多的互动，因此这样的群体就应该具有更强的互动能力，即对互动过程的把握和控制能力更强。与这样的群体互动，互动过程应该更为有效。

6）资源配置。减少群体间冲突，促使群体互动向积极的方向发展的一个关键因素是组织资源的合理、有效的配置。组织资源的配置偏离了组织发展的要求，必将引起群体间的不合作，冲突在所难免。

7）相对地位。在组织中，并非每个群体的地位都一样重要，因此在群体间的互动过程中就会出现地位差异。这种地位差异的大小取决于互动过程中，一方相对于另一方的影响力的大小，即互动权力的大小。互动权力的大小集中表现为权力的强度、权力的范围以及权力的影响程度。

8）组织文化氛围。组织文化氛围对组织中的群体间的互动过程起着关键性的作用。在相互信任、彼此关心、开放、灵活、负责的组织文化氛围中，群体间的互动过程更为积极、有效，而在消极的文化氛围中，群体间的互动过程也会变得消极、被动。

（2）群体间互动的管理方法。对群体间的互动过程进行有效的管理可以降低冲突水平，推进组织目标的实现，从而使得群体间的互动行为及过程对组织产生建设性或积极的作用。群体间互动主要有以下六种管理方法。

1）制定规则与工作程序。构建一套正规的规则与工作程序是管理群体间互动过程的最简单、最经济的方法。规则和工作程序可以有效地约束群体行为，使群体间的互动行为在规定的框架之内进行。另外，明确的规则和工作程序将有助于降低部门或工作群体之间的信息流动和相互作用的需求，以降低冲突发生的概率。

2）划分等级层次。在规则和工作程序不足以解决群体间互动过程时，划分等级层次就成为首选的办法。这种办法旨在通过一种上下级的关系来明确各自的工作权限，从而可以提供在两个群体发生矛盾不能解决时的一种求助方式。

3）明确任务计划。规则和工作程序所确立的只是组织内部信息流动的方向和顺序以及相应的权力分配。例如，谁向谁汇报，谁归谁领导等问题。但是遇到具体的问题时往往还需要建立明确的任务计划体系来帮助具体项目的运转。通过明确任务计划使得参与项目的各个群体明白自己处于项目执行链的哪一个环节，上游群体是谁，下游群体是谁，我们应该如何和他们进行工作对接等细节问题，进而可以降低发生责任推诿、互相扯皮等现象的概率。

4）建立有效沟通机制。为了能够增进群体间的相互了解，培养群体间相互信任、相互支持的氛围，建立有效沟通机制是必不可少的措施之一。通过建立有效的沟通机制可以减少群体间的误会和摩擦，降低冲突水平，形成积极的互动。组织中纵向沟通渠道的畅通还可以使组织高层管理者洞察和掌握群体间的互动过程是否处于良好的状态。

5）联合型团队。针对群体之间经常发生的问题，可以通过设立联合型团队的方式加以解决，这时的团队成员扮演着群体间桥梁的作用。这些成员的存在将有助于抛弃部门本位主义思想，有助于增进不同部门人员之间的理解和合作。

6）综合部门。当群体间的关系过于复杂，以至于通过上述方法都不能得以有效解决时，组织就应该考虑设立包含这些群体的一个综合性的部门。共同完成任务的两个或多个群体构成这个部门的成员。这种方法所需要付出的代价是高昂的，但是当这些群体之间的正常互动关系对组织来讲至关重要时，采用这种方法就是必需的。

5.4 群体决策

群体决策（group decision）是由群体中的多数人共同进行决策，它一般是由集体中的个人先提出方案，而后从若干方案中进行优选。参与群体决策的成员可能包括组织的领导者、有关专家和员工代表。不同国家习惯于不同的决策模式，如美国很少谈群体决策，而重视个人决策，日本是比较喜欢采用群体决策的国度，中国则介于两者之间。产生这种现象的原因在于每个国家的文化传统不同。

5.4.1 群体决策技术

群体决策的最常见形式发生在面对面的互动群体中。但我们在讨论群体思维时已经指出，互动群体会对群体成员个人形成压力，迫使他们达成从众的意见。头脑风暴法、名义群体法、德尔菲法以及电子会议法是一些能够减少传统的互动群体法固有问题的有效方法。

1. 头脑风暴法

头脑风暴法的意思是克服互动群体中产生的妨碍创造性方案形成的从众压力。其方法是，利用产生观念的过程，创造一种进行决策的程序，在这个程序中，群体成员只管畅所欲言，不许别人对这些观点加以评论。

在典型的头脑风暴法讨论中，6～12人围坐在一张桌子旁，群体领导用清楚明了的方式把问题说明白，让每个人都了解。然后，在给定的时间内，大家可以自由发言，尽可能地想出各种解决问题的方案。在这段时间内，无论是受到别人启发的观点或稀奇古怪的观点，任何人都不得对发言者加以评价。所有方案都记录在案，直到没有新的方案出现才允许群体成员来分析这些建议和方案。需要注意的是，头脑风暴法仅仅只是创造观念的一种程序。最后，方案的达成还需要借助于其他方法。

2. 名义群体法

名义群体法是指在决策过程中对群体成员的讨论或人际沟通加以限制的一种决策方法。像召开传统会议一样，群体成员都出席会议，但群体成员首先进行个体决策。其具体方法如下：

- 每个成员书面化自己对问题的解决方案和见解。
- 每一位成员依次阐述自己的观点，由会议秘书记录下所有的观点建议，不允许讨论。
- 群体开始讨论每个人的观点，并进一步澄清和评价这些观点。
- 每个群体成员独自对这些观点进行排序，最终决策结果是排序最靠前、选择最集中的那个观点。

名义群体法的主要优点是，允许群体成员正式地聚在一起，但是又不像互动群体那样限制个体的思维。

3. 德尔菲法

一种更为复杂、更费时间的方法是德尔菲法，又称专家意见法。除不需要群体成员见面这一点之外，它与名义群体法相似。德尔菲法的工作步骤如下：

（1）在问题明确之后，要求群体成员通过填写精心设计的问卷，来提出能解决问题的方案。

（2）每个群体成员匿名并独立地完成第一份问卷。

（3）把第一次问卷调查的结果在另一个中心地点整理出来。

（4）把整理和调整的结果匿名分发给每个人一份。

（5）在群体成员看完整理结果之后，要求他们再次提出解决问题的方案，结果通常是启发出新的解决办法，或使原有方案得到改善。

（6）在没有形成最终方案之前重复步骤（4）和步骤（5），直到找到大家意见一致的解决方案为止。

就像名义群体法一样，德尔菲法能够保证群体成员免于他人的不利影响。由于德尔菲法并不需要群体成员相互见面，因而它可以使地理位置分散的群体成员参与到同一个决策当中。当然，德尔菲法也有其不足，例如需要占用大量时间，虽然可能最终形成比较完善的方案，但是极有可能已经错过了解决问题的最佳时机。

4. 电子会议法

一种比较新颖的群体决策方法是名义群体法与复杂的计算机技术的混合，我们称之为电子会议法。它的具体操作步骤是：参与决策的人员坐在联网的计算机终端前；问题通过计算机屏幕呈现给参与者，要求他们把自己的意见输入面前的计算机终端；个人的意见和投票都显示在会议室中的投影屏幕上或者是传递到其他人的电脑屏幕上。

电子会议法的主要优点包括匿名、可靠、迅速。与会者可以采用匿名形式把自己想表达的任何想法表达出来，而不用担心受到惩罚。参与者一旦使用键盘输入自己的想法，所有的人都可以在屏幕上看到。而且采用这种决策方法决策迅速，因为没有闲聊，讨论不会偏离主题。

但这一方法也并非完美无缺，例如那些打字速度快的人相比于表达能力强但打字速度慢的人来说能够更好地表达自己的观点，还有那些想出最好建议的人无法得到自己应有的奖励，而且这样做得到的信息也不如面对面的沟通所能得到的信息丰富。

表5-1对各种群体决策方法进行了对比，这样可以帮助我们在解决问题时选择适当的决策技术。

表 5-1 群体决策方法的优缺点

效果标准	互动群体法	头脑风暴法	名义群体法	德尔菲法	电子会议法
观点的数量	低	中等	高	高	高
观点的质量	低	中等	高	高	高
社会压力	高	低	中等	低	低
财务成本	低	低	低	低	低
决策速度	中等	中等	中等	低	高
任务导向	低	高	高	高	高
潜在的人际冲突	高	低	中等	低	低
成就感	从高到低	高	高	中等	高
对决策结果的承诺	高	不适用	中等	低	中等
群体凝聚力	高	高	中等	低	低

5.4.2 个体决策与群体决策的比较

"三个臭皮匠，顶个诸葛亮"这一中国家喻户晓的谚语道出的是，群体决策相对于个体决策的优点。北美和其他国家法律体系的一个基础信念是：两人智慧胜一人，通过这些国家的陪审团制度可以从中观察到这一点。现在，这种观念已经拓展到一个新的领域：组织中的许多决策是由群体、团队或委员会做出的。那么，相对于个体决策而言，群体决策真的那么有效吗？

群体决策相比于个体决策有其自身的优点。①更完全的信息和知识。由于每个群体成员所掌握的信息都不相同，而且没有一个成员具备做出决策的完备信息，因此通过多名群体成员的参与可以提高决策信息的丰富程度，从而提高决策质量。②增加观点的多样性。群体成员的共同参与能够给决策过程带来异质性。这就为多种方法和多种方案的讨论提供了机会。③提高决策的可接受性。许多决策的夭折并不是因为决策本身的正确性问题，而是因为决策在执行环节出了问题。那么，为什么决策的执行总是不到位呢？原因在于决策方案的被接受程度。所以群体决策的一大好处就在于通过群体成员的共同参与所形成的决策方案具有较高的接受程度，而且执行决策的员工的满意度也会提高。④提高风险的承担程度。在群体决策的情况下，许多人都比个人决策时更敢于承担更大的风险。

群体决策机制并非完美无缺，它的主要缺点如下。①浪费时间。组织一个群体需要时间。群体产生之后，群体成员之间的相互作用往往是低效率的，这样一来，群体决策的决策周期就会比较长，从而就限制了管理人员在必要时做出快速反应的能力。②从众压力。由于受到从众压力的影响，在进行群体决策的时候，个体成员的意见会受到压抑，从而使得许多独到的见解和创新的建议不能被表达出来。③少数人控制。群体讨论可能会被一两个人控制，如果这种控制是由低水平的成员所致，群体的运行效率就会受到不利影响。④责任的推诿。由于群体决策的结果是由整个群体来负责的，因此会导致责任的不合理扩散，大家都认为结果不该由自己来负责。那么一旦出现问题，责任的不清晰就会导致彼此互相推卸责任。⑤更关心个人目标。不同部门的管理者可能会从不同角度对不同的问题进行定义，管理者更倾向于对本部门相关的问题更敏感。因此，如果处理不当，就很可能发生决策目标偏离组织目标而偏向个人目标的情况。

个体决策与群体决策的比较如表 5-2 所示。总的来看，群体决策更为准确，因此群体决策比个体决策的质量要高。但是，个体决策比群体决策所花费的时间要少，所以个体决策比群体决策更有效率。因此可以得出结论，在不同的情况下要采用不同的决策方式。例如，企业要考虑一项重大投资决策，这时采用群体决策方式能够提高决策的有效性，但是在处理突发事件的时候，往往个体决策更有效。

表 5-2 个体决策与群体决策的比较

	个体决策	群体决策
速度	快	慢
正确性	低	高
创造性	高	低
可接受性	低	高

5.4.3 群体思维和群体转移

在群体决策的过程中，常常有两种现象值得管理者注意，一种被称为群体思维，另一种被称为群体转移。这两种现象可能会影响决策的客观和有效性。

1. 群体思维

群体思维（groupthink）是指由于从众的压力使群体对不寻常的、少数人的或不受欢迎的观点得不出客观评价的现象。经常表现出的情况是，在群体就某一问题或事宜的提议发表意见时，有时会长时间处于集体沉默状态，没有人发表见解，而后人们又会一致通过。通常，组织内那些拥有权威、说话自信、喜欢发表意见的主要成员的想法更容易被接受，但其实大多数人并不赞成这一提议。这种现象一般发生在群体的成员都追求群体意见一致性的情况下，少数人的和新颖的与众不同的想法就难以充分地表达出来。这种群体思维的现象与阿希比较线段的实验结论几乎一致。当个人的观点与其他群体成员的观点不一致的时候，在群体压力的作用下，他就可能退缩或妥协，修正自己的真实的想法，从而避免与其他人不同。这种保持一致的倾向，常常会阻碍群体决策水平的改善。

2. 群体转移

群体转移（transfer group）是指群体决策跟群体内部成员个人决策相比，更多出现更极端的决策倾向的现象。群体讨论会使得群体成员的观点朝着更极端的方向转移，这个方向是讨论前他们已经倾向的方向，从而使得保守的决策变得更保守，激进的决策变得更加激进。也就是说，群体讨论往往进一步夸张群体的最初观点。一般认为影响群体转移的因素有：

- 决策责任分散。群体决策使得参与决策者责任分散，风险共担，即使决策失败也不会由一个人单独承担，加之权责往往不够分明，所以群体决策不如个体决策谨慎，具有更大的冒险性。
- 群体气氛。群体成员的关系越融洽，认识越一致，决策时就越缺乏冲突的力量，越可能发生群体转移。
- 领导的作用。群体决策往往受到领导的影响，而这些人的冒险性或保守性会影响到群体转移倾向。
- 文化价值观的影响。群体成员所具有的社会文化背景和信奉的价值观会被反映在群体决策中。例如，美国社会崇尚冒险，敬慕敢于冒险而成功的人士，所以其群体决策更富于冒险性。

5.5 社群

5.5.1 社群的概念及特征

一般社会学家与地理学家所指的社群，广义而言是指在某些边界线、地区或领域内发生作用的一切社会关系。它可以指实际的地理区域或是在某区域内发生的社会关系，或指存在于较抽象的、思想上的关系。通俗而言，社会群体是有共同要求的社会个体与其他个体，按照一定的组织形式进行社会互动的集体。社会群体的共同要求不同，如在共同接受教育及个性发展的基础上,形成学校的学生群体;为了共同应对环境及相互之间展开良性竞争的需求,某个行业的业主建立行业协会等。在数字化时代,社群被定义为一种具有共同价值观的精神联合体和利益共同体。还有学者提出了社群思维的概念,认为社群思维是一种重视人的精神需求、关注人的价值观、打造精神联合体和利益共同体的思维方式及能力。

社群的特征主要体现在以下三点:有稳定的群体结构和较一致的群体意识;成员有一致的行为规范、持续的互动关系;成员间分工协作,具有一致行动的能力。

美国数字营销专家雷夫(Lave)和温格(Wenger)将社群成员划分成五大类。

- 外围者:遵守规则但意识较弱的外围用户。
- 入门者:对社群不太了解,自主性与能动性较高的人。
- 熟悉内情者:坚定的社群从业者。
- 成长者:引领、支持用户参与,与用户交流互动,管理社群的人。
- 出走者:由于社群无法为其创造更大的价值或新的社群对其更有吸引力,而逐渐离开社群的人。

5.5.2 社群的分类

有学者对互联网时代的社群进行了分类,将社群划分成六种类型。

(1)**产品型社群**。产品型社群是一般企业建立社群常采用的方式。企业在产品上市之前可以建立一个社群,与社群成员分享待上市产品的信息,培养产品的忠实用户。企业可以把这部分群体发展成企业的粉丝,形成用户黏性和忠诚度。其本质是为企业和消费者之间的沟通、互动提供一个平台。

(2)**兴趣型社群**。兴趣型社群中的成员有着共同的兴趣爱好,主要有体育型社群、艺术型社群、读书型社群、专业型社群等。加入社群的成员对于同一件事情有着强烈的好奇心,在行动力上也容易保持一致,社群活跃度较高。

(3)**目的型社群**。社群的目的可以让所有人在加入社群之前就对社群有一个大致的了解,以帮助人们正确地加入社群。目的型社群种类繁多,可以出于个体的目的,也可以出于集体的目的而建立。有着明确目的的社群可以提高成员的办事效率,实现成员的共同目标。

(4)**内部型社群**。内部型社群即企业内部员工组成的社群。组建内部型社群可以对员工进行人性化管理,增强员工对企业文化的认同感和归属感。同时,员工可以参与企业发展运作,从而增强主人翁意识,提高工作效率。例如,"罗辑思维"就采用了这种方式,发挥内部员工的最大价值,创造一个个相互连接的小圈子,实现企业的发展。

(5)**平台型社群**。各个行业相互交流或一些自媒体平台通常会组建平台型社群。通过建立平台型社群,企业可以迅速增加粉丝量,获得发展。平台型社群是一种共享信息的社群,在社群中,成员可以获得知识,同时将自己的经验与他人分享,实现共赢。其中,能为社群带来价值的成员最受社群的欢迎。

(6)**综合类社群**。综合类社群是包含一种或多种社群形式的社群,例如天涯就是集兴趣、产品、目的等社群类型于一体的社群。

5.5.3 网络虚拟社群

1. 网络虚拟社群的概念

随着互联网和移动通信工具的快速普及，传统社群也与线上联合，发展出网络虚拟社群这一新的社群形式。约翰·哈格尔三世（John Hagel Ⅲ）和阿瑟·阿姆斯特朗（Arthur Armstrong）对虚拟社群进行了定义，认为虚拟社群（virtual community）就是一个供人们围绕某种兴趣或需求集中进行交流的地方，它通过网络以在线方式来创造社会和商业价值。它是由具有共同兴趣及需要的人们，利用网络传播的特性，通过网上社会互动满足自身需要而构筑的新型生存与生活空间，一般是利用网络传播方式为媒介，为网民提供一个对话、交流及交往服务的网上环境。

网络虚拟社群一般主题定位明确，居民与社群间有极大的互动性，并可以根据不同的需要组建不同类型的网络虚拟社群，如产品型网络虚拟社群、兴趣型网络虚拟社群等。

2. 网络虚拟社群的特点

虚拟社群的特性主要包括以下几点：

（1）虚拟性。由于虚拟社群得以形成的基础性平台只是一种虚拟的网络空间，也没有明确的地域观念，社区成员的互动是以电子交互方式实现，因此虚拟性成为虚拟社群与人类现实的以聚落作为自己依托或物质载体的社区之间的重要区别。

（2）开放性。虚拟社群在很短的时间里得到迅猛发展，是因为它具有把世界"一网打尽"的能力。具有不同文化背景、使用不同语言的人们能够聚集在一起实时地、"面对面"地互动。这不仅降低了人际交往和信息获取的成本，也延伸了人类活动的范围。因此，虚拟社群的跨地域性，是它与现实社区最重要区别之一。

（3）人群流动频繁的空间。虚拟社群具有论坛、聊天、学习、娱乐、购物等多种功能，人们完全可以根据自己的需要在不同的社区间自由流动。网络的互联性和开放性使任何一个网上社区成员自主性流动的权力大于他在现实社区的权力。如果对社群服务不满或对社群中某些成员、言论不认同，成员可以随时离开。这种现象，有时甚至会演变为整个社群的人员全部流出，导致社群消亡。

5.5.4 品牌社群

1. 品牌社群的概念

除了网络虚拟社群外，还有一种社群在我们的日常生活中极为常见，那就是品牌社群（brand community）。品牌社群属于产品型社群，包括实体品牌社群和在线品牌社群，如"罗辑思维"的"罗粉"定期聚会就是一种实体品牌社群，而小米手机米粉的网上社区就属于在线品牌社群。莫尼兹（Muniz）和奥吉恩（O'Guinn）将品牌社群定义为"建立在使用某一品牌的消费者之间的一整套社会关系基础上的一种非地理意义上的专门化社群"。品牌社群以消费者对品牌的情感利益为联系纽带，在品牌社群内，消费者基于对某一品牌的特殊感情，认为这种品牌所宣扬的体验价值、形象价值与他们自身所拥有的人生观、价值观相契合，从而产生心理上的共鸣。在表现形式上为了强化对品牌的归属感，社区内的消费者会组织起来（自发或由品牌拥有者发起），通过组织内部认可的仪式，形成对品牌标识图腾般的崇拜和忠诚，是消费社区的一种延伸。

2. 品牌社群的基本特征

莫尼兹和奥吉恩指出，品牌社群有三个类似于"传统社区"的基本特征：共同意识、仪式和传统以及责任感。

（1）共同意识。它是一种集体意识，它指社群成员彼此间存在固有的联系，并和社群以外的人相区别。

（2）仪式和传统。它是重要的社会过程，品牌和品牌社群的意义在品牌社群中通过共同的仪式和传统得以复制和传递，社群所共有的历史、文化和意识也因此得以传承。

（3）责任感。它是指社群成员感到自己对整个社群和其他社群成员负有一定的责任或义务。

上述三个基本特征是品牌社群本质的体现，也是形成品牌社群的必要条件，缺失任何一个特征，都不能形成品牌社群。

本章回顾

群体是指相互联系、彼此顾及且具有显著共性的多个人的集合。群体属性主要包括：角色、规范、地位、群体规模和群体成员结构，通过研究这些变量就有可能解释和预测群体内的个体行为和群体绩效水平。

群体的行为特征主要表现在群体压力、群体士气、群体凝聚力、群体发展、群体互动等方面。群体的发展模型主要有群体动力模型、群体发展五阶段模型。在群体的互动过程中，群体会出现各种群体互动效应，如协同效应、社会惰化效应、社会促进效应、社会致弱效应、社会标准化效应等。

群体决策和个人决策各有优缺点。在群体决策的过程中出现的问题是群体思维和群体转移，值得管理者注意。群体决策的方法包括头脑风暴法、名义群体法、德尔菲法、电子会议法等。

社群是有共同要求的社会个体与其他个体，按照一定的组织形式进行社会互动的集体。社群按照不同的标准可以划分为不同的类型，随着网络信息化的飞速发展，其中网络虚拟社群和品牌社群不断发展壮大，在社会经济中扮演中越来越重要的角色。

关键术语

群体（group）
群体属性（group attribute）
角色（role）
角色冲突（role conflict）
规范（norms）
地位（status）
社会惰化（social loafing）
从众性（conformity）
去个性化（deindividuation）

群体绩效（group performance）
协同效应（synergy effect）
社会促进效应（social facilitation effect）
小团体（micro-community）
群体决策（group decision）
群体思维（groupthink）
群体转移（transfer groups）
虚拟社群（virtual community）
品牌社群（brand community）

课堂讨论

1. 群体之间互动的影响因素有哪些？根据你的实际体会列出各影响因素的相对重要性程度，排序并做出合理的解释。

2. 试着回顾你所处群体中出现的各种互动现

象，如协同效应、社会惰化效应和从众行为等，并解释其原因。
3. 结合本章理论描述你所属群体的特征及类型，并思考你在各个群体中所扮演的角色以及所面临的角色冲突。你是如何处理和解决这些冲突的？
4. 对比分析你所属不同群体之间凝聚力的高低差异，并做出解释。分析群体凝聚力对群体行为的影响及作用方式。
5. 回忆你最近参加过的一些决策群体的决策过程。什么样的决策方式是比较有效的？在下一次决策中你打算用什么样的方式改进决策的质量？
6. 如今信息网络化飞速发展，相信你也可能是一位网络虚拟社群成员，结合你的社群体验，你认为线上虚拟社群和线下的实体社群主要有哪些区别？

团队练习

练习1 竞争与合作的心理学实验

背景与情景：心理学家特茨曾做过这样的一个实验。她将大学生分成两组，一个是群体内部竞争小组，另一个是群体内部合作小组。在竞争小组里，实验者告诉被试，他们每学期的得分将由每个人在组内的相对名次而定。这样安排意味着别人的成绩提高了，自己的成绩就会降低，使他们之间的目标相冲突。同时，告诉合作组的被试，自己的成绩将按小组为单位进行计算，在同一小组内，每个成员的分数都是一样的，而每个人得分的高低由小组的总分数决定。这样安排使得群体中成员的目标与群体目标相一致。

问题：
1. 请根据上述实验安排，预测实验结果。
2. 如何采取有效的管理措施来提高群体的竞争力？

练习2

形式：先以个人形式，之后再以5人的小组形式完成。
类型：团队建设。
时间：30分钟。
材料及场地：沙漠逃生工作表及专家意见表、教室及会议室。
适用对象：所有学生。
活动目的：让学生学会运用团队工作方法，学会群体协作，定位自己的群体角色。

概况：
7月中旬上午10点钟，你乘坐的飞机坠落在美国西南部索纳拉大沙漠中。飞行员和副飞行员都死了，其他人都活着。飞行员在飞机坠落前没有告诉任何人飞机所在的位置，只有一些人在出事前向外观看，根据地上的标记，估计偏离航线有105公里。在出事前几分钟，飞行员曾告诉你：有人在东北方向距离113公里的煤矿上居住。索纳拉地区是平原，除了一些灌木丛外一无所有。当时气温将达到45℃，所以地表温度会接近50℃。

你穿着单薄的衣服，短袖衬衫、短袜和皮鞋，每个人都带有手帕。你们小组总共有25英镑、一盒烟和一支圆珠笔。

问题：
请将物品清单中的15件物品根据重要性排列为1～15，以便在飞机着火前尽可能多地取得必需品。你们小组的成员决心待在一起，相信共同努力能使你们成为幸存者！

操作程序：
1. 培训师把"沙漠逃生"工作表发给每一位学员。
2. 当大家都完成之后，培训师把全班学员分为5人一组，让他们开始进行讨论，以小组形式把15样物品重新按重要顺序排列并把答案写在工作表的第二栏中，讨论时间为20分钟。
3. 当小组完成之后，培训师把专家意见

表发给每个小组，小组成员将把专家意见写入第三栏。

4. 用第三栏减第一栏，取绝对值得出第四栏，用第三栏减第二栏得出第五栏，把第四栏累加起来得出一个个人得分，把第五栏累计起来得出小组得分。

5. 培训师把每个小组的分数情况记录在白板上，用于分析：小组得分、个人得分、团队得分、平均分。

6. 培训师在分析时主要掌握两个关键的地方：

（1）找出团队得分低于平均分的小组进行分析，说明团队工作的效果（1+1>2）。

（2）找出个人得分最接近团队得分的小组及个人，说明该个人的意见对小组的影响力。

有关讨论：

1. 你对团队工作方法是否有更进一步的认识？

2. 你的小组是否有出现意见垄断的现象，为什么？

3. 你所在的小组是以什么方法达成共识的？

打印以下内容，并分发给学生：

物品清单

1. 手电筒（4节电池）
2. 匕首
3. 坠落区的地图
4. 塑料雨衣（大的）
5. 指南针
6. 救护箱
7. 0.45口径手枪
8. 降落伞（红色和白色）
9. 装有1 000片盐片的瓶子
10. 每人一公升水
11. 书：《沙漠里能吃的动物》
12. 每人一副太阳镜
13. 烈性伏特加酒2升
14. 每人一件外套
15. 化妆镜

网络练习

请大家访问网站（http://v.gdtv.cn/star/nhzmz/ 2015-06-02/146968.html），观看广东卫视《你会怎么做》的一期节目，"在餐厅遇到奇怪店规，你会怎么做？"如果你遇到节目中的现象，你会在吃饭前穿雨衣、戴3D眼镜、对诗吗？请你用学过的知识解释这一现象。

自我测试

群体内聚

练习规则：你本人可能是许多不同群体的成员，包括学习小组、工作小组、友情小组、学生联谊会或者兴趣小组。你很可能了解一些群体的内聚水平。本练习有助于你判断群体的内聚水平。首先，选择一个你所在的群体作为分析对象。注意，选择一个小型的群体，成员在3~8名。其次，根据你在群体中共同工作时的感觉为群体内聚赋值。

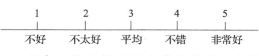

现在，再回答以下有关群体的6个问题，为每个问题选择一个答案。

1. 在群体中有多少个成员互为好友？
   （1）没有
   （2）很少
   （3）某些
   （4）绝大多数
   （5）全部

2. 群体成员间信任程度如何？
   （1）不信任
   （2）不大信任
   （3）平均水平
   （4）比较信任

（5）极为信任
3. 群体成员间忠诚和归属感如何？
（1）没有忠诚感和归属感
（2）少许忠诚和归属
（3）平均水平
（4）高于平均水平的归属
（5）强烈的归属感
4. 你认为自己是群体中的真正一员吗？
（1）不是
（2）在少数情况下不是
（3）在某些情况下是
（4）在大多数情况下是
（5）的确是
5. 群体成员间友善程度如何？
（1）不友善
（2）部分友善
（3）平均友善程度
（4）超过平均友善程度
（5）非常友善
6. 如果有机会再另一个履行同样任务的群体中工作，你会动心吗？
（1）非常愿意
（2）愿意
（3）无所谓
（4）不愿意
（5）极不愿意

将6个问题的得分加总后除以6，得到的结果就是这个群体的内聚得分。

将这一得分与练习开始时的赋值进行对比，两者是相同的还是不同的？如果是相同的，那么你对群体的感觉相当准确；如果两者不相同，那么你需要分析你对群体哪个部分运作的理解有误。

资料来源：John R Montanari, Gregory Moorhead. Developmnt of Groupthink Assessment Inventory[J]. Educational and Psychological Measurement，1999，39: 209-219.

案例分析　　　自由人的自由联合

7年前，如果你是一个央视爱好者，看过《对话》《经济与法》之类的栏目，那么你或许看到过"制片人罗振宇"的名字；7年后，如果你已是一个"微信控"，正在关注一个有100多万粉丝的微信公众号"罗辑思维"，那么你或许应该知道它的创办者就是罗振宇。

美国未来学家凯文·凯利有个理论，叫作"1 000个铁杆粉丝"。不管你是"鸟叔"还是"旭日阳刚"，只要你能创造高质量的内容，借助社会化传播的通路，拥有1 000个愿意为你一年付出100美元的粉丝，你就能在美国过上体面的生活。

罗振宇和申音很想实践一把，但他们的野心更大——"我们需要10万粉丝"。于是，2012年12月21日，传说中的世界末日那一天，一个叫"罗辑思维"的脱口秀问世了。"罗辑思维"在短短两年内，由一款互联网视频产品，逐渐延伸为最先锋的中国互联网趋势社群第一品牌。

如今，越来越多的"罗辑思维"粉丝社群成员在每天清晨，聆听罗振宇7点钟通过"罗辑思维"微信公众号推送的一段60秒语音，听听他对身边、对历史和对时代的个人观点。每周五，"罗粉"会在网上收看罗振宇的脱口秀视频，听他说说"互联网到底是怎样改变我们的时代"之类的话题。

从罗振宇的初衷上来讲，他也是希望组成这样的一个自组织社群，在这样的群体里，利用"罗辑思维"平台进行各种活动。由于大家的价值观比较像，所以可能会产生很多共鸣。在组织内部完全可能自动生成目标，然后进行群体协作。这样分工高度模糊化、目标自动生成化的组织，跟传统组织有很大的不同。最明显的特征就是组织内部的人员，自我认同或者说组织忠诚度是非常高的，相互之间也不存在谁管理谁，谁压制谁的问题。大家一律平等，组织任务是自我认领，而不是进行组织分配。这样组织的战斗力，可想而知。

"罗辑思维"进行的就是这样的实验。罗振宇把这样的粉丝群体称为"自由人的自由联合",是在互联网情境下怀有共同价值观理念的人被罗振宇个人魅力凝聚成的新兴社群。

赛斯·高汀认为,社会是由人组成的,人依附于各种组织。一群人要形成社群,只需要两个条件:共同兴趣和沟通方式。人们期待着关联、发展和新事物,他们期待着变化,人之本性就是要有归属感。大到纳粹运动,小到李宇春的粉丝,道理类似。人群聚集成社群,而且有了领袖。领袖向社群注入了信仰,这种信仰又被社群高度接受。这时,社群就有了巨大力量,这种力量将无坚不摧!而"罗粉"社群正是这样一群人。

为了验证和发挥社群的威力,罗振宇进行了一系列"疯狂"的会员召集活动。2013年8月9日,罗振宇做了一件很轰动的事,发起了一项"史上最无理"的会员募集活动:募集5 000名发起会员及500名铁杆会员,前者的会费是200元,后者是1 200元,期限均是两年。在一般人看来,"罗辑思维"所谓的会员权益"非常扯",什么专属会员号码、神秘礼物、推荐好书或者电影分享之类的,似乎都无实际好处。然而,价值160万元的5 500个会员名额,却在6个小时宣告售罄。12月27日,罗振宇又进行了第二波会员招募活动,在一天之内,招募两万名会员,"揽"得800万元。

"爱,就供养;不爱,就观望。我相信爱的愿力。"自创的脱口秀吸引了大量"死忠"粉丝会员,这让罗振宇说起话来颇有底气。罗振宇说:"愿意花钱成为会员的,自然是被我的魅力人格吸引的;我以200元的价格招募会员,也是通过它来识别属于我的社群,寻找志趣相投者。"在会员招募进行的时候,有人嘲笑"罗辑思维"的会员都是罗振宇的"脑残粉"。罗振宇对此绝不赞同:"社群是理性的,大家把这件事当成事业的供养。"但这个知识社群接下来怎么走,能

为大家提供什么样的服务,罗振宇仍在摸索中,罗振宇开始探索利用和带领会员群体发展社群经济。

"我们现在不在发'罗利'吗?就是'罗辑思维'的福利。比如说乐视给了我们10台60英寸电视,我们给规划发掉;京东1 000块钱的购物卡,也会发掉。"罗振宇幽默地比喻:"社群内的钱不挣,我们要一起挣社群外的钱。"在一次演讲里,罗振宇信心满满地表示,"罗辑思维"社群一定会有自己的产业,比如说未来可能会推出月饼,组建社群内的人一起来做,在社群内销售也在社群外销售,这是一件很欢乐的事情。未来,"罗辑思维"也会向其他产业链去伸展,形成更大的声势和共振。

后来罗振宇又推出震动媒体的互联网出版实验——"不剧透物品清单,不提前预热,不打折销售,仅以推荐人的魅力人格背书为核心的图书报限量闪购活动",8 000套单价499元的图书礼包在90分钟内被抢光。时下传统出版社举步维艰,传统书店哀鸿遍野,打折是常态,"罗辑思维"的出版实验却大获成功。

"罗辑思维"也会给会员组织相亲,女会员把照片和个人情况发上去,在社群中征集意中人,社群内互动是第一步。第二步是做服务,比如说有会员从单位辞职了,想找一个下家,可以很快通过社群内发散到外部找到。第三步是行动召集,比如许多会员想去哪儿旅游,谁家企业愿意给社群出钱,社群给谁出名,分分钟就筹集起来了。

后来,"罗辑思维"又推出了"霸王餐"活动。"罗辑思维"通过结合当前节目主题将商家推广出去,同时商家为"罗辑思维"会员社群提供免费或者实惠的商品和服务。结果,商家通过这种形式获得广告效应,向店内导流,然后再形成线上线下一连串的口碑效应,遍布全国各地的"罗粉"可以尝到免费的大餐,而"罗辑思维"则付出了极少成本。

"罗辑思维"还提供了一个叫作"会来事"的交流平台，不少心怀梦想的创业者聚集于此，"罗辑思维"也因此从魅力的"点"升级为"线"连接的平台。

然而，也有人对罗振宇的社群运营模式产生了质疑和忧虑，主要有以下几点：

第一，回顾"罗辑思维"一年来的实验，或许最大的一个问题在于，社群本身的价值并没有被激活。"罗辑思维"走到今天，会员品质良莠不齐，很多实验及活动的组织发动更像一群乌合之众，有一种乱哄哄的打土豪分田地的感觉。"罗辑思维"内不乏心怀梦想、有独立思考的会员，但会员的发展只用钱来衡量这一评判标准却会影响会员社群的整体质量。

第二，凯文·凯利曾经阐述过"1 000铁杆粉丝"的理论，之所以是1 000个粉丝，而不是1万或10万，是因为社群规模过大，其自身的组织和运作系统就比较难以建立，凝聚力可能会下降。"罗胖"构想的10万粉丝社群，依托他个人的人格魅力能支撑起来，但社群经济系统建立不起来。一个社群体系单纯靠"罗胖"的个人偶像魅力释放的情感连接是不具备持续的生命力的，要维持态势必得通过一定的利益联结机制，尽可能让每个粉丝在这个社群中都找到价值点。在基本的社群组建后，"罗胖"更应该像一个旁观者、一个导师、一个布道者，将舞台让出来，通过对话、连接，挖掘出更有价值的社群成员，实现社群价值的倍增，而不是单打独斗。

第三，既然是实验，就要有数据、分析、跟进、反馈，这才是对这次实验负责任的态度，而不只是每次活动大家一起飙倍儿爽，事后一哄而散，缺乏持续性，缺乏优化改进。这样的活动，再来10次，大家都会疲惫不堪，如何才能让这种会员社群10年之后依然保持生命力和活力呢？

"罗辑思维"的发展创造了一个自媒体奇迹，"罗粉"自由联合而成的社群也正在进行一场场自组织和社群经济的实验，面对质疑与忧虑，套用一句罗振宇演讲时的话："现在还是在茫茫的黑夜之中，我们进行的只是盲人摸象，但是没关系，未来的黎明已经开始慢慢显现，我们今天摸出一个鼻子，明天摸出一条尾巴，总有一天，我们会理解互联网社会到底是怎么样的。"

提示问题：

1. 根据案例资料，结合互联网时代的特征，请你分析"罗粉"会员社群具有哪些社群特点。
2. 除了文中所说的三点质疑和忧虑外，你认为罗振宇的社群运营模式还存在哪些问题？
3. 假设你是罗振宇，请就"罗粉"社群的未来发展和社群经济发展谈谈你的想法及建议。

网站推荐

1. TED 演讲集：http://www.ted.com
2. 团队项目训练：http://team-building-idea.com

微信公众号推荐

罗辑思维：luojisw

参考文献

[1] Olmsted M S. The Small Group [J]. Sociological and Social Psychological Aspects, 1959, 17(5): 375-380.

[2] Homans G C. The Human Group [J]. Harcourt Brace & World, 1951, 54(2): 261-263.

[3] 袁俊昌.人的管理科学[M].北京：中国经济出版社，1996.

[4] 庄士钦.组织行为理论与实务[M].北京：人民邮电出版社，2003.

[5] Robbins S P. Organizational Behavior: Concepts, Controversies, Applications [M]. Prentice Hall, 1998.

[6] 傅永刚，陈树文.组织行为学[M].北京：清华大学出版社，2010.

[7] Asch S E. Effects of Group Pressure upon the Modification and Distortion of Judgments [M]. Carnegie Press, 1951.

[8] Kravitz D A, Martin B. Ringelmann Rediscovered: The Original Article [J]. Journal of Personality & Social Psychology, 1986, 50(5): 936-941.

[9] 孙健敏.组织行为学[M].上海：复旦大学出版社，2007.

[10] 陈力华，邱羚.组织行为学[M].北京：清华大学出版社，2005.

[11] Schachter S. An Experimental Study of Cohesiveness and Productivity [J]. Human Relations, 1951, 4(3): 229-238.

[12] Tichy N M, Tushman M L, Fombrun C. Social Network Analysis for Organizations [J]. Academy of Management Review, 1979, 4(4): 507-519.

[13] Tuckman B W, Jensen M A C. Stages of Small-group Development Revisited [J]. Group Facilitation: A Research & Applications Journal, 2010, 2(4): 419-427.

[14] Gersick C J G. Time and Transition in Work Teams: Toward a New Model of Group Development [J]. Academy of Management Journal, 1988, 31(1): 9-41.

[15] 胡君辰，吴小云.组织行为学[M]. 2版.北京：中国人民大学出版社，2014.

[16] 斯蒂芬 P 罗宾斯，蒂莫西 A 贾奇.组织行为学（第12版）[M].北京：清华大学出版社，2008.

[17] 郭云南，张晋华，黄夏岚.社会网络的概念、测度及其影响：一个文献综述[J].浙江社会科学，2015(2): 122-132.

[18] 李梦楠，贾振全.社会网络理论的发展及研究进展评述[J].中国管理信息化，2014, 10(3): 133-135.

[19] Zimbardo P G. The Human Choice: Individuation, Reason, and Order versus Deindividuation, Impulse, and Chaos [C]. Nebraska Symposium on Motivation. University of Nebraska press, 1969: 237-307.

[20] 黄步琪.组织行为学新编[M].杭州：浙江大学出版社，2003.

[21] 周思雨，邓双喜，尹洁，等.去个性化研究现状浅析[J].卷宗，2015, (6): 620-621.

第 6 章 团队管理

> 义以分则和，和则一，一则多力，多力则强，强则胜物。[⊖]
> ——《荀子·王制》

学习目标

1. 掌握团队的特征与团队类型
2. 了解团队与群体的关系，了解团队发展的四个阶段
3. 理解团队效能的定义，了解影响团队效能的因素
4. 了解如何塑造高效的团队
5. 理解团队面临的挑战

引例　　　　　　　　"跟谁学"的团队拼图

2014年6月，"跟谁学"成立。2015年3月，"跟谁学"宣布完成5 000万美元A轮融资，估值达到2.5亿美元。这是自20世纪90年代后期风险投资进入中国以来最高的A轮投资，此前的最高纪录是小米成立15个月后获得4 100万美元A轮投资。

"跟谁学"仅成立了9个月，其产品也仅上线5个月。在5个月的时间里，"跟谁学"获得了7万的教师注册量，数百万的学生数量，最高日营收达到了209万元。很多人将"跟谁学"的成功原因归于流程设计、盈利模式、运营管理等方面，但无论是平台技术支持、盈利模式设计，还是运营管理执行，都是由团队来完成的。

"跟谁学"成功的要素是"人"，这也是创始人陈向东一再强调的："简单来讲，在移动互联的伟大时代，我们有最棒的技术人才，我们有最懂教育的运营人才，同时我们有资本助推，我想我们成功的胜算就会大得多。"陈向东很清楚这一点，因此他从一开始就想方设法地寻找优秀人才。

目前，"跟谁学"的团队有近200人，其中有60%是"85后""86后"，"90后"也占了相当大的比重。面对这支年轻的团队，陈向东强调，做榜样是领导团队的唯一方法。

陈向东选择坐在堪称全公司最"烂"的座位上，不设独立办公室，与团队员工保持平等关系，以便更好地进行沟通；他忘记预约会议室被同事提醒之后放弃使用，重新预约，从而树立起制度的严肃性；在公司，产品经理可以随时驳回陈向东的提议，术业有专攻，认真听取一线员工的意见，使得团队能够积极提出意见建议。陈向东对自己的严格要求塑

⊖ 依清代王先谦《荀子集解》，"义"即"宜"，"义"的表现形式就是礼和法。前者是行为准则，更多地表现为风格、习惯（下意识行为）；后者是集体意志的体现，更多地表现为法规、法令（强制行为）。

造了其团队中的领导力。

没有完美的个人,只有完美的团队,如腾讯的"五虎将"、百度的"七武士"、阿里的"十八罗汉"、小米的豪华团队等,它们的快速发展离不开黄金创始人团队,"跟谁学"也一样。陈向东对团队管理的总结是,要重视人才,要懂得判断人才,还要学会做榜样。

资料来源:火箭速度陈向东:"跟谁学"的团队拼图.http://www.glzh.com.cn/projects/hjsdcxdgsx.html,2015 年 7 月。

6.1 认识团队

我们大多数人都参加过某种团队,比如运动队、辩论队或是专门组建起来解决某一问题的小组。

组织内的很多工作兼具复杂性与分工协调性的特色,仅仅依靠个人的力量根本无法完成,只有依赖员工组成团队,集合团队中每个人的能力与特色,团队成员同心协力才能完成。因此,如何让组织中的员工组成团队,在团队中互相合作,不但发挥个人专长及工作潜能,也能与其他员工愉快合作,相互学习,充分发挥团队的精神与力量,已成为组织成功的关键所在,团队管理的概念也应运而生。

6.1.1 团队的含义

西方学者从不同的角度对团队(team)下了定义。

斯蒂芬·罗宾斯认为,团队是指一种为了实现某一目标而由相互协作的个体所组成的正式群体。

刘易斯(Lewis)认为,团队是由一群认同并致力于达成共同结果而努力的组织。刘易斯在定义中强调了三个重点:共同目标、工作相处愉快和高品质的结果。

沙勒斯(Salas)等人认为,一个团队是由两个以上具有不同背景及特色的人所组成的,他们被赋予特定的角色与功能,并表现出不同的功能,在有限的期间内紧密地在一起互动,相互依存,机动式地完成共同的目标或具有特别价值的任务。沙勒斯等人的定义,除了再度提到共同目标外,更提到了团队队员的相互依存性。

盖兹贝克(Katezenbach)和史密斯(Smith)对团队的定义是目前在团队文献中被广泛采用的。他们认为一个团队是由少数具有技能互补的人所组成的,他们认同一个共同目标和一个能使他们彼此担负责任的程序。

森德斯特伦(Sundstrom)等人强调相互依存性和个性的个人,共同努力实现团队一致的目标。

夏克(Shonk)则从协调和共同目标的观点出发,将团队定义成两个以上的个人,一起协调他们的活动来完成共同的目标。夏克强调,共同的目标和协调的活动使得这群人成为团队。

综上所述,团队是一群为数不多的、具有相互补充技能的人组成的一个群体,他们相互承诺,具有明确的团队目标且共同承担团队责任。

6.1.2 团队的特征

由各种对团队的定义,可以看出团队主要具有以下特征:

(1)团队规模有限制。一般来说,人员规模应当为 2~25 人,最好为 8~12 人。限制人员规模的目的是确保所有成员之间都能够充分了解并且互相发生影响；同时，这也保证了团队结构的简单化和组织目标的纯正——团队人员规模大，就会不可避免地会出现分化，出现等级，最后出现"目标替代"，使得团队的目标被上层精英的个人目标所替代。

（2）团队成员具有不同的技能、知识或经验，每个成员都能对这个团队做出不同的贡献。成员能了解彼此的角色、特长及重要性，他们在团队中分工合作，分享信息，交换信息，并相互接纳，能够认识到每个成员缺一不可，少了任何一个成员，团队的目标将无法顺利达成。

（3）团队成员共同承担团队成败的责任。团队成员的责任分担可以从两个层面来加以分析。一是团队成员在平常的团队运作过程中或团队会议中共同分摊团队的工作，团队的领导角色（team leadership）或团队的各项任务指派。二是针对团队的最后成果而言。团队的存在都有其特定任务，能否达成此任务便有成败责任归属问题，而团队的特色之一，即在顺利完成团队的目标时，团队全体成员将分享此成果，共同接受组织的激励与奖励。同样，当团体无法顺利完成特定任务时，团队全体成员将共同承担失败的责任，而非仅由团队的领导者或管理者来承担失败的责任。

（4）团队的建立以完成团队的共同目标为主要任务。当人们为了共同的目标在一起工作时，信任和承诺会随之而来，因此，拥有强烈集体使命感的团队必将作为一个集体，为了团队的业绩表现共同承担责任。这种集体责任感常常可以产生丰厚的集体成果作为激励，组织的工作成果又反馈强化了这种集体责任感。相反，单纯为了改进工作、交流、组织效率而组建的集体很难成为高效率的团队。只有当设定了适当的目标以及实现目标的方式之后，或者在团队成员一起共同承担责任之后，才有可能建成一支高效的团队。

团队集结了各种不同技能、专业知识和经验的人员，一起为组织解决问题，团队在组织中的功能上优于个人。结合团队的特点，我们可以这样理解团队：一小群具有不同技能的人相互依存地在一起工作。这群人认同某一共同目标，为了达成这一目标，他们扮演好自己的角色，贡献自己的能力，彼此分工合作，沟通协调，为完成目标而齐心协力，并为此目标的实现与否共同享受成果与承担责任。

6.1.3 团队与群体

在现实生活中，人们往往把团队与群体混淆在一起，其实团队与群体不尽相同。团队是指一种为了实现某一目标而相互协作的个体所组成的正式群体；群体是指组织中由若干相互联系、相互作用、相互依赖的人组成的，具有目标导向的人群集合体。可以说，所有的工作团队都是群体，但只有正式群体才有可能成为工作团队。在人们的印象中，团队体现了团结、合作和共同目标等精神特征。提到团队，人们就会想起运动员在接力赛中的景象，想起足球队的所有球员在球场上密切配合争取胜利的形象。在群体中每个人本身是独立的，他们的目标各不相同，有着不同的活动。而一个团队中的人是有共同目标的，他们互相依赖、互相支持，共同承担最后结果。罗宾斯认为，工作团队通过其成员的共同努力能够产生积极的协同作用，其团队成员努力的结果使团队的绩效远大于个体成员绩效的总和。他对团队与普通群体的区别做了深入研究，得出以下四个结论：

- 群体强调信息共享，团队则强调集体绩效。
- 群体的作用是中性的（有时是消极的），而团队的作用往往是积极的。

- 群体责任个体化，而团队的责任既可能是个体的，也可能是共同的。
- 群体的技能是随机的或不同的，而团队的技能是相互补充的。

图 6-1 显示了工作群体和工作团队的区别。

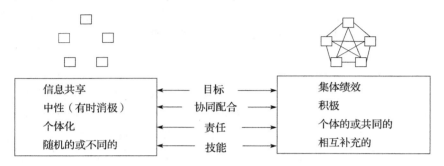

图 6-1　工作群体与工作团队的区别

为了说明团队与群体之间的差别，举个简单的例子。在一个班级内一起上课的人可说是一个群体，老师扮演着领导者的角色，学生看重的都是个人的成绩表现，老师评价学生的表现也是以个人的成绩为主。这个班级的目标也与学校的使命相同，但这个班级的学生之间，并不具有不同知识、技能或经验，也就是不具相互依存性，因此这个班级只能被称为群体而不能被称为团队。群体与团队之间的区别，如表 6-1 所示。

表 6-1　团队与群体之间的区别

群　　体	团　　队
群体规范与人们从事的任务没有关系	团队规范以任务为导向
群体中的成员不一定要参与到需要共同努力的集体工作中，不存在积极的协同作用	通过其成员的共同努力能够产生积极协同作用
群体的绩效，仅仅是每个群体成员个人贡献的总和，不能够使群体的总体绩效大于个人绩效之和	其团队成员努力的结果使团队的绩效远大于个人成员绩效的总和

6.1.4　团队的优缺点

在复杂多变的环境里，运用团队的管理方式，与传统科层制下的部门结构相比，具有很多优点。

（1）团队能够获得更多、更有效的信息，提高决策的速度和准确性。目前环境变化越来越快，组织需要掌握更多有效的信息以做出决策。团队的成员更了解团队各成员的相关信息，对于变化中的事物和需求更加敏感。另外，在团队形成自身目标的过程中，团队运作方式能建立起更有效地解决问题和提出倡议的交流方式。因此，团队能用比个人更为快速、准确和有效的方法扩大组织的联系网，根据新的信息和挑战来调整自己的方法。因此，相比以个体为基础的工作设计来说，采用团队形式，决策更为迅速有效。

（2）团队管理使管理层有时间进行战略性的思考。当工作以个体为基础进行设计时，管理者往往要花去大量时间监督他们的下属和解决下属出现的问题，他们成了"救火队长"，而很少有时间进行战略思考。采用团队形式，尤其是自我管理工作团队形式，使管理者可以有时间去做更多的战略规划。

（3）团队能把互补的技能和经验带到一起，这些技能和经验超过了团队中任何个人的技能和经验，使得团队能够在更大范围内应付多方面的挑战。如果某种工作任务的完成需要多种技能和经验，那么由团队来做通常比个人做效果好。

（4）团队形成的相互信任的团队协作精神对于组织有着重要意义。在一个有着明确目标、业绩优良的团队中，团队成员相互信任，相互帮助和支持，以团队方式开展工作，员工士气高涨。

（5）团队合作比个人单独工作更能激起工作热情。第一，员工通过团队更易联结在一起，从而更有利于实现所在群体的目标。第二，团队成员对团队的其他伙伴都负有责任，伙伴之间会相对紧密地监督彼此的表现。第三，在一定情况下，由于团队伙伴之间的标杆作用，员工的表现会得到改善。当员工知道他们的表现会与其他员工进行比较时，他们会更加努力地工作。

当然，团队也面临着一些挑战。第一，团队的成立及发展都需要一些成本，这种成本是指资源（包括时间和精力）会被花费在团队的发展和关系的维系上，而不是在任务本身。个人单独去解决问题可以省去化解团队成员间观点差异的时间成本。此外，一个员工单独工作很少有不一致、误解、分歧等问题。当团队吸纳更多的新员工或者有更多的新员工替换原来的员工时，过程损失特别明显。

第二，社会惰化可能导致团队的生产力损失。当人们在团队中工作时付出的努力比独自工作减少（而且处于低水平）时，社会惰化便发生了。这种情况更倾向于发生在个人的成果被隐藏或很难被识别的时候。个人成果在大的团体中很容易被隐藏。

6.2 团队的类型

6.2.1 解决问题型团队

解决问题型团队（problem-solving team）主要关注他们责任范围内的特殊问题，提出解决问题的方案。团队成员一般来自同一个部门，每周用几个小时的时间聚会，讨论如何提高产品质量、生产效率和改善工作环境。在这种团队里，成员就如何改进工作程序和工作方法相互交换看法或提供建议。但是，这些团队几乎没有权力根据这些建议单方面采取行动。

20世纪80年代以来，应用最广的一种解决问题型团队是质量圈（quality circle），由8～10个职责相同的员工和主管组成，成员定期聚会，一起讨论工作中面临的质量问题，调查问题的原因，提出解决问题的建议，并在授权范围内采取有效行动。

6.2.2 自我管理型团队

自我管理型团队（self-managed team）是一种真正独立自主的团队，它们不仅探讨解决问题的方法，而且亲自执行解决方案，并对工作承担全部责任。自我管理型团队一般由每天必须一起工作以生产一种产品或提供一种完整服务的人员组成。这种团队通常由10～16人组成，他们承担团队成立前自己的上司所承担的一些责任，主要包括控制工作节奏、决定工作任务的分配、安排工作休息、设立关键目标、编制预算等。彻底的自我管理团队甚至可以挑选自己的成员，并让成员相互进行绩效评估。这样，主管人员的重要性就下降了，甚至可以被取消。

自我管理型团队可以减少管理层次，形成扁平式的组织结构，对员工的益处在于，相对于传统的管理团队，自我管理型团队有更高的成长满意度、社会满意度和信任感，能够提高30%的工作效率并极大地改善产品和服务质量。这种类型的团队在通用汽车公司、百事可乐、惠普公司得到了很好的应用。但是，与传统的组织形式相比，自我管理型团队的缺勤率和流动率却偏高。

应用的条件： 被授权的自我管理型团队并不总适用于任何情况或任何组织，采用这种方法的利弊并存。在考虑采用被授权的自我管理型团队时，必须注意以下一些问题：

- 组织是否致力于使所有的管理系统与被授权的自我管理型团队保持一致，包括领导选举、团队奖励和信息自由获取。
- 是否清晰设定了组织的目标和对团队的期望绩效。
- 为了获取更好的绩效，团队是否有权获得所需的资源。
- 各个团队成员执行的任务是否相互依存（这些任务的完成在很大程度上需要相互协调和沟通）。
- 成员是否足够成熟，能有效地进行同事间的评估、选举和规章制定，冲突管理以及其他行政工作。
- 成员的能力是否达到可以负担更多责任的水平，如果不能，增加培训能否使他们达到所需的能力水平。

6.2.3 多功能型团队

多功能型团队（multi-functional team）由来自同一等级、不同工作领域，具有不同工作技能的员工组成，目的是通过识别和解决跨部门、跨领域和多功能型的问题来完成特定的任务。多功能型团队能使组织内（甚至组织之间）不同领域的员工之间交换信息，激发出新的观点，解决面临的问题，协调复杂的项目。但是，在其形成的早期阶段往往要消耗大量的时间，因为团队成员需要学会处理复杂多样的工作任务。在成员之间，尤其是那些背景不同、经历和观点不同的成员之间，建立起信任并能真正的合作也需要一定时间。

20世纪60年代，IBM就已经开始采用多功能型团队，将不同部门的员工组织到一起形成任务攻坚队。到了20世纪80年代末，多功能型团队得到了广泛的应用，当时几乎所有的汽车制造公司都采用了这一类型的团队来完成复杂的项目。

6.2.4 虚拟团队

虚拟团队（virtual team）是指在不同地域的个人通过信息技术进行合作的团队组织形式。与以上三种团队类型不同的是，虚拟团队不需要团队成员之间密切地面对面接触来工作，其可以跨时间、跨地区，甚至跨组织地工作。

虚拟团队的核心特征是人、目标和联系，这和其他团队有相似之处，但是虚拟团队最显著的特征是用一系列信息技术为纽带来联系成员和实施任务。在虚拟团队中经常运用到的三大类信息技术是：桌面视听会议系统、合作软件系统、网络系统。飞速发展的信息技术为虚拟团队的良好运行奠定了基础。

虚拟团队的核心要素是虚拟团队中的信任问题。信任水平高的虚拟团队融合得更容易、组织自己的工作更迅速、自我管理更有效，信任是虚拟团队完成今后复杂任务的全效润滑剂。得克萨斯大学奥斯汀分校的耶尔文佩（Jarvenpaa）教授是研究跨国虚拟团队中信任问题最负盛名的学者，她用实证研究的方法验证了迈耶（Mayer）等人提出的信任模型是否适用于虚拟团队的问题，同时提出了团队成员认为其他人正直和善意的程度对虚拟团队中的信任水平影响更大。

6.2.5 知识型团队

知识经济时代引发了人类社会形态的巨大变革，由来自不同知识领域的人组成团队进行工作越来越普遍，**知识型团队**（knowledge worker team）的概念应运而生，知识型团队是指运用高智力资本从事创新型工作的群体。目前的学术界对于知识型团队并没有明确的定义。但是综合目前的研究成果，知识型团队是团队概念的延伸，主要特征表现为：承担超常规创新性的复杂任务，成员拥有独特的专业技术，团队知识需要进行共享、整合和重组，团队项目的高风险、高回报和高层次需求成为主导需求，团队的收益具有延后性等。

6.2.6 交响团型团队

随着商业环境的竞争变得更加激烈及数字技术的颠覆性影响在持续，高层领导意识到，他们必须超越其职能部门角色，像团队一样运作。在这个新的结构中，最高管理层的高管将业务部门和职能所有权与跨职能团队结合在一起，从而将公司运行成一个敏捷的网络。高层领导之间要展开更多的合作，必须共同行事来应对跨领域的挑战。这种新的、协作式的、基于团队的高级管理人员模式被称为"交响团式"最高管理层。像一个卓越的交响乐团一样，"交响团式"最高管理层整合了多种元素：战略好比乐谱；不同的业务职能好比不同类型的器乐音乐家；不同职能的领导好比乐队首席；首席执行官好比乐队指挥。在这一模式中，高级管理层成员不仅领导自己责任所在的领域，还与其他职能的领导者在影响企业战略方向的团队中展开合作，影响并激励整个企业的团队网络。简而言之，目标就是一群不同领域的专业人员和谐地合奏交响乐，而不是形成一支单独听起来很动听，合奏起来却是无美感的不和谐之音。

在一个既要求跨领域协作又需要深入的职能性专业知识的动态环境中，"交响团式"最高管理层的运作模式是非常合理的，因为这使得领导层团队能够解决任意单一部门无法完美解决的问题。例如，当今精通数字化、消息灵通的消费者要求企业不仅要提供优质的产品，还要提供良好的端到端的用户体验——从消费者意识到产品的存在到产品生命周期结束。应对这一挑战，要求组织能够跨职能部门开展工作，以便在每个接触点都能够了解并满足客户的需要。

向"交响团式"最高管理层的转变现在是全球范围内组织最强烈和最迫切的一大趋势。领先企业的高管认识到，现在作为一个团队来工作、协作和互动至关重要，而"交响团式"最高管理层是解决当今企业所面临的复杂问题的最有效方式。

6.3 团队发展与管理

6.3.1 团队的形成与发展

蒙特伯罗（Montebello）和布泽塔（Buzzotta）将团队的发展划分四个阶段：初创阶段、动荡阶段、规范阶段、运作阶段。各个阶段可能有不同的名称，但是大多数团队都会经历以下发展阶段，它们是谨慎相处、相互竞争、和谐融洽、协作进取。稍做改动，这些表述就成为团队发展四个阶段模式的基础,如表 6-2 所示。有些团队在第二阶段会止步不前,这种团队由于不能达到组织建立团队时的目标,而成为功能失调的团队。同样,即使是成熟的团队也会停滞不前,不接受新观点,背离原定的团队目标。通过对团队的监控,管理者能够区分团队是处于正常的发展阶段,还是进入了功能失调或僵化的状态。

表 6-2　团队发展阶段及团队运作状况

发 展 阶 段	团队运作状况
初创期	不确定性
初见成效期	团队成员之间相互竞争
持续发展期	团队成员之间和谐融洽
成熟期	团队成员协作进取

图 6-2 表明了团队发展的各个阶段。

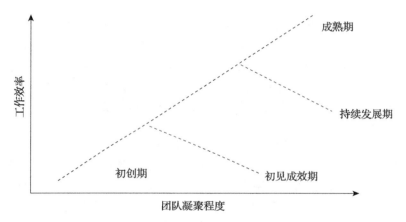

图 6-2　团队发展的各阶段

1. 初创期的团队

新形成的团队表现出高度的不稳定性,因此其成员只是名义上为团队工作。这样的团队没有统一的愿景,缺乏运作规范,通常也没有明确的领导职责。从本质上讲,新形成的团队缺少组织文化,所以成员缺少对团队的认同。

仅仅定期开会,甚至要求佩戴标志性的徽章是不会将一群人变成一支团队的。从积极的一面说,新组建团队的成员表现皆谨小慎微。团队成员通过评价其他成员的态度和能力,来决定自己怎样做比较合适,他们对团队的归属感属于暂时性的。从消极的一面来说,团队成员可能保持很强的个人主义意识或对其他组织而非本团队的忠诚。这种现象在新组成的团队中是很正常的。因为成员们需要时间相互适应,这个阶段工作效率很低。

2. 初见成效期的团队

在确立一整套愿景后,团队开始完成组织所授予的使命。蒙特伯罗和布泽塔称这一阶段为竞争阶段。因为在这一阶段,成员提出了有关团队使命、目标及领导等问题。作为一支名义上的团队,其成员仍然没有明确的团队意识和团队文化意识,但是这一阶段相对上一阶段多了一些活力。从初创到持续发展的过程中,团队成员表现出为了其在组织中的地位或影响力而相互竞争，或对组织中的事情更加漠不关心。成员之间可能会相互挑战，在目标和指导问题上发生争执，并且想方设法争取领导权。同时，团队中的成员也开始认识到团队中的有些个体是能够满足团队需要的专家。

不同的团队在这一阶段所需的时间各不相同，如果团队中相当一部分人过去曾在一个紧密协作的团队中工作过，这一过程可能会短一些。若团队是由那些第一次参加团队的人组成的，并试图建一支有统一目标的团队，那可能需要更长的时间。然而，有些团队在这一阶段可能会陷入困境，无法在操作程序和优先权的问题上达成共识，就连常规问题都存在分歧，更不用说那些实质性的问题了！

一些成员的性格可能与他人格格不入。在这个阶段陷入困境的团队，很可能从初见成效转变为功能失调。

3. 持续发展期的团队

随着时间的推移，团队成员建立起（正式或非正式的）团队运作规则和对每位成员的期望。无论其发展道路如何，持续发展期的团队已经制定出自己的组织原则，所以他们可以像一个整体一样发挥作用。团队各成员基本上接受了团队运作程序，这是因为他们对团队工作所取得的结果表示满意或者他们已经习惯性地认为"本该如此"。无论是在运作程序方面还是在完成任务方面，成员之间的合作比竞争显得更为重要。尽管成员在讨论新的途径或职位时仍会有分歧，但是在这一阶段团队成员把不一致视为不同观点的表现。团队中的每个成员都应该发表不同的观点。

4. 成熟期的团队

成熟期的团队能紧密合作，因为团队成员已将团队文化完全消化吸收进而融为自我意识的一部分。他们了解团队对每个成员的期望，因此他们会将时间和精力花在实质问题上而非一些程序性问题上。团结的团队通常为自己制定很高的标准，因为他们了解自己的能力，并且相信每个人都能履行自己的职责。团队成员为自己的团队以及为自己能为团队的成功做出贡献而感到自豪。

成熟期的团队也有变得僵滞的危险。由于团队成员都了解各自的观点和办事方式，他们会变得自以为是，做事想当然而不是深思熟虑。群体的意见代替了团队讨论中有建树的观点：一种明显的或确实存在的压力去适应而非质疑群体的现状代替了个人的洞察力和贡献。当团队进入这一阶段时，他们再也不会寻找，也不会接受新的观点和新的思维方式，他们养成了自己团队的官僚主义。团队中的成员关系束缚了团队自身，使其无法为组织创新和提高组织效率发挥应有的作用（见表 6-3）。

表 6-3 团队发展各个阶段的效率和特征

阶　　段	效　　率	工 作 关 系
1. 初创期	低	戒备的、谨慎的、不承担责任的
2. 初见成效期	低-中	好争辩的、定位的
（功能失调）	无-低	群体在这一阶段陷入困境
3. 持续发展期	中-高	合作的、相互支持的、善于沟通的
4. 成熟期 1	高	协作的、整体化的、高标准的
成熟期 2（呆滞）	中	常规的、不接受外部观点的

6.3.2 团队规范

规范是群体为管理团队成员行为而建立的非正式的规则和共同的期望。规范用来管理团队成员的行为,而非管理个人的想法和感受。加强团队规范有很多不同的方法。例如,当员工开会迟到时,同事会嘲笑这种行为;如果员工没有按时完成自己的任务,同事会对其进行批评。团队规范还可以通过其他方式得到加强。例如,职位高的成员对表现良好的成员进行表扬,表现良好的成员可以更多接触珍贵资源,或者能获得团队性的奖赏。团队规范一般不需要直接的强化或惩罚,在大多数情况下,团队成员会遵循那些已经流行起来的规范,因为他们以团队来定义自己的身份,也希望能把个人行为和团队价值联系在一起。个人社会身份与团队联系得越密切,个人就会越发受到激励去避免来自团队的负面惩罚。

1. 团队规范是如何发展起来的

当团队成立时,团队规范准则也就发展起来了,因为团队成员需要预测其他人会怎么做。在团队组建期间,即便是像刚开始时成员间会如何问好、第一次会议的座位安排这样很小的事情都会导致规范的建立,而且这些规范建立以后将很难发生改变。当团队成员发现某些行为能帮助他们高效地完成工作时(例如要求迅速回复电子邮件),团队规范也会因此而形成。尤其需要注意的是,团队历史上的某件至关重要的事情会引发团队规范的建立或者使之前已经模糊的规范变得清晰起来。另外,团队成员以往的经历和价值观也会影响团队规范。如果一支新的团队,它的成员非常重视工作和生活之间的平衡,那么该团队建立的规范往往是反对长时间和超负荷工作的。

2. 防止和改变功能失调的团队规范

团队规范常常会被牢牢地固定住,所以要避免那些阻碍组织成功和员工舒适工作的规范,最好的办法就是在团队刚成立的时候,即建立起令人满意的规范准则。要做到这一点的办法之一是,在团队成立时就清楚地陈述合意的规范。另外一个方法就是挑选那些持有适合组织需要的价值观的人组建团队。例如,如果组织的领导者希望他们的团队拥有强有力的安全规范,那么他们在组建团队时就应该聘用那些已经非常重视安全,同时能清楚认识到安全的重要性的人。

目前给出的所有建议都针对的是新组建的团队,但是组织的领导者怎样做才能使老团队中的规范始终保持合意呢?最近的研究表明,领导者通常拥有改变已有规范的能力。通过演说或者主动引导团队,领导者往往能破坏不协调的规范而建立起有效的规范。通过建立以团队为基础的奖励机制也能削弱不适宜的规范,换句话说,如果团队成员继续遵循原有存在弊端的团队规范,那么其收入会减少,但研究报告指出,即使这样,员工还是可能会继续追随原有的团队规范(如限制产出)。最后,当功能失调的规范已经根深蒂固,而且前面的解决办法都不起作用时,这就可能需要解散团队,或者使用更有利于建立适宜规范的员工来进行人员的替代。

6.3.3 团队凝聚力

团队凝聚力(team cohesion)是指团队对人们的吸引力和人们想继续作为该团队成员的动力。这是团队的一个特点,这包括团队成员被团队吸引的程度,他们对团队目标或任务承担责任的程度,以及感受到的团队自豪感的程度。因此,团队凝聚力是一种情感的体验,而不仅仅是通过留下或离开团队来衡量的。当团队成员把团队看成他们社会身份的一部分时,团队凝聚力即存在。团队凝聚力也与团队成长相关,团队成员把建立团队身份看成团队成长过程的一部分。

1. 影响团队凝聚力的因素

有几个因素会对团队凝聚力构成影响:团队成员的相似性、团队规模、成员间的互动、准入难度、团队的成功以及外部的竞争或挑战。这些因素大体上反映了与团队相关的个人社会身份,也反映了团队成员对团队关系将如何满足个人需求的一种信念。

(1)团队成员的相似性。研究表明,人们容易被与他们相似的人所吸引。相似相吸效应之所以存在是因为人们会认为看起来与自己相似或者有相似背景的人更值得信任,对方也更有可能接受自己,因此当团队成员彼此相似时,团队能拥有更高的凝聚力或者凝聚得更迅速。

(2)团队规模。较小的团队会比较大的团队拥有更强的凝聚力,因为小团队更容易在目标和互助的工作活动中达成一致。然而,当小团队没有足够的人手去应对工作任务时,其凝聚力又会弱一些。

(3)成员间的互动。当团队成员经常互动时,团队将会有更强的凝聚力。当团队成员一起执行高度相关的任务以及在相同的环境中工作时,这种频繁紧密的互动会提升团队凝聚力。

(4)准入难度。当进入团队需要经过严格限制时,这个团队会倾向于有更高的凝聚力。越精英的团队越能给它的成员带来威信,这样一来,它的成员也会更珍惜他们作为队员的资格。但是在起始阶段过于严苛会产生负面作用,从而会削弱团队的凝聚力。

(5)团队的成功。团队凝聚力随着团队成功程度的提高而增强。团队成员会对满足他们需要和目标的团队更加忠诚。

(6)外部的竞争或挑战。当团队成员面对外部竞争或者受到挑战时,团队成员往往更加紧密地联系在一起,来应对外界的竞争和挑战,当团队战胜竞争和挑战之后,成员会更加珍惜其团队关系,使得团队凝聚力提升。然而,当外部竞争和挑战十分严峻时,团队的凝聚力也可能会被瓦解,因为这些竞争和挑战给团队带来了巨大的压力,也令团队做出了一些低效的决策。

2. 团队凝聚力的结果

凝聚力高的团队比凝聚力低的团队表现更好。实际上,每个团队都必须拥有最低程度的凝聚力,这样才能维持团队的生存。凝聚力高的团队中的成员会更有动力维系他们的团队关系,也更有动力去协助团队高效运作。与凝聚力低的团队相比,凝聚力高的团队中的成员会花费更多的时间聚在一起,对同伴也更满意。他们在压力环境下,为使功能失调的冲突最小化,会为同伴提供更好的支持。当冲突发生时,凝聚力高的团队中的成员倾向于更快速有效地解决分歧。

然而,两个因素使凝聚力与绩效之间的关系变得更复杂。第一,当团队任务相互依赖度低时,团队凝聚力对绩效影响小。高凝聚力激励员工和其他人协调并合作。但是当他们的任务很少依赖于其他团队成员(低任务依赖度)时,他们就不需要这么多的协调和合作了,所以当任务依赖度低时,高凝聚力的激励作用与团队的关联度变小。第二,凝聚力对团队绩效的影响还取决于团队规范与组织目标的关系兼容与否。当团队规范与目标兼容时，凝聚力高的团队表现得更好；当团队规范与目标不兼容时，高凝聚力反而降低绩效。这种效应的发生是因为凝聚力会激励员工表现得与团队规范更一致。如果团队规范容忍或鼓励缺席，员工就会更多地无故请假；如果团队规范不鼓励缺席，成员就会避免请假。

6.3.4 团队信任

所有关系（包括团队成员间的关系）都建立在一定程度的信任上。信任（trust）是指在某种风险条件下，一个人对另一个人积极的期望。信任是情感事件，团队成员之间存在信任会使得成员有积极的感受。信任可以建立在积累、了解和认同的基础上。

以积累为基础的信任代表了一种理智的推断，即预计成员的行为将会是合理的，因为如果这些成员的行为偏离了合理的预期，他们将会面临惩罚。这给团队提供了最低程度的信任，而且这种信任很容易被偏离预期的行为所破坏。通常，依赖以积累为基础的信任是难以维系团队关系的，因为这种信任只是依靠威慑而建立起来的。

以了解为基础的信任建立在对成员行为的预测上。即便团队成员不认同某个成员的行为，但行为的一致性还是会让其他人产生一定程度的信任。以了解为基础的信任也与对其他成员技能和能力的信任有关。以了解为基础的信任为团队提供了更高程度的信任，这种信任也相对更加稳定，因为它是随着时间的推移建立起来的。

以认同为基础的信任是根据团队间的互相了解和情感纽带而形成的。当团队成员的想法、感觉和行为都彼此相像时，这种类型的信任便产生了。表现良好的团队就展示了这种信任，因为他们拥有相似的价值观和心理认知。以认同为基础的信任是这三种类型的信任当中最强烈和最有活力的。个人的自我概念在一定程度上是根据团队关系而形成的，而且人们相信团队各成员间的价值观是高度重合的，因此队友们任何违规的行为都会很快得到原谅。而且人们更不愿承认他们与这种高度信任发生了偏离，因为这种信任是沿着他们内心的自我认知运行的。

员工往往都是带着对队友的信任感加入团队的。在组织背景下，初始阶段高度的信任感（又叫快速信任）形成的主要原因是，人们常常相信他们的队友拥有一定的能力（以了解为基础的信任），以及相信他们的队友将会随着团队建立起一定的社会地位（以认同为基础的信任）。然而，在新建立的关系中，这种信任是建立在假设而非真实的经历之上的，因而是非常脆弱的。因此，最近的研究表明，随着时间的流逝，信任会被不断削弱而不是逐渐增强。随着信任的丧失，员工间的体谅和合作将会越来越少，而这将会有损于团队和组织的效力。

6.3.5 团队管理

团队管理的途径有很多的描述，大致分为四种：人际关系途径、角色界定途径、价值观途径以及任务导向途径。

（1）人际关系途径。这是在团队成员间形成较高程度的社会意识及个人意识。例如，通过帮助团队成员学会如何互相倾听，或者如何了解团队中其他成员的经历，更好地理解彼此的个性，从而彼此进行有效交流，将有助于人们共同工作。

（2）角色界定途径。这界定了团队成员参与团队活动时以什么样的角色出现。目的是明确每个人对自己的期望、整个群体的规范以及不同的群体成员所分担的责任。这意味着团队清楚地意识到自己作为一个工作单位的角色。它的运作既有实效又有效率，因为每个成员都清楚地理解自己的位置、角色和责任。

（3）价值观途径。这是指要发展成员间的相互理解，其重点是团队成员对其正在做的事情的整体立场，以及他们所采取的价值观，而不是组成团队的个人的性格或者他们所担当的角色。通过确保团队中每个人都拥有共同的价值观，确保团队的工作目的反映这些价值观，团队成员就能够有效地共同工作，并且能够感知到自己的个人行为是如何为团队的共同目标做出贡献，如何反映团队的共同价值观念的。

（4）任务导向途径。这是强调团队的任务以及每个团队成员能够对这项任务的完成所做贡献的独特方式。在这一途径中，重点不是关于人们是什么样子的，而是关于人们所拥有的技能以及这些技能如何对整体做出贡献。因此，这一途径十分强调不同团队成员之间的信息交流。它也强调根据完成任务所需的资源、技能以及实际步骤对团队的任务进行实际分析。

6.3.6 团队评估

根据组织内部团队之间的影响力和它对有效完成团队任务的价值，卡特森伯奇和史密斯提出用团队行为曲线来评估团队表现，该曲线对团队建设也有一定的启发，如图6-3所示。

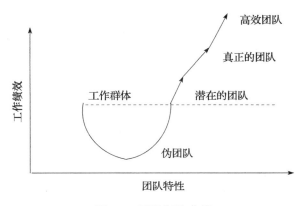

图 6-3　团队行为曲线

在这个模型中，工作群体没有任何特别需要去发展和改进它的表现，但是工作群体并不一定就不好。在有些组织中，工作群体是非常适用的。工作群体和团队的区别在于，工作群体强调个人完成他们自己领域的任务，没有共同的责任。

真正的团队是由很少的一些人组成的，他们有共同的目标，团队中每个成员共同对团队所需达到的目标负责，同样也对团队采用的总的工作方法负责。但这并不等于说团队中的每个人都是一样的。一个真正的团队由具有互补性技能的人组成。如果工作需要，他们也愿意学习新的技能。由于他们在一起工作，因此他们创造出的价值比以工作群体为基础，或者各自为战创造出的东西多得多。

在工作群体向团队转化的过程中，存在着很多风险，其中之一就是成为伪团体——一群人被别人称为团队或自称团队,也具有团队的潜力,但就是在实际工作时根本不协作或根本没有集体责任感。许多向团队工作转化的组织没有认真考虑什么样的团队是真正的团队,最终成为由许多伪团队组成的组织。

潜在的团队是介于工作群体和真正的团队之间的群体。这样的群体认识到有必要改善其表现,并且确实想做点什么。但是由于缺乏明确的共同目标,也由于他们把工作重点放在个人责任上而没能真正形成相互协作的风气,因此群体的发展受到了阻碍。如果有合适的领导和恰当的管理,一个潜在的团队就会很快转变为一个真正的团队,相应地,生产率就会提高。然而,更常见的情况是,潜在的团队因没有明确的方向仍旧漫无目的地发展。

高效团队是把团队的潜力发挥到极致的团队。表现出色的高效团队成员不仅对自己团队的成功负责,也关心其他人的成长和发展。这是由于在团队中形成了紧密的关系和共同的责任而形成的。这种团队经常能达到看起来不可能达到的目标。

6.4 打造高绩效团队

6.4.1 团队效能

1. 团队效能的定义

在广义的界定团队效能的操作定义中,不同学者对团队效能有不同的定义。纳德勒(Nadler)等人认为效能是团队最终活动的结果,可以从三方面来评价:生产结果,指团队生产的产品必须符合或超过组织所规定的质量、产量标准;成员满意感,指团队活动的结果带来成员之间良好的关系,成员具有满意感,并有利于他们之间长期的合作和发展;继续合作的能力,是指团队在完成任务后,成员之间的人际关系得到进一步加强,有利于成员继续一起工作。

哈克曼(Hackman)则认为团队效能是指团队实现预定目标的实际结果,主要包括三个方面:团队产出的产品达到的绩效标准,如个人绩效、团队绩效;团队发展的一种提高团队成员共同工作能力的过程,如承诺、内聚力等;团队成员在团队中的经历是否令人满意,如成员满意感。

埃里克(Eric)和肯尼奇(Kennech)认为团队效能包括团队绩效和可行性。绩效用组织内部或外部的人员在收到团队的产品、服务和信息后,对团队工作的可接受性程度来衡量;可行性是指工作活动会对团队成员的满意感产生的影响和对团队作为整体工作单元的前景影响的说明。

戚振江、王端旭对团队效能的界定,采用较为宽泛的思路,将与团队情境相关的多方面结果均作为团队效能,并把团队效能划分为三个维度:以产品的数量和质量进行描述的业绩效能、员工态度、行为结果。业绩效能指标包括生产效率、生产力、反应时间、产品和服务质量、客户满意和创新;员工态度指标包括团队成员满意感、成员承诺、管理信任;行为结果指标包括缺勤、离职和安全。

本书则倾向于采用埃里克和肯尼奇对团队效能的界定,即团队效能由团队绩效(周边绩效)和组织绩效(任务绩效)共同构成。任务绩效是指任务的完成情况,即职务说明书中所规定的绩效,它与组织的技术成分直接相关,是传统绩效评估的主要成分;周边绩效是指一种心理和社会关系的人际和意志行为，是一种有助于完成组织工作的活动。它侧重于测量组织成员在工作职责外具备的与工作绩效相关的某些品质特征，如帮助他人、团结协助等，这类行为也被称为组织公民行为、亲社会的组织行为等，这些都是指在组织中与他人合作和帮助他人的有益于组织的行为。

2. 团队效能的影响因素

（1）团队沟通。团队沟通是团队内部成员之间共享信息，共同解决问题，做出有效决策的互动过程。沟通的目的是使团队成员对团队目标、任务和问题有共同的了解，以达到目标一致、思想一致和精神团结。在对传统团队的研究中发现，互动性的沟通是团队工作的必然行动，团队的效能在很大程度上受到沟通质量的影响。另外，团队的决策来源于团队成员间的人际沟通和信息沟通。团队成员之间的人际沟通越顺利，越有利于培养成员之间的信任感，越有利于产生高效合作；团队成员之间的信息交流越顺畅，团队决策的有效性越高，团队效能也越高。

（2）团队气氛。团队气氛是团队成员对团队目标、团队运作、团队结构等具体情景的认知或心理体验。当团队成员对团队目标、团队运作、团队结构等有充分的认知，明确知道团队的发展与个人发展的关系密切时，整个团队的凝聚力就会比较强，团队成员间互帮互助，容易形成一种信任的氛围，这样的团队氛围将有利于团队效能的提高；与此相反，如果成员对团队的目标、团队运作、团队结构等不了解，对团队没有形成一种认同感和归属感，就难以形成一种互信互助的氛围，团队成员间的心理距离较大，相互间的联系不足，这样的团队氛围将不利于团队效能的提高，长此以往甚至会降低团队效能。

（3）目标认同。团队绩效的目标可以有很多形式：数量、质量、速度、准确性等。研究证实，与缺乏团队目标（或难以定义的目标）相比，具体的团队目标可以提高团队的绩效。通常，团队绩效目标与个体绩效目标同时存在。当团队目标与个体目标发生冲突时，其结果就会导致团队机能失调。但是，即使当团队目标与个体目标一致时，两个不同水平的绩效目标同时存在时的效果并不比任意一个目标类型单独存在时要好。特别是当个体目标和群体目标同时存在时，所产生的绩效并不比群体目标单独存在时所产生的绩效高。

（4）团队特征。一是团队异质性。团队效能受团队成员异质性影响的程度究竟有多大？这是一个复杂的问题。坎皮恩（Campion）等人研究发现，团队成员背景的异质性与团队效能没有相关关系或成负相关关系。而马朱卡（Magjuka）和鲍德温（Baldwin）通过调查研究同样的一些问题发现团队规模越大、团队成员的异质性越大以及获得信息的途径越畅通，这些因素与团队效能的关系就越明确。杰克逊（Jackson）等人通过评论并总结有关多样性（指群体内的异质性）与团队效能之间的关系，认为团队构成的异质性与团队的创造力和决策的有效性有关系，并把异质性定义为个性、性别、态度、背景或经验因素的混合物。坎特（Kanter）的研究表明，异质性的组织更有可能获得成功，有不同背景的员工更能在一起工作并向其组织目标靠近，组织的绩效也越高。总的来说，我们认为群体成员背景的异质性与团队效能成零相关或负相关关系，并且在创造性和智力性任务中团队成员的异质性对团队绩效也有影响。

二是成员熟悉度。团队成员之间的熟悉度对团队效能是有影响的。有关这一问题的早期研究（主要是对飞机座舱机组的研究）认为，由相互熟悉的人们组成的团队总体上来说要比由相互不熟悉的人们组成的团队能更有效地合作；也有学者通过调查相互间熟悉度不同的煤矿工人在 15 个月中的劳动生产率（每班产煤吨数）、工作表现和产煤环境，发现较低的熟悉度与较低的劳动生产率相关。建立时间较长的团队，团队成员间的熟悉度较高，在一定程度上有效性更高；刚建立的团队，团队成员间的熟悉度较低，团队成员的不同背景来源和相互间的不断沟通磨合会使团队更具活力。

三是团队规模。团队规模对团队效能的影响成倒 U 形，即团队规模过大或过小都会降低团队效能。当团队规模变大时，成员间的心理距离增大，在规模较大的团队中，成员的满意感较低，参与度也较低，相互间的协作少于小型团队；当团队规模变小时，虽然团队成员间的关系较亲密，满意感和参与感都较高，但团队的执行力相对较弱；团队只有保持一个适中的规模，才能取得最大的团队效能。研究表明：成员总数为奇数的群体比成员总数为偶数的群体更好，因为当团队成员总数为奇数时，可以降低投票时发生僵局的可能性；5~7 人组成的团队在执行任务时，会比更大或更小的一些群体都更有效。

（5）团队领导行为。团队领导属于这个团队，是团队中的一员，并从团队内部对团队施加影响。团队领导负责为团队提供指导，为团队制定长远目标，在适当的时候代表团队处理与组织内其他部门的关系。团队领导对于团队工作的有效性与组织中领导的作用机制相似。有学者通过对团队的研究发现，领导命令有助于团队成员形成相似、正确的心智模型，进而通过团队沟通过程影响团队有效性。与组织中的变革型领导相似，团队领导通过培养团队自我管理能力、授以自我领导权利、采用分布式或轮换式领导形式，缓解团队冲突，处理团队运作障碍，提高团队凝聚力，进而影响团队有效性。

（6）组织支持。团队作为组织的基本结构单位，与组织发生广泛的联系，组织支持也会对团队效能产生影响。组织支持可以分为组织对个人、组织对团队、团队对个人的支持，这三类支持对团队的效能都有着不同程度的影响，而其中组织对团队的支持与团队效能之间的关系最为密切。组织对团队的支持，有利于提高团队成员的积极性，使得团队得以顺利开展工作，提高团队的效能。

6.4.2 高绩效团队的特征

高绩效团队是指团队成员之间能力互补性强、沟通顺畅、信任度高、角色分配合理、团队意识强，并表现出活动高效，成员满意度高，被高层管理者给予高度评价的团队。

高绩效团队对组织绩效来说甚是关键，近年来也有一些研究总结了高绩效团队的特征，具体包括以下几个维度：

（1）明确的目标——P（purpose）。高绩效的团队拥有明确的目标，并且目标指引着团队成员把个人目标升华到团队目标中去。在高绩效的团队中，成员清楚地知道团队希望他们做什么工作，以及他们怎么共同工作以完成共同的团队任务。目标的设定要注意以下四点：

- 每一位团队成员能够描述，并且献身于这个目标。
- 目标十分明确，具有挑战性，符合 SMART 原则。
- 实现目标的策略非常明确。
- 面对目标，个人角色十分明确，或团队目标已分解成个人目标。

（2）赋能授权——E（empowerment）。赋能授权指团队已从集权向分权的方向过渡，团队成员感觉个人拥有了某种能力，整个群体也拥有了某些能力。拥有高赋能授权的团队在组织中地位较高，支配权较大，其成员也拥有一定的支配权。

（3）关系和沟通——R（relation and communication）。团队成员之间通过畅通的渠道交流信息，团队领导和团队成员之间有健康的信息反馈机制，并经常进行"深度会谈"。在关系和沟通方面，高绩效的团队表现出的特征如下：

- 成员肯公开而且诚实地表达自己的想法，哪怕是负面的想法。
- 成员会表示温情、了解与接受别人，相互间的关系更融洽。
- 成员会积极主动地聆听别人的意见。
- 不同的意见和观点会受到重视。

（4）弹性——F（flexible）。团队成员能够自我调节，以满足变化的需求。团队成员需要执行不同的决策和功能，当某一个角色不在的时候要求有人主动并且有能力去补位，分担团队领导的责任和发展的责任。

（5）最佳的生产力——O（optimal productivity）。团队有了很好的生产力，产出很高，产品品质也已经达到了卓越，团队决策的效果也很好，显然具有了明确问题的解决程序。这样的团队做任何一件事情或处理任何危机都有科学的程序。

（6）认可和赞美——R（recognition）。当个人的贡献受到领导者和其他成员的认可和赞美时，团队成员会感觉到很骄傲；团队的成就涉及所有成员的认可，团队的成员觉得自己受到一种尊重，团队的贡献受到了组织的重视和认可。从个人到团队都受到一种认可，人们的士气就会提升。

（7）士气——M（morale）。每个人都乐于作为团队中的一员，都很有信心，而且士气高昂。如果团队成员都以自己的工作为荣，而且很满足，那么团队的向心力就会很强，士气高昂。

（8）内外部的支持——S（support）。从内部条件来看，高绩效团队应该拥有一个合理的基础结构、一套公平合理的绩效评估系统，以及一个起支持作用的人力资源系统。从外部条件来看，管理层应该给团队提供完成工作所必需的各种资源。

6.4.3 创建高绩效团队

1. 创建高绩效团队的步骤

创建高绩效团队的步骤如下：

- 准备工作。只有具有清晰的工作任务、目标和使命，才可能创建高绩效团队。
- 创造条件。创建高绩效团队要具备各方面的条件，如组织环境、资源环境、工作环境等，还包括内外部的支持。
- 形成团队。首先是团队成员的选择，其次是制定团队的规章制度和使命目标，最后是确定团队职责和权力，确保团队的自主管理。
- 提供持续支持。团队需要获得内外部的持续支持，这是各种条件的配合。

2. 创建高绩效团队的具体措施

创建高绩效团队的具体措施如下：

（1）按团队发展的四个阶段拟订有效的执行计划。如何与他人协作共同实现企业的目标，团队的每个成员都需要知道自己应该完成的目标以及团队中有哪些人参与。为了达到以上要求，拟订一个有效的执行计划是必需的。其过程包括：将上级的工作要求作为基本的工作要求；将组织需求转变成团队目标；仔细选择可能成功的执行方法，并将它变成可行的计划；找到达成目标所需要的资源；排定完成的时间表，并依序完成。一旦团队成员致力参与计划的执行，他们就能对此做出重要的贡献。

（2）团队成员必须培养组织能力。将计划拟妥之后，组织能力就变得十分重要，因为所有的资源，包括人力、资金、原料与技能，都必须有效协调才能发挥作用。团队领导必须以身作则，对团队成员起榜样和示范作用，必须明确具体的工作质量、范围、工期、成本等目标约束，增强和发挥领导的指导协调作用。

优秀的领导需要明确各团队成员的角色和责任分工，引导团队成员调整心态和准确定位角色，把个人目标与工作目标结合起来，充分发挥项目团队成员各自的作用。领导要帮助团队成员熟悉工作环境，学习并掌握相关的技术，以利于项目目标的及时完成。要与员工进行很好的沟通协调，为团队争取更充足的资源与更好的环境，并对工作进程以及工作目标与工作干系人不断达成共识，更好地促进工作目标的实现。

（3）团队必须创造良好的组织环境。领导者努力了解成员的特质与需求，据此来创造良好的组织环境，实现组织目标。在这种氛围下，采取各种措施和方法，既达到团队的目的，也满足成员的个人需求，建立激发动机的工作气氛。

在工作过程中，领导必须运用各种激励理论对团队成员进行适时的激励，鼓励和激发团队成员的积极性、主动性，充分发挥团队成员的创造力。随着团队的建设和发展，领导要通过授权让团队成员分担责任，使团队成员更多地参与项目的决策过程，允许个人或小组以自己的更灵活的方式开展工作。

（4）建立可达到目标的控制系统。计划开始执行后，需要一套控制系统使其正常进行，并对干扰引起的偏差进行调整，从而实现最终目标。一旦建立起完整的控制系统，团队与领导者就能将计划进行的现状与预期的进度相比较，并进行必要的控制与调整。控制系统提倡的是"真正解决问题"的方式：一是使冲突得以解决；二是使冲突双方在心理上都感到没有吃亏或取得了胜利。健康的冲突能刺激冲突双方产生新的想法，重新考验团队成员的立场与信念，或者因此扩展其想象空间。所以要以建设性的态度处理冲突，激发更多的创意，以提供更多的选择，从而获得最好的结果。

6.5 团队面临的挑战

6.5.1 "搭便车"问题

"搭便车"问题（free-rider problem），又称"偷懒"问题，是指在团队生产中，由于团队成员的个人贡献与所得报酬没有明确的对应关系，或者由于其他激励措施不利，而造成的每个成员都有减少自己的成本支出而坐享他人劳动成果的机会主义倾向。"搭便车"导致团队成员缺乏努力工作的积极性，使团队工作无效率或低产出。实际上团队面临的一个问题是个体之间相互"搭便车"行为的发生。例如，在团队中有的人在为团队的总绩效来回奔波拼命工作，而有的人坐享其成。虽然由这样的人组成的团队还是能完成团队的任务，但是长此以往，团队成员的积极性必定会慢慢消退，彼此被同化，积累到一定程度的时候，导致团队瘫痪。

6.5.2 难以实施准确的个人绩效考核

绩效评价就是为了客观制定员工的能力、工作状况和适应性，对员工的个性、资质、习惯和态度，以及对组织的相对价值进行有组织的、实事求是的评价。它是人力资源管理的核心工作。团队作为一个整体，也有绩效，但在团队中，传统的个人绩效考核方法常常难以奏效。这是由于团队生产具有高度合作的性质，团队成员具有较强的互补性，团队的产出是团队成员共同努力的结果。由于团队生产的特点，在团队中容易产生较严重的信息不对称现象，使得团队中单个成员的努力水平不可观测，团队绩效表现为团队成员共同努力的结果，单个成员的绩效常常无法被准确地度量。

6.5.3 个性化与团队合作冲突

采用团队形式的一大障碍是个体阻力。员工的成功与否不再由个人绩效所决定。要成为一名优秀的团队成员，个体必须学会与别人进行开放而坦诚的沟通，学会面对差异并解决冲突，学会把个人的目标升华为团队的利益。这对许多员工来说，是一项艰难的任务，甚至可能意味着有些员工无法完成这一任务。通常组织可以通过选拔、培训与奖励等方式来塑造团队成员的合作性，降低个性化与团队合作的冲突。

6.5.4 员工多元化

员工多元化是使员工个人区别于他人的差异化的特征，包括性别、种族、民族、年龄和身体状况等，有时候也包含其他因素，比如婚姻状况、父母情况和宗教信仰等。目前，世界各国的员工多元化趋势都在加强。团队的成员个体间在各种因素上都存在着差异，这对团队来说既是机遇又是挑战。一方面员工多元化通过给团队增加更多的信息与知识，从而更有益于团队创新，提升团队绩效。另一方面多元化趋势的发展使得团队中的陈旧观念、歧视思想以及小集团主义思想增多，导致被歧视人员的潜力难以正常发挥。存在差异的人群又极易产生人际冲突，影响合作的绩效。如何既尊重个体独一无二的特性和贡献，又提高组织的共同观念，是现代管理的一大难题。

在关于员工多元化与组织绩效的关系的研究当中，强烈的身份认同（superordinate identity）实现了多元化员工的共同价值观调整与再造，这一概念的意思是组织内部存在人口统计学意义上的多元化，但所有组织成员都能秉承统一的组织理念，有强烈的组织认同感。虽然组织内部员工多元化程度较强，但因逐渐形成了组织群体的共同意识，形成了共同的组织文化，从而很好地减弱了员工多元化的弊端。所以企业应该通过激发员工的组织认同感、重视不同文化的交流融合、招聘经验开放性水平高的员工且有效配置交叉特质员工和建立信息共享的机制与平台等方式扬长避短，提高组织绩效。

6.5.5 团队职责不明

在团队建设的过程中，经常会出现各职能部门和成员分工不清、职责不明的情况，这在传统团队中体现得十分明显，而随着移动互联网时代的到来，团队建设也出现了很大的不同，各种新型团队相继出现，比如创业型团队、创新型团队、虚拟团队、自组织型团队等，这些新型团队的出现给团队分工和职责明晰带来了新的冲击和挑战。

团队的存在意味承担着具体的职责，而这些职责必然要由团队中的管理者、中层和员工来分担。但问题是，在实际操作时，这些职责无法像数学计算那样通过精密的分配落到每个人的肩上，加上可能出现的推脱、拖拉、模糊等现象，导致团队内出现职责不明的现象。这种职责不明的问题，不仅影响到团队内的公平气氛和人际关系，也会导致员工陷入"干好干坏一回事，干多干少差不多"的怪圈中，从而导致团队执行力的迅速降低。

通常，职责不清的现象会通过以下方式表现在团队中：

（1）岗位职责随意化。在正规的企业中，即使是最基层的销售员、收银员都有其岗位职责并形成书面化的内容，指导进入这些岗位的员工迅速学习和了解自己应该完成的工作，并形成良好的责任感。然而，在一些更加需要技术的以脑力活动为主的团队或者互联网时代下的新型团队中，由于无法明确规定出这样的岗位职责，导致岗位任务无法清晰化，只能通过员工内心对自身的定位或是领导的期待加以确定。

（2）职责按照资历走。不少团队都出现过这样对待新人的做法，一位新员工进入团队后，该团队中原本资历最浅的员工顿时如释重负，忙不迭地将各种杂事统统抛给该新人。从接电话、复印、传真到引导客户、布置会议室乃至泡咖啡，都成为新人的职责所在。但如果所有人都抱着这样的心态来看待职责的划分，就会产生团队内职责不明的问题。职责一旦被清楚地分出高低上下，那么必然会按照资历的高低进行相应分配，而不再按照能力、经验或者特点进行分配，而如果管理者也默认了这样的游戏规则，势必会让本来已经模糊的职责分配原则变得更加不可掌控。

（3）职责跟随人员而变化。职责跟随人员变化，也会产生类似的问题。实际上，成熟团队内部的不同职责应该是根据岗位的不同作用，进行科学的安排和分配。但不少团队管理者由于种种主客观原因，例如信任的差别、情感的远近或者对业绩的认可程度不同，而将职责同人员联系起来，导致一旦人员负责过某项职责后，就必须长期承担，即使更换岗位也理所应当地将职责带入新的岗位。这种职责分配的情况，在小型团队内可能还比较便于运作，而一旦团队成长扩大，职责、人员和岗位之间，将必然变成一盘散沙的乱局而无法厘清。因此，管理者必须在这样的情况出现之前，将职责同人员进行必要分离，保证团队内职责分配的整体化和科学化。

6.6 创业团队

创业是一个发现和捕获机会并由此创造出新颖的产品或服务和实现其潜在价值的过程。创业必须要贡献时间和付出努力，承担相应的财务的、精神的和社会的风险，并获得金钱的回报、个人的满足和独立自主。进入20世纪中叶之后，中小企业对于经济发展的巨大作用越来越为人们所认识。同时，伴随着城镇人口的增加，就业困难等问题的加剧，创业成为解决就业难，稳定社会秩序的重要途径，更为有梦想和追求的人士提供了一个展示自己的舞台。

如今，与创业有关的研究对创业团队（entrepreneurial team）表现出越来越多的兴趣，创业团队的重要性主要体现在两个方面：一是创业团队越来越"流行"，对创业实践的研究显示"不论地理区位、行业类型、创业者的性别，有一大批新创企业是由创业团队推动的"；二是创业团队对于创业绩效或创业成功的确产生了积极的影响，大量实证研究表明，团队创业的业绩要优于个体创业。

6.6.1 创业团队及其分类

到目前为止，创业团队仍然没有统一的定义，卡姆（Kamm）等人从静态的角度将创业团队定义为两个或两个以上有共同经济利益而建立公司的人。瓦纳尔斯特（Vanaelst）等人认为应该从动态发展的角度去理解创业团队，他们认为在企业创立之前，创业团队主要由研究人员和代理企业家组成；在企业创立之后，创业团队成员则主要由董事会成员和企业开创者组成。此外，还有学者在高层管理团队（top management team，TMT）的基础上提出了新创高层管理团队，试图在创业、高层管理团队和团队过程等方面建立联系。

创业团队的形成虽然有一定的偶然性，但是一般主要表现为两种模式：由"领袖企业家"推动或"团队"推动。在第一种模式下，往往是一个人首先有了一个事业设想或创业的渴望，进而吸引、招募其他人加入进来组成创业团队共同实现创业努力。在第二种模式下，一开始创业团队就成立起来，此时可能还并未形成明确的创业理念，进而团队共同寻求事业机会，这样的团队组建可能源于共同的观念、相似的经历或者友情关系。

伯德（Bird）提出了创业团队形成的五个步骤：吸引、结合、规划、冲突和发展，并结合社会心理学的概念，指出团队会形成可能出于这样一些原因：爱好、亲近、享受彼此陪伴、相似及性格互补。需要注意的是，创业团队必定是一个动态的团队，这种动态发展既可以表现在团队成员组成的外在变化上，也能体现在团队能力的内在变化中。最终，当一个成熟的创业团队出现的时候，它应该包含三个特征：技能结构完善、角色结构完整、权力配置科学。

1. 一般团队与创业团队

创业团队与一般团队相比有什么区别呢？下面从不同方面对一般团队与创业团队进行比较，如表6-4所示。

表6-4　一般团队与创业团队的区别

比较项目	一般团队	创业团队
目的	解决某类或者某个具体问题	开创新企业或者拓展新事业
职位层级	成员并不局限于高层管理者职位	成员处在高层管理者职位
权益分享	并不必然拥有股份	一般情况下在企业中拥有股份
组织依据	基于解决特定问题而临时组建在一起	基于工作原因而经常性地一起共事
影响范围	只是影响局部性、任务性的问题	影响组织决策的各个层面，涉及范围较宽
关注视角	战术性的、执行性的问题	战略性的决策问题
领导方式	受公司最高层的直接领导和指挥	以高管层的自主管理为主
成员对团队的组织承诺	较低	高
成员与团队间的心理契约	心理契约关系不正式，且影响力小	心理契约关系特别重要，直接影响公司决策

资料来源：陈忠卫. 创业团队企业家精神的动态性研究[M]. 北京：人民出版社，2007.

初创时期的创业团队建设的目的在于成功地创办新企业;随着企业的成长,创业团队可能出现成员变化,新组建的高管团队是创业团队的延续,其目的在于发展原来的企业或者开拓新的事业领域。创业团队成员往往处在企业高层管理者的位置上,他们会对企业重大问题的决策产生影响;成员往往拥有公司股份,以便团队成员拥有更高的责任感来参与决策、关心企业成长;成员关注的往往是公司全局性的、战略性的决策问题;成员对公司有一种浓厚的感情,其连续性承诺(由于成员对组织投入而产生的一种机会成本,足以让成员不离开组织的倾向)、情感性承诺(个体对组织的认同感)和规范性承诺(个人受社会规范影响而不离开组织的倾向)都较高。

然而,一般团队的组建只是为了解决某类或者某个特定问题;成员往往是由一群满足解决特定问题的专家所组成的,他们不一定处于企业高层位置,只是为了解决某问题而临时组建形成的;成员往往不必须拥有股份;关注战术性或者执行层面的问题;在一般团队中,成员对公司的连续性承诺、情感性承诺和规范性承诺并不高。

2. 创业团队的分类

创业团队可分为以下几类:

(1) 同质性创业团队和异质性创业团队。根据对以往文献的梳理,创业团队分为同质性创业团队和异质性创业团队。团队异质性一般指团队成员间人口特征以及重要的认知观念、价值观、经验等方面表现出来的差异化。具体到创业团队异质性,主要包括性别、年龄、种族、教育水平、创业经验等易观测的外部异质性和认知、价值观、偏好、态度、创业承诺等深层内部异质性(见表6-5)。

表6-5 创业团队异质性分类

分类	含义	特点	主要属性	类似概念
社会性异质性	团队成员在社会地位和社会角色方面的差异	较强的外部性,与团队的工作和任务往往没有直接联系	性别、年龄、种族、教育水平等	社会类别异质性(Jehn, 1995, 1999)、关系取向异质性(Jackson, 2003)、易观察特质异质性(Jackson, 2003)、非任务相关异质性(Foo, 2005)、身份相关异质性(牛芳等,2011)
功能性异质性	团队成员在所掌握的与工作相关的知识技能、工作背景和工作经验等方面的差异	具有明显的内部性,往往与团队的工作和任务具有天然的直接联系	行业经验、职能经验、创业经验、人格、价值观、偏好	深层特质异质性(Jackson, 2003)、任务相关异质性(Foo, 2005;牛芳等,2011)

异质性团队中成员的认知基础不同,这使得团队能得到成员从不同来源收集的信息以及团队成员对问题的不同见解,进而为团队做出更高质量的决策提供了基础,利于提高问题的解决能力和团队绩效。另外,异质性团队更容易发生认知、价值观等方面的冲突,致使团队成员间易出现偏见,缺乏信任,引发矛盾,削弱团队的凝聚力以及合作关系,最终使得团队和企业绩效下降,这种观点也得到了部分研究的证实。

同质性团队中有着更多年龄和教育水平相近(同质性)的团队成员,他们往往有着比较类似的社会背景、教育和工作经历、偏好、价值观和信仰等,使得他们会相互吸引并有更多的共同语言,也就会促使这些个体易于将自己与其他年龄、教育背景与水平等接近的人归为一类,从而有助于提升团队的凝聚力和形成有效的工作关系,能更高效地完成常规任务。但是创业团队往往面对复杂的非常规任务，这时同质性创业团队的问题解决能力较弱，难以创造创新型绩效。

（2）节约型团队、单成员团队、混合团队和嵌套团队。哈珀（Harper）按照知识协调程度与认知是否一致这两个标准把创业团队分为罗宾逊或节约型团队（Robbinsian or economizing team）、单成员团队（singleton entrepreneurial team）、混合团队（hybrid entrepreneurial team）以及嵌套团队（nested entrepreneurial team）四种。罗宾逊或节约型团队是一种极端形式的创业团队，这种创业团队的成员完全了解团队所处的情境，只需处理一些确定性很高的常规事件。在罗宾逊或节约型团队里，成员信念相同、利益共享，不存在激励问题。单成员团队，顾名思义，就是只有一个成员的团队，这个成员就是创业者自己。哈珀根据动态选择（时间上的序贯决策）理论和团队理论进行了扩展推导，把单个创业者视为在时间上扮演不同角色的过渡性行为主体构成的团队，扮演不同角色的过渡性行为主体存在于创业过程的不同阶段，每个阶段的过渡性行为主体对相应阶段的决策变量进行控制，并基于不同的先前知识和信息做出决策。混合团队至少包括一个创业者和一个罗宾逊节约者，创业者发现市场目的——手段框架（ends-means framework），节约者在这个框架下监督生产和交易效率。嵌套团队至少包括两个创业者，一个领头创业者和一个协助创业者（sub-entrepreneur）。领头创业者为团队确定总体经营思路或愿景，而协助创业者则在实施中充分发挥其先前知识与专业技能的作用。领头创业者不必具有超群的市场知识与商业技能，但要有卓越的创造力和战略视野，能敏锐地发现商机。为了培育协助创业者并保证其与自己的认知相一致，领头创业者必须充分发挥自己的认知领导力，加强与团队成员的交流和互动，以形成团队共识，更有效地传播其总体经营思路。

哈珀的创业团队分类有助于我们深入研究组建团队时的角色分配和互动协作中的个人与团队认知问题。更重要的是，他把创业团队问题纳入了主流经济学的研究范畴，促进了学科间的交流和对话。

6.6.2 创业团队的组建

1. 理性与非理性逻辑

创业的过程中需要很多不同的资源。一方面，创业会涉及一些关键任务和关键资源，一旦欠缺这些资源，创业活动就难以开展，在自己不掌控的情况下，借助别人获取这些资源是一种解决之道。有些创业者遵循理性逻辑来组建创业团队，分析创业所需要的资源和能力，并将其与自己所拥有的资源和能力相比较，在组建团队过程中整合优秀的资源来推动创业成功。另一方面，在创业初期，团队成员的凝聚力也非常重要。在大多数情况下，成功并不是因为团队结构有多么优秀，而是因为团队成员之间的齐心协力。这些创业者看重的并不是团队成员拥有什么资源和能力，而是看重团队成员对自身的人际吸引力，如是否具有共同的兴趣点，是否具有相似的工作背景，是否具有共同的创业理想等，目的是强化创业团队成员之间的信任和感觉，创业者更倾向于找那些志趣相投而不是技能互补的人入伙。

从本质上看，选择理性逻辑和非理性逻辑的差异在于创业者看重的是创业的客观要求（技能和资源）还是更看重创业者的主观偏好（志同道合），依据不同逻辑组建的创业团队在结构方面的确会表现出一定的差异。遵循理性逻辑组建的创业团队平均规模更大，团队成员之间因强调技能互补的组合而异质性更强，但彼此之间的熟悉程度可能较低，沟通和交流更加谨慎。依据非理性逻辑组建的创业团队平均规模更小，团队成员之间因强调物以类聚而同质性更强，但彼此之间的熟悉程度较高，沟通和交流更加顺畅。

在实践中，很难说清楚依据哪种逻辑组建的创业团队更好，但创业机会特征是在创业者组建创业团队时必须考虑的重要因素。创业机会所蕴含的不确定性较高，价值创造潜力较大，往往意味着创业过程中面临的任务越复杂，越具有挑战性，此时采用理性逻辑来组建创业团队可能更好地应对创业过程中的复杂任务，有助于创业成功。例如，在高技术领域，大部分创业者都在依据理性逻辑来组建创业团队，强调团队成员之间在技术、营销、财务等职能经验领域的互补性。而在创业机会所蕴含的不确定性较低，价值创造潜力一般的条件下，创业团队成员之间的齐心协力和信任感更加关键，采用非理性逻辑组建的创业团队更可能成功。例如，在服装、零售、餐饮等传统行业，大多数创业者都依据非理性逻辑组建创业团队，夫妻店、兄弟店、父子店比比皆是。

2. 互补性与相似性

选择优秀的创业伙伴是一项复杂的工作。需要考虑的首要问题是，在角色安排上，创业者究竟应当选择那些在各个方面都与自己相似的人，还是应当以互补的方式选择那些有差异的人？

人们往往愿意同在许多方面与自己具有相似性的人交往，彼此更加了解，而且更容易自信地对彼此未来的反应和行为进行预测。所以很多创业者愿意选择在背景、教育经验上与自己相似度高的人作为合作伙伴。许多创业团队就是由来自同一领域或同一职业的创业者所组成的。但是，创业团队相似性高的一个最重要的缺点就是冗余问题：相似的人越多，其知识、培训、技能和欲望重叠的程度就越高。例如，如果所有人都是技术专家，在设计新产品时效率可能很高，但他们对市场营销、法律事务或者人力资源管理等方面知之甚少。这通常不利于企业有效运营。而且，如果所有人都在同一领域，那么他们往往具有相互重叠的社会网络，因而他们所接触的拥有不同资源的人有限。

由于创业团队中宽泛的知识、技术和经验有利于新企业，因此在互补性而不是相似性的基础上选择合作创业者通常是一种更有用的策略。创业团队为获得成功，必须掌握非常宽泛的信息、技能、才能和能力。如果一个团队成员所缺少的东西可以由另一个或者更多的其他成员提供，那么整体的确大于各部分之和。因此，创业者在组建创业团队时要注意：不要只和那些背景、教育、经历状况与自己相似的人一起工作。这样做工作可能更轻松愉悦，但不能提供新企业所需的各方面资源。而在许多情况下，强调互补性在一定程度上可能是更好的策略，因为它可以为新企业提供一种强有力且多样化的人力资源基础。

3. 认知冲突与情感冲突

冲突的发生是企业内外部某些关系不协调的结果，表现为冲突行为主体之间的矛盾激化和行为对抗。团队内的冲突往往分为两大类，即认知冲突与情感冲突。有效的团队知道如何进行冲突管理，从而使冲突对组织绩效的改善产生积极贡献。

（1）认知冲突是指团队成员对有关企业生产经营管理过程中出现的与问题相关的意见、观点和看法所形成的不一致性。通俗地讲，认知冲突是论事不论人。从本质上说，在生产经营管理过程的相关问题上，团队成员之间存在分歧是一种正常现象，而且在一般情况下，这种认知冲突将有助于改善团队决策质量和提高组织绩效。

认知冲突是有益的，它与影响团队有效性的最基本的活动相关，通过推动不同选择方案的坦率沟通和开放式的交流，认知冲突鼓励创造性的思维，促进创造性的方案。作为冲突管理的一种结果，认知冲突将有助于决策质量的提高。事实上，没有认知冲突，团队决策不过是一个团队里最能自由表达的，或者是最有影响力的个别成员做出决策。

除了提高决策质量以外，认知冲突能够促进决策本身在团队成员中的接受程度的提高。通过鼓励开放和坦率的沟通，以及把团队成员的不同技术和能力加以整合，认知冲突必定会推动对团队目标和决策方案的理解，增强对团队的责任感，从而有助于执行团队所形成的创业决策方案。

（2）冲突有时候也是极其有害的。当创业团队内的冲突引发团队成员间产生个人仇恨时，冲突将极大地降低决策质量，并影响到创业团队成员在履行义务时的投入程度，影响对决策成功执行的必要性的理解。与那些基于问题导向的不一致性相关的认知冲突不同，基于人格化、关系到个人导向的不一致性往往会破坏团队绩效，冲突理论研究者共同把这类不一致性称为情感冲突。

通俗地讲，情感冲突是论人不论事。由于情感冲突会在成员间挑起敌对、不信任、冷嘲热讽、冷漠等表现，因此它会极大地降低团队有效性。这是因为，情感冲突会阻止人们参与影响团队有效性的关键性活动，从而降低了团队绩效。情感冲突将会阻碍开放的沟通和联合。当它发生时，团队成员不再把个人与团队联系起来，导致团队凝聚力下降，团队决策质量降低。

有效的团队能够把团队成员的多种技能结合起来。相反，如果存在情感冲突，那么成员之间可能不愿意参与讨论，势必会造成在集体创新、分享认知、共担风险、协作进取等方面的压制，从而使得创业团队逐渐变得保守，创业决策质量也大受影响。同样，那些敌对的或者是冷漠的团队成员不可能对那些自身没有参与的决策履行义务。因此，团队成员也不会很好地执行决策，从而降低团队在未来有效运作的能力。

综合上述分析，对团队绩效来说，冲突既可能是有益的，也可能是有害的，主要取决于它是认知冲突还是情感冲突。认知冲突可以通过改善决策质量和成功执行决策，提高团队绩效。然而，情感冲突降低团队决策质量，使得团队成员无法成功执行决策，甚至不愿意履行作为团队成员的义务，进而导致团队绩效下降。

6.6.3 创业团队的管理

1. 核心创业者的领导才能

（1）凝聚力。创业团队中的每个成员都是紧密相关、不可分割的，企业的成功既是每个成员共同努力的目标，也能使成员从中获取精神和物质上的收益。优秀创业团队中的每位成员都会认为单纯依靠个人的力量不可能单独成功，任何个人离开企业的整体利益不会单独获益。

（2）合作精神。具有成长潜力的企业最显著的特点就是创业团队的整体协同合作。优秀的创业团队注重相互配合以减轻他人的工作负担，从而提高整体的效率。他们注重在创业团队的成员中树立榜样模范，并通过奖励制度激励员工。

（3）完整性。任务的完成必须建立在保证工作质量、员工健康或其他相关利益不被侵犯的前提下。因此，团队决策应综合考虑顾客、公司利益以及价值创造，而不能以纯粹的功利主义为依据，或是狭隘地从个人或部门需求的角度来衡量。

（4）长远目标。新企业的兴衰存亡取决于其团队的敬业精神，其成员会朝着企业的长远目标而努力。创建企业在团队成员眼中是一场持续5年甚至10年以上的愉快经历，他们将在其中不断奋斗直到取得最后的胜利。

（5）收获的观念。收获成功是创办企业的目标。对创业团队的成员而言，企业最终获得的收益才是衡量成功程度的标准，而非他们个人的薪水、办公室条件或生活待遇等。

（6）追求价值创造。创业团队成员都致力于价值创造，即努力把蛋糕做大，从而使所有人都能获利，包括为客户提供更多的价值，帮助供应商从团队的成功中获取相应收益，以及使团队的赞助商和持股人获得更大的盈利。

（7）平等中的不平等。在成功的初创企业中，简单的民主和盲目的平等显然都没有什么价值，企业所关注的是如何选定能胜任关键工作的适当人选及其职责所在。公司的股票在创始人或总裁以及主要经理人之间并不是平均分配的。不能简单追求所谓的平等，这样做将会对企业今后的经营产生巨大的负面影响。

（8）公正性。对关键员工的奖酬以及员工股权计划的设计应与个人在一段时期内的贡献、工作业绩和工作成果相挂钩，并且根据实际情况随时做相应的增减调整。

（9）共同分享收获。尽管法律或道德都没有规定创业者在企业收获期要公平公正地分配所获利益，但越来越多的成功创业团队都会共同分享收获。通常，他们会把企业盈利中的10%～20%留出来分给关键员工。

2. 核心成员所有权分配机制

在确定好创业团队成员之后，创业者面临的一个关键问题就是决策成员之间的工作分工与所有权分配方案。工作分工是对成员之间所承担任务以及协调方式的规划，而所有权分配则是对创业利益分配方式的约定，是维系创业团队凝聚力的基础。工作分工有助于在短期内维持创业过程以及新企业早期运营的有序性，而所有权分配则有助于在长期内维持团队稳定和新企业的稳定成长。

在所有权分配问题上，创业者要在公平和激励之间做出良好的权衡。一方面，所有权分配要在团队成员内部体现出公平性，符合贡献决定权利的标准；另一方面，又要让所有权分配对团队成员有激励作用，让每个成员都感到所分配的股权比例超出自己的预期。有一个重要的原则就是，要与共同创造价值和财富的人一起分享财富。毕竟，确定如何分蛋糕的前提是知道如何把蛋糕做大。

如果创业者太贪婪，过分强调控制权，把公司大部分所有权都揽在自己手里，而不是与其他创业伙伴共同创造并分享一块大蛋糕，那一切都可能会成为泡影。蒙牛的牛根生就深谙此道，在多个场合反复强调过"财聚人散，财散人聚"的道理。在公司经营过程中，他也始终注重与初始创业团队共分利益，甚至到了公司的快速成长阶段，将利益分享从核心创业团队拓展到高层管理团队，乃至普通员工。

在确定所有权分配时，创业者遵循三个重要原则，可能会避免后续的纠纷和冲突。第一，重视契约精神。在创业之初，就要把确定的所有权分配方案以公司章程形式写入法律文件，以契约形式明确创业团队成员的利益分配机制，这有助于在长期内保障创业团队的稳定。第二，遵循贡献决定权利原则分配所有权比例。在现实操作中，依据出资额来确定所有权分配是常见的做法，但对于没有投入资金但持有关键技术的团队成员，则需要谨慎考虑技术的商业价值，在资金和技术之间做出合理的权衡。第三，控制权与决策权统一原则。所有权分配本质上是对公司控制权的分配方案。在实践中，股份比例最大的团队成员在不拥有公司控制权的条件下，在创业初期非常危险，因为他内心会比其他成员更看重创业和新企业，更容易去挑战决策者的决策权威，进而容易引发团队矛盾和冲突。在创业初期，更需要集权和统一指挥，控制权和决策权统一至关重要。

3. 团队内部的冲突管理

在一定范围内，冲突有助于团队成员激发和分享不同的观点，进而形成更好的决策，但如果冲突超越了认知的范畴，就可能会导致创业团队的决策失效，甚至会引发团队分裂和解散。因此，管理团队冲突是核心创业者必须具备的才干之一。

在冲突管理中，核心创业者首先要注意利用激励手段来鼓励正面冲突，让团队成员感受到通过知识分享实现创业成功后，能获得相应的收益和价值。在制定激励方案时，创业者需要注意以下几个方面：

（1）差异化。要根据个人贡献价值不同而实行差异化方案。不同的团队成员对企业有不同的贡献，薪酬制度应该反映出这种差异。

（2）关注业绩。报酬应该与业绩（而不是努力程度）挂钩。有许多企业，其团队成员在企业成立后几年内所做出的贡献程度变化很大，报酬却没有多大变化，这种不合理的薪酬制度对创业团队的管理十分不利。

（3）灵活性。团队成员对企业的贡献很可能随着时间的推移而发生变化，甚至团队成员很可能会由于种种原因而必须被替换。灵活的薪酬制度包括年金补助、提取一定份额的股票以备日后调整等，这些方式更能促进创业团队的分配公平。

除了规划科学的激励机制，创业者要保持开放的心态，要塑造创业团队是一个整体而不是特意突出某个个人的集体印象，这样有助于把团队成员之间的观点争论控制在可管理的范畴之内，而不是演化为团队成员之间的矛盾。一旦发生情感冲突，要及时关注处理，在特殊情况下应该理性地判断团队延续的可能性，通过替换新成员来及时化解情感冲突。

本章回顾

团队的概念由群体演变而来，是指一群为数不多的、具有相互补充技能的人组成的一个群体，他们相互承诺，具有明确的团队目标且共同承担团队责任。一个成熟的团队一般要经过四个阶段的发展，即初创期、初见成效期、持续发展期和成熟期。团队的类型主要包括：解决问题型团队、自我管理型团队、多功能型团队、虚拟团队和知识型团队。

团队效能是团队活动的最终成果，它受多种因素影响，包括：团队沟通、团队气氛、目标认同、团队特征、团队领导行为以及组织支持。团队管理也会面临很多的挑战，例如"搭便车"、难以考核、个体与团体合作冲突、员工多元化、团队职责不明等问题。

创业团队的分类主要包括：同质性创业团队和异质性创业团队、节约型团队、单成员团队、混合团队和嵌套团队。如一般团队一样，在创业团队的构建过程中，也会出现合作和冲突、理性非理性、互补性相似性等问题。从创业团队中核心领导才能、所有权分配机制、冲突管理等方面理解对创业团队的管理。

关键术语

团队（team）
群体（group）
解决问题型团队（problem-solving team）
自我管理型团队（self-managed team）
多功能型团队（multi-functional team）

虚拟团队（virtual team）
团队效能（team efficiency）
高效团队（high-performance team）
"搭便车"问题（free-rider problem）
创业团队（entrepreneurial team）

课堂讨论

1. 如何区别团队与群体？
2. 团队发展的阶段是怎样的？请举个例子加以说明。
3. 研讨你身边的高效团队的特征。
4. 结合平时参加的各种团队活动，分析团队管理面临的挑战。
5. 创业团队有别于一般团队，请谈谈你认为哪些因素是创业团队最需要具备的。
6. 对于像罗辑思维这样的自我管理型团队，如何实现团队的有效管理？请谈谈你的看法。

团队练习

搭建高楼[一]

目的： 这个练习设计旨在帮助你理解团队角色、团队发展以及其他发展和维持有效团队的议题。

材料： 教师给每个小组提供足够的拼装玩具块或类似的材料以完成分配的任务。每个团队应该有相同或非常相似数目和形状的玩具块，教师需要一个测量皮尺和秒表。学生在设计阶段可以使用书面材料（如第二步所示），教师向所有团队分发一份团队目标表和高楼效能规格表。

说明：

第一步，教师把班级分成几个团队。根据班级的大小和可用空间，每个团队可以有4~7名成员，但是所有团队的规模应该大致相等。

第二步，每个团队有20分钟时间设计一栋高楼。它只能使用提供的材料，独自建立并且能够提供最佳的投资回报。队员们可以在纸上作图或制表以辅助设计。团队可以在这个阶段自由练习建造高楼。更理想的情况是，每个团队被分到他们自己的房间，这样可以使他们的设计具有保密性。在这个阶段，各小组完成教师分发的团队目标表。这张表规定了高楼规格效能表，也是由教师分发的。

第三步，每个团队向教师展示他们已经完成的团队目标表。接下来，所有团队来到同一房间，教师宣布开始建造。建造的时间会被密切监控，教师会不时地通报活动所用的时间（尤其是在没有时钟的房间）。

第四步，一旦建成高楼，各小组通知教师并记下教师确定的耗用时间。他们可能会被要求帮助教师计算建造高楼所使用的玩具的块数和塔的高度，这个信息也写在团队目标表上。然后，团队计算出它的收益。

第五步，公布结果后，同学讨论有助于团队效能的团队动力因素。团队成员们将讨论他们的战略、分工（团队角色）、团队内的专家和其他团队动力因素。

[一] 史蒂文·麦克沙恩，玛丽·安·冯·格里诺.麦克沙恩组织行为学[M].汤超颖，译.北京：中国人民大学出版社，2008：139-140.

网络练习　　以团队为基础的组织中的工作环境

许多组织现在认识到团队工作的价值。实际上，许多公司已经开始在它们的网页上改善它们的团队环境。请登录 www.IBM.com 看看它在雇用机会上对组织的描述，注意它在群体和团队动力学上的强调。另一家类似但有一些独特之处的组织是客户研究公司，它的网址是 www.cresearch.com，注意他们是如何强调团队运用的。以这两个例子为背景和出发点回答下列问题（使用团队讨论的方式来回答这些问题将是非常好的练习）。

1. 在这些团队环境中，需要花更多的时间来完成任务。这是否是决定团队方式有效与否的一个重要的考虑因素，为什么？

2. 除了时间，还有什么其他动力？分别列举组织中团队的两个优势和劣势。

3. 组织类型和团队的工作/项目对于如何及何时使用团队重要吗？请使用 IBM 和客户研究公司的例子来回答。

自我测试

测试 1：优势开放问卷

优势开发问卷（Strength Development Inventory）是美国波特（E. H.Porer）博士开发出的一种帮助人们认识自己及同伴行为方式特征的工具。这一问卷建立在"关系意识理论"的基础之上，是团队建设中采用较广的训练技术之一。关系意识理论提出四种人们行为所寻求的回报和满足的不同动机类型：利他—培育型、自信—指挥型、分析—自主型、灵活—团结型。

以下是一份优势开发问卷，用于测试你在团队中的行为方式的动机类型。当回答下列问题时，你想象自己可能是在工作中、学校里、在家或是与朋友在一起，但一切顺利，你自我感觉良好。

1. 当我（　　）时，我会很高兴。
   A. 帮助别人做他们想做的事
   B. 让别人做我想做的事
   C. 做我想做而不必依赖他人的事

2. 大多数时间我可能是一个（　　）。
   A. 有同情心的人，会很快满足别人的要求
   B. 精力充沛的人，能很快发现机会和有利因素
   C. 务实的人，在未做好准备前不会贸然从事

3. 当我首次见到别人时，我很可能（　　）。
   A. 在乎他们是否发现我是一个亲切的人
   B. 非常想了解他们是否发现具有对我有意义的地方
   C. 表现出礼貌性的谨慎，直到我了解他们对我有什么要求

4. 大多数时间我发现自己是一个（　　）。
   A. 别人能指望得到帮助的好心人
   B. 能向别人提供指导的强者
   C. 在行动前能仔细摸透情况的有头脑的人

5. （　　），我会非常满意。
   A. 当别人已经做出决定，我能提供什么帮助也很清楚时
   B. 当别人指望我做出决定并告诉他们干什么时
   C. 当我有时间来研究重要决定并给自己制订行动方案时

6. 了解我的人把我看成一个（　　）的人。
   A. 值得信任、对他们忠诚
   B. 有雄心、有创造力
   C. 信念坚定、有原则

7. 我极有可能（　　）。
   A. 竭尽所能帮助他人并相信他人会感谢我的帮助
   B. 在利用机会和影响决策上占有先机
   C. 有耐心、务实并确信自己所干的事

8. 我将自己描写成一个在大多数时间中（　　）。

A. 友好、开放并善于发现别人优点的人
B. 精力充沛、自信并善于发现别人忽略的机会的人
C. 谨慎、公正并信守自己原则的人

9. 我发现我（ ）时，我会感到非常满足。
A. 能给我信任的领导提供支持
B. 能给别人提供领导
C. 既不领导别人，又不被别人领导，而是自在地按自己方式行事

10. 我最得意的是我能（ ）。
A. 做增进他人利益的事
B. 使别人求助我的领导并为他们指出目标
C. 做自己的主人，自己为自己干事

总分：A（ ） B（ ） C（ ）

测试 2：团队自治性测试

团队（名称/组织）

团队任务领域/维度	团队参与水平				
	没有	一些	联合	自治	总分
1. 团队领导的选择	1	2	3	4	
2. 对团队新成员的接受	1	2	3	4	
3. 工作分配	1	2	3	4	
4. 时间灵活性	1	2	3	4	
5. 对附加工作的接受	1	2	3	4	
6. 在外部代表团队	1	2	3	4	
7. 生产方法（选择）	1	2	3	4	
8. 生产目标（产出决策）	1	2	3	4	
9. 生产目标（质量决策）	1	2	3	4	
团队部分	1	2	3	4	

1. 上表是古洛森关于团队自治性的任务领域/维度。请选择一个团队，并根据这9个维度对它进行评价。你所选择的团队可以是：你曾经或者是现在所处的团队；你在学校里的学习群体。

2. 请讨论，在哪个任务领域/维度中团队的自治性可以得到提高。从这种变化中你能发现什么优势？

案例分析　　年轻团队太难带？"游戏化管理"疗效好、见效快

"知之者不如好之者，好之者不如乐之者"，学习如此，工作亦然。

标准化管理时代的KPI和利益奖惩可以度量结果，却难以真正触动人内心的意愿。管理须引导员工寻找初心，而不仅是考核结果；须激发员工的主动性，而不仅是监督过程；须赋予员工相应的能力，而不仅是优胜劣汰。

当前全球经济增速放缓，消费者需求更加多元化，企业面对外部更为激烈的竞争和多变的市场，取胜更需要靠智慧而不是以往的规模。同时，"80后""90后"员工逐渐占据职场，他们更趋向于多元文化，更加看重工作的趣味性和价值感。

企业该如何有效地激励新生代员工，充分发挥他们的潜能？答案是：游戏化管理（gamification）。

"游戏化管理"革新

在"80后""90后"新生代员工中，现有KPI管理体系遇到更大挑战。他们受过更高水平的教育，成长在更加富足的家庭环境中。他们在工作和生活中不满足于现状，追

求新鲜与乐趣；同时，他们更多地将工作视为自身价值的实现，看重的是幸福感、自我实现和认可，而非单纯的谋生手段。

面对这样的员工，企业应该如何进行有效的管理变革？什么样的管理模式才能更好地激发员工的工作热情，并适应当代的挑战？答案是：把"乐"融入管理，给员工乐于工作的理由。所谓"游戏化管理"，就是将游戏的乐趣、成就和奖励等要素与商业流程、体系或系统相结合，从而吸引和激励员工，以驱动理想行为达到商业目的。下面以尚品宅配为例，进一步说明对年轻团队的游戏化管理模式。

尚品宅配是一家从软件设计转成生产制造的企业，是中国工信部颁发的中国三大工业4.0标杆企业之一。过去10年，他们用惊人的信息化手段和系统化的设计师段位制实现了柔性生产和大规模定制，通过23:59、执行、竞赛及家文化营造激情的氛围，他们的人才管理制度——设计岛，入选了中国创新50强。

设计师作为定制家居行业最核心的要素之一，其服务口碑直接决定品牌的口碑，而整个行业存在一个普遍的问题——很多设计师在一个企业里待一两年就会跳槽。为此，尚品宅配推出了"设计岛"，通过打怪、积分、升级的游戏模式，对设计师进行管理。

"设计岛"最核心的要素是积分和段位。设计师的各项业绩指标完成情况、用户评价与设计师的积分直接挂钩，每完成一个任务会得到相应的积分。尚品宅配全国6 000多名设计师都在"设计岛"上，设计师从钢铁战士、白银战士、黄金战士到战神总共10个段位。积分越多，段位越高，薪酬也越高，享受的福利也越好。

尚品宅配有即将上市的新品，设计岛就会推出相应的竞赛，设计师的方案被采用率与积分挂钩。被采用率越高，积分越高，成交最高的还有额外积分翻倍的战略鼓励。设计师的积分有兑换功能，一定的积分可以换取苹果手机、旅行箱、返乡机票、父母旅游等。

段位的功能主要体现在一些"特权"上，设计师段位越高，代表经验越丰富，公司也会优先给其派大单，而段位低，可能被派到的就是单一空间等小单。2016年，尚品宅配请到了国外最知名的设计师阿曼多担任设计总监，并成立"小曼俱乐部"，8段以上的设计师就有机会参与集训营与著名室内设计师阿曼多亲自进行沟通交流。

此外，"设计岛"还有PK、交易等功能。设计师的业绩、成交率等关键指标都能作为PK的内容，胜出的设计师可以将对方的积分赢过来。尚品宅配全国6 000多名设计师，可以把各自的设计方案分享到"设计岛"，其他设计师可以通过积分购买方案，类似知识共享库。"设计岛"上优秀的设计师，每个月光靠卖方案就能换一部iPhone。

"设计岛"以游戏的方式将尚品宅配全国的设计师进行管理，设计师可以通过电脑和手机登录这个系统，查看自己的积分、任务进程，系统也会提醒还差多少积分可以升级。而"设计岛"的所有功能只对尚品宅配的设计师有效，一旦设计师离职，所有的积分和段位清零，"设计岛"上的资源也无法再使用。这对留住优秀设计师提供了良好保障。设计师在认真工作的同时也能在设计岛上获得不一样的满足感，有效提高设计师的忠诚度和积极性，从而实现设计师与企业双赢。

"游戏化管理"成功因素

从尚品宅配的案例中，我们可以总结如何设计成功的"游戏化管理体系"。确保长远商业目标和游戏般吸引力完美融合是决定游戏化管理成败的重要因素。

在实际设计中，游戏元素很容易淹没在大量的商业论证、数据分析和管理流程中，从而被削弱并得不到充分体现。用户最终看到的可能仅仅是一个穿了游戏外衣的绩效管理系统。另外，游戏化的最终目标是解决商业和管理问题。如果只是游戏而没有达成商业目的，游戏化体系可能就是南辕北辙。因此，在进行游戏化体系的设计时，如何平衡二者至关重要。

此外，对于"游戏化管理体系"设计者的跨界知识和能力，也要有相当高的要求。

（1）职能专长。在对企业相应职能部门进行游戏化转型时，若对该部门的价值定位和运营挑战没有深入的、第一手的经验和思考，就很难把"游戏化管理"嫁接到实际管理工作中并发挥游戏化管理的商业价值。

（2）数据分析。在有一个很有意思的说法，游戏化是不"严肃"但十分"认真"的管理体系。在游戏化的设计和后期运营中，需要大量的商业数据分析。例如，识别绩效的主要驱动行为并加以强化和鼓励，在运营过程中不断调整机制，不断驱动绩效提升。

（3）用户体验。"游戏元素"是这种新型管理体系的载体，如何吸引用户持续的热情与投入，如何获得更顺畅的用户体验，这些都是管理体系中的核心挑战。因此，在进行设计时，对用户交互界面、用户体验和游戏挑战性的考虑都应贯穿始终。

诚然，游戏化概念在真实商业环境和企业内部管理中的运用才刚刚起步，但其孕育着巨大的商业价值，代表着管理理念的重大革新。

工作是现代人生活的重要组成部分，科技进步在改变生活方式，驱动社会发展的同时也在很大程度地改变着我们的工作模式。

试想一下，如果未来我们的工作都能以游戏化、数字化的形式展现，而工作效率和价值创造又能呈现跨越式的增长，那么这将是新商业世界最赏心悦目的礼物。

资料来源：http://www.jia360.com/new/14161.html，大咖说，尚品宅配李嘉聪：经营企业要"会玩"腾讯家居，本文有删减。原文参见《哈佛商业评论》中文版2016年6月《新一代员工欢迎"游戏化管理"》。

提示问题：

1. 为什么游戏化管理更能激活年轻团队？
2. 新时代下还有哪些创新的团队管理模式？

网站推荐

1. 中国人力资源网：http://www.hr.com.cn/
2. 哈佛商业评论：http://www.hbrchina.org/
3. 商业评论网：http://www.ebusinessreview.cn/
4. 世界经理人论坛：http://www.ceconlinebbs.com/

微信公众号推荐

1. 管理学杂志：guanlizhuanjia
2. 打造卓越团队：team-training

参考文献

[1] 陈忠卫. 团队管理理论述评 [J]. 经济学动态, 1999(8):64-67.

[2] 斯蒂芬 P 罗宾斯. 组织行为学（原书第7版）[M]. 孙健敏, 李原, 等译. 北京：中国人民大学出版社, 1997.

[3] 斯蒂芬 P 罗宾斯. 组织行为学精要（原书第7版）[M]. 柯江华, 译. 北京：机械工业出版社, 1997.

[4] 查尔斯 E 贝克. 管理沟通：理论与实践的交融 [M]. 康清, 王蔷, 冯天, 译. 北京：中国人民大学出版社, 2003.

[5] 宋高升. LMX与团队效能关系研究：心

理授权的中介作用 [D]. 苏州：苏州大学，2008.
[6] 吴淑芳. 跨文化团队建设与团队效能研究 [D]. 上海：上海外国语大学，2007.
[7] 刘岚. 知识型团队效能影响因素研究 [D]. 北京：北京交通大学，2008.
[8] 史蒂文·麦克沙恩，玛丽·安·冯·格里诺. 麦克沙恩组织行为学 [M]. 汤超颖，等译. 北京：中国人民大学出版社，2008.
[9] 邹宜民. 组织行为学 [M]. 南京：南京大学出版社，2004.
[10] 戴维·布坎南，安德杰·赫钦斯盖. 组织行为学（原书第 5 版）[M]. 李丽，等译. 北京：经济管理出版社，2011.
[11] 石兴国，安文，姜磊. 组织行为学：以人为本的管理 [M]. 北京：电子工业出版社，2005.
[12] 斯蒂芬 P 罗宾斯. 组织行为学（原书第 11 版）[M]. 孙健敏，李原，等译. 北京：中国人民大学出版社，2008.
[13] 任浩. 组织行为学：现代的观点 [M]. 北京：清华大学出版社，2011.
[14] 达恩·海瑞格尔，约翰 W 斯洛柯姆. 组织行为学 [M]. 邱伟年，译. 北京：北京大学出版社，2010.
[15] 王忠. 企业虚拟团队中的信任问题研究 [D]. 武汉：华中科技大学，2004.
[16] Potter R E，Balthazard P A. Understanding Human Interactions and Performance in the Virtual Team [J]. JITTA: Journal of Information Technology Theory and Application，2002，4(1): 1-23.
[17] 李志能，郁义鸿，罗伯特·希斯瑞克. 创业学 [M]. 上海：复旦大学出版社，2000.
[18] 朱仁宏，曾楚宏，代吉林. 创业团队研究述评与展望 [J]. 外国经济与管理，2012，34(11):11-18.
[19] 胡望斌，张玉利，杨俊. 同质性还是异质性：创业导向对技术创业团队与新企业绩效关系的调节作用研究 [J]. 管理世界，2014(6):92-188.
[20] 孙卫，张颖超，尚福菊，等. 创业团队冲突管理、团队自省性与创业绩效的关系 [J]. 科学学与科学技术管理，2014，35(6):137-143.
[21] 瞿群臻，甘胜军. 组织行为学 [M]. 北京：清华大学出版社，2016.
[22] 赵国祥. 组织行为学 [M]. 大连：东北财经大学出版社，2016.
[23] 张玉利. 创业管理 [M]. 北京：机械工业出版社，2012.

第 7 章 领　　导

论曰：将者，国之辅，智信仁勇，合群策群力治而用之，是之谓大将。
——《清史稿·卷三百十八·列传一百五》

学习目标

1. 理解领导的含义，把握领导和管理、领导者和追随者之间的关系
2. 了解领导权力、领导影响力的相关内容
3. 了解领导特质理论
4. 掌握领导行为理论、领导权变理论
5. 了解当代的领导理论及领导理论新发展
6. 了解、识别和培养有效领导者的途径
7. 了解数字化时代领导面临的挑战及其新趋势

引例　　　　　　　　　特立独行的埃隆·马斯克

一往无前的"蒸汽压路机"

马斯克曾用"吞着玻璃同时凝视深渊"来描述自己的创业生活。早在 1999 年，马斯克带领 X.com 与 Confinity 争夺网络支付市场时，他就以极端的工作投入而著称。当时的员工说：我们每天工作 20 个小时，而马斯克工作 23 个小时。如果员工告诉他，做出某个选择是因为"之前一直都是这样做的"，他就会马上被踢出会议室；高管们也经常在开会前打赌谁会挨骂马斯克就是这样一个一往无前的"蒸汽压路机"。普通员工对马斯克的描述很多面化，他们尊敬他，理解他的苛刻。马斯克对达不到他标准的员工非常苛刻，他总是说："如果你想解雇某人，就应该马上解雇，否则只会浪费彼此的时间"。

不按常理出牌的面试甄选

SpaceX 的前 1 000 名员工，包括门卫和技工，都是作为 SpaceX 创始人的马斯克亲自面试的。SpaceX 的标准面试题目是让工程师写 500 行以上的代码；进入最终面试环节的候选人，会被要求完成一项特殊的任务——给马斯克写一篇文章，说明自己为什么想为 SpaceX 工作。如果候选人在面试中表现出色，并且写出了优秀的作文，他们获得的奖励就是有机会和马斯克面谈，虽然面试时间可能只有 15~30 秒。面试刚开始的时候，马斯克可能还在写邮件和工作，不会讲太多的话。在聊天的时候，他会问一些古怪的问题，比如他一定会问的问题：你站在地球表面，往南走 1 英里，往西走 1 英里，再往北走 1 英里，刚好回到原点，

请问你在哪里？大多数工程师立刻就能回答出：北极。马斯克会接着问："还有可能在哪儿？"这样就很少有人能回答出来了，马斯克向愉悦地和他们讲解这个题目，引用相关公式。他不怎么在乎对方能否回答正确，他更关注他们描述问题的方式和解决问题的方法。

字典里没有"做不到"这三个字

和马斯克长期共事的人都可以证实，在完工时间方面，他是一个彻头彻尾的疯子。他会假设一切顺利，制定出他能想到的最激进的时间进度表；然后假设每个人都可以更加勤奋地工作，以便完成生产进度。有员工开玩笑说，马斯克或许会计算出敲出一行代码需要几秒，然后乘以他预期的最终软件包含的代码行数，然后预测完成一个软件项目所需的时间。而马斯克本人却说，"我从不故意设定不可能实现的目标"。他认为，如果不这样，只会令拖延时间的情况变得不可控。如果员工告诉马斯克，他的要求是无法实现的，比如预算实在降不下来或者在截止日期前无法造出某个部件，他就会说："好吧，这个项目与你无关了，从现在开始我是这个项目的CEO。"更可怕的是，他不仅仅是说说而已！每次他解雇了某个人，都会接替那个人的工作，而无论是什么项目，他都能完成。

听了这么多可怕的故事（远远不是全部），你还愿意和这位来自地狱的老板一起做改变世界的伟大事业吗？相信大多数极客还是会给出肯定的答案。如果不是马斯克对员工的严格要求以及非凡的执行力，也许特斯拉在2008年首款原型车实现量产前就倒闭了，哪里还会有Model系列呢？

资料来源：特斯拉CEO埃隆·马斯克是一个什么样的领导者？[EB/OL].（2016-04-02）[2019-11-09]. http://www.12reads.cn/37375.html.

7.1 谁是真正的领导

7.1.1 领导的含义

意大利政治学家马基雅维利在《君主论》中说，领袖是权力的使者，是那些能够利用技巧和手段达到自己目标的人。美国政治学家伯恩斯说，领导人劝导追随者为某些目标而奋斗，而这些目标体现了领导人及其追随者共同的价值观、动机、愿望、需求、抱负和理想。德国著名社会学家马克斯·韦伯认为，有效的领导有一种魅力，其具有的某种精神力量和个人特征，能够对许多人施加个人影响。

管理大师彼得·德鲁克（Peter F. Drucker）认为，有效的领导应该能完成管理的职能，即计划、组织、指导和度量。哈佛大学的约翰·科特（John Kotter）教授说，好的领导应能"鼓励人们朝着真正能给他们带来长期最大利益的方向努力，而不是把他们引向绝境。'好的'领导不会浪费他们稀缺的资源，也不会造成人性的阴暗面。"斯蒂芬·罗宾斯认为，领导就是影响一个群体实现目标的能力。孔茨认为领导的管理职能是指影响人们为组织和集体的目标做贡献的过程。赫塞（Hesser）和布兰查德（Blanchard）认为领导就是在特定情境中，通过个体与群体的行动来成功实现目标的过程。

虽然说法各不相同，但是这些定义给出了理解领导定义的几个切入点。

- 领导的内容之一是作为特殊社会活动的领导行为，领导行为围绕组织的目标实施并完成的整个过程就是领导过程。

- 领导的内容之二是作为特殊社会角色的领导角色，即领导者。
- 环境是导致领导定义的多样性的一个重要因素。领导是一个动态的过程，领导的有效性是领导者、被领导者、环境相互作用的函数，它可用下列公式来表达：领导的有效性 = f（领导者，被领导者，环境）。

本书倾向于采用赫塞和布兰查德给出的定义，即领导就是在特定情境中，通过个体与群体的行动来成功实现目标的过程，领导是通过支配、控制和影响组织中个体或群体的行为来实现组织目标的组织角色。

7.1.2 领导与管理

领导（leadership）的含义之一是领导行为，即作为特殊的社会活动。在这个层面上，人们一般把管理（management）和领导当成同义语来使用，好像管理者就是领导者，领导过程就是管理过程。实际上管理和领导是两个不同的概念，二者的功能和作用有明显的区别。

（1）领导和管理的职能范围不同，管理的职能比领导宽泛。管理包括计划、组织、领导和控制等职能，领导是管理的主要职能之一。管理的对象是人，也可以是物（如生产管理、物流管理、信息管理等）；领导的对象通常是人，通过对他人施加影响从而实现组织的目标。

（2）领导和管理在组织中的作用不同。领导的主要作用是做正确的事，确立组织正确的行动方向非常重要，领导者更关注企业的未来；管理强调的是正确地做事，方向一旦确定，如何用最好的途径和方法，如何高效地达到组织目标是管理的重点，管理者更关注企业的现在。

（3）领导和管理在组织工作中的侧重点不同。领导重在影响和引导，在组织变革的时候制定新的目标，探索新领域；管理重在协调和控制，维持既定秩序，配置资源，提高现有效率，把已经决定的事办好。

此外，人们常常将领导看成一门艺术，必须结合具体问题具体分析，因时因地，因人而异，没有什么万能的领导方法和理论。管理则更科学、正规，人们在不同的企业环境中，使用较为标准化的管理方法和工具。

7.1.3 领导与权力

在组织中，权力和影响是领导者工作的中心。研究认为，领导是引导和影响他人实现一定目标的行为过程。这里强调两点：一是实现一定目标；二是带领和影响他人实现目标。领导行为通常是与目标相连的，没有目标，领导便失去了意义；目标的实现，不是靠自己，而是靠影响他人，这里的他人可能是某个人、某群人，也可能是许多人。领导的核心是研究如何确定目标，制定实现目标的路径、方法与策略，然后鼓动、激励他人满怀热情、心甘情愿地实现目标。这种打动人心的做法，可以借助权威，也可以说是一种能力，达到一定的境界后还可以称为艺术。

领导的本质是一种影响力，但影响力的发挥总是有一定的主体，因此领导与领导者往往紧密联系在一起。领导者是实现领导过程的特定人物。因此，领导应该包括两个要素：第一，具有领导地位的人物，该人物具有一定的地位、身份和使命；第二，实施领导的过程，需要计划、组织、协调、激励。

按照领导的含义，领导影响力（leadership influence）有正式和非正式之分，正式的领导者是管理者，非正式的领导者不是管理者，但同样对他人产生影响。许多有很强影响力的领导者，即使自己不再处于管理岗位，仍然可以产生较大的影响。可见，影响力并非完全通过岗位或行政的权力来发挥作用。但人们更关心的问题是，拥有行政权力的人，如何让人们心甘情愿地接受领导，乐意为实现组织目标而奋斗。同样是达到目标，有时人们是被迫的，有时则是主动的，这两者有着本质的区别：被迫的行为迟早会变得勉强、抗拒；主动的行为则使当事人乐在其中，行动中有快乐、满足、创新，这种行为会长期持续下去，会持久地为组织的发展提供活力和动力。领导通常是引导和教育下属，依靠个人的魅力和感染力，使下属被感动，主动愿意跟随；领导特别善于勾画愿景和使命，指出人们努力的方向和理想，而不仅仅停留在眼前；为了实现愿景和使命，不断尝试新的办法和途径；在人们情绪低落的时候，不断树立信心，让整个行为过程变得充满希望和快乐。

组织中的领导者在被赋予责任和义务的同时，往往也被赋予了一定的权力。组织中各级领导者之所以能对下级进行管理，率领和引导组织成员为实现组织目标而努力，正是因为领导者拥有与其职务相对应的权力。这种类型的权力称为正式的权力。这种权力由个人在组织中的职位决定，来源于行政力量，表明了领导者行使权力的合法性以及在职权范围内的支配地位。

组织中正式的权力包括法定性权力（legitimate power）、强制性权力（coercive power）、奖励性权力（reward power）三种。第一，法定性权力。其核心是指挥和命令、决定和否定，通常由组织按照一定程序和形式赋予领导者进行命令和指挥的权力。第二，强制性权力。这是一种对下属在肉体、精神或物质上进行威胁，强迫其服从的权力。这种权力建立在惧怕惩罚的基础上，一个人如果不服从，就有可能产生不利的后果，由于对这种不利后果的恐惧，这个人就对强制性权力做出了反应，其实质上是一种惩罚性权力。第三，奖励性权力。这是决定给予还是取消奖励、报酬的权力，是一种通过对他人提供益处进而施加影响的权力。奖励性权利与强制性权力相反，人们服从于一个人的愿望或指示是由于这种服从能够给他们带来益处。在组织中，领导者对奖酬的控制力越大，他对下属人员的奖酬方面拥有的权力就越大。组织中还存在另外一些人，他们不一定具有正式的职权，也不一定具有较高的级别，但是看上去似乎比同层级的人甚至更高级别的人拥有更多的权力。所以领导者的权力不仅可以来自个人在组织中的正式职位，也可来自一个人的人格、技巧和能力，与职位无关，这种类型的权力被称为非正式的权力，主要包括专家性权力（expert power）和感召性权力（referent power）。

- 专家性权力。这是由于具有某种专门知识、技能而获得的权力。这种权力是以敬佩和理性崇拜为基础的。领导者本人学识渊博，精通本行业务，或具有某一领域的高级专门知识与技能，即获得一定的专长权。
- 感召性权力。这是因领导者的特殊品格、个性或个人魅力而形成的权力。这种权力建立在下属对领导者的尊重、信赖和感性认同的基础上。企业领导者公正无私，胆略过人，勇于创新，知人善任，富于同情心，具有感召力，善于巧妙运用领导艺术，则易获得下属的尊重和依从。

7.1.4 领导者与追随者

没有追随者就没有领导者。领导的另一层含义是作为特殊社会角色中的领导角色，称为领导者（leader）。有了领导者，必然有被领导者，即追随者与之相对应。领导者与追随者，上司与下属的关系，实质上是一种相依相生、共荣共存和相互影响制约的关系和过程。因此，追随者的重要性得到了组织研究者的广泛认可，并在下面的两种方法中得到了明显的体现。

1. 领导—成员交换理论：成为"圈内人"的重要性

非正式的观察显示出，领导者不会以同样的方式对待所有下属。有些下属比其他人更得到器重，这一重要事实构成了领导—成员交换模型（leader member exchange，LMX）的核心。

LMX 模型提出，基于多种不同的原因，领导者会与各种下属群体形成不同的关系。一种群体被称为"圈内"，受到领导者的器重。圈内的成员会获得领导者更多的关注，并在资源分配上得到更大的份额（如时间、认可）。相反，其他下属则处于"圈外"。这些人不受领导者的偏爱，因此他们从领导者那里得到较少的高价值资源。

领导者会在与追随者建立关系之初，就区分圈内和圈外成员，人们对区分的标准知之甚少。有时，领导者感知到的个人特征的相似性（如年龄、性别、人格特质）就足以将追随者归为圈内人。类似地，某一特定追随者也可能因为领导者相信此人在完成工作时特别有能力，而被赋予圈内人的地位。

研究支持一个观点，即领导者偏爱圈内成员。例如，一项研究发现，上级会提高绩效表现不佳的圈内成员的绩效评级结果，但对圈外成员则不会这么做。考虑到领导者对圈内成员的偏袒，与圈外成员相比，这些人自然会表现出更高的绩效，也会有更积极的工作态度。

总体而言，圈内成员对自己的工作更满意，在完成工作时比圈外人更有效。与圈外成员相比，圈内成员主动离职的可能相对较小，并且圈内成员往往会获得更多的上级指导，这有助于他们在职业生涯中取得更大成功。

这些研究为 LMX 模型提供了良好的研究证据。这些研究表明关注领导者与其追随者的关系非常有益。这些关系的性质可以强有力地影响员工的士气、承诺水平和绩效。因此，帮助领导者改善这些关系（如通过培训），可能在这些关键指标上明显受益。

2. 成为有效的团队领导者

传统上，领导者制定战略决策，追随者负责执行这些决策。但在今天的很多组织中，领导者发挥着不同的作用。在大多数情况下，组织需要领导者为团队成员提供特殊资源，成员获得赋权来完成其使命。团队领导者不再"发号施令"，而是帮助下属承担各自工作的责任。因此，他们有别于前面谈到的传统的"指挥命令"的领导角色。

从这个意义上说，不要认为下属的天职就是服务领导者，这种想法应当反过来，即领导者的天职是为了服务团队成员的需要。这一倾向被称为仆从式领导（servant leadership）。仆从式领导者是指关注其团队成员需要，思考如何帮助其解决问题并促进其个人发展的领导者。

由于团队领导有别于层级制组织中的传统领导方法，很多领导者未能对这一角色做好准备。为了帮助应对这一挑战，下面提出了成为有效的团队领导者应遵循的几点行为建议。第一，不要对人们发号施令，团队领导者应致力于培养信任、激励团队工作。第一，鼓励团队中所有成员之间、团队之间以及与顾客/供应商之间的交流互动。第二，不要只关注培训个人，有效的团队领导者应关注扩大团队的能力。在这方面，团队领导者主要是辅导者，他们通过向所有成员提供完成任务所需的技能、移除阻碍成功的因素并发现完成工作所需的必要资源来帮助团队。第三，不要进行一对一的管理，团队领导者应试图创造一种团队认同感。换句话说，领导者必须帮助团队理解自己的使命，并认识到他们的行动如何帮助完成这一使命。虽然传统领导者会设法避免个人之间的冲突，但团队领导者需要充分利用团队成员之间的差异。例如，形成对不同观点的尊重；鼓励所有团队成员表达自己的观点；尊重所有被表达出的观点。与对变革做出反应的传统领导者不同，团队领导者力图预见并影响变革。领导者认识到变革是不可避免的，他们随时准备做出必要的调整。

总体而言，领导团队与传统条件下以命令方式（哪怕是参与式）的领导个人存在极大的差异。团队的特殊性质使领导者的工作有很大不同。虽然理解这种差异很容易，但做出适当的调整很有挑战性，特别是对那些一直很擅长传统、层级式领导方式的人而言。但考虑到当今工作环境下团队的普遍性，做出必要调整就特别重要了，如果使用传统方法来管理新团队，必然面临失败的风险。

7.2 领导特质理论

领导特质理论，也称领导素质理论，主要研究的是领导者应具备的素质。"特质是指一个人的行为中重复发生的规律和趋势"（R.Hogan，1991）。特质理论是所有领导理论中最古老的一种理论，是其他领导理论提出的基础。这种理论着重于研究领导者的人格特性，并且认为这些人格特性是先天决定的，如表 7-1 所示。

表 7-1 早期领导特质理论

提 出 者	领导特质理论
吉普（Gibb）	天才的领导者应具备以下 7 个基本条件：善言；外表英俊潇洒；智力过人；具有自信心；心理健康；有支配他人的倾向；外向而敏感
斯托格狄尔（Ralph M. Stogdill）	领导者应该具有的先天特性：有良心；可靠；勇敢；责任心强；有胆略；力求革新进步；直率；自律；有理想；有良好的人际关系；风度优雅；胜任愉快；身体强壮；智力过人；有组织能力；有判断能力
巴纳德（Barnard）	成功领导者必备的 5 种特质：活力和耐力；说服力；决策力；责任心；智力能力

早期的特质理论基本上是从静态的角度来研究的，它们的理论建立在这样的假设之上：领导特质是生而具有的，天生不具备领导特质的人，就不能当领导。所以后来的研究者尝试从动态角度深入研究领导者的特质。他们密切联系管理实践，改进研究方法。现代领导特质理论则认为领导是个动态过程，领导者的人格特征和品质是在实践中形成的，可以通过训练和培养加以造就。

下面介绍两种具有代表性的现代领导特质理论。

1. 鲍莫尔的领导特质论

美国普林斯顿大学鲍莫尔（Baumol）教授认为，一个领导者应该具备下述 10 项条件才是合格的。

- 合作精神。善于与人合作，愿与他人共事，对人不是压迫，而是感动和说服。
- 决策才能。具有高瞻远瞩的能力，能根据客观事物而非想象进行决策。
- 组织能力。能发掘部属的才能，善于组织人力、物力和财力。
- 精于授权。能大权独揽，小权分散，抓住大事，把握方向。
- 善于应变。能随机应变，机动灵活，善于进取，而不抱残守缺、墨守成规。
- 勇于负责。对上级、下级和消费者及整个社会抱有高度的责任心。
- 敢于求新。对新事物、新环境、新技术和新观念有敏锐的感受力与适应力。
- 敢担风险。敢于承担组织发展不景气的风险，有创造新局面的雄心和信心。
- 尊重他人。重视采纳别人的意见，不狂妄自大，不盛气凌人。
- 品德超人。品德上为社会人士和企业员工所敬仰。

2. 鲍尔的领导特质论

麦肯锡公司创始人之一的鲍尔（Bauer）在他 1997 年出版的《领导的意志》一书中提出了领导者必须养成以下 14 种品质。

（1）值得信赖。值得信赖就是行动上的正直。一个想当领导者的人应当说真话，这是赢得信任的良好途径，是通向领导的入场券。

（2）公正。公正和可信任是联系在一起的。办事不公正对领导者来说是特别严重的问题，因为可能会为其他人开先例。

（3）谦逊的举止。傲慢、目中无人和自高自大对领导者来说是有害的，它容易使领导者远离员工，走进故步自封的泥潭；谦逊的举止则可让员工对其产生平易近人的心理感受。

（4）倾听意见。领导者讨论时过早发表自己的意见，会关闭学习的机会。倾听意见时不仅要注意听，也包括简短的、非引导式的提问。这种表示感兴趣和理解的态度，并不一定意味着同意。只有善于倾听，领导者才能在其他人之前获悉人们尚未察觉的问题和机会。

（5）心胸宽阔。有些领导者心胸不宽阔的原因在很大程度上要归咎于命令加控制的体制。自信是一个优点，但过分自信会导致自我吹嘘，甚至骄傲自大，这势必使其心胸狭隘。

（6）对人要敏锐。领导者应该养成能够推测人们内心想法的能力。如果了解人们内心的想法，领导者就能更好地说服他们。对人敏锐也意味着领导者对人们的感情是敏锐的，领导者对人谦和、体贴、理解、谨慎，对人说的话不会令人沮丧，除非是有意的批评。

（7）对形势要敏锐。这里所说的形势不是经济形势、政治形势等宏观形势，而是指工作中发生的各种各样的情况。领导者要善于对形势进行仔细的分析并做出客观的评价，同时要敏锐地察觉有关人员的情感和态度。

（8）进取。进取心是任何领导者都应具备的最重要的品质之一。

（9）卓越的判断力。领导者要能把确定的信息、可疑的信息和直观的推测结合起来，从中得出结论，而日后事情的发展证明这种结论是正确的。行动中的判断力包括：有效地解决问题的能力、制定战略的能力、确定重点以及直观和理性的判断，而最重要的一点是，判断力也包括对合作者和对手的潜力进行评估的能力。

（10）宽宏大量。领导者要能容忍各种观点，肯宽恕微小的离经叛道行为，还要能不为小事所干扰，肯容忍小的过错，平易近人。

（11）灵活性和适应性。这是同心胸宽阔、肯倾听意见相联系的。领导者要思想开放，清醒地看到组织运行中的不足，这样他们才能更快地发现需要变化的地方，实施并适应变革。

（12）稳妥而及时的决策能力。领导者要能把握好决策的速度和质量。

（13）激励人的能力。领导者要能通过榜样、公正的待遇、尊重、持股、分红等形式让员工获得满足感，从而激励员工采取行动，增强他们的信心。

（14）紧迫感。领导者有了紧迫感，就能为员工树立榜样。当紧迫感传遍整个组织时，效果和效率就会有很大的不同，必要时也更容易加快速度。这在竞争激烈的环境里是很重要的。

除以上两种领导特质理论外，日本企业界认为，一个领导者要有10项品德、10项能力。10项品德是使命感、负责感、信赖感、忍耐感、积极性、进取心、忠诚老实、公平、热情、勇敢；10项能力是思维决策能力、规划能力、判断能力、创造能力、洞察能力、劝说能力、对人理解的能力、解决问题的能力、培养下级的能力、激发积极性的能力。

7.3 领导行为理论

具备恰当的特质只能使个体更有可能成为有效的领导者，但无法对领导者进行成功的预测。即便没有领导特质，人们也期望成功的领导者和不成功的领导者在行动上能够表现出一些区别。20世纪50年代，人们开始转向研究领导者的行为。最富有代表性的行为理论有如下几种。

7.3.1 俄亥俄州立大学的研究：定规和关怀

在俄亥俄州立大学进行的领导研究，目的在于确立能促进组织和群体达到目标的领导行为。他们收集了大量下属对领导行为的描述，列出了1 000多个因素，并最终归纳和定义了领导的两个关键方面，即定规维度和关怀维度，如图7-1所示。

（1）定规维度（initiating structure）指的是领导者更愿意建构自己和下属的角色以实现组织目标。这种类型的领导者强调通过计划、信息交流、日程安排等指明群体的方向。高定规的领导者会制定个人的任务分配，果断采取行动，从不向下属征求意见和看法。低定规者不采取主动，"不插手"管理，让人们自己定义任务和最后期限。过分高的定规与高流动率、高申诉率和低满意度联系在了一起。

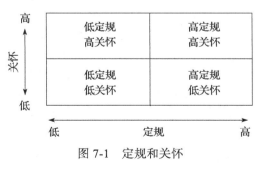

图 7-1 定规和关怀

（2）关怀维度（consideration structure）是指领导者尊重和关心下属，更愿意与下属建立相互信任、双向交流的工作关系。一个高关怀度的领导者特别重视群体关系的和谐以及同下属在心理上、情感上的亲近。高关怀与高工作满意度、低流动率联系在了一起。

7.3.2 密歇根大学的研究

密歇根大学研究了领导行为的两个概念化维度：以生产为中心的行为和以员工为中心的行为。以生产为中心的领导者行为关注任务而非人员，更强调工作的技术或任务事项，并把群体成员视为达到目标的手段。以员工为中心的领导者重视人际关系，他们总会考虑到下属的需要，并承认人与人之间的不同；以员工为中心的领导者把对工作单位中社会方面的强烈关注和高绩效期望结合了起来。密歇根大学研究者的结论对以员工为中心的领导者十分有利。以员工为中心的领导者与高群体生产率和高工作满意度联系在一起；以生产为中心的领导者则与低群体生产率和低工作满意度联系在一起。

7.3.3 勒温的领导作风理论

勒温提出了领导作风理论，该理论研究领导者工作作风类型及其工作作风对员工的影响，以找到最适合的领导作风。它以权力定位为基本变量，把领导者在领导过程中的极端行为分为三种类型，如图 7-2 所示。

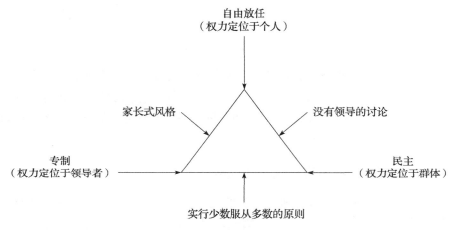

图 7-2 领导权力定位的关系

勒温认为，对团体有三种不同的领导方式：专制的领导方式、民主的领导方式、自由放任的领导方式。一是专制的领导方式，这种领导者从工作和技术方面考虑，认为权力来源于他们的职位，认为人类本性懒散，必须加以鞭策。二是民主的领导方式，领导者从人际关系方面考虑管理，认为领导者的权力来源于他所领导的群体，被领导者受到激励后会自我领导，被领导者也应该适当参加决策。三是自由放任的领导方式，这是一种俱乐部式的领导方式，领导从福利方面考虑问题，认为权力来源于被领导者的信赖，领导者并没有大胆管理。

由于领导方式不同，其效果也不一样。但这三种方式并不相互排斥，在不同的情况下可以选择不同的方式。同时，勒温还发现，一个团体除了领导者之外，还有参与者。团体规模是决定其成员参与程度和人数的一个主要因素。此外，如果团体成员的权力和地位比较平等，那么参与者的人数会显著增加。工作团体不是一群无组织的乌合之众，工作团体是有结构的，团体结构塑造团体成员的行为，使人们有可能解释和预测团体内大部分的个体行为以及团体本身的绩效。勒温的领导作风理论从图 7-2 中可以得到形象的说明，在实际工作中三种极端的领导作风并不常见，大多数领导者的领导作风往往是介于两种极端类型间的混合型。

7.3.4 布莱克和穆顿的管理方格论

管理方格理论（management grid theory）是研究企业的领导方式及其有效性的理论，是由美国得克萨斯大学的行为科学家罗伯特·布莱克（Robert R. Blake）和简·穆顿（Jane S.Mouton）在1964年出版的《管理方格》一书中提出的。这种理论倡导用方格图表示和研究领导方式。他们认为，在企业管理的领导工作中往往出现一些极端的方式，或者以生产为中心，或者以人为中心，或者以X理论为依据而强调监督，或者以Y理论为依据而强调相信人。为避免趋于极端，克服以往各种领导方式理论中的"非此即彼"的绝对化观点，他们指出：在对生产关心的领导方式和对人关心的领导方式之间，可以有使二者在不同程度上互相结合的多种领导方式。为此，他们就企业中的领导方式问题提出了管理方格论，使用自己设计的一张纵轴和横轴各9等分的方格图（见图7-3），纵轴和横轴分别表示企业领导者对人和对生产的关心程度。第1格表示关心程度最低，第9格表示关心程度最高。全图总共81个小方格，分别表示"对生产的关心"和"对人的关心"，这两个基本因素以不同比例结合成领导方式。

图7-3　管理方格论

在管理方格图中，布莱克和穆顿认定有四种极端的作风。（1，1）类管理可称为"贫乏型管理"，主管人员很不关心人或生产，很少过问他们的工作。实际上，他们已经放弃了自己的职守，只是无所事事或者只充当将上级信息向下属传达的信使。处于另一个极端的是（9，9）类的主管人员，他们在行动中不论对人还是对生产都显示出尽可能大的奉献精神。他们是真正的"团队型主管"，能够把企业的生产需要同个人的需要紧密地交织在一起。

另一种作风是（1，9）类主管人员（"乡村俱乐部型管理"）。在这类管理中，主管人员很少甚至不关心生产，而只关心人。他们促成一种人人得以放松，感受友谊与快乐的环境，而没有人关心协同努力以实现企业的目标。另一个极端是（9，1）类主管人员（"任务型管理")。他们只关心促成有效率的经营,很少甚至不关心人,他们的领导作风是非常专制的。

把这四种极端的管理类型作为基点,就能够把每种管理技术、方法和方式置于方格图中的某个位置。显而易见,(5,5)类的主管人员对生产和人的关心是适中的,他们得到充分的士气和适当的产量,但不是卓越的。他们并不设置过高的目标,对人则很可能是相当开明的专断态度。(9,9)类管理被认为是最有效的管理,能带来生产力和利润的提高、员工事业的成就与满足,以及身体与精神的健康等绩效。

7.4 领导权变理论

在领导特质理论和领导行为理论之后,不少学者认识到了任何一个组织的领导者都应该根据环境的变化采用随机应变的方法。领导学的研究进入了权变理论,又称情境理论阶段。权变理论(contingency theory)认为,组织中的个人和群体都是相互依存、相互影响的,同时,这整个组织依存于环境。领导的有效性是领导者、被领导者、环境相互作用的函数,它可用下列公式来表达:领导的有效性 = f(领导者,被领导者,环境)。权变理论的基本观点是要根据环境的类型选择各种各样的领导方式,这里的环境是指组织中的领导者所直接考虑到的各种内外部因素的总和。以下是几种主要的权变理论。

7.4.1 费德勒权变理论模型

弗雷德·E.费德勒(Fred E. Fiedler)经过长期研究,于1951年提出了权变理论,这种理论考虑到了领导者的特性和情境的特性两个方面。费德勒的理论假设是领导者会倾向于一整套特定的领导行为。领导者是任务导向或者关系导向的。任务导向的领导者是指令型的,将情境结构化,设置最后期限并做好任务分配;关系导向的领导者关注的是人员,他们是体贴型的。费德勒认为,最重要的领导问题是将领导者的个性和他们所处的情境进行匹配。这种理论认为有效的群体取决于领导者与下级打交道的风格以及情境对领导者的影响和控制程度之间适当的匹配。该理论的特点是将个体的个性和特点与情境联系起来,将领导效果作为二者的函数进行预测。

费德勒认为有三种情境因素能够决定任务取向或是关系取向的风格是否更加有效率。

一是领导者—成员的关系,尤其领导者被成员接受的程度。如果其他人因为领导者的魅力、专长而愿意跟随,领导者就不需要依靠任务取向的行为。然而,如果领导者没有被信任,且下属消极地看待领导者,情境就有可能需要任务取向的领导行为。研究表明,这是迄今为止最重要的单一尺度。

二是任务建构,这里具体是指需要被完成的工作的特性。高度建构化的、有详细说明或计划的任务和作业比模糊的、含混不清的和缺乏组织性的任务更能给予领导者更多的影响。

三是领导者的职位权力。这是指领导者的权力以及他取得各方面支持的程度。这种情境特征发生在几乎所有的不同组织和群体中,根据领导者在做出决策时有多少正式权威,从下属那里得到多大程度的服从而有所区别。

费德勒把上述三个条件的每一变数分成两种情况:领导者与下属关系好与差;工作任务明确与不明确;职位权力强与弱。这样可组合成8种领导类型。费德勒的结论是在十分有利和十分不利的情境中,任务取向的领导者工作得更好;在中度有利或不利的情境中,关系取向的领导者工作得更好。费德勒的权变理论指出要想提高领导的效果，一方面可以试图改变领导者的个性或替换领导者以适应情境，另一方面可以改变情境以适应领导者。

费德勒的权变理论模型（Fielder's contingency model）如图 7-4 和图 7-5 所示。

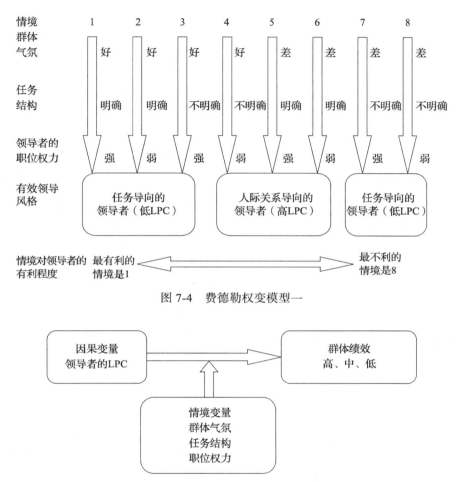

图 7-4　费德勒权变模型一

图 7-5　费德勒权变模型二

7.4.2　坦南鲍姆的领导行为连续统一体模式

坦南鲍姆（R. Tannenbaum）和施米特（W. H. Schmidt）于 1968 年提出了领导行为连续体理论。他们认为，经理们在决定何种行为（领导作风）最适合处理某一问题时常常产生困难。他们不知道是应该自己做出决定还是授权给下属做决策。为了使人们从决策的角度深刻认识领导作风的意义，他们提出了下面这个连续统一体模型（continuum model）。

领导风格与领导者运用权威的程度和下属在做决策时享有的自由度有关。连续体的最左端表示的领导行为是专制的领导；连续体的最右端表示的是将决策权授予下属的民主型的领导。在管理工作中，领导者使用的权威和下属拥有的自由度之间是一方扩大另一方缩小的关系。在高度专制和高度民主的领导风格之间，坦南鲍姆和施米特划分出 7 种主要的领导模式（见图 7-6）。

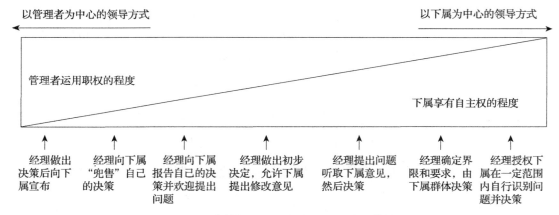

图 7-6　坦南鲍姆的领导行为的连续统一体模式

在这些模式中,坦南鲍姆和施米特认为,不能抽象地认为哪一种模式一定是好的或是差的,成功的领导者应该是在一定的具体条件下,善于考虑各种因素的影响,采取最恰当行动的人。当需要果断指挥时,他应善于指挥;当需要员工参与决策时,他能适当放权。领导者应根据具体的情况,如领导者自身的能力、下属及环境状况、工作性质、工作时间等,适当地选择连续体中的某种领导风格,才能达到领导行为的有效性。通常,管理者在决定采用哪种领导模式时要考虑以下几方面的因素:

- 管理者的特征,包括管理者的背景、教育、知识、经验、价值观、目标和期望等。
- 员工的特征,包括员工的背景、教育、知识、经验、价值观、目标和期望等。
- 环境的要求,包括环境的好坏、复杂程度、目标、结构和组织氛围、技术、时间压力和工作的本质等。

7.4.3　赫塞 – 布兰查德的情境领导模型

由赫塞和布兰查德发展的情境领导理论（situational leadership model）认为,领导者的关系行为和任务行为的水平要适应跟随者的准备状态和成熟度。所谓准备状态是指完成某一具体任务的能力和意愿。四种领导方式分别和四种准备状态相对应（见图 7-7）：如果下属既无能力,也无意愿完成任务,应采用指示的方式;如果下属有意愿,但无能力完成任务,应采用推销的方式;如果下属有能力,但无意愿完成任务,应采用参与的方式;如果下属既有能力,也有意愿完成任务,应采用授权的方式。

这个理论又常常被称为领导生命周期论。随着下属由不成熟走向成熟,领导行为应按照下列程序逐步推移：高任务与低关系→高任务与高关系→高关系与低任务→低任务与低关系。

- 当员工成熟度很低时,领导者为他们安排工作,加强指导,指明干什么、怎么干,也就是说,应采用高任务、低关系的领导方式,即指示式最为有效。
- 当员工初步成熟,领导者应逐步放手并适当授权,通过说服教育来激发下级的积极性,应采用高任务、高关系的领导方式,即推销式最为有效。
- 当被领导者的成熟程度达到相当水平时,在工作上就让他参与管理,承担更多责任,让他们独立安排组织,应采用低任务、高关系的领导方式,即参与式最为有效。
- 当被领导者的成熟程度达到成熟阶段时,领导者就可以授权让其独立地工作,应当采用低任务、低关系的领导方式,即授权式最为有效。

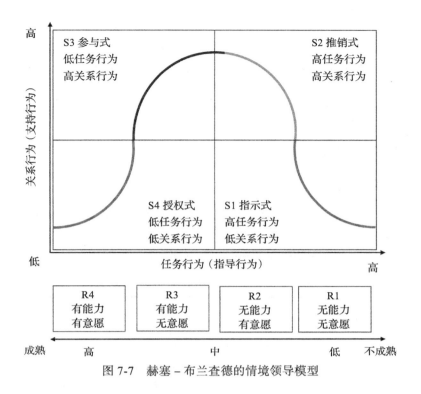

图 7-7 赫塞－布兰查德的情境领导模型

7.4.4 豪斯的路径—目标理论

路径—目标理论（path-goal theory）是加拿大多伦多大学豪斯（R. J. House）教授于 1971 年提出的一种领导行为的权变模式，如图 7-8 所示。这是比较新的理论，近年来在国外颇受重视。目标导向模式把美国心理学家佛隆激发动机的期望模式和俄亥俄州立大学的领导行为四分图结合起来，基本精神是提出领导工作的程序化问题。路径—目标理论有助于理解领导的内涵。以工作动机的期望理论为渊源，路径—目标理论认为领导的作用在于促进努力与绩效、绩效与报酬之间的联系，进而达到满足员工需求、激发员工动机、增加员工满意度、提高工作绩效的目的。该理论指出领导者的具体任务包括：识别每位下属的个人目标；建立报酬体系，使个人目标与有效绩效挂钩；通过帮助、支持、辅导、指导等方式扫清员工在通向高绩效的道路中遇到的各种障碍与困难，促使员工达到满意的绩效水平。

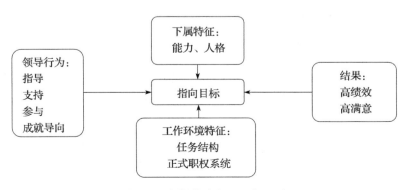

图 7-8 豪斯的路径—目标理论

豪斯还提出了可供选择的领导行为：一是指导型行为，即让下属明白领导者期望他们做什么，对下属如何完成具体任务给予具体指导，详细制定工作日程表。二是支持型行为，指和下属建立友好信任的关系，关心员工的需求、福利、幸福和事业。三是参与型行为，指遇到问题征询下属的意见和建议，允许下属参与决策。四是成就导向行为，指为下属设置有挑战性的目标，期望并相信下属会尽力完成这些目标，从而大幅度提高绩效水平。

7.5 当代的领导理论

7.5.1 魅力型领导理论

魅力型领导是指那些通过个人能力的力量对追随者产生深刻而非凡影响倾向的个体。大部分关于领袖魅力的领导理论研究的都是具有领导魅力的领导者与无领袖魅力的领导者之间的行为差异。表 7-2 为一些研究者确认的具有领袖魅力的领导者的个性特点。

表 7-2 具有领袖魅力的领导者的特点

罗伯特·豪斯的观点	极高的自信 极强的支配力 对自己信仰的坚定信念
沃伦·本尼斯的观点	有令人折服的远见和目标意识 能清晰地表述目标，使下属明确理解 对目标的追求表现出一致性和全身心的投入 了解自己的实力并以此作为资本
康格和凯南格的观点	有一个希望达到的理想目标 为此目标能够全身心地投入和奉献 反传统 非常固执而自信 是激进变革的代言人而不是传统现状的卫道士

魅力型领导理论（charismatic leadership theory）认为，一位具有领导魅力的领导者比没有魅力的领导者更能影响下属的行为。魅力型领导对下属造成的实质性影响可以表现在以下三个方面。首先，领导者清晰地描述宏伟前景，这一前景将组织的现状与更美好的未来联系在一起，使下属有一种连续的认识。其次，领导者向下属传达高绩效期望，并对下属达到这一期望表现出足够的信心。这样可以提高下属的自尊和自信水平。再次，领导者通过言语和活动传达一种新的价值观体系，并以自己的行为为下属设立效仿的榜样。最后，魅力型领导者通过做出自我牺牲和反传统的行为来表明他们的勇气和对未来前景坚定的信念。

7.5.2 变革型与交易型领导理论

从领导与下属之间的关系视角，变革型领导理论（transformational leadership theory）把领导者和下属的角色相互联系起来，并试图在领导者与下属之间创造出一种能提高双方动力和品德水平的过程。

变革型领导是领导向员工灌输思想和道德价值观，并激励员工的过程。变革型领导更多基于领导者对于他们的追随者的价值、信念和需要的提升。在这一过程中，领导除了引导下属完成各项工作外，常以领导者的个人魅力，通过对下属的激励和关怀来改变员工的工作态度、信念和价值观，使他们为了组织的利益而超越自身利益，从而更加投入于工作中。该领导方式可以使下属产生更强的归属感，满足下属高层次的需求，实现较高的生产率和较低的离职率。变革型领导的前提是领导者必须明确组织的发展前景和目标，下属同时对领导具有接受度。其主要特征如下：

- 超越了交换的诱因，通过对员工的开发与智力激励，鼓励员工为群体的目标、任务以及发展前景超越自身的利益，实现预期绩效目标。
- 集中关注较为长期的目标，强调以发展的眼光，鼓励员工发挥创新能力，并改变和调整整个组织系统，为实现预期目标创造良好的氛围。
- 引导员工不仅为了他人的发展，也为了自身的发展承担更多的责任。

与变革型领导相对应的是交易型领导。

交易型领导的基本假设是领导与下属间的关系是以一系列的交换和隐含的契约为基础的。交易型领导理论（transactional leadership theory）指当下属完成特定的任务后，便给予承诺的奖赏，整个过程就像领导者与追随者之间的一项交易活动。其主要特征如下：

- 领导者通过明确角色和任务要求，指导和激励下属向着既定的目标活动，领导者向员工阐述绩效的标准，意味着领导者希望从员工那里得到什么，如满足了领导的要求，员工也将得到相应的回报。
- 以组织管理的权威性和合法性为基础，完全依赖组织的奖惩来影响员工的绩效。
- 强调工作标准、任务分派以及任务导向目标，倾向于重视任务完成和员工遵从。

交易型领导理论又可分为权变奖励领导和例外管理领导两种，并随着领导者活动水平以及员工与领导相互作用性质的不同而不同。所谓权变奖励领导是指领导和下属间的一种主动、积极的交换，领导认可员工完成了预期的任务，员工也得到了奖励；例外管理领导则指领导借助关注员工的失误、延期决策、差错发生前避免介入等，与下属进行交换，并按领导者介入时间的不同分为主动的和被动的两种类型。主动型的例外管理领导者，一般在问题发生前，持续监督员工的工作，以防止问题的发生。同时，一旦出现问题，立即采取必要的纠正措施，当然也积极搜寻有可能发生的问题或与预期目标偏离的问题。领导者在员工开始工作时，就向员工说明具体的标准，并以此标准监督误差。被动型的例外管理者，则往往在问题已经发生或没有达到规定的标准时，以批评和责备的方式介入。

7.5.3 诚信领导理论

诚信领导理论（authentic leadership）是组织行为学家卢桑斯等人在 2003 年以领导学、道德学、积极心理学及积极组织学等领域的相关研究为基础，提出的一种新的领导理论。

诚信（authenticity）是指个体拥有、了解和接受自己的价值观、信念、情感、需求以及偏好，并以一种与这些内在思想和情感相一致的方式行事。而诚信领导（组织中）则是指一种把领导者的积极心理能力与高度发展的组织情境结合起来发挥作用的过程。卢桑斯等人（2003）认为诚信领导过程对领导者和下属的自我意识及自我控制行为具有正面的影响，并将激励和促进积极的个人成长与自我发展。诚信领导者对自己、对他人都是真诚的。他们自信、乐观、充满希望、富有韧性，具有高尚的品德并且是未来导向的；他们对自己的思想（包括信念、价值观和道德观等）、行为以及所处的工作情境具有深刻的意识。

沙米尔（Shamir）等人（2005）用以往的相关理论及实证研究为基础，认为诚信领导者主要具有以下4个方面的特征。

（1）诚信领导者不伪装自己。他们不会仅仅因为身处领导之位，而刻意发展出一种领导者的形象或面具。履行领导角色完全是诚信领导者的自我表达行为，而不是在遵从他人或社会的期望。

（2）诚信领导者承担领导的职责或从事领导活动不是为了地位、荣誉或其他形式的个人回报，而是出于一种信念。他们有一个基于价值观的理想或使命，担当领导就是为了实现这一理想或使命。

（3）诚信领导者是原创者，而非拷贝者。这并不意味着他们在人格特质上必然是独特的。相反，他们的价值观、信念、理想或使命在内容方面可能与其他领导者或下属相似。然而，诚信领导者之所以具有这些价值观和信念，并不是一种模仿的结果，而是因为自己的亲身经历证明它们是正确的。

（4）诚信领导者的行为是以自己的价值观和信念为基础的。他们的所言与信念是一致的，他们的所行也与所言及信念一致，因此诚信领导者具有高度坦率的特点；他们的行为不是为了取悦他人、博取声望或出于某些个人的或狭隘的政治兴趣，因而诚信领导者也具有高度正直的特点。

7.5.4 柔性领导理论

柔性领导理论（flexible leadership theory）是柔性管理情境、知识员工和领导者互动的产物。尤克尔（2005）认为，可以从领导者与下属的二元关系以及个体、群体和组织层面来定义领导。

1. 战略层面的柔性领导：愿景领导

柔性领导与20世纪80年代提出的愿景领导有很强的一致性。愿景领导是一种把领导与战略结合起来的领导观念（Mendell & Gerjuoy，1984）。愿景领导是指高度认同组织目标和愿景，对战略具有坚定的信念。柔性领导的战略管理宗旨强调博弈而不是计划性；强调制造变化形成竞争优势，而不仅仅是满足于适应环境；强调战略依赖组织的柔性系统，通过战略设计来发现甚至创造行动机会，而不是机械地按照战略规划守株待兔。创造变化和应对变化被柔性领导视为圭臬。在组织战略管理过程中，柔性领导与传统领导相比，具有更强的主动性、灵活性、适应能力、创新能力和更宽广的战略视野，但柔性领导的创新和应变并不是突发奇想、率性而为；相反，其高度的柔性来自强烈的原则性，组织愿景是柔性领导执行战略的决策准则和行为边界。

2. 团队层面的柔性领导：多角色领导

由新型的组织结构、组织战略和人力资源结构构成的柔性管理情境对传统团队管理中刻板的英雄式领导角色提出了挑战。在柔性管理情境中，英雄式领导已不合时宜。随着知识水平的提升，员工的自我意识不断增强，他们早已不能满足于仅仅做领导者个人自我实现过程的旁观者、陪衬者，甚至是工具。正如德鲁克（1993）所指出的那样，"过去的领导要知道如何下命令，而未来的领导却要懂得如何发问"。柔性领导不是以单一的角色出现的，而是根据情况承担多种角色，以满足柔性领导履行职能的需要。彼得斯（Peters）和奥斯汀（Austin）认为，柔性领导热衷于发展事业、发现人才、培养人才，他们是"啦啦队长"、剧作家、教练，同时也是团队建设者。惠普公司的比尔·休利特（Bill Hewlett）、苹果公司的史蒂夫·乔布斯（Steve Jobs）、沃尔玛公司的山姆·沃尔顿（Sam Walton）等人便是他们的代表。与传统领导不同，柔性领导不再处于组织舞台的中心位置，充当起令人信任的沟通者角色，他们让组织成员发挥自身才能，成为组织创新活动的主角，自己则为组织物色英雄人物，传播组织文化，充当组织的"啦啦队长"。领导者在组织中担任不同角色不仅可以推动组织塑造不同的文化，而且可以通过角色调整来达到塑造创新型组织文化的目的。在柔性领导转换角色的同时，组织的文化不再是所谓的"老板的文化"或"某团队使命感的结晶"，而是知识员工个人、工作团队与组织文化之间相互影响、融合甚至博弈的结果，也就是所谓的"俱乐部式文化"。在各方的共同影响下，组织文化便逐渐显现出柔性。

3. 柔性领导：与下属建立平等、互信关系的领导者

柔性领导组织角色的变化使组织成员对领导产生了不同于以往的角色期望，从而直接导致了组织领导与下属关系的变化。这种变化的实质是领导与下属的关系由传统的权力关系向平等、互信的新型对偶关系转变。

柔性领导与下属的对偶关系是组织网络关系的重要组成部分。在现代组织中，组织结构逐步实现了扁平化和网络化，组织成员间的关系也呈现出网络化，员工成为组织人际网络中的节点。网络化组织结构中组织成员间的信息对称性消解了不同层级间的权力差距，致使不同层级组织成员间的关系日益走向平等与协作。柔性管理情境的网络化特征催生了柔性领导。

柔性领导指领导与下属之间是一种双向平等、协同的对偶关系，即双方在平等的基础上承担各自的责任以赢得对方的信任。这种信任关系是组织成员在对自身与组织利益关系进行权衡之后做出的理性选择。理性的信任为柔性管理情境下领导与成员间平等、互信的关系打下了基础，但柔性领导与下属的信任关系不能局限于这一层次较低的信任水平。柔性领导在与下属的长期人际交往中不断通过自身的道德和人格魅力实现与下属的良性人际互动，逐步与下属之间建立起超越利益交换，由人际关系驱动的一种信任关系。在领导实践中，柔性领导将这种信任转化为组织文化的一部分，通过组织文化的传播与影响，缩短组织及其成员间的信任关系由交换关系驱动型向人际关系驱动型升级的时间，从而提高领导效能。

7.5.5 其他领导理论

近些年，还有一些相对较新的领导理论受到重视，其中包括服务型领导理论、愿景型领导理论等，以下是简要介绍。

1. 服务型领导理论

Greenleaf（1970）在《领导即服务》一文中提出服务型领导理论（servant leadership theory）的概念，伟大的领导者首先应是一名服务者，验证了一个人身上能够同时体现领导者和服务者两种角色，并且这个服务型的领导者在现实世界中能够生存和卓有成效。服务型领导理论借鉴了仆从式领导方式，完全颠覆了通常的领导模式和思维模式，把上下位置颠倒了过来，以他人的成功为自己的成功，把团队看成一个优势互补、取长补短的有机整体。正如德鲁克所说:"作为领导者,我们的工作不仅仅局限于员工工作方面的指导。我们必须关心他们将会成长为什么样的人,以及在他们的成长过程中,工作环境会发挥什么样的作用。"而当今互联网时代与新生代员工背景,带来了与之相适应的领导理论的演化与职场的动态变化,让领导者开始将注意力转向服务追随者来创造持续性的获利和维持企业生存。领导理论慢慢演化,鼓励现今领导者展现诚意,让下属一起帮助企业迈向卓越、成长、成功的路途。服务型文化得以逐渐兴起,而且被越来越多的领导者所采用。

服务型领导是指将员工的需求、愿望和利益的满足置于首位,并以此为手段去领导下属的一种领导类型。通过持续地为员工提供服务,服务型领导能够获得员工的信任,形成对员工的影响力(Ehrhart,2004)。在此基础上,利登(Liden)等人(2008)指出,服务型领导由七个部分组成。

- 授权。
- 帮助下属成功。
- 为团体创造价值。
- 行为要符合道德规范。
- 把下属的需求放在第一位。
- 为下属提供完成任务所需要的知识和技能。
- 对下属的挫折感有很敏锐的把握或者提供情感上的慰藉。

2. 愿景型领导理论

Nanus(1992)正式提出"愿景领导"一词,强调愿景在所有领导功能中影响最为深远。愿景型领导理论(visionary leadership theory)认为企业发展的动力是计划远期发展的景象,根据现有阶段经营与管理发展的需要,对企业未来发展方向的一种定位。与其他领导方式相比,愿景领导的特别之处在于重视领导者对愿景的建立和实现的影响。企业家的创新体现在他们前瞻性地管理愿景,愿景成为企业核心价值观向战略规划目标转换的桥梁。

在"大众创业、万众创新"的政策引导下,越来越多的人选择了自主创业,可以说,我国的企业家不乏实干,但缺乏远见、急于求成的心态容易使他们的战略设计眼光相对短浅,当前仍有不少企业还抱着机会主义心态经营管理企业。在市场竞争机制下,企业家开始发现建立具有吸引力的、清晰明确的愿景是管理企业工作的有效助手,所以近年来对于愿景理论的研究和应用越来越受到重视。较为知名的案例有俞敏洪与新东方等。

3. 精神型领导理论

精神型领导理论(spiritual leadership theory)是Fry(2003)在归纳和分析前人关于领导和工作场所精神性研究的基础上提出的一种新型领导理论,也是近年来领导研究领域的一个前沿主题。从马斯洛的需求层次来看,传统的领导方式较多倾向于生存和安全的需求,而精神型领导则更多侧重于尊重与自我实现等高层次的精神性需求。该理论将领导力、精神性和个人的意义感联系在一起,主张领导者通过满足追随者对于获得精神性存在、生命意义感等方面的需求来实现领导有效性。Fry(2003)将精神型领导界定为内在激励自己和他人以满足他们基于使命和成员身份的精神存在感的一种价值观、态度和行为的总和,并指出精神型领导包含愿景(vision)、希望/信念(hope/faith)和利他之爱(altruistic love)三个维度,它们互相作用并分别影响了追随者的使命感和成员身份感，从而影响组织承诺和生产率。

- 愿景，指详细阐述组织各个方面的发展目标，并通过员工努力创造未来的一种发展前景。
- 希望/信念，指确信能够实现组织各个方面的发展目标的一种资源。
- 利他之爱，指通过关怀、关心和感激自己及他人而产生的满足、和睦和幸福的一种感知。

4. 共享型领导理论

共享型领导理论（shared leadership theory）是学者和管理者近年来从新的视角来研究在高度变化的环境下人们如何做出回应的一种领导理论。当前以知识工作为主的团队主要依靠那些有高水平的技能和要求工作自主性的成员，这些成员为了他们的团队，希望有更多的机会去影响团队工作和参与领导，并且团队工作的复杂性和模糊性使得单独的团队外部的领导者不可能成功地履行所有的领导职责。同时，扁平化的组织结构和自组织团队的渐趋流行，互联网时代的组织结构和管理方式强调了团队对领导的需要不再局限于管理层级上的个体领导者。这些因素均促成了共享领导的出现和兴起。

共享型领导是团队成员间相互影响、相互协作、加强学习并以团队成员期望绩效共同致力于团队目标实现的过程，强调所有成员共同对团队任务负责。其特点是团队成员相互学习、影响、协作与决策、权责共享和内部充分授权等。简单地讲，共享型领导就是团队同时进行的、持续的、相互影响的过程，伴有一系列不同的非正式领导者的出现。

5. 家长式领导理论

家长式领导（paternalistic leadership）的提出来自华人企业的实质性研究，西林（Silin）基于多年的观察和对我国台湾地区许多私营企业的大量访谈发现，我国台湾地区的企业主的领导概念和行为方式与西方存在很大不同，表现出教诲式、道德领导、集中权威、与下属保持社会距离、密切关注和执行控制等特点。雷丁（Redding）通过与印度尼西亚、新加坡、菲律宾等地 72 家的华人企业主进行访谈，发现华人的经济发展与经营方式具有一种特殊面貌，其中父权主义为重要因素。之后，韦斯特伍德（Westwood）提出了家长式首脑领导模式，认为华人文化强调家族主义、服从权威并重视责任与义务等价值观，与西方社会所重视的个人主义、平权主义、普遍主义与社会正义很不相同，因此其以首脑的概念来形容华人企业组织中的领导形态。

基于先前的研究，Farh 和 Cheng 提出家长式领导三元模式概念，并正式定义家长式领导为：在一种人治的氛围下，显现出严明的纪律与权威、父亲般的仁慈及道德廉洁性的领导方式，包含威权、仁慈及道德三个重要方面，完备了理论架构。

6. 谦卑型领导理论

近几年，关于人们应该把更多的谦卑融入工作的呼声越来越高，如在医学界和法律界，谦卑被认为是该领域从业人员应该具备的专业精神。而谦卑特质对领导者来说，在任何行业中都为人们所强调。基于管理实践视角对谦卑型领导的理解，谦卑型领导（humble leadership）是一种自下而上的领导风格，领导者通常有了解并坦诚自己的缺点与过失、更容易欣赏别人的优点与贡献、谦虚学习并追求进步等一系列行为表现。

柯林斯在其《从优秀到卓越》一书中指出，伟大的公司里会有谦卑的 CEO。国内外存在许多关于谦卑型领导的实例。谷歌现任执行董事长施密特认为"不能把自己当成永不犯错的国王，应该鼓励员工说出他们的真实想法"。Intuit 软件公司的创始人库克的价值观是

"要寻找帮助和批评你的人，坦诚说出事实，哪怕是坏消息"。美国苹果公司现任 CEO 蒂姆·库克（Tim Cook）是一位不愿抛头露面的低调绅士，被誉为"苹果最谦卑的仆人"。这些具有高水平谦卑特质的领导者并不罕见，都有其鲜明的特征，只不过他们行事低调的作风常让人难以发现其存在。这正与我国著名思想家老子所提倡的"太上"（感觉不到其存在的领导）的上乘境界有着异曲同工之妙。实践中，上述拥有谦卑特质的企业家所管理的公司的良好商业表现是有目共睹的，引起社会对这些行事低调、谦卑的企业家们的领导风格——谦卑型领导的广泛关注。而且相关学术研究已表明，谦卑确实与组织绩效和领导有效性正相关。

7. 导师制

领导者通常要负责培养未来的领导者。接下来，我们将要讨论的是导师制（apprenticeship program）和潜在的陷阱。导师（mentor）指的是为经验不足的员工（徒弟）提供支持和帮助的资深员工。成功的导师都是好老师。他们能够清晰地陈述自己的想法，善于倾听意见，对徒弟遇到的问题感同身受。导师制关系能够发挥两种职能：职业职能和心理职能。

职业职能：通过游说让徒弟获得具有挑战性且能够被他人注意到的任务；指导徒弟，帮助他们开发技能和实现工作目标；帮助徒弟，把他们引荐给组织内有影响力的人物；保护徒弟，避免潜在的风险影响他们的名声；支持徒弟，帮助他们获得晋升；充当传声筒，向徒弟的直接主管转达徒弟的想法或意见。

心理职能：为徒弟提供咨询和建议，帮助他们建立自信；与徒弟分享个人经验；提供友谊和认可；做出行为榜样。

当领导者发现一个欠缺经验的低层员工显示出未来发展的潜力时，传统的非正式导师制就形成了。这位徒弟会经常接受各种具有挑战性的任务以作为测试。如果徒弟表现不错，导师会进一步发展这种关系，并通过非正式渠道向这位徒弟展示组织在正式的结构和程序之外是如何真正运转的。

为什么领导者愿意成为一名导师？很多人认为他们有一些东西想要和年轻一代分享，并且愿意提供一种传承。导师制使得导师拥有一条不加过滤的信息通道，便于了解基层员工的态度和情感。而且，徒弟可以成为一个了解组织中的潜在问题、提供早期预警信号的良好渠道。组织中的所有员工都能获得同等机会来参与导师制关系吗？遗憾的是，对这一问题的回答是否定的。然而，不断有研究表明，雇主还是应当建立导师制，因为无论对导师还是徒弟来说，这一制度都是有利的。韩国最近的一项研究发现，导师可以在这一过程中获得更高水平的变革型领导力，而导师和徒弟的组织承诺和幸福感都会增强。

尽管出发点是好的，但这些正式关系不如非正式关系那样有效。糟糕的规划和设计通常是问题的症结所在。导师的承诺对导师制的效果至关重要；导师必须认为这种关系对自己和徒弟都有好处。徒弟也必须感觉到自己真正投入到这种关系之中；那些觉得被强制参与其中的徒弟只会应付了事。如果正式的导师制能够正确地匹配徒弟和导师的工作风格、需求和技能，那么它最有可能获得成功。

7.5.6 经典领导理论的应用

经典领导理论的应用如下：

（1）了解领导特质，通过学习和实践培养领导特质。领导特质理论研究的重点是具备什么样特质的人才适合当领导，其实特质只是为成为领导者提供了某种可能，只有通过后天的学习和实践锻炼才有可能真正成为领导者。成为一名有效的领导者应具有何种特质呢？美国管理学家斯蒂芬·罗宾斯认为进取心、领导意愿、正直与诚实、自信、智慧和具备与工作相关的知识对成为领导者很重要。管理学大师德鲁克认为，一个有效的领导者必须具有以下五种特质：善于利用时间，注重贡献，确定自己的努力方向，善于发现和用人之所长，分清主次、集中精力、做有效的决定。

（2）认识不同领导风格，形成民主的领导作风。领导者在日常工作和生活中，逐步形成了自己独特的领导风格，但绝大多数下属愿意自己的领导是民主型的领导者。如何成为民主型的领导者呢？首先，要充分信任员工的工作责任心和工作能力，关心并满足员工的需要，在组织中营造一种民主与平等的氛围。其次，组织的工作目标和工作方针要尽量公之于众，征求大家的意见并尽量获得大家的赞同，一切重要决策都会经过充分协商讨论后做出。再次，分配工作时尽量照顾到个人的能力、兴趣和爱好，使个人有较多的工作自由、较多的选择性和灵活性。最后，多鼓励、多肯定员工的工作。

（3）双管齐下，既要关心工作任务也要关心员工。无论是领导行为四分图模型还是管理方格理论，抑或是领导行为理论都把领导行为集中在关心工作任务或关心员工两个方面。关心工作任务要注意以下方面：①建章立制，注重制度建设；②量化管理，工作具体明确；③决策果断，遇事敢于担当。

（4）熟知权变理论，根据不同情况采用不同的领导方法。权变理论认为，领导绩效取决于领导者、被领导者、情境三因素之间相互作用的结果。因此，要成为有效的领导者，要注意以下方面：领导者要合理选择有效的权变模式；领导方式并不是一成不变的；领导者要在领导活动中锻炼权变能力。

7.6 识别和培养高效领导者

1. 领导力提升的艺术

管理科学与艺术之间是矛盾的吗？

有人认为管理是艺术，艺术更多地受制于先天的遗传素质；有人认为管理是科学技能，主要靠后天培养。其实两者并不矛盾，好的管理是科学与艺术的完美结合。艺术的经验性很强，主要是个人见解的集合。但管理有许多规定动作，不能够完全随性而为，例如工作量标准的制定、市场营销的规律、用人的规律、不同组织结构的运行规律等，不能够超越。对人的激励、鼓舞，则有很多的艺术性，带有很强的个人风格。有的人以智慧、幽默打动人；有的人以细腻、真诚打动人；有的人以果断、勇敢鼓舞人。

管理和MBA教育，更多的是突出管理的规范性，而对管理和MBA教育能否培养更多的优秀管理者来说，选拔措施本身也很重要。

（1）掌握领导艺术。领导是艺术，突出的是领导的变化性和复杂性。的确，领导本身的复杂性，导致优秀领导供给的不足，以及卓越领导人市场价值的居高不下。然而，领导不是天生的，需要在具备一定先天素质的情况下，结合一定的领导情境，在抓生产和关心员工方面选择性地使用一些招数，保证任务完成，而且员工心情舒畅。领导的艺术体现在以下几个方面。

- 领导者本身的素质：分析与解决问题的能力、个人魅力、事业心、自信心以及道德自律。

- 领导者管理技能：具备基本的管理技能，比如如何有效地组织生产，如何有效地决策，如何化解冲突和危机，如何充分调动人的积极性，如何识别人、用人，如何转变人的态度，如何沟通等。
- 领导者对情境的观察力和判断力：分析不同情境，选择性地运用管理行为的水平，避免机械的、不考虑情境的领导行为。管理经验、阅历，对于管理者的成熟和管理艺术的提升具有很大的作用。

（2）打造专长力。在个人的成长过程中，首先让自己脱颖而出的是个人在专门领域取得的业绩。这种业绩对于未来从事其他管理工作也许作用不大，但从中可以锻炼自己分析问题和解决问题的能力，特别是学习能力，对于未来发展必然有用。

（3）提升个人魅力。做人的魅力，品行第一，没有德行做基础，个人的能力都不可靠。有能力的人做好事、做坏事都有本事，而品行则指引方向。工作时间长了，人们的倦怠心理自然会产生，通过蓝图规划不断激发人的潜力，需要有洞察力。此外，幽默也是一种魅力。再大的矛盾、冲突，一个幽默的领导有时就可以化干戈为玉帛。

（4）提高时间管理与会议管理能力。古希腊哲学家泰奥弗拉斯托斯曾经说，时间是"我们最昂贵的支出"，在日常工作中必须高效地利用时间去完成必须要做的事情。因此，人们有必要提高时间规划和任务统筹的能力。与此同时，面对繁重的会议，我们期望它们成为满意感和成就感的源泉。会议作为面对面交流完成目标的手段可以满足并服务于一切需求。领导者有必要提高调动与会者的积极性、注意力，促使他们逐步靠近会议目标的能力。

（5）提高沟通和激励能力。沟通、激励与授权，或许是最为典型的领导者所必须具备的技能，这技能不仅要求领导者创设可供改善的工作环境，而且要求做好激发员工个人内在的兴趣、职责和认识的准备。哈佛商学院在管理教育中提出了一个三角形的人才培养模型，对于我们进行管理人才很有启发意义。这个三角形的第一个点是知识（knowing），第二个点是技能（doing），第三个点是价值（being）。管理的知识自然是不可缺少的东西，是管理教育的重要方面，这一点在我国也是十分受重视的，但知和行毕竟不是一回事，著名的教育家陶行知强调知行合一，可见知行合一不是那么容易的事。能懂激励的知识，未必能够较好地、差异化地激励人，知道应该如何做，才是好领导，但自己未必真能做得到。

2. 发现和创造有效领导者

（1）发现有效领导者。组织如何发现或培养有效的领导者？

下面，我们试着回答这个问题。从本质上说，组织选拔人才以填补管理岗位是一个设法发现有效领导者的过程。你或许会首先考察有效完成这项工作所必需的知识、技能和能力。人格测试可以用来确定与领导有关的特质——外倾性、责任心以及经验开放性。高自我监控者更擅长阅读情境线索，并能相应地调整自己的行为。情绪智力高的候选人应该更有优势，尤其是在需要变革型领导的情境中。经验并不是预测领导效果的一个好指标，针对具体情境的经验却很重要。因为万事万物都会变化，所以组织需要的首要事项就是领导力的改变。杰西彭尼百货公司最近聘请了一位没有百货公司工作经验的CEO，他在上任后迅速改变了公司的总体战略，这个行为给公司带来了灾难性后果。在他任职的一年中，公司股价下跌了69%。组织在更换领导的时候似乎并没有花时间仔细考察，当挑选的继任者表现很差时，它们会感到惊讶。过去的七年间惠普更换了四名CFO，其中一名只待了几个月，以至于观察家质疑，杰西彭尼和惠普的董事会在更换领导前是否做过功课。

（2）培养有效领导者。组织在领导培训与开发上花费的资金高达数十亿美元。这些培训与开发表现为各种各样的形式，例如在哈佛等名校开办的收费 5 万美元的高级经理项目中学习，在户外拓展训练学校进行航海体验。有些公司十分重视领导开发，例如高盛在开发领导者方面十分出名，《商业周刊》称其为"领导工厂"。那么，管理者如何从领导培训的预算中获得最大收益呢？

第一，识别高自我监控者。高自我监控者在任何类型的领导培训中都可能更为成功，因为这些个体在改变行为方面具有灵活性。

第二，组织应该教授执行技能。

第三，我们可以指导他们提高诸如信任建设和导师辅导等方面的技能，并教给他们对情境的分析技能，让他们学会如何评价情境，如何调整情境使其更符合自己的风格，以及在具体情境下如何确认最有效的领导行为。例如，百思买、Adobe 都雇用这种教练来一对一地帮助高层管理者提高自己的人际技能并减少专制行为。

第四，诸如模拟练习这类行为培训能提高个体展现领导魅力的能力。最近有研究表明，在关键的组织事件发生后，领导者应该定期回顾并反思他们的领导力，将其作为自身发展的一部分。对那些责任心强、经验开放性高且情绪稳定的领导者来说，这样的回顾尤其有效。最后，领导者可以通过培训获得变革型领导能力。

7.7 数字化时代领导面临的挑战及其新趋势

7.7.1 "互联网 +"背景下领导变化的趋势

2014 年，以"互联互通、共享共治"为主题的首届世界互联网大会在浙江乌镇召开，国家主席习近平在贺词中指出，当今时代，以信息技术为核心的新一轮科技革命正在孕育兴起，互联网日益成为创新驱动发展的先导力量，深刻改变着人们的生产生活，有力推动着社会发展。而随着互联网时代的全面到来，互联网不但深刻地影响着人们的生活方式、交往方式，也深刻地影响着企业劳动价值的创造方式和经营管理。互联网自身具有高度开放性与持续互动性，这与传统组织的特点存在很大差异，因此很多领导都会遇到线下领导模式与互联网领导模式所产生的差异效应之间的冲突。

互联网时代要求企业家和管理者要重塑、提升新的领导能力，中国人民大学彭剑锋教授将这种新领导力归纳为"灰度领导力"，一共包含五个发展方向。

（1）愿景领导力。当前处在一个信息便捷、价值选择多元和大数据的时代，人们反而容易出现价值迷茫，这时候恰恰需要目标牵引和价值观的牵引。因此，组织更需要重塑愿景领导力，需要有精神领袖进行思想的传递，用共同的价值理念、共同的理想愿景来凝聚组织的力量。

（2）跨界领导力。企业家要有跨界思维。因为在互联网时代，只要基于客户价值就完完全全可以跨越产业边界、跨越企业边界地去思考产品和服务的创新。例如，未来阿里巴巴最大的产业和资产可能是金融，而不是它的商业平台。可以预见，跨行业、跨领域的合作与发展是大势所趋，这需要企业家具备极度开阔的视野和思维，不仅能看到跨界的商业机会，更能互联互通、构建企业价值网，这就要求领导者是个多面手，能跨界进行整合和领导。

（3）竞合领导力。领导者一定要有竞争合作的意识，因为在这样一个瞬息多变的时代，对手可能瞬间变成朋友，朋友也有可能变成对手。当然，竞争合作不是否认竞争，竞争在合作的前面，是因为没有竞争能力就没有合作能力，合作的前提是竞争力，只有具备资源和能力才有合作的前提。开放、妥协、相互依存，是中国人的生存哲学。既懂得斗争又懂得妥协，相互依存和平共处，这种智慧和能力叫竞合领导力。这个时代要求企业家也应具备竞合意识，向竞争对手学习，和竞争对手合作，在合作中产生新的价值增长点，在合作中发现新的发展机遇。

（4）跨部门、跨文化领导力。在互联网时代，我们要特别强调高管的跨部门领导力。未来的企业一定是要基于客户需求组织一体化运作的，在这种条件下，提高企业家和高管的跨部门合作领导力、协同领导力就至关重要。另外，随着中国企业越来越国际化，如何应对多元化和国际化也是一个重要命题。例如，联想在这方面做得就比较成功，在杨元庆的领导下联想渡过了文化融合这一关。现在联想所有的高层开会文件全部是英文，还有适应合作和共事的外国人的思维方式和行为方式等。领导者要适应并掌控跨文化事物，提高跨文化领导力。

（5）真实领导力。简单来说，真实型领导主要指领导者要有掌控自我、自我要求进而能协调、驾驭外部复杂要素的一种能力。"真实领导"是国际管理学界正在讨论的新概念，它有四个维度：自我意识、信息平衡处理、内在道德观点和关系透明。

7.7.2 "新生代"背景下领导变化的趋势

"新生代"是指"90 后"甚至"00 后"，年龄为 20～30 岁的一代人，在一些组织管理者眼里，新生代普遍具有"五高五低"的特征："五高"即学习欲望强烈、创新意识较好、工作节奏快速、自我实现更高、个人兴趣更浓；"五低"即忠诚度较低、团队精神缺乏、责任心较弱、抗压性较差、职业定位模糊。

西方学者认为，由于不同代际的员工具有不同的特点，因此针对不同代际的员工，应采用不同的领导风格和领导方式。中国目前正面临着新生代逐渐成为劳动力队伍中的主力军的挑战。如前所述，由于成长和生活背景与前几代大相径庭，新生代表现出与前几代员工所不同的特征、价值观和需求。新生代"五高五低"的特征与之前的领导风格和领导方式产生了较为明显的冲突，领导者需要塑造和运用与之相适应的领导风格与方式，可以参考以下几个发展趋势：

（1）多进行教练式领导。要求领导者学会与新生代员工平等对话，成为他们的导师、教练和朋友，帮助他们获得成功，达成企业和个人目标。

（2）多给予挑战而少命令。在设定目标时，一定要有团队的参与和认同，要有具体清晰的指标，尽量少指示他们细节上怎么做，而是给予他们适当的自由度及创造的空间；设立的目标要具有挑战性，要能适当超越他们的能力范围。设定目标后，可以听听他们的想法，可以给些意见，但不要命令式地告诉他们要如何执行或强迫他们依循领导者的想法，这样会浇灭他们的热情。

（3）灵活地进行管理和领导。个性化、个人化是新生代员工的一大特色。许多企业允许建立个人化的办公区，只要能提高工作效率，采用何种管理方式就变得不再重要了。为了建立更有活力的新生代团队，最重要的是确定和坚定企业的目标，至于如何达成，不妨听取他们的意见，这也是最佳的激励方式之一。他们看重的不是给予什么，而是如何给予。例如，建立企业内部互动学习的交流平台等方式可以有效地强化团队的合作与创新能力。

（4）建立个人及团队成长蓝图。除了薪资，学习及成长空间也是新生代员工所迫切追求的，他们非常希望能够在工作中获得成长。企业可以和员工一同构建他们个人的学习成长蓝图。企业可以建立内部的"导师制度"，特别是用 40 岁以上的资深员工担任"新生代"员工的导师，加强软、硬实力的传授，以达到不错的效果。

（5）满足新生代员工的创业梦想。"我要当老板"，是国内许多新生代员工的心愿和心声。他们创新、创业意识强，更关注产品"使用者的体验"、个人感受和使用建议，这是创新的动力来源。企业可以为优秀的员工搭建起"内部创业"的阶梯：由项目管理（管事）、部门管理（管人及目标），直到部门总经理（参与经营）。好的领导者善于培养出更多更好的基层领导者，这样做会增进企业内部的合作，促进内部人才的快速成长。

（6）充满活力的团队激励机制。不少领导者比较偏重做"负面鞭策型"的考核，总带有"恨铁不成钢"的色彩，这种考核往往会产生反效果，特别是对叛逆心理很强的新生代员工来说。好的激励机制是企业文化的组成部分，给新生代员工什么奖励不是最重要的，关键在于给的方式，他们最需要的是被及时肯定及认同。以下两点需要重点考虑。首先是给他们最需要的奖励，让他们选择自己最想要的奖励方式。例如，有些人会选择去度假，有些人会选择到外面接受专项培训等。其次是及时奖励，特别是来自领导的奖励一定要及时。

本章回顾

领导就是在特定情境中，通过个体与群体的行动来成功实现目标的过程，本章介绍了领导与管理之间的关系、领导者与追随者的关系、领导权力以及领导影响力的来源。接下来，本章介绍了领导的理论，主要有领导特质理论、领导行为理论、领导权变理论，其中领导行为理论主要有俄亥俄州立大学的研究、密歇根大学的研究、勒温的领导作风理论、布莱克和穆顿的管理方格理论，领导权变理论主要有费德勒权变理论模型、坦南鲍姆的领导行为连续统一模式、赫塞－布兰查德的情境领导模型、豪斯的路径—目标理论。本章还介绍了当代领导理论，主要有魅力型领导理论、变革型与交易型领导理论、诚信领导理论以及其他几个新型的领导理论（服务型领导理论、愿景型领导理论、精神型领导理论、共享型领导理论、导师制）等内容。此外，本章对识别和培养高效领导者做出阐述。最后，本章介绍了互联网和新生代背景下领导发展的趋势。

关键术语

领导（leadership）
管理（management）
领导影响力（leadership influence）
法定性权力（legitimate power）
强制性权力（coercive power）
奖励性权力（reward power）
专家性权力（expert power）
感召性权力（referent power）
领导者（leader）

定规维度（initiating structure）
关怀维度（consideration structure）
管理方格理论（management grid theory）
权变理论（contingency theory）
费德勒权变理论（Fielder's contingency model）
连续统一体模式（continuum model）
情境领导模型（situational leadership model）
路径—目标理论（path-goal theory）
魅力型领导理论（charismatic leadership theory）

变革型领导理论（transformational leadership theory）
交易型领导理论（transactional leadership theory）
诚信领导理论（authentic leadership theory）
柔性领导理论（flexible leadership theory）
服务型领导理论（servant leadership theory）
愿景型领导理论（visionary leadership theory）
精神型领导理论（spiritual leadership theory）
共享型领导理论（shared leadership theory）
谦卑型领导理论（humble leadership theory）
家长式领导理论（paternalistic leadership theory）
导师制（apprenticeship program）

课堂讨论

1. 结合实际，谈谈你身边的领导者与追随者的最大差别是什么。领导者与追随者是如何联系在一起的？
2. 研讨领导是否是天生的。
3. 根据自身的实践经验，分析情境因素跟领导风格的关系。
4. 领导魅力来源于何处？
5. 结合时代背景，讨论未来领导理论发展可能的趋势是怎么样的。
6. 结合你的思考，你认为一位优秀的领导者包含哪些要素？

团队练习

寻找共同的图案

目的： 综合运用领导手段，包括指挥、激励沟通的具体运用。

时间： 20～30分钟。

所需材料： 空白纸条、带有信息的纸条。

步骤：

1. 老师首先将学生分成多个小组，每个小组6～8人。小组划分完，老师要求各小组成员在小组内部选举出1位"董事长"，然后由"董事长"从小组成员中挑选并任命1位经理，其他小组成员作为员工，形成基本的组织架构。

2. 老师说明游戏规则。

第一，不许越级指挥和汇报，即"董事长"不能越过经理直接指挥员工，员工也不允许越过经理直接向董事长汇报和询问。

第二，只允许使用文字方式沟通，不允许讲话。要在30分钟内完成，哪个组最先完成任务就算优胜者。

第三，不管遇到什么问题，只有"董事长"有权举手示意，并低声向教师询问，此外的所有事情都只能在你们组织内部通过文字沟通的方式解决。

3. 老师给每个小组发一沓厚厚的类似便签的空白纸条，供大家沟通使用。让这些"董事长"们远离他们的经理和员工，经理和员工坐在一起。老师先给每一位"董事长"发一张上面画有5种图案的纸，图的下面有几行文字说明，接着再给每一个小组的成员发一张类似的纸，郑重声明不能交换，游戏开始。

4. "经理"和"员工"拿到的纸是一样的。上面画有5种图案。有的图案是一种鸟，有的图案是交通标志。图案的下面注明教师刚刚宣布的各种游戏规则，此外什么都没有。"董事长"拿到的纸有所不同，除了其他成员掌握的信息外，这张纸上多了一条信息，即"你们小组的每个人都拿了这样一张纸，上面也有5种图案，这些图案是不同的，只有一种图案在你们每个人拿到的纸上都有。你的任务是带领你的下属，在最短的时间内将这个共同的图案找出来，要求小组成员每个人都能向教师指出这个共同的图案"。

仔细观察，每个小组的做法都有哪些不同。

结合案例信息，利用领导理论的相关内容，分析各个小组表现差异的原因。

网络练习　　　　危机时刻的领导

绝大多数组织在此时或彼时都会遇到危机情境，此时领导者必须做出确保组织生存的重要选择。考虑 FirestonTire 公司的缺陷问题和微软的反托拉斯法庭斗争，并想一想优秀的领导如何设法至少帮助这些组织降低它们的损失。追踪上述两个例子，在流行的或商业媒体的网站（如 www.fortune.com）或特定的公司网站上搜寻关于危机的故事。通过调查对这类事情的引用和其他相关信息，诸如对责备的反应和处置或对危机的责任，寻找领导特质或领导问题。随后，考虑下列问题：

1. 领导者使用的解决危机的风格是什么？它是否有效？为什么？如果你是其中的领导者，你会有什么不同的做法？

2. 用费德勒的领导权变模型的内容设计问题，看看领导者所使用的领导风格是否像费德勒定义的那样符合情境。如果不是，这是否揭示了该组织不能解决问题的原因？

自我测试　　　　领导行为问卷

美国俄亥俄州立大学的研究者，在上千个领导行为因子的基础上，归纳出两类因素（P 为工作取向，领导偏重团体和组织目标；M 为人情取向，领导像严父慈母般关心成员情绪），编制出了领导者行为的描述性问卷，其内容如下。

工作取向的 15 个题目评分表如下。

题目	分数	经常（5分）	较多（4分）	有时（3分）	很少（2分）	从未（1分）
1. 对下级清楚地表述自己的态度						
2. 在本单位中能实施自己的新方案						
3. 以极严格的手段抓管理工作						
4. 批评那些工作表现不好的下级						
5. 以不容他人质问的口气讲话						
6. 分配下级做规定的工作						
7. 坚持一定的作业标准						
8. 做事有一定的计划性						
9. 强调一定要在限期内完成工作						
10. 规定工作程序						
11. 要清楚是否所有的下级都了解其在团队中的地位						
12. 要求下级遵照标准化的规则和法令						
13. 下级知道领导者对他们的要求是什么						
14. 关心和注意下级是否充分发挥其能力						
15. 注意下级工作是否协调						

人情取向 15 个题目的评分表如下。

题目	分数	经常（5分）	较多（4分）	有时（3分）	很少（2分）	从未（1分）
1. 给下级私人帮助						

(续)

题目 \ 分数	经常（5分）	较多（4分）	有时（3分）	很少（2分）	从未（1分）
2. 做一些使下级感到愉快的小事情					
3. 容易使下级了解自己					
4. 抽空听取下级的意见					
5. 信守承诺					
6. 关心下级个别人的福利					
7. 拒绝解释自己行为的原因					
8. 从来不会没有和下级商量而自行行动					
9. 缓慢地接受新的方案					
10. 以平等态度对待每一个下级					
11. 愿意对现状做出改变					
12. 平易近人					
13. 在与下级谈话时，能使他们觉得轻松自然					
14. 接受下级提出的意见，并付诸实施					
15. 在推行重要事项之前，先取得下级的赞同					

评定方法： 评定主体可以是上级、下级、同级，也可以是被评定对象自己，评分可以用五级量表评定，"经常"为5分，"较多"为4分，"有时"为3分，"很少"为2分，"从未"为1分。经过综合评分比较，就能知道该领导人在团体成员的心目中是工作取向，还是人情取向。

案例分析　　贝佐斯的卓越领导力

他曾被《福布斯》评为"影响世界50人"中的首位，超过比尔·盖茨、马斯克、扎克伯格等成功企业家，甚至超过奥巴马、克林顿等国家领导人！

杰夫·贝佐斯，1964年出生于美国新墨西哥州阿尔布奎克。1986年，他毕业于美国普林斯顿大学，进入纽约的高新技术开发公司 FITEL，主要从事计算机系统开发工作。1988年，贝佐斯进入华尔街的 Bankers Trust Co 担任副总裁。1990~1994年，他与他人一起组建套头基金交易管理公司 D.E. Shaw & Co，于1992年成为副总裁。1995年7月16日，他成立 Cadabra 网络书店，后将 Cadabra 更名为亚马逊，于1995年7月重新开张。1997年5月亚马逊上市，成为世界上最成功的电子商务网站之一。

2000年1月，亚马逊与网络快运公司达成了一项价值6 000万美元的合作协议，使用户订购的商品能在一小时之内送上门。这一系列举措产生的直接结果就是亚马逊的客户突破了1 500万。在这个过程中，亚马逊已经完成了从纯网上书店向一个网上零售商的转变，在这组数据的背后，人们看到的就是不断地扩张、扩张，而在这个阶段，亚马逊的股票价格共上涨了50多倍，公司市值最高时达到200亿美元。

当所有人都还在讨论电子商务的时候，贝佐斯已经用自己的行动证实了什么是电子商务。亚马逊是网络上的第一个电子商务品牌。在1995年7月，亚马逊还只是个小网站，但到了2000年1月，亚马逊的市值已经达到了210亿美元，是老对手巴诺的8

倍。不到5年的时间，亚马逊以惊人的成长速度创造了一个网络神话。

就像过去一样，贝佐斯也就员工、经理以及公司如何更具创新性给出了自己的建议——创新正是亚马逊自诞生伊始就已经根深蒂固的东西。"在亚马逊，我们必须随着公司规模的发展而相应扩大失败规模。我们必须犯更大的错误，否则这些错误一个都成不了进程改变者。从长远来看，要是亚马逊所犯的错误没有越来越大，那就是一个非常糟糕的信号。如果你一路上都这么做，那这种做法就可以保护你，让你永远都不需要做出那种孤注一掷式的选择，有时候在一些公司身上你会看到这样的选择——在他们失败或者不复存在之前的确是一直都在做对。"

你引以为豪的，应该是你的选择而不是天赋

贝佐斯说，一名有才华的年轻人很容易因为自己的运动天赋或聪颖过人而自豪，这是可以的，是值得庆贺的，你应该对自己有天赋感到高兴。不过，贝佐斯补充说，但你不应该对此感到自豪。毕竟它们只是天赋，它们是父母给你的。你可以引以为自豪的是你的选择。你决定如何运用你的天赋？你有没有刻苦学习？你有没有努力工作？你有没有进行练习？贝佐斯说真正成功的人既有天赋，又去努力工作。

做很多正确的事

亚马逊很久以前就制定了14条领导力原则。其中一条是"好领导做很多正确的事"。贝佐斯说，根据他的观察，经常正确的人会更多地倾听，而且对改变自己想法持开放的态度。他们寻求推翻自己最坚定的信念，这一点对人类来说是非常反常的。人自打出生以后就对影响我们的证据持有高度的选择性。我们喜欢观察能够证实自己已有信念的迹象。在努力推翻自己的信念这件不寻常的事情上面，经常正确的人做了非常艰苦的工作。

大量改变想法"非常重要"

永远不要让任何人把你限制在自己过去说过的任何事情上面。生活是复杂的，世界是复杂的。有时候你获得了新数据，当你拿到新数据时，你就必须改变想法。有时候你可能并没有拿到新数据，但是你对情况重新进行了分析，然后意识到这比当初预想的更加复杂，然后你的想法就变了。贝佐斯还补充说："任何不经常改变想法的人都极大地低估了我们所生活的这个世界的复杂性。"

对愿景要执着，对细节要灵活

贝佐斯说，重要的事情需要花很长时间实现，所以你需要"无比执着于"自己的愿景。但与此同时，在通往成功的路上，你还需要对细节保持灵活。贝佐斯说，你必须对实现任何重要的东西持实验态度。这意味着你会大量犯错。在实现愿景的道路上你会尝试一些事情，而那些事情可能是错误的决定。你得回过头来稍微做一下路线修正，然后再次尝试。

失败和创造是密不可分的双生子

贝佐斯一直在反复灌输失败的重要性。他说要是没有失败，你就无法有真正的创造。贝佐斯说，无论是企业、初创企业还是政府机构，谁都想有创造性——"大家喜欢创造发明"。但问题是，大家也都害怕失败。贝佐斯说，如果你已经知道这可以成功的话，那就不叫实验了，只有通过实验才能实现真正的创造。最重要的发明创造来自不断试错，这必然导致大量失败。亚马逊最大的失败是开发和销售智能手机的尝试。贝佐斯希望自己的公司能够有更多类似但是更大的失败。在亚马逊，必须让失败的规模随着公司的规模扩大而扩大，也就意味着须犯更大的错误，否则亚马逊的那些失败就不会成为进程改变者。从长远来看，要是亚马逊所犯的错误没有越来越大，那就是一个非常糟糕的信号。在贝佐斯看来，仅仅被华尔街的财务指标牵着鼻子走是成就不了大事业的。

"两个比萨"规模的团队

这个也是亚马逊自早期以来就反复向员

工灌输的一点。其想法很简单：任何一支团队都不要超过两个比萨就能吃饱的规模。要完成伟业，你需要庞大的队伍。但贝佐斯说你需要把这支队伍"划小"。他说人类是围着篝火彼此讲故事发展起来的。他还指出10或12人是无须大量组织架构就能进行自然的人际协调的完美规模。

备忘录而不是 PPT

这个做法可能是亚马逊较为出名的实践之一。不久前，该公司刚刚在会议中用6页纸的叙述结构来取代PPT演示，然后与会者会花半小时阅读这份文档并且记笔记，再开始相互发言并进行讨论。贝佐斯说这是"我们做过的最明智的事情之一"，因为这让开会的效率提高了很多很多。在亚马逊早期的日子里，典型的会议往往是这样进行的：一位资历尚浅的主管要花费大量精力来做出一份PPT，却往往在演示的过程中（因为不得要领）被资深高管打断。贝佐斯指出：这些演示文稿还"掩盖了信息"。备忘录很好的一点是，它们有动词、句子，有主题句以及完整的段落——对作者来说组织起来会更加困难，但这也要求作者厘清自己的思路。这完全变革了亚马逊开会的方式，对组织的帮助非常非常大。

资料来源：[1] T Soper.Failure and Innovation Areinseparable Twins'：Amazon Founder Jeff Bezos Offers 7 Leadershipprinciples[EB/OL].(2016-10-28)[2019-11-05]. https://www.geekwire.com/2016/amazon-founder-jeff-bezos-offers-6-leadership-principles-change-mind-lot-embrace-failure-ditch-powerpoints/.
[2] Boxi. Amazon 创始人贝佐斯的7条领导力原则[EB/OL]. (2016-10-31)[2019-11-05]. https://36kr.com/p/5055509.
[3] 价值中国. 全球影响力第一人：贝佐斯的领导力[EB/OL].(2016-11-06)[2019-11-05]. https://chuansongme.com/n/1068959051948.

提示问题：

1. 如何看待特点鲜明的杰夫·贝佐斯？
2. 运用领导行为理论与领导特质理论分析上述案例中杰夫·贝佐斯的领导。
3. 通过案例的学习，在当前的数字化时代，高新科技企业的领导应该向杰夫·贝佐斯学习什么？

网站推荐

1. 世界经理人网站：http://www.ceconline.com/
2. 《财富》中文网：http://www.fortunechina.com/

微信公众号推荐

1. 全球青年领导力工作室：GYL_2013_
2. MBA 智库：mbalib
3. 人力资源管理：renliziyuanguanli

参考文献

[1] Hersey P，Blanchard B．Management of Organizational Behavior[M]. Hall Englewood Cliffs, NJ: Prentice 1988.
[2] 张旭婧. 危机下的领导力[M]. 厦门：鹭江出版社，2009.
[3] 龙立荣. 组织行为学[M]. 3版. 大连：东北财经大学出版社，2016.
[4] 珍妮弗 M 乔治，加雷思 R 琼斯. 组织行为学[M]. 于欣，章文光，等译. 北京：北京大学出版社，2010.
[5] 丁敏. 组织行为学[M]. 北京：人民邮电出版社，2012.
[6] 杰拉尔德·格林伯格. 组织行为学（原书第6版）[M]. 朱舟，王蔷，译. 上海：

格致出版社，上海人民出版社，2017.
[7] Blake R R, Mouton J S. The Managerial Grid: Key Orientations for Achieving Production through People[M]. The Managerial Grid: Key Orientations for Achieving Production Through People. 1968.
[8] 斯蒂芬 P 罗宾斯，等. 管理学 [M]. 孙健敏，等译. 北京：中国人民大学出版社，2003.
[9] Fiedler F E. Leadership Experience and Leadership Performance[M]. Alexandria, Va:U.S，Army Research Institute，1994.
[10] Yukl G A Leadership in Organizations[M]. Englewood Cliffs, N.J. :Prentice-Hall, 1989.
[11] Tannenbaum R, Schmidt W H. How to Choose a Leadership Pattern[J]. Harvard Business Review, 1973, 36(2):1-12.
[12] Hersey P, Blanchard K H. So You Want To Know Your Leadership Style? [J]. Training & Development Journal, 1981, 35(6):22-37.
[13] House R J. A Path Goal Theory of Leader Effectiveness[J]. Administrative Science Quarterly, 1971, 16(3):321-339.
[14] 李剑锋. 组织行为学 [M]. 北京：首都经济贸易大学出版社，2003.
[15] 詹延遵，凌文辁，方俐洛. 领导学研究的新发展：诚信领导理论 [J]. 心理科学进展，2006, 14(5):710-715.
[16] 许一. 柔性领导理论评介 [J]. 外国经济与管理，2007, 29(8):30-37.
[17] Fullan M. Turnaround Leadership[M]. SanFrancisco: CA:Jossey-Bass, 2006.
[18] Pittinsky T L, Simon S. Intergroup Leadership[J]. Leadership Quarterly, 2007, 18(6):586-605.
[19] 王沛，陈莉. 真实性领导力理论及其启示 [J]. 上海师范大学学报（哲学社会科学版），2009, 38(3):97-102.
[20] 毛江华，廖建桥，韩翼，刘文兴. 谦逊领导的影响机制和效应：一个人际关系视角 [J]. 心理学报，2017, 49(9):1219-1233.
[21] 赵国祥，李永鑫，王明辉，高冬东. 组织行为学 [M]. 大连：东北财经大学出版社，2016.
[22] 彭剑锋. "灰度时代"需要"灰度领导力"[J]. 中外企业文化，2015, (11):30-31.
[23] 迈克尔 A 希特，等. 组织行为学：基于战略的方法 [M]. 冯云霞，等译. 北京：机械工业出版社，2008.
[24] 苏晓艳. 领导风格差异对新生代员工进言行为的影响——以 LMX 为中介变量 [A]. 中国管理现代化研究会、复旦管理学奖励基金会. 第九届（2014）中国管理学年会——组织行为与人力资源管理分会场论文集. 中国管理现代化研究会、复旦管理学奖励基金会，2014:19.
[25] 谢玉华，陈佳. 新生代员工参与需求对领导风格偏好的影响 [J]. 管理学报，2014, 11(9): 1326-1332.
[26] 皮尔斯·纽斯特罗姆. 领导者与领导过程 [M]. 北京华译网翻译公司，译. 北京：中国人民大学出版社，2002.
[27] 张艳清，张秀娟. 谦卑研究的前沿探析：基于资源观的企业竞争优势 [J]. 商业经济与管理，2015, 35(1):27-34.

第8章 沟　　通

> 上下不交而天下无邦。⊖
>
> ——《易经·泰卦》

学习目标

1. 了解沟通的概念，理解沟通的实质和沟通过程的模型
2. 理解正式沟通与非正式沟通、语言沟通与非语言沟通
3. 了解有效的沟通方法和技巧
4. 掌握数字化时代的沟通障碍及其改善

引例　　　　　　　"再来一次，我不会坐上引擎盖"

2019年2月25日，陕西西安一女子在西安利之星汽车有限公司4S店签订了分期购车合同，支付20万元首付及1.5万元奔驰金融服务费购买进口奔驰CLS300款轿车。3月27日，该客户去店内提车，距离签单提车仅过5分钟，新车还没开出经销店大门，就发现发动机漏油了。该客户发现车辆的发动机存在问题，马上打电话给4S店的销售人员说明情况，对方回应是发动机没油了，并要求女车主把车开回店里加油，但没对新车漏油的具体原因和后续处理方案给出明确回复。之后的一个多月里，该客户持续与奔驰方进行了多次交涉。

第一次交涉，奔驰方同意退款，结果没退。

第二次交涉，奔驰方以退款不方便为由改为换车，该客户同意了，但没换。

第三次交涉，奔驰方以换车不方便为由改为补偿，该客户又同意了，奔驰方却再次失信。

第四次交涉，奔驰方表示按照国家三包规定，只能免费更换发动机。最终，该客户情绪爆发，直接坐在新车引擎盖上哭诉并痛斥奔驰。

随后，"奔驰女车主哭诉维权"的视频迅速在网络上热传，受到广泛关注，事件也因此而持续发酵，西安市场监管局更是成立联合调查组调查此事，大众对该维权事件的热议程度更是见涨不见跌。其间，该客户在接受《南方周末》采访时表示："如果再来一次，不会坐上引擎盖，更表示希望以后不会再有女孩子需要通过坐在引擎盖上哭来维护自己的权利，而是能够优雅地解决问题。"

资料来源：节选及改编自微信公众号"壹学者"（微信号：my1xuezhe）2019年4月17日文章——"奔驰女车主：如果再来一次，我不会坐上引擎盖"以及《人民日报》（微信号：rmrbwx）2019年5月27日文章——"罚款100万元！奔驰女司机维权事件处理结果"。

⊖ 大意：上面与下面的思想不沟通，天下就像没有国家一样。

8.1 沟通无处不在

沟通（communication）一词从字面来看就很形象——挖沟开渠使水源贯通。俗语讲得好："流水不腐，户枢不蠹"，水不经过沟通便是一潭死水，毫无生气。企业也是如此，加强企业沟通，既可以使管理层工作更加轻松，也可以使普通员工大幅度提高工作绩效，还可以增强企业的凝聚力和竞争力。

8.1.1 沟通的定义

对于沟通的定义，可以说是众说纷纭，莫衷一是。十多年前，美国威斯康星大学的教授 F. 丹斯就统计过，人们关于"沟通"的定义已达 126 种之多。

《大英百科全书》认为，沟通就是"用任何方法，彼此交换信息，即一个人与另一个人之间以视觉、符号、电话、电报、收音机、电视或其他工具为媒介，所从事的交换消息的方法"。

《韦氏大辞典》认为，沟通就是"文字、文句或消息的交通，思想或意见的交换"。

西蒙（H. A. Simon）认为，沟通"可视为任何一种程序，借此程序，组织中的一成员将其所决定的意见或前提，传送给其他成员"。

从以上对沟通的解释可以知道，沟通既可以是通信工具之间，人与机器之间，也可以是组织之间，甚至是组织与个人、个人与个人之间的信息交流。

信息沟通是一个人了解他人思想、感情、见解、价值观的一种途径。据一项研究报道，企业中的管理者在信息沟通方面用掉的时间占全部工作时间的 50%～80%。

信息沟通的一个明显特点是该过程至少涉及两个人，一个是沟通者，一个是接受者，单独一个人是不可能进行信息沟通的。信息沟通的另一个特点是一定要有信息存在，并有一个转移信息的过程。

沟通的信息至少应包括以下 4 个方面的内容：事实、情感、价值取向、意见观点。人们通常所讲的沟通能力，就是个人在这 4 个方面有效地与他人交流的社会能力。同时，沟通过程还必须包括两方面的含义，即意义的传递与被理解。无论思想多伟大，如果不传递给他人或不被他人理解，那么这样的思想就是毫无意义的，犹如演唱家没有听众，电影明星没有观众，其沟通的目的是无法实现的。所以，要使沟通成功，意义不仅需要被传递，还需要被理解。沟通并不一定要使对方完全接受自己的观念与价值，但一定要使对方完全明白自己的观念与价值。

8.1.2 沟通的过程

沟通的过程就是信息的发讯者将信息通过选定的渠道传递给收讯者的过程。图 8-1 描述了沟通过程的细节所包括的 12 个要素：信息发讯者、编码、信息 1、传递、通道、接收、信息 2、译码、收讯者、反馈、背景、噪声。

上述沟通环节最关键的要素有以下 6 项。

（1）编码，就是将信息转换成可以传输的信号的过程，这些信号或符号可以是文字、数字、图画、声音或身体语言。发讯者必须将信息编码成收讯者可以解码的信号。信息在编码的过程中将受到发讯者的技能、态度、知识和社会文化程度的影响。编码的信号不清楚，将会影响收讯者对信息的理解。例如，不合时宜地使用专业用语或在非正式的场合使用过于正规的语言等。

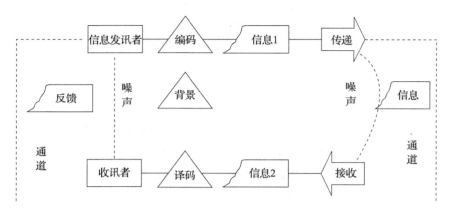

图 8-1 沟通过程模型

（2）通道，就是由发讯者选择的、借用传递信息的媒介物。口头交流的通道是声波，书面交流的通道是纸张，面对面交流的通道就是口头语言与身体语言的共同表现。在日常的管理活动中，通道的选择必须尽可能符合信息的性质和传递的有效性。例如，对于十分紧急和重要的信息，显然不宜采用备忘录的传递方式，而员工绩效评估结果的公布，如采用口头表达的形式，就容易表达其严肃性与权威性。因此，正确选用恰当的通道对有效的沟通十分重要。然而，在各种方式的通道中，影响力最大的莫过于最原始的面对面的沟通方式，因为它可以最直接地发出及感受到彼此对信息的态度与情感，所以即使在通信技术高度发达的现代社会，为了调停巴尔干半岛的战火，俄罗斯政府代表仍不辞辛劳地多次飞往欧洲各国进行斡旋。

（3）译码，就是收讯者将获得的信息信号解译为可理解的信息的过程。收讯者在译码的过程中，需与经验、知识与文化背景相结合，才能将获得的信号转换为正确的信息。如果解译错误，信息就会被误解或曲解。

（4）反馈，就是将信息返回给发讯者，并对信息是否被接受和理解进行核实，它是沟通过程的最后一个环节。发讯者根据核实的结果再发出信息，以进一步确认所发出的信息是否已经得到有效的编码、传递与译码，通过反馈，才能真正使双方对沟通的过程和有效性加以正确的把握。在沟通过程中，反馈可以是有意的，也可以是无意的。

（5）背景，就是沟通所面临的总体环境，这种环境可以是物质环境，也可以是非物质环境，而任何形式的沟通，都必然受到各种环境因素的影响。这些因素通常包括：物理背景，如一则小道消息在嘈杂的市场中传递与以电话的方式告知对方的效果截然不同，前者常显示出其随意性，而后者却体现其神秘性；心理背景，如对同一个信息，在心情不同的情形下往往反馈出不同的态度；社会文化背景，这反映在不同的社会角色及文化差异中对同一信息的价值取向的不同，由此要求沟通的双方必须要站在对方的立场上、尊重对方的民族习惯与其进行信息的交流，不能超越社会角色与违背文化差异去进行沟通。

（6）噪声，就是沟通过程中对信息传递和理解产生干扰的一切因素。噪声存在于沟通过程的各个环节，如难以辨认的字迹，沟通双方都较难听懂的语言，电话中的静电干扰以及生产场所中的设备噪声。固有的成见、身体的不适、对对方的反感等都可以成为沟通过程中的噪声。当噪声对编码产生干扰时，信息就会失真。

综上所述，我们可以以戴维斯（K. Davis）的"沟通过程模式"来体现沟通的6个步骤（见图8-2）。

第一步，发讯者获得某些观点或事实，并且有了传送出去的意向，对一个有效的沟通系统而言，这一点极为重要，一个不完整的意念或未经证实的事情，若被轻易地传递出去，可能会产生无法估计的差错。因此，戴维斯说："对这一步骤，千万要记准，直到你思考成熟后再开始说。"

第二步，发讯者将其观点、想法和所得的事实，以言词来描述，或以行动来表示，力求使信息不失真。

第三步，信息凭借某种通道传递。

第四步，收讯者由通道接收信息符号。

第五步，收讯者将获得的信息译解，转化为其主观理解的意念。

第六步，收讯者根据他理解的意思加以判断，以采取不同的反应行为。

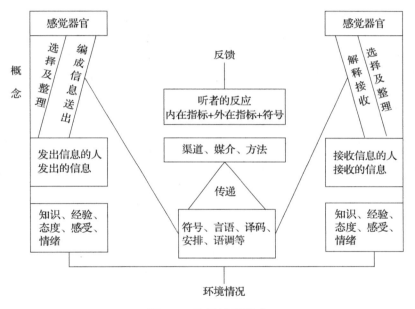

图8-2　沟通过程模式

8.2　正式沟通和非正式沟通

沟通无处不在，其从不同的维度进行划分可以有许多不同的分类：按沟通的互动性可以分为单向沟通与双向沟通；按沟通载体可以划分为书面沟通与口头沟通；按参与人数多少和沟通覆盖范围大小可以划分为人际沟通和群体沟通……从组织行为学的角度来看，沟通最主要的分类有两种，组织层面上的正式沟通与非正式沟通、人际沟通层面上的语言沟通与非语言沟通。本节主要探讨正式沟通与非正式沟通。

正式沟通与非正式沟通是根据沟通渠道产生方式的不同而划分的。沟通渠道指信息在沟通时流动的通道，这些流动的通道可以分为两种：正式渠道与非正式渠道。

8.2.1 正式沟通

1. 正式沟通渠道

正式沟通（formal communication）是通过组织的正式结构或层次系统运行，由组织内部明确的规章制度所规定的渠道进行的信息传递与交流。正式沟通包括上行沟通、下行沟通、横向沟通与斜向沟通。

（1）上行沟通。它是指组织成员通过一定的渠道与管理决策层进行的信息交流。它有两种表现形式：一是层层传递，即依据一定的组织原则与组织程序逐级向上反映；二是越级传递，即减少中间层次，让决策者与组织成员直接对话。在日常的组织管理中，上行沟通常表现为下级对上级的请示汇报、申诉意见、提供建议等。

（2）下行沟通。它是指组织中信息从较高层次流向较低层次的一种沟通，这是传统组织内最主要的沟通渠道。一般体现于上级给下级发布的指示、命令、规章制度、工作程序、方针目标等。

（3）横向沟通。横向沟通是指组织中同一层次不同部门之间的信息交流。它能够加强组织内部同级单位之间的了解与协调，是力求减少各部门之间矛盾与冲突的重要措施。

（4）斜向沟通。斜向沟通是指在正式组织中不同级别又无隶属关系的组织、部门与个人之间的信息交流。在直线部门与参谋部门之间常有这种沟通发生，它主要是业务性的，参谋人员通过了解下级部门的业务情况，以指导与领导的形式沟通。

2. 正式沟通网络

群体中人与人之间的信息交流的结构形式即为沟通网络。信息沟通的有效性与它的结构形式有密切的关系。美国心理学家莱维特通过实验提出了五种正式沟通的网络：链式、环式、轮式、全通道式与Y式和倒Y式，如图8-3所示。

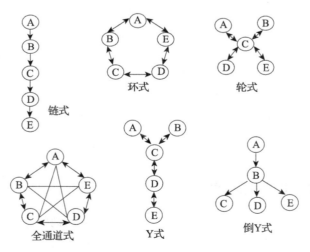

图 8-3　五种不同的正式沟通网络

（1）链式沟通网络。在一个组织系统中，它相当于一个纵向的沟通网络，代表一个企业中五个等级的上下级组织，彼此之间交流信息采用的是上情下达和下情上报的形式。

（2）环式沟通网络。环式沟通网络是一个封闭式控制结构。在这个网络中，个人心理满意程度无明显高低之分，处于中间状态。

（3）轮式沟通网络。在这种沟通网络模式中，人际沟通是通过中间人进行的，其中只有一个成员能够与其他任何人交流，所有其他人也只能与中间人进行交流，中间人是各种信息的汇集点与传递中心。一个领导人与下级只进行双向的信息交流，领导人了解全面情况，并向下级发出指示，四个下级之间无沟通联系。

（4）全通道式沟通网络。这种网络表示在一个民主气氛很浓的领导集体或部门，其成员之间总是互相交流情况，通过协商做出决策。

（5）Y式和倒Y式沟通网络。Y式沟通网络是一个纵向沟通网络，表示4个层次的信息逐级传递的过程。第二级（C）与两个上级（A、B）联系，其中只有C处于沟通的中心，成为沟通的中间媒介，亦称为"倒Y式沟通"网络。

各种沟通网络都有优点与缺点，差异如表8-1所示。

表8-1 正式网络类型的比较

网络类型	解决问题速度	信息精确度	组织化	领导人的产生	士气	工作变化弹性
链式	较快	较高	慢、稳定	较显著	低	慢
轮式	快	高	迅速、稳定	显著	很低	较慢
环式	慢	低	不易	不发生	高	快
全通道式	最慢	最高	最慢、稳定	不发生	最高	最快
Y式、倒Y式	较快	较低	不一定	会易位	不一定	较快

从表8-1中可看出，全通道式沟通网络与环式沟通网络相似，遇到特别复杂的问题，解决速度反而较快，效率也较高。在高层组织与委员会之类的小团体中，可以运用环式沟通网络。如果组织很大，需要分层授权管理，则链式沟通网络比较有效。如果一个主管的自身工作非常繁重，需要有人协调筛选信息，则宜采用倒Y式沟通网络。总之，应具体情况具体分析，从而确定适当的沟通网络。

3. 技术在正式沟通中的作用

中国是世界上最早建立有组织的传递信息系统的国家之一，早在3 000多年前的商代，信息传递就已见诸记载。飞鸟传信、烽火通信、驿传通信等是古代主要的通信工具。随着时间推移，技术越来越成熟，有线电话、无线电话、电脑和其他设备使得相隔遥远的人可以更加便捷地相互发送正式信号。可见，技术提升了组织的正式沟通水平，也大大影响了组织沟通的基本性质。

（1）技术加快了工作节奏，今天的组织要想取得成功，不仅需要提高生产效率，还必须随时适应不断变化的市场，这需要企业了解和协作分享相关信息，因此沟通也必须更加有效。

（2）技术改变了人们完成工作的方式，在今天电子技术日益成熟的情况下，人们可以使用多种沟通媒介进行信息交流，这些媒介已经大大改变了人们完成工作的方式，通过互联网来获取信息、与他人沟通（通过E-mail）就是很好的例证。

（3）技术的发展允许员工分散在不同地理区域工作，这在目前都是日益多见的做法。

8.2.2 非正式沟通

1. 非正式沟通渠道

非正式沟通（informal communication）是指以一定的社会关系为基础与组织内部明确

的规章制度无关的沟通方式，它的沟通对象、时间及内容等各方面都是未经计划与难以辨别的。

相对于正式沟通而言，非正式沟通具有以下特点。

第一，非正式沟通渠道有随意性、灵活性、松散性的特点。由一点可以任意通向沟通网络中的另一点，具有自由流动的性质。由此产生的信息沟通的模式和方法也是不固定，无拘无束、自由开放的。

第二，非正式沟通的沟通内容非正式，更容易表露真实想法。非正式沟通主要是就沟通双方相互关心的话题进行沟通，一般是有选择地针对个人的兴趣和爱好的，所沟通的信息往往与沟通者的利益相关或者是他们比较感兴趣的问题。它没有正式的规定进行约束，一般没有正式的议题和形式。沟通比较容易把真实的思想动机表露出来，并且能够提供一些正式沟通中难以获得的信息。

第三，非正式沟通的情感性强。非正式沟通的部分目的是增进沟通者之间的感情。情感沟通有别于单纯的上行或下行沟通，情感的沟通方式是平行或交叉的，其特点在于人与人之间打破原有组织中的等级差异。非正式沟通的情感性也是沟通者对沟通心理需求的一种体现。

第四，非正式沟通的效率高、速度快、比较灵活。一般来说，正式沟通主要是依赖正式组织的"层级原则"建立起来的，这就决定了其沟通方式单调、信息传播缓慢。非正式沟通的人际关系网络往往超越了部门、单位以及层级，沟通者之间交往频繁，而且非正式沟通内容围绕沟通者关心的话题进行，通常只把信息在需要这些信息的人之间传递，因此信息沟通的速度大大加快，效率更高。

第五，非正式沟通信息真实性不确定。有人把非正式沟通称为传播小道消息，这主要是因为非正式沟通中消息来源不固定，传递也不受任何制约，因此无法确保信息的真实性。

第六，非正式沟通不受管理层控制。戴维斯对一家小型生产厂67名管理层人员的沟通模式进行了调查。调查使用的基本方法是这样的：从每名信息接受者那里了解它是怎样获得某一信息的，并追踪到信息源。结果发现，尽管小道消息是信息来源的一种重要途径，但仅有10%的管理人员担任联络员的角色（即将信息传递给他人）。例如，当一名经营人员辞去保险公司工作时，81%的经营人员知道此事，但只有11%的人将信息传递给其他人。

第七，非正式沟通往往具有一定的派生性。非正式沟通的内容常常是由正式沟通的内容引起的。例如，某企业制定了新的规定，在正式沟通中，上级把这些规定传达给下级，命其执行。相应地，在非正式沟通中，就会针对这些规定展开讨论，产生欢迎、接受、抵触等各种情绪。在交流过后，结果会对员工接受新规定的程度产生深刻的影响。同时，交流的结果也可能会反馈给上级，辅助其了解新规定的执行效果或考虑是否要改进新颁布的规定。

第八，非正式沟通有时具有非组织目标性和个人目的性。非组织目标性指的是非正式沟通的内容不一定是与正式组织的总体目标相关的，有时只是参与者出于个人利益的考虑而与他人进行信息交流活动，即个人目的性。例如，由兴趣而结成的非正式组织，只是由于成员之间有着共同的爱好而经常聚在一起。他们所讨论的话题大多围绕着共同的兴趣爱好而展开，目的是寻找在自己的兴趣领域中的志同道合者，使自己产生归属感。因此这种沟通只是单纯地满足个人的某种需要，而与正式组织的总体目标基本上没有关系。

2. 非正式沟通网路

非正式沟通的网络除了链式、轮式、环式、全通道式等，还有非目的性发散模式和目的性发散模式，如图8-4所示。前几种模式和正式沟通中的模式类似，后两种沟通模式则和正式沟通模式有较大的区别。

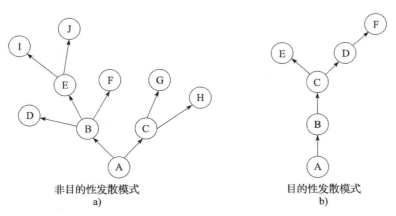

图 8-4 非目的性发散模式和目的性发散模式

非目的性发散模式。由A为信息起点，散布某些消息给B、C或更多人。这些人都是由A随机选择的，选择他们可能只是因为当时他们正在一起工作或休息，存在时间或空间上交流的便利。B、C又和A一样，将信息随机地传递给非正式组织中的其他人，这些人又将信息随机传递给另外一些人。信息就以这样的方式不断向外扩散。

目的性发散模式。这是非正式组织中最常见的信息交流模式。这种模式与非目的性发散模式类似，都是通过一级一级地信息传递使信息不断向外扩散。不同的是，在目的性发散模式中，信息传递不是随机的，而是有目的性和选择性的。例如，在图8-4b中，在C接收到由B传递来的信息后，他就选择他所认为合适的对象D和E，将信息再传递给他们。所谓合适的对象，可能是与所传递信息内容有关的人，也可能是虽与所传递信息无关，但与C关系非常密切，C觉得有必要与之信息共享的人。

目的性发散模式是非正式沟通与正式沟通区别最大的一种模式，因为这种模式中的沟通成员是由沟通的发起者自由选择的。在正式沟通中，由于受到层级结构、具体业务流程等因素限制，沟通的对象往往是既定的，既不能由信息发出者选择也不能随意更改。但在非正式沟通中，由于非正式组织打破了层级的限制，又不受组织中规章制度的束缚，所以沟通有了一个极为轻松的氛围。无论是沟通的内容还是对象，都可以自由地决定和选择。这种自由的沟通模式也使人伦关系得到发展。

3. 社交媒体与非正式沟通

近年来，不断涌现的社交媒体得到快速发展。社交媒体是以网络或手机为基础的渠道，允许使用者产生互动、分享信息。国外流行的社交媒体包括Facebook、LinkedIn、Twitter、Blogs等，国内流行的社交媒体包括微博、微信、论坛、博客等。

与传统网站只是创造者向受众"推送"信息不同，社交媒体是发送者和接收者之间对话性的、相互的互动平台。社交媒体能使用户通过社交媒体内容产生公众身份定义，是"社交的"，它们鼓励通过链接、相互对话形成社区。受众可以通过反馈和链接别人的内容到自己的社交媒体空间参与互动。

社交媒体也影响着组织中非正式沟通的信息分享。今天的技术使每个人都有可能分享非正式沟通信息，非正式沟通信息的分享也扩大到数年前闻所未闻的范围。社交媒体的使用让员工之间的交流和信息获取变得更方便、快捷，对企业内信息传播具有积极的促进作用，为工作场所提供多功能性和潜力。但也有企业不愿意引入这些沟通工具，主要是因为缺乏知识、资源、技术支持去应用它们。

8.3 语言沟通和非语言沟通

从组织行为学的角度来看，最主要的分类有两种，前面已经详细介绍了组织层面上的正式沟通与非正式沟通，接下来主要探讨人际沟通层面的语言沟通与非语言沟通。语言沟通与非语言沟通是根据沟通所借用的媒介的不同而划分的，如图 8-5 所示。

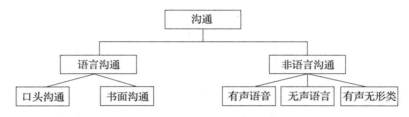

图 8-5　语言沟通与非语言沟通的形态

8.3.1 语言沟通

语言沟通（verbal communication）指使用正式语言符号的沟通，它分为以下两种。

（1）口头沟通，指借助语言进行的信息传递与交流，如演讲、会谈、讨论、电话联系等，是最主要的信息传递方式。其优点是简便易行，灵活迅速，特别是口头语言，在面对面的沟通中往往伴有手势、体态与表情，可以直接进行情感交流，增加亲切感与提高沟通的效果。其缺点是沟通范围有限，尤其是在团体沟通场合，使用起来有困难；随机性强，使得发讯者与收讯者有时会提出一些不应提的问题，传递"多余的"信息，浪费时间，影响效率；沟通双方采用面对面的方式，会增加彼此的心理压力，造成心理紧张，影响沟通效果。

（2）书面沟通，指借助文字进行的信息传递与交流，如布告、通知、书信刊物、调查报告等。其优点是受时间与空间的限制较小，有利于长期保存，反复研究，具有一定的严肃性与规范性。其缺点是沟通效果受文化修养的影响大，对情况变化的适应性较差。

美国心理学家戴尔（T. L. Dahle）对口头沟通与书面沟通的效果进行了比较研究。他对某大公司员工使用口头沟通、书面沟通、口头与书面混合沟通三种方式获得的信息内容进行测试，分别得到的平均分数，如表 8-2 所示。

表 8-2　三种沟通方式的测试分数

沟通方式	员工人数	测试平均分数
书面沟通	100	4.81
口头沟通	84	6.17
口头与书面混合沟通	102	7.70

从实验结果可以看出：口头与书面混合沟通的效果最好，口头沟通次之，书面沟通最差。

8.3.2 非语言沟通

非语言沟通（nonverbal communication）是指借助非正式语言符号，即口头表达及文字以外的符号系统进行的沟通。使用语言进行沟通时，都包含着非语言信息。有时，这些非语言成分还可以单独存在，它包括有声语音与无声语言。

（1）有声语音：通过非语词的声音如重音、声调的语言变化来传达信息。语音包括说话的音质、音量、音调、速度以及语气等。语音本身不是语言，却能表达微妙的语言内容，为有声语言镀上丰富的感情色彩。例如，嗓门突然提高，可能因为惊讶、高兴、愤怒或失望；说话结结巴巴、不连贯，可能是因为紧张、胆怯或兴奋；语末出现升调，一般表示提问或反问，等等。

（2）无声语言：又称为非自然语言或态势语言。它可以分为三大类：表情语言、动作语言、体态语言。实践证明，无声语言所显示的言语意义比有声语言深刻得多。有位心理学家对此列出一个公式：

$$信息的传递100\%＝7\%言语+38\%语音+55\%态势$$

当然，这并非一个精确的公式，但由此可以看出，无声语言在信息传递，尤其在交流中有着非常重要的作用，它是人们用以传情达意的一种重要辅助工具。

1）表情语言。表情通常指人的脸部情感状态，是由脸色的变化、面部肌肉的抽动以及五官的动作所组成的。它能最迅速、最灵敏、最充分地反映出人类的各种感情和各种复杂的心理。

2）动作语言。手、躯体、头部等的动作可以表达一定的信息。例如，摊开双手，耸耸肩表示无可奈何，无能为力；用脚尖、脚跟轻踏地面，或轻抖腿部等动作，表示紧张不安、焦躁或不耐烦，等等。此外，人们还有许多约定俗成的动作语言。

3）体态语言。体态语言包括人的各种静态的姿态，如坐、立、睡、蹲、俯、仰等姿态以及人的仪表。仪表是体态语言的重要组成部分。当某人出现在大庭广众时，他的仪表本身就在向人们传递着此人的身份、地位、审美情趣等信息。

8.4 沟通方法与技巧

有效的沟通不仅能够促使组织成员就组织意愿达成共识，也能鼓励成员发现问题，并主动解决问题，促进上级与下属之间、部门之间、组织内外人员之间的相互沟通，提升组织管理效能与成员工作效率，而且能够激发全体成员的潜能和团队精神。为了达到有效沟通的目的，有效的沟通方法与技巧值得关注。

8.4.1 提升管理沟通能力

出色的管理沟通能力是成为一个有效的领导者或者一个有效的员工的关键，所有重要的工作的执行都依赖有效的沟通。在和他人交流时考虑一些关键的鼓舞他人的方式是有帮助的，有效的领导者和员工知道怎样在和同他人沟通时鼓舞他人。这些方式如下。

（1）通过激发情感的语句来展示自信和权力。一个具有说服力的沟通者试图通过在表达中加入激发情感的语句来鼓舞他人。例如，使用诸如"和消费者形成亲密关系"的语句来代替更委婉的"友好的"是有帮助的。一个有效的沟通者同样需要以能强调他们组织权力的方式使用语句。

（2）可信任的。当人们认为沟通者可信时，沟通是最有效的。当一个人被认为是值得信任的、聪明的以及知识渊博的时候，这种感知会加强。至少，通过明确的数据（客观的信息）来支撑表达者的观点会增强可信度。

（3）为倾听者选择信息。最有效的沟通者特地发送倾听者感兴趣的信息，换位思考，人们会非常仔细地专注于对自己有价值的信息。在组织中，有针对性地表达方式能让沟通更有效。

（4）使用开门见山的信息。最有效的沟通者坦率地陈述观点，避免关键信息被稀释，且希望通过让表达的信息有趣、重要和特别，使之脱颖而出。卓越的领导者往往也是一位优秀的演讲者。

8.4.2 营造公开反馈的组织文化氛围

理论上，准确的信息是有效沟通的关键，组织应该鼓励反馈，反馈是主要的信息来源。然而在现实场景中，组织中的人可能不愿意提供和接收反馈，这种状况会极大地破坏组织中的沟通。尽管组织中的高层公开诚实地寻求反馈，但较低层次的员工相信自己表达观点能免受惩罚的状态很难达到，组织可以使用一些方法来鼓励公开反馈。

- 360°反馈。建立一个正式系统，在这个系统中不同层级的员工为其他各层级的员工提供反馈，并接收来自他们以及外部人员（包括顾客和供应商）的反馈。
- 合理化建议制度。允许员工表达对改善某件事情的观点，当员工的观点被采纳时，员工可以得到奖励。
- 公司热线。为公司高层配备的电话沟通热线定期回答问题和接受意见。在员工由于组织正经历着变革而很可能充满疑问的时候，这尤其有用。

8.4.3 有效的倾听

有效的沟通不仅仅涉及清楚地表达信息，同样涉及准确地理解他人。有效的倾听是建立和谐人际关系的关键之一。人都需要被倾听，无论是出于对自己的情感考虑，还是为了达成人与人之间的理解。相互理解才能建立信任的关系，而要理解对方的意图必须要认真地倾听。事实上，考虑到管理者花40%的时间来倾听他人，但其中只有25%是有效的这一现状，倾听是大多数人需要增强的一项技能。有效的倾听涉及以下3个重要的元素。

- 在接收他人的信息时不做评判。
- 以鼓励对方继续说下去的方式交谈。
- 试图把说话者的想法推进到下一个阶段。

考虑如何提高作为一个倾听者的有效性是值得的，很多组织正在努力提高员工的倾听技能。这种系统性的提高倾听技能的努力代表着明智的投资，而它又通过好的倾听来得到回报。事实上，研究显示，一个倾听者越有效，他越有可能晋升到管理岗位，并且在那个角色中表现得很有效率。

8.4.4 关注沟通中的性别差异

男性和女性的沟通行为大体上是相似的，但还是存在着微妙的差别，这些差别偶尔会导致误解和冲突。其中一个差异就是，男性比女性更容易把一场对话看成一场有关地位和权力的谈判。他们通过直接给别人提供建议（"你应该做以下的事情"）和使用挑衅性的语言来强调他们的权力。还有一些证据证明，男性和女性谈话时，谈话常常是由男性来掌控的，且他们比女性更常打断对方，不像女性那样会常常调整说话风格，如图8-6所示。

男性说话时
- 公事对话——给建议、维护权力
- 直接给建议
- 控制对话风格
- 不经常道歉
- 对非语言暗号不敏感

女性说话时
- 社交对话——建议关系
- 间接给建议
- 可变的对话风格
- 经常道歉
- 对非语言暗号敏感

图 8-6　沟通中的性别差异

男性会参与更多的"公事对话"，该类型谈话的主要功能就是客观并高效地交换信息。女性也会进行公事对话，尤其是在和男性对话时，但女性与女性之间往往通过"亲切交谈"来建立关系，女性会使用更多间接要求的语言（"你觉得你是不是应该……"），她们道歉的频率也会更高，且她们征求别人意见的速度也比男性快。研究一致认为，在面对面交谈时，女性对非语言暗号的敏感性要比男性高得多。把这些情况综合起来，会引发两性沟通的冲突。遇到问题的女性会觉得很沮丧，因为男性只会给她们提供建议而不会提供安慰；同样，男性也会感到失落，因为他们不明白为什么女性不感谢他们的建议。因此，关注沟通中的性别差异，可以提高管理沟通的有效性。

8.5　数字化时代的沟通及改善

现代管理学理论奠基人彼得·德鲁克所称的"第四次资讯革命"给组织沟通带来了革命性影响。近年来，组织和人们日常生活最大的变化之一就是新的沟通技术的巨大发展，基于这些变化的速度和扩张性，伴随着大范围的信息技术的发展和组织沟通中出现的问题，信息沟通的方式和途径发生了根本性的改变。可以说，今天的组织沟通已离不开现代信息技术和网络。

企业的管理者可以通过基于信息技术的互联网网络（包括公司内部的网络、公司本身的网站和外部网）来实现企业对内和对外的沟通，这是数字化时代沟通的显著特征。现代信息技术和网络技术为企业提供了丰富的现代网络沟通方式，常用的网络沟通方式包括电子邮件与语音邮件系统、网络电话、网络传真、电子公告板、即时通信、视频会议等。

网络沟通在沟通方向上打破了传统沟通的界限，各个层级之间的沟通不受限，这减少了信息的过滤和失真，提高了企业的沟通效率；在网络技术环境下，互联网技术为人们对沟通方式的选择提供了更多的自由，可以根据需要进行图像、文字、声音等信息的单个或组合传递，使得沟通方式的选择具有更强的针对性和灵活性；此外，互联网技术也为沟通网络提供了更好的技术平台，特别是在传统技术环境下，全通道式沟通的作用和优势发挥受到限制，缺少有效的平台，而互联网技术则为全通道式沟通创造了良好的技术平台，使这一沟通方式的优势得到充分发挥。

8.5.1 数字化时代的沟通特征

谢尔·赫尔茨曾经在《网络公关》一书中指出旧经济和新经济的区别：工业经济（旧经济）以生产者为主导，采用"自上而下"的传统管理结构，以生产数量为基础，追求规模效益，批量化地生产相同的产品；信息经济（新经济）以数字化和网络化为表征，以客户为主导，以质量为基础，提供定制服务和突出个性的产品。

在今天看来，对于新旧经济的理论论述可以很容易地和管理沟通的变化及特征联系起来。在工业经济背景下，针对企业的内部员工和外部客户，企业的管理者习惯采用"命令和控制"的传统管理沟通模式；到了知识经济时代，那些曾经扮演（信息）命令者和控制者角色的管理者不得不向"沟通和网络化连接"的新模式转变，不得不与公司内部员工和外部客户建立紧密的联系，运用组织的内部网、外部网和公司网站等工具，使得传统的沟通方法让位于扁平化、透明化、互动化和个性化的网络沟通方法。

1. 沟通流程扁平化

在新经济条件下，企业内部组织结构开始发生转变，以等级为基础、以命令为特征的"金字塔"式的组织结构将逐渐趋于扁平化。传统分工协作的专业化和精密化格局的存在，致使管理环节的增多、信息传递的低效。信息网络系统的出现，一方面使得同等级别员工之间的信息交流更加快捷与准确，跨部门的电子邮件通信打破了部门之间的障碍；另一方面也使得企业上下级之间的信息联络更为容易和方便，高层管理人员和基层员工可以通过电子邮件、即时通信产品进行直接沟通，从上到下的直接交流已经成为现代工作的一种常态。这些最终促使企业减少了管理的层次，压缩了管理机构，精简了管理人员，使企业体现组织文化的平等性，为企业在外界树立公平民主的形象。可以说，沟通流程的扁平化大大提高了企业的管理能力和效率。

2. 沟通模式透明化

沟通模式的透明化主要表现在两个层面。一是同一企业内部，信息的透明化表现在组织内部工作人员和相关工作间的开放，透明化的操作看起来非常机械而且带有程式化色彩，但实际上它打通了部门之间的界限，为具有多种技能的人提供了更大程度发挥自己才能的机会，并且把层级体制和官僚化体制所带来的阻碍降低到了最低程度。二是企业与外部客户、合作伙伴层面，网络化结构为组织的外部客户、合作伙伴和企业之间建立起一种"无缝连接"的关系：对外部客户而言，公司网站上登载的信息大多是完全透明公开的；对合作伙伴而言，部分合作伙伴通过外部网可以和组织机构保持联系。通过内部网、外部网及公司网站的整合过程为企业内部员工和外部客户、合作伙伴提供更好的网络信息导航。

3. 沟通活动互动化

在网络时代，企业的沟通活动真正实现了双向互动的关系。沟通对象作为网络用户可以随时随地从网上获取组织的信息，他们不但可以主动地阅读，而且可以发布自己的观点，通过网上的电子论坛、即时通信、电子邮件、聊天室、网上民意调查和每一篇新闻报道后的评论区，自由地发表观点，随时做出评论，甚至参与组织的活动创意。此时的沟通对象从传统的被动的信息接受者转变为主动的信息参与者。

4. 沟通对象个性化

传统媒体手段，诸如广播、电视、印刷媒体等，目标受众是一群人，可以按照社会、经济、市场和兴趣等层面进行细分，但这在网络沟通环境中是行不通的，因为在网络空间中，借助网络沟通工具，人们不用面对面就可以交谈，具有隐蔽性、流动性，因而人们可以自由选择他们想要接收的信息，同时似乎可以不用顾及传统意义上的交往方式带来的规范、限制、禁忌，人们的情感和心灵呈现完全开放状态，人们的兴趣和动机也要复杂得多。所以沟通对象比以往任何时候更具有个性化的特征，此时的沟通如果从个性化的内容入手，就会带有浓厚的人情味。在这种情况下，提供特定话题的信息，或专门针对小众组织、小群体甚至个人的信息，使每个人几乎都可以看到他想看到的所有东西，有助于唤起沟通兴趣和获得更加广泛的理解。

8.5.2 数字化时代的沟通障碍

组织中的沟通主要是以信息的有效性传递来判断沟通的保真程度。所谓沟通的保真程度是指信息源的意图与接收者对信息理解的一致性程度。事实上，任何信息在沟通过程中都会发生或多或少的损失，也就是说，由于沟通过程中的某些障碍的存在，无法绝对保证沟通的准确性和完整性。数字化时代沟通存在的障碍主要包括以下四项。

（1）**在网络上主要通过文字进行沟通，不利于交流信息的准确性和全面性**。人际沟通可分为语言沟通和非语言沟通两部分，网络上的交谈与聊天主要是通过输入文字来进行的，无法表达出非语言沟通方面的很多其他信息，这是网络人际沟通与面对面人际沟通的显著差异所在。尽管人们在交流中会采用一些表示表情、心情的符号，或者是使用语音聊天，但这也只能是使交谈的对方有部分感官察觉，对非语言沟通部分的信息不能完全了解。而网络的虚拟化、交流方式的简略化，更是使网络沟通信息的准确性大打折扣。

（2）**沟通媒介存在问题**。技术使得信息以前所未有的速度在组织与组织、组织与个人、个人与个人之间传递，信息传递速度加快是必然的结果，但同时，组织中的个人接收的信息数量也远远超过其所能吸收、处理的能力，出现信息超负荷，且网络沟通也不适用于所有的情况。

E-mail 在工作场所中被广泛应用，为人们的工作带来了极大的便利，但也存在一些问题。E-mail 能很好地处理常规的情况（例如给出基本的指导或者展示会议日程），但当面对模棱两可、复杂和全新的情况时，E-mail 就显得笨拙、难以适应了。因为这些情况要求沟通渠道能传递更大容量的信息，并且要求得到更加迅速的反馈。也就是说，当问题变得混乱不堪时，使用谈话形式，甚至面对面谈话会优于使用 E-mail 进行沟通。此外，E-mail 导致了信息过量，原因在于，人们不需要什么努力就可以写信息和把信息复制发送给很多人，而过量的 E-mail 信息会耗费人们大量的工作时间。

（3）**纵向沟通弱化，横向沟通扩张**。当人们被视为网络中的知识资源而不是一定范围内的知识所有者时，横向沟通的扩张是一个显而易见的过程。尽管纵向沟通依旧存在，但当以任务为中心的核心团队在公司各处带动知识进步时，居于主导地位的将是横向沟通形式，纵向沟通形式则被弱化。

（4）**非正式沟通管理难度加大**。以网络为媒介的非正式组织难以监督。互联网技术为流言蜚语的快速传播提供了方便，给企业思想管理和危机处理带来诸多不便，其消极影响不可小觑。

8.5.3 改善数字化时代的沟通

网络时代，组织结构形态变化，随之衍生出的组织文化也发生了变化，管理沟通必然也发生巨大变化。网络沟通提供了一个快捷便利的沟通平台，并对管理模式产生了深刻的影响，与此同时，它也带来了一些负面影响，且组织并没有放弃传统的非正式沟通形式，在个人信息交流和制定公司的管理沟通目标方面管理者都应该成为员工的楷模。因而，在数字化时代背景下，为了提升管理效率，在传统的沟通方式与现代网络沟通方式之间找到一个平衡点，使组织中的人既能利用快捷高效的网络沟通，又能保持传统沟通给人们带来的亲近与和谐，以下六点策略值得关注。

1. 必要时进行面对面交流

随着互联网的普及，管理者越来越依赖新技术传递信息。然而，面对面的交流仍然是最重要的管理沟通方式，因为电子沟通并不能替代上级与下属的直接交流，在直接交流中上级可以观察到下属的面部表情等肢体言语，并确保沟通的有效性与反馈的及时性。

2. 避免信息超负荷

管理者与员工经常会收到各种并不适用的信息。在有效的管理沟通系统中，传递者应对其信息和接收者进行认真的考虑与筛选，进行情境管理与沟通，为每个接收者准备个性化的信息。

3. 重视影响面

由于网络沟通的特点，网络环境下的管理沟通就像在一个相对静止的池塘中扔一块石头，会产生"一石激起千层浪"的连锁反应。在与直接上级和下属进行沟通时，必须准确识别、了解并理解其沟通与交流的方式，以减少沟通障碍。同时，作为管理者，还要考虑沟通与交流方式对圈外成员的影响。其中最关键的是，为了使管理沟通更畅通、更有效，管理者应该将沟通对象视为合作伙伴，彼此尊重，为沟通持续顺利进行打下良好的基础。

4. 控制通信费

在许多企业中，通信方式是多种多样的，并由不同的部门负责管理，如电子邮件、声音邮件、电话、传真、企业通信平台等。公司应对通信使用有一个准确的认识，有效控制通信管理费用（其中蕴藏着巨大的管理机会），审视与设计企业的管理沟通系统和通信程序，这样既能控制成本，又能有效达成管理沟通的目标，真正做到事半功倍。

5. 重视个人隐私和知识产权保护

个人隐私和知识产权是网络环境下管理沟通面临的最大难题。有效地控制员工的行为并保护员工的个人隐私，激励员工的创新潜力并保护企业和个人的知识产权，是企业在数字化沟通环境下需要重视的问题。

6. 运用新技术时注意保护企业网络安全

人们面临电子通信与网络交流的到来,误以为无纸化办公和无纸邮件将全面取代纸上交流。其实,新的通信工具并不会全面取代传统的交流工具,但它们会全面渗透、融入现有的通信设施。更需要重视的是,在网络沟通环境下,企业有更多的机会获取竞争信息,同时企业自身的信息安全也面临更大的挑战。因而在运用新技术的过程中,要注重保护组织内部的网络安全。

本章回顾

本章主要是对沟通的基本内容进行了探讨,并阐述了在数字化时代背景下沟通的新特征及如何改善数字化时代背景下的沟通。本章在探讨了沟通的定义后,重点介绍了沟通的过程模型和戴维斯的步骤沟通过程模式;接着,介绍了按不同的标准对沟通的分类:正式沟通与非正式沟通、语言沟通与非语言沟通;随后,介绍了四种沟通方法和技巧;最后,基于数字化时代人们沟通方式的改变,介绍了数字化时代的沟通障碍,并探讨了如何对存在的障碍进行改善。

关键术语

沟通(communication)
语言沟通(verbal communication)
非语言沟通(nonverbal communication)
正式沟通(formal communication)
非正式沟通(informal communication)
沟通障碍(communication barrier)

课堂讨论

1. 找出生活中的一个沟通例子,用沟通过程模型进行分析。
2. 五种正式沟通网络在生活中有哪些例子?
3. 在数字化时代,你生活中的沟通产生了哪些具体的变化?如何理解网络沟通的消极影响?
4. 你是否在组织中遇到过沟通障碍的问题?你是如何处理的?

团队练习

撕纸

活动目的:

为了说明我们在平时的沟通过程中,经常使用单向的沟通方式,结果听者总是见仁见智,个人按照自己的理解来执行,通常都会出现很大的差异。但使用了双向沟通之后,又会怎样呢?差异依然存在,虽然有改善,但提高了沟通过程的复杂性。所以什么方法是最好的?这要依据实际情况而定。沟通的最佳方式要根据不同的场合及环境来确定。

时间: 15分钟。

材料: 准备两倍于总人数的A4纸(废纸亦可)。

操作程序:

1. 给每位学员发一张纸。
2. 老师发出单项指令:
——大家闭上眼睛。
——全过程不许问问题。
——把纸对折。
——再对折。
——再对折。
——把右上角撕下来,转180°,把左上角也撕下来。

——睁开眼睛，把纸打开。

老师会发现各种答案。

3.这时老师可以请一位学员上来，重复上述的指令，唯一不同的是这次学员们可以问问题。

有关讨论：

1.完成前两步之后可以问大家，为什么会有这么多不同的结果？

2.完成第三步之后再问大家，为什么还会有误差？

网络练习　　　　与高层沟通

宝洁公司（Procter & Gamble）是世界最大的日用消费品公司之一，全球雇员近10万人，在全球80多个国家设有工厂及分公司，所经营的300多个品牌的产品畅销160多个国家和地区，其中包括洗发、护发、护肤用品、化妆品、婴儿护理产品、妇女卫生用品、医药、食品、饮料、织物、家居护理及个人清洁用品。在中国，宝洁的飘柔、海飞丝、潘婷、舒肤佳、玉兰油、护舒宝、碧浪、汰渍和佳洁士等已经成为家喻户晓的品牌。宝洁在中国的招聘非常专注于应届毕业生，你将来有可能成为它的一员。登录网站www.pg.com，浏览宝洁公司的产品和服务，并找出该公司在你所选择的特定及邻近地区正在做的事。最后，利用这些信息及你在本章所学习的内容，回答以下问题：

1.如果你为宝洁公司工作，并与美国总部的人保持持续沟通，你会遇到何种沟通方面的挑战？

2.你认为公司应该向你提供何种沟通培训，以确保你能够和高层管理者进行有效的往来？

3.对比你的价值观和美国文化价值观的差异，思考自己需要做哪些调整以适应美国公司的文化。

自我测试　　　　"倾听"技能测验表

	几乎都是	常常	偶尔	很少	几乎从不
态度					
1.你喜欢听别人说话吗	5	4	3	2	1
2.你会鼓励别人说话吗	5	4	3	2	1
3.你不喜欢的人在说话时，你也注意听吗	5	4	3	2	1
4.无论说话的人是男是女，年长年幼，你都注意听吗	5	4	3	2	1
5.朋友、熟人、陌生人说话时，你都注意听吗	5	4	3	2	1
行为					
6.你是否会目中无人或心不在焉	5	4	3	2	1
7.你是否注视说话者	5	4	3	2	1
8.你是否忽略了足以使你分心的事物	5	4	3	2	1
9.你是否微笑、点头以及使用不同的方法鼓励他人说话	5	4	3	2	1
10.你是否深入考虑说话者所说的话	5	4	3	2	1
11.你是否试着指出说话者所说的意思	5	4	3	2	1
12.你是否试着指出他为何说那些话	5	4	3	2	1
13.你是否让说话者说完他的话	5	4	3	2	1

(续)

	几乎都是	常常	偶尔	很少	几乎从不
14. 当说话者在犹豫时，你是否鼓励他继续下去	5	4	3	2	1
15. 你是否重述说话者的话，弄清楚后再发问	5	4	3	2	1
16. 在说话者讲完之前，你是否避免批评他	5	4	3	2	1
17. 无论说话者的态度与用意如何，你都注意听吗	5	4	3	2	1
18. 若你预先知道说话者要说什么，你也会注意听吗	5	4	3	2	1
18. 你是否询问说话者有关他所用字词的意思	5	4	3	2	1
20. 为了请说话者更完整地解释他的意思，你是否会询问	5	4	3	2	1

案例分析　　　　　与经理人的交流信

2013年10月，正处于组织变革中的国内最大的农牧企业——新希望六和股份有限公司（以下简称"新希望六和"）的经理人收到一封来自时任新希望六和联席董事长兼CEO的陈春花教授所写的信。而后，在陈春花教授担任新希望六和联席董事长兼CEO，主导新希望六和组织变革的三年内，内部经理人共收到九封内部交流信。这九封信呈现出极大地上下沟通效能，在统一内外部认知，助力组织变革方面发挥了重要作用。与此同时，陈春花教授也获得了惊人的回报。她上任半年，公司即止住了下滑的势头，而且是在前三季度行业均遭遇亏损的情况下完成的。2014年的财报更是令人喜出望外，利润和股价双双达到了历史高点，更重要的是公司的高效率和新业务布局展现出了前所未有的活力。

据陈春花教授介绍，让她决定采用写信给经理人的方式进行交流的起因是，在进行内部战略变革时公司内部同事对变革策略的理解与公司本身设定的策略之间隔着一条巨大的鸿沟，由此产生了一系列的不安、迷茫、观望甚至不接纳。而出现这些情况的真实原因是内部同事并不完全理解公司的变革策略，所得到的信息是偏颇的、被调整的、有遗漏的，甚至是完全错误的。因此，陈春花教授决定采用一种最直接的方式——写内部交流信，让上上下下的同事可以完全、清晰以及无误地倾听公司的声音，把公司的立场、选择以及策略直接传递给每一个经理人。

以下是内部交流信的部分内容。

对于公司变革和坚持转型的理由，我想我们沟通得已经很深入了，也达成了共识，董事会坚持认同必须变革和转型的选择，同时也给出了我自己的专业判断。

目前的新希望六和依然有一部分同事处在一种自我保护、推卸责任、不愿变化、抱残守缺的氛围中，这让我非常失望。我不知道有人为什么会形成这样一种习惯：只有自己认同的决策和信息才接受，自己不认同的就不接受，甚至过滤掉。我没有料到会有同事本位和不合作，更没有料到会有自私自利的行为，会有损害公司利益的行为，会有为了保护自己、证明自己，不惜牺牲公司产品的品质以及公司利益的行为。

我从未想过批评谁或者指责谁，我们应该一起为这显露出来的问题负责。我们的问题在很大程度上源于内部。现在，我拼命地想让所有领导者都感受到我的忧虑：新希望六和正在遭受侵袭，而这股力量主要来自内部。

我们不能像从前那样明确地判断和给出自己的意见，大家很小心地维护和周边人的工作关系而不能坦诚地表达想法。因为对行业的理解深度不够，我们用过去30年的经验做出滞后的判断；不能以高标准来要求自己，也就无法要求别人；需要迁就不合理的行为和逻辑，无法把握用户（顾客）层面的深度和价值判断。最难的是，我无法判断对风险以及改变所带来的成本，我是否可以确定以及承担，因为团队上下同欲、真正从认知到行动拥抱改变的一致性还有欠缺。

仅就当前而言，因为组织变革和战略转型的确给大家带来困扰和不安，也的确让同事在经历变化中感受到压力。但是正如一些同事和我交流所感知的那样，我也很想分享对这些交流所总结的观点，帮助我和大家一起调整心态，拥抱变化，并享受变化。

第一，不要在意别人的评价，而要在意对自我的要求。在这些调整过程中，同事听到非常多的信息，也得到各种各样的评价。当这些评价干扰了我们正常工作的时候，我非常希望我们可以回归到对自己的要求上。我们的工作评价并不来自其他人的看法，而是来自工作品质本身。

第二，变革给了每个人画图的机会，我们可以自己规划属于自己的未来。改变的确会带来阵痛、不安和未知，这是改变的基本特点。正因为此，改变也会带来机会、可能和奇迹，这同样是改变的基本特点。积极的态度能让我们获得规划属于自己未来的机会和可能。

第三，不怕有问题，所有问题都有解决的办法，也都会带来全新的成就体验。改变会带来问题，有些问题是历史遗留下来的，有些问题是改变引发的，有些问题本就存在而被我们忽略了。但是不管什么原因产生的问题，只要是问题就有解决的办法，只要是问题就有因解决问题而带来的新发现。

——节选自《第一封内部交流信》

2013年7~9月，部分同事给我的回馈是组织变革太快了，是否应该晚一些做；2013年9~12月，部分同事给我的回馈是组织变革准备不足，是否应该准备得再充分一些再做；2014年1~2月，部分同事给我的回馈是组织变革本身没有问题，问题是我们的人没有协同能力，是否应该用回原来的工作方式。看看在这几个月的时间里，我们在思考什么？我们又做了什么？观望、评价、回避，这就是我们的行为选择，到了2014年2月结果自然而知。

有人问我，是否把调整的方案做得更详尽一些，上面这些问题就不会出现了。我也在问自己：真的是这样吗？如果不全力以赴去执行，任何方案都不可能发挥作用。因此在我看来，造成这些问题的根本原因是"刺猬观念"在作怪，是没有养成"刺猬理念"的习惯，没有在执行过程中全力以赴地解决问题，没有用拼搏的心态面对问题，没有想尽办法把复杂问题简单化。因为在大的战略和方向一致的前提下，改善和调整的方案一定是共同参与的选择，一定是共同努力求取成功结果的过程。人们一定要自己感觉到这件事是他要做的才有效果，才能产生驱动力，如果是别人要求他做，他下意识里并不当真。这是我这么多年来发现的问题，我希望大家一起调整自己，让改变成为自己想要做的事，而不是认为改变是别人的事或者别人想要你做的事。

即使有时感觉自己就像在混沌中失去了方向，但是我依然相信与大家一起能够不屈从那些负向压力，我们要专注于一切能让公司走上增长轨道的事情。放下自我，卸下自负，化繁为简，专注执行，聚焦拼搏。

——节选自《第三封内部交流信》

最近3年，行业发生了巨大的变化，一方面源于行业自身发展的影响，一方面源于市场环境发展的影响，特别是互联网技术发展的影响，以及消费者认知发展的影响，这些发展虽然带来压力和挑战，但更多的是带来变化和机遇。如果我们不能够理解这些变化，不能够利用这些变化以获得经济与能力上的增长，变化与机遇对我们来说就没有意义了。

也许我也无法说清楚未来是什么样子的，当我自己迷茫的时候，我会问问自己，我的目标是什么？有了目标就可以让我脱离开现实的迷茫。我如此明确地和大家一起来再一次确认我们的愿景：为打造世界级农牧企业和美好公司而奋斗，是因为这个愿景能带动我们去思考未来，去转向全球，去成就内心的善。

回到总部的日子里，我问自己，如果公司不在22年前走到省外，如果公司不在16年前迈出国门，如果公司不在9年前强强联合，我们能否还有今天中国第一、世界第三的位置呢？我相信是不可能的。正是这些多年前的选择，让我们今天有机会参与到国际化、全球化的格局中，正是当时对"未来"的选择，让我们今天能够去发展和超越。

"向自己挑战"一直是我们的精神，这种精神从未离开过公司发展的每个阶段。如果能够传承我们内在秉性中的能量，就足以推动我们改变现在，拥有未来。

三年战略规划的确定，表明我们在做一件农牧行业今天需要做的事，"基地+终端"。我们进行了深入的讨论，仔细的分析，去理解和认知消费端对于产品和产品可靠性的要求；去理解养殖端的效率、痛点和瓶颈在哪里；去认知我们自己的困难、问题和资源的状况。最令我开心的是，我们已经上下同欲，达成共识。

——节选自《第五封内部交流信》

6月24日《中国企业家》杂志对永好董事长做了一次普鲁斯特问卷调查，第十个问题是："如果您能选择的话，希望让什么重现？"永好董事长的答案是："我希望再年轻20岁、30岁、40岁、50岁，成为'90后'甚至是'00后'，当一个新的创业者，在新的格局下，成为'大众创业，万众创新'的积极参与者，或许再过10年、20年我会有新的格局出现。"看到这个答案，你眼前一定看到一个这样的人，他敏锐地感知这个时代的变化并永远走在时代前端，永葆青春，这也是他被誉为"常青树"的根本原因。

把永好董事长的"答卷"分享给大家，是想让大家理解对变化保持敏感性是极其重要的一件事。很多时候，观察那些成功者以及成功的企业，都会发现这个共同的特征：谁能够适应市场的变化，谁就能基业长青。

公司如果要持续经营，就需要对变化保有敏锐性，不要认为变化是一个阶段的需求，是某个特定时期的选择。有人曾经问我："什么时间去做企业转型比较合适？"我回答说："企业转型是一个持续性的任务，需要贯彻始终。"是的，变化是个永恒的话题，没有人可以回避。我们已经持续转型整整两年的时间，现在初步看到了转型的效果，这时已经有一些同事反馈给我建议，是否应该调整一下策略，不要让大家总是在变革中、转型中，这样长期持续，大家会受不了。另有一些同事觉得正在展开的、更深入的变化动作太大了，写邮件给我，建议应该缓一缓。我倾听大家的建议，也观察每个区域和部门的行动，觉得有必要与大家明确这个话题的结论，那就是必须持续变化与转变，因为停滞就意味着已经落后。永好董事长如此，迪士尼如此，我们更没有理由不如此。

——节选自《第七封内部交流信》

资料来源：节选自陈春花. 共识：与经理人的九封交流信[M]. 北京：机械工业出版社，2017.

提示问题：

1. 描述在变革期间，陈春花教授是如何让员工接受并参与变革的。
2. 结合案例，分析在组织变革中如何保持与下属的有效沟通。
3. 上述案例给组织变革中的管理沟通带来了哪些启示？

网站推荐

1. 曾仕强——领导的沟通艺术：http://v.youku.com/v_show/id_XMTUyMjM0OTA0.html?from=s1.8-1-1.2
2. 企业沟通：www.corporatecomm.org

3. 柳青企业管理系列——有效沟通技巧：http://v.youku.com/v_show/id_XMTAxMzA1MTI=.html?from=s1.8-1-1.2

微信公众号推荐

1. 团队管理沟通技巧：gh_5539468a25f0
2. 职场管理与沟通：zcglygt
3. TA 人际沟通：tarenjigoutong
4. 沟通销售技巧：boyi192

参考文献

[1] 詹姆斯 S 奥罗克. 管理沟通：以案例分析为视角（原书第 4 版）[M]. 康青，译. 北京：中国人民大学出版社，2011.

[2] 魏江，等. 管理沟通：成功管理的基石 [M]. 4 版. 北京：机械工业出版社，2019.

[3] 毕继万. 跨文化语言交际 [M]. 北京：外语教学与研究出版社，1988.

[4] 姜维. 管理沟通：实践与策略 [M]. 北京：电子工业出版社，2013.

[5] 陈春花. 管理沟通 [M]. 广州：华南理工大学出版社，2008.

[6] 杜慕群. 管理沟通 [M]. 北京：清华大学出版社，2009.

[7] 迈克尔 E 哈特斯特，林达·麦克詹妮特. 管理沟通原理与实践（原书第 4 版）[M]. 葛志红，等译. 北京：机械工业出版社，2008.

[8] 杰拉尔德·格林伯格, 组织行为学（原书第 6 版）[M]. 朱舟，王蔷，译. 上海：上海人民出版社，2017.

[9] 斯蒂芬·罗宾斯，蒂莫西·贾奇. 组织行为学（原书第 16 版）[M]. 孙健敏，王震，李原，译. 北京：中国人民大学出版社，2016.

[10] 康青. 管理沟通 [M]. 北京：中国人民大学出版社，2015.

[11] 陈春花. 共识：与经理人的九封交流信 [M]. 北京：机械工业出版社，2017.

第9章 冲突与冲突管理

> 喜怒哀乐之未发，谓之中；发而皆中节，谓之和。中也者，天下之大本也；和也者，天下之达道也。致中和，天地位焉，万物育焉。[一]
>
> ——《礼记·中庸》

学习目标

1. 了解冲突的概念、特征和类型
2. 理解冲突的传统观点、人际关系观点和相互作用观点的差异
3. 了解冲突产生的根源
4. 掌握对冲突进行分析的方法
5. 理解有效管理冲突

引例　　　　　　　阿里政委"搭场子"

阿里政委在外界看来一直是个神秘的组织，它的设立是因为2004~2005年阿里高管团队不断地思考在公司层级增多、进行跨区域发展的背景下，如何使一线员工依然能保持价值观的传承，同时在业务和人力资源培养方面有快捷的支持。政委体系作为一个巧妙的载体便产生了。

阿里政委"搭场子"又是怎么回事呢？阿里的搭场子，是阿里创新的解决管理冲突和团队矛盾、达成共识的一种方法。"搭场子"具体来说就是政委搭建沟通的渠道和平台，让冲突可以得到妥善解决，达成共识。使用这种方式，政委作为问题冲突双方之间的桥梁和见证者，通过"搭场子"去化解矛盾或冲突。且不管是当员工之间、员工与主管之间、员工与经理之间出现矛盾，还是经理与主管之间、主管与主管之间有了冲突，政委都有责任去"搭场子"从中调解矛盾。

阿里政委的工作就是关心员工的工作和生活，甚至进行一对一的访谈，了解员工的各种情况，包括家庭动态、业务动态、团队成员间的状态等。进行全方位立体化的了解，就是要能够在必要时给予解决方案或者支持。"搭场子"的前提就是信任，只有对团队有足够的了解，在充分信任的状态下，"搭场子"才有效，才能在搭的场子里让大家敞开心扉说出心声，让领导者打破内心的自我惯性，减少员工支支吾吾不敢说真话的尴尬，让大家产生

[一] 人们若能把"中和"的道理加以推广，天地就各安其所，万物也各遂其生了。其中，"中"是内在未发的心灵结构，即"仁爱"之"性"；"和"是发之于外的人伦结构，也就是"义礼"之"情"，即"发乎情，止于礼义"(《毛诗序》)。孔子所谓"礼之用，和为贵"即此意(《论语·学而》)。

背靠背的信任，积极探讨，不逃避问题，不隐藏自己，呈现真相。同时，政委也有义务提供给团队成员他们不了解的信息或数据，特别是在当事者就意见和理解上存在分歧，而非事实上的分歧时，政委需要考虑让其他利益相关者参与讨论，引进更多观点，以此减缓紧张局势，更好地化解和解决冲突。

资料来源：节选并改编自微信公众号"HR实名俱乐部"（微信号：HR_club）2018年01月10日文章"阿里政委如何搭场子"。

9.1 冲突能够避免吗

9.1.1 冲突的定义与特征

1. 冲突的定义

冲突（conflict）是一种广泛的社会现象，它存在于人类社会活动的各个层面、各个领域和所有的行为主体之中，并以形形色色的形式而存在。

冲突是社会学、心理学等许多学科中的重要概念，不同学科对于冲突的定义各不相同。组织行为学主要研究广泛存在于组织各项活动中的冲突，这些冲突作为组织活动的基本内容和基本形式之一，影响与制约着组织和组织成员的行为倾向及行为方式。因此，我们这里主要给出组织行为学研究中对冲突的两种有代表性的定义。

托马斯将冲突定义为一个过程，它开始于一方感知到另一方对其关心的事物有或将要有消极影响时。

罗宾斯将冲突定义为感知意识（知觉）、对立、稀缺和封锁，进而认为冲突是一种潜在的或公开的确定性行为。他把冲突定义为一种过程，在这个过程中，一方努力去抵消另一方的封锁行为，因为另一方的封锁行为将妨碍他达到目标或损害他的利益。

尽管不同领域的学者对"冲突"内涵的理解各不相同，但仍存在如下四个共同点。

- 冲突是否存在不仅是一个客观性问题，也是一个主观的知觉问题。客观存在的冲突必须经过人们去感知，内心去体验，如果没有人意识到冲突，那么一般认为就没有冲突存在。
- 冲突产生的必要条件是，存在某种形式的对立或不相容以及相互作用。
- 冲突的主体可以是组织、群体或个人，冲突的客体可以是利益、权力、资源、目标、方法、意见、价值观、感情、程序、信息、关系等。
- 冲突是一个过程，它是从人与人、人与群体、人与组织、群体与群体、组织与组织之间的相互关系和相互作用过程中发展而来的。

2. 冲突的特征

（1）客观性。冲突是客观存在的、不可避免的社会现象，是组织的本质特征之一。任何组织只有冲突程度和性质的区别，而不可能不存在冲突。

（2）主观知觉性。客观存在的各种冲突必须由人们自身去感知、内心去体验。当客观存在的分歧、争论、竞争、抵抗等反应成为人们大脑或心理中的内在矛盾斗争，导致人们进入紧张状态时，冲突才被人意识和知觉到，这就是冲突的主观知觉性。

（3）二重性。冲突对于组织、群体或个人既具有建设性、有益性，有产生积极影响的可能，又具有破坏性、有害性，有产生消极影响的可能性，这就是冲突的二重性。冲突对于组织的利与弊，如表 9-1 所示。

表 9-1 冲突对于组织的利与弊

	消 极 影 响	积 极 影 响
对成员心理的影响	带来损害，引起紧张、焦虑，使人消沉痛苦，增加人际敌意	使坚强者从幻觉中清醒，从陶醉中惊醒，从不能战胜对方的现实中看到自己弱点所在，发奋图强
对人际关系的影响	导致人与人之间的排斥、对立、威胁、攻击，使组织涣散，削弱凝聚力	"不打不成交"，使人加强对对方的注意，一旦发现对方的力量、智慧等令人敬畏的品质，就会增强相互间的吸引力，团体间的冲突促进团体成员一致对外，抑制内部冲突，增强凝聚力
对工作动机的影响	使成员情绪消沉，心不在焉，不愿服从与之冲突的领导的指挥，不愿与相冲突的同事配合，破坏团结愉快的心理气氛，减弱工作动机	使成员发现与对方之间的不平衡，激起竞争、优胜、取得平衡的工作动机，振奋创新精神，发挥创造力
对工作协调的影响	导致人与人之间、团体与团体之间的互不配合、互相封锁、互相拆台，破坏组织的协调统一和工作效率	使人注意到以前没有注意到的不协调，发现对方的存在价值和需要，采取有利于各方的政策加以协调，使有利于组织的各项工作得以开展
对组织绩效的影响	互相扯皮，互相攻击，转移对工作的注意力，政出多门，互不同意，降低决策和工作效率，互争人、财、物，造成积压、浪费	反映出认识的不正确、方案的不完善，要求全面地考虑问题，使决策更为周密
对组织生存、发展的影响	冲突达到一定程度后，双方互不关心对方的整体利益，有可能使组织在内乱中濒临解体	冲突本身是利益分配不平衡的表现，它迫使人们通过互相妥协让步和互相制约监督，调节利益关系，使各方面在可能的条件下均得到满足，维持内部的相对平衡，使组织在新的基础上得到发展

（4）程度性。现代冲突观认为，不仅要区别冲突的性质，而且要进一步区别冲突的程度。美国学者布朗（L. D. Brown）等在对冲突与组织绩效之间关系的研究中，发现了冲突水平与组织效率之间的关系主要表现为：当冲突水平过高时，组织会陷入混乱、对抗，甚至分裂、瓦解状态，破坏绩效，危及组织正常运转乃至生存；当冲突水平过低时，组织缺乏生机和活力，会进入变革困难，组织发展停滞不前，难以适应环境的低绩效状况；当冲突达到最佳程度时，它可以阻止迟滞，解除紧张，激发创造力，培养创新的萌芽，使组织保持旺盛的生命力。冲突水平与组织绩效的关系，如表 9-2 所示。

表 9-2 冲突水平与组织绩效

情 境	A	B	C
冲突水平	低	适度	高
冲突类型	功能失调	功能正常	功能失调
组织内部特征	冷漠 迟钝 对变化反应慢 缺乏新观念	生命力强 自我批评 不断革新	分裂 混乱无秩序 不合作
组织绩效	低	高	低

9.1.2 冲突的发展阶段

人们对组织冲突的理解大致经历了 3 个阶段，按出现的先后顺序大致可划分为传统观念（traditional view）、人际关系观念（human relations view）和相互作用观念（interactionist view）三个阶段。

第一阶段：传统观念。冲突的传统观念从 19 世纪末到 20 世纪 40 年代，在冲突理论中占主导地位。传统观念认为，冲突是群体内功能失调的结果，冲突都是消极的、有害的，势必造成组织、群体、个人之间的不和、分裂和对抗，降低工作效率，影响组织目标的实现。因此，必须尽量减少冲突，最好是避免冲突。

第二阶段：人际关系观念。冲突的人际关系观念从 20 世纪 40 年代末至 70 年代，在冲突理论中占统治地位。人际关系观念认为，对任何组织、群体和个人而言，冲突是与生俱来、不可避免的客观存在。冲突既无法避免又不可能彻底消除，冲突的影响既有消极的一面，也有积极的一面，所以应当接纳冲突，适当地控制和利用冲突。

第三阶段：相互作用观念。冲突的相互作用观念盛行于 20 世纪 80 年代以后，是当代冲突理论中的主流学派。相互作用观念认为，冲突对于组织或群体既有建设性、推动性的一面，也有破坏性、阻滞性的一面。没有冲突，过分融洽、安宁的组织或群体会失去生机、活力和创新精神。相反，保持适当的冲突水平，可以促进组织变革，使组织保持旺盛的生命力。

9.1.3 冲突的类型

根据人们看待冲突的视角不同，对冲突的分类有许多种，常见的冲突分类如下。

（1）根据冲突对组织影响的不同，可将冲突划分为两种类型。

一是建设性冲突（constructive conflict），又称功能正常的冲突，是指对组织有积极影响的冲突。建设性冲突能促使人们清楚地表达自己的观点和立场，从而带来更好的澄清和理解，有利于强化组织的价值观和信念。建设性冲突最重要的贡献之一，是使人们在冲突的过程中为解决问题而创新性地寻找解决方案，从而提高了创造力。最为常见的建设性冲突是目标冲突和程序冲突。

二是破坏性冲突（destructive conflict），又称功能失调的冲突，是指对组织有消极影响的冲突。相关研究表明：破坏性冲突常表现出刻板印象、高估自己的群体、低估他人的群体、观点的曲解等。关系冲突是一种常见的破坏性冲突，这种冲突一般将焦点集中在人而不是事情上，常常导致摩擦、个人仇恨、情感伤害等，影响组织内的交流，从而破坏组织机能。破坏性冲突会阻碍组织达到目标，降低组织创造力、生产力、士气、工作满意度，并增加员工的焦虑、缺勤率和离职率等。

建设性冲突与破坏性冲突的区别，如表 9-3 所示。

表 9-3 建设性冲突与破坏性冲突的区分

建设性冲突	破坏性冲突
关心目标	关心胜负
对事不对人	针对人（人身攻击）
促进沟通	阻碍沟通

（2）其他冲突类型的划分。根据冲突产生原因的不同，可将冲突划分为：目标冲突（goal conflict）、认知冲突（congnitive conflict）、情感冲突（emotional conflict）、程序冲突（procedure conflict）和关系冲突（relational conflict）等不同类型。目标冲突是指冲突主体内部或冲突主体之间存在着不一致或不相容的结果追求所引发的冲突。认知冲突是指冲突主体内部或冲突主体之间存在不一致的看法、想法和思想导致的冲突。情感冲突是指冲突主体内部或冲突主体之间情感上的不一致引发的冲突。程序冲突是指由于冲突主体内部或冲突主体之间存在不一致或不相容的优先事件选择、过程顺序安排而产生的冲突。关系型冲突是指人际关系问题导致的冲突。

根据冲突影响范围的不同，冲突还可以被划分为组织间冲突、群体间冲突、个体间冲突、个体内部冲突 4 种类型。

9.2 冲突产生的根源

冲突源能使一方或者双方察觉到冲突的存在，使他们意识到一方的陈述和行动与他们的目标和期望不相融合。在冲突产生的过程中，这些能察觉到的冲突以情感的方式相互作用，冲动的感觉与情感引发明显的冲突，即一方针对另一方的决定与行为。同时，各方解决冲突的风格也是相互抵触的，一些人倾向于避开冲突而其他人试图用对立的观点击败他们。

图 9-1 是冲突过程模型，箭头表明冲突的过程是由一系列的冲突事件构成的，这些细小的事件暗暗地循环引起冲突关系的上升。不需要太多，仅仅一个不当的评论、一个误解或者是一个缺乏外交技巧的行为就能使这个冲突不断循环。这些行为使得一方察觉到冲突，即使一方不想挑明冲突，另一方的行为也会让人察觉到抵触的情绪。

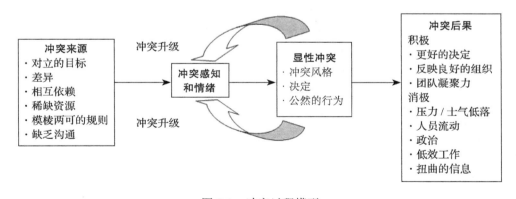

图 9-1　冲突过程模型

发现和理解冲突来源，对有效判断冲突事件进而解决冲突，或当缺少冲突时制造冲突至关重要。在组织设置中引发冲突的六种主要条件是对立的目标、差异、相互依赖、稀缺资源、模棱两可的规则和缺乏沟通。

9.2.1　对立的目标

目标的冲突性，即个人或部门的目标干扰或影响到了另一人或部门的目标。例如，生产部门通过安排长期生产以求经济效益，销售队伍看重客户服务则希望尽可能快地将产品递到客户手中。如果这家公司的某一产品都已售完，那么生产部门更希望让客户等到下一次生产，这会激怒那些希望尽可能快地改变生产来满足客户需要的销售代表，进而引发冲突。

9.2.2 差异

另一个冲突来源是差异，即人员、部门和其他实体在培训、价值观、信仰和经验方面的差异。差异区别于目标对立，两个人或部门可能有一个共同的目标（如更好地服务客户），对于如何实现这一目标却有巨大的差异（如标准化员工的行为或给员工与客户互动交流的自主性）。

年轻的员工和年长的员工有不同的需求、不同的期望和不同的办公室习惯，甚至会形成不同的冲突偏好和行动。此外，随着相互依赖水平的提高，冲突趋于增加。任务的相互依赖性是指员工必须通过共享物料、信息或专业知识技巧来完成工作的程度。相互依赖发生在当团队成员在个人任务中必须分享共有的资源投入，需要交换工作或客户，或者结果（如奖励）在一定程度上由别人的表现来决定的时候。相互依赖程度越高，一方扰乱或妨碍另一方的目标的可能性越大，冲突的风险也就越大，最高的冲突风险往往发生在互惠的相互依赖情境中。

9.2.3 稀缺资源

资源的稀缺性会引起冲突，每个人或部门对一种资源的使用会危害其他也需要同种资源来完成目标的人。就像工人罢工的发生，其部分原因是没有足够的财务和其他资源来满足每个人所寻求的结果，例如更高的薪水（对员工来说）和更高的投资回报（对股东来说）。一个组织中的预算审议也会产生冲突，这是因为没有足够的储备资金来满足每个工作单位的目标。尽管这些利益在复杂的谈判中并不会完全冲突，但有限的资源的确是冲突摩擦的主要来源。

9.2.4 模棱两可的规则

模棱两可的规则或完全缺乏规则，会引致冲突。它的发生是由于不确定性增加了一方试图妨碍另一方目标的风险。在一些情况下，它还会使员工进入一种秩序混乱的斗争来赢得他们偏好的决定。这解释了为什么冲突在兼并与收购中更加常见（例如，如果合并的两家公司的员工有相矛盾的习惯和价值观，且没有既定的规则使权力和资源的争夺最小化，就会引致冲突）。因此，制定清晰的规则，有利于组织运行，减少不必要的冲突。

9.2.5 缺乏沟通

冲突经常发生是由于缺乏机会、能力或动力去进行有效的沟通。第一，在冲突中，当双方缺乏沟通的机会时，双方往往会更加依赖刻板印象来理解另一方。刻板印象是非常主观的，情绪会消极地扭曲对方行动的意思，进而使人们对冲突的感知升级。第二，在圆滑的、不对抗的礼仪中，一些人缺乏必要的沟通技能。一方傲慢地就分歧进行沟通，更会加深对方对冲突的感知,这可能会使另一方对等地给予相似的回应,从而使冲突进一步升级。第三,关系冲突是不舒服的,所以在一个冲突的关系中,人们避免与别人互动,而更少的沟通会进一步升级冲突,且为了填补缺失的信息,双方会更加依靠对另一方形象的扭曲和刻板印象。

9.3 冲突分析模式

分析冲突是处理冲突的基础,关于冲突的分析模式,许多学者都有不同的见解,这里着重介绍几种冲突分析模式。

9.3.1 庞迪的冲突分析模式

行为科学家庞迪（L.R. Pondy）在对冲突形成的原因和表现出来的特点进行分析后,提出了一个由三种类型的冲突模式所组成的冲突分析模型（见表9-4）。这三种冲突模式分别是冲突的讨价还价模式、冲突的官僚模式以及冲突的系统模式。

表 9-4 庞迪的冲突分析模型

类　型	表　征	示　例
讨价还价模式	竞争稀缺资源	企业内劳资双方的集体薪酬谈判（集体或有组织地讨价还价）
官僚模式	上级对下级行使职权,支使、控制下属（纵向冲突）	经理要求秘书为办公室人员煮咖啡
系统模式	各单位或部门间缺乏合作与协同（横向冲突）	营销部门做出了生产部门无法达到的产品质量承诺

9.3.2 罗宾斯的冲突过程分析

罗宾斯在《组织行为学》一书中将冲突过程分为以下五个阶段（见图9-2）。

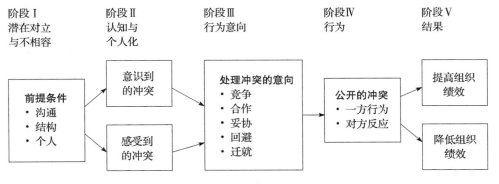

图 9-2　罗宾斯对冲突过程的分析

阶段Ⅰ：潜在对立与不相容。 产生冲突的第一步是存在导致冲突产生的条件,也可以被看成冲突的原因或来源。冲突的前提条件可以概括为三个方面：沟通、结构和个人。

阶段 Ⅱ：认知与个人化。 按照冲突的定义，认知是必需的。因此，一个或更多的群体必须认知到前提条件的存在，但是认知到的冲突并不意味着必然出现个人冲突。例如，个体感受到了与同事间的不和，但这也许并不能让他感觉到紧张或焦虑，也不会影响他对同事的态度。当他投入感情，亲身感受到焦虑、紧张、挫折或敌对时，冲突也就产生了。

阶段 Ⅲ：行为意向。 冲突被双方感知后，人们就会产生对付冲突的行为意向（行为意向不等于行为）。根据两个维度，即合作程度（一方愿意满足对方愿望的程度）和肯定程度（一方愿意满足自己愿望的程度），可以确定出五种处理冲突的行为意向，也就是处理冲突的五种基本策略，我们将在9.4节"冲突管理"中做详细论述。

阶段 Ⅳ：行为。 在这一阶段，双方对于冲突会表现出某些行为。公开的冲突包括各种各样的行为：从微妙的、间接的、有意的横加干涉，到直接的、侵略性的、激烈的、无控制的冲突。程度低的冲突，例如一个学生举手示意，对老师讲的问题提出质疑，而罢工、战争、恐怖袭击等则属于程度最高的冲突。

阶段 Ⅴ：结果。 冲突双方的行为可能导致两类结果，可能是功能正常的结果，即冲突提高了群体的工作绩效，也可能是功能失调的，即冲突降低了群体的工作绩效。

9.3.3 杜布林的系统分析模式

杜布林运用系统的观点来观察冲突问题，提出了冲突的系统分析模式（见图9-3）。该模式分为三个要素：输入、干涉变量和输出。输入指冲突的根源，杜布林列举了八种主要的冲突的根源；干涉变量指处理冲突的手段，分为恰当的与不恰当的两种；输出指冲突的结果，分为有益的与有害的两种结果。

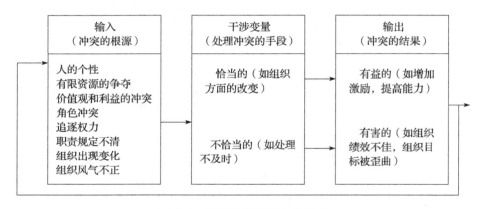

图9-3 杜布林的系统分析模式

资料来源：杜布林.组织行为基础：应用的前景[M].奚慧，等译.北京：机械工业出版社，1985.

9.4 冲突管理

发现冲突、识别冲突是分析冲突的前提，而分析冲突的根源和发生过程仅仅是管理冲突的基础。冲突又应该如何进行管理呢？

9.4.1 冲突管理原则

随着组织或群体内部分工的日益细化、具体，外部环境的日趋复杂多变，竞争的日趋激烈，技术和信息的日益进步，不同主体之间的相互交往与互动活动日趋频繁，多层次、多类型的冲突现象十分普遍，冲突问题越来越突出，冲突已经成为一种十分重要的组织现象和社会现象。因此，一个组织、群体以至个人，能否学习、掌握和提高冲突管理的科学知识和艺术技巧，能否及时、正确、有效地实施冲突管理，趋利避害地驾驭冲突，直接影响着自身目标的实现，关系到组织、群体和个人的生存与发展。

冲突管理有广义与狭义之分，广义的冲突管理应当包括冲突主体对于冲突问题的发现、认识、分析、处理、解决的全过程和所有相关工作，也就是对于潜在冲突（潜在的对立与不相容阶段）→知觉冲突（认识与个人化阶段）→意向冲突（行为意向阶段）→行为冲突（行为阶段）→结果冲突（结果阶段）的全过程进行研究管理；狭义的冲突管理则着重把冲突的行为意向和冲突中的实际行为以及反应行为作为研究对象，研究冲突在这两个阶段的内在规律、应对策略和方法技巧，以便有效地管理好实际冲突。

冲突管理是有规律可循的，掌握这些规律和基本原则，对于有效地处理冲突可以起到事半功倍的效果。具体而言，冲突管理应遵循以下主要原则。

（1）**倡导建设性冲突，避免破坏性冲突，将冲突水平控制在适当的水平**。西方的现代冲突理论认为，冲突对于组织的影响既有积极的方面，也有消极的方面，冲突水平过高和过低都会给组织和群体带来不利影响。因此，在冲突管理中应当注意，对于引起冲突的各种因素、冲突过程、冲突行为加以正确处理和控制，努力把已出现的冲突引向建设性轨道，尽量避免破坏性冲突的发生和发展，适度地诱发建设性冲突并把冲突维持在适当的水平之内，以便达成"弃其弊而用其利"的冲突管理目标。

（2）**实行全面系统的冲突管理，而不是局限于事后的冲突控制和处理**。传统的冲突管理把工作的重点放在冲突发生后的控制或处理上，因而比较被动。实际上，冲突的形成、发展和影响是一个系统的过程，现代冲突管理理论认为，冲突管理不仅仅是公开冲突发生后的事情，而应当是潜在冲突、知觉冲突、意向冲突、行为冲突（公开冲突）、结局冲突等所有冲突阶段的事情，必须对冲突产生、发展、变化、结果的全过程，所有因素、矛盾和问题进行全面管理，才能把原则落到实处，尽量减少破坏性冲突的消极作用，充分发挥建设性冲突的积极作用，最大限度地降低冲突管理的成本。

（3）**具体问题具体分析，随机制宜处理冲突的原则**。不存在一成不变，放之四海而皆准的冲突管理理论和管理方法。必须针对具体的情况，根据所处的环境条件，实事求是地分析问题、认识问题，灵活采用适宜的策略和方法随机应变地处理冲突。

9.4.2 冲突管理策略

组织对冲突的管理，比较主流的一种类型是试图减少或避免冲突的发生。托马斯的冲突处理二维模式与布莱克-穆顿模式（冲突方格）是这种类型的代表。

1. 托马斯二维模式

社会心理学家曾用一维空间来表述人们冲突中的行为，这一维空间是从竞争到合作，认为有的人倾向于竞争，有的人倾向于合作，有的人介于两者之间。近年来许多研究表明，这种看法不能全面反映冲突行为。美国行为科学家托马斯（K.Thomas）提出了冲突处理的二维模式——合作性（一方试图满足对方关心点的程度）和坚持己见（一方试图满足自己的关心点的程度）。以"合作性"为横坐标，"坚持己见"为纵坐标，定义了冲突行为的二维空间，并组合成五种冲突处理策略，它们是竞争（坚持己见，不合作）、合作（坚持己见，合作）、回避（不坚持己见，不合作）、迁就（不坚持己见，合作）和妥协（中等程度的坚持己见和合作），如图9-4所示。

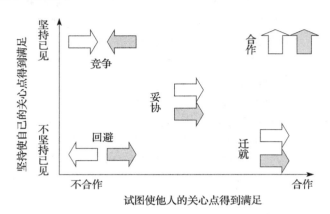

图 9-4　托马斯二维模式

（1）竞争策略（competing strategy），又称强制策略，为满足自身的利益而无视他人的利益，这是"我赢你输"的策略，双方都会坚持自己的观点，并试图通过施加压力，迫使另一方放弃，所施加的压力可以是威吓、处罚，这种策略很难使对方心悦诚服，很少有解决冲突的好办法，但在应付危机或双方实力相差很大时往往有效。

（2）回避策略（avoiding strategy），是指既不满足自身的利益也不满足对方的利益，试图置身于冲突之外，无视不一致的存在，或保持中立，以"退避三舍""难得糊涂"的方式来处理冲突。以人际冲突为例，当两个人有矛盾时，一个人跳槽到另一家企业，或离开原部门，到与另一人无关的部门工作，或是仍留在原职位，但不再与另一个发生工作或私人联系。当冲突双方依赖性很低时，回避可避免冲突，减少消极后果，但当双方相互依赖时，回避则会影响工作，降低绩效。

（3）妥协策略（compromise strategy），实质上是一种交易，有人称之为谈判策略，指的是一种适度满足自己的关心点和他人的关心点，通过一系列的谈判、让步、讨价还价来部分满足双方要求和利益的冲突管理策略。为避免僵局，双方可能会做出一定让步，但不会一开始就这么做，以免给人以实力不强的印象，在讨价还价中失去主动性。妥协策略在双方都达成一致的愿望时会很有效，但让步的前提是在满足对方的最小期望的同时，双方都必须持灵活应变的态度、相互信任。消极影响是双方可能因妥协满足了短期利益，但牺牲了长期利益。

（4）迁就策略（accommodating strategy），又称克制策略或迎合策略，是指当事人主要考虑对方的利益或屈从于对方意愿，压制或牺牲自己的利益及意愿。实行迁就策略者，要么是从长远角度出发为了获取对方的合作，要么是不得已屈从于对方的势力和意愿。假如是情绪冲突，迁就能避免冲突升级，改善双方关系，如夫妻吵架；当冲突是实质的合作、资源共享、责任共担时，迁就并不能解决问题，反而会被视为软弱。

（5）合作策略（cooperating strategy），是指尽可能地满足双方利益，基本观点如下：①

冲突是双方共同的问题；②冲突双方是平等的，应有同等待遇；③每一方都应积极理解对方的需求，以找到双方满意的方案；④双方应充分沟通，了解冲突情景。合作策略是一种旨在满足冲突各方的需求，而采用合作、协商，寻求新的资源和机会，扩大选择范围，"把蛋糕做大"的解决冲突问题方式。合作策略能否成功，取决于冲突的具体情况及双方同样获利的可能。某些公司用该策略应付劳资谈判的做法是：资方增加工人的工资或福利，工会也要与资方合作，修改工作计划与程序逻辑，以降低成本，提高质量、生产率。

以上五种冲突管理模式，给出了人们在面对冲突时可以采取不同的策略，彼得·康戴夫在《冲突事务管理：理论与实践》一书中，给出了这五种冲突管理策略的表现形式及其应用场合，如表9-5所示。

表9-5 冲突管理五种策略的表现

竞争 1. 创造胜败局势 2. 运用对抗 3. 运用权力达到某人的目的 4. 迫其认输 回避 1. 忽略冲突并希望冲突消失 2. 将问题列入不考虑对象，或者将其束之高阁 3. 要求放慢节奏以抑制冲突 4. 采用保密手段以避免正面冲突 5. 求助于正式规则，将其作为采用某种冲突解决方法的理由	妥协 1. 谈判 2. 期盼成交和达成协议 3. 寻求满意的或可能接受的解决方法 迁就 1. 退让 2. 屈服和顺从 合作 1. 解决问题的姿态 2. 正视分歧并进行思想和信息上的交流 3. 寻求整合性的方式 4. 找到大家都能取胜的局势 5. 视问题和冲突为一种挑战

2. 布莱克-穆顿模式：冲突方格

布莱克与穆顿根据原先的管理方格（managerial grid）模式，修改后设计出另一个冲突方格（conflict grid）模式，可以根据"关心员工"和"关心工作"两个维度来分析管理者在处理冲突时的态度与风格，如图9-5所示。

根据布莱克-穆顿冲突方格，管理者在处理冲突方面有五种策略可供选择。

（1，1）方式——回避。采用此种策略，管理者需要保持中立态度。把逃避或回避冲突的可能性视为借以舒缓矛盾冲突的有效方法，但冲突的基本根源问题仍然未被解决或积极面对。

（1，9）方式——缓和。管理者采用此种策略，是认为冲突双方的分歧可通过缓和紧张气氛，或维持表面的和谐关系使矛盾双方和平共存。同样，冲突的双方根源问题仍未被彻底解决。

（9，1）方式——压制。大多数管理者在采用此种策略时，会认为冲突可通过权力迫使冲突双方服从。例如，高层判决谁胜谁负，全面压制冲突行动。

（5，5）方式——妥协。管理者若采用此种策略，冲突双方需做出妥协或谈判，结果是无

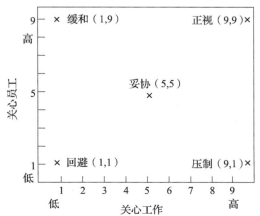

图9-5 布莱克-穆顿冲突方格

人赢，也无人输。在大多数情况下，这种方式虽然不能算是最理想的解决方式，但仍可视为较为切实可行的方式。

（9，9）方式——正视。大多数管理者在采用此种策略时，认为可通过积极面对的方式来解决冲突问题。例如，经过客观的讨论与分析，各方面的意见与观念都经过深入分析考虑，从而提出与达成冲突双方都同意或接受的解决问题的方法。一般而言，这是一种较为积极的冲突管理方式，且能彻底解决冲突。

需要说明的是，托马斯二维模式是从冲突双方对待冲突的态度和行为的角度来划分冲突处理模式的，而布莱克-穆顿的冲突方格模式是站在管理者的角度，探讨管理者面对组织中的冲突可以采用哪些处理方法，管理者往往并不是冲突过程中的当事人。

3. 布坎南组织冲突的"组织—协调"四阶段模型

在一些学者看来，组织中有时需要增加冲突，这就是布坎南、斯特恩伯格、索里亚诺等学者提到的"激发冲突"。布坎南关于组织冲突的组织—协调四阶段模型提到了实现激发冲突的六种方法。

（1）沟通。它是指管理者对员工隐瞒信息，或不传递完整而清楚的信息，以使员工意识到不确定或危险，促使其进行争论。

（2）重组公司。例如，调整工作群体，成立新的部门并改变规章制度。

（3）引进外部人员。这种方法主要是将一些拥有与现有人员不同背景、价值观、态度或者管理风格的人加入群体。例如，波音公司前总裁、有37年航空业工作经验的穆拉利，在2006年"空降"到陷入严重亏损的汽车业巨头福特公司任总裁。穆拉利在福特公司实行大刀阔斧的改革，迅速为福特公司带来了组织冲突，不到半年时间就有好几位副总裁辞职。2008年发生了金融危机，福特公司是美国三大汽车企业中受影响最小的一家。金融危机后，福特迅速走出低谷并实现盈利。

（4）魔鬼的辩护士（挑刺的）。组织需要有一个人来充当批评家，不断地挑刺，以激发人们进行批判性的思考及对现实的检测。

（5）辩证的方法。在进行重大决策前，组织需要让成员进行争论，产生足够多的思想冲突，从而产生更多的可选择方案，以便充分地考虑。

（6）领导风格。在组织变革的规划中，领导风格的改变是关键部分，组织可以任命能够鼓励而非压制员工提出非传统的观点看法的管理者。

9.4.3 冲突处理方法

冲突解决方式阐述了产生冲突时的处理方式，冲突管理同样涉及改变潜在冲突的结构性成因，主要的处理冲突的结构性方式是强调上级目标，增进沟通和相互理解，降低任务的相互依赖性，增加资源并且阐明规则和流程，采用第三方解决冲突。

1. 强调上级目标

解决冲突的一个最常用的方法就是将团队的注意力集中在上级目标上，减少在次级目标上的冲突。上级目标是那些会造成员工之间的冲突或部门价值问题或获得兼并性资源以及其他团队的努力方面的问题。上级目标有较高的迫切度，组织的战略性目标是上级目标，而单独个体或工作单元的目的则为次级目标。有效的执行团队会将上级目标作为框架来提升部门的执行力以及次级目标的完成度,领导通过启发性的视角整合员工使他们降低在次级目标上的差异分歧,以此来集中精力于上级目标,可以有效地减少目标差异引发的冲突。强调上级目标也会潜在地减少问题的差异性,因为员工会建立一个共同参照(为同一家公司工作)的框架,进而更有动力去协调自己的活动并通过有建设性的讨论来解决争端。

2. 促进沟通与相互理解

根据接触理论,有意义的互动可以潜在地增进相互理解,人们可以通过亲密合作来形成更对应与准确的理解。

尽管沟通与相互理解的方法可能会奏效,但这里同样存在两个重要的威胁。第一,这些措施只能在差异性相对较小或者差异已经得到有效控制的情况下才可以采用。若可感知差异保持在高水平,想要通过对话来管控冲突的尝试反而会激化冲突而不是降低冲突。第二,集体主义与高权力距离文化中的人们更不喜欢通过直接与公开的对话来解决冲突。正如之前所言,儒家文化圈的人们更倾向于采用一种避免冲突的方式来解决问题,因为在这种文化当中,和谐与保存颜面都是十分重要的,而直接沟通是一种高风险的策略,因为这会直接威胁到保存颜面与维持和谐的需要。

3. 降低任务的相互依赖性

冲突在人们依赖彼此之时尤其容易发生,因此另一种解决功能失调冲突的方法就是最小化一个群体中的个体相互依赖的程度。减轻关联的方式可以通过弱化一个群体对另一个群体的影响来降低冲突发生的可能性;设置"整合者"协调不同工作单位的活动以促进共同任务的完成,"整合者"会使有着不同目标与观点的个体或部门间的直接互动合作频率降低,但"整合者"很少拥有超越所整合的部门的直接职权。此外,合并工作也是降低工作依赖性的一种方法,通过将任务合并起来,个体的工作相互依赖水平将变得更低而非有次序性,功能失调冲突发生的概率也会得到降低。

4. 增加资源

解决因为资源短缺而产生的冲突有另一种明显的方法,那就是增加可供使用的资源总量。公司的决策者很可能会轻易排除这种解决方案,因为这个方案存在成本的问题。然而,公司的决策者需要仔细地衡量这些成本与资源短缺所引起的功能失调冲突的成本才能做出正确的决定。

5. 澄清规则与流程

由模糊权力产生的冲突可以通过建立规则与步骤来实现最小化。比如,如果两个部门都在争夺一个新实验室的使用权,就建立规则来分配这一实验室的使用权。

6. 第三方冲突解决

第三方冲突解决是指通过一个相对中立的人来帮助冲突各方消除他们的分歧。大体上,第三方解决方式有三种:仲裁、审讯和调解。

(1)仲裁。仲裁对最后结果有高度控制权,但对过程控制较弱。在这种方式下,领导层根据以前达成协议的符合正当程序的规则,听取争议员工的论据理由,做出有约束力的裁定。

（2）审讯。审讯控制所有关于冲突的讨论。与仲裁类似，审讯者对结果有很大的控制权，因为审讯者有权力选择冲突解决的办法。不同的是，审讯者也有高度的过程控制权，可以选择检查哪些信息、如何检查，且审讯者通常决定应该如何应付冲突解决过程。

（3）调解。调解人对干预过程有高度的控制权。事实上，调解人的主要目的是管理过程和争议双方间互动的环境，但由冲突各方做出解决他们之间差异的最后决定。所以，调解人对冲突解决结果很少有或没有控制权。

在组织中，用哪种第三方干预最恰当？这部分取决于情境，例如争论的类型、管理者和员工之间的关系，以及文化价值观（比如权力距离感）。当第三方途径应用于程序化的公平规范时，会产生更多令人满意的结果。要注意的是，在组织设置中，第三方解决冲突的审讯方法通常是最无效的，因为担任审讯人的领导者能够收集到的关于问题的信息往往很有限，员工经常认为审讯的过程和结果不公平，对过程没有控制权，所以担任审讯人的领导者做出的决策可能会形成无效的冲突解决办法。

9.4.4 如何引发建设性冲突

在管理的过程中，不仅要掌握解决破坏性冲突的技能，而且要掌握策划、激发建设性冲突的方法。

1. 识别是否需要激发冲突

组织中存在以下10种现象，表明组织需要激发冲突：你被"点头称是的人们"包围了；你的下属害怕向你承认自己的无知；决策者过于偏重折中方案以至于忽略了价值观、长远目标、组织福利；管理者认为他的最大乐趣是不惜代价维持组织中的和平与合作效果；管理者认为在奖励方面，得众望比有能力和高绩效更重要；决策者过于注重不伤害他人情感；管理者过分注重获得决策意见的一致性；员工对变革表现出异乎寻常的抵制；缺乏新思想；员工的离职率异常低。

2. 激发冲突的方式

（1）鼓励建设性冲突的价值观。公开鼓励那些敢于向现状挑战，倡导新观念，质疑现行政策和制度的员工，并通过委以重任、加薪等奖励制度，奖赏那些致力于激发冲突而卓有成效的管理人员，以此把鼓励建设性冲突的价值观传达给整个组织。

（2）变革组织结构，有效地激发冲突。组织结构的变革是激发冲突的重要手段，增加或削减部门，改变各部门的工作性质、工作范围和权力分配，可能使以前的权责关系发生变化，因而激发创意和改变，给组织注入活力。

（3）利用信息和信息渠道来激发冲突。一般而言，具有威胁性和模棱两可的信息可以用来促进人们积极思维，减少漠然态度，提高冲突水平，如危机的语言或晋升的传言等。通过非正式的信息渠道提前透露一些消息，以激起组织中的讨论，试探组织中的反应，也是一种惯用的方法。

（4）利用鲶鱼效应激发冲突。在长期的共同活动中，在组织的价值观和行为准则影响下，员工的行为方式会逐渐趋于一致，这会降低组织的活力。适时引进补充一些在个人背景、知识体系和处事风格等方面与当前员工不同的成员，可能对群体原来的陈规陋习形成冲击，激发出更多创意。

（5）树立对立面，激发建设性冲突。在群体层面，可以树立群体的竞争对手，以激发群体的斗志。在个人层面，可以有意提出一些与大多数人背道而驰的观点或做法，故意对那些自己实际上赞同的观点提出反对意见，以有效阻止小集团思想，提高群体决策的质量。

9.5 数字化时代的冲突管理

从2012年移动互联网的普及开始，一个最大的外部环境变化因素就是技术，技术引领人们走向了数字化时代。巨大的变革导致不确定性增加，使得一切都在重构之中，因此数字化时代的冲突管理也要有相应的调整。

1. 新型组织形式的冲突管理

科技的发展让团队突破空间和时间限制的共享作业成为可能，例如虚拟团队便是数字化时代新衍生出来的组织形式。虚拟团队是指在不同地域、空间的个人通过各种各样的信息技术进行合作，其中信息技术是使虚拟团队正常运转的关键。然而，尽管虚拟团队为工作提供了便利，也改变了工作方式，但与实体团队的各成员间可通过言语或非言语的方式促进信息流动并获取信息的隐藏含义相比，虚拟团队的跨地区性和跨时间性抑制了非言语方式的发生，阻碍各成员之间的交流，这将不可避免地影响虚拟团队的冲突管理，进而影响其有效运行。基于此，米茨（Mitzi）、安妮（Anne）和迈克尔（Michael）提出的时序协调机制为管理虚拟团队的冲突提供了解决思路，时序协调机制是指通过一个时间顺序表来协调虚拟团队成员的工作和行动，从而对团队成员的交流形式、交流时间以及交流内容进行有效的干预。这一机制提供了一套用于工作以及问题解决的有次序的步骤，要求个人参与决策以及回顾团队成员意见等，为冲突管理提供了新的视角。

2. 资源稀缺的冲突管理

资源是建构企业竞争能力的基础，在资源无穷尽的情况下，任何个体之间都不会有冲突的必要，但现实中组织内部各部门、各员工分享有限的资金、设备、人力资源等资源所引起的冲突在极大程度上影响着企业的发展。以前，资源是固化的，土地资源可以固化，设备可以固化，甚至员工在某种意义上也可以固化，解决因资源短缺而引起的冲突是组织常面对的问题。数字化时代，依旧存在资源稀缺引发的冲突，资源性质的改变却为组织的冲突管理提供了新思路。数字化时代最重要的资源是信息、数据、资本，其最大的特点是流动性，这意味着人们要理解公开、迭代、集合智慧，通过链接、共享、创新发挥有限资源的最大价值。

3. 共生逻辑的冲突管理

在数字化和互联网深度来袭之前，组织管理最关心的是个人与目标、个人与组织的关系。在大部分情况下，组织要求个人要绝对服从目标，个人要绝对服从组织，以保证组织的高效率运作和高绩效。然而，数字化时代和互联网技术带来的一个特殊变化是"强个体崛起"，这种强不仅仅因为员工本身能力强，还因为整个社会的各种条件赋能给他，使他变得更强。伴随强个体的出现，在冲突管理中，个人与目标的关系，个人与组织的关系也发生变化，如果组织目标不涵盖个体目标，就会出现目标差异，进而引发冲突。因此，组织的目标需要涵盖个人目标，进行共生设计，组织也必须接受个体的强大。此外，在外部充满高度不确定性的环境中，领导者更要明确企业未来的发展方向，协同内部的不同力量，清晰目标和责任，重视组织成员的培养和发展，有坚定的价值取向并能和成员保持一致。

本章回顾

冲突是组织客观存在的现象之一，它有积极的作用，也有消极的影响。适度的冲突水平有利于提高组织绩效。冲突有建设性冲突和破坏性冲突之分，冲突产生的根源主要有对立的目标、差异、相互依赖、稀缺资源、模棱两可的规则和缺乏沟通。

关于冲突的分析模式，许多学者都有不同的见解，庞迪提出了一个由三种类型冲突模式所组成的冲突分析模型，罗宾斯以五个阶段分析冲突过程，杜布林提出了冲突的系统分析模式。

在实施冲突管理时，要做到具体问题具体分析，要倡导建设性冲突，避免破坏性冲突，将冲突水平控制在适当的水平。组织对冲突的管理，比较主流的一种类型是试图减少或避免冲突的发生。托马斯的冲突处理二维模式与布莱克-穆顿模式（冲突方格）是这种类型的代表。

处理冲突的主要方式包括强调上级目标、增进沟通和相互理解、降低任务的相互依赖性、增加资源并且阐明规则和流程以及采取第三方解决冲突。

数字化时代背景下的冲突管理主要从新型组织形式的冲突管理、资源稀缺的冲突管理以及共生逻辑的冲突管理来把握。

关键术语

冲突（conflict）
传统观念（traditional view）
人际关系观念（human relations view）
相互作用观念（interactionist view）
建设性冲突（constructive conflict）
破坏性冲突（destructive conflict）
目标冲突（goal conflict）
认知冲突（cognitive conflict）
情感冲突（emotional conflict）
程序冲突（procedure conflict）
关系冲突（relational conflict）
竞争策略（competing strategy）
回避策略（avoiding strategy）
妥协策略（compromise strategy）
迁就策略（accommodating strategy）
合作策略（cooperating strategy）

课堂讨论

1. 举出两个冲突例子来分析它们是积极的、消极的还是中性的。
2. "参与是一种发现差异并解决冲突的有效办法"。你是否同意这种观点？请说明原因。
3. 冲突的过程模型中包含了哪些要素？试根据你的亲身经验举例说明。
4. 分别举例说明你在何种场合下，会选择回避、缓和、压制、妥协或者正视的冲突处理方式。
5. 管理者如何在其部门激发适度的建设性冲突？

团队练习

用角色扮演来解决团队冲突

形式：角色扮演。　　　　　　　　　　时间：15～20分钟。

场地：不限。

游戏概要：A、B、C三位同学组成的学习小组论文合格了，但老师希望该团队可以内部商定做出决定要不要继续努力修改这篇论文，以使论文能够高分通过。每个人都被分到一张纸条（剧本），要求按照上面的设定演出人物的风格，并给出最终的小组决定。其中：

角色A：你的女朋友/男朋友没有说明任何原因就和你分手了，你感到失落和愤怒，无法集中精力做任何事情。你没有倾诉对象，且这项任务是你最不在意的事情。

角色A的行动指示：交流时要非常直接（坦率地说出你的想法）。如果你不喜欢某人的意见，就反对它。当有人试图让你冷静下来时，表现出愤怒。如果有人问你为什么这么伤心或者发生了什么事，你可以表现得很悲伤，也可以表现得不是很悲伤。多次问小组成员一个问题："当生活中有更重要的事情时，我们为什么要关心这个分数"。你可以根据你的角色最大限度地调整你的沟通方式（如对任务表现得漠不关心，反之亦然）。

角色B：你是一名心理学家，正在学校攻读硕士学位，以便从工作中得到休息。作为一名心理学家，问人们"你的感受怎样""为什么这个对你如此重要""如果……会……"等类似问题是你工作的一部分。你不喜欢冲突，通常在讨论之前先观察发生了什么。如果可能的话，获得一个更好的论文分数对你来说也很重要，但是如果大多数人决定不采取任何行动，你也能接受。

角色B的行动指示：在你开始谈话之前，或者任何人问你的意见之前，先观察别人说了什么，做了什么。然后开始问问题。如为什么你认为这很重要？它能给你带来什么？你觉得怎么样？……遵从大多数人的决定，但是如果你有不同的意见，就大声说出来，保持冷静和耐心，试着鼓励每个人进行冷静和公开的讨论。

角色C：你是一个非常勤奋且成绩优异的学生。你友好、热情，喜欢邀请别人到你家吃饭，也乐于助人。但就在这个月，你姐姐因为有事拜托你帮忙照顾她的儿子。在课题讨论的过程中，你的电话总是响个不停——是你姐姐打来的，你必须接电话。

角色C的行动指示：根据你的角色形象调整你的沟通方式，假装你的电话响了，你必须离开小组讨论几分钟去接电话（这是你姐姐打来的电话，对你很重要），并让这样的电话至少在你们的讨论中发生3次。

不管你接到多少电话，都要参与讨论。在当前的讨论情况下，做出决定并分享你认为正确的观点。在你的角色中尽情发挥你的创造性（如果你觉得有必要的话，请大家一起去家里吃饭）。

总结与评估：

这是一个半开放式的游戏。最初的人物是设定的，但最终情节会怎么发展，团队能不能达成一致，达成怎样的一致，全由人物自己掌控，且充满了张力和不确定性。

演完以后，小组成员互看对方的剧本纸条的步骤非常重要，在这个过程中，小组成员才能明白每个人在之前表现中的处境，也才理解每个人看待同一事物的态度和视角会因为本身的差异性境遇有多大的不同。大家为了达成"共识"，需要不断地沟通、理解。

网络练习

福特公司是美国著名的汽车生产企业，自1986年起，福特公司从未经历过来自汽车工人联合会的罢工。请访问福特公司官方网站 http://www.ford.com/，找出福特公司对它与汽车工人联合会的关系进行管理的秘密。

自我测试　　　冲突处理风格问卷

当你与其他人意见不一致时候,你是否经常利用下列方式?

　　　　经常　有时　很少

1. 我会进一步了解我们之间的不一致,而不是立即改变自己的看法或加给他人我的看法。

2. 我坦诚地表明自己的不同意见,并欢迎对有关方面进一步讨论。

3. 我寻求一种双方共同满意的解决意见。

4. 我要确保自己的意见也被倾听,而不能让别人不听我的意见就下结论。当然,我也会认真听取别人的意见。

5. 我采用折中办法,而没有必要非去寻找完全满意的解决方法。

6. 我承认自己错了一半而不去深究我们的差异。

7. 我总是迁就别人。

8. 我希望自己只说出了真正想说的一部分。

9. 我完全放弃自己的看法,而不是改变别人的意见。

10. 我把有关这一问题的所有矛盾搁置在一旁暂不考虑。

11. 我很快就会同意别人的观点而不去争论。

12. 一旦对方对某一争论情感用事,我就会很快放弃。

13. 我试图战胜其他人。

14. 我要不惜一切代价取得成功。

15. 对于一项好的建议,我从不退缩。

16. 我更愿意取胜,而不是进行妥协。

说明:先给全部选择打分:经常——5分,有时——3分,很少——1。然后计算每组总分,分组如下:

A组:13~16题
B组:9~12题
C组:5~8题
D组:1~4题

分别对每组进行分析。得分在17分或以上属于高程度;得分为12~16分属于较高;得分为8~11分属于较低;得分在7分或以下属于低程度。A、B、C和D组分别代表不同的冲突解决策略:

A——强迫/支配:我赢,你输。
B——和解:我输,你赢。
C——妥协:双方都有所赢,有所输。
D——合作:我赢,你也赢。

虽然我们中的大多数人都有因地制宜改变自己对冲突的态度的能力,但每个人都有自己处理冲突的习惯风格。此问卷能够帮助你认识你处理问题的基本风格。你也许能够改变你的基本风格以适应某种冲突环境,但是你的基本风格表明你最可能采取的行为和最经常采用的冲突处理方式。

案例分析　　　管理冲突,要"听"对员工的"真话"

当员工对问题都闭口不提甚至刻意粉饰时,公司离危险也就不远了。而当员工说出真话时,又会产生冲突,影响组织绩效。"听"好组织内部刺耳的"真话",对管理冲突尤为重要。

"挑刺"的新员工

莎拉(sala)是北京大学毕业的一名"90后",在宝洁中国公司的面试中过关斩将,经过5个多月的努力,终于成为宝洁中国公司的一名管培生。在试用期间,莎拉被派到各个部门去轮岗。

第一个月,莎拉被分配的岗位是前台,另外一个管培生丽萨(Lisa)也被分配到前台和她一起工作。她们都在前台的岗位上兢兢业业地工作。一个月后,HRD召开例行的周会,每个管培生都要提交一份自己的工作报告。其中丽萨提交的报告主要是对一个月的工作进行总结,并表示自己在这个过程中对公司、岗位都有了更进一步的了解,多方面的能力也得到了提升。丽萨的工作报告谦逊而友好,赢得了同事的掌声。与丽萨的谦逊友好方式不同,莎拉则在报告中表示:通过一个月的工作,认为前台工作的安排存在不足,包括沟通模式(接通投诉电话先说英文再说中文)不符合中国国情,以及存在人力资源的浪费(两个人在前台值岗)。听完莎拉的汇报,行政主管觉得自己的工作权威受到了挑战,给莎拉的测评分比较低,其他同事也觉得莎拉喜欢挑事,不给主管留颜面等,表现出排斥莎拉的行为。

一个月的前台轮岗结束后,莎拉被分配到了仓库工作。在仓库工作完一个月后,莎拉提交的工作报告中又对自己认为仓库管理中存在的一些问题进行罗列:仓库的员工管理存在问题,工作流程有问题,并对仓库的改造提出了自己的意见。莎拉的这份工作报告被提交之后,库管部门的主管被总经理批评,而莎拉也因为直接点名揭发同事的不良行为而遭到同事的排挤,认为她太爱出风头,管得太宽了。

第三个月,几乎没有部门欢迎莎拉,她被硬性分配到了培训部。和之前一样,莎拉在工作中嫌弃培训教材上的人脸图不够漂亮,便私自利用业余时间把教材上所有的图重新画了一遍,更把她觉得不够好的讲义也都按照她的逻辑修改了一遍。培训部经理刘易斯(Lewis)知道后很生气,直接向公司投诉:莎拉擅作主张,自行其是,不尊重团队和领导,无法管理,更是直接放话"这种人留在公司必伤团队,她不走我走"。莎拉知道被投诉后也不服气,当着领导的面指责刘易斯作为高级管理干事不检讨自己的不足,反而质疑她为部门做的积极贡献。

接着,莎拉又去了销售部工作,她的当月业绩做到了第一,且超过第二名业绩很多。然而尽管莎拉的工作业绩很突出,同事却始终对她充满争议。

"都是说真话"

(一)

《任正非正传》里记录了这样一个故事:一个北大毕业的新员工,刚到华为工作不久,就对公司的经营战略问题,洋洋洒洒写了一封"万言书"给任正非,原本以为自己独到的见地能够打动领导,结果任正非却批复:"此人如果有精神病,建议送医院治疗,如果没病,建议辞退。"

(二)

2017年8月3日,华为南京研究所的一名员工在华为内部员工论坛心声社区上匿名举报流程与IT管理部的NUI业务数据造假,而后又在华为内部技术交流网站3ms上面实名留言举报。该举报员工的级别是14级,在华为属于基层员工。然而,举报业务部门的数据造假,会直接影响其主管甚至更高级别领导的绩效,也自然引起了一些人的不满。在该员工进行举报后,有人私底下威胁他:"如果再这样下去,你小心人身安全。"

任正非知道这件事之后,签发了一份总裁办电子邮件,表示:"我们要鼓励员工及各级干部讲真话,真话有正确的、不正确的,各级组织采纳不采纳并没什么问题,而是风气要改变。真话有利于改进管理,假话只有使管理变得复杂、成本更高。同时,对举报的员工晋升两级到16A(在华为正常升一级需要2~3年的时间),且不影响其正常考核与晋升。此外,让该举报员工自愿选择工作岗位及地点,并出于员工人身安全的考虑,指明由华为无线产品线总裁保护其不受打击报复"。

资料来源:节选及改编自MBA中国网"公司新来了一个前台叫Sala"。赵凡禹,燕君.任正非正传:指挥狼之队驰骋沙场的商界思想家传奇[M].武汉:华中科技大学出版社,2010.搜狐新闻"华为员工因说真话受人身威胁,任正非下令:连升两级,不许打击报复!"。

提示问题:

1. 如何看待宝洁中国公司新员工莎拉的"挑刺"行为及莎拉和同事之间的不和?公司应该如何管理强个体,促进员工之间的融合以减少冲突，进而提高组织绩效？
2. 为什么员工说的都是"真话"，任正非回应的态度却截然不同？
3. 结合案例，如果类似莎拉的"挑刺"行为出现在华为，会被用哪种方式管理？
4. 此案例带给我们冲突管理哪些启示？

网站推荐

1. The International Transactional Analysis Association：http://www.itaa-net.org
2. The International Association for Conflict Management：http://www.iacm-conflict.org
3. 赢家大讲堂——冲突管理：https://www.mgtv.com/b/4741/362763.html
4. 美国工业与组织心理学学会网址：http://www.siop.org

微信公众号推荐

1. 人力资源管理：renliziyuanguanli
2. 管理的常识：Guanlidechangshi
3. 情商夜读：ieq365
4. 爱折腾的壹休：zhichang365

参考文献

[1] Thomas K W. Conflict and Negotiation Processes in Organizations[M]. Palo Alto, CA: Consulting Psychologists,1992: 651-717.

[2] Fink C F. Some Conceptual Difficulties in the Theory of Social Conflict [J]. Journal of Conflict Resolution，1968，12(4): 412-460.

[3] Wall J A, Callister R R. Conflict and Its Management [J]. Journal of Management, 1995，21(3):515-558.

[4] Putnam L L, Poole M S. Conflict and Negotiation[M].Newbury Park, CA: Sage，1987:549-599.

[5] 余凯成. 组织行为学 [M]. 大连：大连理工大学出版社，2001.

[6] Brown L D, Clarkson A E. The Concise Blackwell Encyclopedia of Management[M]. Oxford: Blackwell，1998:95-97.

[7] 黛布拉 L 纳尔逊，詹姆斯·坎贝尔·奎克. 组织行为学：基础、现实与挑战 [M]. 桑强，等译. 北京：中信出版社，2004.

[8] 安德鲁 J 杜布林. 组织行为基础：应用的前景 [M]. 吴慧，等译. 北京：机械工业出版社，1985.

[9] Robbins S P. Organizational Behavior（9th ed）[M]. New Jersey：Prentice Hall，2001:386.

[10] 斯蒂芬 P 罗宾斯. 组织行为学精要（原书第 5 版）[M]. 郑晓明，译. 北京：机械工业出版社，2007.

[11] Pondy L R. Organizational Conflict: Concepts and Models [J]. Administrative Science Quarterly，September 1967，12(2):296-320.

[12] 彼德·康戴夫. 冲突事务管理：理论与实践 [M]. 何云峰，等译. 北京：世界图书出版公司，1998.

[13] Blake R R, Mouton J S. 新管理方法 [M]. 孔方济，徐吉贵，译. 北京：中国社会科学出版社，1986.

[14] 查尔斯 E 贝克. 管理沟通：理论与实践的交融 [M]. 康青，王蔷，冯天泽，译. 北京：中国人民大学出版社，2003.

[15] 戴维·布坎南，安德杰·赫钦斯盖．组织行为学（原书第 5 版）[M]．李丽，等译．北京：经济管理出版社，2011．

[16] 里基 W 格里芬，唐宁玉，格利高里·摩海德．组织行为学（原书第 8 版）[M]．刘伟，译．北京：中国市场出版社，2009．

[17] 乔伊斯 S 奥斯兰，等．组织行为学（原书第 8 版）[M]．王永丽，等译．北京：中国人民大学出版社，2011．

[18] 史蒂夫 L 麦克沙恩，玛丽·安·冯·格里诺．组织行为学（原书第 5 版）[M]．吴培冠，等译．北京：机械工业出版社，2012．

[19] Montoya-Weiss M M，Massey A P，Song M.Getting it Together: Temporal Coordination and Conflict Management in Global Virtual Teams [J]. Academy of Management Journal，2001，44(6)：1251-1262．

[20] 陈春花，赵海然．共生：未来企业组织进化路径 [M]．北京：中信出版集团，2018．

第 10 章 组织与组织理论

> 凡治众如治寡，分数是也；斗众如斗寡，形名是也。
> ——《孙子兵法·势篇第五》

学习目标

1. 掌握组织的概念和特征
2. 熟悉组织理论的发展脉络
3. 掌握组织结构设计中的六个基本要素
4. 掌握影响组织结构的因素
5. 掌握常见组织结构的形式、主要特征、优缺点与适用范围
6. 了解组织形态演变的趋势

引例　　　　　　"组织重组狂魔"：联想

联想被一些业内人士冠以"组织重组狂魔"的称号，这源于联想每年都进行架构调整，且调整的幅度相当大。下面复盘一下联想最近几年组织架构调整，联想可以称得上是组织架构调整的"活教材"。

2001 年 4 月，联想的战略被确立为以互联网为核心，组织机构也随之调整，按业务划分，成立了六大业务平台：消费 IT、手持设备、信息服务、企业 IT、IT 服务、部件 / 合同制造，各业务平台分别有各自的销售渠道和运营系统。

2004 年 2 月，联想架构重组，联想核心业务被确认为 PC 及相关产品（笔记本、服务器、外部设备等），此外重点发展的业务包括移动通信设备业务、IT 服务、网络产品、软件外包等。

2005 年 5 月，联想并购了 IBM 的 PC 事业部之后，新架构变成国际业务和国内业务"双运营中心"。同年 10 月，经过两个阶段的"分步整合"，联想逐步形成全球范围内集权的"一体化架构"。

2009 年 3 月，联想宣布调整新架构，成立成熟市场与新兴市场两大业务集团，取代原本以地理位置划分的全球三大区。同时，联想按照产品结构成立新的 Think 产品集团及 Idea 产品集团。

2012 年 1 月，联想架构不再按成熟市场和新兴市场分类，而是将联想集团全球业务划分为四个大区，分别是中国市场、北美区、EMEA 市场（欧洲—中东—非洲）和亚太—拉美市场。

2013 年 1 月，联想架构收缩为两大业务集团：Lenovo 业务集团和 Think 业务集团。

2014 年 1 月，联想将 Lenovo 及 Think 两大品牌改为以产品划分，分别为计算机、移动、企业及云服务四大相对独立的业务。

2015 年 3 月，联想将业务收缩为"三大引擎"：个人电脑业务、企业级业务和移动业务。同年 6 月，联想高层人事剧变，刘军不再担任移动业务集团总裁，由陈旭东接任。

2016 年 3 月，联想宣布业务模式从以产品为中心向以用户为中心进行转变，设立了四个业务集团：个人电脑与智能设备集团（PC&SD）、移动业务集团（MBG）、数据中心业务集团（DCG）、联想创投集团（LCIG）。

2017 年 5 月，联想中国区重组，成立个人电脑及智能设备集团（PCSD）和数据中心业务集团（DCG）。之前离开的刘军回归联想，领导中国平台及中国区 PCSD 业务，陈旭东离开。

2018 年 5 月，联想在原有四大业务集团基础上，将原个人电脑和智能设备业务集团（PCSD）与移动业务集团（MBG）合并成全新的智能设备业务集团（IDG），与原数据中心业务集团（DCG）协同。

2019 年 1 月，联想中国区进行组织架构调整，以用户为中心，在渠道、营销、客户关系、服务等方面推动了诸多变革，成立相应的大客户事业部、中小企业事业部、消费者事业部。

这些变化的背后，是联想寻求新增长点的焦虑，也是一个老牌企业在适应快速变化的时代与行业时的自我调整，进一步地，联想的组织架构调整为联想的可持续性发展奠定重要基础。

资料来源：陈祖鑫.联想最新组织架构调整，给我们带来什么启发？[EB/OL].（2019-01-11）[2019-11-05]. https://mp.weixin.qq.com/s/nXb7DBWqERlgIgif5HVH_A.

10.1 组织理论

从广义上讲，组织理论的历史可以追溯到古代，例如我国孔子提倡的官职制度、孙子的军阶和军队的单位划分显示了组织理论思想的雏形。但对组织进行系统的研究，把组织理论作为一个社会科学的学科是 20 世纪 30 年代以后的事。按照其形成和发展，整个组织理论的发展历史可以分为三个阶段：一是古典组织理论阶段；二是行为科学时期的组织理论阶段；三是现代组织理论阶段，如表 10-1 所示。

表 10-1 不同阶段的组织理论

	古 典	行 为	现 代
时代	手工业时代（工业革命前时代）	机器生产时代（工业革命时代）	系统时代（现代化大工业生产时代）
理论基础	经济人	社会人	决策人
组织特点	独断	从小到大的分解	从个别转向整体
主要理论	泰勒的组织理论 法约尔的组织理论 韦伯的组织理论 厄威克的组织理论	社会系统学派的组织理论 行为科学学派的组织理论	经验主义学派的组织理论 系统管理学派的组织理论 权变理论学派的组织理论 新组织结构学派的组织理论

10.1.1 古典组织理论

1. 泰勒的组织理论

美国的弗雷德里克·泰勒被誉为"科学管理之父",1898年,为了寻找影响工人劳动生产率的因素,泰勒开展了一系列著名的科学试验,1911年,在上述试验的基础上,泰勒出版了著名的《科学管理原理》。泰勒对组织理论做出的主要贡献是:

(1)根据劳动分工的原理,提出单独设置职能机构,并主张把"计划职能"(相当于现在所指的管理职能)同执行职能(工人的生产操作)分开。

(2)主张实行职能管理制。实行专业化、标准化的职能管理,使所有职能人员只承担一两种管理职能,从而就有较多的管理者(工长)对同一个工人发号施令。这种职能制在实际上造成工人接受多头领导而无所适从,因而在实践中未能得到推广。

(3)提出"例外原则",即上级应把日常例外事务授权给下级处理,使自己能集中精力考虑较重大的问题。这为后来的分权化和事业部制等组织原则提供了理论基础。

2. 法约尔的组织理论

法国的亨利·法约尔在1916年出版的《工业管理与一般管理》⊖一书中,提出了比较完整的古典组织理论的基本内容。

- 提出了管理过程的五个职能,即计划、组织、指挥、协调、控制,并指明组织职能在整个企业管理中的地位和重要性。
- 提出14条组织管理原则:劳动分工、权力与责任、纪律、统一指挥、统一领导、个别利益服从整体利益、合理的报酬、集权化、等级制、建立秩序、公平、保持人员稳定、主动性、集体精神。
- 提出"法约尔桥"。为了克服由于贯彻命令统一性原则而产生的信息传递的迟缓,法约尔设计了一种"跳板"(又称"法约尔桥")。利用这种跳板,可以跳越指挥链而直接联系。
- 改进了管理机构的组织形式,提出直线职能制。

3. 韦伯的组织理论

马克斯·韦伯是德国著名的社会学家。他在管理方面的主要贡献是提出了"理想的行政组织体系",有关的主要著作有《社会和经济组织的理论》⊜等。韦伯组织理论的主要贡献是:

(1)提出理想的行政组织体系。其要点是:组织内的各种服务和岗位要按照职权等级来考试或培训,使人员胜任职务的要求,而不是凭世袭地位或人事关系;组织内每人都必须严格遵守规章和纪律,没有例外。

(2)提出行政组织的基础是合法规定的权力。这些权力有:理性和法律的权力、传统式的权力和个人崇拜式的权力。

(3)行政组织体系的结构,主要分为三层,如图10-1所示。第一层是主要负责人,其主要职能是进行决策;第二层是行政官员,其主要职能是贯彻主要负责人所做出的决策;

⊖ 本书中文版已由机械工业出版社出版。
⊜ 本书中文版已由机械工业出版社出版。

第三层是一般工作人员，其主要职能是从事实际的业务工作。

4. 厄威克的组织理论

英国的厄威克（Ayngdall F. Urwick）的主要贡献在于系统地总结了泰勒、法约尔等人提出的古典管理学派的组织理论。他总结归纳出古典组织理论的八项原则是：

图 10-1　行政组织体系的分层结构

- 目标原则，即整个组织应当表现出同一个目标。
- 相符原则，即赋予的权力和责任必须相符。
- 责任原则，即上级对所属下级的工作绝对负责。
- 等级原则，即组织中必须划分若干等级，上级领导下级。
- 管理幅度原则，即每一个上级领导人所直接领导的下级人数不应超过六人。
- 专业化原则，即每个人的工作应限制为一种单一的职能。
- 协调原则，即组织各层次、各部门应达到协调一致。
- 明确性原则，即对于每一职务都要有明确的规定。

厄威克认为，这些组织原则具有普遍意义，即对一切组织都是适用的。

10.1.2　行为科学时期的组织理论

1. 社会系统学派的组织理论

社会系统学派的代表人物是美国的切斯特·巴纳德。巴纳德运用社会学的观点来研究管理理论。他的组织理论观点，集中反映在其代表作《经理人员的职能》[○]一书中，是组织理论的经典著作之一。巴纳德组织理论的主要观点有：

（1）组织是人与人的合作系统。这就突破了古典管理学派把组织单纯看成一个权责结构的框框，从而把组织结构特性与人类行为特性结合起来分析组织问题。

（2）权力接受理论。巴纳德认为，权力不是来自从上而下的行政授予，而是看下级是否接受，只有当行政命令为下级所理解，并且相信它符合组织目标和个人利益时，才会被接受，这时权力才能成立。

（3）诱因和贡献平衡论。巴纳德认为，组织是由各个人组成的，组织中的每一成员都有其个人需要，如果要求成员对组织做出贡献，那么组织必须对他们提供适当的刺激以满足其个人的需要。巴纳德把这种诱发个人对组织做出贡献的因素称为"诱因"。诱因与贡献取得某种程度的平衡，才能使组织中的成员产生必要的合作意愿，组织的目标才能实现。

（4）信息交流原则。构成组织的基本要求是：合作的意愿、共同的目标和信息的交流。而信息交流是实现前两个要求的条件和基础。巴纳德在强调管理部门必须建立、维持和强化信息交流职能的同时，还突出了"非正式群体"作为信息沟通又一渠道的重要性。

2. 行为科学学派的组织理论

管理学中的行为科学学派理论是 20 世纪 50 年代开始出现的。它侧重于研究管理中人的行为。行为科学学派在组织理论方面的观念与贡献，除了上述同巴纳德相类似的观点以外，主要有以下两个方面。

○　本书中文版已由机械工业出版社出版。

（1）对古典组织理论的修正与补充。例如，对于劳动分工的原则，行为科学学派在肯定分工能提高效率的同时，着重指出分工过细带来的不良后果，并指出劳动分工越细，就越需要激励和协调等观点，又提到员工参与管理和更好地进行信息交流等解决内部组织结构冲突的措施。这些都是考虑了人的行为因素后对古典组织理论所做的修正和补充。

（2）组织结构的设计，必须考虑工作者的需要和特点。例如，分配工作时要考虑人的兴趣和爱好，因而在组织设计时应考虑到工作轮换、工作扩大化、工作丰富化的要求，使工作者感到他对工作有兴趣，从而充分发挥他们的知识和才能，获得更好的工作绩效。

10.1.3 现代组织理论阶段

1. 经验主义学派的组织理论

经验主义学派是以总结企业管理的实践经验为主要任务，从中概括出理论和原则，或者给从事实际管理工作的人某些有用的建议。这一学派的代表人物有彼得·德鲁克、欧内斯特·戴尔（Ernest Dale）、阿尔弗雷德·斯隆（Alfred Sloan）等。他们在组织理论方面的主要观点有：

（1）古典管理学派和人际关系学派各有短长，经验主义学派的任务就在于根据企业的实际经验，把这两方面的研究成果结合起来。

（2）归纳出企业组织结构的基本类型，即集权的职能性结构、分权的"联邦式"结构、模拟性分权结构、矩阵结构、系统结构。

（3）倡导目标管理。目标管理方法最早是德鲁克于1956年在《管理的实践》⊖一书中提出来的。它的基本精神是把以工作任务为中心和以人为中心的管理方法结合起来，调动员工对工作任务的积极性和创造性，从工作中满足其自我实现的需要，从而促进企业目标的实现。

2. 系统管理学派的组织理论

将贝塔朗菲（Bertalanffy）的"一般系统理论"应用于管理，形成了系统管理学派。其在组织理论方面的主要观点有：

（1）组织是一个人造的开放系统。组织为了求得生存和发展，必然同外界环境相互影响。也就是说，它必定要消耗来自环境的人力、物力、财力、信息等资源，又向环境输出各种产品、服务等资源。同时，组织具有内部的和外部的信息反馈网络，能够不断地自我调节，以适应环境的变化。

（2）组织本身也是由各个子系统有机联系而组成的一个系统。组织的优化要强调整个系统的优化，而不仅是各个子系统的优化。

3. 权变理论学派的组织理论

这一学派在组织理论方面的主要观点和贡献是：

（1）没有一成不变的、"最好"的组织设计，不同的企业以及同一企业在不同的发展阶段，都应当根据当时的具体条件来设计相适应的组织结构。

（2）强调外部环境对组织机构设计的影响。美国的劳伦斯指出：企业的市场条件、科学技术的发展以及国家经济形势的变化等因素，对企业经营管理的目标和战略有极大的影

⊖ 本书中文版已由机械工业出版社出版。

响。因此，企业组织设计应当是开放式的，要求企业的组织机构既要有稳定性又要有适应性，才能保证企业的生存和发展。

4. 新组织结构学派的组织理论

这是一个较新的管理学派，它的特点是全面吸收各学派关于组织结构方面的学说和主要成果。加拿大的亨利·明茨伯格（Henry Mintzberg）是这一学派的主要代表人物之一。他的代表作《"五"字组织结构》的主要观点如下。

（1）提出组织结构的五种协调机制。组织结构实质是人们在组织内进行劳动分工与协调的方式总和。不论一个企业使用多少种具体的协调方法，都可以归纳为五种机制，即相互调整、直接监督、工作过程标准化、成果标准化、技能标准化。

（2）提出组织结构的五个基本构成部分，包括：①工作核心层，由该组织的基层部门组成，他们直接从事产品生产或服务；②战略高层，例如企业的最高级领导集团，他们对该组织全面负责，保证实现组织的战略目标；③直线中层，由各部分的中层经理构成，他们把战略高层与工作核心层联结起来；④技术专家结构，由组织中的职能人员组成，他们不直接参加生产或服务过程，而运用自己的专门知识和技能来帮助上述三个部分，提高效率和效益；⑤支持人员，他们不属于该组织的生产或工作流程，但是为其提供各种支持，例如企业中的法律顾问、附属服务机构等。

（3）提出组织结构的五种流程系统，包括：①正式的权力系统，即行政指挥系统。②规章制度流程系统，即企业中的生产工艺流程和管理工作流程就反映了这种流程系统。③非正式沟通的流程系统，这是组织成员间灵活的相互联系和交流。这种交流不仅包括信息的交流，而且包括感情上的交流，是对规章制度必不可少的补充。④工作群体流程系统，指小集团和沟通网之间的交往关系。凡是在一起工作或工作位置接近而且有共同兴趣的人，往往彼此不拘形式地沟通和交往，形成沟通网或小集团，明茨伯格称这为工作群体流程。⑤特殊决策流程系统，是指由于进行特殊的非程序决策而引起的工作上的联系或人际交往的流程系统。

10.2 组织结构及设计

10.2.1 组织结构概述

组织结构（organization structure）是指组织内关于职务及权力关系的一套形式化系统，它阐明各项工作如何分配，谁向谁负责及内部协调的机制（Johns，1995）。组织内各成员的互动模式，例如合作、竞争和冲突等，在一定程度上受到组织结构的影响。组织结构设计有许多具体制约因素，包括：

（1）工作专门化（job specialization）。组织结构的专门化程度，指组织各职能工作分工的精细程度。具体表现为部门（如科室）和职务（岗位）数量的多少。同样规模的组织，职能科室的数量多，说明职能细分程度高，在一定程度上表明专业化程度高。

（2）部门化（departmentalization）。各部门的横向分工，不仅表现为分工的精细程度，而且表现为采用分工的形式。在企业中，常见的分工形式有职能制（按职能分工）、产品制或事业部制（按产品分）、地区制（按地区分工）和混合制。

（3）命令链（chain of command）。命令链是一种不间断的权力路线，从组织的最高层到最底层，澄清谁向谁报告工作。它具有权威性和命令统一性。

（4）管理幅度（span of control）。一个组织的管理层次多少，表明组织结构的纵向复杂程度，大企业从总经理到基层员工可能有五六个层次；小企业可能只有两三个层次。管理幅度说明一名上级直接领导的下级人数。管理幅度少则三四人，多则十多人。一般来说，管理幅度小，则管理层次多一些，反之则少一些。

（5）集权与分权（centralization-decentralization）。组织的经营决策和管理权集中在高层管理者手中，表明这种组织结构的集权程度较高；如果把许多权力分给较低的管理层次，则集权程度较低。

（6）正规化（formalization）程度。正规化程度指组织中采用书面文件的数量，既包括组织中各项管理工作的程序、方法、要求等规章制度，也包括传递信息的各种书面文件（如计划、指示、通知、备忘录等）。

适当的组织结构，可以清楚界定每个组织成员的权责角色。再加上适当的协调与控制，组织的工作效率将会提高，而组织的整体表现亦会较出色。相反，组织的结构与其管理需要之间出现脱节，将导致决策延误、应变失误、成本高涨及士气低落等问题。表 10-2 说明了在设计适当的组织结构时需要回答的六个关键问题。

表 10-2　在设计适当的组织结构时需要回答的六个关键问题

关 键 问 题	答 案 提 供
1. 把任务分解成各自独立的工作应细化到什么程度	工作专门化
2. 对工作进行分类的基础是什么	部门化
3. 员工个人和工作群体向谁汇报工作	命令链
4. 一位管理者可以有效地指导多少个员工	管理幅度
5. 决策权应该放在哪一级	集权与分权
6. 应该在多大程度上利用规章制度	正规化

组织理论对组织设计的讨论，主要围绕几个基本要素。这些要素一般包括**工作专门化**、**部门化**、**命令链**、**管理幅度**、**集权与分权**、**正规化**。

10.2.2　工作专门化

工作专门化是指工作任务的分工。管理者将组织的一项任务分解成具有特殊活动的专门工作。活动规定了执行者要做什么。例如，"销售经理"工作的活动定义为在一段时间内采用各种合适的方法来进行产品的推广、渠道的建设等工作，其他销售经理可能运用同样的方法和程序来处理不同类型的工作要求。因此，工作可以而且能够通过某种方法的使用来实现专门化。专门化工作分工和标准化工作带来的高效率最早由泰勒研究发现，并确定为组织设计的基本原则。随着科学技术的发展，专业化分工越来越细，促进劳动生产率大幅度提高。

将任务分解成具体的工作具有经济上的优点，它是创造组织的一个历史原因。随着社会工业化和城市化进程的推进，手工艺产品让位于大规模生产的产品。大规模生产产品依赖于获得专门化劳动所具有的经济利益能力，获得专门化劳动最有效的方法就是通过组织。

在组织中的劳动任务分工主要是通过三种方式来进行的。①工作被分解成不同的个人专业。大多数人从职业或专业角度来考虑专门化。因此，我们认为会计、工程师、科学家、医生以及其他各种专业人才存在于组织中和日常生活之中。②工作可被分解成不同的活动，这些活动是组织工作的自然程序所必需的。例如，制造厂通常将工作分解成制造和装配工作，个体被分配从事这些活动中的某一项工作。这种劳动分工的特殊的表现形式称为水平专门化。③工作可在组织的纵向上进行分解。所有的组织都有权力层次，从最低层的监管者到最高层的管理者。首席执行官的工作与监管者的工作是不同的。

决定组织中每一项工作做什么是管理决策的一个关键。但是需要注意的是，工作在专门化的维度上变化很大，一些工作比另一些工作具有更高的专门化程度。管理者能够通过改变工作的专门化程度而改变一个组织的结构。

20世纪前50年，管理者把工作专门化看成提高生产率的不竭之源。在这个时期，工作专门化尚未广泛运用，无论在哪里，只要推行这种做法，几乎总能提高生产效率。但是到了60年代，越来越多的证据表明物极必反的道理。在某些工作领域出现了这样一种状况：由于工作专门化而产生的"不经济"因素，表现为员工的厌烦情绪、疲劳感、压力感、低生产率、低质量、高缺勤率和高离职率等，超过了它带来的经济优势。在这种情况下，扩大而不是缩小工作活动的范围，可以提高劳动生产率。另外，许多公司发现，让员工参加一项完整的工作任务，以及让他们加入技能互补的团队，往往会大幅度提高他们的产出和工作满意度。

自20世纪80年代以来有一个趋势，就是组织小型化。这种趋势的一个明显效果就是管理工作的非专门化，特别是中层管理者的工作。例如，通用电气公司曾大大减少各个层次的管理者的人数，结果就是管理者有更多的事需要处理，他们的工作专门化的程度降低，而控制的跨度则增大了。

10.2.3 部门化

组合工作的基本原则是协调工作的需要。经过专门化设计的工作是各自分离的，同时又是整个任务的相互关联的部分，总任务的完成依靠各部分任务的完成。但是工作必须通过管理按照定义规定的专门化和序列方式进行。当一个组织专门化工作的数量增加达到一定程度时，一个管理者就不能有效地对工作进行协调。因此，为了创造可管理的工作，各自分离的工作必须组合成模块。

最常见的部门化包括职能部门化、事业部部门化、区域部门化等。这些不同的部门化概念都得到了实际的运用并且都有各自的优点和缺点，适用于特定类型和特点的组织。

大型组织在进行部门化时，可能会综合运用上述方法。例如，对于一家大型电子企业在进行部门划分时，在每个事业部内根据智能类型来划分部门；在制造厂内根据生产流程来划分部门；在销售部内根据七个大区来划分部门；每个销售分区则根据顾客的特点细分为顾客群。

10.2.4 管理幅度

为部门化确定合适的基础就建立了组合在一起的工作类型。但是，这并没有确定包括在一个具体群体中的工作数量，也就是控制跨度。一般而言，这个问题实际上就是一个管理者能够监督多少名员工。也就是说，控制跨度宽的组织和控制跨度窄的组织到底哪一个更为有效？这个问题与一个部门的管理者能够处理的人际关系的范围有关。而且，控制跨度的定义不仅包括正式分配的下属，还包括那些能够接近管理者的员工。当其他条件相同时，控制跨度越宽，组织就越有效率。但是，当控制跨度宽到一定程度时，管理者就没有足够时间提供必要的领导和支持，他们的效率就会下降，员工绩效则会受到不利影响。近年来的趋势是加宽控制跨度。这与各公司致力于降低成本、削减一般管理费用、加快决策速度、增加灵活性、更贴近顾客以及下属授权等努力是一致的。不过，为了避免因控制跨度加宽而使员工绩效降低，公司都显著增加了对员工培训的投资。管理者认识到，如果下属在充分了解各自工作内容或者有问题时能够求助其他同事，那么自己就可以驾驭更宽的控制跨度。有效管理幅度的影响因素，如表10-3所示。

表 10-3 有效管理幅度的影响因素

主要因素	具体因素	影响
工作能力	主管人员的工作能力	工作能力较强，则管理幅度较大；工作能力较弱，则管理幅度较小
	下属人员的工作能力	工作能力较强，则管理幅度较大；工作能力较弱，则管理幅度较小
工作内容和性质	主管所处的管理层次	越接近组织高层，管理幅度越小
	下属工作的相似性	下属工作的内容和性质相近，则管理幅度相对较大
	工作的程序性或自由度	工作越程序化，自由度越小，管理幅度越大
工作条件	信息手段的配备情况	信息手段越先进，管理幅度越大
	工作地点的接近性	同一主管人员领导下的下属工作地点越分散，管理幅度越小

组织中的层次有多少，取决于组织的规模、活动内容的特点以及组织内的管理跨度。大部分组织的层次可以笼统地分为高层、中层和基层这三个层次。规模较大的组织可能在高层之上还会设有类似"总司令部"性质的最高领导层，而规模小的组织可能仅仅包括管理层和基层这两个层次。同时，组织的每一个层次还都具有相应的职责和职权。组织高层的主要职责是负责组织的运作决策。他们将会决定组织的目标，制定组织未来发展的战略规划，设计组织的核心运作流程以及基本的组织结构。组织中的中层成员的主要职责则是制订具体的工作计划，组织、指挥和监督工作计划的实施，以及评价工作业绩和制定修正措施等。基层的主要职责是具体实施和完成工作计划。

美国斯隆管理学院提出一种**安东尼结构**（Anthony structure），这种组织的经营管理结构以分为三个层次：①战略计划层，即企业的最高层，主要工作是企业目标的设定和为实现目标所实施的资源配置；②管理控制层，即中间管理层，其工作是为实现企业目标有效地利用资源；③操作控制层，即下层管理层，其工作是确保某项特定的业务能够被高效地执行。

10.2.5 命令链

命令链是一种连续的权力链条，从组织的最高层延续到最低层。它明确无误地规定谁向谁汇报工作，以及在工作中负责命令监督哪些人。与此相关的一个概念是**命令统一性**（unity of command），它意味着一个人应该对一个主管，并且只对一个主管负责。如果命令的统一性遭到破坏，下属就要应付多个主管的命令，容易导致冲突和混乱。

10.2.6 集权与分权

1. 集权的原因

（1）管理者必须得到授权决策的培训。正式的培训项目可能相当昂贵，可能大大超过其所得利益。

（2）很多管理者习惯于自己做决策，抵制对下属权力下放。结果，他们的工作效率处于低水平上，因为他们相信权力下放就意味着丧失控制。

（3）行政管理成本的发生，因为必须发展或改变会计和工作业绩系统，以向高层管理者提供有关他们的下属决策效果的信息。当低层次的管理者拥有了权力时，高层管理者就必须掌握评价权力使用效果的方法。因此，高层管理者通常创造报告系统，来通过组织中低层次的管理者的决策结果。

（4）可能最实际的集权原因是分权意味着功能的重复。每一个自主单元必须完全自给自足以能够独立，但这就存在重复的高成本。一些组织发现分权的成本超过了所得到的利益。

2. 分权的原因

（1）相对高程度的分权鼓励专业化管理者的发展。组织分权能够使管理者做出重要决策，获得技术或者在公司中得到提升。通过运用他们的权力对很多问题做出决策，管理者发展了专长，使自己能够处理更高层次的管理问题。具有广泛决策权的管理者常常要做出困难的决策，结果他们为了提升到拥有更多权力和责任的岗位而受到培训。上层管理者根据实际决策表现来比较管理者。根据管理者表现的业绩进行的提升可以排除个人偏好以及减少提升过程中的个性因素。

（2）高程度的分权能够促进组织内的竞争氛围，激励管理者在竞争环境中做出贡献，因为他们的各项工作业绩将与同行进行比较。在一个竞争的环境中，管理者在销售、降低成本以及员工发展等方面展开竞争，这对组织的整体业绩而言都是一个积极因素。但如果一个管理者的成功建立在另一个管理者的失败上，那么竞争环境也能促使破坏性行为的发生。然而，不论结果是积极的或是破坏性的，只有在个体具有权力去做那些能够使他们获胜的事情时，才会形成明显的竞争环境。

（3）具有相对较大权力的管理者能够行使更多的自主性，因此能够满足他们参与问题解决的愿望。这种自主性能够催生管理创造性，对组织和管理者的发展与适应具有促进作用。正如我们知道的，能够有参与设置组织目标的机会本身可能就是积极的激励因素。目标设置的一个必要条件就是要有权力进行决策。很多组织，不论大小，都选择了遵循分权的政策。

3. 集权与分权的影响因素

影响集权与分权程度的主要因素，如表10-4所示。

表 10-4 影响集权与分权程度的主要因素

因素	适合集权的情况	适合分权的情况
经营活动性质和环境条件	经营活动常规化，环境比较稳定	经营活动灵活和创新性高，环境不稳定
组织规模和空间分布	规模较小，空间分布集中	规模较大，空间较分散
决策的重要性	重要性高，涉及较高的费用支出或影响面较大	重要性较低，影响面不大
管理者和员工的素质	人员素质较低	人员素质普遍偏高
领导风格	自信独裁的领导者	民主型的领导者

10.2.7 正规化

正规化又称规范化，是指有关工作的方法和程序具体化及条文化的程度。组织结构描述为正规化程度高，就是采用规则和程序规定每一个个体应该做什么，活动应该怎样执行。这样的组织都有标准化的操作程序、具体的指导以及明确的政策条文。

一种工作的正规化程度越高，意味着从事该工作的人对于工作内容、工作时间、工作手段的自主权越低。员工被指望以完全同样的方式投入工作，从而保证稳定、一致的产出结果。在高度正规化的组织中，有明确的工作说明书，有大量的组织规章制度，有对于工作流程的详尽规定。当正规化程度较低时，工作行为相对来说就不那么程序化，员工对自己工作的处理权限也比较大。由于工作中的个人权限与组织对员工行为的规定成反比，因此工作的标准化程度越高，员工自行决定工作方式的权力就越小，工作标准化不仅消除了员工实施其他方案的可能性，还使得员工无须考虑其他选择方案。

无论是在组织内部还是不同组织，正规化程度都可能差别很大。例如，销售代表工作的自由权限就比较大，他们使用的推销用语不要求标准划一，对他们的要求可能是每周汇报一次。而同一家公司的办公室职员可能必须上午 8 点准时坐在办公室里，并且遵守管理层制定的一套详尽明确的规章制度。

10.3 组织结构形式

组织结构为组织提供了框架，德鲁克认为，良好的组织结构本身并不产生良好的工作绩效，但无论这个组织的管理者个人有多么出色，糟糕的组织结构绝对不可能有良好的绩效。因此，设计良好的组织结构，才能提高绩效。

以下为常见的组织结构形式。

10.3.1 直线结构

直线结构（line structure）有时也称为"军队式结构"，其结构形式如图 10-2 所示。在直线结构的组织形式下，沿着指挥链进行各种作业，每个人只对一个上级负责，必须绝对地服从这一上级的命令。直线结构适用于规模小、生产技术简单的企业，而且还需要管理者具备生产经营所需要的全部知识和经验。这就要求管理者，特别是企业的最高管理者，应当是"全能式"的人物。

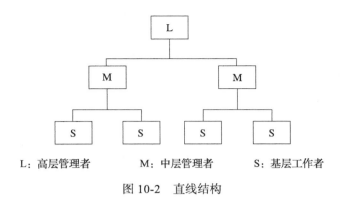

图 10-2 直线结构

10.3.2 职能结构

职能结构（functional structure）的特点是采用按职能实行专业分工的管理办法来取代直线结构的全能式管理者。下级既要服从上级主管人员的指挥，也要听从上级各职能部门的指挥。其结构形式如图 10-3 所示。

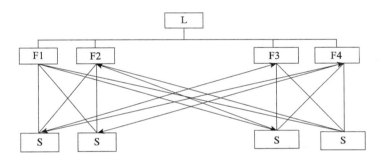

图 10-3 职能结构

职能结构由泰勒首先提出："在整个管理领域里，必须废除军队式的组织而代之以'职能式'的组织。"这一结构形式较能适应管理活动复杂化的需要，但也易造成管理上的混乱，实际上很少用。

随着组织的成长和复杂化，要根据组织的需要增加或减少组织的部门。特定职能的集权化因避免重复投入而节约了资源，这带来了更高的效率。这种组织结构形式不仅充分利用了规模经济（让完成相同工作的员工分享设备，避免重复建设），还让人们可以从事自己最擅长的工作，实现专业化。结果就是产生了高技能的工人——组织的直接收益。

与这些优点相对的是几个潜在的缺陷。职能型组织最重要的一个缺陷是会使各部门局限于自己狭小的视野，不考虑组织的整体目标。比如，在一家制造公司中，工程师会从产品的可靠性来看公司的问题，而不考虑其他重要的方面，如市场趋势、海外竞争等。这种狭隘意识是职能专业化不可避免的结果——人们透过自己狭小的"镜头"看整个组织的坏处。一个相关的问题是职能型结构不鼓励创新，因为他们将个人努力投入到狭窄的特定职能领域，而不鼓励跨领域的合作和观念的交叉撞击。结果，这类组织对环境的挑战和机会（如对新产品和服务的需求）都反应缓慢。总之，虽然职能型组织在很多情况下都很合适，也很有用，但它并不是最优的部门化方式。

10.3.3 直线职能制

直线职能制（line and function system）的特点是，在保证直线统一指挥的前提下，充分发挥专业职能机构的作用。其结构形式如图 10-4 所示。

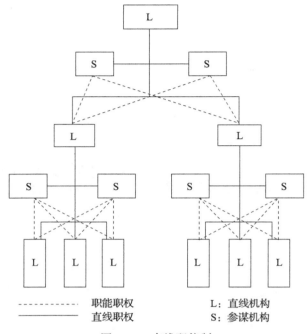

图 10-4　直线职能制

直线职能制组织结构适应于外部环境比较稳定、技术相对固定、不同部门之间的相互依存性较小、企业规模不大的情况。这种组织结构不需要太多的横向协调，可以主要通过纵向的层级实现控制和协调，因此效率较高。在公司中，直线部门的有效指挥和职能部门的参谋服务相得益彰。

直线职能制结构之所以被广泛地采用，是由于它具有许多优点。这种结构分工细密，任务明确，且各个部门的职责具有明显的界限。各职能部门仅对自己应做的工作负有责任，可以专心从事这方面工作，因此有较高的效率。这种结构的稳定性较高，在外部环境变化不大的情况下，易于发挥组织的集团效率。其不利方面是缺乏信息交流，各部门缺乏全局观点，不同的职能机构之间、职能人员与指挥人员之间目标不易统一，矛盾较多，最高领导者的协调工作量大。由于权力集中在直线部门的上级，下级单位的自主权不足，影响下级积极性、创造性的发挥。这种结构还不易于在企业内部培养熟悉全面情况的管理人才。此外，这种结构使整个组织系统刚性较大，不易为适应新的情况而改变组织结构。

10.3.4 事业部结构

事业部结构（division structure）或多部门结构（见图 10-5），阿尔弗雷德·钱德勒（Alfred D. Chandler）称之为"多分支公司结构"。在这种结构中，各事业部（或分支公司）通常是半自主的利润中心，按产品、区域或商标等来设立。公司的战略决策和日常运营决策两项职能分离，分别由总部和利润中心（分支公司）承担。实行事业部制的企业，可按职能机构的设置层次和事业部取得职能部门支持性服务的方式划分为两种类型。

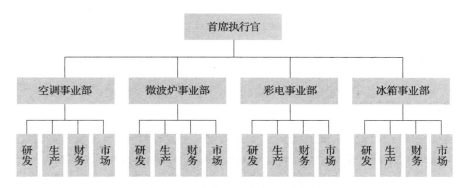

图 10-5　事业部组织结构示意图

（1）**产品事业部结构**（product division structure）。只在总公司设置研究与开发、设计、采购、销售等职能部门，事业部主要从事生产工作，它们所需要的支持性服务都来自总公司的有关职能部门。

在为了开发新产品、满足客户需要、保持市场份额等，需要各职能部门密切协作时，事业部式结构能够良好运行。在大中型企业中经常见到多元化战略，例如生产多种产品、进入不同行业和市场、为不同顾客提供服务、在不同地区销售产品等，也适用事业部结构。因为每个事业部都拥有完整的职能资源，所以它可以针对自己的产品、市场和顾客做出反应，并适应变化了的需求。

（2）**区域事业部结构**。进行结构整合的另一个基础是组织的用户或顾客。这种情况下最常见的结构是区域式的。不同国家的顾客，或者一个国家不同地区的顾客，可能会有不同的偏好和需求。每个区域单位包括所有的职能，以便在该地区生产和销售产品。跨国公司在不同的国家就会设立自主经营的分部。

区域事业部结构组织能够适应各自地区的特殊需求，员工按照区域性目标而非国家性目标来分派；强调区域内的横向协调，而不是跨地区协调或是与全国总部的关系。

事业部结构也具有自己的优缺点（见表 10-5）。与职能结构相比，事业部结构模式在获得跨职能部门协调方面非常有效。当不再能够通过传统的纵向科层实现对组织的有效控制时，当目标是以适应和变革为导向时，采用这种结构是适合的。诸如通用电气、强生、美的电器等大型公司，都划分为一些较小的、自主经营的组织（也称战略经营单位），以便于实现更佳的控制和协调。在这些大公司内部，这种单元有时称为事业部、业务部，并且每个事业部都是一个具有独立经营资格的法人实体，并在总部的指导下运作。

表 10-5　事业部组织结构的优缺点

优　点	缺　点
1. 快速适应不稳定的环境	1. 失去了职能部门内部的规模经济
2. 由于清晰的产品责任和联系环节从而实现顾客满意	2. 导致产品线之间缺乏协调
3. 事业部内跨职能高度协调	3. 失去了深度竞争力和技术专门化
4. 使各分部适应不同的产品、市场和顾客需求	4. 产品线间的整合与标准化变得困难

(续)

优　点	缺　点
5. 在规模大、产品多的公司效果最好	5. 容易产生事业部之间的内部竞争
6. 分权决策	

资料来源：Robert D. What is the Right Organization Structure？ Decision Tree Analysis Provides the Answer[J]. Organizational Dynamics，1979，7(3): 59-80.

10.3.5　矩阵式组织结构

一个组织的结构可能会同时专注于产品和职能，或强调产品和区域。实现这一目的的一种方法就是运用矩阵式组织结构（matrix organization structure）。当深度专业技术知识和产品创新与变革对实现组织目标都非常重要时，就可以考虑应用矩阵式结构。矩阵是一种实现横向联系的有力模式。矩阵式结构的独特之处就在于将纵向设计和横向设计结合起来，使产品事业部结构和职能式结构可以同时得到实现，如图 10-6 所示。

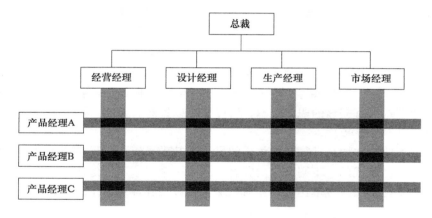

图 10-6　矩阵式组织结构示意图

与前面提到的几种组织结构相比，矩阵式组织结构的优缺点如表 10-6 所示。

表 10-6　矩阵式组织结构的优缺点

优　点	缺　点
1. 获得适应顾客双重要求所必需的协作	1. 导致员工卷入双重职权之中，使之沮丧而困惑
2. 实现产品间人力资源的灵活共享	2. 意味着员工需要良好的人际关系技能和全面的培训
3. 适应不确定环境下复杂的决策和经常性的变革	3. 耗费时间，包括经常性的会议和冲突解决会议
4. 为职能和生产技能改进提供了条件	4. 除非员工理解这种模式，并采用一种团体组织式的而非纵向的关系，否则将无效
5. 在拥有多种产品的中等组织中效果最佳	5. 需要很多经理来维持这种权力平衡

资料来源：Robert D. What is the Right Organization Structure？ Decision Tree Analysis Provides the Answer[J]. Organizational Dynamics，1979，7(3): 59-80.

10.3.6　超事业部结构

超事业部结构（super division structure）也称为执行部结构，是指在总办事处和事业部之间增加一个管理层级，称为执行事业部或超事业部。由于企业规模越来越超大型化，总公司直接领导各事业部显得管理跨度太大，难以实行有效管理，因此在事业部之上增设一级机构，使管理在分权的基础上又适当地再度集中，对有关的几个事业部进行统一领导，以便协调与利用有关的几个事业部的力量，搞好共同性的产品开发和市场开拓以及服务性的管理，避免各事业部执行相同职能所造成的不经济或低效率的现象。美国通用电气公司1978年的组织结构即是一种超事业部结构，如图10-7所示。

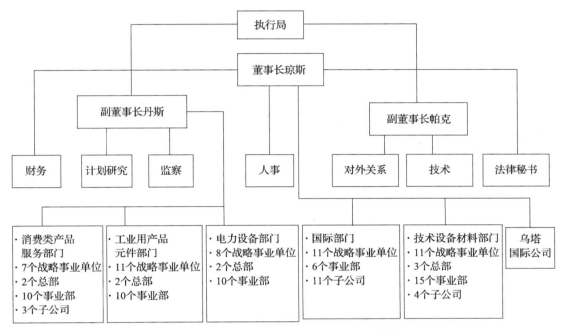

图 10-7　1978年美国通用电气公司组织结构

10.3.7　团队结构

目前，团队结构（team-based structure）已成为组织活动的流行方式。当管理人员动用团队作为协调组织活动的主要方式时，其组织形态即为团队管理结构。这种结构方式的主要特点是，打破部门界限，并把决策权下放到工作团队。

在小型公司中，可以把团队结构作为整个组织形式。例如，一个30多人的市场销售公司要完全按团队来组织，团队对日常的大多数操作性问题和顾客服务问题负全部责任。

在大型组织中，团队结构一般作为典型的行政性层系结构的补充。这样的组织既能因传统结构标准化而提高运作效率，又能因团队的存在而增强灵活性。例如，为提高员工的生产率，三星公司和施乐公司这样的大型组织都广泛采用自我管理的团队结构。而当波音或惠普公司需要设计新产品或协调主要项目时，它们往往采用多功能团队来组织活动。

10.4　数字化时代的组织形态变化新趋势

10.4.1　扁平化

扁平化是对相对激进的组织形态进行调整。国际上有些巨头也开始激进地打破并重塑组织，做法包括消除纵向边界（减少管理层级），增加横向沟通，让组织更加扁平化，增加一线的决策权。他们通过临时团队，跨越部门调集人力资源，完成各类复杂任务。

扁平化组织结构（flat organization structure）弱化了纵向的层级，打破刻板的部门边界，注重横向的合作与协调，这种组织结构具有以下特征：

- 组织结构是围绕工作流程或者过程建立起来的，而不是围绕部门职能建立起来的，传统的部门边界被打破。
- 减少纵向的组织层级，使组织横向化。
- 管理者更多地授权给较低层级的员工。员工经常运用自我管理的团队形式工作。
- 体现出顾客和市场导向。经常围绕顾客和市场的需求组织工作流程，建立相应的横向联系。

在这种扁平化的组织中，自我管理团队成为组织中的基本构件。这些自我管理团队被授权可以获得完成整个任务所需的资源，包括原材料、信息、设备等；团队中包括各个职能的员工，如工程、生产、财务、营销等；团队被赋予了决策权，可以自主进行计划、解决问题、决策优先次序、支配资金、监督结果等。过程协调者是专门从事协调不同团队活动的人或团队。

扁平化组织的优势在于使组织适应迅速变化的外部环境要求，并且提高顾客满意度，不同职能之间能够无障碍的沟通，员工的工作热情和士气会比较高。但是，横向型组织对管理者和员工的素质要求都比较高。管理者需要懂得参与式管理，需要具备教练式管理者的技能，而员工则需要适应在团队中自主工作的要求。

10.4.2 去中心化

在传统的组织中，高层权威决定着企业的统一方向，通过规模化的研发、生产、营销摊薄产品成本，获得红利。面对工业经济时代尚未形成个性化需求的市场，标准化产品再加一点创意营销，即可形成出货。所以，强势的CEO在那个时代，会赢得资本市场的信赖，例如通用电气的韦尔奇、微软的鲍尔默。但现在，如果依靠这种决策方式，高层权威首先就感知不到市场的温度；即使感知到，也如同巨轮般尾大不掉，无法对接市场的个性化需求。互联网是"赢者通吃"的大市场逻辑，这个市场的竞争呈两极分化的"马太效应"，简单来说，就是以用户需求为筛选标准，好的更好，差的更差。严格意义上说，在互联网时代，商家只有一条"用户让你去走的路"，你能不能活下来，全看你能不能找到那条路。所以，强势的CEO往往是转型的阻碍。

去中心化（decentralization）设计将促进生成网络化的自组织，但并不意味着绝对无中心，组织每一个网络节点都可以成为一个相对的、动态的中心，即针对不同领域、不同项目以及各自的特点、专长和意愿，去发起和组织各项活动，产生各种价值。例如，北大1898咖啡馆的众筹模式，通过等额返卡、股份均等去中心设计，使股东集投资者、消费者、传播者三种身份于一身，产生强烈的参与感、归属感和荣誉感，取得了独特效果。

10.4.3 柔性化

传统层级制组织模式中权力过度集中于中高层管理者手中，基层管理者及员工几乎没有任何自主决策权，这种刚性化的权力关系越来越不能适应外部环境的变化。因此，建立能适应内外部环境变化的柔性化组织结构（soft organizational structure）是现代企业组织结构调整的又一基本方向。组织结构的柔性化主要是指职权结构的合理化，合理化的标志是其适应内外部环境变化的应变能力，主要体现为集权化和分权化的合理统一，即在进行分权化的同时，要实行必要的权力集中；在实行集权化的同时，要给予最灵活的和最大限度的分权。通过权限结构的调整，适当下放中高层管理人员的权力，充分授予基层员工应付突发性事件的自主权力，以提高决策的实效性。例如，起源于日本丰田的准时生产制，为确保产品质量，授予一线员工在发现质量隐患或问题时自动停机的权力，这种权力的下放能够确保将质量隐患消灭在产品制造过程中。

互联网时代，柔性组织能够更加高效地整合和利用内外部资源。这类组织就像一个更加开放的、自组织的有机体，组织边界具有模糊、柔性、动态和权变的特征，能够快速适应外部环境，快速包容外部资源，从而打破藩篱使资源配置更有效率。例如，许多企业都在推动开放式的人力资源体系，纳入外部的人力资源，员工不一定为我所有，但可以为我所用，甚至还能把顾客变成自己的员工，企业变成一个"众包平台"。例如，小米的互动社区把粉丝、客户变成参与设计、营销的另类员工。

10.4.4 网络化

组织网络化是在信息化时代诞生的组织虚拟化的一种趋势。网络化组织（network organization）实现了企业间的跨界合作，是一种开放的组织形态，也是一种自组织的契约结构。企业之间通过信息交流与知识共享的合作竞争关系，并吸纳外界补充资源实现协同创新。这种组织模式通过联合企业间异质资源的互补与共享实现协同倍数效应。网络化组织舍弃传统企业"大而全"的经营思路，通过灵活、轻便的组织形式快速响应外界市场环境变化。网络化组织为小企业提供了整合资源的有效方式，通过联盟组织联合打造市场竞争力，同时也是大企业获取持续竞争力的法宝。网络化组织和传统层级制组织的对比，如表 10-7 所示。

表 10-7 传统层级制组织与网络化组织对比

差异	传统层级制组织	网络化组织
组织方式	雇用制	优势互补、契约关系
组织灵活性	固定制度、僵化	弹性组织、灵活
成员关系	层级、等级制	平等合作
任务执行	部门分工；反应迟缓、资源有限	任务导向团队；灵活响应、优势资源共享
环境氛围	正式、官僚化	开放、互利
创新形式	组织内部、封闭有限	开放式创新、源源不断

网络经济时代，世界变得更平了。网络信息技术打通了企业之间交流的障碍，使得企业之间的联系更加便捷。在信息技术演变的实践中，云计算技术的出现催生了"云组织"，云计算通过强大的资源集合运算能力使分散的资源集中共享处理，实现按需索取的便捷服务，云计算促使组织结构的轻型化，通过虚拟组织形式配置企业间的资源，在共享过程中实现协同创新发展，是新兴信息技术带来的新型组织模式。网络化组织在面对外界不确定环境时，具有更强的应变能力，能降低风险；同时，通过资源共享来吸纳新思想和新知识，

具有持续不断的创新能力。

网络化组织主要包括三种类型。

（1）稳定的网络。稳定的网络可以看成传统职能型企业组织的扩展，它以成品企业组织为核心，把沿价值链分布的上下游企业联结起来。每个企业都是独立的，通过契约与核心企业联结。这种网络化组织在制造业中比较常见，如图10-8所示。

（2）内部网络。内部网络是指在企业组织之间创造一种内部市场。它以经纪人组织为核心，把产品或服务价值链上的有关企业联结起来。在内部网络结构中，网络成员之间以市场上的公开价格购买彼此的产品和服务，通过内部市场机制和经纪人组织进行协调运作。内部网络的目的是通过稀缺资产的效用共享与管理和技术知识的持续发展及交换而获得竞争优势。图10-9就是一个内部网络式的网络化组织的示意图。

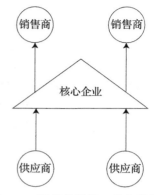

图10-8　网络化组织：稳定的网络

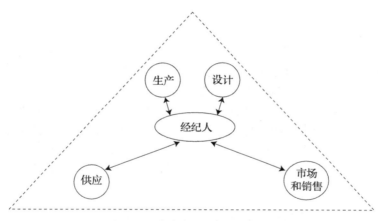

图10-9　网络化组织：内部网络

（3）动态网络。动态网络是以经纪人组织为核心，把产品或服务价值链上的有关企业联结起来。与内部网络不同的是，各类相关企业不是一个而是多个，经纪人可根据需要不断组合，可同时组合多个网络，完成使命后网络即解体。图10-10就是一个动态网络式的网络化组织的示意图。

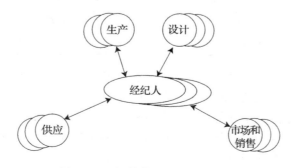

图10-10　网络化组织：动态网络

10.4.5 虚拟化

传统组织结构的设计总是力求职能部门的"全面化",企业也总是力求"大而全,小而全"的模式,无论是直线职能制,还是事业部制或矩阵式组织结构,无论企业规模大小,也无论企业在某项功能上的优势如何,企业内的各种具体执行功能,诸如研究、开发、设计、生产、销售等都是以实体性功能组织而存在的。这些实体性功能组织作为企业大系统中的相对独立的单元,往往难以对市场变化做出快速而有效的反应。当今企业要想具备竞争力,必须要有快速而强大的研发能力,有随市场变化而变化的生产和制造能力,有广泛而完善的销售网络,有庞大的资金力量,有能够生产出满足顾客需求的质量保证能力和管理能力等,只有集上述各种功能优势于一身的企业才能具有强大的市场竞争能力。事实上,大多数企业是某一项或少数几项比较突出、具有竞争优势,其他功能则并不具备竞争优势,甚至处于劣势,尤其是对创业企业和创业者来讲,更是如此。为此,企业在资源有限的条件下,为了取得最大竞争优势,可仅保留企业中最关键、最具竞争优势的功能,而将其他功能虚拟化。虚拟组织(virtual organization)结构如图 10-11 所示。

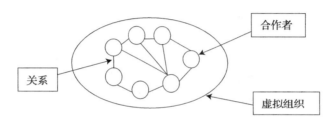

图 10-11 虚拟组织结构示意图

虚拟化了的功能可借助各种外力进行弥补,并迅速实现资源重组,以便在竞争中最有效地对市场变化做出快速反应。组织结构的虚拟化同网络化相比,其突出特点在于虚拟化是针对企业的某项虚拟功能而言的,是功能的虚拟化。虚拟化组织结构实质上指企业在组织上突破了有形的界限,虽有研发、设计、制造、销售、财务等功能,但企业内部没有执行这些功能的实体性功能组织。企业可以以各种方式借用外力,去实现上述虚拟功能,实现内部资源优势与外部资源优势的整合,以避免由于某一功能弱化或缺失而影响企业的发展。例如,一个企业可以仅拥有技术配方,至于生产场地和设备可以从外部闲置企业借用,销售网络也可从外部借用,这样完全可以在竞争中取胜。虚拟化组织结构靠某项产品或项目为纽带,以合同形式联结而成,可以是长期的,也可以是短期的,一旦项目完成或利益不再,虚拟化组织即告解体。随着市场的变化,又可组织新的虚拟组织,以求对市场变化以最低的成本做出最灵敏的反应,还可以减少因投资失误而造成的不可逆转的损失。

10.4.6 无边界化

20 世纪 90 年代初,随着市场竞争的日益激烈、信息技术的快速发展以及全球化的到来,作为官僚体制的前提条件发生了根本性变化,外部环境由稳定的变为极具变化性和不可预测性的,实业界和理论界迫切需要新的组织形式。扁平化组织、多功能团队、流程再造、学习型组织、虚拟企业、战略联盟、网络组织等概念纷至沓来,从不同角度阐述了新环境下组织的变革。但它们存在共同的特点，就是组织边界的模糊化和可渗透性。这些组织统称为无边界组织（borderless organization）。无边界组织不像一座固定城堡，而更像一个活生生的生物有机体。它存在各种"隔膜"使之具有外形和界定，但并不妨碍信息、资源、构想及能量能够快捷便利地穿越企业的"隔膜"。它的形式是不固定和动态的，必要时，它可以减少管理层形成扁平化组织；它可以根据特定的目的将职能部门以某种特定的方式重新汇合，形成多功能团队；它可以与供应商、顾客、竞争者、政府管制机构、社区等外部组织形成基于合作伙伴关系的各种跨组织形式；它还可根据不同需要形成不同类型的跨国界的组织形式。它是在计算机网络化基础上强调以速度、弹性、整合、创新为关键成功因素的一种适应环境快速变化的组织。杰克·韦尔奇引领的"无边界组织"只能称为"有限无边界组织"。只要顶层的决策权存在，就一定需要边界来界定权力结构，边界依然是若隐若现的。互联网时代则更加颠覆，组织开始"极致扁平化"，开始打掉指挥系统，并最终进化为提供支持的平台。维基工作站、分形组织、合弄制、企业2.0等概念都描述了企业日益平台化，并由员工变身创客与用户自由对接的组织模式。此时的企业，可以称为"极端无边界组织"，在这种组织模式中，顶层决策权已经消失，人人都是平等的，不需要边界来界定。这就好比是一个市场，对资源的获取都必须通过公平的交易来实现，而不是行政命令。

无边界的概念既包括打破企业内部的边界，也包括打破企业外部的边界。打破企业内部的边界主要是在企业内部形成多功能团队，代替传统上割裂开的职能块或部门。打破企业外部的边界则是与外部的供应商、客户包括竞争对手进行战略合作，建立合作联盟，因为这种合作会使双方都获得自己单独无法获得的利益。无边界组织可以用图10-12来表示。

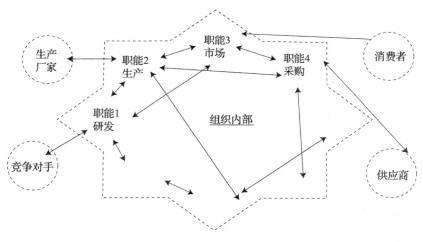

图 10-12　无边界组织

本章回顾

组织一般具有以下三个特征：既定目标、既定分工、既定秩序。组织理论的发展历史可以分为三个阶段：古典组织理论阶段、行为科学时期的组织理论阶段、现代组织理论阶段。组织设计包括工作专门化、部门化、管理幅度、命令链、集权与分权、正规化六个需要回答的问题。在组织设计过程中，要充分考虑各种影响因素，如环境的不确定性、技术水平、组织规模的大小、与战略的匹配、文化的认同等。

常见的组织结构形式：直线结构、职能结构、直线职能制、事业部结构、矩阵式组织结构、超事业部结构、团队结构等。另外，在全球化的背景下，还要注意组织形态演变的趋势。如组织扁平化、去中心化、柔性化、网络化、虚拟化、无边界化等。

关键术语

工作专门化（job specialization）
部门化（departmentalization）
管理幅度（span of control）
命令链（chain of command）
集权与分权（centralization-decentralization）
正规化（formalization）
直线结构（line structure）
职能结构（functional structure）
直线职能制（line and function system）

事业部结构（division structure）
矩阵式组织结构（matrix organizational structure）
扁平化组织结构（flat organizational structure）
去中心化（decentralization）
柔性化组织结构（soft organizational structure）
网络化组织（network organization）
虚拟组织（virtual organization）
无边界组织（borderless organization）

课堂讨论

1. 组织结构的基本分析维度有哪些？
2. 组织内部环境和外部环境会怎样影响组织结构的特征？
3. 不同类型的组织结构形式各自适合什么样的情况？
4. 请描述全球化背景下组织形态演变的趋势。

团队练习　　　　　　　　积木玩具

步骤：

1. 按照老师的要求组成小组。每个小组或临时团队的目标是建造最高的积木玩具塔。每个小组必须决定个人的角色：至少4个学生是建筑工人；一些人是顾问，提供建议；其他学生是观察员，保持沉默并填写下列的观察表。

观察表

- 你观察到了什么计划行为，小组成员有没有遵守规则？
- 你观察到了什么组织行为？任务是不是分成了子任务？有没有劳动分工？
- 小组是不是有成功的激励？为什么？

- 你观察到了什么控制技巧？有没有设置时间管理人？有没有准备备用方案？
- 小组中有没有形成一个明确的领导？什么行为说明了这个人是领导？这个领导如何在小组中建立信任？
- 组员之间有没有什么矛盾？有没有争夺领导地位的情况？

2. 练习规则。

- 用15分钟计划玩具塔的建造，但是只有60秒可以用来建造塔。
- 在计划阶段，不允许将两个以上的积木玩具叠在一起。
- 所有的积木塔必须可以自己站立。

网络练习

雀巢是世界上最大的食品制造公司，请登录其公司网站 http://www.nestle.com/，用本章所学知识判断其组织结构形式。

自我测试　　组织结构偏好测试

在每项的左边，按照下面的打分标准填入相应的分数：

5= 强烈同意。
4= 有些同意。
3= 无法决定。
2= 有些不同意。
1= 强烈不同意。

我喜欢在这样的组织里工作：

___1. 工作目标都是上级制定的。
___2. 工作方法和程序都已经规定好了。
___3. 高层管理人员制定重大决策。
___4. 我的忠诚度和工作能力一样重要。
___5. 权限和职责清晰界定。
___6. 高层管理者果断坚决。
___7. 我的职业已经被计划好了。
___8. 我能够从事专门研究。
___9. 我的工作时间几乎和我的业绩表现一样重要。
___10. 管理人员能向我提供工作所需要的信息。
___11. 命令链清晰。
___12. 规章和程序对每个人都是平等的。
___13. 人们尊重领袖的权威。
___14. 人们忠于他的老板。
___15. 人们按照指示工作。
___16. 在老板来检查前，人们总是先整理一番。

分数：

把你所有的得分加起来。将结果填到这里_____。

案例分析　　腾讯的组织架构变迁

腾讯一直是一家我们很熟悉的公司，特别对广大的"80后"来说，我们用过QQ，买过QQ秀，偷过别人的菜，玩过王者荣耀，甚至当下你正在阅读的载体——微信及整个公众号生态，也是它的作品。

2018年，腾讯迎来了20周岁生日。在其发展史上，腾讯有过三次标志性的组织架构调整：2005年为应对一个业务到多个业务，采取横向的事业部制；2012年则是走向移动化；2018年是向产业互联网升级。几乎每7年，腾讯都会经历一场组织架构"手术"。用腾讯公司总裁刘炽平的话说："我们需要时刻保持清醒，充满危机意识和前瞻性，才能引领腾讯进入下一个时代。"

2005年以前：职能式

早期，腾讯采用的是职能式组织架构，主要分为渠道、业务、研发和基础架构部门，另设行政、人力资源、内部审计、信息等职能部门。职能式架构在当时的组织规模下简单易行：COO管渠道和业务，CTO管研发和基础架构，再由CEO统一协调。当时腾讯规模还比较小，只有一个核心产品QQ，人心齐，管理简单，职能式架构可以发挥最优作用。

2005年：以产品为导向，组织BU化

随着腾讯多元化布局，涉足无线业务、互联网增值业务、游戏、媒体等领域后，CEO分身乏术，没有精力再管理每一个业务，协调成本也上升，有时还会出现产品部门和研发部门相互不买账的情况。

因此，基于职能式架构造成的管理滞后，腾讯开始了第一次大刀阔斧的调整：业务系统（business unit，BU）化，即向"事业部制"进化。以产品为导向，将业务系统化，把研发、产品都纳入，由事业部的执行副总裁（executive vice president，EVP）来负责整个业务，相当于每个业务都添了个有力的CEO，如图10-13所示。

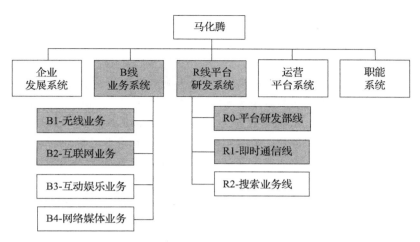

图 10-13 腾讯第一次组织架构调整示意图

资料来源：谦启管理评论。

这一次调整主要是为了适应多元产品发展的要求，不再以职能区分。腾讯也就从一家初创公司转向规模化的生态协同，单一的社交产品变成为一站式生活平台。

2012 年：走向移动化　设立七大事业群

2012 年是中国互联网分水岭，手机 QQ 的消息数首次超越 QQ，越来越多的用户将时间花在手机上，这使得传统业务部门面临巨大压力。

在此之前，QQ 散落在三个业务部门。QQ、无线 QQ 以及 QQ 上的增值服务和 SNS 业务三个板块各自为政，内部协调成了一个大问题。不合理的业务单元划分严重降低了工作效率，使得功能无法快速上线供用户使用，用户体验被忽略。

为了便于公司相关业务协调，减少部门间相互扯皮和恶性竞争的情况，适应互联网快速发展的要求，2012 年前后，腾讯做出了第二次组织架构调整：由原有的业务系统制升级为事业群制（business group, BG）。

调整后，腾讯把业务重新划分为企业发展事业群（CDG）、互动娱乐事业群（IEG）、移动互联网事业群（MIG）、网络媒体事业群（OMG）、社交网络事业群（SNG），整合原有的研发和运营平台，成立新的技术工程事业群（TEG），后续又将微信独立成立了微信事业群（WXG），如图 10-14 所示。

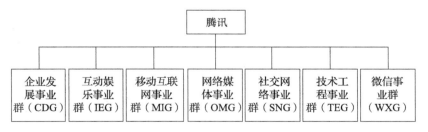

图 10-14 腾讯第二次组织架构调整示意图

资料来源：谦启管理评论。

这次变革主要是为了应对移动互联网的大潮：腾讯将同一产品的手机端和 PC 端整合，把原来的无线业务 BU 拆了，和 PC 上的对等业务合并在了一个部门，从而确保了腾讯从 PC 互联网向移动互联网升级，并通过科学技术"连接一切"，为亿万用户提供优质服务的同时建立起了开放生态。

"移动时代的到来,让我们走到了'革命'还是'被革命'的关口。"腾讯创始人之一、前 CTO 张志东回忆说,"这种模式具有边界简明的优点,以部门/产品组为单位,一个产品部门就能自主立项,快速试验,当遇到大的技术难题时,再从公司层面抽调有经验的同事增援。在一定的产品领域和试错时间内,允许不同的产品团队有不同取向的探索。"

2018 年:向产业互联网升级　新设 CSIG

进入 ABC(AI、big data、cloud)时代,战略的重整、组织结构的裂变成为新时代的破题之义。

此前,全天候科技的文章曾提到,To B(企业端)、To G(政府民生端)业务的整合,数据的共享和打通是近来腾讯内部最关心的话题。

近两年,马化腾亲自力推的产品,或在公开场合出席的活动,几乎都与 To B 业务相关。但腾讯 To B、To G 业务的最大阻力不是来自竞争对手,而是来自内部机制。

作为腾讯 To B 业务的重要出口,腾讯云原属于"以打造娱乐化社交、场景化通信和云化企业服务"的 SNG。其他 AI、互联网+民生、办公、小程序、公众号等 To B 业务则散落在不同的 BG 和业务部门。这就带来很重的"数据墙"和"组织墙"的问题,突出表现是多头销售、各自为政。

基于由消费互联网向产业互联网升级的前瞻思考和主动进化,以及对自身"连接"使命和价值观的传承,腾讯将原有的七大事业群升级为六大事业群:保留原有的企业发展事业群(CDG)、互动娱乐事业群(IEG)、技术工程事业群(TEG)、微信事业群(WXG),突出聚焦融合效应,新成立云与智慧产业事业群(CSIG)、平台与内容事业群(PCG),如图 10-15 所示。同时,为了解决内部数据打通的问题,在这次组织调整中,腾讯便成立了技术委员会,实现内部分布式开源协同,加强基础研发,打造具有腾讯特色的技术中台等一系列措施;成立云与智慧产业事业群,整合腾讯云、互联网+、智慧零售、教育等行业解决方案,也是为了增强腾讯"2B"的能力。

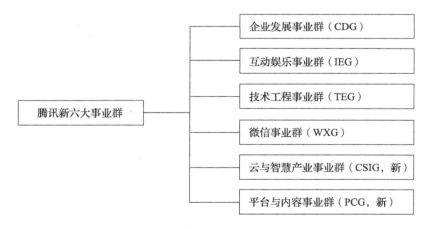

图 10-15　腾讯第三次组织架构调整示意图

资料来源:腾讯官网。

过去,在以社交和娱乐为业务重心的腾讯业务体系中,腾讯云并不是明星。但在腾讯内部,腾讯云被视为腾讯大生态和"连接器"的一个重要落点,承担着实行腾讯开放战略任务。这一次组织架构调整,突出了腾讯云在腾讯未来发展中的重要战略地位。

在互联网上半场，腾讯的使命是做好连接；而在下半场，腾讯的使命是成为各行各业最贴身的数字化助手。战略决定组织，综合来看，腾讯总体的组织模式并没有变动，调整的只是在新战略下的不同的侧重点。马化腾将这次调整可以归结为三个关键词："革新""升级""腾讯迈向下一个20年的新起点"。

资料来源：搜狐，https://www.sohu.com/a/257319735_100108665；谦启管理评论，https://www.jianshu.com/p/148e38b8cbc2，内容有改编。

提示问题：
1. 腾讯进行组织变革的动因及阻力是什么？
2. 你认为腾讯组织变革过程中不同的组织架构的优点和缺点是什么？
3. 你认为腾讯组织变革的经验能够带来什么启示？

微信公众号推荐

1. 海尔模式交流：Haiermoshijiaoliu
2. 组织形态管理：yang-shaojie
3. 组织设计与管理中心：OD_CENTER
4. 新组织设计：xinzuzhisheji

参考文献

[1] 黄德维，徐群. 组织行为学[M]. 北京：清华大学出版社，2000.
[2] 泰勒. 科学管理原理[M]. 韩放，译. 北京：团结出版社，1999.
[3] 杨文士，张燕. 管理学原理[M]. 北京：中国人民大学出版社，2004.
[4] Lawrence P, Lorsch J. Organization and Environment [M]. Cambridge, MA: Harvard University Press, 1967.
[5] Burns T, Stalker G M.The Management of Innovation [M]. London: Tavistick Publications, 1961.
[6] Woodward J. Industrial Organization: Theory and Practice [M]. London: Oxford University Press, 1965.
[7] Thompson J. Organizations in Action [M]. New York: McGraw-Hill, 1967.
[8] Chandler A D. Strategy and Structure [M]. Cambridge: MIT Press, 1962.
[9] Drucker P F. The Practice of Management [M]. Portsmouth: Heinemann Professional, 1989.
[10] Robert D. What is the Right Organization Structure? Decision Tree Analysis Provides the Answer[J]. Organizational Dynamics, 1979, 3(7): 431.
[11] 杨茵. 网络化时代网络型产业组织演变趋势[J]. 现代管理科学，2013，16(1)：91-93.
[12] 谢默霍恩，等. 组织行为学（原书第8版）[M]. 刘丽娟，杨月洁，等译. 北京：清华大学出版社，2005.
[13] 黄培伦，等. 组织行为学[M]. 广州：华南理工大学出版社，2001.
[14] Greenberg J. Managing Behavior in Organizations（5th edition）[M]. New York: Pearson Education, 2010.
[15] Hoetker G. Do Modular Products Lead to Modular Organizations? [J]. Strategic Management Journal, 2006, 27(2): 501-518.

第 11 章 组织变革

> 危者，安其位者也。亡者，保其存者也。乱者，有其治者也。
> ——《易经·系辞下传》

学习目标

1. 了解组织变革的概念和原因
2. 理解组织变革的阻力和解决办法
3. 理解组织变革如何实施
4. 了解数字化时代的组织变革

引例　小米历史上最大组织变革，"80 后"集体上位

2018 年 9 月 13 日，8 岁的小米启动了组织大变革，雷军发出了内部邮件宣布小米集团最新的组织架构调整和人事任命，新设集团组织部和集团参谋部。集团组织部将负责中高层管理干部的聘用、升迁、培训和考核激励等，以及各个部门的组织建设和编制审批；集团参谋部将协助 CEO 制定集团的发展战略，并督导各个业务部门的战略执行。此次变革，让小米成为继阿里巴巴和华为后，第三家专门设立组织部的巨头公司。

与此同时，小米同时改组 10 个新业务部门，组织部部长与集团参谋长直接向 CEO 汇报；另外任命了多达 14 位正副总经理，他们以"80 后"为主，平均年龄为 38.5 岁。这样，小米的结构由"雷军—合伙人—部门负责人—员工"的架构转变成原负责业务的合伙人以组织部、参谋部的形式成为雷军的助手，"雷军、林斌＋组织部刘德＋参谋部王川"就是以后小米的最高权力中心，同时雷军直接面对一线业务部门。

通过这次变革，雷军想要打造一个以能力和业绩为导向的开放型组织体系，鼓励选拔优秀年轻人才。在面对采访时，雷军说："必须把一线业务阵地交给年轻人，让年轻人像创业初期一样涌现出来，建功立业。必须不断有新鲜血液融入，这样才能有人才梯队交接的长效机制。"

正如他在内部信中提到的：没有老兵，没有传承。没有新军，没有未来。在小米的"80 后"新生代接过雷军传下的权力棒后，冲锋号角即将吹响，而此次的人事变动，不知能否使小米在凛冬来临之前储备好足够物资，带领小米破敌八方，杀出重围。

资料来源：改编自微信公众号"人力资源分享汇"（微信号 hrgogogo）2018 年 9 月 15 日推送文章，https://mp.weixin.qq.com/s/dzFOUwQy2Cv56FAG8KkIuQ。

11.1 一直不变的是变革

今天的组织面临着动态变化的、充满不确定性因素的生存环境。这样的环境给组织的生存带来了更大的挑战，也提出了更高的要求。一个组织要想更加长久地生存与发展，就不能仅仅做到维持现状，而必须提高组织适应环境变化的能力，改变员工行为方式。由此，组织变革和组织发展势在必行。

11.1.1 组织变革的概念

组织变革（organizational change）是组织主动、自觉地因条件变化而做出的相对反应，是组织为了实现自身的目标，根据外部环境和内部因素的变化，对组织现状主动地进行修正、改变和创新的过程。

从本质上说，组织变革是组织为了适应内外环境及条件的变化而做出的反应，是使组织管理更加符合组织存续与发展要求的努力过程。组织变革可以分为五类，包括：组织结构的变革、技术变革、管理制度变革、人员变革以及组织物理环境的变革。其中，组织结构的变革指的是对权力关系、协调机制等结构变量的变革；技术变革涉及组织生产流程方面的变革；管理制度变革则包括组织管理理念和管理方法的变革；人员变革涉及员工的价值观、态度、期望、信仰、能力及行为等诸多方面的变革；组织物理环境的变革包括工作场所的位置以及布局安排等的变革。

11.1.2 组织变革的动因

组织的变革受到多种因素的驱动，一般来说，可以分为两类：一是组织外部环境的变化；二是组织内部因素的变化。

（1）组织外部环境的变化要求组织改变自身现状，进行组织创新。从外部环境的角度看，管理者对组织进行变革就是重新安排组织的各种资源，以充分利用外部机会，回避外部威胁或减少这些威胁对组织造成的影响。组织外部环境包括：经济、政治和法律政策、社会和文化、市场和竞争、人口、技术、外部利益相关者、自然资源和自然环境等，其中任何一种因素都既可能成为推动组织变革的强大力量，也可能成为阻碍组织变革的强大阻力，对组织发展都有可能产生深远的影响。

1）经济。萧条的经济一般会阻碍组织的发展，甚至会威胁到组织的生存。因此，组织就需要做出相应的变革以更好地适应经济大环境。繁荣的经济一般会给组织带来很好的成长机会，但是如果组织不及时调整以充分利用这些机会，那么组织的发展必然要受到影响，甚至会因竞争对手对机会的利用而陷入困境。

2）政治和法律政策。政局、政策的稳定会给组织一个稳定的变革、成长环境；如果政局不稳，则会给组织带来极大的生存威胁。当法律和政策发生改变之后，组织也必须做出相应的变革，否则，其发展甚至生存都会受到不同程度的影响。

3）社会和文化。在存在普遍求稳心理的社会，组织变革必然会有很大的阻力；在崇尚创新的社会，组织必然对变革习以为常。其中，社会的伦理道德、民风习俗和公共事业的发展也会影响组织的变革。文化的发展也会对组织变革产生深刻的影响。文化指的是一群人的行为规范和共同的价值观。行为规范是指普遍存在的行为方式，而共同价值观是指群体中大多数人的重要关注点和目标。

4)市场和竞争。随着世界经济一体化和市场全球化进程的不断深入,各国的企业都面临着前所未有的竞争。对大部分的企业产品来说,都存在一个全球市场。为了在国际市场中有效竞争,企业必须转变其文化、结构和运作方式。

5)人口。人口的多寡和人口素质的高低极大地影响着组织的生存和发展。例如,人口过少,会使组织在获取足够的人力资源上耗费巨大;若高素质的人多,激烈的竞争和就业压力就可以使组织以较低的成本获取足够的人力资源。

6)技术。技术的发展对企业的生存有着不可估量的影响。组织外部发生的技术进步,要求组织放弃正在使用的、相对陈旧的技术,改用新兴的、先进的技术。由此带来了组织内部生产、管理、沟通等方式的改变,也就不可避免地促使组织发生变革。

7)外部利益相关者。外部利益相关者包括顾客、供应商、销售商、政府、投资者、金融机构、行业协会等。顾客对产品和服务的需求越来越向个性化、特殊化方向发展,这将带来组织内部生产流程、工艺的变革。此外,迈克尔·波特(Michael Porter)认为供应商们可能提价或降低所购产品或服务的质量。由此带来的企业成本上涨等压力会促使采购部门变革采购方式、采购渠道、采购人员乃至采购流程,进而引发组织相关部门员工、职能的变革。而行业协会为了维护整个行业的利益和良性发展,通常会根据全球经济发展形势和国家相关法规政策来制定行业规范,这就会不可避免地促使组织做出相应的变革。

8)自然资源和自然环境。自然资源的日渐减少导致资源的价格不断上升,使得供应商的讨价还价能力得到很大的提升,这对组织降低成本的努力和愿望带来很大的威胁,迫使组织去寻找新的供应商或替代原料,甚至改变组织的经营方向,这必然对组织原有的采购流程、生产工艺、生产的产品或服务等产生重大的影响。而组织所处的自然环境对组织的生存、变革和发展也有着巨大的影响。

(2)从组织内部来看,促使组织变革的因素主要有以下五个方面。

1)组织经营状况不佳。组织良好的运行状况是实现企业目标的必要条件之一。当组织绩效出现下滑时,从深层次原因的分析通常可以发掘出组织运行状况不良的根源。例如,美国通用汽车公司按照"集中政策下的分散经营"的思想改组组织,被称为"近代组织管理的一次革命",其变革背景是公司内部缺乏统一管理,外部面临经济恐慌的形势。

2)组织结构的缺陷。在内外环境的变化中,组织设计和运行不可能完美无缺,组织结构的缺陷是经营绩效下降的原因之一。这方面的问题主要包括:机构臃肿、人浮于事;部门之间相互关系不顺,推诿扯皮严重,冲突矛盾迭起;组织无法对环境的变化做出灵活的、富有创造性的反应。

3)组织战略改变。美国管理学家钱德勒提出了"结构跟着战略变"的观点。组织在战略发展的每个阶段都需要相应的组织结构与之匹配。例如,在创业阶段,企业的组织结构比较简单,往往仅有一个团队执行生产、销售等职能;在地域扩张战略阶段,取而代之的将是具备若干职能部门的组织形式;在纵向一体化战略阶段,为保持各单位之间的密切联系,管理权力需要集中在上层,从而形成集权的职能型结构;在多样化经营阶段,企业需要更多地分权,因此常采用分权的事业部制结构。

4)组织规模扩大。大型企业与小型企业在组织上存在明显的区别。随着组织规模的扩大,管理层次增多,工作分工细化,部门数量增加,职能和技能日益专业化,企业趋向复杂化。随着报表、文件和书面沟通增多,程序化规则取代直接监督而成为协调的主要手段,企业趋于正规化。大型企业的集权程度通常较低,中层管理人员拥有较大的权力;同时,人员结构也发生变化，直线管理人员比例呈下降之势，而职能参谋人员的比例在逐渐扩大。这些特征反映了企业随着规模的扩大，组织设计需要在许多方面做相应的变革调整。

5）人力资源变化。随着教育水平的提高和高等教育的普及，员工素质和能力也在不断提高。同时，随着社会文化的变迁，员工工作态度和行为也表现出了多元化特点。为适应人力资源开发的需要，组织设计和运行就必须给人的能动性和创造性的发挥创造有利条件，并提高组织对内外环境的应变能力。

11.1.3 组织变革的分类

组织变革根据不同的分类方法可以划分成不同的类别。

按照领导者控制的程度可分为主动的变革与被动的变革。主动的变革是有计划的变革，是管理者洞察环境可能给组织带来的机遇与挑战，考虑到未来发展趋势与变化，以长远发展的眼光，主动地制订对组织进行变革的计划并分段逐步实施。被动的变革是指管理者缺乏长远的战略考虑，当环境发生变动时，要么变得束手无策，要么在环境的逼迫下被动地匆匆做出对组织进行变革的决定。重要的、成功的变革都是主动的、有计划的变革。

按照变革的范围可以将组织变革分为渐进式变革和剧烈式变革。渐进式变革代表了一系列持续的改进，这些改进维持着组织的一般平衡，并且通常只影响组织的一部分。与之相反，剧烈式变革打破了组织的原有框架，通常产生一个新的平衡，因为整个组织都进行了变革。例如，一个渐进式变革是市场部的销售团队完成任务，而一个剧烈式变革则是对组织进行再造，以在1年内而不是4年内开发新产品。一般而言，渐进式变革发生在已经建立的结构和管理流程之中，它可能包括新技术，比如计算机一体化制造技术和产品改造。剧烈式变革包括创建新的组织和管理流程以适应不断变化的需求。一些专家认为，面对当今不可预测的动荡的环境，组织必须不断地变革其结构和管理流程，以适应不断变化的需求。

按照变革的内容来划分，组织变革可以分为以组织结构为中心的变革、以技术为中心的变革和以组织成员为中心的变革。

1. 以组织结构为中心的变革

以组织结构为中心的变革就是对一个单位的部分结构或整个组织进行的变革。

（1）以组织结构为中心的变革首先碰到的是集权与分权的问题。领导者常常根据形势的需要和本人的哲学思想，对其组织下属部门的权力进行扩大或缩小，也可能通过对管理跨度和部门之间的协作方式的调整进行改变。此外，以组织结构为中心的变革还涉及报酬制度、工作表现的评价鉴定制度和控制指挥系统的变革等。

（2）以组织结构为中心的变革涉及三个维度：复杂性，包括分工程度、协作方式、工作设计、管理跨度等；集权度，包括决策权的集中、分散程度；规范性，指通过规则和标准规范工作行为的程度。

（3）整个组织规划的变革涉及行政类型与组织系统规划变动，包括简单式、机械行政式、专业行政式、部门化的变革和矩阵组织结构的变革。

从深层次讲，以组织结构为中心的变革实质上是组织权力的变革。组织权力指组织对工作行为与技术的控制能力。组织权力应当在两个层次发挥组织变革的效力，一是制定适应性策略，即针对外界环境发生的变化组织应对的策略，不至于措手不及，但这种策略多少是被动性的反应；二是运用组织权力制定发展战略，即协调组织内部关系，适时地转向外部环境，这是一种积极的发展生产力的方式。这里所说的协调组织内部关系是指要对适应环境的控制性政策加以调整（改变组织内生产部门、职能部门间的关系，增强部门自主权，平衡部门间权力，改变组织内控制方式等），使之转变为发展性政策。发展性政策要解决的问题是使组织变为一个整体。此时组织内部的协调问题已不成问题，部门间的责任、权利与利益的范围明晰，组织成员的利益与目标和组织的利益与目标一致，组织管理不再为调整内部关系而耗费精力，可以专注于组织向何处发展的战略规划问题。

2. 以技术为中心的变革

组织的技术水平是指其把原料的投入转变成为产品的整个过程的能力。在技术飞速发展的时代，以技术为中心的变革对一个组织来说就具有特别重要的意义。技术方面的变革有如下几个方面：设备的更新、工艺程序的改变、操作顺序的改变、信息沟通系统的改革、自动化等。

组织的技术水平是组织活力的表征之一，从广泛意义上说，组织的技术水平表明组织将知识应用于生产过程的能力。组织变革的对象之一也是如何解决组织的技术环境问题。在决定选取哪种技术时，组织往往从经济角度考虑（低成本、高效率、技术领先），却忽略了组织内部技术与新引进技术间的衔接和协调问题，或者没有考虑到社会环境对引进新技术的影响，其后果自然不理想。因此在引进技术时要充分考虑以下四个因素。

- 社会和组织文化的影响。
- 专业技术人员的意见。
- 组织的结构和功能。
- 人们认知能力的限度。

3. 以组织成员为中心的变革

组织变革活动中很大部分的工作是为了提高组织成员的工作能力和意愿。组织变革一般是以提高组织绩效水平为目标的，这就要求开展许多具体的活动（工作专业化、正规化、改进工作方法等）以改进组织成员的现状，如进行培训、核定工作量、重组工作小组等工作。这些活动和工作属于组织变革的结构化变革，即建立或改进一些规章、制度、工作程序等，用更科学的方法组织生产，对成员提出更高的要求，并加以培训，使全体成员的工作行为更符合组织目标的要求。组织变革的另一方面的工作是提高组织成员的工作意愿：激励成员做好本职工作，为组织做出更大贡献；转变成员的态度，让他们接受组织变革目标。这些方面的活动和工作属于组织变革的非结构化变革方面。这方面的变革很难用行政命令的方式实现，要采用社会—心理技术。

一个人一生中的很大部分是在组织中度过的，组织能否为组织成员开创一个良好的组织环境是很重要的，影响着组织成员能否以一种敬业的精神工作，在组织活动中充分展现自己的才能。如果组织变革能够在结构化和非结构化两方面都取得成效的话，组织的活力就能得到提高。这两方面变革的成效也将为提高整个社会的文明程度起到积极作用。

11.2 组织变革的阻力及对策

变革的阻力与变革的动力相伴而生，阻力主要表现为组织内部成员对变革的怀疑、抱怨、拖延、消极怠工，甚至破坏等不利于组织变革的观念、言论和行为，还包括外部利益相关者的制约、破坏等。这些抵制变革的阻力之所以存在是因为变革将会危及他们的安全、社会交往、地位、竞争，或者自尊心等方面的需要和个人的利益。

11.2.1 组织变革阻力的来源

组织变革的阻力的来源分为个体阻力源和组织阻力源两个方面。

1. 个体阻力源

个体的阻力源来自基本的人类特征，如知觉、个性和需要，主要包括：

（1）**习惯**。人们往往习惯于固定模式和方式，并常常以此应对生活中的复杂问题。但是当你面对变革时，以一贯方式做出反应的趋向将会成为阻力源，因为一个人要改变自身的习惯是一件极其痛苦的事情。所以，部门迁到坐落于城市另一处的新办公楼里，就意味着可能不得不改变原先的许多习惯：早起 10 分钟，穿过一条条新街道去上班，适应新办公室的布局，形成新的午饭规律，等等。

（2）**安全**。对安全需要较高的人可能会抵制变革，因为变革会给他们带来不安全感。人们对自己长期从事的工作是熟悉的，这种稳定的工作能够带来心理上的安全感和平衡感。变革则打破了这种稳定性，心理上的安全感和平衡感也随之消失。

（3）**经济因素**。第三个个体阻力源是变革会影响收入。如果人们担心自己不能适应新的工作或新的工作规范，尤其是当报酬和生产率息息相关时，工作任务或工作规范的改变会引起经济恐慌。

（4）**对未知的恐惧**。变革用模糊和不确定性代替已知的东西。组织中的员工同样不喜欢不确定性。如果全面质量管理的引进意味着生产工人不得不学习统计过程、控制技术的话，一些人就会担心自己不能胜任，以致对全面质量管理产生消极态度。

（5）**选择性信息加工**。个体通过知觉塑造自己的认知世界。这个世界一旦形成就很难改变。为了保持知觉的完整性，个体有选择地接收那些符合他们世界观的东西，而忽视那些对自己已建构起来的世界形成挑战的信息。

2. 组织阻力源

组织就其本质来说是保守的，存在抵制变革的组织阻力源主要包括以下六个方面。

（1）**结构惯性**。组织有其固有的机制以保持其稳定性。例如，甄选过程系统地选择一定的员工流入，一定的员工流出。培训和其他社会化技术强化了具体角色的要求和技能。而组织的规范化提供了岗位说明书、规章制度和其他员工应遵从的程序。

只有经过挑选符合要求的员工才会进入组织，此后，组织又会以某种方式塑造和引导他们的行为。当组织面临变革时，结构惯性就充当起维持稳定的反作用力。

（2）**有限的变革点**。组织由一系列相互依赖的子系统组成。你不可能只对一个子系统实施变革而不影响到其他子系统。例如，如果只改变技术工艺而不同时改变与之配套的组织结构，技术变革就不大可能被接受。子系统中的有限变革很可能因为更大系统的问题而变得无效。

（3）**群体惯性**。即使个体想改变他们的行为，群体规范也会成为约束力。例如，单个的工会成员可能乐于接受资方提出的对其工作的变革，但如果工会条例要求抵制资方做出的任何单方面变革，他就可能会抵制。在中国文化里有一个很重要的字：忠。如果一个高层领导在组织变革的时候离开组织，那么他一手提携的得力手下往往会随之而去。即使这个手下本身并不想离开这个组织，他所属的小团体也会迫使他做出离开的决定。这种集体离职，就是一种群体惯性。

（4）**对专业知识的威胁**。组织中的变革可能会威胁到专业群体的专业技术知识。20世纪80年代初，分散化个人计算机的引进就是一个例子，这种计算机可以使管理者直接从公司的主要部门中获得信息，它却遭到许多信息系统部门的反对。原因就在于分散化计算机终端的使用对集中化的信息系统部门所掌握的专门技术构成了威胁。

（5）**对已有的权力关系的威胁**。任何决策权力的重新分配都会威胁到组织长期以来已有的权力关系。在组织中引入参与决策或自我管理的工作团队的变革，就常常被基层主管和中层管理人员视为一种威胁。

（6）**对已有的资源分配的威胁**。组织中控制一定数量资源的群体常常视变革为威胁。那些最能从现有资源分配中获利的群体常常会对可能影响未来资源分配的变革感到忧虑。

除此之外，组织文化、资源的有限性、固定投资以及组织间协议等组织因素也会对变革产生不同程度的抵制。

11.2.2 消除变革阻力的措施

组织变革的阻力抵制了变革的顺利进行，但客观而言，阻力对变革也具备一定的积极意义。阻力迫使管理者认真审视变革的方案，做出合乎实际的修正，加强了变革计划和实施的正确性，降低了严重问题出现的可能性。变革管理专家的新兴观点认为变革阻力（change block）应该被认为是变革的资源，而不是变革的障碍。首先，抵制事件是变革过程中深层次问题的症状。它们是一种信号，说明变革促进者没有充分明确能够支持组织有效变革的潜在条件。其次，抵制应当被认为是建设性冲突的一种形式，它可以潜在地提升决策能力，包括发现一些更好的方法来促进组织的成功。最后，从公平和动机的角度来看待抵制，它能够潜在地提高过程的公平性。此外，阻力间接地促进了管理者与员工之间的交流和沟通，为管理工作的顺利开展创造了条件。

克服组织变革阻力的策略主要有以下七种。

（1）**沟通**。这种策略假设：产生阻力的原因是信息失真或沟通不良。通过与员工进行沟通，使他们充分了解客观情况，认识到变革的必要性，从而减少变革的阻力。沟通可以通过个别交谈、小组讨论、备忘录或报告来实现。当变革的阻力确实来自沟通不良，并且管理者与员工之间是相互信任的时，沟通将会是有效的。

（2）**说服教育**。这种策略假设：产生阻力的原因是员工对实施变革存在相悖的逻辑判断和理性认识。通过交流和解释使员工正确理解变革的原因和变革策略（change strategy）的科学性，转变认识，消除异议，克服变革阻力。说服的方式包括个别面谈、小组讨论、员工会议、专题报告、各种书面材料宣传等。实施变革计划前的说服工作可以大大减少潜在的阻力。

（3）**参与**。让员工直接参与变革的决策过程，鼓励员工帮助设计和执行变革，这可以为变革创造归属感，并改善变革决策的质量。员工参与变革的决策过程，会觉得变革是包括自己在内的大家的事情，而不是上级强加的。但是，这种策略也有不足之处：需要花费较多的时间，并且如果参与者缺乏必要的专业知识，那么他们提出的解决方案可能并不适用。

（4）**促进与支持**。采取一系列帮助性、支持性的措施，从心理和技能上帮助那些受到变革影响的员工。如果员工对变革怀有恐惧、担忧的心理，可以向他们提供心理咨询和治疗或短期的带薪休假。当组织的变革是技术变革的时候，一种最常见的情况是，为那些技术上难以适应变革的员工提供技术培训。

（5）**谈判**。当阻力来源于某些具有强大影响力的个人和部门时，可以通过谈判，给予这些个人和部门一定的补偿以换取他们对变革的支持，至少换取他们不反对变革的承诺。但其潜在的高成本是不容忽视的，一旦变革实施者为了避免阻力而对一方做出让步，他就可能面临着其他权威个体的勒索。

（6）**操纵与收买**。操纵是指隐含的影响力。通常采用的操纵手段包括扭曲或屏蔽信息，或者以散布谣言的形式使员工同意变革。例如，工厂的管理者威胁说，员工要是不接受全面的工资削减方案，工厂就要关门，而实际上并无这种打算，管理层使用的就是操纵手段。收买可以是一种包括了操纵与参与的形式，通过让阻力领导者承担重要变革角色来吸纳他们参与到变革程序中。但是，收买有时候被简单地用来平息对变革的批评。

（7）**强制**。必要时必须力排众议，强制推行变革，直接对抵制者实施威胁和施加压力。采用这种方法的变革促进者必须是组织的强有力的领导人。这种方法会伤害到人与人之间的关系，所以一般只在没有其他办法的情况下使用。

11.3 组织变革的实施模式

组织变革是一个过程，有着自身的规律和模式，如果不按照规律和模式进行变革，那么变革就会导致无序和混乱。因此，有效的变革需要遵循一定的程序。下面我们就简单介绍一下经典的勒温阶段性变革模式、行为研究变革模式、赞赏式探询变革模式、计划性变革模式。

11.3.1 勒温阶段性变革模式

美国管理心理学家库尔特·勒温认为成功的组织变革需要遵循以下三个步骤。

（1）**解冻**。在这一阶段需要抛弃旧的观点和做法，为树立新的行为和观念做好准备。通常，除去旧习与学习新知识一样不易。在全神贯注于改革本身时，往往容易忽视这一阶段，然而旧观念常常会造成对变革的抵制。正如农夫在撒播种子前一定要先清理田地一样，经理也一定要帮助员工清除思想中的旧角色、旧方法与旧目标，只有这样员工才能接受新思想。

（2）**变革**。向组织成员指明变革的方向和方法，使之形成新的行为和态度，实现行为转化，通过认同和内在化，加速变革的进程。此过程包括帮助员工按新的方法进行思考、推理和做事，是从旧观念、旧行为转变为新观念、新行为的阶段。这时会有迷惑不解、毫无头绪、负载过重以及绝望。同时，变革阶段也伴有希望、发现和激动。

（3）**再冻结**。它是指新观念和新行为得到巩固，成为新的行事方式，这是变革后的行为强化阶段。通过连续强化（指在被改变的人每次接受新的行为方式时予以强化）和断续强化（指在预定的反应次数间隔时间给予强化），使已经实现的变革（如态度和行为方法等）趋于稳定化、持久化，进而形成模式行为。把学到的东西付诸实践，除了理智上接受以外，还要在感情上接纳新做法，并把其融入员工的日常行为当中。

这个冻结、变革、再冻结的周期是一个不断变化的螺旋式发展的过程。再冻结不是变革的终结，而是新的变革的开始。

11.3.2 行为研究变革模式

行为研究（action research），也称活动研究，是指一种基于数据、面向问题的过程，它可以诊断变革的必要性、引入干预、评估变革方案和固化所需的变革行动。行为研究变革模式的主要阶段，如图11-1所示。

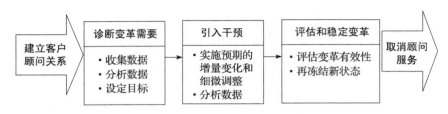

图11-1 行为研究的过程

1. 建立客户顾问关系

在行为研究中，变革组织者和推动者通常是外部顾问，所以行动研究通常从建立顾问关系开始。顾问需要确认客户的变革准备情况，包括人们是否得到激励并且愿意参与到变革过程中来；是否坦率地面对有意义的变革；是否有能力完成整个过程。他们必须从组织成员处收集变革需要、热点问题以及利害关系方面的信息，诊断组织现状的"病症"，确定需要解决的问题。

2. 诊断变革需要

行为研究是一项问题导向的活动，并通过对情境的系统分析来谨慎地诊断问题。组织诊断向组织成员和其他利益相关者收集变革需要、热点问题以及利害关系方面的信息，诊断组织现状的"病症"，确定需要解决的问题。

3. 引入干预

在行动研究模型中，需要一个或多个行为来解决问题，如建立更有效的团队、管理冲突、建立一个更好的组织结构，或者改变企业文化。干预的关键是如何促进快速组织变革。一些专家建议对组织系统进行细微的调整，通过小步骤迈向理想状态，从而实现增量变化。也有人提出，变革往往需要翻天覆地的改变，需要果断、迅速、周密的审核。需要注意的是，行为研究还包括变革对象的广泛参与。也就是说，任何变革方案涉及的员工都必须积极参与到问题的确定以及相应解决方法的寻求。这一步实质上是让员工共同参与解决前两步发现的问题的过程，并在变革推动者的帮助下，有组织地开展任何有关变革的行动计划。

4. 评估和稳定变革

行动研究建议使用诊断阶段所建立的标准来评估干预的有效性。遗憾的是，干预的效果在几年内也可能不够明显。当变革取得预期效果时，变革推动者和参与者需要将新状况加以固化，即再冻结过程。奖励、信息系统、团队规范以及其他条件被重新设计，以维持新的价值观和行为。

行为研究对组织的显著优点有：①对组织当前形势进行严格判断。②以问题为中心，变革推动者客观地发现问题，问题的类型决定了变革行为的类型。这样能较好地以解决问题的方法为中心，先有一个好的管理思想、管理方法或解决方案，然后再去寻找与之相应的问题的变革行为。③由于行为研究中包括了员工的大量参与，所以减弱了变革阻力。

然而，一些专家担心行动研究存在导向性问题，即关注组织中的差错现象，侧重于组织内的负面动态而非正面机会和潜在动态。这种担心给组织变革带来了更加积极的方法，也就是赞赏式探询。

11.3.3 赞赏式探询变革模式

赞赏式探询鼓励参与者发现对组织和部门有益的行为。这是一个感知的重塑过程，将人们的注意力从自身问题转向机会。其积极取向使群体克服了紧张情绪，并且对未来充满希望，尽其可能地关注愿望的实现。

赞赏式探询包含五项原则，如表11-1所示。

表11-1 赞赏式探询的五项原则

赞赏式探询的原则	描述
积极原则	关注积极的事件和产生更积极的、有效的和持久的改变的可能性
建构原则	对于现象的理解取决于提出的问题和使用的语言。因此，要灵活地进行赞赏式探询，主动管理沟通过程中与思想和感情相关的文字和语言
同步原则	调查和变革是同步的，询问别人问题的同时，也在改变那些人。此外，提问所获得的信息反过来会影响变革中干预措施的选择
诗意原则	组织是开放的系统，我们可以自由选择如何定义、建构和描述它的未来
预期原则	需要描述引人入胜的愿景来引导和激励组织成员

在以上五项原则的基础上，赞赏式探询产生了"4D"过程，如图11-2所示。赞赏式探询始于发现，即识别所观察到的事件或组织中的积极因素。这包括记录客户的积极体验，或者通过面试其他组织的员工来发现其优势。参与者讨论他们各自的发现，并设想理想的组织中的相关情况，然后进入梦想阶段。在梦想阶段，参与者指出假想的理想组织或状况，提出希望和愿望。这要比讨论自身所处的真实组织或困境感觉更为安全。

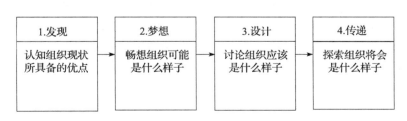

图11-2 赞赏式探询的"4D"调查模型

当参与者在组内公开自己的个人想法时，探询进入第三个阶段，即设计阶段。设计包括对话，即参与者无条件地听取与接受对方的模型和假设，并且在团队内最终形成共同的心智模式。他们创造出一个常见的景象或模型。当它初步形成时，团队成员将重点转移到自身的现实情况上。于是，进入赞赏式探询的最后阶段，即传递阶段，参与者基于他们各自的模型，探索具体的组织目标和发展方向。

虽然赞赏式探询有很大的优势，却并不总是团队或组织变革实践的最佳办法，也不总能获得成功。赞赏式探询需要参与者放弃问题导向思维，还要求领导者能够接受低结构化的过程。此外，我们并不知道在什么条件下，赞赏式探询是一个有用的组织变革方法，以及在什么条件下可能会失效。总体而言，赞赏式探询对于组织变革富有价值，但是它的潜力和局限性仍需探索和发现。

11.3.4 计划性变革模式

管理学家吉普森（J. L. Gibson）认为，企业作为一个经济实体，经常会遇到来自内外部的各种压力如政府法令、资源、市场金融情况、组织结构、人的行为等变动，这些压力的存在，会导致决策迟缓、信息沟通不良、人际矛盾等，这就迫使组织进行变革。一般组织变革过程都要经过一定的步骤，有其逻辑发展顺序，可以通过周密的计划和严格的逻辑步骤有效地进行。据此，吉普森提出了组织计划性发展变革模式，较好地综合了多种组织变革过程模式，如图11-3所示。

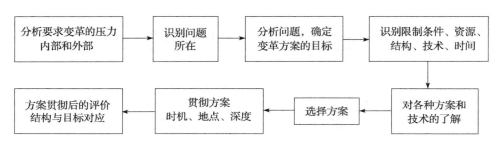

图 11-3　吉普森组织计划性发展变革模式

下面将介绍变革者如何运用吉普森的计划性发展变革模式。第一步，变革者需要分析内部和外部的变革需求，考察变革需求是否强烈。如果认为这个问题不重要，或者根本无法解决，可能变革需求就被否认了。在感受到问题的严重性，意识到变革的压力和需求后，就进入到第二步，寻找问题的症结。比如，可以通过座谈会，和竞争对手进行对比分析，了解核心员工离职的原因等。第三步，分析问题，确定变革方案的目标。如果原因分析表明：本公司给核心员工的待遇与竞争对手相比较低，而且缺乏绩效考核制度，挫伤了员工的积极性，公司就要通过重新制定工资体系，建立绩效考核制度来达到留人的目标。接下来就是识别限制条件，考虑是自己制订方案，还是请外部的咨询公司制订方案，有没有足够的经费支持，需要多长时间完成等。比如，由本公司的人力资源部牵头，可能对情况比较熟悉，但由于主观性和对市场化信息不熟悉，无法真正实施市场化的操作；聘请外部的咨询公司，需要较多的经费，它们需要花时间来熟悉公司的情况，时间会更长一些。但是聘请外部咨询公司也有一些好处：咨询公司熟悉行业内的工资水平和考核体系流程，了解竞争对手的经营状况，熟悉人力市场的价格。聘请外部咨询公司，方案的设计者不是公司员工，不涉及利益，更能保证以公正的立场进行评判，避免了人为的偏向。

在确定薪酬方案和绩效考核上，双方可以通过讨论确定一些基本的立场和观点。比如，薪酬差异幅度是大还是小，是采用领先于市场的工资政策还是市场跟进式的工资政策，是否采用股票期权，考核方式是上级考核下级还是360°考核等问题。一旦这些基本措施确定，就可以制订具体方案了。

方案确定并征求员工意见进行修正后，紧接着就是确定方案实施的时间，并定期对方案实施的效果进行评估。比如，核心员工的流动率是否下降，员工的工作积极性是否提高，员工的整体满意度是否得到改善。如果达到了期望的效果，解决了公司存在的问题，就可以暂时稳定下来，小规模地调整变革方案遇到的一些小问题，进一步形成制度。如果变革又导致了新的问题产生，比如普通员工流失率提高、普通员工消极怠工，可能需要重新审查薪酬方案和绩效考核方案对普通员工的利弊，考虑是否需要调整。

11.4 数字化时代的组织变革⊖

信息技术的发展，改变了我们的交流方式，也改变了企业和组织的运作。在数字化时代，由于日新月异的信息技术发展，组织面临着新的挑战，组织变革也有了新的发展。

11.4.1 面向未来的变革

变革的核心是面向未来的。有些时候变革其实是为了解决当前问题，解决当前问题的变革不是真正的变革，这个变革只是暂时性的一个缓冲。变革的第一个准备是创建未来的原则。第二个准备是系统化寻求和预见变革的方法。变革是要有方法论的，如果没有方法论去做变革，变革常常会带来非常大的混乱。第三个准备是在组织外部和内部推行变革的恰当方式。用什么方式去做，是用激进的或是渐变的，抑或是外部嫁接的，还是分设的方式去做？方式恰当与否，决定了变革能否成功。

11.4.2 持续改善

数字化时代的变革是一个持续改善的过程，原因如下：第一，在管理和在运营当中，标准永远都是可以提升的；第二，可以去找到更好的解决方案，而不要满足于现有的解决方案；第三，向对手学习，如果向同行学习，就可以把标准拉得更高。持续改善比颠覆性的变革效果更好，组织内部的颠覆性变革成功率其实没有超过15%。换个角度说，变革好的方式其实85%都是来源于持续改善，不是来源于颠覆性。

11.4.3 系统化创新

变革实际上不是一个自然而然的事情，一定是设计的部分。如果系统化地设计，就一定不要落入三个陷阱：一是太注意变革创新，忽略了战略；二是混淆新奇和创新之间的界限；三是混淆具体的动作和行动计划之间的界限。

11.4.4 为个人赋能

数字生存时代，组织要赋能于每一个成员，创造平台和机会。管理最重要的是要让

⊖ 资料来源：陈春花微信公众号春暖花开（CCH_chunnuanhuakai）。

人有意义,不是让人成为工具。应该把碎片化和虚假繁忙拿掉,把工作场景从命令、权利转向成长、发挥创意、与时代同步从而须为员工赋能,让人才流动,发挥每个人的价值。

11.4.5 驾驭不确定性

数字化时代的组织必须学会驾驭不确定性,要驾驭不确定性,就需要解决一个最重要的问题,就是组织成员是否可以持续拥有创造力。组织在数字化时代遇到所有东西都变得非常复杂,因此需要所有成员都要有创新的能力,都要有韧性和企业家精神。如果想驾驭不确定性,那么就必须让组织成员拥有创造力,而不仅仅是老板拥有创造力。

本章回顾

从本质上说,组织变革是组织为了适应内外环境及条件的变化而做出的反应,是使组织管理更加符合组织存续与发展要求的努力过程。

组织变革受到多种因素的驱动,大致可以分为组织外部环境的变化和组织内部因素的变化这两类,这些因素既可成为组织变革的动力,也可成为组织变革的阻力。通常,组织变革的阻力源可分为个体阻力源和组织阻力源两个方面。克服组织变革阻力的策略有沟通、说服教育、参与、促进与支持、谈判、操纵与收买、强制七种不同策略。

组织变革是一个过程,有着自身的规律,运行模式主要有勒温阶段性变革模式、行为研究变革模式、赞赏式探询变革模式、计划性变革模式。库尔特·勒温认为成功的组织变革应该遵循解冻、变革、再冻结这三个步骤。

信息技术的发展,改变了我们的交流方式,也改变了企业和组织的运作。在数字化时代,由于日新月异的信息技术发展,组织面临着新的挑战,组织变革也有了新的发展。

关键术语

组织变革(organizational change)
变革阻力(change block)

变革策略(change strategy)
变革模式(change model)

课堂讨论

1. 结合实例谈谈组织变革的动力和阻力分别有哪些。如何应对这些阻力?
2. 一个著名的组织理论家说:"组织变革的压力源自环境,保持稳定的压力来自组织内部。"你同意这种说法吗?请讨论。
3. 你认为组织成员会更加抵制下面哪种变革:组织结构的变革、技术变革、管理制度变革、人员变革、组织物理环境的变革?为什么?

团队练习

战略变革事件

目的: 这一练习旨在帮助你识别在各种情形下促进组织变革的战略。

说明:

1. 指导老师将学生分成小组,每组都被

分配到下面所展现的场景之一。

2. 每组成员都对所分配的场景进行诊断，决定最适合的变革管理实践。最合适的战略必须使组织成员产生变革紧迫感、最小化变革抵制，以及对新的状态再冻结来支持变革计划。每一场景都基于真实的事件。

3. 每组都会提出变革管理战略，并为所提出的变革战略进行辩护。在被分配给相同场景的所有组队对所分配的场景提出变革战略后，课堂将集中于对战略的适当性和可行性进行讨论。指导老师随后会讲述这些组织在现实中是如何做的。

场景1：绿色手机公司 一家大型手机公司的董事会想通过要求各级执行主管鼓励员工在工作场所减少垃圾制造来使公司更加环保。政府和其他利益相关者都期望公司采取这一行动并获得公开的成功。因此，主管们想在公司的办公室里大量减少办公用纸的使用、废物和其他垃圾。不幸的是，调查显示，员工并不注重环境目标，也不知道如何去"减少、再使用和循环使用"。作为此次变革的执行负责人，你被要求制定一项会给这一目标带来有意义的行为改变的战略。你会怎么做呢？

场景2：航空公司 一家大型航空公司刚经历了相当混乱的10年历程，包括了两次破产保护，10名管理者和员工的士气很是低落，员工出于尴尬把制服上的公司标志都摘了下来。公司服务很糟糕，航班很少准时起飞或降落。这造成公司为旅客的中途停留花费了巨大成本。管理者也被困扰着，他们中的许多人在公司工作很长时间了，但也不知道怎么制定有效的战略。1/5的航班是亏损的。整个公司接近财务崩溃的边缘（赊欠员工3个月的工资）。你和新聘请的主管必须使员工尽快改善运作效率和客户服务质量。你需要采取哪些行动及时地实施这些变革呢？

网络练习　　　　　　变革容忍度测量

一些人天生比其他人更易对变革的复杂性和不确定性感到不适。该题目能测试出你能在多大程度上容忍变革。请浏览 http://www.doc88.com/p-4377722055646.html。

自我测试　　　　　　你对待变革的态度如何

说明：想一下过去或者现在的组织进行的一项变革，这项变革要求你学习一些新东西或终止一种态度或行为等。请使用下面的量表，选出你对以下题目的认同程度，1=强烈不同意，2=不同意，3=不确定，4=同意，5=强烈同意。

1. 我相信这项变革的价值。
   1　2　3　4　5
2. 实施这项变革是为了一个重要的目标。
   1　2　3　4　5
3. 这项变革是组织的一个正确战略。
   1　2　3　4　5
4. 我没有选择，只能认可这项变革。
   1　2　3　4　5
5. 说出反对这项变革是有风险的。
   1　2　3　4　5
6. 反对这项变革对我而言成本太大。
   1　2　3　4　5
7. 我感到我有责任为这项变革工作。
   1　2　3　4　5
8. 对我而言，抵制这项变革是不负责任的行为。
   1　2　3　4　5
9. 我认为我有责任支持这项变革。
   1　2　3　4　5

总分：
9~18：消极对待
19~35：可以接受

36～45：积极对待

思考与讨论：

1. 你的得分是否符合你本人的实际情况？请解释。

2. 你对待变革的态度是否与组织的要求一致？如果不一致，你会如何改变？

案例分析　　变形记："农牧帝国"的自我超越

2012年年底至2015年年初，面对动荡不安的外部行业环境以及焦虑、迷茫的内部氛围，中国最大的农牧企业——新希望六和股份有限公司（以下简称"新希望六和"）"壮士断腕"，主动向自己挑战，进行一系列大刀阔斧的组织变革。2013年、2014年前三季度营业收入、净利润都逆势增长，继续保持农牧行业第一大公司的领导地位，公司、集团董事长刘永好、联席董事长兼CEO陈春花皆斩获诸多奖项。

中国农牧行业景气从2012年开始下降，盈利能力持续走低。在此大气候影响下，新希望六和的业绩也持续低迷。"屋漏偏逢连夜雨"，2012年11月～2013年5月，这家农牧行业龙头企业先后在"速成鸡"事件、上海黄浦江死猪事件、禽流感和芦山地震中连续"触雷"。接二连三的天灾人祸，导致猪肉和鸡鸭销售价格一再下跌。受此影响，新希望六和2013年上半年收入和利润同比双降。刘永好也不禁在2013年5月的一次股东大会上称："我们是最倒霉的上市公司。"

在业绩承压的关键时刻，刘永好却突然激流引退。2013年5月，刘永好将新希望六和的旗帜交到女儿刘畅的手中，刘畅担任新希望六和董事长，他还为其女儿安排了一位护航"导师"陈春花。陈春花以联席董事长兼CEO的身份加入管理团队。同时，陶熙续任公司总裁。陈春花与刘畅的二人组合被外界戏称为"太傅摄政，太子监国"。尽管新的管理班子上台后信心满满，声称将带领新希望六和走出困境。但新希望六和的自我转型和突破之路，却是步履蹒跚。"速成鸡"、上海死猪、禽流感、地震等事件带来的影响会随着时间被冲淡，但新希望六和深层次的问题在于，其经营管理及组织架构走到了今天，需要应时而变，调整自己，才能焕发活力，持续成长。陈春花表示："我在管理中有一个基本判断，如果我们业绩出现下滑，或者是增长不明显甚至负增长的话，有很大可能就是因为组织不再适合这个企业的发展。"

在重组后，随着业务的拓展，新希望六和下属的企业越来越多，分子公司达到500多家。在新希望六和原本的组织结构中，整体架构分为"股份总部—中心—二级经营单元—分子公司"四级。其中，中心是新希望六和在重组上市初期，为保持与原有体系的稳定过渡而设立的一个中间层级，其中成都中心对应于原新希望农牧股份有限公司，主要覆盖南方各省的业务；青岛中心对应于原山东六和集团在山东、河南的业务；三北中心对应于原山东六和集团在东北、华北（河北、山西）、西北（陕西）等地区的业务。二级经营单元包括片区、事业部两种组织形式：片区是经营饲料、屠宰（肉食）业务的二级经营单元；事业部是除饲料、屠宰之外的，专注于某一特定业务的二级经营单元。二级经营单元向上或直接或通过三大中心接受股份总部的领导，向下管理各个三级公司。二级经营单元下面的分子公司就是三级经营单元。然而，组织架构不够扁平化，垂直层级较多导致了低水平的管控效率，进而导致基层经营单位缺乏足够的激励。原来的组织架构日渐成为新希望六和发展的阻碍。以三大中心为例，作为中间层级，其财务部、技术部、原料部等职能部门与集团总部的职能部门存在一定程度的职能重叠，随着新希望系和六和系的日渐融合，三大中心的存在事实上减缓甚至阻碍了集团总部资源、权力、责任的快速下放以及有效分配。另外，在新希望六和朝消费端服务商转型的过程中起"冲锋陷阵"急先锋作用的各个事业部，也由于三大中心的管控，在市场中变得"束手束脚"，难以迅速应对市场变化；同时，三大中心下属都有肉食、种禽、饲料、养殖等类似职能的事业部，事业部职能的重叠会导致产品线之间缺乏协调，产品线之间的整合与标准化难度因此也大大提高。而更为重要的是，职能的重叠也会导致不必要的内耗，使得公司难以在整体上获得深度竞争力、技术专门化以及规模经济的优势。因此，有必要让各中心下属的事业部脱离中心的管控，整合起来并直属于总部，一来让总部更快地听到"炮声"，及时获取市场信息以供决策；二来各事业部也能从总部直接获得权力、责任与资源。组织结构的扁平化，势必会使集团总部运行压力增加，因此相应部门的职能调整也需要配套进行。箭在弦上，新希望六和的组织变革势在必行。

查尔斯·达尔文说过："最终存活下来的不是最强壮的物种，也不是最有智慧的物种，而是那些对环境变化做出最快反应的物种。"作为中国农牧行业"最强壮"的上市公司，新希望六和对内外环境的变化也迅速做出了反应。为了使新希望六和组织结构更加扁平化，产业链之间协同加强，新管理团队上台以后，立即着手对公司组织构架和业务关系进行了重大调整，改革的大幕就此拉开。

组织结构变革的第一阶段：试点（2013年4~6月）

2013年4月起，变革第一阶段的试点工作率先在青岛中心河南、滨海、鲁西区域展开，将所在区域冷藏厂（原属肉食事业部）和饲料厂（原属饲料片区）试行产销分离和一体化运营管理，形成"特区"雏形。禽肉事业部只负责销售，生产归属特区，产销分离，这样可以减少饲料、养殖和屠宰之间的交易成本，提高效率。一体化运营管理指的是饲料和屠宰一体化的经营模式。2013年7月，青岛中心正式开展组织变革工作。原青岛中心率先被拆分为沂蒙、滨海、鲁西、胶东、中原五个特区，同时终端事业部、种禽事业部、养猪事业部、担保事业部、食品事业部均划归总部管理。而中心也根据变革精神和调整安排，实现了职能转变与理念调整，由管理中心转为服务中心。

组织结构变革的第二阶段：划小单元、去中心化（2013年12月~2014年2月）

2013年12月，新希望六和进一步分拆三北、成都中心。成都中心更名为成都片联合运管委员会，其猪肉食品、养殖事业部和担保公司划归股份相应的单位；成立成都服务中心，原成都中心总部及以上未涉及的产业划归成都服务中心，由成都片联负责。三北中心撤分为鲁西北、京津冀、东北、高唐和大象等区域单元。至此，原本的处于总部与二级经营单位的中间层级——三大中心就被拆分掉了，形成了"股份总部—二级单元—分子公司"三级的扁平化结构。三大中心被划分为25个经营单位，进一步划小考核单元。在此基础上，为了聚焦区域、优化区域生态产业链，提升区域系统运营能力，打造了"片联+区域+基地"运营架构。片联指片区联合运管委员会，代表总部协调、监督区域权力运行以及干部管理，是区域战略制定的组织者和执行监督者，也是区域平台建设与组织运营的管理者。

组织结构变革的第三阶段：优化调整（2014年2月至今）

继拆分为25个经营单元之后，新希望六和继续对组织结构进行优化调整。2014年2月，股份公司下发《禽肉产业深化变革会议纪要》，以期实现特（片）区冷藏厂和饲料厂专业化运营，进一步产销分享，明确责权利。在此期间，禽肉事业部、预混料事业部等也对营销组织架构进行了变革。2014年年初，禽肉事业部在全国范围进行市场区划，成立了22个冻品营销突击队、12个鲜品营销突击队，明确了销量任务目标，业务员归零，重新竞聘上岗。2014年上半年，预混料事业部也全力推行产销分离，成立营销公司，剥离徐州硕虎、宣城六和两家公司，实现"专业的人做专业的事"。集团总部也进行了相应的调整，以更好地管理各经营单位。总部增设饲料管理部、市场技术部、法务部三个部门。饲料管理部主要负责制定统一的国内饲料业务三年发展战略及规划方案，协同市场技术部、技术研发部、原料商贸部等专业能力平台及各运营区域，联合开发战略产品。市场技术部设首席顾问科学家，以提升整体规划能力、专业化能力和技术服务能力。商贸原料部分拆为采购中心与商贸部。采购中心负责对外采购和内部供应，负责采购线路的管理工作；商贸部负责外部销售渠道开发与销售工作。

截至2014年12月，新希望六和通过产销分离，拆分三大中心，成立省级新区，重组食品控股有限公司和独立一体化公司，形成了总部直管46个经营单元的较扁平结构。

组织变革改变了原有的责权关系和资源分配格局，而这种变化的不确定性会给员工带来不安，甚至导致人员的不配合。为了在组织内部更大范围地达成变革的共识和决心，陈春花选择了向公司员工写信这样的交流方式，从"信仰专注"到"向自己挑战"，直触问题本质，对员工动之以情，晓之以理，激励所有人员一起为新希望六和的愿景共同奋斗。

在达成组织变革共识的基础上，更关键的是如何激发员工的创造力与才能，实现对组织业绩目标的转化。为此，新希望六和对激励和绩效考核方案进行了大刀阔斧的变革。整个公司采用了划小单元、分级考核、包干到司的考核方案，实行"分子公司—二级单元—股份总部"分级考核，不同层级业绩奖励计提比例差异化。与此同时，新希望六和采取了一系列激发各区域活力的特色措施，例如新区竞聘、管理人员竞聘、红黄牌制度等。以负激励机制红黄牌制度为例，它具体包括黄牌警告、红牌警告和一票否决机制，它保证了权利和责任的匹配，且引入了竞争机制，带动了基层组织的经营活力。

2014年，互联网浪潮席卷了整个全球经济。淘宝平台模式、小米轻资产模式，让新希望六和看到了农牧业变革的可能性——在互联网浪潮下，风口上的猪也能飞起来。但"互联网思维"的精髓掌握并非一蹴而就。尝试可能有机会，但不尝试一定没有机会。新希望六和目前正在试图从生产商向服务商转型。在互联网大潮中，农牧帝国勇立潮头的第一步是扩展在电商领域的业务。目前，新希望六和在天猫商城、京东商城、微店、淘宝、一号店、当当网等平台已基本实现"全网营销"，业务开始打上互联网烙印。新希望六和运用"互联网思维"进行自我改造也必然带来自身结构、运作体系以及对外合作关系的变化。2014年年初，成立新希望六和食品控股有限公司，将其从原来的二级事业部升级为一级事业部，以期打造面向消费者的终端服务平台。企业可能会有边界，而互联网没有边界。新希望六和开始尝试突破组织边界，跨界合作。2014年，新希望六和与京东商城达成战略合作。但自我改造远不绝于此。在2013年的集团年度会议上，新希望六和也明确了"打造顾客导向的农牧企业"的目标，提出"养殖端以饲料增强影响力，消费端加大对终端食品"的布局。为此，新希望六和一方面组建养殖技术服务、金融担保等公司，通过提供广泛的技术、金融、市场、产品、服务以赢得养殖户的认同，将手伸向生猪养殖。另一方面，开始尝试与消费者"打成一片"，如福达计划截止到2015年已经推广到了6万家养殖户，未来不久将覆盖所有农户，让消费者能够追溯食品本源，真正做到放心。公司同时发布"关于出资设立华大希望科技有限公司暨关联交易的公告"，与深圳华大基因、HelixPlus, LTD. 共同出资设立"深圳华大希望科技有限公司"。华大希望的战略是追求长远根本的突破，初期聚焦于动物育种、养殖技术与动物营养等方面的研发与产业应用，可为公司在动物选育、养殖、疾病防控等业务带来重大突破。未来，新希望六和还将提升国际化水平，尝试整合全球的资源，真正实现让中国的农户走出去。创新变革，思想先行。企业可持续发展的核心是激发人，对新希望六和而言，还要激励内部团队学习与创新，打造学习型组织。从2014年3月开始，新希望六和高管团队频繁走访互联网公司和同行企业进行参观、交流和学习，同时还邀请相关领域专家对公司高管进行培训。比如，在2014年终期总经理工作会议上，就特邀小米公司合伙人雷军分享"小米是如何炼成的"。

任何一家企业的"转型升级"都是一个看上去很美、听上去很动听的故事，但具体到某个行业和某个公司，在路径选择方面又千差万别，模式不可复制，结果也难以预测。但不变革、不转型就是等死，被迫转型很痛苦，预见式转型要有超强的战略洞察能力，要割舍过去的成功与荣光。作为中国最大的农牧企业，新希望六和仍然能"放下身段"，向自己挑战，寻求改变本身就是一种自我超越，正如2014年公司终期会议所述："改变正成为我们最大的资产。我们因为改变而拥有未来。"2013年是新希望六和的转型的元年，2014年之后则是"革自己命"的年份。无论是组织架构调整、团队激活、组织增效，还是运用"互联网思维"进行自我改造，新希望六和在收获变革红利的同时，也在承受调整的"阵痛"，比如原有利益群体的阻力、制度与流程的缺少引发的摩擦、变革中的人才流失等。

清末维新派领袖唐才常说过："变则通，通则存，存则强。"新希望六和演绎的这一出"变形记"已经揭开了序幕，但能否完美收场，这个舞台上的新希望六和人将给出最终的答案。

资料来源：陈春花，苏涛，王杏珊，李露. 变形记："农牧帝国"的自我超越, 2015。

提示问题：

1. 新希望六和公司进行组织变革的动因及阻力是什么？
2. 结合库尔特·勒温的阶段性变革模式，新希望六和的组织架构变革经过了哪些步骤？
3. 对比新希望六和2013年1月和2014年12月的组织架构，分析两者之间的区别。
4. 如果你是这家农牧企业的高管，应对未来的形势变化，在组织结构优化调整中，可以向互联网企业学习什么？

网站推荐

1. 组织发展：http://odnetwork.org
2. 哈佛商业评论：http://www.ebusinessreview.cn/

微信公众号推荐

1. 中欧商业评论：ceibs-cbr
2. 北大纵横：ALLPKU-Wangpu

参考文献

[1] 苏勇，何智美. 现代组织行为学 [M]. 北京：清华大学出版社，2011.
[2] 李爱梅，凌文辁. 组织行为学 [M]. 北京：机械工业出版社，2011.
[3] 阿马蒂亚·森. 以自由看待发展 [M]. 任赜，于真，译. 北京：中国人民大学出

版社，2002.
[4] 杰里·里·吉雷，安·梅楚尼奇.组织学习、绩效与变革：战略人力资源开发导论[M].康青，译.北京：中国人民大学出版社，2005.
[5] 迈克尔·波特.竞争战略[M].陈小悦，译.北京：华夏出版社，1997.
[6] 斯蒂芬·罗宾斯.组织行为学[M].孙健敏，李原，等译.北京：中国人民大学出版社，2003.
[7] 约翰·翰·纽斯特罗姆，基斯·戴维斯.组织行为学（原书第10版）[M].陈兴珠，罗继，等译.北京：经济科学出版社，2000.
[8] 史蒂文 L 麦克沙恩，玛丽·安·冯·格里诺.组织行为学（原书第5版）[M].吴培冠，等译.北京：机械工业出版社，2012.
[9] 乔伊斯·奥斯兰，大卫·库伯，欧文·鲁，等.组织行为学（原书第8版）[M].王永丽，何敏，叶敏，译.北京：中国人民大学出版社，2011.
[10] Lewin K. Field Theory in Social Science [J]. American Catholic Sociological Review, 1951, 12(2):103.
[11] 熊勇清.组织行为管理[M].长沙：湖南人民出版社，2011.
[12] 托马斯·卡明斯，克里斯托弗·沃里.组织发展与变革（原书第7版）[M].李剑锋，等译.北京：清华大学出版社，2003.
[13] 赫尔雷格尔，雷格尔斯洛克姆，克姆尔伍德曼.组织行为学[M].俞文钊，于彪，译.上海：华东师范大学出版社，2001.
[14] Beer M, Walton E. Organization Change and Development[J]. Annual Review of Psychology, 1987, 38(1): 229-272.
[15] Sherman S, Wanted. Company Change Agents [J]. Fortune, 1999(12): 197-198.
[16] Huse E F, Management W S I.Organization Development and Change [J]. Annual Review of Psychology, 1997, 33(10): 33-45.
[17] Nadler D.Feedback and Organization Development: Using Data-Based Methods [M]. New Jersey: Addison-Welsley, 1997.
[18] 刘广平，陈立文，孙晨.组织变革能力研究述评[J].工业技术经济，2013，33(12):147-154.
[19] 史蒂文·麦克沙恩，玛丽·安·冯·格里诺.组织行为学[M].汤超颖，译.北京：中国人民大学出版社，2014.

第 12 章 组织文化

观乎天文，以察时变；观乎人文，以化成天下。

——《易经·贲卦》

学习目标

1. 掌握组织文化的含义
2. 了解组织文化的层次及功能
3. 了解组织文化的理论
4. 了解组织文化的建立、传播与创新
5. 掌握跨文化管理
6. 了解数字化时代的组织文化建设

引例　　　　　亚马逊的"冷血文化"：坚守最高标准

电商巨头亚马逊是继苹果之后，美国第二家市值破万亿美元的上市公司，且发展后劲依旧十足。有投资专家认为，在云计算和广告等高利润业务的推动下，未来 5 年，亚马逊的市值甚至可能达到 2 万亿美元。随着股价长期快速上涨，亚马逊创始人杰夫·贝佐斯的财富在 2018 年也一度高达 1 600 亿美元。在其成功的背后是一支更具战斗力的团队与一群乐于突破自我的员工。

亚马逊创始人杰夫·贝佐斯说："长时间工作、勤奋工作或者用脑子工作都可以，在亚马逊却不能三选二。"

在亚马逊工作，员工首先面临的就是超高的工作强度。一个员工如果每周工作低于 80 小时，就会成为同事中的异类和众矢之的。即使周末，员工也要回公司开会，深夜与节假日都要随时候命，甚至是在复活节和感恩节这样的重要节日，也经常需要参加冗长的电话会议。亚马逊鼓励员工长时间地工作和加班，邮件经常过了午夜才发出，如果没及时回复，将很快收到追问短信。

此外，亚马逊鼓励员工打"小报告"。它有一套"实时反馈"工具，使员工可以向上司秘密批评或表扬他的同事。而这些反馈将出现在员工的绩效评估之中，最终绩效得分低的员工将被裁掉。亚马逊还鼓励"保持异见和表明立场"，要求员工勇于攻击同事的想法，提出无情的意见。

在亚马逊的仓库中，工人们受到复杂的电子系统监控，手腕上戴着计步器，亚马逊因此能准确跟踪到员工分拣商品和包装商品的速度。这套系统对员工的休息时间和工作量做出严格限制，如果没有达成工作量和休息时间过长，员工就会收到警告。

在亚马逊看来，数据可以带来公平与效率，而这会让真正努力积极的员工得到更多回报和肯定。虽然亚马逊的冷血文化备受争议，但这种冷血文化颇具力量。在很多亚马逊的员工看来，他们的同事都极为敏锐和负责，彼此之间相互信赖，而且没有繁文缛节、办公室政治，他们也真心拥护这家公司。

资料来源：微信公众号：砺石商业评论（ID：libusiness）2018 年 10 月 31 日文章 https://mp.weixin.qq.com/s/r_2l_Sbm1gIRJ-UAXYEmew。

12.1 并不虚无的组织文化

12.1.1 组织文化的含义

组织是按照一定的目的和形式而建构起来的社会集合体。由于每个组织都有自己特殊的环境条件和历史传统，也就形成了自己独特的哲学信仰、意识形态、价值取向和行为方式，于是每一个组织也都形成了自己特定的组织文化。例如，松下的文化精髓认为"松下电器公司是制造人才的地方，兼而制造电器器具"。

有人曾对组织文化的定义做过统计，共有 180 多种，几乎每一个管理学家和组织文化学家对于企业文化都有自己的理解。

埃德加·沙因（Edgar Schein）认为企业文化是在企业成员相互作用的过程中形成的，为大多数成员所认同的，并用来教育新成员的一套价值体系（包括共同意识、价值观念、职业道德、行为规范和准则等）。㊀

彼得·德鲁克认为，组织文化是一系列经营原理，包括做什么与不做什么以及如何认识顾客等价值观，这种价值观决定了组织的成长空间。㊁

迪尔（Deal）和肯尼迪（Kennedy）认为，组织文化是价值观、英雄人物、习俗仪式、文化网络、企业环境的凝聚。

吉尔特·霍夫斯泰德（Geert Hofstede）认为，组织文化是一种"组织心理"及组织的潜意识，它一方面在组织成员们的行为中产生，另一方面又作为"共同的心理程序"引导这些成员的行为。㊂

科特和赫斯克特认为，组织文化是指一个企业中各个部门，至少是企业高层管理者们所共同拥有的那些企业价值观念和经营实践，是指企业中一个分部的各个职能部门或地处不同地理环境的部门所拥有的那种共同的文化现象。

综上所述，**组织文化**（organizational culture）是组织在长期实践中形成的被成员普遍认可和遵循的价值观念及行为方式的总和。组织文化有如下特点：㊃

- 组织文化与组织的成员密不可分，组织文化体现在组织全员的行为之上。
- 组织文化是动态的，而非静态的，组织文化是组织成员为了更好地在环境中生存而做出的行为，随着环境的改变，文化也会随之改变。

㊀ Schein E. Organizational Culture and Leadership [M]. San Francisco：Jossey-Bass Publishers，1992.
㊁ Drucker P F. The Theory of the Business [J]. Harvard Business Review，1994，72（5）：95-104.
㊂ Hofstede G. Cultures and Organizations，Software of the Mind [M]. New York：McGraw-Hill Book Company，1991.
㊃ Keyton J. Communication & Organizational Culture: A Key to Understanding Work Experiences [M]. California: Sage Publications，2011.

- 组织文化需要包含有竞争力的价值观，这种价值观是成员行为及组织竞争力的重要基础。
- 组织文化需要得到员工的认同，否则就无法发挥作用。
- 组织文化代表着组织内的社会秩序，即组织成员的沟通环境，组织文化会在组织成员沟通互动的过程中形成并发展。

12.1.2 组织文化的层次

埃德加·沙因认为，组织文化可以分为三个层次，这些层次的范围从一个人可以眼见的具体实物形象的外显物，到只能感觉的、在内心深处的、属于潜意识的基本假设，如图 12-1 所示。

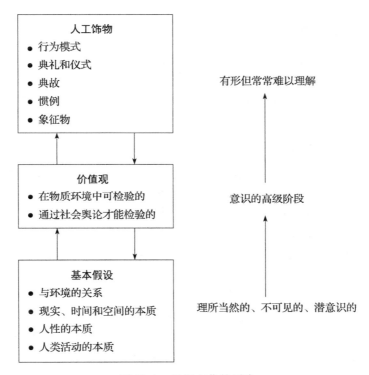

图 12-1 组织文化的层次

资料来源：Schein E. Organizational Culture and Leadership [M]. San Francisco：Jossey-Bass Publishers，1992.

1. 人工饰物

自然和社会工作环境中的文化象征叫作人工饰物。它们是最可见、最易接近的文化层，是文化的表层，它包括当一个人进入新团体面对不熟悉的文化时看到、听到和感受到的所有现象。通过人为饰物理解文化的关键在于要理解它们的意思，因为它们的易接近性，人工饰物也是最常研究的组织文化形式。人工饰物包括团体中的可视产品，比如物理环境的建筑结构、语言、技术和产品、艺术创作、（从着装、处事、情绪表达及组织传奇和故事中体现出的）团体风格、可观察到的礼仪和庆典等。

2. 价值观

价值观（value）反映了一个人对应该是什么、不应该是什么的潜在信仰。价值观经常在对话、公司使命宣言或年度报告中有意识、清晰地表达出来。然而，在公司的认同价值观（成员宣称的价值观）和执行价值观（反映在成员实际行为之中的价值观）之间可能存在着差异。价值观也可能反应在个人的行为当中，这种行为是文化的一种人为形式。

3. 基本假设

基本假设（basic assumption）是一种深层的信仰，它指导行为，并教给组织成员怎样观察和思考事物。埃德加·沙因认为，基本假设是组织文化中最深、最基本的一个层次，是文化的精髓。人们对它坚信不疑，任何成员、任何形式的冒犯都是不可想象的。基本假设的另一个特点是无意识性。组织成员可能意识不到他们持有的假设，而且不愿意、不能讨论或更改它们。

12.1.3 组织文化的功能

组织文化对于组织行为的影响是无形而持久的，组织文化往往能在很大程度上影响组织成员的行为，甚至超过正式的权责关系、管理制度等所发挥的作用。但组织文化也存在着与组织环境适应和匹配与否的问题，因而组织文化对组织行为与绩效可以产生积极影响，也可能产生消极的负面影响。

1. 组织文化的积极功能

（1）**导向功能**。组织文化的导向功能是指它对组织行为方向所起的显示和诱导。组织文化的概括、精粹、富有哲理性的语言明示着组织发展的目标和方向，这些语言经过长期的教育、潜移默化，能够铭刻在广大员工心中。组织文化建立的价值目标能够使员工自觉地把行为统一到组织所期望的方向上去。正如汤姆·彼得斯（Tom Peters）和罗伯特·沃特曼（Robert Waterman）的观点，在优秀的公司里，因为有鲜明的指导性价值观念，基层的人们在大多数情况下都知道自己该做些什么。

（2）**凝聚功能**。组织文化可以增强组织的凝聚力，这是因为组织文化有同化作用、规范作用和融合作用。这三种作用的综合效果，就是组织文化的凝聚功能。这种功能通过以下两个方面得以体现：一是目标的凝聚，即通过组织目标以其突出、集中、明确和具体的形式向员工和社会公众表明组织群体行为的意义，使其成为组织全体员工努力奋斗的方向，从而形成强大的凝聚力和向心力；二是价值的凝聚，即通过共同的价值观，使组织内部存在着共同的目的和利益，使之成为员工的精神支柱，从而把员工牢牢联结起来，为实现共同理想而聚合在一起。

（3）**激励功能**。组织文化是通过文化的塑造，使每个成员从内心深处自觉地产生献身精神、积极向上的思想观念及行为准则，形成强烈的使命感、持久的驱策力，成为员工自我激励的准绳，在组织成员心理中持久地发挥作用，避免了传统激励方法的强制性与被动性及由此引起的各种短期行为和不良后果。

（4）**约束功能**。文化作为一种意义形成和控制机制，能够约束和塑造员工的态度和行为、价值信念、伦理规范、道德观念、风俗习性、意识形态等，营造和谐的工作氛围。组织文化就像润滑剂，使组织内部关系和谐，不因利益关系及个人习惯爱好的不同而发生矛盾。由于组织文化倡导沟通，倡导员工参与管理，倡导团结互助，所以产生摩擦的可能性小。

（5）**辐射功能**。这是指当一个企业形成较为固定的企业文化模式后，企业文化便不仅仅在企业内部发挥上述作用，它还会通过各种途径在社会上产生影响。这种影响体现在两个方面，首先是企业形象的辐射作用。具有优秀企业文化的企业，必将树立良好的企业形象，这种企业形象会对该企业的生产经营带来有形和无形的效益，也能使企业的知名度和信誉度得以大幅提高。其次是企业员工对外交往时所产生的辐射作用。企业员工在对外交往过程中，包括销售人员的四处奔走、公关人员的各种应酬、企业员工在外的日常行为，这种种与企业外部接触的行为表现都反映了一个企业的文化特征，会在社会上留下各种印象，从而间接地影响企业获得竞争优势的能力。

组织文化的各种积极影响最终体现在组织的竞争力上，根据资源基础观的重要奠基人杰伊·巴尼（Jay Barney）对于文化与绩效关系的论述，[一]当组织文化满足以下三个条件时才可以为企业带来持续的竞争力。第一，文化必须有价值，其必须能够使一个企业所做的事情带来高的销售收入、低成本，以及高边际收益，或者让企业以其他方式增加财务价值，因为财务绩效是一个经济概念，为了产生绩效，文化必须要有积极的经济效果；第二，文化必须是稀有的，必须有其他大多数组织所不具备的特点；第三，这种文化还必须是难以模仿的，没有这些文化的企业无法进行改变其"自身"文化成为该文化的活动，如果它们试图模仿这些文化，相对它们试图模仿的企业，它们将会有许多不利（声誉、经历等）。

2. 组织文化的消极功能

文化的相对稳固性也是组织的一种束缚，尤其当某种文化已经不再适应环境而必须加以调整的时候。实际上，几乎每一种文化观念的另一面很可能就构成对组织的束缚和制约，特别是强文化对组织的效能存在着潜在的负面作用。

（1）**削弱个体的创造性**。文化有助于增强员工行为的一致性并减少其模糊性，这对组织而言是有利的。但在既定的组织文化中，组织成员的个性可能会受到压抑，从而削弱了个体创造性的发挥。在从事研究和开发等强调个人潜能发挥的领域中情况尤为如此。

（2）**阻碍组织变革**。由于组织文化是组织在长期运营过程中形成的，具有历史继承性和稳定性的特点，所以组织文化一经形成，在较短的时间内不易改变。而组织所面临的环境是动态的、不确定的，复杂多变的环境要求组织能够及时地做出调整和变革，此时组织文化就很可能成为组织变革的障碍。即使当组织面对相对稳定的环境时，由于组织文化强调组织行为的一贯性，因而也有可能削弱组织应对环境变化的能力。

（3）**阻碍组织合并**。在策划合并活动时，许多企业领导人往往把注意力集中在金融财务和法律方面，很少关注企业文化可能带来的问题。研究发现，在许多情况下，企业文化造成的问题可以使周密的合并计划流产。

12.2　组织文化理论

组织文化的概念最早在霍桑实验中就间接提到过，那时称为工作小组文化。1970年美国波士顿大学组织行为学教授S. M. 戴维斯在《比较管理：组织文化展望》一书中，率先提出组织文化这一概念。从此，组织文化成为组织领域研究的主流问题。

⊖ Barney J. Organizational Culture: Can it be a Source of Competitive Advantage? [J]. Academy of Management Review，1986，11(3): 656-665.

12.2.1 迪尔和肯尼迪的组织文化因素理论

迪尔和肯尼迪于 1981 年出版了《企业文化：现代企业的精神支柱》一书，这是组织文化理论诞生的标志性著作。他们认为，企业文化是由企业环境、价值观、英雄人物、习俗和仪式、文化网络五个因素所组成的，而五个因素所起的作用是不同的。迪尔和肯尼迪所指的"企业环境"是指企业"经营所处的极为广阔的社会和业务环境"，包括市场、顾客、竞争者、政府、技术等状况。企业价值观指的是企业在经营过程中推崇的基本信念和奉行的目标，是为企业绝大多数成员所共有的关于企业意义的终极判断，是企业文化的核心或基石。英雄人物是企业为了宣传和贯彻自己的价值系统而为企业员工树立的可以直接仿效和学习的榜样。习俗和仪式是在企业各种日常活动中经常反复出现、人人知晓而又没有明文规定的东西，它们是有形地表现出来而程式化了的并显示内聚力程度的文化因素。文化网络是指企业内部以轶事、故事、机密、猜测等形式来传播消息的非正式渠道，是和正式组织机构相距甚远的隐蔽的分级联络体系。

迪尔和肯尼迪把西方组织文化分为四种类型，即强人文化、"拼命干/尽情玩"文化、攻坚文化、过程文化。四种类型取决于两种因素：一是企业经营活动的风险程度；二是企业及其雇员工作绩效的反馈程度。

12.2.2 帕斯卡尔、阿索斯和麦肯锡的 7S 管理框架

理查德·帕斯卡尔（Richard Pascale）和安东尼·阿索斯（Anthony Athos）于 1981 年合作出版了《日本企业管理艺术》一书，把日本企业管理方式提高到一种艺术的高度来认识，并以此来深刻反思美国企业管理中的失误。麦肯锡（McKinsey）管理咨询公司的丹尼尔将其誉为剖析美国企业管理错误的"里程碑"和企业管理思想研究的"指南针"。因所述七个变量英文名称的第一个字母都是"S"，所以被称为"7S 框架"或"7S 模型"。[⊖]在 7S 框架（见图 12-2）中，共同的价值观（shared value）处于中心地位，其他 6 个要素粘合成一个整体，是决定企业命运的关键性要素。战略（strategy）、结构（structure）、制度（system）是硬管理要素，技能（skill）、人员（staff）、作风（style）和共同的价值观是软管理要素。帕斯卡尔和阿索斯认为，美国企业之所以在严酷的竞争面前显得疲软，是因为它们在管理过程中过分重视了 3 个硬性"S"，即战略、结构和制度；而日本企业则在不忽视 3 个硬性"S"的前提下，较好地兼顾了其余 4 个软性"S"，即重视企业文化，因而使整个企业具有一种良好的文化氛围，更加充满生机和活力。帕斯卡尔和阿索斯认为，这 7 个要素是相互关联而绝不是孤立的，它们彼此相互影响。任何企业的成功，都必须紧紧抓住这 7 个要素。

12.2.3 威廉·大内的 Z 理论

Z 理论是由日裔美国学者威廉·大内（William Ouchi）于 20 世纪 80 年代提出的一种新型管理理论。通过对日、美两国成功企业组织管理模式的研究和比较，威廉·大内认为，日本企业的经营管理效率之所以比美国高，是因为其在企业管理中形成了良好的团队文化，称之为"日本式"团队文化。在这样的团队文化氛围中，日本企业形成了特有的管理手段：

⊖ 后来它又被进一步完善和推广，被称为"麦肯锡 7S 框架"。

终身雇用制、缓慢的评价与晋升制度以及多专业多岗位的职业经历。根据这一现象，大内提出了美国的企业应结合本国的特点，学习日本企业的管理方式，形成自己的一种管理方式。他把这种管理方式归结为 Z 型管理方式。

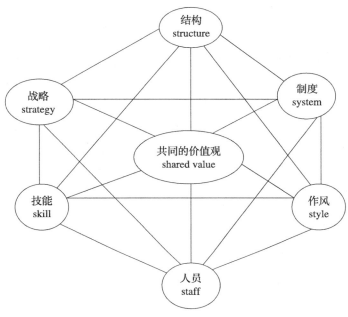

图 12-2　7S 管理框架

资料来源：理查德·帕斯卡尔，安东尼·阿索斯.日本企业管理艺术 [M].陈今森，译.北京：中国科学技术翻译出版社，1984.

Z 理论认为，一切企业的成功都离不开信任、敏感与亲密，因此主张以坦白、开放、沟通作为基本原则来实行"民主管理"。威廉·大内把由领导者个人决策、员工处于被动服从地位的企业称为 A 型组织，他认为当时研究的大部分美国机构都是 A 型组织。相反，他认为日本企业具有不同的特点，并将其称为 J 型组织。A 型组织与 J 型组织的特点区别如表 12-1 所示。

表 12-1　A 型组织与 J 型组织的特点区别

	美国（A 型组织）	日本（J 型组织）
雇用制度	短期雇用制	长期/终身雇用制
决策制度	首席执行官决策	集体决策
责任制	CEO 充分授权和负责	集体承担责任
控制机制	刚性管理	柔性管理
员工考核与晋升制度	频繁考核	对骨干员工考核
员工培养与职业发展	招聘"专才型"人才	培养"通才型"人才
对员工的关怀	关注工作而不干涉隐私	家庭式管理

资料来源：威廉·大内.Z 理论：美国企业界怎样迎接日本的挑战 [M].孙耀君，王祖融，译.北京：中国社会科学出版社，1984.

威廉·大内不仅指出了 A 型组织和 J 型组织的各种特点，还分析了美国和日本各自不同的文化传统以致其典型组织分别为 A 型和 J 型，这样就明确了日本的管理经验不能简单地照搬到美国去。为此，他提出了"Z 型组织"的观念，认为美国公司借鉴日本经验就要向 Z 型组织转化，Z 型组织符合美国文化，又可学习日本管理方式的长处，例如"在 Z 型组织里，决策可能是集体做出的，但是最终要由一个人对这个决定负责"。而这与典型的日本公司（J 型组织）做法是不同的，"在日本没有一个单独的个人对某种特殊事情担负责任，而是一组雇员对一组任务负有共同责任"。他认为"与市场和官僚机构相比，Z 型组织与氏族更为相似"，并详细剖析了 Z 型组织的特点。考虑到由 A 型组织到 Z 型组织转化的困难，大内给出了明确的 13 个步骤，不过，大内认为这个过程要经常重复，而且需要相当长的时间，例如 10~15 年。这个变革过程具体如下。○

- 参与变革的人员学习领会 Z 理论的基本原理，挖掘每个人正直的品质，发挥每个人良好的作用。
- 分析企业原有的管理指导思想和经营方针，关注企业宗旨。
- 企业的领导者和各级管理人员共同研讨制定新的管理战略，明确大家所期望的管理宗旨。
- 能通过创立高效合作、协调的组织结构和激励措施来贯彻宗旨。
- 培养管理人员掌握弹性的人际关系技巧。
- 检查每个人对将要执行的 Z 型管理思想是否完全理解。
- 把工会包含在计划之内，取得工会的参与和支持。
- 确立稳定的雇用制度。
- 制定一种合理的长期考核和提升的制度。
- 经常轮换工作，以培养人的多种才能，拓宽雇员的职业发展道路。
- 认真做好基层一线雇员的发动工作，使变革在基层顺利进行。
- 找出可以让基层雇员参与的领域，实行参与管理。
- 建立员工个人和组织的全面整体关系。

12.2.4　彼得斯和沃特曼的革新性文化理论

汤姆·彼得斯和罗伯特·沃特曼在长期的管理咨询实践当中，总结了组织文化的理论，于 1982 年出版了《追求卓越》一书，提出了革新性文化理论，他们认为，杰出的公司有其独特的文化品质，这些品质使它们脱颖而出，鹤立鸡群；杰出的公司就是不断创新的大公司。这里所谓的创新，不仅是指具有创造力以及员工发展出可以上市的新产品和新服务，也指一个公司能够不断地对周围环境应变，简而言之，就是不断创新。

彼得斯和沃特曼在 7S 管理框架的基础上，提出了杰出公司组织文化的八大特征：采取行动；接近顾客；发挥自主性以及创业精神；通过人来提高生产率；建立正确的价值观，并积极实行；做内行的事；组织单纯，人员精干；宽严并济。虽然并不是每个杰出的公司都有这八个特征，但是至少有其中的一个特质。杰出的公司都是以企业文化作为动力、方向和控制的手段。

12.2.5　柯林斯的卓越组织的文化特质理论

吉姆·柯林斯（Jim Collins）被《财富》杂志称为当今世界上最有影响力的管理思想家，过去 20 年来，柯林斯的团队通过对于卓越的组织管理实践的深入跟踪研究，完成了关于卓

○ 威廉·大内. Z 理论：美国企业界怎样迎接日本的挑战 [M]. 孙耀君，王祖融，译. 北京：中国社会科学出版社，1984.

越组织文化特质的"三部曲":《基业长青》(1994)、《从优秀到卓越》(2001)、《选择成就卓越》(2011)。《基业长青》中关于利润的观点,对许多组织对文化使命的认识有着重要影响:利润就像人体需要氧气、食物、水和血液一样,尽管如此,这些东西都不是生命的目的,卓越的组织必须要有利润之上的追求。

组织实现从平庸到卓越的飞跃,必须要有训练有素的文化,这是《从优秀到卓越》中的观点:"所有的公司都有一种文化,有些公司训练有素,但是有着训练有素的文化的公司却很少见。在拥有训练有素的员工时,你不必在公司设置等级制度。在拥有训练有素的思想时,你不需要在公司设置层层科室。在拥有训练有素的行为时,你不需要过多的控制。在把训练有素的文化和企业家的职业道德融合在一起时,你就得到了神奇的能创造卓越业绩的炼金术。"因此,每个组织看似都有相似的文化,但只有训练有素的文化才能真正使得组织与众不同。

在柯林斯的最新成果《选择成就卓越》当中,柯林斯研究了不确定的环境下什么驱使有些组织可以以十倍的速度领先于同行,这种组织被称为"十倍领先者",研究发现,十倍领先者拥有独特的三种文化特质:高度自律、实证创新、转危为安。高度自律是指,在整个发展过程之中,不论环境如何改变,都坚守价值观,坚守长期目标,并且坚持高水平的绩效标准,而乱世中随波逐流的结局很可能是死路一条。实证创新是指,十倍领先者的创造力来源于实证基础,依赖于直接观察和进行实践的实验,而非依赖于个人观点、传统思维,以及未曾测试的想法,相比许多企业领导者的疯狂自信,十倍领先者的领导者则多了一份理智。转危为安是指,十倍领先者对环境保持了高度的警惕,居安思危,他们相信环境会突如其来对其进行攻击,更重要的是,他们会采取必要的准备和措施来解决危机,做到有效应急。需要说明,其他企业并非完全没有这些表现,但是从程度上远远不如十倍领先者。

12.3 组织文化的建立、传播与创新

12.3.1 组织文化的建立

文化涉及价值观、行为方式、精神状态等各个方面,这些要素本身都需要经过归纳总结、培训指导、逐渐领悟到逐步运用等过程。因此组织文化创建往往要经过较长的时间和一些阶段,组织文化创建的一般流程如下。

- 萌芽阶段——组织运作正常,有较固定的操作模式和行为方式。
- 形成阶段——组织有自己独特的视觉形象并有意识加强规范,包括组织 LOGO、组织色彩等。
- 初级阶段——组织明确自己的社会责任,并开始注意树立自己的组织个性。
- 中级阶段——组织形成程序性的组织文化管理体系,并得以实施。
- 高级阶段——组织的价值观、行为方式得到组织员工和社会的认可,组织处于一种积极的精神状态。

此过程中有两个关键因素会影响到组织文化的出现。其中之一是组织创建者的影响,这体现了特定个人的影响性质。另一个因素是经历的外部环境,这关注的是塑造组织历史的关键事件。

1. 公司创建者

组织文化至少在某一部分可能是源于公司创建者的。创建者常常拥有富有活力的人格、强烈的价值观，以及有关企业如何运行的明确想法。因为创建者首先登场，在雇佣最初的员工时起了关键作用，因此他们的态度和价值观传递给了新成员。结果，创建者的个人观点成为组织认可的观点，并且只要创建者还在位，这些观点会在组织中持续占据主导地位；这往往会影响到此后很长时间。一个良好例证，是微软公司。在这家企业中，主流文化是鼓励长时间工作，这很大程度上源于公司的创始人之一比尔·盖茨（Bill Gates）总是这么做，直到今天仍是如此，虽然他已经不再参与公司的日常运作了。事实上，有时创建者的影响会在其死后继续存在。例如，麦当劳，其创建者雷·克洛克（Ray Kroc）坚持的价值观就是在干净、家庭导向的地方以合理价格提供可口的食物。这一关注点在今天（他去世30多年后）仍然适用。

在组织文化的创建过程中，组织创建者的价值观、性格特征、经营理念等对组织文化起着最主要的影响。组织创建者在创业阶段会开发并试图实施一个共同愿景和商业战略，如果在随后的实践中，这些愿景和战略被证明是成功的，组织成员就会在此基础上达成一致并以此来行动，这时他们也就分享了组织的知识和设想，进而组织文化就形成了。因此可以说，组织文化是组织创建者的价值观和组织成员自身经验相互作用的结果。科特和赫斯克特在《企业文化与经营绩效》中提出了组织文化产生的一般模式，如图12-3所示。

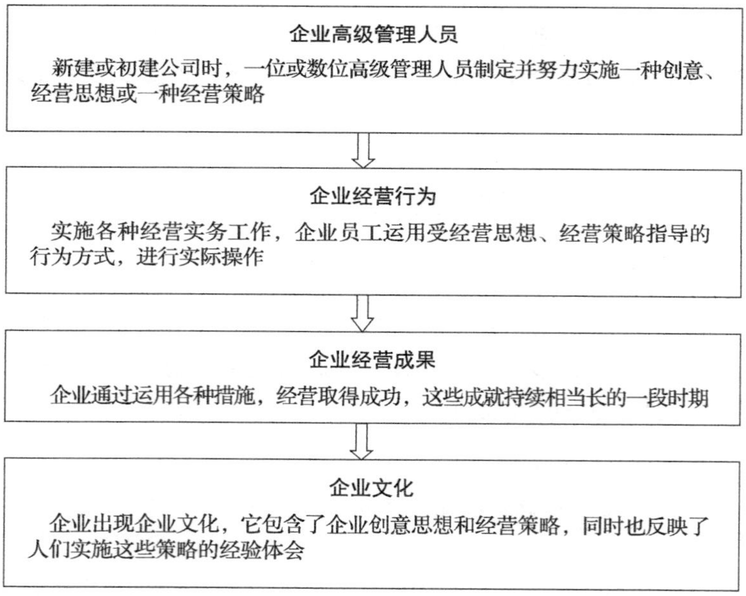

```
┌─────────────────────────────────────────┐
│          企业高级管理人员                │
│  新建或初建公司时，一位或数位高级管理    │
│  人员制定并努力实施一种创意、经营思想    │
│  或一种经营策略                          │
└─────────────────────────────────────────┘
                    ↓
┌─────────────────────────────────────────┐
│            企业经营行为                  │
│  实施各种经营实务工作，企业员工运用受    │
│  经营思想、经营策略指导的行为方式，      │
│  进行实际操作                            │
└─────────────────────────────────────────┘
                    ↓
┌─────────────────────────────────────────┐
│            企业经营成果                  │
│  企业通过运用各种措施，经营取得成功，    │
│  这些成就持续相当长的一段时期            │
└─────────────────────────────────────────┘
                    ↓
┌─────────────────────────────────────────┐
│              企业文化                    │
│  企业出现企业文化，它包含了企业创意思    │
│  想和经营策略，同时也反映了人们实施这    │
│  些策略的经验体会                        │
└─────────────────────────────────────────┘
```

图12-3 组织文化产生的一般模式

资料来源：约翰·科特，詹姆斯·赫斯克特.企业文化与经营绩效[M].李晓涛，译.北京：中国人民大学出版社，2004.

沙因及其同事曾经论证说：组织文化产生的必要条件在于企业成员能够在相当长的一段时间里保持相互间的密切联系或交往，并且该企业无论从事何种经营活动均获得了相当的成就。当他们处理所遇到的问题时，不断重复使用的解决问题的方式、方法就会成为他们组织文化中的一个部分。有效使用的时间越长，它们就会越深入地渗透于组织文化之中。这些融入组织文化的价值观念或特定问题的解决方法可以从企业不同层次的人员中产生：它们可以是个人的或群体的，也可能源于企业基层或企业最高管理者。但是在组织文化力量雄厚的公司中，这些价值观念大都出自公司发起人或企业初创时期的其他领导人士。⊖

2. 外部环境经历

然而任何组织都是存在于一定的社会背景之下的，一种组织文化的形成，是多种因素共同作用的结果。时代背景、民族传统文化，甚至组织所处的地区和所从事的行业特征都会对组织文化产生重大的影响。因此，组织创始人或者组织的领导者在创建组织文化的过程中，首先要找准文化定位。组织的技术环境、人力资源环境、金融环境、投资环境、市场需求环境等，是组织发展所依存的客观环境，直接影响着组织的短期效益和生存。政策、法制、社会评价、公平竞争、社会信誉等主要由人为因素控制的社会发展软环境，对组织文化发展的影响看起来较为间接，然而实际上对组织长期的经营业绩和组织的竞争力有着潜在而深刻的影响。组织文化的内涵也要反映出环境的复杂性和紧迫性所带来的挑战和压力，对组织内部要保持较高的整合度，对外要有较强的适应性，通过对组织主导价值观和经营理念的改革推动组织发展战略、经营策略的转变，使组织文化成为蕴藏和不断孕育组织创新与组织发展的源泉，从而形成组织文化竞争力。

其次要充分发挥管理人员的示范作用。成功的组织文化的形成是一个长期的过程，在此过程中，组织的创始人或者管理者的举止行为对组织文化的真正建立有着巨大的影响。在组织文化的建设中，组织的领导并不只是在办公场所挂上文化标识、写上几句警句、摆上几个图腾、发放给员工企业文化手册，更是要自觉履行企业的核心价值观和理念，以自身的言行推动企业文化的根植。

由于外部环境会使组织经历一些重要事件，这也会影响到文化的形成。这就好像公司从此事件中学习，关于事件的记忆也由一个人传给下一个人，从而形成了企业的文化架构。

12.3.2 组织社会化与组织文化的传播

组织社会化（organizational socialization）是指员工通过获得必要的社会知识和技能来适应在组织中的角色的过程。⊖巴纳德组织理论的基础，即组织之所以存在，在于个人对于组织的贡献，而组织管理的目标是实现个人与组织目标的合二为一。因此，组织社会化是一种站在组织的角度来要求员工做出改变和适应的过程，而组织文化则使这一概念更加具体化。通过组织文化的建设、员工对组织文化的学习，员工认识并践行着组织文化，从而为组织目标做出贡献，同时也胜任了个人在组织中的角色，而个人也从组织的成长过程中获得了成长。

组织文化通过多种形式传递给员工，最常用的方式有故事、仪式、物质象征和语言。

⊖ 孙健敏，李原. 组织行为学 [M]. 上海：复旦大学出版社，2007.
⊖ Maanen J V, Schein E H. Toward of Theory of Organizational Socialization [J]. Research in Organizational Behavior, 1979(1): 209-264.

1. 故事

在亨利·福特二世（Henry Ford Ⅱ）担任福特汽车公司董事长期间，要找到一个没听过下面这个故事的管理者恐怕很难。当福特公司的管理者骄傲自满时，福特先生就会提醒他们："福特公司的大楼上写的是我的名字。"其意思很明确：是我，亨利·福特二世，主宰着公司！

耐克公司的很多高层管理者也会花相当多的时间来讲述公司的故事。当他们讲到公司创立者（同时也是俄勒冈田径教练）之一比尔·鲍尔曼为了制造更优质的跑鞋，亲自进入工作间往他太太的华夫饼干模具里灌橡胶时，他们其实是在说耐克的创新精神。当新员工听到俄勒冈跑步明星史蒂夫·普雷方丹为使跑步成为一项职业体育运动和为获得更优质的运动装备而奋斗的故事时，他们了解到的是耐克对帮助运动员做出的承诺。

许多组织中都流传着类似的故事，起到追根溯源、借古喻今的作用，还可以为组织如今的实践提供解释和支持。它们通常包括发生在组织创始人身上的故事，讲述他们是如何打破规则，从乞丐到富翁的发迹史，以及员工队伍的编减、员工的重新安置、对以往错误的纠正、组织的应急事件等。员工也会通过创建自己的故事来说明自己在社会化过程中是如何适应或者不适应组织的，包括刚入职的那段日子、自己与他人最开始的互动以及对组织生活的第一印象。

2. 仪式

仪式是表达并强化组织核心价值观的一组重复性活动。这些核心价值观包括：什么样的目标最重要，哪些人至关重要，哪些人无足轻重。沃尔玛公司之歌是最著名的公司仪式之一。从公司的创始人山姆·沃尔顿开始，该公司一直把它作为一种激励和团结员工队伍的方式："给我一个W，给我一个A，给我一个L，给我一个波浪线，给我一个M，A，R，T！"这已经成为公司的一种仪式，把沃尔玛的员工紧紧联系起来，并使山姆·沃尔顿坚信，公司的成功来自员工的努力。其他一些公司也会通过非传统的仪式来支持自己的组织文化。例如，金普顿酒店及餐厅（Kimpton Hotels & Restaurants）被《财富》杂志评为100家最佳雇主之一，它始终维持以客户为导向的文化，并形成了自己的一些传统，例如蒙眼铺床和吸尘器竞赛。联合娱乐集团（United Entertainment Group）是一家营销公司，其员工每年都要经历几次不同寻常的上班时间，他们下午很晚的时候才到公司，一直工作到第二天清晨。CEO杰罗德这么做是为了激发创造力。他说："你把别人的生物钟打乱，他们就能给你带来一些有趣的想法。"

3. 物质象征

公司总部的布局、公司给高层管理者配备的车型以及是否有公司专机，这些都是物质象征（material symbol）的一些例子。其他物质象征还有办公室的大小、办公家具的档次、高层管理者的额外津贴和衣着，等等。这些物质象征向员工传递这些信息：谁是重要人物、高层管理者期望的平等程度，以及哪些行为类型（例如，冒险、保守、独裁、参与、个人主义或者善于交际）是恰当的。

Dynegy的总部与典型的公司总部很不一样，独立的办公室很少，即便对高管来说也是如此。办公空间基本上都是由小隔间、公共空间以及会议室组成的。这种非正式性向员工传达了Dynegy开放、平等、创新、灵活的价值观。有些公司会为高管提供由专职司机驾驶的豪华轿车以及商务飞机，还有一些CEO则自己开车，出差坐经济舱。在某些公司，"怎么都行"这种氛围有助于强调创造力，例如芝加哥的衬衫制造商Threadless公司对联邦快递的仓库进行改造，然后把房车开进仓库里，他们就在房车里开会，员工们穿着短裤、拖鞋，工作区域里装饰着舞厅里的镜面球，还有每个团队自己选择的花哨的装饰品。

有些文化则以特殊福利而闻名，例如谷歌的室外地掷球球场，FactSet Research 现场的派、芝士、蛋糕车，软件设计公司 Autodesk 的宠物狗办公室，SAS 的免费医疗诊所，微软的有机水疗，以及探险装备公司 REI 的免费设备租赁。其他一些公司会专门拨出时间来传达组织文化的价值观，使员工创造性地思考，他们既可以与领导交流，也可以在公司以外的地方思考。金融产品开发商 Think Finance 以及其他一些公司会建立轮换的焦点小组和交流大厅，员工可以与高级管理层进行交流，以此促进公司共享创意的文化。公司 CFO 里斯说："最后，我总是问，'告诉我公司的哪一点你真的喜欢，哪一点让你不爽。'我得到的答案确实很有启发性。"生物科技领域的领导者 Genentech 以及很多优秀的公司会提供带薪休假。每工作 6 年，Genentech 的员工就能得到 6 周的带薪假期，以此体现公司一视同仁、鼓励创新思维的文化。

4. 语言

许多组织及其内部的各部门都使用语言来帮助成员们识别组织文化，表明自己对该文化的接纳并维系该文化。随着时间的推移，组织往往会发展出一些特定术语，用来描绘与自己业务有关的设备、管理者、关键人员、供应商、顾客或产品等。一般来说，新员工最初会对这些短语和行话困惑不已，但一旦他们掌握了这些术语，它们就会成为一个共同特征，把某种特定文化或亚文化中的成员联系在一起。

12.3.3 组织文化的创新

很多外部事件，诸如市场环境转变，新技术、政府政策的改变，其他随着时间推移一起发生改变的因素，使得组织运作方式变化成为必要，当然也包括文化。以下是推动组织文化创新的几项因素。

1. 劳动力的组成

随着时间的推移，进入组织的人可能在某些重要方面与现有员工不同。例如，有不同民族或国家背景的员工对工作也有不同的看法。他们对衣着类型、准时的重要性（甚至什么是"准时"行为）、对上级的尊重程度，甚至公司食堂应该供应什么食物都有不同的看法。当人们持不同看法时，现有的文化规范很有可能受到挑战。此时，组织文化也需要做出创新以适应这种变化。需要指出的是，这类影响可能相当缓慢。很多时候，个人会受到外部力量的迫使而适应组织文化。个人也会在一定程度上影响文化，但这种改变往往是逐渐进行的（如改变餐厅的菜单），而很少会影响到组织的核心观念。通过某些努力，高层管理者可能足以改变文化，但新人的进入通常对组织的核心价值观只有极其有限的影响。这与组织文化的相对稳定性是一致的。

2. 兼并和收购

另一个甚至更重要的文化创新的因素是兼并（两家势均力敌的公司的联合）和收购（一家公司购买或吸收另一家公司）。在兼并和收购时，可能要仔细分析收购组织的财政和物质资产。可是，人们很少考虑被收购组织的文化，这是很遗憾的。因为近年来的几个受到高度关注的例证表明，兼并企业间的文化冲突会导致严重的问题，这被称为文化碰撞（culture clashes）。有趣的是，正如某些新婚夫妇由于不同的消费风格而存在问题一样，新兼并的企业也会出问题。例如，时代华纳（Time Warner）于 2001 年与美国在线的兼并很快就结束了，其主要原因就是美国在线那些大手大脚花钱的高管从来不曾与迪士尼财务保守的同事坦诚交流。同样的故事也发生在 1998 年克莱斯勒和德姆塞茨－奔驰的兼并案中。在新的戴姆勒－克莱斯勒公司创立时，前克莱斯勒的高管会开着平价休闲旅行车或坐经济舱去参加会议，而德姆塞茨－奔驰的高管都是坐着奔驰高级轿车或坐头等舱来开会的。公司花了 6 个月时间来设法消除这种文化差异，但最终仍陷入僵局。这两个兼并案都以分手告终。

3. 战略性的组织文化创新

有时，公司高层管理者会精心设计组织文化创新，以此适应改变的条件（包括积极的改变，如快速增长）。一家小型企业的文化也需要随着组织规模的扩大而加以创新。一些适用于小企业的文化，在其成长为大企业后可能不再适用。这正是罗伯特·纳德利（Robert Nardelli）在 2000 年接手家得宝时面临的问题。当家得宝于 1978 年开出第一家门店时，它只是一家小企业，拥有一个体现了其创始人伯尼·马可斯（Bernie Marcus）个性的小型公司文化。这是一种生机勃勃、创新的工作方式。员工乐于承担风险，表现出对顾客、同事和公司整体的热忱。任何官僚性质的事物都会受到抗拒，但事情必须发生改变。正如纳德利所说："一度很有效、使家得宝从零起步成长为 500 亿美元销售收入的文化，不会再给它带来下一个 500 亿美元。"从 1978 年一直到 2000 年，这种曾经有效的小型公司文化仍然坚持存在着，但此时这家企业已经成为一个拥有 1 000 多家门店的庞然大物了。纳德利引入了更为正式的运营方式，将流程集中化，以数据驱动，而不再根据直觉来经营。这种文化调整非常迅猛，少数高层管理者感到极不适应，他们选择了离职。但这种创新早该发生了。在纳德利开始推动文化创新后的 5 年，家得宝的财务前景更加明朗了。它现在拥有了一种适合其规模的文化。

12.4 跨文化管理

12.4.1 跨文化的内涵

100 多年前，马克思、恩格斯曾深刻指出"由于开拓了世界市场，使一切国家的生产和消费都成为世界性的了""自给自足和闭关自守状态，被各民族的各方面的相互依赖所代替了"。进入 21 世纪以来，经济全球化以生产全球化、市场全球化、金融全球化、市场经济体制全球化、人才流动全球化为表现，将全世界绝大多数国家裹挟其中，包括中国在内，已经高度融入了经济全球化，经济全球化成为一种不可阻挡的历史潮流。而随着智能手机、平板电脑等网络终端的升级普及，经济全球化已经大大地影响着人们学习、工作和生活的方方面面了。

跨国公司在全球高速发展。跨国公司是以本国为基地，通过对外直接投资，在世界各地设立分支机构或子公司，从事国际化生产和经营活动的大型企业，其发展是市场全球化背景下的生产国际化和世界科技高度发展的产物，跨国公司作为当代国际贸易的重要主体，在世界经济关系中发挥着举足轻重的作用。同时，跨国公司也纷纷实施生产经营和人才管理的全球化和本土化战略，由此不可避免地产生了文化差异和跨文化管理问题。因此，在全球化的时代，一名优秀的管理者不仅要了解文化的差别，还要具有领导不同文化背景的员工的能力，而学者对跨文化管理理论和实践的研究也日益重视。

在研究文化对管理的影响时，一般把国家作为跨文化管理研究的界限。虽然这种划分相对来说比较粗糙，但因为国家是受人文历史、政治法律、社会习惯、经济制度等文化因素影响的基本单位，而其中每个人都受到国家特定文化的熏陶，因此人们通常将国家作为跨文化的分析对象。例如荷兰学者吉尔特·霍夫斯泰德就曾说过："除非受到允许，在德国什么事也不能做；除非受到禁止，在英国什么事都可以做；即使受到禁止，在法国也是什么事都可以做。"也有学者将跨文化的层次进一步细分，例如埃琳娜·卡罗汉娜（Elena Karahanna）等人将跨文化分为超民族文化、民族文化、职业文化、组织文化、群体文化五个层次的同时，还将个人行为置于这一相互关联的框架之内，提出了类似于椭圆形鸟巢的"文化关联层次"模型（Karahanna，Everesto and Streto，2005），如图 12-4 所示。

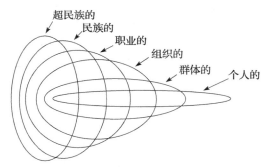

图 12-4　文化关联层次

资料来源：Elena Karahanna, J Roberto Everesto, Mark Streto. Levels of Culture and Individual Behavior: An Integrative Perspective [J]. Journal of Global Information Management, 2005, 13(2):1-20.

12.4.2　跨文化管理理论

1. 霍夫斯泰德的五维度文化测量理论

1980 年，美国管理学会的管理心理学家霍夫斯泰德根据他在 40 个国家进行的长达 7 年的调查问卷研究，出版了《文化的结局：工作的国际差异》（*Culture Consequences-International Differences in Work*）一书。书中提出了对组织管理产生影响的民族文化差异的四个方面："权力距离""个体主义—集体主义""不确定性规避""阳刚—娇柔"，这通常被称为民族文化的四个维度。后来，在借鉴了东方文化的相关调研和文献资料之后，霍夫斯泰德又补充了第五个维度，即"长期观念—短期观念"。

第一个维度是权力距离倾向，用于衡量在一个组织中人们接受不平等的权力分配的程度。第二个维度是个体主义—集体主义倾向，个体主义存在于松散的社会组织中，强调独立和独特性，人们的行为通常以个人而非集体为中心；集体主义则以紧密的社会组织为依托，人们重视所属组织的责任和与之和谐的程度，希望组织能照顾他们的成员、保护他们并给他们安全感，以回报他们的忠诚。第三个维度是不确定性规避倾向，用于衡量一个组织中的人们容忍不明确或对不确定情况感到威胁的程度，表现为他们试图获得更为稳定的职业、建立更加正规的规则，抵制异常的观点和行为以及接受绝对真理和上级目标来避免这种不明确或不确定的程度。第四个维度是阳刚—娇柔倾向，阳刚倾向指人们的主要价值观念强调自信和竞争的程度，以及重视金钱、物质财富和社会地位的程度，常常和男性联系在一起，因此也被称为男性化倾向；娇柔倾向指人们的主要价值观重视人际关系与互动、关心他人和整个生活质量的程度，通常和女性相联系，因此也被称为女性化倾向。第五个维度是长期观念—短期观念倾向，长期观念倾向文化中的人们更重视未来，短期观念倾向则强调过去和现在，会看重传统、注重社会责任。四个国家的五个文化维度上的量化差异如表 12-2 所示。

表 12-2　美国、日本、中国、印度在五个文化维度上的量化

	美国	日本	中国	印度
权力距离	40	54	63	77
个体主义—集体主义（个体主义）	91	46	21	48
不确定性规避	46	92	49	40
阳刚—娇柔	62	95	51	56
长期观念—短期观念（长期导向）	29	80	118	61

资料来源：霍夫斯泰德. 文化与组织：心理软件的力量（原书第 2 版）[M]. 李原，孙健敏，译. 北京：中国人民大学出版社，2010.

由此可以看出，在权力距离上，印度和中国的得分明显高于日本、美国；中国在个体主义维度上的得分远远低于美国，日本和印度居中；在不确定性规避上，中印美三国无显著差异，而日本则较为突出；在长期导向上，中国的得分最高，日本其次，美国得分最低。

2. 克拉克洪与斯乔贝克的六大价值取向理论

美国人类学家佛罗伦斯·克拉克洪和弗雷德·斯乔贝克（Klukhohm & Strodtbeck，1961）是较早提出跨文化管理理论的学者。他们在《价值取向的变奏》中发表了六大价值取向理论，这六大价值取向分别是：对人性的看法、对人与人之间关系的看法、对人与自然环境的看法、活动导向、空间观念、时间观念。他们认为，不同民族和国家的人在六大问题上有相当不同的观念、价值取向和解决方法，这就体现了这些群体的文化特征，从而可绘出各个文化群体的文化轮廓图，而将不同文化区分开来，如表 12-3 所示。

表 12-3　价值观取向模型

人性观	善	恶	复杂
责任观	个人	集体	等级
人与环境	顺从	和谐	主宰
活动	自在	自为	自控
空间	私有型	共有型	中间型
时间	面向过去	面向现在	面向未来

3. 特里安迪斯的个体主义—集体主义理论

美国跨文化心理学家哈里·C. 特里安迪斯（Harry C. Triandis）不认同霍夫施泰德关于个体主义与集体主义是同一维度上的两极的观点，他认为个体主义与集体主义是一个文化综合体，包括许多方面，并提出五个方面定义个体主义与集体主义：个体对自我的定义、个人目标和群体目标的相对重要性、个人态度和社会规范决定个体行为时的相对重要性、完成任务和人际关系对个体的相对重要性、个体对内群体和外群体的区分程度。

4. 特朗皮纳斯的文化构架理论

弗恩斯·特朗皮纳斯（Fons Trompenaars）根据来自 28 个国家和地区的 15 000 多份调查问卷，并依靠美国社会学家塔尔科特·帕森斯（Talcott Parsons）的价值取向和相关导向理论，提出七维文化模型的文化架构理论，认为国家与民族文化的差异主要体现在以下七

大维度上：普遍主义—特殊主义、个体主义—集体主义、中性—情绪化、关系特定—关系散漫、注重个人成就—注重社会等级、长期—短期导向、人与自然的关系。

上述跨文化管理（cross cultural management）的文化维度理论，把文化分解成易于辨识的要素特质，为人们提供了观察不同国家文化差异性的"坐标系"，却并没有给人们提供一个如何进行跨文化管理可能依据的具体比较模式。此后，一些学者便着手于针对不同国家的文化，提出自己具体的跨文化企业管理比较观点。其中，威廉·大内及松本厚治的美日企业管理比较研究最为著名。他把典型的美国企业管理模型称之为 A 型组织管理模式，注重硬管理、形式管理、理性管理和外显管理；把日本企业的管理模型称之为 J 型组织管理模式，注重软管理、整合管理、人性管理和隐性管理。此外，加拿大著名的跨文化组织管理学者南希·爱德勒（Nancy J. Adier）从组织内文化冲突的角度对跨文化管理问题进行了深入的研究，提出了解决文化冲突的三种战略：凌越（dominance）、折中（compromise）和融合（synergy）。

12.4.3　跨文化沟通

跨文化沟通是指拥有不同文化背景的人们之间的沟通。在全球经济一体化浪潮中，不同文化群体之间的距离越拉越近，持有不同的语言、行为、世界观和价值观的人们渴望更多的相互理解和交往。从跨国经营管理的角度看，交往、合作中的不少问题和困难只能通过跨文化沟通来解决；从管理者个人角度看，一个成功的管理家需要在跨文化沟通上有较强的能力、较好的技巧和较高的水平。总之，在经济日益全球化的今天跨文化管理沟通的重要性日益明显，跨文化沟通的问题也越来越多。

语言是跨文化交流中一个最明显的挑战。言语在语言沟通中是很容易被误解的。第一，不同的语言对不同的人可能意味着不同的东西。例如，让生活在悠久资本主义经济国家的人尽可能认识到，俄罗斯人对理解诸如效率和自由市场等语句是困难的，这在他们的语言中没有对应的词汇。

第二，不同国家的人在使用特定词汇时，有时会有完全不同的文化准则。就拿简单的词语"不"来说，尽管该词汇在日本的语言中也存在，但是日本人不情愿对某人直接说不，因为这样做被认为是侮辱。由于这个原因，他们常常依赖其他方式来说不，而这种方式对外国人来说是十分难以理解的。

第三，不同的语言，即使是同一个字也可能有不同的意思的事实，这使得跨文化沟通是困难的。例如，在一次学术研讨会中，德国西门子电气的参加者提到，一名法国同事把一件事情夸张地称为"大灾难"，而且把这种夸张的修辞手法看成一件很平常的事情，然而某个在德国的员工却会常常把这个词理解为类似"震动世界"这样的大事件。同样，英国毕马威会计事务所有时会说另一个人的建议是"有趣的"。他们不得不向德国同事声明"有趣"并不一定是称赞这个建议。

声音语调也是跨文化沟通障碍的一种形式。人们会说得多大声、多深沉、多快都会由于文化背景的不同而不同。而这些音调却可能暗含着某些信息，这在不同的文化中所表达的意思可能也是不同的。

沟通还包含沉默，但沉默的使用和意思在不同的文化背景下也是不同的。一项研究估计，沉默和停顿占据了日本医生和病人谈话时间的 30% 左右，而美国医生和病人间的沉默和停顿只占据整个谈话时间的 8% 左右。在日本文化中，人际和谐和保全面子更重要，沉默是表示不同意，但是不破坏和谐或侵犯别人。另外，沉默代表了尊重，同时也表示聆听者在专心致志地倾听和思考说话者刚才说话的内容。能对别人的情况感同身受，这在日本是非常重要的，而这种理解是不需要用语言来阐述的。相反，很多在美国生活的人和很多其他文化都把沉默看成缺乏沟通的表现，他们还会把长时间的无语看成一种反对的信号。

会话重叠在不同的文化下也传递出不同的信息。如果日本人在讲话被打断时，他们往往会停止说话，然而在巴西、法国和其他一些国家，在别人的说话过程中插话是非常常见的。就是因为人们对此的理解不同，才会出现这些不同的沟通行为。在日本，在别人说话时插话，是一种非常不礼貌的行为，然而巴西人和法国人会把这种行为看成他们对谈话内容感兴趣以及想参与到谈话当中。

非语言沟通是另一个跨文化沟通可能会产生误解的领域。很多无意识的或者不由自主的暗号（如微笑）在全世界范围内都有同样的意思，但一些故意的动作手势却常常会有不同的解释。例如，很多人会左右摇头来表示"不"，但是对印度人来说，摇头的引申意思是"我明白"。菲律宾人通过扬起眉毛来表示他们给出肯定的答复，但是阿拉伯人会把这种表情连同发出的"啧啧"声解释成一种负面的答复。大多数美国人都被教育要与演讲者保持眼神交流，从而显示出他们对说话的内容感兴趣和对讲者表示尊重，然而对一些北美的原住民而言，在他们很小的时候就学会了，当长者或者地位更高的人对他们说话时，眼睛要向下看以此来表示尊敬。

跨国经营中的跨文化参与及融合，意味着通过跨文化沟通与跨文化理解，达到跨文化和谐的具有东道国特色的经营管理模式。正如德鲁克所言，"它应该使自己的跨文化性成为一种长处"，而"在管理结构、管理职务和人事政策上完全超越国家和文化的界限既不可能，也并不可取。真正需要的是在互相决定的各种需要和要求之间求得一种浮动的平衡"。因此，了解跨文化沟通的影响因素、原则以及如何有效地进行跨文化管理沟通对跨文化管理实践至关重要。而有效的跨文化沟通的影响因素主要有：语言环境、生活环境、精神环境、人际环境、法律环境。有效的跨文化沟通原则主要有：因地制宜原则、平等互惠原则、相互尊重原则、相互信任原则、相互了解原则、共同发展原则。

12.4.4　跨文化领导

文化价值观也影响着领导者的行为。文化塑造了领导者的价值观和规范，从而影响了他们的决策和行为。文化价值观还塑造了下属对其领导者的期望。行为与文化期望不一致的高管更有可能被视为无效的领导者。此外，偏离这些价值观的领导者可能要受到不同影响，迫使他们遵守社会中的领导规范和期望。

在过去的几年里，来自多个国家的150名研究者一起参与了一项名为GLOBE（全球领导力和组织行为有效性）的研究项目，旨在鉴别文化价值对领导力的影响。这个项目把国家划分为10个区域组。其中，美国、英国和其他相似的国家被分到"安格鲁"组。大量的调查结果显示，领导力的有些特征具有普遍性，有些在不同文化中存在差异。具体而言，GLOBE项目报告称"魅力梦想家"（charismatic visionary）是被普遍认同的概念，全世界的中层领导者都相信这是有效领导者的特征。魅力梦想家包含一系列的概念，包括有远见的、鼓舞人心的、绩效导向的、正直的和果断的。相比之下，在低权力距离文化中，参与型领导被视为有效领导的特征，而在高权力距离文化中则未必如此。例如，一项研究表明，墨西哥员工期望管理者做出影响他们工作的决定。由于墨西哥拥有高权力距离文化，所以下属期望领导者去使用他们的权力而不是经常授权。总之，领导力的概念和实践偏好在不同的文化中既有相同点也有不同点。

12.4.5 跨文化管理的实践

德鲁克认为，国际企业经营管理"基本上就是一个把政治上、文化上的多样性结合起来而进行统一管理的问题"。面对企业在跨国经营中所受多重文化的挑战，减少由文化摩擦而带来的交易成本，必须要把公司的运营放在全球的视野中，建构自己的跨文化管理策略，从而实现企业跨国经营的成功。

跨文化管理要求跨国公司的管理者改变传统的单一文化管理理念，把管理重心转到对多元文化的把握和文化差异的协调上，达到文化的理解、沟通、协调、融合，从而高效地实现企业管理。在跨文化管理中，主体是企业，手段是文化，对象是具有不同文化背景的群体，这其中包括国家、政府、民族、企业、消费者、管理者，还有员工；其目的在于如何在不同形态的文化氛围中取得不同文化的融合、协同作用，设计出切实可行的组织机构和管理机制，在管理过程中寻找超越文化冲突的公司目标，以维系不同文化背景的员工共同的行为准则，调动员工的积极性，最大限度地挖掘与利用企业人力资源的潜力和价值，同时保持整体战略与各分支机构经营计划的协调，最合理地配置企业资源，从而最大化地提高企业的综合效益。

1. 跨文化差异识别

理解文化差异是发展跨文化管理能力的必要条件。知己知彼，百战不殆。当跨国企业的管理人员到具有不同文化的东道国工作时，其往往会遇到很多的困难。反映了特有文化的语言、价值观、思维形式等因素，在跨文化管理中会形成障碍，产生矛盾，从而影响跨国经营战略的实施。

识别跨文化差异，首先必须承认并理解文化差异的客观存在，克服狭隘主义的思想，重视它国语言、文化、经济、法律等的学习和了解，增强文化意识，缩小文化差距。其次，要把文化差异看成一种优势，而不是以悲观的论调指责文化差异是阻碍跨国企业国际经营的绊脚石。文化差异是把"双刃剑"，若能够恰当地、正确地认识分析母公司与东道国之间的文化差异，并充分地利用文化差异，它将会给企业带来意想不到的发展契机。

2. 跨文化培训与适应

在跨国公司中，存在相当比例的外派人员，不同文化背景的员工在一起工作的初期会产生大量的文化震荡（culture shock），澳大利亚学者安妮-威尔·哈尔津的研究表明，跨国公司外派人员失败的比例，在发达国家为25%～40%，在发展中国家高达70%。在跨文化环境中，人们通常会经历新奇期、文化震荡期、文化适应期和心理稳定期。因此，组织应该做好跨文化的相关培训工作，让员工在进入跨国公司工作前就了解工作环境所处的文化的特征，做好适应跨文化的思想与心理准备，学会一些跨文化适应的方法，接受多元文化的价值体系，建立不同文化平等交流与沟通的平台，促进不同文化背景员工的思想融合与和平相处。

3. 跨文化背景下的人才本土化

越来越多的跨国公司已经意识到管理人才本土化对于在异国投资取得成功的重要性。

本地化战略除了包括尽可能雇用本地员工，培养他们对公司的忠诚之外，最重要的是聘用能够胜任的本地经理，这样可以很好地避免文化冲突，顺利开展业务。

在经济全球化经营环境中，"人才本土化"已成为一种潮流，这是解决文化冲突、文化整合问题的有效措施。由于本土的管理者对本土文化有深刻的了解，容易为员工所接受，同时为本土员工的晋升提供了明显的渠道，具有很强的激励作用，因此使用本土管理者进行管理成为跨文化人力资源管理中明显的特征。当然，在挑选这样的管理者时，一般选用在另外一方有学习和工作背景的员工，或者送他们到另外一方文化背景的环境中学习。但仍有许多跨国公司或跨区域的大公司不愿意使用本地管理者，主要是为了更好地贯彻总部的战略部署和管理模式，而且便于控制。非本土的管理者往往会遇到文化冲突的问题，这些冲突虽然在实践中表现为管理上的沟通、决策、计划组织、激励、控制、领导等各个方面，但归根结底，本质上还是人的方面，表现在人的思维、价值观、规范、信念、哲学等文化层面。如果加上语言不同，冲突升级的可能性就会加大，并不利于整个公司的发展。

4. 跨文化激励

当人们的价值观、态度、人格和情绪都受到文化的影响时，主要源自美国的经典激励理论也就有了文化局限性。人们对个体利益和集体利益的排序不同、对成就与归属的重视程度不同、对金钱和休闲的感知不同，那么要激励他们提高工作满意度，必须满足的需求类型和采用的激励方式也就不同。

当决定在不同国家中如何激励员工和帮助他们满足需求时，无论是基于马斯洛需求理论还是双因子理论，都拥有一定的共同点和普遍性，例如跨国公司在对待低层人员时注重考虑他们的物质奖励，对中高层则注重考虑培养一种有挑战性、自主性、发挥其才能和合作性的氛围。

5. 跨文化团队组建[1][2][3]

跨文化团队是指文化背景不同的人组织在一起工作的团队。文化差异使团队成员面对相同问题时所持观念不同，更有可能为组织带来丰富的创意。由于团队成员对自身的文化都有根深蒂固的认识，所以一般很难被他人轻易说服或改变自己的观点。因此，他们在陈述自己的观点时会更乐观、自信，容易发生与来自不同文化背景的成员的思想交锋，交锋的结果就会使整个团队产生更具创意的思想，信息更加多元，更不容易产生"群思"。

组织跨文化团队的要注意以下问题：①理解不同成员的价值观差异，加强彼此间的沟通。团队成员来自不同文化，价值观可能有较大差别，加上语言问题，团队成员间可能短时间难以达成共识，难以建立信任和取得步调一致的行动。因此，跨文化团队要加强成员间的沟通，求同存异。②在思维方式上，跨文化团队成员注意避免按照自身固有的思维方式处理事情，克服对不同文化背景成员的刻板印象，应根据客观实际情况来评价其他成员的行为。③了解来自不同文化的成员对敏感问题的认知差异。例如，对待惩罚的态度，西方人大多自然而然地认为批评和惩罚行为是实施者在履行其责任，而被惩罚的对象在履行自己应受惩罚的责任，并不会有很强的负罪感；非洲人会将指责行为与敌意联系起来，

---

[1] 陈晓萍. 跨文化管理 [M]. 北京：清华大学出版社，2009.
[2] 郑兴山，陈景秋，唐宁玉. 跨文化管理 [M]. 北京：中国人民大学出版社，2010.
[3] 晏雄. 跨文化管理 [M]. 北京：北京大学出版社，2011.

把指责他的人看成敌人，任何形式的批评都会被视为不怀好意的人身攻击。对这样的敏感问题，应采用符合不同成员各自文化观念的解决办法，才能有效地弱化文化冲突。

6. 跨国管理者的外派与回归

跨国管理者指的是跨国公司派驻海外的工作人员。跨国管理者外派，有助于跨国企业在海外对全球信息的收集，有助于在海外传递母公司的文化，有助于母公司对跨国子公司的监管。因此，许多跨国公司为跨国管理者及其家庭提供了高薪酬、高福利，保障跨国管理者在海外工作时获得优越的生活条件，弥补东道国与母国水平的差异，给予外派人员的心理安慰，让跨国管理者在海外能够有效工作。

跨国管理者的外派一般包括三个阶段：国内准备、国外履职、重返母国。跨国管理者在驻外的过程中，会经历一个文化适应过程，这个过程也被称为"文化震颤"，西里（Cieri）等学者认为这个过程主要包括情绪高涨阶段、情绪低落阶段、情绪好转阶段和适应新环境阶段。[一]起初，跨国管理者会对新工作和新生活充满新奇和激情，一段时间后，随着新工作环境给外派人员带来各种不适应，导致跨国管理者的情绪开始低落。当跨国管理者开始适应陌生的环境，情绪也会得到好转，从而开始全新适应环境的生活。

当外派人员在国外的任期结束之后，跨国管理者回归到母国与母公司之中。回归是外派过程中最重要的挑战之一，管理者返回母国工作时会出现"归国问题"，此时他们必须重新学习母国的文化观念、价值观和信仰，这个过程被称为"逆文化震颤"。[二]外派人员归国面临的挑战主要来自工作和家庭两方面。在工作上，外派人员归国后会面临职业发展困境，归国后他们可能难以获得与自己的能力和期望匹配的岗位，同时由于薪酬福利的减少，他们的工作积极性也会受到不利影响。从家庭方面来说，外派人员的配偶会因为外派人员的回国而在职业发展上受到影响，孩子在海外的生活也对他们的成长产生很大的影响从而在重新适应母国文化时会出现困难，外派人员需要重新在母国建立属于自己的社交网络来应对离国几年所产生的人脉流失。

提高外派岗位的吸引力，最关键的是来自跨国公司的努力，尤其是处理外派人员归国问题中的努力。具体的措施可以多样，包括在外派之前拟定继任计划、提高承认程度、给予职业指引和生活帮助等。

12.4.6 融合组织文化

在一些案例中，二元文化调查的结果会由于两种文化差异较大而无法有效合并，因此导致合并谈判的终结。然而，即使存在巨大的文化差异，但是如果两家公司能采取适当的合并策略，也可以形成有效的联盟。融合不同企业文化的四种主要策略分别是同化、去文化、整合和剥离。

1. 同化

当被收购公司的员工愿意接受收购公司的文化价值观时，同化才能实现。通常，如果被收购公司的文化薄弱或不良，而收购公司的外部文化环境强大并且与外部环境协调一致

[一] Cieri D H, Dowling P J, Taylor K F. The Psychological Impact of Expatriate Relocation on Partners [J]. The International Journal of Human Resource Management，1991，2(3):380.

[二] 库伦，帕伯替阿. 国际企业管理：战略要径 [M]. 孔雁，译. 北京：清华大学出版社，2007.

时，这种战略运行最佳。运用同化策略很少会产生文化冲突，因为收购公司的文化被高度认同、尊重，而被收购公司的文化薄弱或与对方的文化相近。西南航空公司一直保持着以客户为中心、乐趣满堂的文化，因此成了美国最大的国内旅行航空公司。公司的成长在许多方面都是自然而然的，但是当西南航空对 AirTran 航空公司进行收购时，它必须面对员工的文化融入问题，即如何让并购公司的员工融入"西南文化"。西南航空公司的成功和鲜明的文化促进了员工的同化进程，AirTran 航空公司执行副董事和首席商务官鲍勃·乔丹（Bob Jordan）说："西南航空公司良好的文化声誉很有帮助。"

2. 去文化

文化同化很少奏效。员工通常会抵触组织变革，特别是当他们被要求放弃个人习惯和文化价值时。在这种环境下，一些收购公司会采取"去文化"策略，将自身文化和企业行为强加给被收购公司。收购公司对支持旧文化的员工采用剥离文化制品与奖励制度的战略。不接受或不信服新公司文化的员工通常会被解雇。然而，这种策略很难被有效运用，因为被收购公司的员工会抵触收购公司的文化入侵，从而延迟或削弱公司的收购进程。

3. 整合

第三种策略是把两种或更多的文化整合成一种新的复合型文化，以保留先前文化的最优特色。整合的过程是缓慢的且存在潜在风险，因为会有很多员工支持保留现有的文化。当公司文化相对薄弱，或公司间的文化有重叠价值观念时，这种整合战略可以考虑。当员工意识到他们公司现存的企业文化效率低下时，整合的效果最好，这会激励他们接纳一种新的占主导地位的价值观。

4. 剥离

当合并的公司同意保留双方的独立性并尽量减少文化或组织实践移植时，就会采用剥离策略。这种策略在两家合并公司处于不同行业或不同国家时最为合适，它适合企业文化价值在行业或国家文化趋于不同时使用。这个战略对多元化的企业集团来说同样是有效的。然而，文化剥离的途径是很罕见的，收购公司的管理者们很难保证不干涉被收购公司。据估计，只有 15% 的并购保持了被收购企业的独立运转。

12.5 数字化时代的组织文化建设

互联网的深入发展，正深刻改变着整个经济社会的发展面貌，深刻改变着组织的经营管理，深刻改变着人本身，从而改变着组织文化的方方面面。

12.5.1 互联网塑造了全新的文化环境

从经济社会的角度看，互联网越来越深入地成为经济社会的重要组成部分。从经济角度看，一方面互联网经济比重快速上升，新的互联网运营模式将越来越成为经济的重要范畴；另一方面，互联网正以极快的速度影响和改造着传统产业，使得传统产业和互联网呈现出交互发展的态势，传统产业互联网化越来越成为经济发展的重要形态。

从社会发展的角度来看，互联网深刻影响着人与人之间、组织与组织之间的交互模式。互联网缩短了人与人之间交互的时间和空间，也在一定程度上缩短了人与各类组织之间的距离。通过自媒体、网络社区等，个体可以更好地实现与组织之间的联系，缩短了距离、降低了成本；组织也可以通过各类平台更好地与个体实现互动，信息可以更顺畅和透明地流通和传播。互联网消费和交流模式越来越成为社会主流，甚至成为社会生活方式的本身，快捷、透明、零距离将会成为社会交互模式中的核心范畴。

从人的角度来看，互联网形成的经济形态和社会运行模式深刻影响着人的行为，也正塑造和深刻改变着人的思维模式。一方面，互联网的快捷和便利使得一个人支配时间和空间的余地大大扩充，人们通过互联网极大提高了工作效率，单位时间内可以从事更多的工作，使生活和工作容量得到极大扩充和丰富。另一方面，互联网使得消费行为、交流行为发生了更大的改变，互联网的便利性、透明性使得选择的理性程度更高；多视角、多主体的联动交流，使得交流的有效性不断提升。同时，互联网不断塑造和改变着人们的思维方式：让一部分人更加以他人为导向，一部分人却更加自我。

12.5.2 互联网重塑了组织文化的基础

互联网在深刻影响与改变着经济社会和人的同时，也正深刻影响着组织的经营管理，这无疑是重新塑造企业文化的基础，将导致企业文化的根本改变。首先，互联网深刻影响了组织经营，尤其是对用户体验的把握，极大地提高了客户价值；其次，互联网对营销模式的影响巨大，精准投放降低了营销的成本，提高了营销的针对性；最后，互联网对经销商和利益相关者的影响明显加强，利益相关者协同效率将会不断提升。

12.5.3 互联网改变了组织文化的功能 ⊖

环境的变化带来的影响以及经营管理的重大变化，带来的直接后果就是组织文化功能和相应范畴的改变。一方面通过对经济社会等环境的影响促进了组织经营管理的改变，另一方面组织自身的互联网化进一步加剧了对其自身的变革，而组织文化的变化就是这一系列变化带来的一个结果。

第一，传统领导和威权管理面临着越来越大的挑战，自组织将会越来越成为文化管理最为常态的单元。互联网造成的组织层级大幅压缩、管理零距离等都直接导致权力距离指数会越来越低，传统领导和威权管理面临着越来越大的挑战，如何构建更加适合互联网时代的新生代的影响模式将是一个重大课题。同时，互联网赋予个体更多的可能性，导致个体相对于群体越来越重要，群体面临着日益分化：大的群体小型化、实体组织虚拟化，自组织将会越来越成为文化管理最为常态的单元。

第二，组织与员工的关系将越来越开放、自由和个性化。一方面，互联网一代所处的经济社会日新月异，开放透明的网络环境造就了新生代员工对更加开放透明，以及对平等、民主的更为迫切的诉求，快速响应、迭代更新极大冲击着传统的价值秩序。组织与员工的关系将被环境所改变，趋向越来越开放、自由和个性化；组织与客户的关系将越来越一体化，客户将真正成为组织的重要组成部分，客户定义产品从而定义组织将成为必然；由于社会责任越来越成为组织文化的重要组成部分，组织与社会、社区的关系将会变得越来越重要。

⊖ 资料来源：改编自华夏基石《洞察》杂志。

第三，基于个性化需求的管理将逐渐替代传统的控制式管理。互联网必将影响组织管理行为和员工职业行为，组织将适应互联网环境的变化，更多使用引导和激发手段，而不是传统的控制手段进行管理；互联网时代的新生代更加容易接受以自由和民主为主要管理手段的组织氛围，威权管理将日渐式微；尊重个性、吸纳个性，深度分析和把握不同代际的人员需求，基于个性化需求的人力资源管理也必然是未来组织管理的一个十分重要的工作方向。

12.5.4 互联网推动了组织文化的创新

互联网是如今影响组织文化的一股重要力量。在传统的实体经济中，事实的进展相对缓慢，人们对变革持一种怀疑的态度。与之相比，互联网企业的文化往往是灵活、快节奏和乐于接受新解决方案的。信息分享是成功的关键，因为这种企业不仅接受，更是欢迎沟通网络和业务关系跨企业边界的扩张。在传统实体公司步入电子商务领域（此时，它们被称为"混合型电子商务企业"）时，这些组织的文化也需要随之发生改变。例如，投资公司美林推出了一个股票交易网站，以便与其他网络证券公司（如 E*Trade）竞争。受人景仰的美林公司以往拥有一种相对僵化的组织文化，在它适应今天互联网经济的现实后转向了一种节奏更快的文化。

本章回顾

组织文化是组织在长期实践中形成的被成员普遍认可和遵循的价值观念及行为方式的总和。埃德加·沙因认为，组织文化可以分为三个层次：人为形式、价值观、基本假设。组织文化对组织行为与绩效可以产生积极影响，也可能产生消极的负面影响。

关于组织文化理论，本章主要介绍了迪尔和肯尼迪的组织文化因素理论，帕斯卡尔、阿索斯和麦肯锡的 7S 管理框架，威廉·大内的 Z 理论，彼得斯和沃特曼的革新性文化理论，柯林斯的卓越组织的文化特质理论等。

组织文化是组织创建者的价值观和组织成员相互作用的结果。同时，一种组织文化的形成也是多种因素的共同作用的结果。时代背景、民族传统文化，甚至于组织所处的地区和所从事的行业特征会对组织文化产生重大的影响。

组织文化通过多种形式传递给员工，最常用的方式有故事、仪式、物质象征和语言。当外界环境变坏时，组织唯有不断地适应变化，适时进行变革，才能取得持续的发展动力。

在跨文化的情况下，管理者不能简单地移植本国的管理模式，要因地、因人制宜。组织在同时面对国家文化和组织文化的差异时，首先要认识和承认国家文化的差异，然后追求组织文化的融合与创新才能推动跨文化组织的进步。

互联网的深入发展，正深刻改变着整个经济社会的发展面貌，深刻改变着组织的经营管理，深刻改变着人本身，从而改变着组织文化的方方面面。

关键术语

组织文化（organizational culture）
基本假设（basic assumption）
组织社会化（organizational socialization）
组织文化维系（organizational culture maintain）
文化差异（cultural difference）
跨文化管理（cross cultural management）

课堂讨论

1. 解释沙因的组织文化三层次。
2. 组织文化有其积极功能，但也存在其消极功能，其中消极功能之一可能会限制组织中个人的创造性，你认为如何处理好组织文化和个人创新精神的关系？
3. 组织管理者对组织文化的形成会产生很大的影响，但这种影响显然不是无限的，管理者在设计自身组织文化的时候，除了自身的理想之外，还应该考虑到哪些因素？

团队练习

公司氛围

公司氛围会决定人们之间的沟通与合作状况。舒适、健康的氛围有助于公司成员的正常发挥，而压抑、独裁的工作环境则不利于人们发挥创造性和能动性。

游戏规则和程序：

1. 将学员分成5人一组。给每个小组一些纸和笔，建议每个小组的人围成一圈坐在桌子旁。
2. 让他们分别列举出10个最不受人欢迎和最受人欢迎的氛围，例如放任、愤世嫉俗、独裁、轻松、平等，等等。
3. 将每个小组的答案公之于众，然后让他们解释他们选择这些答案的原因。
4. 最后大家讨论一下，什么样的公司氛围才最适合公司的发展。

相关讨论：

1. 理想的公司氛围反映了你什么样的价值观？
2. 你与你团队的意见是否相同？如果有相左的地方，你们是如何解决的？彼此应该怎样进行交流？

总结：

1. 每个人理想的公司氛围一定反映了他的价值观和人生观，很难想象一个富有激情和活力的人会希望在一个机构冗杂、等级森严的公司中工作，同样大家对于一个公司的共同设想就反映了这个公司的理念与价值。
2. 在小组讨论的过程中，不同的人要扮演不同的角色，有些人更多地看中公司的文化信息，有些人更多地看中公司的竞争精神，最后将大家的意见综合起来，就有可能形成一个有关公司氛围的全面建议。
3. 作为一个组员来说，要尊重别人的意见，积极贡献自己的点子，讲究沟通与合作，获得整个小组的利益最大化。

参与人数：5人一组。
时间：30分钟。
场地：室内。
道具：纸、笔。
应用：①创造性解决问题；②团队合作精神的培养；③对于团队合作环境的思索。

网络练习

阿里巴巴集团于1999年在杭州创立，公司相信互联网能够创造公平的竞争环境，让小企业通过创新与科技扩展业务，并在参与国内或全球市场竞争时处于更有利的位置，它的经营范围包括电子商务、网上支付、B2B网上交易市场及云计算等业务。阿里巴巴集团的使命是让天下没有难做的生意。阿里巴巴致力于通过持续创新公司组织、流程和考核，拥抱互联网时代变化，使公司获得有效增长。2014年9月19日，阿里巴巴集团于纽约证券交易所正式挂牌上市，经全体员工共同努力，2014年销售收入达到762亿元人民币，实现净利润243亿元人民币。这样优秀的中国本土互联网企业，它的辉煌成就与其有着鲜明特点的组织文化息息相关，请登录阿里巴巴集团官方网站http://www.alibabagroup.com/cn/global/home/，了解阿里巴巴组织文化更为具体的内容。

自我测试

表 12-4 有 6 道选择题,每个选择题都有 4 个选项。将 100 分分配到这些选项中,情况越接近你所在组织情况的选项将获得越多的分数。例如,在问题 1 中,你觉得选择 A 最接近你组织的情况,B 和 C 则有些接近,D 就不怎么接近了,那么你就给选择 A 打 55 分,B 和 C 各 20 分,D 只有 5 分。你必须确保四个选择的总分是 100 分。

注意表 12-4 中相关的栏目都做了描述。你要根据栏目中的描述和组织现状评价你所在组织。表 12-5 则是你所在组织的期望状态,当你认为你的组织将在 5 年内取得巨大成功时,你将怎样为那时的组织打分?

表 12-4 组织文化评估工具——现状

	1. 主要特征	现状
A	组织是一个人性化的地方,就像是家庭的延伸,人们不分彼此	
B	组织具有很高的活性和创业精神,人们勇于冒险和承担责任	
C	组织的功利性很强,人们主要的想法是完成工作,员工的能力很高并且期望成功	
D	组织被严格的控制且组织严明,人们按照条例办事	
总分		100
	2. 组织的领导能力	现状
A	组织的领导通常被视为体现了导师、推动者或培育者的作用	
B	组织的领导风格主要是创业、创新和尝试冒险	
C	组织的领导风格主要是"没有废话",具有进取性和高功利性	
D	组织的领导风格主要是有条理、有组织性、运作顺畅且充满效率	
总分		100
	3. 员工的管理	现状
A	管理风格是团队合作、少数服从多数以及参与性强	
B	管理风格是个人英雄主义、喜欢冒险、勇于创新、崇尚自由和展现自我	
C	管理风格具有很强的竞争性,要求和标准都非常严格	
D	管理风格主要是确保雇用关系,人们的关系是可以预见、稳定和一致的	
总分		100
	4. 组织的黏合力	现状
A	组织靠忠诚、互信黏合在一起,人们都具有承担义务的责任感	
B	人们靠创新和发展结合在一起,走在时代的前端是重点	
C	成功和完成目标把人们联系在一起,进取和取得胜利是共同的目标	
D	人们靠正规的制度和政策在一起工作,维持一个顺畅运作的组织是非常重要的	
总分		100
	5. 战略重点	现状
A	组织重视人力资源发展、互信、开诚布公和员工持续的参与	
B	组织主要寻求新的资源和迎接新的挑战,尝试新的事物和寻求机遇是员工价值的体现	
C	组织追求竞争和成功,打击对手和在市场中取胜是组织的主要战略	

（续）

D	组织希望看到持久和稳定，效率、控制和顺畅的运作是工作重点	
总分		100
	6. 成功的标准	现状
A	组织对成功的定义为人力资源、团队合作、员工的贡献、对员工的关怀上的成功	
B	组织对成功的定义是组织是否具有最特别和最新的产品，组织是不是产品领导者和创新者	
C	组织对成功的定义是赢得市场份额并且打败对手，成为市场的领导者	
D	组织视效率为成功的基础，相互传递、稳定的工作安排和低成本是至关重要的	
总分		100

表 12-5　组织文化评估工具——期望的状态

	1. 主要特征	期望的状态
A	组织是一个人性化的地方，就像是家庭的延伸，人们不分彼此	
B	组织具有很高的活性和创业精神，人们勇于冒险和承担责任	
C	组织的功利性很强，人们主要的想法是完成工作，员工的能力很高并且期望成功	
D	组织被严格的控制且组织严明，人们按照条例办事	
总分		100
	2. 组织的领导能力	期望的状态
A	组织的领导通常被视为体现了导师、推动者或培育者的作用	
B	组织的领导风格主要是创业、创新和尝试冒险	
C	组织的领导风格主要是"没有废话"，具有进取性和高功利性	
D	组织的领导风格主要是有条理、有组织性、运作顺畅且充满效率	
总分		100
	3. 员工的管理	期望的状态
A	管理风格是团队合作、少数服从多数以及参与性强	
B	管理风格是个人英雄主义、喜欢冒险、勇于创新、崇尚自由和展现自我	
C	管理风格具有很强的竞争性，要求和标准都非常严格	
D	管理风格主要是确保雇用关系，人们的关系是可以预见、稳定和一致的	
总分		100
	4. 组织的黏合力	期望的状态
A	组织靠忠诚、互信黏合在一起，人们都具有承担义务的责任感	
B	人们靠创新和发展结合在一起，走在时代的前端是重点	
C	成功和完成目标把人们联系在一起，进取和取得胜利是共同的目标	
D	人们靠正规的制度和政策在一起工作，维持一个顺畅运作的组织是非常重要的	
总分		100
	5. 战略重点	期望的状态
A	组织重视人力资源发展、互信、开诚布公和员工持续的参与	

(续)

B	组织主要寻求新的资源和迎接新的挑战,尝试新的事物和寻求机遇是员工价值的体现		
C	组织追求竞争和成功,打击对手和在市场中取胜是组织的主要战略		
D	组织希望看到持久和稳定,效率、控制和顺畅的运作是工作重点		
总分			100
	6. 成功的标准		**期望的状态**
A	组织对成功的定义为人力资源、团队合作、员工的贡献、对员工的关怀上的成功		
B	组织对成功的定义是组织是否具有最特别和最新的产品,组织是否是产品领导者和创新者		
C	组织对成功的定义是赢得市场份额并且打败对手,成为市场的领导者		
D	组织视效率为成功的基础,相互传递、稳定的工作安排和低成本是至关重要的		
总分			100

资料来源:金 S 卡梅隆,罗伯特 E 奎因.组织文化诊断与变革[M].谢晓龙,译.北京:中国人民大学出版社,2002.

案例分析　　拉尔夫劳伦集团的企业文化改革

拉尔夫劳伦集团公司是一家来自美国的国际集团公司,致力于诠释生活方式,位列于全球十大奢侈品公司之一。产品涵盖了男装、女装、童装,还有配饰、香水、珠宝等。该集团在大中国区目前有142家自营店铺,公司总部在纽约,在纽交所上市,在全球多个国家有所部署。

文化改革释放潜能

从2016年开始,集团联合调查公司对全体员工进行满意度调查。调查的一个维度是胜任力,一个维度是敬业度。当年调查结果分数处于市场的平均水平。分数不是最重要的关注点,关键是要看员工都说了什么,需要了解员工真实的声音以便于改进。

员工说:公司要制胜,首先要吸引足够的人才,能留住和发展他们。除此以外还要保证品牌的知名度,让每一位员工都发自内心地热爱集团的产品。还有的说:产品的质量一定要一如既往地保持。多倾听反馈,多加强沟通。

建立制胜企业文化

随后,集团成立了"敬业委员会"。"敬业委员会"负责组织制胜文化活动。在全员范围内,由员工自愿报名作为员工代表参与文化制胜活动,一共成立了15个团队。委员会根据分析去寻找需要改变的方案,产生了100多个行动方案,最后10多项行动方案被付诸实施。

每一项行动方案都是和员工的日常工作息息相关的。组员集思广益,想出来的一些方案,往往在很短的时间内有效地解决了过去长期以来没有得到妥善解决的问题。

因为都是团队合作,部门之间的沟通多了,每个成员发自内心地要去做这些事情,每一个员工都是一名企业家,都可以帮助企业制胜。

通过这项在公司历史上前所未有的跨部门的全员参与的文化制胜活动,企业听到了员工的声音,员工得到来自公司的支持。企业有决心和信心帮助员工实现梦想,让他们更愿意在个人发展的同时和企业一同成长。

文化制胜终极目标

随后,企业将该活动从大中国区推广到了整个亚太区,为确保公平,引入了竞赛机制。获胜队的概念最具有创造力,最能够实现企业目标。

在组织的文化建设方面,还推广了其他项目。比如说,设置了员工忠诚度奖,奖励那些和企业一起奋斗的员工。将这些员工送到美国总部由全球总裁亲自颁奖。现有团队中有在企业工作了10年、15年、20年、25年……甚至45年的员工。另外，每一个季度，管理层会来到当地邀请员工一起沟通企业的计划和方针。过去几年，该集团还推出了：人才交流计划、拉尔夫劳伦奖学金、拉尔夫劳伦人才大学和培训中心、十多项有关员工福利的升级计划、内部晋升机制、人员招聘内部推荐方案、线上招聘、线上课堂、全面薪酬管理等。员工流失率逐年下降。员工满意度调查结果分数每年都有很惊人的增长。总之，企业力图提供全方位360°的员工关怀，从每一位员工进入企业之前的面试直到退休，包括对员工家人甚至宠物的关怀。

例子还有很多，企业推广的另一个项目是关注领导阶层。当企业快速发展的情况下，也要停下来看企业的领导力。领导要授权团队，不能事无巨细亲力亲为，要发展团队。这都是和建设一个制胜的企业文化相关联的。在企业内训会议上，推出了"leaders of ideas"概念，并准备评选年度杰出领导人才。

当然除此之外，作为一个有社会角色的公司需要充分了解自己的社会义务，在这方面的实践有捐献癌症康复组织，关注并支持女性乳腺癌患者，参加摩根大通的义跑支持贫困学生活动，"米饭妈妈"资助弃婴等。企业内部的活动包括尊重和包容，坦率直言沟通有无，要事为先，齐心合作实现目标等。

2018年，员工调查中员工敬业力和满意度分数再次攀升。2018年，拉尔夫劳伦在中国被评选为三大员工满意度最高的企业。

资料来源：微信公众号：美培汇（ID：iTrainingAct）2019年5月14日文章"企业文化如何成就了一家全球十大奢侈品公司"。

提示问题：

1. 拉尔夫劳伦集团的企业文化改革经历了哪些阶段？
2. 拉尔夫劳伦集团的企业文化改革主要采用了哪些方法？
3. 案例对组织文化建设提出了哪些启示？

网站推荐

1. 中国企业文化促进会官网：http://www.cecia.cn/
2. 中国企业文化管理网：http://www.chinacocs.org/
3. 中国人力资源网：http://www.hr.com.cn/
4. 阿里巴巴企业文化：http://www.alibabagroup.com/cn/about/culture
5. 《现代企业文化》杂志社官方网站：http://www.xdqywh.net/

微信公众号推荐

1. 企业文化评论：xyscco
2. 企业文化网：cfqywhb
3. 企业文化家园：hairong010

参考文献

[1] Schein E. Organizational Culture and Leadership [M]. San Francisco：Jossey-Bass Publishers，1992.

[2] Drucker P F. The Theory of the Business [J]. Harvard Business Review，1994，72(5)：95-104.

[3] Hofstede G. Cultures and Organizations，Software of the Mind [M]. New York：McGraw-Hill Book Company，1991.

[4] Keyton J. Communication & Organizational Culture: A Key to Understanding Work Experiences [M]. California：Sage Publications，2011.

[5] Barney J. Organizational Culture: Can it be a Source of Competitive Advantage? [J]. Academy of Management Review, 1986, 11(3): 656-665.

[6] 威廉·大内. Z理论：美国企业界怎样迎接日本的挑战[M]. 孙耀君, 王祖融, 译. 北京：中国社会科学出版社，1984.

[7] 孙健敏, 李原. 组织行为学[M]. 上海：复旦大学出版社，2007.

[8] Maanen J V, Schein E H. Toward of Theory of Organizational Socialization [J]. Research in Organizational Behavior, 1979(1):209-264.

[9] 陈晓萍. 跨文化管理[M]. 北京：清华大学出版社，2009.

[10] 郑兴山, 陈景秋, 唐宁玉. 跨文化管理[M]. 北京：中国人民大学出版社，2010.

[11] 晏雄. 跨文化管理[M]. 北京：北京大学出版社，2011.

[12] Cieri D H, Dowling P J, Faylor T K. The Psychological Impact of Expatriate Relocation on Partners [J]. The International Journal of Human Resource Management, 1991, 2(3): 377-414.

[13] 库伦, 帕伯替阿. 国际企业管理：战略要径[M]. 孔雁, 译. 北京：清华大学出版社，2007.

[14] 金S卡梅隆, 罗伯特E奎因. 组织文化诊断与变革[M]. 谢晓龙, 译. 北京：中国人民大学出版社，2002.

第 13 章　组织学习

学而不思则罔，思而不学则殆。

——《论语·为政》

学习目标

1. 熟悉组织学习的概念、类型、不同阶段的要素
2. 了解学习型组织的概念、学习型特征，思考创建学习型组织的方法
3. 了解组织记忆的定义、类型、结构及过程
4. 掌握组织遗忘的定义、分类及管理办法
5. 了解数字化时代的组织学习

引例　　　　　　　　　　花旗银行的行动学习项目

花旗银行奉行"百花齐放"的文化，尽管这种文化有助于培养员工的独立负责精神，但也阻止了对一家全球化公司来说至关重要的协同行为，它不能将不同的职能部门和业务单位融为一体，员工们"各自为战"。

花旗银行的首席财务官发起了行动学习项目，希望化解公司文化中对跨业务、跨职能工作的根深蒂固的抵制，创建一个共享的业务服务中心，让以前从来没有在一起工作过的人们一起以新的工作方式去实现"战略要求"；同时要影响项目组成员自身的认识和情感，使他们学会领导和管理的新方式。

整个项目过程分为五个阶段：选择问题参与者、团队建设与问题导向（3～4天）、资料收集（2～3周）、资料分析不提出建议（1周）、陈述（每小组90分钟）、探询与反思（1天）、最高管理当局的后续行动（陈述后的1～2周）。"团队挑战"行动学习项目有49名参与者，分为7个小组。参与者是从一个"高潜能"人群中挑选出来且由银行指派，脱产一个月来参加"团队挑战"的。在"组建学习小组"阶段，组织者将行动学习小组带到长岛的幽谷湾，在那里进行团队建设。其间，既有户外活动，也有对有关问题的讨论，包括如何管理各自的团队、行动学习小组如何做出决策、如何在小组环境里进行交流等。这些团队建设活动是非常关键的，因为在行动学习过程中所产生的纠纷很容易把一个没有准备的团队搞散。"以问题为导向"和"资料搜集"是接下来的步骤。通过引入外部专家和进行讨论，花旗银行帮助行动学习小组逐步接受了"管理变革"的真实含义，通过研究历史上的案例以及那些成功的做法，这两个阶段让参与者对组织的结构不现实有了更科学的理解。行动学习小组还就项目所涉及的问题，花两个半星期的时间去现场调查大量客户、员工和

其他人。项目的最后，行动学习小组向指导者做了预陈述后，向花旗银行主席约翰·瑞德和业务单位的经理们进行了陈述。花旗银行采纳了其中大约 80% 的建议内容，建立了一个公司共享的服务中心，拆除了公司不同业务单位之间的其他一些壁垒。在行动学习项目进行过程中，外部专家不但在大家脱产学习时进行指导，而且在调查和陈述阶段对参与者进行了指导。

行动学习提供了一种可以自由地自主和果断行动的环境，帮助参与者从工作场所的职能限制、创造性限制和政治斗争中解放出来，睁开双眼去思考一些公司的疑难问题及与其相伴的机会，化解前进过程中存在多年的障碍，参与者被赋予了影响企业的权力，这种认识让整个行动学习经历充满意义。在花旗银行，"团队挑战"项目的成员经历了严格的感情和智力挑战，通过行动学习项目超越了职能限制的思维定式，掌握了新型领导人所具备的全局思维方式，对自我、对事业的信念有了更好的理解。

资料来源：微信公众号：爱学习圈（ID：iK-xuexiquan）2016 年 11 月 10 日文章"看 GE 和花旗银行如何用行动学习来助力组织变革"。

13.1　组织学习

尽管组织学习（organizational learning）概念的提出早于"知识管理"概念的提出，但是从知识管理涉及的范围来看，组织学习是被涵盖在知识管理范围之中的。[⊖]组织学习活动的协调和管理，就是知识管理活动的一个环节、一个部分。将组织学习理论纳入知识管理主要基于以下三条理由。

第一，组织学习与知识管理的理论的基本假设是一致的。组织学习的理由是，组织期望通过持续不断的学习知识获得一种相对于其他企业特别是竞争对手的独特的能力。这种能力有助于组织在动态变化的环境中保持相对的竞争优势，使组织能够不断地发展。知识管理的理由是，组织期望通过对知识资源的有效管理和利用提高组织的应变能力和创新能力。由此可以看出，组织学习和知识管理的根本目的都是通过对知识的利用来提高组织的能力。

第二，知识管理能够促进组织学习。从组织学习的前期过程来看，知识管理为组织学习提供有序化的、有效的学习资料；另外，组织学习所需的人员调动和组织也是知识管理的任务。从组织学习的过程上看，个体学习不足以产生对组织生存和成长所需的系统化的知识，要达到组织学习的效果，需要将个体学习到的知识转变为组织的知识，这需要知识管理的介入。从组织学习的后续过程上看，组织学习的成果需要存档，同时也要保证这些成果随时都能被组织的成员获取，这也是知识管理的任务。

第三，知识管理本身是一个过程，它由许多环节（活动）组成。例如，知识获取、知识整理、知识存储、知识更新、知识测评、知识应用、知识传递、知识分享和知识创新等。组织学习本身就是知识共享和利用的过程。

组织学习、组织记忆和组织遗忘都处于知识管理下的框架。组织学习的根本目的是通过对知识的利用来提高组织的能力，而组织记忆本质上是知识，组织遗忘指组织如何有效"清洗"知识。因此，组织记忆是组织学习的重要辅助，而组织遗忘则有助于提升组织学习的效率。

⊖ 陈建东. 知识管理理论流派初探 [J]. 国科技论坛，2007(2): 94-97.

13.1.1 组织学习的概念

学者们对"组织学习"的关注最早可追溯到马奇和西蒙（March & Simon，1958）[1]的研究，其概念由 Agryris & Schon（1978）在其著作中正式提出，认为组织学习是"发现错误，并通过重新建构组织的'使用理论'(theories-in-use)而加以改正的过程"，[2]之后，学术界和企业界展开了一系列关于组织学习研究与应用的热潮，不同学者对组织学习概念的理解存在一定的分歧。迈克尔·马奎特（Marquardt，1996）将组织学习定义为"学习在组织中产生的方式"。他指出了组织学习的三个层面：首先，组织学习是通过共同的见解、知识和组织成员的心智模式而产生的；其次，它是建立在以往的知识和经历基础上，也就是建立在组织记忆的基础上的，即依赖于组织的机制；再次，组织学习代表了通过组织全体成员对持续改善的承诺来增强知识能力和生产能力。普利斯基尔和托里斯（Preskill & Torres，1999）认为大多数组织学习模型都把学习作为一个变革过程来强调，试图让其所有的员工参与学习并利用他们的智力和知识资本来促进个体、团队和组织的成长。另外，托里斯、普利斯基尔和派恩泰克（Torres，Preskill & Piontek，1996）认为组织学习是"组织成长和改善的一个连续过程，它与工作活动紧密相连，并激发组织成员在价值观、态度和观念方面的统一，以及运用有关过程和结果的信息或反馈来实施变革"。史基万特尔（Schwandt，1995）则认为组织中的学习是非线性的，是开放式的，是不断向更复杂的层面变化的。

13.1.2 组织中的学习类型

组织中的学习类型可以分为适应型学习、自主型学习、经验型学习和转换型学习。

1. 适应型学习

马奎特（1996）认为，当个体和组织从经验和反思中学习时，适应型学习就会产生。他认为适应型学习的过程包括以下几个方面：组织采取必要的行动以促进组织目标的实现；行动导致一些内部和外部的结果；分析所导致的变革与目标的一致性；为了提升绩效采取新的行动，或者完善和改进以前的举措。

适应型学习既可以是单环的，也可以是双环的。单环学习的重点是获得信息以确保现有系统的稳定，在这些系统中，重点在于发现错误和纠正错误，单环学习关注获取直接解决紧要问题或个体及组织遭遇的障碍的方案。单环学习到目前为止是当今大多数组织中普遍运用的学习方法。而双环学习更深入一些，它涉及质疑系统本身及为何失败或成功。双环学习深入洞悉组织的规范和结构，它根据组织行动的结果对其有效性提出质疑。大多数组织不愿进行双环学习，因为它涉及揭露各种错误以及质疑现有的假设、规范、结构和过程。

2. 自主型学习

诺里斯（Knowles，1975）认为，自主型学习指的是一个过程，在此过程中个体带头"诊断他们的学习需求，规划学习目标，确定学习的人力资源和材料资源，选择和实施合适的团队策略以及评估学习成果"。在设计学习规划时，可以运用以下步骤。

---

[1] March J G, Simon H A. Organizations [M]. Oxford: Blackwell Business, 1958.
[2] Argyris C, Schon D. Organizational Learning Ⅱ: A Theory of Action Perspective [M]. Massachusetts: Addison-Wesley, 1996.

- 我想回答的问题是什么?
- 要回答该问题我需要什么样的数据?
- 这些数据的合适性和可靠性来源是什么?
- 从这些来源中我能采用的最有效的收集数据的途径是什么?
- 我如何组织和分析这些数据以解答我的问题?
- 我如何汇报我的答案并检测其有效性?

马尔科姆·诺里斯（Malcolm Norris，1975）建议了一种被称为学习契约的，在某种意义上更详尽、更严密的形式，即在两个或更多个体之间达成某种协议。它由"学习目标""学习资源和战略""完成任务的凭据"及"验证凭据有效性的标准和手段"四个部分构成。然而，自主型学习并不如它表面看起来那么容易。

3. 经验型学习

另一种学习类型是利用结构性练习或应用学习者经验的经验型学习方法。然而，一些人力资源开发人员只是更情愿运用如讲座那样的传统的内容导向性技巧向学习者提供知识。根据狄恩和吉雷（Dean & Gilley，1986）的观点，这些个体之所以没有运用经验性训练，主要有三个方面的原因：①他们不知道何时可以运用这些训练；②他们不知道如何计划和设计这样的训练；③他们不清楚何时终止训练。一些人力资源开发人员没有认识到经验型学习是一种正式指导的有效方法，因为他们的培训项目采用的只是传统的内容导向性方法。其他人力资源开发人员意识到经验型方法的价值，但是他们缺乏设计和提出采用经验型学习方法的勇气。经验型学习适合于：①开发复杂的诸如决策、评估和综合等认知技能；②积极影响学习者的价值观、信念和态度；③增强理解力；④提高人际沟通技能；⑤摒弃消极的态度和行为。根据吉雷和埃格兰德（Gilley & Eggland，1989）的观点，实施经验型训练涵盖实践、公开、处理、总结和应用五个不同的阶段。在学习活动过程中，人力资源开发人员和管理者应该充当学习促进者，在学习循环过程的每个环节对个体学习者或团队进行必要的指导。

4. 转换型学习

转换型学习旨在导致个体的改变。但由于对可视绩效的关注，转换型学习往往被低估或忽视。转换型学习是个人了解组织和工作的能力或动力的核心。吉雷和埃格兰德（1989）认为"这种学习对于开发管理能力也是非常重要的，因为许多中层和高层管理者所需的能力取决于他们的世界观和他们所处的位置"。

麦兹若（Mezirow，1991）认为，成人应该重新确定自己的观点，然后理顺对自己及周围世界的理解以使他们能进一步明确自己的价值观和信念系统，以增强其自信和自尊。他把这称为"审视个人世界的**参考框架**（frames of reference）"。马西克、伏尔普和沃特金斯（1999）认为，参考框架是宽泛地理解事物的参考习惯，这种习惯作为形成对具体事件的不同理解的观点在不同的情形中表现出来。参考框架反映在教学方法的选择上，就如阅读材料或学习活动的选择，回答问题对象的选择，或从事专门的项目，甚至座次的安排。

因此，学习者需要培养自己识别和批判他们行动背后的假设的能力以转变他们的思想和以后的行为和举措。史基温（Schwinn，1996）把该过程称为"假设检测"。上述反省过程常常被视为批判式反思型学习（Schon，1987）。它对适应型学习、自主型学习和经验型学习来说都很重要。批判式反思型学习可以影响人力资源开发人员设计学习和绩效提升干预措施，并鼓励对关系到组织发展的假设、价值观和信念进行持续的检测。

13.1.3 组织学习过程的五个阶段

根据吉雷和梅楚尼奇（2000）的观点，学习过程分为五个阶段。[一]

1. 学习准备

为了使学习更有效，组织必须为获得新知识而做好充分准备以有效进行批判性反思和应用。学习准备包含了四个要素：学习的意愿、自主性学习、学习的关联度、设计知识习得和转换计划。

（1）学习的意愿。个体必须愿意并有能力从事任何活动，特别是学习。尊重并渴望学习的个体、团队和组织通过表现出他们的好奇心与分析技能获得知识、采取行动及反思结果。个体凭借经验来处理具体的变革，因此联系实际的学习过程能够鼓励员工的积极参与。学习型组织应该了解学习者的接受能力，并且营造活跃个体和团队学习的环境，这将最终促进组织的学习和繁荣。相反，如果组织没有认识到员工的接受程度和他们内在的学习动机，那么随后的学习促进措施和开发性活动就无法达到预期的目标。

（2）自主性学习。当个体能够进行自主学习时，学习和思想就会变得活跃。自主性学习和变革活动能够让员工更好地把握自己的命运。自主性学习者能够从网络和其他资源中得到帮助以达到个人成长和发展的最大化。自主性学习者应该能够在同事和其他资源的帮助下，实事求是地对自己的学习需求进行判断，通过确保自己成功的形式将学习需求转变为绩效目标，同时把管理者视作学习的推动者、帮助者和变革代理人，积极主动地把他们当成资源来利用。

（3）学习的关联度。组织的领导者、管理者、人力资源专业人员及员工必须把所有的学习和变革活动与公司的战略经营目的和目标联系起来以培养自己的开发能力。那些无法支持组织目的和目标的学习和变革不具备任何价值。每一个经营单元、处室和部门都必须将其目标与组织的战略经营目的和目标联系起来。这样，就能够使每位管理者和员工认识到达到个人绩效目的和目标将最终促进组织的成功。对经营成果的重视能让员工以主人翁的姿态参与到公司运作之中。

（4）设计知识习得和转换计划。组织可以通过协作设计知识习得和转换计划来使员工为学习和变革做好准备。这些计划可以被用来帮助员工获得绩效成果，并且有助于他们实现个人目的和目标。

2. 信息交流

在信息交流过程中，学习者可以了解并掌握信息内容。信息内容包括任何被用来增强员工绩效能力的信息。信息交流过程能够使员工获得改善其知识、技能和行为所需的内容。这个过程包含五个具有内在联系的要素：学习环境、学习代理人、成人学习者、沟通过程和指导过程。

（1）学习环境。学习环境必须有利于思想和情感的自由交流，能给予学习者安全感，并且能使其进行开放式的双向沟通。一个没有威胁的、舒适的环境能够促进个体的成长和

[一] 杰里 W 吉雷，安·梅楚尼奇．组织学习、绩效与变革：战略人力资源开发导论 [M]．康青，译．北京：中国人民大学出版社，2005．

发展，同时也表明了组织对员工身心健康的充分关注，它有利于改善人际关系。管理者应该通过营造共同分享的、相互尊重的且富有活力的学习环境来展示出他们的同情心、接受力和理解力。管理者应该能够与他们的下属建立长久的关系，加深他们对员工发展需求与掌握新知识和技能带来的风险的理解，并且创造一种诚信的氛围。

（2）学习代理人。负责把信息以一种有意义、易于控制的方式传递给员工的个体就是学习代理人。学习代理人通过把专业知识和工作经历相结合的方式帮助员工将新信息应用到工作中去。有效的学习代理人应该能够将信息与员工生活相联系，并且运用共同的经历帮助员工理解新观点。他们应该由浅入深地、循序渐进地提供信息，使学习者能够更好地掌握难懂的概念。

（3）成人学习者。组织中的员工都是成人，成人有其自身的学习规律和学习原则。所以，在学习之前需要让成人知道"他们为什么需要学习"，包括学习给他们带来的利益和学习的后果。另外，由于成人需要控制他们的行动和能力以影响结果，学习和改变必须支持成人学习者的自我意识。

（4）沟通过程。学习代理人用来促进学习的沟通媒介在信息交流过程中发挥了重要作用。思想和感受通过文字、符号和标志得以表达。对学习者来说，如果没有使用通俗易懂的语言，学习就是不完整的。所以，学习代理人必须经常检测学习者对于标志和符号的理解力，以确保他们能正确使用这些标志和符号。

（5）指导过程。当管理者被要求扮演传递信息的学习代理人角色时，他们首先应该了解员工的知识和技能水平，这是指导的第一步。其次，有效的管理者应该通过引起员工兴趣并以合适的方式吸引他们的注意力来表达信息。最后，学习代理人应该鼓励员工参与学习活动并在工作中利用他们的知识。

3. 知识习得与实践

当某些活动使个体将信息转换成最终改变行为的新意识时，学习就产生了。有四种最为普遍的学习类型：自然型、正规型、个人型和开发型。自然型学习是个体主动与环境相互作用的结果。当其他人对信息做出选择并将其展示给学习者时就产生了正规型学习。个人型学习意味着个体改进知识、技能或行为的自主型学习。开发型学习是正规型和个人型学习的结合，换句话说，就是学习者参与利用自主型技巧和实际应用的内容驱动型（正规型）项目。支持知识习得和实践过程的三个基本要素是：启发、重复和回顾。

（1）启发。当帮助个体明确将要完成的工作，并要求学习者通过口头和书面表达他们所理解的信息的含义和内容时，就让学习者受到了启发。学习过程涉及知识内化和以某种形式或方式应用知识，所以学习过程只有到达启发时，才算完整。

（2）重复。重复标志着学习从理论到实践的转折。实践可以避免人们"不学"他们认为不正确或者不合适的方法。实践可以靠自己，也可以在安全的环境中通过正规的学习过程进行。吉雷（1998）认为，一个最有效的改善学习转换的方法就是让员工能够在工作模拟或案例学习这样安全的环境中尝到失败的滋味，在舒适的环境中感受到失败的员工将对工作中所需的技能水平具有更深刻的理解。

（3）回顾。运用以前的知识开展活动和训练被称为回顾，这是学习过程的重要一步。有效的回顾在个体进行再思考、再生产或使用最近获得的知识时，会增强学习和学习者的理解力，并使他们在活动中能够理论联系实际，从而获得新的见解。有效的回顾也可以指出现实问题，并且给予员工使用新技能、新知识的相应机会。有效的学习代理人（管理者）应该经常运用回顾（和反馈），并且意识到回顾在学习过程中的重要作用。

4. 转换与整合

无论是个人的还是职业的，如果不转换到结合实际的生活或工作经历中，学习就是无意义的。如果管理层不协助员工将变革、技能和知识与其工作进行整合，员工就会选择最没有阻力的路径，即回到老路上去而不去使用新知识、新技能。所以学习代理人应该关注学习活动的三个阶段，即学习之前、学习期间和学习之后，以确保知识的转换。转换与整合过程包括三个要素：应用、强化与反馈、反思。

（1）应用。人们通过实践来进行学习。要让学习者积极参与应用活动，允许他们及时应用新知识、实践技能或改变行为。研究表明，加强培训后的应用会使学习效果达到最大化。应用新知识或新技能可能会一时降低个体的绩效，因此管理者需要运用"失败分析"的方法弄清楚其对整个生产效率的影响。通过失败分析，管理者和员工能够识别出学习整合中的障碍，从而早做计划。

（2）强化与反馈。个体往往会重复那些曾经受到积极的强化与反馈的活动，从而增进了学习。强化与反馈可能包括以下的方式，如简单的表示赞许的点头、对出色工作的祝贺、在部门会议上的表扬或鼓励。对管理者来说，定期的绩效回顾是他们给予员工——学习者就工作中对新知识、新技能应用的强化和反馈的最佳时机。包含具体学习内容的绩效回顾或测评传达了知识转换和学习的重要性。

（3）反思。反思是学习过程中的关键步骤，也是成员在促进新知识、新技能、新行为转换和整合中最重要的活动之一。反思活动多种多样，如每日的反思、每月或每季度的反思。通过反思，个体能够有充分的时间去考察新知识、新技能和新行为对他们个体或职业生活的影响。此外，学习者能够应用经过反思的知识和技能对潜在的改进做出评价。

5. 负责与认可

负责与认可是学习的最后一个过程。尽管个体必须对自己的学习负责，但是他们的努力和改进也必须得到认可。学习代理人应该与员工结成伙伴以评价成功和失败，并就如何提升未来绩效做出规划。负责与认可过程包含两个要素：期望与检查、认可与奖励。

（1）期望与检查。期望与检查允许管理者仔细考察学习者的行为以确定它们是否达到了现有绩效标准以及学习活动是如何促进改善的。因此，期望与责任相关联，而这种联系最终会增强学习。学习者知道他们应该做什么及应该负什么样的责任。

（2）认可与奖励。那些努力学习或从事学习以改善他们的知识、技能或行为的个体，应当受到认可与奖励。适当的认可及奖励有利于鼓励个体通过学习不断成长和发展。管理者必须在员工从事学习活动之前开展有关新的学习的庆典活动。庆典活动可以包括部门中授予学习者荣誉的仪式、颁发礼品或奖金等类似的奖励。没有认可与奖励的学习（及学习导致绩效提升的结果）只会令员工灰心丧气，从而阻碍他们将新知识和新技能转换到工作中去。

13.2 学习型组织

随着20世纪80年代以来的信息革命和知识经济进程的加快，现代企业面临着前所未有的变化剧烈的竞争环境。许多历史上著名的大公司纷纷被迫退出历史的舞台，组织生命延寿问题变得更加突出和迫切。时代呼唤新的管理理论和组织模式。20 世纪 90 年代，学习型组织理论首先出现在西方的管理学界。学习型组织理论一经产生，立即引起了西方管理界和社会的广泛关注。

13.2.1 学习型组织的定义

关于什么是学习型组织（learning organization），目前尚无统一的定义。Garvin（1993）在《建立学习型组织》一文中指出："学习型组织是指善于创造、获取和传播知识，并以新知识、新见解为指导，勇于修正自己行为的一种组织。"⊖

彼得·圣吉（1990）认为学习型组织是一个不断创新、进步的组织。在这个组织中，人们不断突破自己的能力上限，创造真心向往的结果，培养全新、前瞻而开阔的思考方式，全力实现共同的抱负，并不断一起研究如何共同学习。Pedler（1991）认为学习型公司是促使公司中的每一个成员都努力学习并不断改变自身的组织。它拥有下列特征：具有鼓励成员学习并扩大全部潜能的氛围；可将此种学习的文化延伸至重要利害关系者，如顾客、供货商等；以人力资源发展为组织策略的重心；持续地进行组织转变。Skyrme（1995）认为学习型组织是指具有能不断增强其能力的适当的系统、机理和程序，并为自己及其所在团体而工作以实现持续改善目标的组织。

总之，学习型组织是指能熟练地创造、获取和传递知识，善于修正自身的行为，不断增强其能力的组织。⊜

13.2.2 学习型组织的行为特征

学习型组织和传统组织在许多重要方面都存在着差异。彼得·圣吉（1990）从五个方面将学习型组织和传统组织区分开来。

（1）**自我超越**（personal mastery）。自我超越是个体通过教育、正式的学习活动和工作经历而获得专业技术和熟练程度的结果。超出预期和出色的绩效被称为全面绩效卓越（total performance excellence）。

（2）**心智模式**（mental models）。心智模式包括价值观、信念、态度和假设，这些构成了个人的基本世界观。结构、经验、文化和信念系统支持心智模式，并且引导个体在做决策时将之作为参考。博耶特（1995）认为共同的心智模式通过帮助员工将看上去无序的事件厘清头绪来支持组织学习。

（3）**共同愿景**（shared vision）。共同愿景是组织学习的里程碑，它代表了员工的共同观点，由组织成员对公司使命和目标的认识衍变而来。领导者、管理者和员工就学习及学习对个体和组织的重要性达成共识。遗憾的是，在传统型组织中，由于缺乏来自管理层将员工对公司使命的承诺进行内化的真正努力，因此很少产生共同愿景。

（4）**团队学习**（team learning）。鼓励沟通和合作以促进成员之间的相互协作和相互尊重，使团队成员开阔视野、加深理解、丰富观点、拥有良好的自我感觉，同时将他人作为公司的资源来重视。舍恩（1983）把这些要素称为行动和反思的整合。

（5）**系统思考**（systems thinking）。系统思考涉及对组织生命各方面的考察和反思，例

⊖ Garvin D A. Building a Learning Organization [J]. Harvard Business Review, 1993, 71（4）:78-91.
⊜ 姜伟东, 叶宏伟. 学习型组织：提高组织的学习力 [M]. 南京：东南大学出版社, 2003.

如使命和战略、结构、文化及管理实践。领导者、管理者和员工的战略性思考应该促进理解，并关注公司经过整合后的各部门处室的行动，扬长避短、优势互补以提高总体营运效果。

马奎特（1996）确定了学习型组织的若干重要特征和方面。

- 学习是通过作为一个整体的组织系统来实现的，就好比组织是一个控制中枢。
- 组织成员认识到组织范围内连续的学习对组织现在和将来的成功具有决定性意义。
- 学习是一个持续不断的且具有战略意义的过程——与工作相结合并与工作相对应。
- 关注创造力和学习创新。
- 系统思考是根本。
- 人们能够持续获得关系到公司成功的信息和数据。
- 组织的氛围有利于鼓励、奖励并加速个体和群体学习。
- 在组织内部和外部，工人以一种创新的、如同社区一样的方式建立人际网络。
- 在将意外事件，甚至失败视作学习机会的同时，实施变革。
- 学习型组织是灵活的和柔性的。
- 每个人都为保证质量和不断的完善发奋努力。
- 活动具有激发抱负、反思和开动脑筋的特点。
- 具有充分开发的核心能力，有利于创造新的产品和提供新的服务。
- 具有不断适应、重建和使自己恢复生机的能力以应对不断变化的环境。

沃特金斯和马席克（Watkins & Marsick，1993）在《塑造学习型组织》中以七个 C 表示学习型组织的特点。○

（1）持续不断的学习（continuous）。最有效的成人学习是学习的内容与其密切相关且能即学即用。在组织中应让成员知道如何从自己的经验中学习，如何从群体中学习得更多，如何促使自己学习得更有效率，唯有通过持续不断地学习，才能使自己与组织不断进步。

（2）亲密合作的关系（collaborative）。通过组织成员的合作和共同参与，加强成员之间彼此支持的能力。通过成员之间的良性互动，建立亲密合作的关系。

（3）彼此联系的网络（connected）。一方面可促使成员间的互动关系更为密切，另一方面促使组织与社会环境联结得更紧密，使信息的交流与资源的获取更能达到相辅相成的效果。

（4）集体共享的观念（collective）。个人与小组间的学习经验相互分享，凝聚组织成长的力量。

（5）创新发展的精神（creative）。促进组织运作的改善与创新发展的多面性，使组织随时注入活水、增进创意。

（6）系统存取的方法（captured and codified）。善用科技能力与方法，方便摄取信息、应用信息，建立良好的组织学习文化。

（7）建立能力的目的（capacity building）。养成组织成员终身学习的习惯与能力，学习如何适应变革，提升应用信息、处理信息、解决问题的能力，并促进组织的发展。

○ Warkins K E，Marsick V J. Sculpting the Learning Organization: Lessons in the Art and Science of Systematic Change [M]. New York：Jossey-Bass，1993.

13.2.3 学习型组织的创建

由于学习型组织能够快速地适应外部变化的环境，所以企业必须采取措施使得自己的组织从传统性组织向学习型组织转变。本节将从个体、团队和领导三个方面阐述学习型组织的创建方法。⊖

1. 个体学习的促进

与传统的组织相比较，学习型组织趋于扁平化，组织中的权力下移，员工拥有很大的自主权，使得员工的自我管理成为可能，因此在学习方面应该结合员工学习的特点有针对性地开展学习活动。由于企业员工大多属于成人，根据成人的学习特点，企业应该促使员工的学习方式从被动式灌输向自主学习转变。同时，应关注到影响员工自主学习的组织因素和个人因素，并采取措施加以积极干预。

（1）员工自主学习的动力因素。员工自主学习的动力因素包括内在的学习动机和相应的促进因素，如自我效能感、归因方式、目标定向、成就动机等，这些成分是自主学习的动力来源，直接影响到个体学习的积极性的高低。动机的激发与维持是学习者对动机的调节手段，主要是指员工主动地调节自己的身心状态，使学习的动力由无到有或由弱到强的过程。

（2）影响员工自主学习的主要因素。从组织层面上来看，影响员工自主学习的因素主要有：组织的职业生涯管理方式、组织的学习气氛等因素。组织职业生涯管理是指由组织实施的、旨在开发员工的潜力、留住员工、使员工能自我实现的一系列管理方法。通过组织职业生涯管理，员工能获得更好地认识自己的机会，为发挥自己的潜力奠定基础。通过职业管理活动，员工还可以在组织中学到各种有用的知识，从而增强员工自身的竞争力。组织的学习气氛是组织文化的反映，它直接影响员工的自主学习。组织文化是指组织在长期的对外适应和对内整合的过程中形成的，并为组织成员所共享的信仰、价值观、态度和行为模式。在组织内倡导崇尚学习的共同价值观，并制定有利于员工学习的鼓励性策略，精心设计文化象征，从而营造出强势的组织学习气氛，就会激发员工的学习动机，促进员工的自主学习。

从个人层面上来看，影响员工自主学习的因素主要是员工个体的工作特征。在科学管理时代，为了追求效率，十分注重工作的专业化，工作以"机械、简单、被动"为特征，员工如同大机器上的一个零件一样。工作中不存在难题，更不需要动脑子去思考，员工缺乏学习的压力和热情。在科学管理模式下，在实行工作专业化的同时又加剧和激化了劳资双方的矛盾，造成高离职率和缺勤率。面对这种情况，管理当局采用了工作轮换和工作扩大化的方法。这一时期的工作设计考虑到工人在工作自主性和成长方面的要求。现在，更多的劳动与知识密切相关，学习和成长成为员工无法回避的客观问题，所以员工主动学习、自主学习的内生性动机更强。

（3）员工自主学习能力的培养。要培养员工的自主学习能力，首先应该对学习的动力因素进行干预。自主学习的动力因素包括员工学习的内在动机，也包括与之密切相关的一些影响因素。自主学习的动机一般是内在的、自我激发的，而对这种动机具有激发作用的因素很多，其中主要包括自我效能感、归因倾向、成就动机、目标定向等。其次，要进行

⊖ 俞文钊. 管理的革命：创建学习型组织的理论与方法 [M]. 上海：上海世纪出版集团，2003.

有意识的学习策略训练。拥有充足的认知策略并且能够熟练地运用这些策略是自主学习不可缺少的条件。最后，要积极进行员工职业生涯规划，形成有助于组织学习的氛围。如果组织能够营造出积极学习气氛，主动地帮助员工进行职业生涯规划，使员工明确自己的奋斗目标，为其提供学习信息和条件，制定切实可行的实施步骤，那么员工在提高其学习的自主性的同时，也会加强其对组织的承诺，提高工作满意度，加大工作投入度。

（4）知识型员工与组织学习。与一般员工相比，知识型员工拥有良好的教育背景和智力资本，具备较强的学习和创新能力，能有效利用现代科学技术知识为企业带来知识资本增值，创新活力与绩效提升。

在知识经济时代，知识型员工是企业发展的重要资源，知识型员工通常具有较强的独立性、自我价值实现愿望和学习愿望，有利于提高组织的学习能力，带动其他员工形成学习型组织的氛围，较好地将知识转化为生产力；同时，组织学习也可以激发知识型员工的学习热情，不断培育出新的知识型员工，提升组织员工的整体素质，推动组织的创新能力和知识资本的积聚。因此，知识型员工与组织学习可以形成良性互动的关系。

知识型员工在组织学习中应该注意以下方面。

- 要创造学习型组织文化，形成尊重知识与人才的氛围。
- 要发挥知识型员工在学习、创新方面的特长，充分授权，激发他们的成就动机和敢于迎接挑战的工作热情，使员工不断学习与其岗位相符的专业知识，从而在指导实践发展的同时不断发展、创新知识与能力。
- 要注意协调知识型员工与其他员工的关系，形成合理的人才流动机制，鼓励更多的员工通过组织学习向知识型员工发展，如成立学习型企业推进委员会，指导、督促企业各部门各项创建活动的开展，从而带动知识型员工更好地发展。

2. 学习型团队的创建

学习型团队的建设要从以下四个方面入手。

（1）授权。和严格控制的、专制式的管理大相径庭，从根本上说，学习型团队工作就是要把责任授予团队，使团队在从事自己的工作时，不必时时、事事向组织中的上一级领导汇报。团队必须有足够的权威和权力，就工作做出决策并确保各项工作能恰如其分地完成。因此，学习型团队工作是建立在信任和责任基础上的工作形式。心理学家早已指出，一旦人们被赋予了责任，他们就会更负责任。有时管理人员觉得，他们必须牢牢地控制组织或部门里的每一件事，不愿给团队和员工自主决定的权力，这样的团队是无法继续工作的。管理人员应做的是提供支持和与团队探讨方向和目标。

（2）以任务为核心。学习型团队规范一般说来是以任务为核心的，它鼓励那些高效的、全面的工作行为，制裁那些低效率的、低质量的工作行为。它鼓励以任务为导向的相互交往，因此那些帮助其他成员解决困难、为解决问题寻找与其他团队协商的方法的行为受到肯定。团队规范同群体规范一样，都会运用群体压力去规定成员的行为，但在内容上，学习型团队规范特别倾向于以需要做的工作为核心，使成员的交往、信念和沟通成为确保团队出色完成任务的必要条件。

（3）营造平等、信任、注重交流的团队氛围。学习型团队强调共有的信息和整个团队在共同合作中形成共识。如果团队的管理人员认为，一个低层雇员"不需要了解"某些信息,那么是不可能建设出一个出色的学习型团队的。在团队中应该强调每个团队成员都是重要的,无论他们在组织中的地位如何。平等而有效的交流能够消除等级障碍,培养团队成员的归属感和自豪感。

(4)实现团队人与角色的和谐一致。在学习型团队中,一个人通常根据自己的优势(专业技术知识、个人爱好等)扮演着不同角色,有可能同时在扮演着两三种角色,并在团队中固定下来。但是,海耶斯(N. Hayes)提醒人们,在团队管理中应注意,这种角色方法的缺点在于,它把人们分成各种类型,忽视了人类行为的相互作用、相互影响的方面。如果在一个团队中,人们都在积极、高效地共同工作,那么人们承担的角色将取决于眼前任务的性质、任务所要求的技能以及团队中其他成员的情况。因而,最好将团队角色看成活动的类型,而不要把人看成生来就是担任某一角色的。

3. 学习型领导的培养

从领导理论的发展来看,传统的领导方式:给员工指引明确的方向,带领组织一同工作,追求共同目标。然而,当团队有了明确的共同学习愿景,组织发展到较成熟的地步时,就可以自我引导,而传统的领导方式的效能则大打折扣。因此,彼得·圣吉指出在学习型组织中,领导者扮演着三种角色:设计师、仆人和教师。

领导者作为设计师,就是要把组织设计成能帮助大家创造真心想要的结果的一个地方。领导者的设计任务包括:组织的政策、实现共同愿景的策略和组织学习的有机系统。设计是一项整合的工作,也就是说,设计者必须确认各个组成部分能互相搭配,从而发挥整体的功能。圣吉依据自己与多位领导者合作的实际经验指出,领导者的设计工作首先要做的是培养共同愿景、价值观和最终目的或使命。而且在学习型组织的时代,领导者的角色发生了重大的改变,领导者的工作基本上是设计学习的过程,使组织中的所有人都能有效处理他们所面对的重大课题,并不断进行他们的学习修炼。

领导者作为仆人,是指领导者不但要发展共同愿景,更必须忠诚于愿景。领导者在其内心深处都应该拥有一个所谓的"使命故事",也就是能清楚说明组织存在的理由以及组织要往何处去。彼得·圣吉认为领导人对于组织的存在要比员工拥有"更深广的理由"。实际之中的多数组织都不是被愿景所引导的,主要的原因乃是一般主管或领导者在位大约3年,甚至更短,他们的精力也是集中在升迁上。

领导者是教师,指的是领导者要帮助组织成员看清楚组织发展的现状,找到焦点,并且促进每一个人都能学习。从系统思考的观点出发,圣吉认为,"领导者能够在四个层次上影响人们对真实情况的看法:事件、行为变化形态(趋势)、系统(整体)结构和使命故事。"圣吉认为当今许多组织的领导者多把注意力放在事件这个层次上,所以多数的组织只是在做"反应"或者"顺应"的工作,很少有开创性的做法。圣吉强调学习型组织的领导者要兼顾上述四个层次,但是注意力应放在使命故事以及系统结构上,并要教导组织中的所有人都这样做。

4. 学习型组织存在的智障及克服办法

建立学习型组织的过程就是克服和战胜组织智障的过程。学习型组织并不是凭空建立的,任何称得上真正的学习型组织都是在已有的各类组织基础上,按照学习型组织的理念改造而来的。圣吉概括组织的智障有七个方面。

- 局限思考，即指人们片面地、孤立地考虑问题。
- 归罪于外，在遇到问题的时候往往进行外部归因。
- 缺乏思考的主动性。
- 专注于个别事件。
- 安于现状不思进取。
- 从经验中学习。
- 管理团队的"迷思"，即管理者害怕质疑所带来的威胁。

要克服组织的这些智障，圣吉认为组织应该进行五个方面的修炼。

（1）实现自我超越。组织活力的源泉在于全体员工的积极性和创造性。"自我超越"的修炼是学习不断厘清并加深个人的真正愿望，集中精力，培养耐心，并客观地观察现实。它是学习型组织的精神基础。"自我超越"的修炼：一是建立个人愿景；二是保持创造性张力；三是看清结构性冲突；四是诚实地面对真相；五是运用潜意识。"自我超越"是每个员工不断实现他们内心深处最想实现的愿望、创造和超越，它不是一般意义的吸收知识和提高技能，而是一种全身心地投入学习，是突破极限的自我实现。

（2）改善心智模式。"心智模式"是根植于内心深处，影响人们如何了解世界，以及如何采取行动的许多假设、成见，甚至图像、印象。组织管理心智模式的有效方法，一是把传统的企划工作视为学习过程；二是建立"内部董事会"。改善心智模式的技巧，包括反思技巧与探寻技巧：一是辨认跳跃式的推论（留意自己的思维如何从观察跳到概括性的结论）；二是练习左手栏（写下内心通常不会说出来的话）；三是兼顾探询与辩护（彼此开诚布公探讨问题的技巧）；四是正视拥护的理论（我们所说的）与使用的理论（我们依之而行的）两者之间的差异。改善心智模式的修炼要求组织为员工提供有效地表达自己的想法，并以开放的心灵容纳别人想法的氛围，形成整体互动的共同心智模式，以利于组织目标的实现。

（3）建立共同愿景。共同愿景用最简单的说法来说就是"我们想要创造什么"。它是组织成员共同拥有的愿望或远景，是组织的共同目标。建立共同愿景的修炼，首先必须持续不断地鼓励成员发展自己的个人愿景，然后通过互动实现我愿中有你、你愿中有我，在此基础上融入企业理念，创建共同愿景。只有当人们致力于实现共同的愿望时，才会产生创造性学习。

（4）开展团体学习。团体学习是发展团体成员整体搭配与实现共同目标能力的过程。团体学习的修炼从深度会谈开始，反思、探询是深度会谈的基础。通过深度会谈可以观察自己的思维，增进集体思维的敏感度。团体学习对现代组织非常重要，因为现代组织中学习的基本单位是团体而非个人。组织中的各项活动均与团体学习密切相关。团体学习的修炼，就是要使全体员工相互学习，形成有效的共同思维，创造出出色的成果。

（5）进行系统思考。系统思考是五项修炼的核心，它要求人们借助一些新的工具来系统地、动态地思考问题，从而使组织适应时代的变化，不断地开展学习，产生一种不断提升的创新能力。系统思考的工具主要是因果分析图。圣吉发明了十来种系统基模，通过它们的组合，可以用因果反馈图来透视很多动态性复杂的事情。借助因果反馈图和系统基模进行动态思考时，有一些微妙的法则在起作用，例如今日的问题来自昨日的解；越用力推，系统反弹力越大；渐糟之前先渐好；显而易见解，往往无效；对策可能比问题更糟；欲速则不达；鱼与熊掌，可以兼得；不可分割的整体性；没有绝对的内外等。系统思考的修炼，要求人们摒弃传统的、片断的、割裂的思维方式，用系统思维的方法来分析影响个体认识事物的各个因素，而不是把这些因素割裂开来。圣吉认为系统整体的合力将远大于各部分加总的合力，只要组织成员都努力进行五项修炼，组织必将迸发出无限生机。

13.3 组织记忆

"记忆""遗忘"这两个似乎仅具备生物学意义的词汇如今已经悄无声息地渗透至组织知识管理的理论体系中。IBM 由组织"记忆磨损"所带来的 50 年来首次业绩下滑和施乐的"尤卡里"—"记忆加固"项目这两个正反案例的醒目对照让实践中的管理者也逐渐意识到了在组织知识管理领域里重视组织记忆和组织遗忘的紧迫性。组织记忆是组织内部一种重要的知识来源和推动组织创新的重要因素。有效的组织记忆，是实现组织知识转移的首要条件。组织如何避免"知识泛滥"，如何清洗"知识垃圾"及"知识冗余"逐渐成为关注焦点。

13.3.1 组织记忆的定义

组织记忆（organizational memory）的概念源自"集体记忆"，这一概念由 19 世纪社会学 Durkheim 学派"集体心智"的观点演化而来。[一] Durkheim 学派认为，集体心智是一个阐释和交流信息的社会过程，其结果是产生一种共享的解释，并作为社会规范和习惯存储下来。但组织记忆的概念已经远远超出了"集体心智"。Walsh & Ungson 认为，组织记忆的最基本含义是"由组织的历史存储的，用于影响目前决策的信息"。金斯顿（Kingston）等认为，组织所拥有的知识资产的总和可以被看成其组织记忆。埃里克·斯坦（Eric Stein）认为，组织记忆是组织将过去的知识运用于当前活动、导致组织效率水平变化的一种方式。罗比（Robey）等认为，组织记忆是描述组织知识仓库的核心概念。

以上概念阐释强调了三点：历史性、知识价值与集体性。集体性有两层含义：一是这种知识被组织成员共同认可；二是组织记忆不随个人的离开而丧失。一项针对欧洲企业的调查显示，有一半的企业因失去关键员工而明显退步，43% 的企业因此造成客户或供应商关系受损，还有 13% 的企业因单个员工的离职而损失收入。可见，在这些案例中对组织有价值的个人知识没能以组织记忆的形式保留下来。

Moorman & Miner 认为，组织记忆以三种形式存在，较好地阐释了组织记忆的历史性、知识价值和集体性。①组织信仰、参考框架、价值和规范以及组织传奇故事等。这种形式的组织记忆是企业范围内的精神信仰与行为规范。②正式和非正式的行为惯例、步骤和手稿。其中正式的惯例包括标准的操作流程或管理、技术体系；非正式的惯例包括员工评价手稿时相互之间的作用。③组织的实际人造物品。例如，一家卡车生产企业的组织记忆体现在装备、工作程序和生产车间的布置上。在新产品开发企业中，"一个能够进行试验的角落""一个所有团队成员都能够在里面开会和交流的大玻璃房间"都是以实物形态存在的组织记忆。组织记忆是组织正常运转必要的保障。Walsh & Ungson 认为，组织记忆起

[一] 陈丽，韵江. 国外组织记忆研究：回顾与展望 [J]. 国外社会科学，2014（1）：53-61.

到三种作用：信息共享、控制和政策宣传。大量的研究表明，组织记忆最有力的影响在于行为指导。

13.3.2 组织记忆的分类

组织记忆本质上是知识，因此对组织记忆的分类主要从知识的性质和内容的角度考虑。○

1. 过程性组织记忆和陈述性组织记忆

第一种分类方法源于心理学的研究。对健忘症患者的研究发现，他们不能记住每天所发生的事情，他们在执行这些任务时的表现却很好。基于此类研究，人们提出了基于个人的"过程性记忆"和"陈述性记忆"。扩展到组织层次，则是"过程性组织记忆"和"陈述性组织记忆"。过程性组织记忆指完成任务相关技巧的记忆，它作为一种惯例存在于多个个人行为的模式和习惯中。首先，过程性组织记忆是企业在特定领域的一种技能，例如在新产品开发的背景下，它包括团队合作的管理、项目的里程碑、预开发项目的市场评估、产品的原型化、产品概念测试和产品上市中的技巧等。其次，过程性组织记忆是自发的和无法清晰表达的。例如，组织惯例就是一种过程性组织记忆。陈述性组织记忆则指事实、事件或命题等的记忆。例如，在新产品开发的背景下，它包括已有的对顾客偏好的累积知识、产品特征或何时使用产品定位的方法等。过程性组织记忆是交流的特定模式。与过程性组织记忆相比，陈述性组织记忆具有更广阔的应用范围，但它随时间的推移衰竭得也更快。

2. 文化类组织记忆和技术与业务类组织记忆

文化类组织记忆指组织发展过程中积累的精神财富，主要包括组织文化、组织气氛、组织核心价值观和理念等；技术与业务类组织记忆是指推动组织发展、维持组织正常运作的专门性的知识，包括技术、经验，还包括规范、流程等管理知识，这类知识以组织指挥与团队互动的形态展开，对保证组织及部门业务的开展起着重要作用。

3. 抽象的／具体的和描述性／命令性的组织记忆

这两个维度将组织记忆分为四类。埃里克·斯坦○将组织所拥有的科学技术知识划分为抽象的、描述性的组织记忆，将事件、人或输入／输出划分为具体的和描述性的组织记忆，将政策、机制、伦理、组划分为抽象的和规定性的组织记忆，而将规则、角色等划分为具体的和规定性的组织记忆。

13.3.3 组织记忆的结构

组织记忆的结构是指过去的知识作用于现有活动的方式，即信息的获取、保留和重新提取的方式及其影响。组织记忆的结构如图 13-1 所示，组织记忆的存储方式很大程度上会影响其重新提取。

○ 杨艳，吴贵生. 组织记忆文献综述：概念、分类和结构 [J]. 科学学与科学技术管理，2006，27（4）：144-148.
○ Stein E W. Organization Memory: Review of Concepts and Recommendations for Management [J]. International Journal of Information Management，1995，15（1）：17-32.

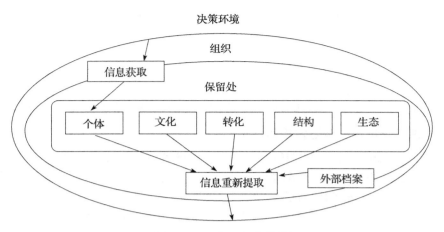

图 13-1 组织记忆的结构

资料来源：Walsh J P，Ungson G R. Organization Memory[J]. Academy of Management Review，1991，16(1):57-91.

Walsh & Ungson 认为组织记忆保留在五个地方：个体、文化、转化、结构和生态。另外，组织之外的档案也可以保留组织记忆。

组织中的个体基于自己的直接经验和观察，重新收集和整理组织所发生的事情。这些信息可能会被保留在他们的记忆仓库、信仰和价值观里面，即个人记忆是组织记忆的载体。同时，个人也会显著地影响新的组织记忆的来源，如果一个组织只知道开发利用一个人现有的技能而不能帮助他发展新的或互补的技能，个人知识的发展就会停滞。

组织文化嵌入了组织过去的经验，而这些经验又能够指导组织处理未来相关事务。

转化是企业运营中从输入（如原材料、新募员工）到输出（如完成的产品、熟练的员工）的过程。这一过程体现了企业的经营方式，标准的操作流程为组织与环境的相互作用提供了模板。

组织结构是组织内部个体彼此互动的结果，会产生超个体的社会记忆。通过组织结构就能够描述个体工作的差异性与分配情况，也能够反映出组织对环境的认知。组织实地布置或工作场所生态里隐藏着许多有用信息。

工作场所的生态有助于个体或组织行为模式的建立，并且有强化行为的效果。Cross 等人认为，组织记忆以五种形式保留：个人记忆、人际关系、数据库、工作流程和支持系统，以及产品和服务。同事在工作中相互交往产生信任，这种社会资本使得员工能够从同事那里获得关于未来发展的有益的帮助或建议。另外，通过密切的合作，同事能够互相了解对方的特殊知识和技能，这种了解使得员工在未来工作中能够寻找到合适的人选来获取信息。管理者有时假设人们会去通过数据库、政策和流程手册来获取信息，但实际上人们通常会通过关系网来获取信息和建议。人们从朋友或同事那里找答案的可能性比从其他信息来源找的可能性高 4 倍多。二者都强调了个人的作用，但前者更突出了组织结构、组织生态等组织设计上的表现，而后者则突出了人际关系的作用。

13.3.4 组织记忆的过程

有关组织记忆过程方面最具权威性的研究当属沃尔什等的研究。他们不仅详细分析了组织记忆的过程，还提出了组织记忆的存储结构，认为组织记忆的存储方式在很大程度上会影响其日后需要时的提取，并提出了包括五个信息存储库（个体、文化、流程、结构和生态系统)和一个组织外部的信息源(外部档案)的记忆存储系统。这一论点具有两大基本要素:保持的模式不同,决策信息保留的程度也不同;组织记忆并非存储于组织中的某个位置,而是分布于组织的不同部分。随后,斯坦重新解构了组织记忆的过程,将组织记忆过程划分为:获得、存储、维持和提取。阿贝克尔等也从知识获得、知识整合和知识提取这三个方面论述了组织记忆角度的组织知识管理过程。潘陆山等在总结前人研究的基础上,将组织记忆过程划分为获得、存储和提取三个阶段。

13.4 组织遗忘

13.4.1 组织遗忘的定义

科技的发展,使新知识的更新数量与更新速度无法测算,无论个体还是组织,都经常发现自己处于一种知识超载的状态。面对浩瀚的知识海洋中,个体面临"不知所措"的窘境。一方面,作为社会独立个体,需要不断地吸收新的知识来保持自身的不可替代性;另一方面,淹没在知识的海洋中,却不能迅速地找到所需的知识。知识转移手段的便利,导致个体在知识急剧增长的现状下,知识的获取也更加容易。"知识泛滥""知识垃圾"及"知识冗余"的观点也在悄然滋生。因此,组织如何有效"清洗"知识——实现组织遗忘(organizational forgetting)成为关注焦点。

帕比洛·霍兰(P. Holan)等在《管理组织遗忘》中,对知识管理中的组织遗忘做了系统研究,将组织遗忘按照新旧知识来源和遗忘是否主动这两个维度分为记忆衰退、无法捕获、忘却学习、规避恶习四大类,如表 13-1 所示。

表 13-1 组织遗忘的四种类型

知识类型 \ 组织遗忘类型	意外遗忘	主动遗忘
内置知识	记忆衰退	忘却学习
新知识	无法捕获	规避恶习

其中,组织主动遗忘分为两个方面:主动遗忘旧的过时知识(扬弃)和主动遗忘新的有害知识(规避恶习)。组织不能真正进行人脑如遗忘等那样的心智活动,组织主动遗忘首先要靠个体成员去主动遗忘,个体在很大程度上决定了组织主动遗忘的发生。

企业的主动遗忘过程可以从结构上分为两个层次。一是个体主动遗忘。主动遗忘首先要靠个体主动遗忘,在很大程度上决定了组织主动遗忘的发生。个体主动遗忘是指组织提供利于观点交流的环境,从而促进个体主动遗忘。学习和变化都是从不满或困惑开始的,创造性混乱可以被利用来产生张力激励组织成员进行主动变化。二是群体主动遗忘。知识管理包括知识创造、知识整合、知识共享三个主要方面,与此一致,群体主动遗忘从结构上可分为知识分离、知识分享、知识丢弃三个阶段。

组织对知识好坏的辨别是关键工作。组织学习最大的特点是以共享的知识基础为中心。组织遗忘与组织获取信息过程相反,它是组织从已有的知识库、组织记忆中丢失知识的过程,包含主动遗忘和意外遗忘。企业在进行主动遗忘管理的时候,最重要的工作便是对知识好坏的辨别。这种辨别主要建立在组织成员对企业精神文化和核心竞争能力的深刻认识理解之上。只有这样，他们才会有明确的衡量标准，借助自身的思维能力，正确辨别好知识和损害企业核心竞争力的坏知识，果断取舍。

13.4.2 组织遗忘的管理方法

对于不同的组织遗忘类型，有不同的知识管理方式。

1. 记忆衰退

一家公司会经常忘记那些存在于组织内部的内置知识，遗忘这些知识的结果只会降低公司的竞争力。一些有用知识如果不常用，这些知识会磨损。这些知识磨损表现为核心员工跳槽；已建立的良好工作关系的中断；重要文件遗失等。这种遗忘只会降低企业的竞争力。这些知识往往存在于公司中的不显眼之处，如某位基层员工脑子里一个有研发价值的想法。公司应尽量克服这类遗忘，首先应该知道其所存在的地方与方式；其次应将这类遗忘管理纳入公司战略之中，有专职负责且有足够权威的领导来管理这些知识，如 CKO 等。

2. 无法捕获

存在于组织间的知识联系是十分复杂的，正是这种复杂性导致由这些知识所产生的竞争优势是难以模仿的。对企业发展有益的新知识也能起到类似的作用，但是它们可能难以融入组织内部。新知识融入组织内部需要经过新知识严格编码与翻译并在组织内部扩散两个过程，但这两个过程会受到许多干扰因素的影响。加上组织内有价值知识总是分散在不同实体之间，掌握新知识的员工总是不愿意拒绝扩散知识，所以新知识是难以融入组织内部之中的。对于此，企业应该建立良好的员工激励机制，同时对知识库中的个人知识的使用情况做出统计和评价，使员工感到分享自己的知识能够为自己和企业带来回报，从而创造知识共享的氛围。

3. 忘却学习

忘却学习是指主动遗忘旧的过时知识，指组织能辨别已过时的知识，并将它们抛弃的一种工作方法。忘却学习就是企业有意将有些植根于企业内部的知识转移，忘却那些对公司发展无益甚至有害的知识。这与学习是一个相反的过程。在组织内部，过去的学习并非完全正确。即使在特定时期，组织的某种知识是积极正确的，但是随着时间推移和需求转变，紧密扎根在组织文化中的学习就很有可能从有用的向导的角色转变为阻碍组织前行的绊脚石。在遇到这种情况的时候，组织必须对过去观察和办事的方式提出质疑，并且果断将不利的知识抛弃，及时进行新知识的补充和更新。尽管组织不具备个人那样的思维模式，但是它同样可能学习到其反作用的知识，例如，不良的企业文化或者是较为落后的惯性行为。公司必须辨别出有用的知识和可能有害的习惯之间的区别，并设置相应的体系，确保组织记忆库当中没有这些恶劣知识的存在。

4. 规避恶习

学习并不总是好事情。它是一柄双刃剑。公司不仅可以学到增加竞争优势的知识，也可以学到一些削弱公司竞争力的知识。如何学习正确的知识才是最为重要的。对一个组织来说，最大的挑战之一就是如何从失败中获得正确的教训。公司可能缺乏对失败原因真正的思考，错误地归结他们的失败原因。福特公司将 20 世纪 30 年代 T 形车的失利简单地归

⊖ 晏国祥. 组织遗忘管理 [J]. 经营管理者，2005（2）：39-41.

结于福特公司在制造小型汽车上能力的欠缺，而事实上，其长期奉行的低成本战略才是其失利的真正原因。这种思维一直深植在福特公司的组织上下，正是这种思想制约福特对失利的深层原因的反思。当公司取得成功时，成功的经验也往往难以被正确地感知。公司领导可能会错误地把并不是成功的因素归为成功的因素。例如，奢侈品牌GUCCI早期在时尚之外的产业成功地进行了品牌延伸，使公司高层不断地在各领域进行品牌扩张。钢笔、咖啡杯都印上了GUCCI标志。可时至今日，GUCCI也没能缓过气来。

13.5 数字化时代的组织学习

数字化时代的到来改变了组织的运行模式和效率，组织在成长与发展过程中面临着更为复杂和动态的外部环境，与此同时，组织内外部充斥着多元化的知识与信息，不论从主动式学习还是被动式学习的角度来看，在数字化时代组织学习都有着非常重要的意义。互联网时代的到来加剧了组织外部环境的动态性和复杂性，同时互联网所带来的知识爆炸和信息爆炸又使得组织内外部充斥着大量的知识与信息，这会成为重要的学习资源，互联网工具的应用也将改变传统组织学习的效率和模式，因此在互联网时代，组织学习过程产生了深刻的变革。互联网时代对组织学习的影响主要从以下四点展开。⊖

13.5.1 互联网时代带来了巨大的组织学习压力

罗珉和李亮宇（2015）指出在互联网时代，基于供给的传统价值链遭到前所未有的破坏和变革，而以需求为导向的互联网商业模式和价值创造过程逐渐成为主流。互联网时代的到来改变了企业组织与外部环境的互动模式，边界模糊、混沌、不确定性、去中心化等成了新的特点，互联网时代中企业所面临的外部环境更加具有动态性和复杂性，组织必须通过学习来适应这种动态复杂性。从被动式组织学习角度来看，组织在发展过程中面临着诸多问题，特别是外部环境动态性和复杂性所产生的问题，因此互联网时代改变了组织的外部环境属性，也加剧了组织学习的紧迫性。

13.5.2 互联网时代带来了丰富的组织学习资源

在互联网时代，知识和信息的更新速度加快，组织内外部充斥着各种各样的多元知识与信息，这从客观上为组织学习提供了大量的学习资源和条件。从Huber（1991）的组织学习过程模型可以看出，主动式组织学习方式的基础就是知识获取，而知识获取的前提是较为丰富的知识资源和获取知识的手段，互联网时代是知识爆炸时代，同时互联网工具的应用也加速了成员获取知识的速度，因此互联网时代的知识与信息会成为丰富的组织学习资源与基础。

13.5.3 互联网时代改变了组织学习效率

郝聚民（2014）指出互联网思维下学习会呈现出快速学习、即时学习的特点，这源于在互联网时代对各种学习工具的利用，会加速成员对知识的收集、整理与意义赋予，如何在多元知识中找寻符合自己领域的知识体系，并有效地进行知识分配和利用，成为互联

⊖ 徐宁. 互联网时代下组织学习机制构建：以联想复盘式学习模式为案例 [J]. 中国人力资源开发，2016(24):58-62.

时代组织学习的关键问题,而移动互联及网络的发展为知识共享与传播提供了很好的条件,因此从对知识的处理上可以看出,互联网时代推动了组织学习效率的提升。

13.5.4 互联网时代改变了组织学习模式

正如前文所讲,互联网时代爆炸式的知识与信息增长给企业带来了丰富的学习资源,但同时也需要意识到,任何个体都不能有效地全面掌握所需知识和信息,在面对复杂、大量、多变的问题时,个体的智慧是明显不够的,因此在互联网时代,团队学习成为一种更为主流的学习模式,通过团队学习对复杂多变问题进行处理,才能有效提升组织学习的效率。

本章回顾

组织学习有适应型学习、自主型学习、经验型学习和转换型学习等学习类型。组织学习的过程可以划分为学习准备、信息交流、知识习得与实践、转换与整合、负责与认可这五个阶段。

学习型组织是指善于创造、获取和传播知识,并以新知识、新见解为指导,勇于修正自己行为的一种组织。创建学习型组织需要在个体和群体层面同时展开。在个人层面上来说,企业应该促使员工的学习方式从被动式灌输向自主学习转变,同时应关注影响员工自主学习的组织因素和个人因素,并采取措施加以积极干预。在群体和团队层面上,要注重对团队的授权,强调以任务为核心,营造平等、信任、注重交流的团队氛围以及实现团队人与角色的和谐一致。组织都存在智障,通过五项修炼可以推动学习型组织的创建,五项修炼分别是:实现自我超越、改善心智模式、建立共同愿景、开展团体学习和进行系统思考。

组织记忆是组织将过去的知识运用于当前活动、导致组织效率水平变化的一种方式。组织记忆包括五个信息存储库(个体、文化、流程、结构和生态系统)和一个组织外部的信息源(外部档案)的记忆存储系统。

根据组织遗忘的性质和知识的性质,组织遗忘可分为记忆衰退、无法捕获、忘却学习、规避恶习四大类型。

数字化时代的到来改变了组织的运行模式和效率,对组织学习的过程产生了深刻的变革,主要带来了巨大的组织学习压力、丰富的组织学习资源并改变了组织学习效率和组织学习模式。

关键术语

知识管理(knowledge management)
组织记忆(organizational memory)
组织遗忘(organizational forgetting)
组织主动遗忘(organizational intentional forgetting)
组织学习(organizational learning)
学习型组织(learning organization)

自我超越(personal mastery)
心智模式(mental models)
共同愿景(shared vision)
团队学习(team learning)
系统思考(systems thinking)

课堂讨论

1. 互联网作为工具能为组织的知识管理提供哪些帮助?

2. 描述组织记忆、组织遗忘与组织知识管理的关系。

3. 从组织层面上来看，可以采取哪些具体措施加强员工个体的学习？
4. 领导者一方面是学习的个体，另一方面又是企业组织学习的带领者和推动者，作为领导如何平衡和把握这两种角色？
5. 学习型组织鼓励质疑，但是质疑过程所导致的思维混乱和不统一会影响到组织的正常运转，如何避免创建学习型组织的过程中将企业带入无序的境地？

团队练习

将全体学员分为3～5人的小组，每一小组指定一位成员为发言人，向全体学员陈述本小组的发现。练习的情节如下。

你们是一个监督小组，负责指导生产工人如何操作一个新的、电脑控制的生产程序。这一新的程序要求员工以小团队的形式工作，每一团队成员的绩效将影响到整个团队的绩效。在这一主要的变化之前，员工不是以团队的形式工作的，而从事简单的、重复性的任务，这些任务只需要很少的技能。

操作这一新的生产程序要求员工学习新的技能来从事他们的现今更加复杂的工作，他们最近在教室接受正式的培训并在团队中接受在职指导。一些员工对变革的反应很好，他们在培训和指导中做得很好，工作中也达到了团队的期望。另一些员工发现要适应工作的变革和协作很困难，他们已经放慢了学习必要的新技能的步伐。而且，有报告显示有些团队中的成员之间有严重的冲突。结果，团队的整体绩效受到影响并且低于期望。

作为监管小组，你们有责任保证向新生产程序的平稳过渡，保证生产团队的高绩效，请完成以下任务。

（1）基于可控行为调节规则开发一个行动计划来促进学习和高团队绩效。详细说明可控行为调节技术（正强化、负强化、惩罚和消失）可以用来促进团队成员的学习需求行为，使他们很好地在一起工作和追求高的绩效水平。

（2）基于社会学习理论规则（替代学习、自我控制和自我效能）开发一个行动计划来促进学习和提高团队绩效。详细说明社会学习理论为何能够用来促进团队成员的学习需求行为，使他们很好地在一起工作和追求高的绩效水平。

（3）决定是否要将你所开发的两个行动计划结合起来以促进最有效的学习的产生。解释为什么这样做或为什么不这样做。

网络练习

许多企业都将组织学习的任务交给公司培训部门来完成，但是随着商业环境的日益动态和复杂，这种培训方式很难有效地帮助公司提升学习能力。中国移动通信集团广东公司开发了一种新的组织学习方式——行动学习法，该案例已收录于《哈佛商业评论》案例库。行动学习法主要分为四个阶段：培训设计、知识学习、项目实施和总结评估。登录中国移动广东分公司的网站 http://www.gd.chinamobile.com 和哈佛商业评论网站 http://www.hbrchina.org，看看它们是如何开展组织学习的。

自我测试　　心智水平与环境适应能力的测评

你是否知道如何在确定或不确定的环境中最好地适应组织？回想一下在你作为学生、雇员、正式或非正式领导的时候，你是如何行动的？请判断下列陈述是否符合你的情况。

1. 我经常对数据的解释或者事件发表评论。

2. 即使在有压力的工作中，我也能欣然接受其他人的不同观点。

3. 我很重视参加公司（学校）的活动。

4. 我鼓励其他人表达不同的想法和观点。

5. 我会问一些"愚蠢"的问题。

6. 即使面临工作任务期限的时候，我也喜欢听新的意见。

7. 我会向我的老板、同事（老师、同学）表达有争议的观点。

8. 我会提出一些改进自己和他人做事方法的意见。

计分：认为基本符合题项描述得1分，认为不符合得0分。总分少于5分，说明你的心智水平适合稳定环境中的组织，而非不稳定环境中的组织；总分在5分及以上说明有较高的心智水平，更容易适应不确定环境中的组织。

解析：在高度不确定环境中的组织，每一件事情都在变化，心智水平的成熟和提高对专业人员和管理者来说意义重大。在稳定的环境中，组织将会更"机械"，一个没有成熟的心智模式的管理者也可以表现得很好，因为所有工作都可以按照传统方式完成。在不确定的环境中，每一个人必须有新的思考、新的想法和新的工作方式。在本练习中，较高的分数说明了较高的心智水平，更适合在不稳定的环境中的组织中工作。

案例分析　　海尔大学

作为一家全球领先的美好生活解决方案提供商，在网络化时代，海尔从传统制造企业，转型为共创共赢的物联网社群生态，率先在全球创立了物联网生态品牌。上承海尔集团的发展战略，海尔大学在当下的物联网时代，也在不断进行共创知识平台的探索实践。海尔集团信奉"人的价值第一"，让每个有创业创新精神的人都能成为自己的CEO。据此，海尔大学颠覆传统线性培训体系，创新了"自组织、自学习、自迭代"的学习自演进模式，搭建了场景化、数字化、智慧化的线上学习交互平台，聚焦于知识资源的共创共享。

自组织：从封闭到开放

学员参与设计、资源共享、自发组织，即"自组织"。

从前的培训是企业组织、单向学习，企业负责培训规划、寻找资源、组织实施、评估反馈，学员单方参加学习。现在，在海尔大学，由学员参与设计、多向学习，体现的是用户思维。这就破解了"单向链接"的难题——从封闭到开放，学员参与设计、资源共建，找准培训中的刚需、高频、痛点内容。

学员自主组织学习活动，共创学习价值。以微课大赛为例，2017年，海尔大学的学员自发组织并共创学习内容，产出1 300门微课，全部沉淀到海尔大学学习平台上，全体创客可登录学习。在2018年的微课大赛中，海尔大学更进一步将活动做成了"平台"，链接海尔生态圈和多方资源，进行知识的共创共享。海尔大学聚焦于知识体系沉淀、样板案例萃取、学习生态营造、创客情感链接。由于此前的项目效果显著、口碑良好，本次微课大赛吸引了5大平台、14个产业的创客抢入，通过分赛场的形式共创微学习体系14套，产出微课近3 000门，实现小微模式复制和创客个人升级。

在学习项目实施过程中，海尔大学会发起学习官的抢单活动，即学员抢单成"学习官"，采用轮值班委制，自主运营学习项目。以2017~2018年小微训练营为例，有三种"学习官"供学员抢单。

- 学习路线官：负责项目学习需求的调研、学习内容的规划。
- 学习鉴定官：负责学习内容的提炼、学员问题的收集。
- 学习实践官：负责学员学习成果的收集、成功案例的推广应用。

在此过程中的项目启动、课程通知、作业收集、效果评估等环节，都由学员自主自发实行。这让学员充分参与了学习项目的设计和实施，直观地显示为出勤率的提高。参与感和主人翁意识提升之后，学员也会主动分享案例和内容，组织困惑问题的研讨。

海尔大学打造的生态社群共创项目，会与小微项目团队事前锁定目标、签订对赌协议，约定分享收益。项目引入了"创新创业商数测评"机制，对"酒知道""果蔬机"等创业团队进行认证显差，显示学员在突破常规、创意落地能力方面存在的差距。同时，项目中，海尔大学据此定制社群共创方案，通过升维学习、工具导入梳理、资源对接等，助力学员实现认知观念迭代、路径创新升级和并联协同共创。通过生态社群共创项目，海尔大学帮助创业团队优化项目商业模式、明确关键运营指标、优化用户使用体验、提升终端动销，帮助"酒知道""智能照明""食材净化"等5个小微项目连续6个月达成业务对赌目标，实现销售收入4 022万元。

自学习：从静态到动态

借助场景思维，海尔大学实现了按需定制、快速迭代、制造场景。过去的培训是标准课程实施，现在的培训则是创造个性化的体验。这体现的是"场景思维"，破解了"供需分歧"难题——实现从静态到动态。

海尔大学深耕培训领域，为全员提供线上智能场景化解决方案。运用个性化小数据，如用户的人员属性、测评结果、专业领域、工作经验、兴趣爱好、业务数据等，可形成用户画像。通过人员标签、课程标签进行匹配，可以保证每一门课程都有明确的定位，有助于精准解决问题。目前，海尔大学已按照18个族群、112个序列，形成了工作经验、专业经验、行业经验、人才发展路径等284个标签。据此，海尔大学可将适合的学习资源，实时推荐给需要的学员，让每一个学员都能按需学习。

海尔大学结合小微项目实际经营问题，设计场景，搭建智囊小组，运用量子说五步法，为创业团队提供场景化方案，解决实际经营难题。这是基于海尔"人单合一"管理理念提炼的，适应网络时代的战略管理工具。工具从用户场景切入，通过协助用户找到用户价值、制定有竞争性的战略、打造开放的人力资源、预赢优化、价值共享五个步骤，帮助小微项目实现企业战略全流程管理。

自迭代：从线性到非线性

通过学习体系和学习形式的自迭代，海尔大学的组织学习实现了从线性到非线性的转化。立体、网状、动态的思维方式，强调自发与多元化的迭代执行方式，共享共治、强调跨界合作的组织方式，构成了海尔大学的"非线性"特征。

海尔大学创造性地提出了"非线性火焰动能模型"。过去，企业对学员能力的要求是"指令，胜任现岗"；现在，企业对学员能力的要求是"自发，既要胜任现岗又要胜任未来"。非线性火焰动能模型破解了"迭代被动"的难题——实现从线性到非线性，学员的学习资源、能力画像实现自主迭代，共创增值、各方受益。非线性火焰动能理论是指为适应不断快速变化的外界环境，组织中的个体从内到外动态更新自己的核心能力。该理论用火焰代表人的能力变化，包含三部分。

- 焰心自驱力：人的内在动机。
- 内焰认知力：解决动态环境问题的能力。
- 外焰实践力：在实际工作中提升的能力。

海尔大学将火焰动能理论作为人单合一模式下，单人匹配的创客画像构建的理论依据，依托创客单人的能力数据、绩效数据、动态迭代能力项及能力标准，以实现学员画像动态化、测评认证场景化、学习赋能智慧化。

以小顺商学院为例。

海尔大学于2017年正式成立了小顺商学院且挂牌，承接国家聚焦乡村振兴、海尔触点网络建设的战略，成为农民创业的赋能平台和政府双创的帮手，通过学习形式的自发迭代，吸引相关方共创价值。

小顺商学院的学习形式，经历了三阶段自主迭代。

第一阶段，知识共创。海尔大学链接行业资源，赋能于学员进行经验提炼和分享，帮助更多学员掌握生态产品知识，培养了学员创造更高收入的能力。

第二阶段，体系迭代。海尔大学组织线下训练营，学员通过学习和实践实现了个人升级，产生了更多的新榜样，迭代了现有的知识体系，提升了学员的社群经营能力。

第三阶段，品牌吸引。海尔大学对课程和模式进行优化升级，围绕打造生态品牌，吸引了银行、种子、化肥、日化、光伏、酒水等资源方蜂拥而至，共创共享。

目前，小顺商学院已在全国20多个县域赋能了数千农民创业。

资料来源：微信公众号：海尔大学（ID：Haier_university）2019年3月11日文章"学习自演进？看海尔大学如何探索"。

提示问题：

1. 自组织、自学习、自迭代分别有什么内涵？
2. 这样的学习模式有什么优势？
3. 本案例给新时代的组织学习带来了哪些启示？

网站推荐

1. 杭开集团官方网站：http://www.hkjt.cn/
2. 学习型组织与企业：https://www.cnblogs.com/wintersun/p/5349360.html

微信公众号推荐

1. CKO学习型组织网：chinacko
2. 学习型中国世纪成功论坛：v2099v2099
3. 知识管理中心KMCenter：KMC-enter
4. 知识管理论坛：zsgllt

参考文献

[1] 陈建东. 知识管理理论流派初探[J]. 中国科技论坛，2007(2):94-97.
[2] March J G, Simon H A. Organizations [M]. Oxford: Blackwell Business, 1958.
[3] Argyris C, Schon D. Organizational Learning Ⅱ: A Theory of Action Perspective [M]. Massachusetts: Addison-Wesley, 1996.
[4] 杰里W吉雷，安·梅楚尼奇. 组织学习、绩效与变革：战略人力资源开发导论[M]. 康青，译. 北京：中国人民大学出版社，2005.
[5] Garvin D A. Building a Learning Organization [J]. Harvard Business Review, 1993, 71(4):78-91.
[6] 姜伟东，叶宏伟. 学习型组织：提高组织的学习力[M]. 南京：东南大学出版社，2003.
[7] Warkins K E, Marsick V J. Sculpting the Learning Organization: Lessons in the Art and Science of Systematic Change [M]. San Francisco: Jossey-Bass, 1993.
[8] 俞文钊. 管理的革命：创建学习型组织的理论与方法[M]. 上海：上海世纪出版集团，2003.
[9] 陈丽，韵江. 国外组织记忆研究：回顾与展望[J]. 国外社会科学，2014(1):53-61.
[10] 杨艳，吴贵生. 组织记忆文献综述：概念、分类和结构[J]. 科学学与科学技术

管理，2006，27(4):144-148.

[11] Stein E W. Organization Memory: Review of Concepts and Recommendations for Management [J]. International Journal of Information Management，1995，15(1): 17-32.

[12] 晏国祥. 组织遗忘管理 [J]. 经营管理者，2005(2):39-41.

[13] 徐宁. 互联网时代下组织学习机制构建：以联想复盘式学习模式为案例 [J]. 中国人力资源开发，2016(24):58-62.

[14] 罗珉，李亮宇. 互联网时代的商业模式创新：价值创造视角 [J]. 中国工业经济，2015(1): 95-107.

[15] 郝聚民. 互联网思维下的七大学习领域新趋势 [J]. 中国人力资源开发，2014(8): 91-97.

第 14 章 新型组织的兴起与发展

学习目标

1. 了解新型组织结构的类型
2. 掌握组织形态的发展趋势
3. 思考组织形态发生变化的原因

引例　　　　　　　京东：打造新型组织

伴随着新的零售革命来临，基于对趋势的洞察和未来战略的思考，京东总结出组织管理面临的两大挑战：组织从管理驱动到价值驱动；组织能力需要重构与升级。从未来的挑战出发，京东首次对外发布组织变革的三大核心举措：建立客户导向的网络型组织；建立价值契约的钻石形组织；建立竹林共生的生态型组织。

客户导向的网络型组织

京东从客户导向出发，通过搭建平台架构、开放任务市场，将组织内的管理关系从单一的垂直关系转变为有更多利益相关人加入的网状关系。每个员工个体周围都会有一张网，网络越密集，说明个体被需要的场景越多。搭建平台架构基于客户导向重新梳理内部职能分工；前台部门快速响应和满足客户个性化需求；中台通过组件化和模块化，解决共性需求，提炼和输出核心能力。开放任务市场是将客户需求从工作拆解为任务，鼓励员工自由组队，以任务团队身份承接并完成任务需求，获得评价和奖励。京东认为，客户导向的网络型组织需要具备授权前移、灵活组队和网状评价三个基本特征，并配套建设了授权赋能的管控机制、内部结算机制、网状评价的信息平台以及配套的考核激励机制。

价值契约的钻石形组织

钻石形组织是通过塑造有独特 DNA 的文化，把具有共同价值观的人才吸引到一个平台上，不断扩大平台的价值，提供高速发展的空间，帮助人才拓展能力发展的广度和深度，从而建立兼顾法律契约和心理契约、共创个体价值和组织价值的价值契约型组织。钻石型组织倡导通过组织价值和个体价值的共创，促进整体价值的放大与升值；从传统雇用关系用法律方式约束，到通过心理契约、价值认同关系把人才凝聚到一起。如同钻石"纯粹、透明、坚韧、持久"的特征，京东希望成为值得人才信赖的组织，让人才有归属感。钻石需要不断打磨才能耀眼，京东也要像钻石一样成为一个持续进化型的组织。

竹林共生的生态型组织

京东认为，面对时代和行业趋势的挑战，仅靠组织内的资源是远远不够的，组织之间的共生共创尤为重要。"森林生态强调个体的发展，是同生；竹林生态则根系盘根错节、相互交织，更强调组织与个体、组织之间共同发展，是共生。共生具有开放、赋能、共创，包容性增长（inclusive growth）的特点，价值和影响远远超过同生，京东希望建立的是竹林共生的生态型组织。"京东原人力资源总监隆雨说。京东希望通过打通组织内外部的连接，推动资源、能力与人才的开放与赋能，以及生态伙伴之间的价值共创，从而实现极致提升客户体验的目的。

京东希望与生态伙伴携手共建人才生态联盟，定向开放优势资源，相互赋能，共同探索在人才培养和人才健康流动等方面需要采取的创新举措，共同建设生态伙伴之间人才共生共创的平台。作为联盟的发起者，京东将非常有诚意地率先开放内部的优势资源，隆雨介绍说。联盟将以"正道成功"为核心价值观，以"开放、赋能、共创"为宗旨，倡议具有共同价值观的生态伙伴加入，共同建设竹林共生的人才生态。

资料来源：隆雨. 三大核心举措落实京东组织变革 [EB/OL].(2017-10-12)[2019-11-05]. http://www.china10.org/xwpd/psubject_1249_9479.html.

14.1 生态型组织

生态型组织（ecological organization）是在现代信息技术发展的背景下，企业适应快速变化的、复杂的市场需求的产物，是一种新的组织形式。生态型组织是组织管理在市场经济"阶段的产物，生态型组织希望的结果是快速响应外部市场需求、资源要素自由有效配置，内部利益交易、决策精准、创新不断涌现。过去传统组织管理则是组织管理的"计划经济"阶段。在管理学中，生态型组织属于弹性结构的一种，其基本特性是流动性大，规章很少，鼓励员工组成工作小组开展工作及大幅度的分权。目前，关于生态型组织本身的研究还较少，现有研究只是指出组织应该通过生态进化保持持久的活力与生存，对于如何实现这一目的则鲜有研究。不过，随着组织管理理论的发展，打造生态型组织已经成为一种趋势。

14.1.1 生态型组织的定义

组织生态理论的研究以达尔文的自然选择观为基础，将生态学的理论移植到对组织的分析之中，在其研究发展中逐渐融入了经济学、管理学的分析，它是20世纪70年代以后从社会学发展起来的一种新的组织理论。公认的组织生态学开山之作是迈克尔·汉南（Michael T. Hannan）和约翰·弗里曼（John Freeman）在1977年发表的论文《组织种群生态学》。从种群生态学开始，当代组织理论越来越强调组织与环境之间的密切关系，强调组织与环境的不可分离性，组织的顺利发展取决于它对环境的准确掌握和及时的自身改造，而这些特点都与自然生态系统中生物与环境的关系极为相似。因此，组织的生态化成为研究的热点，出现了生态型组织的概念。不过，目前在生态型组织的概念方面尚缺乏一个公认的、令人满意的解释。较为广泛地，生态型组织可以被定义为：基于相似系统工程和生态系统的自然原理，使组织能够按照自然生态系统的机能运作的这样一种新型组织形式。在这里，组织如同一个生物有机体，多样化企业组织群体具有生物群落的特征。生态型组织能够不断地进行自学习、自组织、自进化以及对知识的创新，并具有对复杂环境的快速响应能力。理想的生态型组织就如同自然界中的最高智能生物——人，它具备极强的自主学习能力，从而能够创造性地适应环境，实现组织的生态进化。

14.1.2 生态型组织的特征

生态型组织所竞争的核心资源是知识资源而非自然资源。在现今高度知识化的社会环境中，学习成为组织生存发展的唯一手段。只有通过学习才能形成知识的运用与创造机制，进而通过自组织、自重构发展组织进化和适应环境的核心能力。如同自然生态系统中的要求一样，一个有机体要想生存下来，就必须满足学习的速度等于或大于其所处环境变化的速度。只有通过学习才能形成创造力，只有创造性的组织才能占据生态系统的上层。创造性的组织必然是具有极强学习能力的组织，只有通过学习才能形成创造力，也才能真正形成一个具备高度智能化的、具有自适应能力的生态型组织。因此，生态型组织天然就应具有快速学习的能力。

不过，作为一种新的组织形态，生态型组织具有不同于学习型组织的新特点。这些特点主要表现在以下三个方面。

（1）学习。生态型组织虽然也强调学习的重要性，但是生态型组织学习的目的不仅仅是适应快速变化的环境。生态型组织超越了对环境的适应，其学习的目的是进化。根据自组织理论，这种进化不是对环境被动的适应，而是组织内部各子系统协同作用的结果。

（2）组织生态位。生态型组织强调组织必须发展与其他组织不尽相同的生存能力和技巧，找到最能发挥自己作用的位置，也就是要找准组织生态位。组织生态位是一个多维的概念，由时间、位置和可用资源三个变量决定。其中，组织生态位的位置变量既包括组织市场所处的地理位置，又包括组织在价值链和组织生态系统价值网中所处的环节位置。通过确定组织生态位实现不同组织间组织生态位的分离，不仅减少了组织间的竞争，更重要的是为组织间功能耦合形成超循环，为实现自组织进化提供了条件。

（3）自组织。自组织是生态型组织的重要特征。如果一个体系在获得空间的、时间的或功能的结构过程中，没有外界的特定干涉，就说该体系是自组织的。创建条件在生态型组织内部形成并保持自组织是生态型组织学习的根本目标，只要生态型组织内部存在自组织，那么生态型组织就能实现更快速地学习、自适应、进化和变异等。

生态型组织是一种未来的组织模式，生态化反映了组织演化的趋势。虽然在实践中严格意义的生态型组织还未出现，但近些年来，有关学习型组织，组织的柔性化、网络化的探索实践等，都表明企业组织已出现明显的生态化端倪。例如，阿里巴巴正朝更生态化的组织形态转变，从原来的金字塔结构变成一个更生态型的组织。企业走向生态化的探索为生态型组织与组织生态化的理论研究提供了较为充分的实证基础。

14.2 平台化组织

阿尔弗雷德·钱德勒说工业资本主义时代的原动力是规模经济与范围经济。那么，现在互联网时代的原动力是什么？答案就是，平台。全球最大的综合性品牌咨询公司Interbrand每年都会评选"全球最佳品牌"，而苹果、谷歌和亚马逊是近几年品牌价值增长最快的公司。在最好的31家公司中，有13家是平台化企业，它们都拥有自己的生态系统，另一些互联网企业则受平台企业的严格制约。这只是商业趋势的一隅。放眼世界，不管是在中国、俄罗斯还是拉丁美洲，平台化企业都是占优的。全球企业前五强有三家是平台化企业。这种形式的企业的优势在于10年里的发展是平稳上升的，而且越来越显著，挤占了诸如能源、金融等传统企业的领先位置。如今，在整体经济下行、企业内涵式增长愈发受限的经济背景下，越来越多的大中型企业开始思考利用平台化战略在企业内部进行二次创业，帮助企业突破增长乏力的困局。例如，国内户外领导品牌——探路者已经开始启动平台化组织变革，探索员工合伙创业。

14.2.1 平台化组织的定义

平台化战略改造是将原本科层明确、封闭的组织体系（运作）向扁平化、开放的平台生态系统转变，平台内的员工、合作方都成为平台上的资源整合单元。平台上的各个单元可选择对自己最有利的平台合作伙伴或资源支持。同时，平台具有灵活性，可以有效激发平台上单元、个体的积极性，从而能够迅速扩大平台的规模和影响力。与传统的企业组织强调科层管控不同，平台化组织（platform organization）强调扁平、灵活和协同。

14.2.2 平台化组织的特征

平台化组织将给企业带来新的竞争优势，包括：通过低成本试错进行快速创新，敏捷应对市场和环境的变化；易于扩大规模和实现业务的迅速增长。基于丰富的组织管理知识，结合针对多家行业公司的访谈成果，波士顿咨询公司（BCG）发现并提炼出了平台化企业组织的四大重要特征：数量众多且规模较小的自主型前端、大规模支撑平台、多元的生态体系，以及自下而上的创业精神。

- 数量众多且规模较小的自由型前端一般由跨职能部门的人员组成；在被赋予自主权的同时，也承担全部或部分盈亏。
- 大规模支撑平台建立标准且简洁易用的界面，使每个职能模块化；形成资源池，便于资源共享；根据业务发展需求，形成新特色及新能力，如大数据分析、机器深度学习和创新辞典等。
- 多元的生态体系，使体系内的企业能够互相影响，协同治理，相互合作，进而为创造更大的价值提供可能性。
- 自下而上的创业精神体现为：项目、产品、创意等由小前端启动；平台使用风险投资型机制和内部自由市场机制来配置资源；领导层不再进行事无巨细的管理，而是给予更多的授权。

未来组织最重要的功能将是赋能，而不再是管理或激励。基于这一认识，通过对阿里巴巴等复杂、巨型的互联网平台的研究，阿里研究院也于近年提出了"大平台＋小前端＋富生态＋共治理"的分析框架，以及"云端制""从'公司＋雇员'到'平台＋个人'"等直观的表述，与 BCG 的这一研究形成了相互印证。

14.3 无边界组织

无边界组织是借助信息技术对传统组织结构的创新组织形式。通用电气前任董事长兼 CEO 杰克·韦尔奇先生这样描述无边界的理念："预想中的无边界公司应该将各个职能部门之间的障碍全部消除，工程、生产、营销以及其他部门之间能够自由流通，完全透明，一个无边界公司将把外部的围墙推倒，让供应商和用户成为一个单一过程的组成部分。"尽管公司体积庞大，企业各部门的职能和界定仍旧存在，仍旧有位高权重的领导，有具备特殊职能技术的员工，有承上启下的中层管理者，但可以通过减少公司内部的垂直界限和水平界限，消除公司与客户及供应商之间的外部障碍，组织作为一个整体的功能远超过各个组成部分的功能。

14.3.1 无边界组织的定义

无边界组织是指其边界不由某种预先设定的结构所限定或定义的一种组织设计。传统的企业组织结构里面一般包括四种边界：垂直边界、水平边界、外部边界和地理边界。垂直边界是指企业内部的层次和职业等级；水平边界是分割职能部门及规则的围墙；外部边界是企业与顾客、供应商、管制机构等外部环境之间的隔离；地理边界是区分文化、国家和市场的界限。不过，除了上述四项，无边界组织还需要打破心理边界，实现知识共享。在今天的环境中，组织要最有效地运营，就必须保持灵活性和非结构化。无边界组织力图取缔指挥链，保持合适的管理跨度，以授权的团队取代部门。无边界组织是以计算机网络化为基础，强调速度、弹性、整合、创新为关键成功因素的一种适应环境快速变化的组织，完全不同于传统的组织思想占统治地位的官僚组织，如表14-1所示。

表14-1 传统官僚组织与无边界组织的比较

组织特性	传统官僚组织	无边界组织
外部环境	简单、稳定	复杂、快速变化
成功关键因素	规模、职责清晰、专业化和控制	速度、弹性、整合、创新
开放性	较为封闭，难以对环境做出有效反应；通过选择环境来减少不稳定性	较为开放，能接受环境变化并具有对环境的反应能力
结构的稳定性	倾向于固定不变，组织结构的刚性较强	弹性、动态性及多样性，具有持续适应新环境的能力
协调方式	硬性协调方式	"软硬结合"的新型协调方式
任务与职能	通过组织	根据有关的情况以及彼此之间的期望值等随机性说明
程序与规则	具有多而具体的正规的成文性规定，且严格按规定程序和规则行事	成文性规定较少且往往是非正式的
决策方式	集权式，集中于高层	分权式，分散于整个组织
权力结构及来源	具有集中的、等级的权力结构，权力来源于职位	分散的、多样化的权力结构，权力来源于知识和专门特长
活动的差异性及专业化	专业明确的、互相孤立的职能和部门	工作丰富化和工作扩大化，通常或有时为重叠的活动
活动的正规性	在刚性结构的基础上具有更多的正规性	在弹性结构的基础上具有较少的正规性

资料来源：刘巨钦，等．现代企业组织设计[M]．上海：上海三联书店，2007．

14.3.2 无边界组织的特征

无边界组织并不意味着企业原先各界限的完全消失，而是将传统企业中的四种边界模糊化，形成像"隔膜"一样的新边界。通过组织协调，提高整个组织的信息传递、扩散和渗透能力，实现信息、经验与技能的对称分布和共享，实现激励创新并提高工作效率，使各项工作在组织中顺利地开展和完成。无边界组织将传统组织中的边界模糊化形成了"隔膜"，虽然"隔膜"能使组织具有外形和界定，但信息、资源、构想及能量能够快捷便利地穿越组织的"隔膜"，促进各项工作在组织中顺利展开和完成。

1. 打破组织的垂直边界，实现组织的扁平化

垂直边界主要是传统的金字塔式组织结构引起的内部等级制度，组织按各自的职权划分为层层的机构，各个机构都界定了不同的职位、职责和职权。无边界组织实质是组织扁平化的过程，它突破了这种僵化的定位，权力下放到基层，让对结果负责的人做出决策；职位让位于能力，绩效突出者能获得较高的报酬。在无边界组织中，各个层级之间是互相渗透的，能够最大限度地发挥各自的能力。

2. 打破组织的水平边界，组建多功能团队

由于各职能部门都依据自身职能的特点行事，往往会与其他部门发生矛盾和冲突。无边界组织则要突破各个职能部门之间的边界，真正使计划、生产和销售等各部门连为一体，形成统一的系统。这正如杰克·韦尔奇提出的，"应该将各个职能部门之间的障碍全部消除，工程、生产、营销以及其他部门之间能够自由流通，完全透明。"

3. 打破组织的外部边界，实现企业集群化、虚拟化经营

无边界组织把外部的围墙推倒，让企业与供应商、顾客、竞争者、政府管制机构、社区等外部环境融合，成为一个创造价值的系统，真正做到为顾客服务。这一过程中包含了供应链管理、战略联盟管理、虚拟化经营及网络化管理四大部分内容。

4. 打破组织的地理边界，实现跨国公司组织

地理边界的存在往往使得新方法、新思想局限于跨国公司的某一市场或区域内而难以传播。而在无边界组织中，跨国公司的地理边界慢慢被打破，不同国家的组织部门之间相互学习，跨国公司慢慢地与当地的文化相融合。

5. 打破组织的心理边界，创建学习型组织

在现代社会要求学习的速度必须大于或等于其所处环境变化速度的形势下，学习型组织打破了传统官僚组织的心理边界，使每个员工都终身学习，并将学习到的知识与其他员工共享，使每个员工都能系统思考，进而增强个人知识与经验，改变整个组织的行为以强化组织变革和创新能力。

14.4 自组织系统

许多人都喜欢《帝企鹅日记》这部电影，观众会发现企鹅没有领导人。但这样的话，企鹅怎么知道自己要往哪里走呢？这正是人类团队和自然界团队之间的本质区别。答案是：没有哪一只企鹅知道要往哪里去，但当它们作为群体一起前进时，就知道要往哪里去了。这就是团队智慧，这也是生物团队的一个重要特征。实际上，自组织（self-organization）现象广泛存在于自然界和人类社会中，它着重强调了在一定条件下，组成系统的各个元素，不需要外界特定的干预，便能够自发组织起来，相互协同作用，最终使系统在宏观上表现出一种有序的状态。那么，组织应该如何通过学习，变得像这些生物团队一样"自组织"呢？

14.4.1 自组织系统的定义

自组织理论（self-organization theory）兴起于20世纪70年代，由普里戈金（I. Llya Prigoine）、

赫尔曼·哈肯（Hermann Haken）等人创建，是研究自组织现象和规律的一个全新的理论体系。自组织理论发展至今，主要包括耗散结构理论（dissipative structure theory）、超循环理论（hypercycle theory）、协同理论（synergetic theory）、突变理论（catastrophe theory），形成了一个理论群。这四个理论分别从不同的角度阐释了自组织的形成和发展过程。其中，耗散结构理论主要从自组织的外部与内部条件进行分析；超循环理论主要从自组织进化的形式考虑；协同理论主要从系统内部子系统的竞争、合作产生的协同效应并随之产生的根本动力角度考虑；突变理论主要解释了自组织形成的方式和途经，以及演化的可能性结果。因此，自组织并不是一个新概念。所谓自组织，是指特定的组织、企业、个人，以特定的目的、兴趣、利益等自发聚集形成团体、组织的现象。自组织没有严格的管理规则，成员没有明确的边界和严格的归属。在互联网背景下，自组织具有快速发展、无边界复制的特性，其骨干成员忠诚度较高。从治理机制角度出发，自组织是一个系统内部从无序到有序的过程，这一过程形成的新治理模式，有别于建基在交易关系上的市场治理，以及建基在自上而下、来自外部权力关系的层级治理，是一种建立在包括情感性、认同性关系以及共同事业基础上的治理模式，其建立在因情感、认同、共同事业、共同兴趣而有的信任关系上。

14.4.2 自组织的特征

由于自组织是一群人基于关系与自愿的原则主动地结合在一起的组织形态，它有以下特性：一群人基于关系与信任而自愿地结合在一起；结合的群体产生集体行动的需要；为了管理集体行动而自定规则、自我治理。具体而言，自组织的特征体现在以下四个方面。

1. 自组织的结构特征：扁平化、无边界

自组织的结构特征之一是扁平化。扁平化是为了对抗多层级导致的信息衰减与扭曲。另一个特征是无边界。在自组织当中通过运用诸如跨层级团队和参与式决策等结构性手段，逐步消融组织的纵向边界，从而使层级结构扁平化。同时，通过跨职能团队以及围绕工作流程而不是行政部门组织相关的工作活动这些方式，消融组织的横向边界。另外，通过与供应商建立战略联盟，或者通过用户与企业基于互联网的互动等方式削弱或取消组织的外部边界。比如，小米的自组织方式便是从内部管理一直延伸到与客户进行互动，而其市场、产品也以自组织的方式迭代进化。

2. 自组织的流程特征：去中心化

传统企业的他组织形式采用集权命令链方式，各项决策的源头均来自顶层管理者，当管理者处理的决策信息量增大或者专业度不足时，就可能导致决策的延缓或错误。与传统企业不同，自组织采用的是去中心化的形式。去中心化是将决策权下放，让组织内部的末级拥有更多的决策权。去中心化趋势的最终目标是个体的自我决策，以及个体与个体间的协同共建，而这也成为组织扁平化的推动力量。

3. 自组织的奖惩特征：去 KPI 化和利益分配透明

KPI 承载了奖金、晋升等多种职责，驱使员工为了上级制定的指标服务，而不是为了解决客户需求服务。在传统的治理结构下，公司老板和员工是雇用关系，老板希望以更低的成本获得更高的回报。他们更多地认为企业的利润属于股东价值回报。自组织采用的公开、透明的奖金机制，带来的是员工的公平感。但这种透明的机制也给予领导者极大的压

力，因为必须保持公平的考核管理。

4. 自组织人员层面的特征：甄选

甄选是组织在明确目标下，识别并招募那些有足够能力匹配和价值观认同的人，同时识别和淘汰不符合能力和价值观要求的人。甄选的出发点是基于明确目标与价值观的吸引聚合，而不是过多地寄希望于后期的灌输、改造。在甄选的标准中，除了硬性的技能要求外，员工的自我驱动和管理能力也是一个非常重要的指标。如果简单地找来只有技能但毫无动力的人，或者是不具备创新精神的人，那么这种团队就无法运行自组织模式。另外，甄选的理念与方法不仅要贯穿于入职招募过程中，也要时时刻刻贯穿于人才的使用和考核当中。

不过，需要注意的是，尽管自组织是在无外力和中心控制的前提下实现有序状态，但对企业而言，内部依然需要设计机制，原因在于企业组织存在独特的自组织特点。首先，企业组织不是完全的自组织，它同时具有非自组织（纵向控制型组织）的属性，只不过不同企业两者的比重不同，因此控制方式是立体、多样、融合的。其次，对原本属于纵向控制型的组织而言，只有通过控制中心的作用，自组织才有可能导入和嵌入。为了使自组织能够正常运行、产生功能，控制中心有必要进行管理，如制定规则、维护秩序、整合资源以及提供保障。最后，即使组织是完全的自组织，为了特定的目的或使其生成所需功能，也是可以对其进行干预的。例如，改变输入、调整反馈（改变或增减正或负反馈），甚至有可能不同程度地改变系统的内部结构和机理。

14.5 水样组织

14.5.1 水样组织的定义

水样组织（water-form organization）是指像水一样可以主动、灵活地应对环境变化的动态组织，它是内部驱动力（价值观、激活个体等）与外部适应力（协同、竞合、共享等）的融合体，呈现出"内在坚韧、外在柔和"的品性内涵。

水样组织首先强调组织持续变革的重要性。在组织环境日益复杂多变的当下，组织需要成为一个可以持续变化的动态组织，组织只有具有足够的灵活性才能把握机遇，应对挑战，不断成长。其次，组织变革的动力不仅来自外部制度、竞争和消费者等环境压力，也来自组织内部的主动重构，以更具前瞻性的视野、更有效的手段夯实组织价值观，凝聚愿景，激发员工潜能。因此，水样组织必须把内部驱动力与外部适应力有机地融合起来，使其成为外柔内刚、既柔韧灵活又无坚不摧的新型组织。

水样组织是一个开放系统。传统的组织理论认为，环境是组织生存与延续所需能力与能量的根本来源。水样组织观也认同环境对组织成长具有重要作用，也强调组织只有通过与环境的交互才能打造持续竞争优势，然而水样组织更注重组织自身主动变革的能力，而不是简单的对外部环境的适应力，因为在日益复杂动态的环境下，与外部环境协同变化的能力已经成为组织最大的资产。

从"水"字和"永"字的起源可以体悟水与组织的匹配性。"水"字为象形字，图14-1的甲骨文呈现了水流之形。如图14-2的甲骨文所示，当水流分出支流之后，便有了"永"字，"永"字的本义即为"水流长"，因为水涓流不息，汇流成川，"永"才有了"永远"

"永久"的意思。从"水"字的起源来看，其意义本身就与一个伟大的组织相吻合。水流的分支像是组织结构，而水的流动又像是组织的成长，永流不息又意味着一个组织的基业长青。这也正是一个伟大的组织要做的：持续成长。更重要的是，在流动的过程中，可能会出现种种障碍，但水自身具备一些特质，使得其可以冲破障碍，持续流动。在开放的环境里，水是永动不止的，暗示了企业持续发展、永不止步的精神。

图 14-1 "水"字甲骨文　　图 14-2 "永"字甲骨文

综合来说，水样组织是合乎"道"的组织。它顺应开放组织的本性，智慧包容，"无为而无不为"，不虚骄，不造作，如水一般随形而化，灵活多变，因激活个体而具有强大的内部驱动力，同时也追求与外部环境的和谐、平衡、共生、共享的"自然"生态。

14.5.2　水样组织的特征

水样组织具有坚韧性、个体能动性、动态适应性、融合性四个主要特征。陆亚东和符正平（2016）提出的"水"隐喻的理论特性包括动态性、辩证性、灵活性、适应性、渗透性、开放性、持续性等，这些特性也适用于水样组织。本书主要基于对组织形态变化的考察，从水样组织的内部驱动力（坚韧性、个体能动性）和外部适应力（动态适应性、融合性）相统一的角度做简要概述。

1. 坚韧性

坚韧性体现了组织强大的内部驱动力。老子认为："天下莫柔弱于水，而攻坚强者莫之能胜，以其无以易之。"（《老子》第七十八章）水看似无比柔弱，在攻坚克强时却威力无比，无可替代。这是由于水在积蓄势能时具有极其强大的忍耐力，因此能够做到滴水穿石。水样组织也具有这样坚韧不拔的品性。水样组织即使面临恶劣的环境，仍然可以借助自身的能力突破逆境，获得成长，犹如水滴石穿。事实上，塞氏公司、专有标签、毕马威、海尔、新希望，几乎都是在逆境中逆势成长。塞姆勒接手塞氏公司时，公司已近乎崩溃，专有标签处在通用电气的低谷期，海尔处于中国竞争最为激烈、大企业高度集中的家电行业，转型前的海尔也在业绩超过千亿元后"沉寂"了几年，而转型之前的新希望也处在业绩的相对低谷时期，但这些企业最终全部突破了逆境。水样组织拥有的坚韧性，让其具有极大的内在力量，可以不受逆境的左右而保持增长。

水样组织的坚韧性来源于企业的精神、理念、文化所体现的核心价值观，如顾客至上、精诚服务、关怀员工、自强不息、努力不懈、永续前行等理念。这些稳固的价值观构成水样组织持续成长的基因和酵母，只有深植于管理者和全体员工的脑海、内心，毫不动摇，才能积蓄成强大的凝聚力和持续的竞争力。

水样组织的坚韧性与其组织柔性的关系：水样组织之所以能具有持续竞争力，一方面是因为水样组织是随环境而变的一种柔性形态，这种柔性提升了组织在动态环境中的适应能力，另一方面是因为水样组织自身强大的内在力量，这种"刚性"可以使组织在逆境中依然可以保持增长。当然，这里的"刚性"并非指组织制度的严苛，而是组织作为整体所具备的力量。从"阴中有阳，阳中有阴"的角度看，水样组织的"柔性"包含着理性成分，组织要成长，必须顺环境而改变；"刚性"包含着非理性成分，不论组织内外环境如何，环境再恶劣、再艰难，水样组织都可以逆境而生，甚至可以超越环境、改变环境、创造环境，达到"境由心造"的境界。前者体现了水样组织的外在形态，后者体现了水样组织的内在信念，这使得水样组织成为一种刚柔并济、动静相宜的综合体。水样组织具备柔性，但柔性并不能完全代表水样组织。水样组织要变化，就需要支撑做出变化的内在动力。因此，水样组织是组织内部驱动力与外部适应力的统一，两者缺一不可，这是水样组织的核心。只是由于组织形态的变化更为显露，而"刚性"更为"内敛"，水样组织才呈现出"外在柔和、内在坚韧"的如水品格。

2. 个体能动性

水样组织的坚韧、灵活的组织能力最终来源于员工个体的能动性。个体能动性是指每个员工的行动意愿来自其自我激励，同时也来自其对组织核心价值观的高度认同。当组织形态需要改变时，就意味着从领导者到一线成员，组织全员都需要激活并做出改变。只有激活个体才能激活组织，才能真正赋予组织活力，使其成为灵活应对环境变化的主体。

在互联网、大数据、人工智能等快速变化的技术环境、人文环境下成长起来的新生代员工尤其适应分布式、自我激励的工作场域。他们就像随意分离又不断变幻、聚合的水分子，赋予组织以动态能力。可以说，今天的个体已经高度自组织化，个体员工之间蕴藏着自由合作的无限可能性。水无常形，水样组织需要打破固有的组织内部和外部疆界，变身为众多自组织的联盟或平台。例如，海尔就将数万员工化整为零，让其组合成细小灵活的经营单元，或者说成为"人单合一"的自组织，每个人都变成"竞单上岗，按单聚散"的"动态合伙人"或者创业者。这些以创造顾客价值为目标的举措，极大地发挥了员工的个体能动性。新希望也通过化小业务单元以及聚落一体化为更多人搭建了平台，激活了更多个体，尤其是需要释放价值的年轻人。

3. 动态适应性

动态适应性意味着水样组织是能够积极应对外部环境变化，也能够随环境而发生改变的动态组织。水无定形，随万物之形而不断改变，汇聚成江河湖海各种形状，水样组织也具有这种动态适应性。水的流动性、适应性、非抵抗性这些灵变顺势的特征，显示了水样组织的一种战略柔性和顺势对应。这种柔性不仅表现在与制度环境的对应上，也广泛表现在企业与业界生态圈的各种伙伴关系和应对市场变化上。这包括对企业自身的战略定位、行业选择、市场定位、组织架构等不断进行适应性调整，以及企业在新环境、新市场、新行业下开辟市场、不断探索、不断试错的创业与成长。

全球化和互联网技术的发展，使竞争与合作都在空前广阔的空间中展开，不仅在实体空间中展开，也在向虚拟空间延伸。组织外部环境的不确定性日益加剧，使动态适应性成为组织必须具备的一项战略能力。打造水样组织将有利于企业培育动态适应能力和变通能力。

4. 融合性

融合性意味着水样组织与内外部合作伙伴、顾客、竞争对手等利益相关者之间的关系需要和谐相融。河海不择细流，故能成其深。水样组织犹如江海，具有深远广大的包容性。

随着组织与外部环境相互依赖的日益加深，水性中的共生、共通、共享、开放、融合等理念对组织成长也越来越具有重要意义。

水样组织的融合性特征是其动态适应性特征的延伸和提升，对组织内部驱动力的要求也更高。这需要组织具有更加开放的视野和海纳百川的胸怀，也需要组织在多元、差异的环境中具备不断学习的能力，更需要生态体系的整合能力和竞合、共赢、跨界共享的能力。例如，腾讯就是一个具有卓越融合能力、渗透能力的水样组织，公司市值目前已进入全球市值最大的 10 家公司行列。腾讯公司一向沉稳低调，伏地而行，如水趋下，周流不殆，忠于客户，持续改进。它依托强大的网络社交平台，专业、稳健地推进互联网金融和普惠金融实践。其以微信支付为移动支付产品的核心，不断向线上线下商业支付渗透，并不断完善金融应用产品的基础支撑，成为支付宝最强劲的竞争对手。

通过融合，组织能力得到提升，进而可以更好地实现战略意图。例如，新希望在转型中希望在保持原有养殖端优势的基础上进一步拓展消费者业务，因此在适应"互联网+"的新环境之下，新希望积极开展了与京东等电商平台的合作，从而进一步提升了新希望贴近消费者的能力，为新希望食品业务的发展打下了基础。

14.6 共生型组织

14.6.1 共生型组织的定义

共生型组织（symbiotic organization）是一种基于顾客价值创造和跨领域价值网的高效合作组织形态，所形成的网络中的成员实现了互为主体、资源共通、价值共创、利润共享，进而实现单个组织无法实现的高水平发展。

共生型组织以共同的价值主张为基础。首先，从价值主张的核心出发，顾客是共生型组织的核心，明确组织向顾客提供的产品和服务价值是命运共同体的圆心。其次，规划价值组成模块是打造共生型组织的关键，然后，在既定的价值主张下，根据价值创造目标规划独特的价值创造方式以及选择合作伙伴，在很大程度上决定了价值共同体是否可以有效发展。最后，在价值创造过程中的协调能力也不可或缺，它可以削弱协作过程中产生的不和谐因素。

14.6.2 共生型组织的特征

1. 互为主体性

共生型组织的成员间不再有主客体关系，而是彼此互为主体，这需要每一个成员做出根本性的改变。复杂多变的环境要求组织从单一的线性协同模式转向跨组织的多维协同模式，组织强调开放性和互联性，与环境形成良好的互动，其本质追求在于创造多维协同模式下的跨领域共生价值体，打造开放合作式的有机生态系统。共生型组织是一种基于合作和价值共创所形成的组织资源共享、利润共赢的群体性有机系统，它打破了组织传统竞争模式体现出的单向线性思维，是一个双向或者多向的思维模式，使得有机系统中的组织个体可以开展基于自身优势、为成员贡献价值、融合共生伙伴资源的网状发展。在这个过程中，组织围绕顾客价值进行了重构，顾客在价值创造过程中的地位真正得到凸显，由之前的被动接受者和组织商业利润的贡献者转变为组织价值形成的创造者。共生型组织相信互为主体生态网络的力量，并且为互为主体的生态网络的建构付出时间和精力。在既定的价值主张下，主体成员根据核心价值逻辑设计独特的价值创造方式，并且能够同心协力共同经营，共同应对来自组织内外部的各项挑战，共同寻找突破性发展的解决方式与战略。

2. 整体多利性

合作是共生型组织的本质特征之一，合作并不否定竞争的存在，但是与传统意义上的相互排斥、相互厮杀的竞争不同，共生型组织更加强调合作组织之间的相互吸引与相互补充，最终做到从竞争中产生新的、创造性的合作伙伴。正是这样的合作关系相互激发、高效互动，产生出更多的价值创造。这些价值创造不仅帮助了合作伙伴，更重要的是也给组织自身带来了超出组织原有能力所创造的价值。共生过程是组织的共同进化过程，组织在共同发展中不但实现了整体的利益追求，而且在更高程度上实现了每个组织的利益追求，从而让组织成员在多个方面获得成长，拥有了更加广阔的视野、更加互动的关联以及更加开放的格局。

3. 柔韧灵活性

正如生物学家达尔文所讲，"在剧烈变化的环境中，能够生存下来的不是那些最强壮的，也不是那些最聪明的，而是那些最灵活的，懂得适时变化的"。共生型组织在组织内部减少了管理层级，破除了传统组织中自上而下的垂直高耸结构，简化了烦琐的管理层级，将权力下放到基层，让组织内部更具灵活性和流动性，让组织成员感受到更多的自主与发展空间。在组织外部，共生型组织展示出更强的连接与互动，让基于顾客价值创造的组合更加高效、更加快捷地响应需求变化。这样建立起的组织是灵活而敏捷的，且富有柔性和创造性，能够根据环境的变化迅速做出调整。此外，共生型组织具有极强的可塑性，善于接受变化，乐于根据变化做出调整；面对市场时具有能动性，显得更为灵活，应变能力更强，通过有效地调动内外部资源，进行整合和沟通，从而能够迅速、灵活地对外部环境的变化做出反应，这是共生型组织最大的优势所在。

4. 效率协同性

一直以来，提高组织效率是组织管理面临的一个极具挑战的问题。分工使得劳动效率得以最大化实现；分权让组织获得了最大化的效率；分利则充分调动个体，让个人效率最大化。而在组织绩效由内部转向外部的今天，组织需要解决的是整体效率，既包括组织内部效率，又包括组织外部效率，"分工、分权、分利"已经无法满足组织对整体效率的追求，整体效率的实现在更高程度上转向了组织间的合作协同程度。共生型组织系统中的组织个体保留了各自的独立性和自主性，依赖于彼此之间对资源的获取、分享以及使用能力，组织获得了更好地融入环境的方式，更重要的是，组织的整体效率得以提升。当组织可以拥有整体能力的时候，长久地焕发能量以及持续地成长发展变得更加可期。

14.7 数字化时代的新型组织管理

1. 超级员工的崛起引领新型知识型组织涌现

在数字化时代，技术的发展帮助员工加强了原有技能和经验，赋予了员工更多新能力，创造了新岗位。在新数字时代，每家公司都投资数字化转型，在转型过程中是否聚焦员工队伍将决定转型的成败。打造数字化的员工团队是企业制胜新数字化时代的核心。

企业在不断开拓创新的过程中，必定会创造大量对员工技术水平要求很高的全新岗位和角色。这些岗位和角色都会是人类技能和技术赋能叠加的复合型岗位，胜任这些岗位的人也将成为"人机协作"的超级员工。这也意味着企业需要规划、管理并支持更多样的职业发展道路。但是企业目前在员工学习和培训方面的投资远远无法满足员工需求。此外，企业的知识管理和访问战略也未能紧跟时代需求：企业需要为员工和自身提供的信息越来越多，但当员工在不同角色间迅速切换时，却很难快速找到所需的信息。

对员工团队和整个企业而言，要想保持灵活和高效，迅速获取所需信息是一个必不可少的能力。所以，处于数字化时代的组织需要为超级员工时代定制知识管理战略。一旦能够制订正确的方案，企业就可以重新定义"机构知识"。例如，某大型油气公利用一款能够进行自然语言处理的知识平台，为精炼厂事故报告等非结构化数据编制索引，以收集员工的知识进而促进组织内部的知识分享。

在数字化时代，企业可以充分利用相关技术，结合众多专家定位解决方案，并将这些全新方法有机地融入组织知识架构，以便与超级员工的技能相匹配。这样，员工能够迅速查询同事所掌握的知识和企业应用的所有技术，其能力必将进一步增强，促进企业自身向知识型组织转变。

2. 生态系统风险激发安全型组织

如今，企业对所处生态系统的依赖程度不断加深，同时互联网和移动技术的普及使各行业的风险水平直线上升，网络攻击的负面影响与日俱增：攻击者试图利用生态系统中的种种联系，造成毁灭性的影响。一旦某个事件使一家企业陷入瘫痪，事态可能迅速升级，从而对企业所处的生态系统、整个行业乃至其他行业的安全造成威胁。

为了解决这些问题，各大企业纷纷搭建全新的组织架构，确保将安全因素纳入所有企业战略中。例如，通用电气在特定区域和业务部门设立首席信息安全官（CISO），以便做出更为细致准确的决策。

在以生态系统为核心的商业环境中，企业必须了解每家相关企业所面临的挑战。同时，企业应当重新定义风险，厘清生态系统中的各种关系，并主动将安全性纳入业务讨论范畴。这有助于企业从攻击者的角度审视自身业务，做好万全准备。不过，企业需要在考量生态系统风险的基础上，了解各项风险的业务影响，从而避免不必要的风控措施。

为了应对这一日益严峻的挑战，企业需要在整个组织中分散安全职责和所有权，使得安全团队能够灵活应对各项重大挑战；通过更具战略性的方式定位安全团队，将其纳入公司的组织架构中，推动业务发展。

例如，腾讯与合作伙伴一起构建了"智慧安全"体系。该体系基于大数据、云计算等技术，具备防御能力、威胁感知、安全问题洞察、风险趋势预测、智能化辅助决策、安全协同等能力。同时，腾讯自身的服务器每天经受的网络扫描和攻击不计其数，使得腾讯可以将相关数据反哺到威胁情报中，加强网络安全保障。可见在数字化时代，建立安全组织体系至关重要。

3. "瞬时"机遇强化敏捷型组织

随着企业、员工、消费者和行业之间的联系越发紧密，仅有数字化已经不足以让一家企业脱颖而出。不过，数字化能够助力企业充分利用下一个重大机遇："瞬时"机遇。例如，饮料品牌 Paper Boat 将超个性化作为实现市场增长的关键因素。Paper Boat 会根据售卖地区的差异推出不同的口味。Paper Boat 专门针对地区需要调制特殊饮料以更好地满足当地人的口味。技术是 Paper Boat 执行这些精细化战略的坚实后盾。该企业在 WhatsApp 上开展消费者调查，以获取各地消费者的反馈，收集相应数据。Paper Boat 的工厂中配备了物联网传感器，能够灵活进行各项操作以确保成品饮料的味道完全符合预期。在中国，上汽大通为消费者提供了汽车定制服务。消费者可以在 4S 店或网络平台上定制车辆配置，从动力系统到座椅和配饰，消费者只需要一个平板电脑就可完成配置并下单。这样一辆定制汽车最快 20 天就可以下线。上汽大通提供这一高度定制化服务离不开公司先进的全球采购和自动化总装系统。

以上案例展示了领军企业如何精准把握个性化市场的"瞬时市场"。科技进步使人们的生活变得越来越个性化，现代生活中有着更复杂多样的机遇。企业必须变革组织架构才能及时把握这些机遇，这就意味着瞬时的需求会产生"瞬时市场"。企业可以利用数字手段直接与消费者接触，从而对当前和潜在市场有快速充分的了解。凭借着复杂的后台技术，企业可以迅速调整业务方向，快速提供市场所需的服务。如果企业能够有机整合这些功能，就有机会针对瞬时市场提供新产品或服务。这意味着企业不仅能满足特殊消费者的需求，也能满足不同消费者在特定时间的需求。换句话说，把握"瞬时市场"可以大幅提升业务的深度和广度。

随着所有企业都逐步意识到数字化转型的重要性，企业必须着眼于瞬时市场。从内部角度来看，这意味着打造真正的敏捷型组织，培养识别机遇和准确交付客户所需的能力。企业必须更加敏捷，才能把握这些稍纵即逝的机遇。

一方面，要把握适当时机。企业只有意识到机遇的存在，才能提供针对特定时机的产品。这意味着企业必须赶在竞争对手之前识别消费者需求，甚至早于消费者自己的意识。不少企业已开始进行大规模的需求规划和预测。不过，在瞬时市场时代，预测模型不仅可用于预测长期规划或主要趋势，还将用于预测关键机遇。为了预测瞬时机遇，企业必须大幅提高预测精确度，充分利用 AI 技术，分析企业已经掌握的供应链、消费者情绪、库存、运输时间甚至天气信息。如果能够利用精确的需求预测来把握恰当的时机，企业就可以优化现有的业务和产品模型，甚至预测大趋势，决定企业未来的发展方向。

另一方面，要构建敏捷型组织以灵活调整，参与竞争。人们对个性化的期待越来越高，每天也都有新的瞬时机遇出现。企业必须准确交付消费者所需的产品和服务，并针对瞬时市场进行更为详细的个性化设置。必须更加敏捷，才能把握这些稍纵即逝的机遇。要想实现这一点，企业须构建敏捷型组织，采用敏捷制造方法。

数字化时代，在蓬勃发展的物联网市场的影响下，每一台设备都可能代表着新渠道、新的数据来源以及识别并进军瞬时市场的办法。"数字孪生"是设备、机器以及现实世界中存在（或可能存在）的其他各种物品的数字模型，以实时传感器数据以及服务计划、运行时间和天气数据等背景信息为基础。通过"数字孪生"掌握信息是推动企业转型、掌控瞬时市场的基石。"数字孪生"使得企业可以保留产品和操作等的精确数字模型，监控、分析并模拟计划或潜在行动。全球权威咨询公司 IDC 预测，到 2024 年，35% 的中国制造企业会将产品和资产纳入数字孪生体系，从而实现全局视角并将质量成本降低 50%。通过这些技术把企业打造成真正的敏捷型组织才能抓住瞬时市场并有力地参与竞争。

本章回顾

环境的复杂性与动态性特征使得现代企业的组织结构发生了深刻的变化,诸如生态型组织、平台化组织、自组织系统、无边界组织、水样组织、共生型组织等新型组织结构随之兴起。同时,组织与组织之间的连接方式也发生了变化。组织之间通过合作参与竞争替代单个组织竞争从而提高了效率。这些新型组织的出现体现了组织结构正向扁平化、柔性化、无边界方向发展。

关键术语

生态型组织(ecological organization)
平台化组织(platform organization)
水样组织(water-form organization)
无边界组织(borderless organization)
自组织(self-organization)
共生型组织(symbiotic organization)

课堂讨论

1. 请讨论还有哪些新型的组织结构形式。
2. 不同类型的新型组织之间有什么异同点?
3. 环境中的哪些特点影响了组织结构使其发生了上述变化?
4. 请预期未来组织结构的发展趋势。

团队练习   策划组织

为了更好地理解组织结构的重要意义,请与小组成员一起完成下面的练习。

步骤:

1. 按照老师的要求组成小组。每个小组选择下面的一种组织,展开组织工作。
   - 一家打印复印店
   - 一家蛋糕店
   - 一家旅行社

2. 策划你们的组织(请跳出传统的组织结构模式,想想在现在的大环境下,这些看似传统的组织可以采用什么样的新型组织形式)。

用几句话描述组织的使命或目的。

为了实现这一使命需要做哪些具体的事情?

根据上题的具体列项,画出组织结构图。图中各职位将完成某一特定的任务,或者对某种结果负责。

假设三年之后,组织运营得非常顺利,打算在几公里之外开设第二家分店,那么,这两家分店同时运营会遇到什么样的问题?请画一个组织结构图,将这两家商业点都包括进去。

假设五年之后,分店已经多达五家,这些分店在两个不同的城市,那么这五家分店同时运营会出现什么样的控制和协调问题?更新组织结构图,解释为什么这么做。

网络练习

小米公司是一家以手机、智能硬件和IoT平台为核心的互联网公司。创业仅七年时间,小米的年收入就突破了千亿元人民币。截至2018年,小米的业务遍及全球80多个国家和地区。请登录小米官网https://www.mi.com/about/,了解小米的组织结构形式。

自我测试   你所在的公司分权程度如何

分权化是组织结构的主要设计维度之一。下面的调查问卷可以让你知道自己所在组织的分权程度如何（如果没有工作，你可以请一位有工作的朋友完成调查问卷，看看他的组织分权程度如何）。你所在的组织中，哪一级的员工可以做下列 11 种决策？每个问题都要求圈定一个答案。

0= 董事会做出决策
1=CEO 做出决策
2= 分支机构/职能部门经理做出决策
3= 二级部门经理做出决策
4= 一线管理人员做出决策
5= 车间操作员做出决策

决策涉及：圈定相应级别

A. 所需员工数
  0　1　2　3　4　5
B. 是否雇用一名员工
  0　1　2　3　4　5
C. 内部劳动纠纷
  0　1　2　3　4　5
D. 车间加班
  0　1　2　3　4　5
E. 交货日期和订单优先权
  0　1　2　3　4　5
F. 生产计划
  0　1　2　3　4　5
G. 开除员工
  0　1　2　3　4　5
H. 人员遴选办法
  0　1　2　3　4　5
I. 使用的工作方法
  0　1　2　3　4　5
J. 使用的机器或设备
  0　1　2　3　4　5
K. 员工之间工作的分配
  0　1　2　3　4　5

把你圈定的所有数字相加，总分 =＿＿＿＿。得分越高（如 45 分或 45 分以上），你所在组织的分权程度越高；得分越低（如 25 分或 25 分以下），你所在组织的集权程度越高。

资料来源：Miller D，Droge C. Psychological and Traditional Determinants of Structure [J]. Administrative Science Quarterly，1986，31(4):539-560.

案例分析　　Zappos 的管理实践

亚马逊旗下一家拥有 1 500 多名员工的公司开始推行一项变革，这或许是现代企业管理史上最大胆的一场试验。2015 年 3 月，美国鞋类电商 Zappos 首席执行官谢家华（Tony Hsieh）在发给员工的内部备忘录中，宣布将在全公司范围内加速推动自我管理，解散管理层，全面实行新型管理方式。在内部备忘录中，谢家华提出如果员工不认同公司的管理模式，可以接受遣散赔偿。2015 年 5 月，共有 210 名员工为此离职，约占 Zappos 全体员工的 14%，2016 年 1 月离职比例从 14% 上升到 18%。媒体很快注意到了 Zappos 的离职潮，许多报道认为这是因为 Zappos 新型管理方式水土不服。作为全球最大的全面实行自我管理的公司之一，新的管理方式在 Zappos 如何运转？Zappos 的现状如何？让我们一起通过下面这些问题，来看看 Zappos 全新的管理措施吧。

全新的管理措施是无政府主义吗

这并不意味着无政府主义。传统公司的管理架构如同一座金字塔：底层是各种各样的基础员工，随着员工职责和管理权限的增加，人数不断减少，直至塔顶的董事会。谢家华认为这样的管理方式不够高效，应该还有更好的方式来进一步释放员工的潜力。

Zappos 因此从 2013 年开始转型，并从 2015 年 3 月全面实行此模式，4 月开始清退不认可此模式的员工。在 Zappos 的转型过程中，谢家华从弗雷德里克·拉鲁克斯（Frederic Laloux）的管理著作《重塑组织结构》中得到启发。他甚至在内部备忘录中要求所有员工在决定去留前都读一读这本书。拉鲁克斯在研究全球自我管理企业案例的过程中发现，公司面临的许多问题的根源在于冗杂的管理制度压抑了进步与创新，为了解决这个问题，让管理层放权、给员工更多权力是必要的。

Zappos 的员工不再有具体的职位，传统职位的职能被分解为一个个"角色"(role)，每个角色都有约定好的职责范围。员工可以自行选择自己的角色（可以多选），并根据角色要求决定工作内容。比如说，员工 A 原来是 Zappos 的市场营销人员，在公司实行转型后他可以继续做市场营销的工作，并在此之外担任其他角色，做市场营销范围外的工作。

传统公司中的部门在 Zappos 则被不同的"圈子"（circle）取代。每个圈子独立为政，也有相互重合的部分。以市场营销圈为例，圈内的角色包含社交媒体、广告、网络营销、品牌发展等。因为每个员工可以扮演多重角色，所以员工的工作也有可能横跨不同的圈子。

虽然如今没有经理，但每个圈子都有自己的"领导链"（lead link），负责制定本圈的目标、给员工指派角色、监督员工表现。通过这样的方式，Zappos 对员工保持一定程度的控制。不过，这种控制是针对角色而非员工本人的。

按照拉鲁克斯的说法，在转型之前的 Zappos 是一个绿色组织，它有金字塔形的管理架构，像个家庭。而自我管理式的企业是青蓝色组织，每个部分的运作都为整体服务，是个有机生命体。谢家华的目标，就是把 Zappos 打造成一个青蓝色组织。

没有管理层，圈子内部起冲突怎么办？这里有两种机制。

一是"代表"（representative link）。这是每个圈子自行选出的成员代表，负责将圈子里产生的问题与困惑向有更高权限的圈子汇报，以确保圈子的健康运行。

二是开会。如果员工对如何开展工作产生分歧，他们能在定期举行的"管理会议"上提出，管理会议会明确不同角色的职责范围，制定 Zappos 的发展方向和目标。与此同时还有"策略会议"，让员工交流彼此的工作进度、讨论出现的困难并制订下一步行动计划。所有员工都能在会议上畅所欲言。

员工的上升渠道是怎样的

对员工来说，升职是一种对自己的资历与工作表现的认可。但在 Zappos 解散管理层、取消传统职位后，员工如何"升级打怪"走向人生巅峰？

Zappos 的答案是：多学习不同的技能吧！

每个员工将根据自己拥有的各种角色和技能获得不同的徽章。前面已经说过，员工可以自主决定在 Zappos 扮演怎样的角色，扮演角色越多，获得的徽章也越多。

Zappos 甚至会为工作范围外的技能颁发徽章。比如，如果你熟读《重塑组织结构》并写一篇读后感，你可以获得"初级青蓝"（Teal 101）徽章；如果你是瑜伽高手愿意教同事瑜伽，可以获得"瑜伽大师"（Yoga guru）徽章。

发给员工的徽章，能变现不？Zappos 的回答是"当然可以"。

Zappos 一直在思考如何向没有传统职位的员工发放薪水。"目前，薪酬是由角色决定的，徽章代表了这些角色背后的工作或技能。"丽莎·朱厄特（Lisa Jewett）说，她拥有一枚"图书管理员"徽章，是 Zappos 薪酬制度负责人。"但我们正在建立一个更加有积极意义的徽章系统，之后将允许员工按照自己的职业兴趣获取与之匹配的薪水。"她接着说。

朱厄特表示，Zappos 目前仍然会以传统职位的形式雇用新员工。一旦员工接受了必要的训练，他们就可以以更灵活自主的方式决定自己在公司应该扮演怎样的角色。"一旦员工上道，他们将有机会扩大自己的角色范围，获取不同的徽章。这既能增加他们的收入，也能实现他们的梦想。"朱厄特说。

每个新徽章都意味着更多的薪水，想想有些小激动呢。不过当下想要加薪的 Zappos 员工需要向"薪酬圈"（Compensation Circle）提出申请。

虽然 Zappos 取消了正式职位，但员工对外可以自由选择以什么名称称呼自己。

Zappos 现在有"时间魔法师"(Time Sorcerer)或"惊艳效果经纪人"(Agent of WOW)之类的角色,对 Zappos 内部员工来说,这些名称为工作场合增添了趣味,但对公司外的人来说这些角色就未免太非主流了,因此不少员工担心没法在简历中解释清楚自己在 Zappos 做什么。"这个区别在于,在旧世界中,职位名称意味着某种权威,而在新的世界,职位名称本身没有任何权威。"谢家华说。

表现不好的员工要去海滩放空

如何处理不能胜任角色的员工,是 Zappos 希望解决的另外一个问题。

在 Zappos 的管理系统中,每个圈子自行决定是否解雇员工,当然有时会产生混乱。当领导链解除员工的角色后,员工就进入了无人接应的状态,在 Zappos,这种状态被略带讽刺地称为"去海滩放空"。

之前担任 Zappos 人力资源高级经理的塔米·威廉姆斯(Tammy Williams)注意到了这种无归宿现象,决定接管这些无角色员工,在他们被解雇之前给予他们一次重新挖掘自身潜能的机会。在她看来,"海滩"实际上是一个"公司内部再就业机构"。

"托尼给了我两周到三个月的时间来决定这些员工的问题。"威廉姆斯说。在这段时间内,"去海滩放空"的员工可以通过写日志、参加研讨会、接受性格分析等方式找到适合自己的位置,重塑自己的角色。

罗伯逊认为,Zappos 这种规模的公司将花几年的时间来跨越笨拙的学习期,进入理想的、流水线化的管理状态。Zappos 当前在管理上最大的困难是,没有太多经验可以借鉴。在向转变的道路上,Zappos 只有在不断试错中完善自己。

资料来源:林子人. Zappos"合弄制"的管理实验 [J]. 经营管理者,2016,32(20):74-75.

提示问题:

1. 在本案例中,新兴的组织有哪些变化?
2. 新兴组织的实践可以用哪些组织管理理论来解释?

网站推荐

网易公开课:http://open.163.com/cuvocw/#economic

微信公众号推荐

1. 北大纵横:ALLPKU-Wangpu
2. 中外管理杂志:zwgl1991

参考文献

[1] 郑琴琴. 知识经济时代企业组织结构变革 [J]. 科学管理研究,2000,18(4):23-37.

[2] 刘海峰,肖准. 向更高层次的平台型组织演化:平台型组织的五层次竞争 [EB/OL]. (2015-04-24)[2019-11-05]. http://www.hejun.com/thought/column/liuhaifeng/4306.html.

[3] 吴彤. 自组织方法论研究 [M]. 北京:清华大学出版社,2001.

[4] Peter L, Micchaell. Relative Absorptive Capacity and Inter-organizational Learning [J]. Strategic Management Journal. 1998,19(5):461-477.

[5] Granovetter M. Economic Action and Social Structure: The Problem of Embededness [J]. American Journal of Sociology,1985,91(3):481-510.

[6] 李智超,罗家德. 透过社会网观点看本土管理理论 [J]. 管理学报,2011,8(12):1737-1747.

[7] 马春荃. 自组织能力:传统企业的组织进化愿景 [J]. 清华管理评论,2014,4

(7):38-45.

[8] 王松涛. 无边界组织：企业组织结构变革的新模式 [J]. 同济大学学报（社会科学版），2008，19(4):118-124.

[9] 蒲德祥. 幸福组织：概念、思想溯源及研究框架 [J]. 安徽师范大学学报（人文社会科学版），2012，40(2):177-184.

[10] 陆亚东，符正平. "水"隐喻在中国特色管理理论中的运用 [J]. 外国经济与管理，2016，38(1):3-14.

[11] 陈春花，刘祯. 水样组织：一个新的组织概念 [J]. 外国经济与管理，2017，39(7):3-14.

[12] 左民安. 细说汉字 [M]. 北京：中信出版集团，2015.

[13] 陈春花，赵海然. 共生：未来企业组织进化路径 [M]. 北京：中信出版集团，2018.